Lehr- und Handbücher der Politikwissenschaft

Herausgegeben von Dr. Arno Mohr

Bisher erschienene Werke:

Bellers, Politische Kultur und Außenpolitik im Vergleich
Bellers · Frey · Rosenthal, Einführung in die Kommunalpolitik
Bellers · Kipke, Einführung in die Politikwissenschaft, 3. Auflage
Bierling, Die Außenpolitik der Bundesrepublik Deutschland
Braun · Fuchs · Lemke ·Töns, Feministische Perspektiven der Politikwissenschaft
Gabriel · Holtmann, Handbuch Politisches System der Bundesrepublik Deutschland, 2. Auflage
Glöckler-Fuchs, Institutionalisierung der europäischen Außenpolitik
Jäger · Welz, Regierungssystem der USA, 2. Auflage
Lehmkuhl, Theorien Internationaler Politik, 2. Auflage
Lemke, Internationale Beziehungen
Lietzmann · Bleek, Politikwissenschaft – Geschichte und Entwicklung
Maier · Rattinger, Methoden der sozialwissenschaftlichen Datenanalyse
Mohr (Hrg. mit Claußen, Falter, Prätorius, Schiller, Schmidt, Waschkuhn, Winkler, Woyke), Grundzüge der Politikwissenschaft, 2. Auflage
Naßmacher, Politikwissenschaft, 3. Auflage
Pilz · Ortwein, Das politische System Deutschlands, 3. Auflage
Rupp, Politische Geschichte der Bundesrepublik Deutschland, 3. Auflage
Reese-Schäfer, Politische Theorie heute
Riescher · Ruß · Haas (Hrg.), Zweite Kammern
Schmid, Verbände
Schumann, Repräsentative Umfrage, 3. Auflage
Sommer, Institutionelle Verantwortung
Wagschal, Statistik für Politikwissenschaftler
Waschkuhn, Demokratietheorien
Waschkuhn, Kritischer Rationalismus
Waschkuhn, Kritische Theorie
Waschkuhn · Thumfart, Politik in Ostdeutschland
Woyke, Europäische Union
Xuewu Gu, Theorien der internationalen Beziehungen · Einführung

Feministische Perspektiven der Politikwissenschaft

Herausgegeben von
Dr. Kathrin Braun
Gesine Fuchs
Univ.-Prof. Dr. Christiane Lemke
Katrin Töns

R. Oldenbourg Verlag München Wien

Die Deutsche Bibliothek - CIP-Einheitsaufnahme

Feministische Perspektiven der Politikwissenschaft / hrsg. von Kathrin
Braun .... – München ; Wien : Oldenbourg, 2000
  (Lehr- und Handbücher der Politikwissenschaft)
  ISBN 3-486-25530-4

© 2000 Oldenbourg Wissenschaftsverlag GmbH
Rosenheimer Straße 145, D-81671 München
Telefon: (089) 45051-0
www.oldenbourg-verlag.de

Das Werk einschließlich aller Abbildungen ist urheberrechtlich geschützt. Jede Verwertung außerhalb der Grenzen des Urheberrechtsgesetzes ist ohne Zustimmung des Verlages unzulässig und strafbar. Das gilt insbesondere für Vervielfältigungen, Übersetzungen, Mikroverfilmungen und die Einspeicherung und Bearbeitung in elektronischen Systemen.

Gedruckt auf säure- und chlorfreiem Papier
Gesamtherstellung: Druckhaus „Thomas Müntzer" GmbH, Bad Langensalza

ISBN 3-486-25530-4

Inhaltsverzeichnis

Einleitung VII

Kapitel 1: Politische Theorie und Philosophie (Kathrin Braun) 1

Carole Pateman: Der brüderliche Gesellschaftsvertrag — 20

Susan Moller Okin: Gerechtigkeit und die soziale Institutionalisierung des Geschlechtsunterschiedes — 50

Iris Marion Young: Das politische Gemeinwesen und die Gruppendifferenz. Eine Kritik am Ideal des universalen Staatsbürgerstatus — 84

Catharine A. MacKinnon: Geschlechtergleichheit: Über Differenz und Herrschaft — 117

Eva Kreisky: Der Stoff, aus dem die Staaten sind Zur männerbündischen Fundierung politischer Ordnung — 144

Kapitel 2: Feministische Perspektiven in der Sozialpolitikforschung (Katrin Töns) 182

Nancy Fraser: Die Gleichheit der Geschlechter und das Wohlfahrtssystem: Ein postindustrielles Gedankenexperiment — 195

Mary Langan/Ilona Ostner: Geschlechterpolitik im Wohlfahrtsstaat: Aspekte im internationalen Vergleich — 216

Angelika von Wahl: Gleichstellungsregime — 236

Kapitel 3: Feministische Partizipationsforschung (Gesine Fuchs) 254

Pippa Norris: Schlussfolgerung: Ein Vergleich parlamentarischer Rekrutierung — 269

Ute Gerhard: Atempause: Die aktuelle Bedeutung der Frauenbewegung für eine zivile Gesellschaft — 293

**Kapitel 4: Internationale Beziehungen aus der Sicht der Frauen-
und Geschlechterforschung (Christiane Lemke)**   **315**

Birgit Locher: Internationale Beziehungen aus der Geschlechterperspektive   332

J. Ann Tickner: Vergeschlechtlichte Unsicherheiten: Feministische Perspektiven der
Internationalen Beziehungen   368

Brigitte Young: Genderregime und Staat in der globalen Netzwerk-Ökonomie   388

Najma Chowdhury und Barbara J. Nelson zusammen mit Kathryn A. Carver, Nancy J.
Johnson, und Paula L. O'Loughlin: Die Redefinition der Politik: Politische Aktivitäts-
muster von Frauen aus globaler Perspektive   414

Studienpraktische Hinweise   **435**

Frauenspezifische Recherche im Internet   435
Politikwissenschaftlich relevante feministische Zeitschriften   444

Zu den Autorinnen   **448**

Quellennachweis   **449**

Register   **451**

Einleitung

Warum ein eigenständiges Studienhandbuch zu feministischen Perspektiven in der Politikwissenschaft? Als ein relativ neues Forschungsgebiet an den Hochschulen hat sich die feministische Theoriebildung und Forschung inzwischen international rasch entfaltet. In der deutschsprachigen wissenschaftlichen Literatur wird diese Entwicklung immer noch ungenügend wahrgenommen, obwohl sich gerade die Politikwissenschaft, ebenso wie die feministische Forschung, im Kern mit Macht- und Herrschaftsverhältnissen befasst und von diesen Theorieansätzen deutlich profitieren könnte. Trotz der Schnittmenge im Erkenntnisinteresse ist der Stellenwert feministischer Perspektiven im Fach noch strittig und – im Gegensatz zum internationalen Diskurs – im deutschsprachigen Raum kaum Gegenstand sorgfältiger wissenschaftlicher Reflexionen.

Das vorliegende Studienhandbuch begreift den Diskurs über feministische Wissenschaft als ein "unfertiges Projekt", das nicht voraussetzungslos betrieben wird und durch das nicht der Anspruch erhoben wird, die Politikwissenschaft neu zu erfinden. Die politikwissenschaftliche Frauen- und Geschlechterforschung, wie wir sie verstehen, greift vielmehr auf vielfältige Art und Weise in Diskurse des *"mainstream"* der Politikwissenschaft ein, statt nach Nischen zu suchen und dadurch eine Form der Selbstmarginalisierung zu betreiben. Vor dem Hintergrund eines ausdifferenzierten Forschungsfeldes geht es darum, den Feminismus nicht mehr als separates Forschungsfeld wahrzunehmen, sondern als *kritische Perspektive*, die die Analyse demokratischer Institutionen und politischer Vermittlungsprozesse leitet (Fraser 1998). Diesem Anliegen entspringt der vorliegende Band.

Als institutionen- und herrschaftskritische Perspektive hat die politikwissenschaftliche Frauen- und Geschlechterforschung eine längere Tradition. Historisch lassen sich in Deutschland in diesem Sinn drei Phasen unterscheiden. Die frühen Ansätze im ersten Drittel dieses 20. Jahrhunderts waren zunächst eng mit der "sozialen Frage" (Sozialpolitik, Frauengesundheit und Zugang zu Bildungsmöglichkeiten) sowie mit dem Kampf um das allgemeine Wahlrecht verknüpft. Diese Phase wird zugleich durch die Polarisierung zwischen bürgerlicher und proletarischer Frauenbewegung charakterisiert. Die Entwicklung neuerer feministischer Theorien verdankt ihren Aufschwung vor allem der Neuen Frauenbewegung, die sich Ende der 1960er/Anfang der 1970er Jahre in allen westlichen Demokratien herausbildete. Der feministische Slogan "das Persönliche ist politisch" stellte die Konstruktion der Privatsphäre als *per definitionem* unpolitischem, macht- und herrschaftsfreiem Raum in Frage und zielte auf die Aufdeckung der gesellschaftlichen Vermitteltheit und der politischen Abstützung männlicher Geschlechtsvorherrschaft in der Sphäre des Privaten. Er transzendierte damit ein eng auf den Staat und das formell-institutionelle politische System beschränktes Verständnis von Politik und öffnete den Blick für die sozialen und politischen Realitäten sowie die Möglichkeiten politischen Handelns über diesen Rahmen hinaus. Angesichts der gegenwärtigen vielfältigen und auf mehreren Ebenen verlaufenden Prozesse der Transformation von Gesellschaft und Politik stellte diese feministische Erweiterung des Politikbegriffs eine wichtige theoretische Innovation dar, die die Politikwissenschaftlerin Barbara Holland-Cunz folgendermaßen charakterisiert: "Von anderen emanzipatorischen Politikbegriffen unterscheidet sich der feministische durch seine massive Erweiterung dessen, was als politisierbar, politikfähig, praktisch-politisch relevant gilt." (Holland-Cunz 1996: 369)

In der neueren, feministischen Forschungsliteratur wird theoretisch vor allem die für das westliche Demokratiemodell charakteristische strukturelle Trennung von Privatheit und Öffentlichkeit/Politik problematisiert. Angeregt zunächst durch die angelsächsische Forschung (z. B. Enloe 1993; Pateman 1989), wird die geschlechtliche Kodierung demokratischer Institutionen, ihrer Legitimationsformen sowie der Politik- und Handlungsmuster jetzt auch im deutschsprachigen Raum zentraler Forschungsgegenstand (z. B. Holland-Cunz 1995; Kreisky/Sauer 1995 und 1998). Die zentrale analytische Kategorie der neueren geschlechtersensiblen Forschung ist der Begriff *gender*, "Geschlechterverhältnis". *Gender* bezeichnet die historisch und sozial konstruierten Geschlechterverhältnisse, die in den meisten Kulturen, die wir kennen, hierarchische Konfigurationen der Herrschaft des männlichen über das weibliche Geschlecht einschließen. Wie die Politikwissenschaftlerin Cynthia Enloe ausführt, meint *Gender* die Art und Weise, wie Geschlechterverhältnisse und -hierarchien Machtverteilung, politische Praktiken und Vorstellungen über Männlichkeit und Weiblichkeit in Öffentlichkeit und Politik prägen (Enloe 1993).

In den letzten Jahren ist die Frauen- und Geschlechterforschung auf eine umfassendere Weise theoriefähig geworden. Ort und Akzeptanz der Frauenforschung haben sich deutlich verändert. Vor allem in der angelsächsischen Forschung deutet sich bereits eine "dritte Phase" feministischer Theoriebildung an, die den politischen und gesellschaftlichen Transformationen Rechnung tragen soll (Lemke/Töns 1998). Der "Streit um Differenz", die Probleme einer "Identitätspolitik" sowie konzeptionelle und theoretische Fragen nach Repräsentation und Demokratie stehen nunmehr im Mittelpunkt der Forschung. Welche Wege der Veränderung der Geschlechterverhältnisse im politischen Raum handlungsrelevant werden sollten, stellt dabei in der neueren, internationalen Forschung eine zentrale Streitfrage dar. Zugleich zeichnet sich diese Debatte durch eine deutliche Differenzierung im feministischen Wissenschaftsdiskurs aus.

Die Leitidee dieses Studienhandbuchs entstammt aus der in den angelsächsischen Ländern verbreiteten Tradition der *"Reader"*, die Studierenden einen fundierten Zugang zu einem Wissenschaftsgebiet erleichtern soll. Vorbildcharakter hatte für uns zunächst das von Jane Mansbridge und Susan Moller Okin in der Reihe "Schools of Political Thought" herausgegebene, zweibändige Werk "Feminism" (1994), in dem erstmals neuere sowie inzwischen "klassische" Texte politikwissenschaftlich-feministischer Autorinnen themenzentriert zusammengestellt und für Studierende aufbereitet wurden. Im deutschsprachigen Raum liegt dagegen bislang kein Studienbuch vor, das den Anspruch erhebt, interessierte Studierende unter der Einbeziehung theoretischer wie praktischer Fragen an diesen Forschungsbereich heranzuführen. Insgesamt hat seit Beginn der 1990er Jahre die Anzahl politikwissenschaftlicher Veröffentlichungen mit einem feministischen Ansatz zwar zugenommen. Vorliegende politikwissenschaftliche Publikationen, wie beispielsweise die von Eva Kreisky und Birgit Sauer herausgegebene zentrale Reihe "Politik der Geschlechterverhältnisse", decken vor allem neuere Probleme in der Forschung ab und geben in erster Linie Einblick in die Arbeit einzelner Autorinnen. Keine der vorliegenden Publikationen erfüllt jedoch den Anspruch, in grundlegende Begriffe und Debatten der Politikwissenschaft einzuführen.

Das Studienhandbuch folgt in seiner Gliederung einer fachspezifischen Aufbaulogik. *Politische Theorie und politische Philosophie* bilden das wohl älteste Forschungsfeld der feministischen Politikwissenschaft. Dieses Kapitel führt die Leser und Leserinnen in grundlegende Fragen theoretischer Reflexion über Demokratie und Gerechtigkeit, Staat und Gesellschaft, Privatheit und Öffentlichkeit, Recht und Gesetz ein. Die ausgewählten Kerntexte verleihen zum einen dem Anliegen Ausdruck, geronnene Konfigurationen patriarchalischer Denktraditionen in politisch-theoretischen Begründungszusammenhängen aufzuspüren und kritisch zu hinterfragen und zum anderen die Kontextualisierung von Wissen und theoretischer Reflexion, von der in der feministischen Forschung ausgegangen wird, zu verdeutlichen. Mit dem Kapitel über die *Sozialpolitikforschung* wird ein zentrales Politikfeld vorgestellt, das sich wohl zuerst und in ganz besonderer Weise für eine feministische Forschungsperspektive geöffnet hat. Dabei zeigt sich, dass häufig erst die gezielte geschlechtersensible Analyse der sozialstaatlichen Institutionen und ihrer Auswirkungen auf die Lebenschancen von Frauen die Vielschichtigkeit und Widersprüchlichkeit moderner Sozialstaatsentwicklung zum Ausdruck bringt. Mit dem Kapitel zur *Politischen Partizipation* wird insofern ein Kernbereich der politischen Wissenschaft thematisiert, als hier zentrale Fragen der Demokratie berührt werden. Die historische Ausschlussfigur von Frauen aus dem Bereich der Politik zeigt sich etwa immer noch an der Unterrepräsentanz von Frauen in den politischen Gremien, den Parlamenten und Parteien ebenso wie in der geringeren "Wertigkeit" frauenpolitischer Themen in der Politik. Strategien der Veränderungen basieren dabei auf unterschiedlichen theoretisch-konzeptionellen Politikentwürfen. Zu den relativ neuen Forschungsfeldern, in denen geschlechtersensible Analysen durchgeführt werden, gehören schließlich die *Internationalen Beziehungen*. Als kritisches Korrektiv zu herkömmlichen Theorien und Untersuchungsansätzen konzipiert, ist dieses Feld zunächst ausschließlich in der englischsprachigen Literatur bearbeitet worden, findet aber seit kurzem auch Eingang in den deutschsprachigen Diskurs. Jedem Kapitel wird ein einleitender Text vorangestellt, der die Entwicklung zentraler Grundfragen und den jeweiligen Stand der Diskussion in diesem Bereich reflektiert. Diese Einleitung soll die Einordnung der folgenden, ausgewählten Kerntexte ermöglichen, auf differierende Positionen und auf offene Streitfragen aufmerksam machen. Mit ausführlicheren Literaturhinweisen sollen Studierende darüber hinaus zum Weiterlesen und eigenen Nachforschen angeregt werden.

Die Gestaltung der Kapitel haben die Herausgeberinnen in gemeinsamen Arbeitssitzungen eingehend besprochen, die jeweiligen Einleitungen zu den Abschnitten kritisch gegengelesen und die Textauswahl immer wieder überprüft. Eine besondere Herausforderung bedeutete die Auswahl der Kerntexte. Mehr als die Hälfte der hier aufgenommenen Artikel entstammt der neueren angelsächsischen Literatur, denn gerade in der Frauen- und Geschlechterforschung kommt diesen Diskursen eine Vorreiterrolle zu. Die Mehrzahl dieser englischsprachigen Texte wird hier erstmals in deutscher Sprache zugänglich sein. Bei der Auswahl der Beiträge ging es uns darum, zum einen politikwissenschaftliche Arbeiten aufzunehmen, d. h. Texte, anhand derer die zentralen Fragen des Faches deutlich werden, wie die Genese von politischer Macht und Herrschaft, Grundfragen politischer Repräsentation und demokratischer Partizipation, ausgewählte *policies* sowie die Verknüpfung von nationalen und internationalen politischen Prozessen. Zum anderen wurde bei der Auswahl ein gewisser Reifestand der feministischen Debatte als Kriterium zugrunde gelegt, das dem Charakter des Bandes als grundlegendem Studienhandbuch entsprechen sollte. Den in- und ausländischen Verlagen, die uns ihre Genehmigung zum Abdruck gaben, sei an dieser Stelle ausdrücklich gedankt.

Die Arbeit am Manuskript wurde im Frühjahr 1998 an der Universität Hannover begonnen und konnte Ende 1999 abgeschlossen werden. Während dieser Zeit wurde zugleich ein interdisziplinärer Studienschwerpunkt "Gender Studies" an der Universität Hannover eingerichtet, so dass die Herausgeberinnen des Bandes ihre Konzeption eines Lehr- und Studienhandbuchs, das mit einem politikwissenschaftlichen Fokus in der Lehre eingesetzt werden kann, in diesem Prozess kritisch überprüfen konnten.

MA Wiebke Schumacher unterstützte die Arbeit der Herausgeberinnen in vielfältiger Weise und widmete sich insbesondere der redaktionellen Bearbeitung des Manuskripts. Beratend wirkte in der Konzeptualisierung Dr. Jutta Joachim mit, die dankenswerterweise in Zusammenarbeit mit den Herausgeberinnen auch die Übersetzung der englischsprachigen Texte übernahm. Beiden Wissenschaftlerinnen sei für ihr Engagement an dieser Stelle ausdrücklich gedankt. Schließlich möchten die Herausgeberinnen auch Herrn Dr. Arno Mohr/Heidelberg ausdrücklich für seine hervorragende Betreuung dieses Bandes für die Reihe der "Studien- und Handbücher" beim Oldenbourg Verlag danken. Wir hoffen, dass die Leserinnen und Leser das Gesamtwerk fruchtbar und anregend finden werden.

Die Herausgeberinnen

Literatur:

Enloe, Cynthia (1993): "Gender and Politics", in: The Oxford Companion to Politics of the World, hrsg. v. Joel Krieger, S. 335-341

Fraser, Nancy (1998): "Es geht nicht darum, Frauen zu Männern zu machen", Das Gespräch (Interview), "Frankfurter Rundschau" vom 9. Februar, S. 7.

Gerhard, Ute (Hrsg.): Frauen in der Geschichte des Rechts. Von der Frühen Neuzeit bis zur Gegenwart, München 1997.

Holland-Cunz, Barbara (1996): "Feminismus: Politische Kritik patriarchaler Herrschaft", in: Handbuch Politischer Theorien, hrsg. v. Franz Neumann, Bd. 2, Opladen, S. 357-388

Kreisky, Eva/Birgit Sauer (Hrsg.) (1995): Feministische Standpunkte in der Politikwissenschaft, Frankfurt/ New York

Kreisky, Eva/Birgit Sauer (Hrsg.) (1998): Transformation der Geschlechterverhältnisse, Sonderheft der Politischen Vierteljahresschrift, Opladen

Lemke, Christiane/Katrin Töns (1998): Feministische Demokratietheorie und der Streit um Differenz, in: Axeli Knapp (Hrsg.): Feminismus, Kritische Theorie, Postmoderne, Frankfurt a. M., S. 216-241

Mansbridge, Jane/Susan Moller Okin (1994): Feminism, Bd. I und II, Reihe "Schools of Thought in Politics", Bd. 6, University Press Cambridge

Pateman, Carole (1989): The Disorder of Women, Stanford University Press

Kapitel 1: Politische Theorie und Politische Philosophie
Kathrin Braun

Politische Theorie und Politische Philosophie bilden ein vergleichsweise junges Feld der Frauen- und Geschlechterforschung. In den USA entstanden Anfang der 1980er Jahre mit Jean Bethke Elshtains "Public Man - Private Woman" und Alison Jaggars "Feminist Politics and Human Nature" erste Grundlagenwerke (Elshtain 1981; Jaggar 1983; dazu auch Holland-Cunz 1998, 22ff. und Lemke/Töns 1998). 1988 erschien Carole Patemans bereits zum Klassiker avanciertes Buch "The Sexual Contract", das nicht nur in feministischen Kreisen, sondern auch im politiktheoretischen *main stream* breit rezipiert wird. In den 1990er Jahre entwickelte sich die feministische Politische Theorie und Philosophie, ausgehend vor allem vom anglo-amerikanischen Raum, zu einem äußerst produktiven Gebiet der Politikwissenschaft (vgl. u.a. Bock/James 1992; Butler/Scott 1992; Hirschmann/Di Stefano 1996; Okin/Mansbridge 1994). Im deutschsprachigen Raum wurden inzwischen viele dieser Beiträge übersetzt und publiziert (vgl. u.a. List/Studer 1989; Institut für Sozialforschung 1994; Fraser 1994; Benhabib 1995; Phillips 1995; Nagl-Docekal/Pauer-Studer 1996). Sie sind für die deutsche feministische Politiktheorie gegenwärtig von nachhaltiger Bedeutung und werden vielfach rezipiert und weiterentwickelt (u.a. Holland-Cunz 1998). Schwerpunkte bilden bis heute vor allem die feministische Revision der Politischen Ideengeschichte, die Diskussion um Gerechtigkeits- und Demokratietheorie sowie die Analyse konkreter politischer Institutionen wie des Staates und des Rechts. Es stellte sich als dringend notwendig heraus, die vermeintliche Geschlechtsneutralität zentraler Konzepte der Politischen Ideengeschichte, wie z.B. "Individuum" oder "Staatsbürger", zu hinterfragen und auf androzentristische Verkürzungen zu untersuchen. In bezug auf die zeitgenössische Politische Theorie und Philosophie ist die Auseinandersetzung mit Gerechtigkeits- und Demokratietheorien von besonderer Relevanz, da in diesen Feldern der Anspruch erhoben wird, Lösungsmodelle für die Frage der Legitimität von Herrschaft und Ungleichheit zu entwickeln. Feministische Theoretikerinnen insistieren darauf, dass dabei Herrschaft und Ungleichheit qua Geschlecht einzubeziehen sind. Um solche Ungleichheits- und Herrschaftsverhältnisse zwischen und entlang der Linie Geschlecht abbauen zu können, sind jedoch nicht nur normative Kriterien und Modelle notwendig, sondern auch Analysen zur Funktionsweise und Verankerung dieser Verhältnisse in politischen Institutionen. Politische Institutionen wie der Staat und das Recht bilden daher einen weiteren zentralen Gegenstand feministischer Politikwissenschaft.

Eines der ältesten Forschungsfelder der feministischen Politikwissenschaft bildete die kritische Durchsicht der *Politischen Ideengeschichte*. "Das grundlegende Problem der traditionellen politischen Ideengeschichte", so Seyla Benhabib und Linda Nicholson, "ist das Problem der Legitimität." (Benhabib/Nicholson 1987: 513) Wie muss ein politisches Gemeinwesen gestaltet sein, um als legitim gelten zu können? Aus feministischer Sicht stellt sich vor allem die Frage, welchen Status Frauen in den jeweiligen Legitimitätskonzeptionen haben. Sind sie einbezogen oder ausgeklammert? Anerkannt oder marginalisiert? Gleichgestellt oder untergeordnet? Werden auch Geschlechterherrschaft und Geschlechterungleichheit legitimiert? Auf welche Weise, mit welchen Begriffen und Denkmustern? Inzwischen gibt es wohl kaum eine relevante Theorie in der politischen Ideengeschichte, die nicht einer kritischen feministischen Analyse unterzogen worden ist[1]. Dabei lassen sich verschiedene Zugänge unterscheiden: Erste Schritte bestanden zunächst darin, die frauenfeindlichen Vorurteile aufzuzeigen, die im Denken der politischen Philosophen zu finden sind (vgl. u.a. Clark/Lange 1979). Andere Arbeiten, insbesondere aus den frühen 1980er Jahren, schließen an die objektbeziehungstheoretische Richtung der Psychoanalyse[2] an, speziell an den Ansatz von Nancy Chodorow, und fragen danach, ob sich die philosophischen Modelle nicht als Ausdruck einer spezifisch männlichen Abwehr gegen die Erfahrung der frühen Mutter-Kind-Beziehung lesen lassen (vgl. Flax 1983; Di Stefano 1983). Der Großteil insbesondere der neueren Untersuchungen setzt allerdings an der Spaltung der Gesellschaft in einen öffentlichen und einen privaten Bereich an. Sie arbeiten heraus, wie diese Spaltung in den Politischen Philosophien wiederzufinden ist und welche Folgen sie dort für den Status von Frauen hat (vgl. Elshtain 1981; Benhabib/Nicholson 1987; Coole 1988). Sie zeigen auf, in welche Widersprüche sich die untersuchten Theorien verwickeln, wenn sie - entgegen ihren sonstigen Legitimationskonzepten - Geschlechterungleichheit mit dem Rückgriff auf "Natur" rechtfertigen. Besonders pointiert wird dieser Ansatz von Carole Pateman (1988) vertreten, wobei es ihr darum geht, nicht nur die Vorurteile der Philosophen aufzuzeigen und die Widersprüchlichkeiten ihrer Theorien, sondern darum, das Gesellschaftsmodell, das bis heute auf dem Vertragsgedanken aufgebaut ist, als inhärent patriarchalisch auszuweisen.

---

[1] Ein vollständiger Überblick über die Literatur kann an dieser Stelle nicht gegeben werden. Eine Auswahl feministischer Analysen präsentieren z.B. Okin/Mansbridge 1994, Antony/Witt 1993, Pateman/Lyndon Shanley (Hg.) 1991. Im Deutschen liegt neuerdings eine Einführung in die Politische Ideengeschichte unter dem besonderen Aspekt der Relevanz der Geschlechterordnung von Brigitte Rauschenbach (1998) vor.
[2] Im Unterschied zur triebtheoretischen Richtung der Psychoanalyse, in deren Zentrum das Spannungsverhältnis zwischen Lust- und Realitätsprinzip sowie der Ödipuskonflikt stehen, befasst sich die objektbeziehungstheoretische Richtung vornehmlich mit den Beziehungen zwischen dem Kind und seinen ersten Bezugspersonen und räumt in diesem Rahmen auch der präödipalen Mutter-Kind-Beziehung einen größeren Stellenwert ein.

Carole Patemans Analyse der Vertragstheorien stellt die wohl einflussreichste feministische Untersuchung innerhalb der Politischen Ideengeschichte dar. In dem hier ausgewählten Aufsatz hat Pateman den ideengeschichtlichen Teil des Buches "The Sexual Contract" komprimiert zusammenfasst. Sie setzt sich mit dem Gesellschaftsvertrag auseinander, weil sie davon ausgeht, dass das Vertragsmodell auch heute noch, besonders in den angelsächsischen Ländern, als maßgebliches Modell der Gestaltung sozialer Beziehungen fungiert. Dieses Denken steht in der Tradition der Theorien des Gesellschaftsvertrages, wie sie von Hobbes, Locke, Rousseau und auch Kant formuliert worden sind. Für die Vertragstheoretiker gilt ein politisches Gemeinwesen dann als gerechtfertigt, wenn es durch einen ursprünglichen Akt der Zustimmung - den ursprünglichen Vertrag - gestiftet wurde. Dabei gehen sie davon aus, dass die Menschen "von Natur", im sog. "Naturzustand", frei und gleich sind - ein Gedanke, der der Antike fremd ist. Die Menschen müssen allerdings den Naturzustand verlassen, da dieser aufgrund des Fehlens von Recht und Gesetz mit mancherlei Gefahren und Unannehmlichkeiten verbunden ist. Durch den ursprünglichen Vertrag konstituieren sie eine politische Autorität, der sie selbst fortan verpflichtet sind und die ihnen im Gegenzug Sicherheit für Leib, Leben und Eigentum garantiert. Das historisch Neue an den modernen Vertragstheorien ist der Gedanke, dass die Legitimität politischer Herrschaft durch die Zustimmung von *Individuen* gestiftet wird. Es ist nicht, wie in der mittelalterlichen Vorstellung des Herrschaftsvertrages, ein ganzes Volk, das sich einem Herrscher unterwirft, sondern es sind die im Naturzustand freien, gleichen und souveränen Individuen, welche die Zustimmung zur Konstitution legitimer politischer Herrschaft geben. Diesen individualistischen Ausgangspunkt teilen alle modernen Vertragstheorien wie auch die Philosophie Kants. In dieser ist es allerdings nicht mehr der Akt der Zustimmung, der auch historisch stattgefunden haben muss, welcher Legitimität stiftet, sondern es ist die Zustimmungs*fähigkeit,* und zwar die Zustimmungsfähigkeit der Regeln, die das Handeln bestimmen.

Das Vertragsmodell ist, so Patemans These, inhärent patriarchalisch. Eine genaue, geschlechtssensible Lektüre der klassischen Texte öffne die Augen dafür, dass der Gesellschaftsvertrag einen ihm zugrundeliegenden Geschlechtervertrag enthält, der gerade nicht Freiheit und Gleichheit konstituiert, sondern Unfreiheit und Unterordnung. Die moderne Gesellschaft habe das Patriarchat keineswegs abgeschafft, sondern sie habe nur das traditionelle Väter-Patriarchat durch ein modernes Brüder-Patriarchat ersetzt. Pateman liest dabei die Texte auf der Folie von Freuds "Totem und Tabu": Die Brüder haben sich zusammengetan, um den Vater zu stürzen, der die alleinige Verfügung über alle Frauen hat. Nach erfolgtem Vatermord teilen die Brüder die Frauen unter sich auf und etablieren das Gesetz, das das Verfügungsrecht des Einzelnen über "seine" Frau gegenüber allen anderen garantiert. Dieser Mythos erzählt jedoch nach Patemans Auffassung nicht, wie Freud meint, den Übergang von "Natur" zu "Kultur" - durch Errichtung des Inzesttabus -, sondern vom traditionellen Patriarchat zum modernen Patriarchat. Mit diesem Übergang werde nicht nur der bürgerliche Rechtszustand geschaffen, sondern auch die Dichotomie zwischen dem Privaten und dem Öffentlichen. Diese sei von Grund auf vergeschlechtlicht; nur Männer gelten als volle Teilnehmer der öffentlichen Sphäre, Frauen dagegen symbolisieren das, was aus dieser ausgegrenzt ist: den Körper und die Affekte. Carole Pateman zieht daraus den Schluss, dass, wenn Frauen volle Staatsbürger (*citizen*) werden können, die Trennung zwischen privat und öffentlich aufgehoben werden muss. Außerdem müsse die Differenz der Geschlechter in die politische Sphäre inkorporiert werden, d.h. die Gestalt des *citizen* müsse sich in eine weibliche und eine männliche ausdifferenzieren (vgl. Pateman 1992).

Diese Perspektive enthält allerdings auch bestimmte Probleme. So stellt sich die Frage, ob es wirklich erstrebenswert ist, die Trennung zwischen privat und öffentlich vollständig aufzulösen, oder ob damit nicht auch eine totalitäre Kontrolle aller persönlichen Lebensäußerungen verbunden wäre. Auch feministische Theoretikerinnen wie Jean Cohen (1994) und Anne Phillips (1995: 156ff.) weisen mit Nachdruck auf diese Gefahr hin. Ein weiteres Problem ist das des Essentialismus. Pateman nimmt an, dass Frauen *qua Körper*, d.h. qua Schwangerschaft, Geburt und Menstruation, das symbolisieren, was aus der öffentlichen Sphäre der bürgerlichen Gesellschaft ausgeschlossen ist: Naturgebundenheit, Gefühle, Bindung. Dabei wird nicht nur ausgeblendet, dass es auch einschneidende soziale Differenzen zwischen Frauen und Frauen sowie zwischen Männern und Männern gibt, sondern es fragt sich auch, ob eine solche Naturalisierung der Differenz nicht in den Denkstrukturen verbleibt, die zur Unterordnung von Frauen geführt haben. Ein anderer Ansatz in der feministischen Interpretation der Politischen Ideengeschichte versucht daher, die Fallen der Psychologisierung und des Essentialismus zu vermeiden, indem nicht nach dem philosophischen Niederschlag von körperlichen oder psychischen Unterschieden der Geschlechter gefragt wird, sondern danach, welche systematische Funktion die Geschlechterungleichheit innerhalb der Architektur des jeweiligen theoretischen Gesamtaufbaus übernimmt (vgl. Braun/Diekmann 1994; Rauschenbach 1998). Es geht dann nicht nur um die Frage, welche Widersprüche *entstehen*, wenn das Geschlechterverhältnis nach gesonderten Maßstäben behandelt wird, sondern auch darum, welche Widersprüche durch die Konstruktion von Geschlechterungleichheit *verdeckt* werden. Die Frage lautet dann: Auf welche grundlegenden Probleme des Gesellschaftsmodells weist die Legitimation von Ungleichheit im Geschlechterverhältnis hin?

Mit der Frage der Legitimität oder Nicht-Legitimität von Ungleichheit auch in der Gegenwart befassen sich zeitgenössische *Gerechtigkeitstheorien*. Dabei lassen sich in der Ideengeschichte zwei maßgebliche Traditionen unterscheiden: Die eine geht vor allem zurück auf Aristoteles und bezieht sich auf die Vorstellung einer gegebenen Seinsordnung, aus der Aussagen über das für den Menschen "gute Leben" abgeleitet werden können. In diesem Denken ist politische Ordnung in dem Maße gerecht, in dem sie die bestmögliche Verwirklichung des "guten Lebens" garantiert. Dieses besteht für Aristoteles in der kontemplativen und in der politischen Tätigkeit. Die Menschen haben in dieser Philosophie jedoch unterschiedliche Bestimmungen und dementsprechend unterschiedliche Funktionen im Staat. Nur ein kleiner Teil von ihnen hat die Fähigkeiten und die Aufgabe, sich dem "guten Leben" zu widmen - Sklaven, Fremde und Frauen gehören nicht dazu.

Die zweite Tradition geht zurück auf Kant. Das entscheidende Kriterium für Gerechtigkeit ist die Universalisierbarkeit; eine Norm ist für Kant dann gerechtfertigt, wenn sie universalisierbar ist, d.h. wenn durch ihre Befolgung niemand in seinem Status als Person verletzt wird. Dieses Prinzip gilt für die Individuen und ihre Handlungsmaximen, wie auch für den Staat, denn auch das staatliche Gesetz muss diesem Anspruch genügen. Für Kant ist diejenige politische Ordnung gerecht, in der die größtmögliche Freiheit der Einzelnen mit der aller anderen vereinbar ist.

Wenngleich heutzutage jeder ernsthafte Entwurf einer Gerechtigkeitstheorie Elemente beider Traditionen miteinander verbindet, so lassen sich doch die meisten primär der einen oder anderen Richtung zuordnen. Dies gilt auch für die feministische Gerechtigkeitstheorie. So entwickelt Martha Nussbaum (1996; 1999) eine feministische aristotelische Verteilungsethik für die Entwicklungspolitik, in der sie beansprucht, das aristotelische Konzept des guten Lebens von seinen antifeministischen Implikationen zu befreien und für die Sicherung der Grundbedürfnisse besonders auch von Frauen in den Entwicklungsländern nutzbar zu machen, wogegen Onora O`Neill (1996), ebenfalls bezogen auf Geschlechterverhältnis und globale Gerechtigkeit, einen primär kantianisch gestützten, auf dem Kriterium der Verallgemeinerbarkeit von Handlungsnormen basierenden Ansatz vertritt.

Ein wichtiger Impuls für die feministische Gerechtigkeitstheorie, der auch in der feministischen Politikwissenschaft eine lebhafte Diskussion angestoßen hat, kam von einer Moral- und Entwicklungspsychologin: In ihrem viel diskutierten Buch "Die andere Stimme" formulierte Carol Gilligan (1988) eine Kritik am Stufenmodell der Moralentwicklung bei Kindern von Lawrence Kohlberg, dessen Mitarbeiterin sie war. In diesem auf Kant zurückgehenden

Modell bildet eine an allgemeinen Regeln orientierte kognitivistische Moral die höchste Stufe der Moralentwicklung. Ein solches Verständnis von Moral würde die Dimensionen der Empathie und der Verantwortung, die für das moralische Empfinden gerade von Frauen eine große Bedeutung haben, aus dem Bereich des Moralischen ausschließen und zudem den situativen Kontext der jeweiligen moralischen Entscheidung zu wenig beachten, so Gilligan. Sie knüpft dabei an die aristotelische Tugendethik an, wobei jedoch ihr zentraler Begriff der Fürsorgeethik (*ethics of care*) als ein genuin feministisches Element in der Gerechtigkeitstheorie zu bewerten ist, das sowohl der kantischen, als auch der aristotelischen Theorie gegenüber etwas Neues darstellt. Die ursprünglich in der Moralpsychologie entwickelte *ethics of care* wurde in der feministischen Theorie intensiv und kontrovers diskutiert (u.a. Nunner-Winkler 1991; Horster 1996), sie wurde aber auch von feministischen Politiktheoretikerinnen aufgegriffen und fruchtbar gemacht (u.a. Tronto 1994; Benhabib 1989; 1995; Pauer-Studer 1996; Sevenhuijsen 1997).

In der politischen Theorie bildet das Buch von John Rawls "Eine Theorie der Gerechtigkeit" (1971) bis heute einen der einflussreichsten Entwürfe für eine zeitgenössische Gerechtigkeitstheorie. Die in diesem Buch vertretene Konzeption von "Gerechtigkeit als Fairness" verknüpft Elemente der liberalen Vertragstheorien, insbesondere die Konstruktion eines Urzustandes als Denkmodell, mit dem kantianischen Gedanken, dass es die Verallgemeinerbarkeit von Regeln ist, die über deren Legitimität entscheidet. Nach Rawls würden Personen im Urzustand, der gekennzeichnet ist durch den "Schleier des Nichtwissens", d.h. die Unkenntnis der Personen über ihre Position in der realen Gesellschaft, nur solche Gerechtigkeitsprinzipien für die Grundstruktur der Gesellschaft wählen, die auch den sozial Benachteiligten noch dienlich sind. Diese Grundsätze bestehen in einem System von Grundfreiheiten zum einen und in Chancengleichheit sowie einer gewissen Verteilungsgerechtigkeit in Form des Grundsatzes, dass soziale Ungleichheit den am wenigsten Begünstigten dienen muss zum anderen (Rawls 1979: 81; 104).

Rawls´ Modell hat zu intensiven Debatten geführt und blieb nicht unwidersprochen. In den achtziger Jahren entwickelte sich eine theoriepolitische Gegenbewegung, die starke Anleihen bei der aristotelischen Tradition vornimmt und unter der Bezeichnung "Kommunitarismus" zusammengefasst wird[3]. Obwohl es unter den Kommunitaristen auch eklatante Unterschiede gibt, haben sie gemeinsam, dass sie Rawls´ Modell von abstrakten, aus allen sozialen Bezügen herausgelösten Individuen im Urzustand kritisieren. Sie betonen demgegenüber die Bedeutung von Geschichte und sozialer Gemeinschaft und vertreten die Auffassung, dass Gerechtigkeit nur innerhalb der konkreten sozialen Realität einen Sinn macht. Begriffe wie "Gemeinschaft", "Tugend", "Gut" und das "gute Leben" werden denen des "Individuums", der "Freiheit" und den "Rechten" gegenüber- oder zumindest an die Seite gestellt. Den wichtigsten kommunitaristischen Gegenentwurf zu Rawls` "Gerechtigkeit als Fairness" entwickelte Michael Walzer (1992) mit seinem Buch "Sphären der Gerechtigkeit", in dem er auf das aristotelische Konzept des "Gutes" rekurriert. Auch Walzers Gedanke, dass ein "Gut" durch die soziale Bedeutung konstituiert wird, die ihm innerhalb einer Gemeinschaft zukommt, ist deutlich vom aristotelischen Primat der Gemeinschaft gegenüber dem Individuum geprägt. Seine Konzeption von Gerechtigkeit besteht darin, die Verteilungsmodi sozialer Güter zu pluralisieren, d.h. Güter sollen nach verschiedenen Verteilungsmodi, entsprechend ihren spezifischen sozialen Bedeutungen, verteilt werden. Indem die Dominanz eines einzelnen Gutes verhindert wird, so Walzers Gedanke, wird auch die durch die Kontrolle eines dominanten Gutes gestützte Dominanz einer einzelnen Bevölkerungsgruppe verhindert.

Ob diese beiden Entwürfe einer Theorie sozialer Gerechtigkeit, wie sie von Rawls und Walzer entwickelt wurden, die soziale Ungleichheit qua Geschlecht erfassen können, ob sie zu deren Aufklärung beitragen und in der Lage sind, Lösungen abzubieten, ist die Frage von Susan Moller Okin in dem hier präsentierten Text. Sie erinnert daran, dass die Frage der Legitimität von Ungleichheit entlang der Linie des Geschlechts von Beginn an einen Fokus der feministischen Bewegung bildet. Ein ausgearbeitetes feministisches Legitimitätskonzept gibt es bislang jedoch noch nicht. Susan Moller Okin entwickelt zumindest die Vision eines solchen Konzeptes. Sie nähert sich ihm zunächst über eine kritische, feministische Auseinandersetzung mit den Theorien von Walzer[4] und Rawls. Im Zentrum steht dabei die Frage der Gerechtigkeit innerhalb der Familie. In der Geschichte der politischen Ideen, so Okin, sei diese Frage meist stillschweigend übergangen worden, diese Sphäre bilde aber mit ihrer internen geschlechtsspezifischen Arbeits- und Machtverteilung bis heute den Dreh- und Angelpunkt geschlechtlicher Ungleichheit in der Gesellschaft.

Okin untersucht die Theorien von Rawls und Walzer im Hinblick darauf, was sie zum Thema "Gerechtigkeit in der Sphäre des Haushalts und der Familie" und zum Thema "Gerechtigkeit und Geschlecht" zu sagen haben und vergleicht beide Ansätze, um herauszufinden, welcher für die politische Begründung der Gleichstellung der Geschlechter besser geeignet sei. Dabei arbeitet sie die grundlegenden inneren Widersprüche heraus, in welche die The-

---

[3] Eine Zusammenstellung wichtiger Texte in der deutschen Übersetzung findet sich in Honneth 1993.
[4] Eine kritische feministische Analyse von Walzers Theorie der "Sphären" liefert auch Nagl-Docekal 1993.

orien sich aufgrund ihrer uneindeutigen Behandlung des Geschlechterverhältnisses verstricken.

Okin kommt zu dem Ergebnis, dass die Theorie von Rawls zwar durch geschlechtsblinde Flecken gekennzeichnet ist, aber trotzdem feministisch weitergedacht werden könne. Sie sei daher für eine Kritik an der hierarchischen Organisation des Geschlechterverhältnisses brauchbarer als die Theorie von Walzer, dem sie zwar bescheinigt, dass er der Position der Frau in der Gesellschaft größere Aufmerksamkeit zukommen lässt, dessen moralischer Relativismus jedoch ihrer Ansicht nach ungeeignet ist, um bestehende Geschlechterarrangements zu kritisieren.

An dem Text von Okin wird deutlich, dass eine feministische Analyse Ergebnisse zu Tage fördern kann, deren Relevanz über die Thematisierung von Geschlechterungleichheit hinausreicht, denn die Frage der sozialen Institutionalisierung des Geschlechtsunterschiedes bildet für Okin zugleich auch ein Modell, an welchem sie die generelle Reichweite und Stimmigkeit und der vorliegenden Ansätze überprüft.

Auch die besten Konzeptionen von Recht und Gerechtigkeit müssen politisch umgesetzt werden. Die Frage der Gerechtigkeit verweist daher auf Fragen der *demokratischen Partizipation*. Demokratie ist, nach der berühmten Formel von Abraham Lincoln, "*government of the people, by the people, for the people*". Tatsache ist jedoch, dass den Angehörigen des weiblichen Geschlechts in fast allen real existierenden Demokratien bis weit in dieses Jahrhundert hinein zentrale politische Rechte, wie das Wahlrecht, vorenthalten wurden. Noch heute sind Frauen in den allermeisten demokratischen Staaten in den Körperschaften der politischen Meinungsbildung und Entscheidungsfindung deutlich unterrepräsentiert. Die feministische Demokratietheorie bemüht sich um Erklärungen und Lösungsansätze für dieses Problem.

Die Diskussion konzentrierte sich dabei vor allem um folgende Themenbereiche, die sich untereinander allerdings vielfach berühren und überschneiden: Da ist zum Einen das Verhältnis von "privat" und "öffentlich", d.h. die Frage, welche Probleme überhaupt in der Sphäre des Politischen behandelt werden oder welche als scheinbar "private" oder "persönliche" ausgegrenzt werden, wie es z.B. beim Thema "Gewalt in der Ehe" lange Zeit der Fall war. Besonders radikalfeministische Denkerinnen (z.B. Millett 1971) erhoben die Forderung nach einer Aufhebung der Trennung zwischen "privat" und "öffentlich", während Theoretikerinnen des "maternal thinking" (z.B. Elshtain 1981) dagegen den Privatbereich der Familie als unverzichtbaren Schutzraum und als Sphäre der Humanisierung verstanden. Inzwischen ist die Forderung nach Aufhebung der Trennung vielen Theoretikerinnen dahingehend präzisiert worden, dass nicht die Trennung als solche generell in Frage zu stellen sei, sondern dass es darum gehen müsse, Herrschaft, Ausbeutung und Machtungleichheit auch im Bereich persönlicher Beziehungen zu kritisieren und politisch abbauen zu können (vgl. Ackelsberg/Lyndon Shanley 1996).

Ein weiteres Problem, mit dem die feministische Demokratietheorie sich auseinandersetzt, ist die Frage, welche Modelle demokratischer Partizipation am besten geeignet sind, um eine stärkere Beteiligung von Frauen zu erreichen. Sind informelle, direktdemokratische Strukturen besser geeignet, oder führen sie eher zur strukturellen Überlastung von Frauen und zu neuen, informellen Hierarchien, so dass neben der Ausweitung direktdemokratischer Partizipation, an der insbesondere Barbara Holland-Cunz (1998) festhält, auch formalisierte Strukturen der Repräsentation von Frauen erforderlich sind, auf denen besonders Anne Phillips (1995; 1995a) insistiert?

Und drittens wird das Thema "Demokratie und Differenz" (vgl. Benhabib 1996; Lemke/Töns 1998; Maihofer 1997; Phillips 1993) in der feministischen Demokratietheorie ausführlich diskutiert: Soll in der politischen Sphäre von Differenzen, wie der Differenz qua Geschlecht, abgesehen werden, wie es das liberale Politikverständnis vorsieht? Oder sollen Differenzen im Gegenteil ausdrücklich sichtbar gemacht werden und sogar eine politische Repräsentation erhalten, damit unterdrückte Gruppen Stimme und Gehör in der politischen Öffentlichkeit erhalten, wie v.a. Iris M. Young vorschlägt (Young 1990). Oder geht es vielmehr darum, bestimmte Differenzen, sofern sie auf sozialer Ungleichheit basieren, gesellschaftlich aufzulösen (Fraser 1997)? Oder aber darum, wie poststrukturalistische Denkerinnen fordern, "Geschlecht" als eine unter mehreren veränderlichen Subjektposition zu begreifen, zu denen neben Geschlecht auch *race*, Klasse und sexuelle Orientierung gehören und die sich wechselseitig überschneiden und beeinflussen und in diskursiven Prozessen immer aufs Neue konstruiert und verschoben werden? Aus dieser Sicht hätten Feministinnen vor allem die Aufgabe, die entsprechenden Konstruktionsprozesse sichtbar zu machen und zu verflüssigen, um der Legitimation von Herrschaft mittels der Konstruktion von scheinbar feststehenden, essentialistischen Kategorien den Boden zu entziehen (Mouffe 1993; Butler 1991).

Die Diskussion um "Demokratie und Differenz", in der Iris M. Young (s. den Aufsatz in diesem Band) eine wichtige Stimme darstellt, entstand vor allem in den USA im Kontext der Neuen Sozialen Bewegungen, wie der Black Power-Bewegung, der Lesben- und Schwulenbewegung, der Frauenbewegung und weiterer marginalisierter Bevölkerungsgruppen. Diese Bewegungen resultierten aus der Enttäuschung über eine Anti-Diskriminierungspolitik, die mit einem Assimilationsgebot verkoppelt war. Sie setzten stattdessen auf die Entwicklung einer eigenständigen Identität als sozialer Gruppe und bestanden auf der Anerkennung ihrer kulturellen Werte und Ausdrucksformen. Die *rainbow coalition,* d.i. der Zusammenschluss marginalisierter Gruppen gegen Unterdrückung und Diskriminierung, bildet den politischen Bezugspunkt von Youngs Überlegungen (Young 1990). Sie tritt dafür ein, dass diese Gruppen sich in der politischen Öffentlichkeit selbst repräsentieren können, ohne dabei ihre kulturelle Identität aufgeben zu müssen. Die Probleme von Youngs Ansatz liegen v.a. in der Frage, ob wirklich *alle* Differenzen per se anzuerkennen sind. Kritikerinnen werfen ihr eine Essentialisierung von Gruppendifferenzen vor (Mouffe 1993) oder sie monieren, dass ihr Vorschlag auf kulturelle Differenzen zugeschnitten ist, Verhältnisse sozialer Ungleichheit dagegen nicht aufnehmen kann (Fraser 1997). Darüber hinaus ist nicht ganz klar, ob Young den Maßstab des Universalismus als solchen in Frage stellt, oder nur dessen bisherige, herrschaftsförmige Anwendung (Benhabib 1995a).

Die Auseinandersetzung mit den Demokratisierungspotentialen des öffentlichen Raums ist ein Thema, das seit etwa Mitte der 1980er Jahre zahlreiche politische Denkerinnen und Denker beschäftigt, darunter viele Feministinnen wie Iris Young, Seyla Benhabib (1995a), Nancy Fraser (1997a). Anlass zu dieser Diskussion gab nicht zuletzt der Zusammenbruch der staatssozialistischen Systeme in Mittel- und Osteuropa und der UdSSR sowie die Demokratisierung vormals diktatorischer Staaten v.a. in Lateinamerika. Diese Entwicklungen hatten in den 1980er und 90er Jahren zu einer fast weltweiten Verbreitung von - mindestens formell - demokratischen Strukturen geführt. Sie werden von Feministinnen einerseits begrüßt, insofern sie den Abbau staatspatriarchalischer Bevormundung beinhalten und neue Chancen auf eine freiere politische Partizipation von Frauen erhoffen lassen. Andererseits wird gesehen, dass sich diese Hoffnungen bisher nicht zu erfüllen scheinen, vor allem wenn der Zusammenbruch autoritärer Systeme in eine Ethnisierung sozialer Konflikte übergeht, die meist mit einer massiver Re-Konstituierung männlicher Geschlechtsherrschaft verbunden ist. Zum anderen beobachten einige Feministinnen die Tendenz, dass die westlich-kapitalistischen Länder die Durchsetzung ihres eigenen Politik- und Gesellschaftsmodells dazu nutzen, um sich gegen Sozialkritik aus der eigenen Gesellschaft zu immunisieren (Fraser 1997a). Vor diesem Hintergrund ist die Konzeptualisierung von demokratischen Formen, die einen nicht-herrschaftlichen, gewaltlosen Umgang mit Differenz ermöglichen, eine dringende, weltumspannende Aufgabe, zu der die feministische Demokratietheorie vieles beizutragen hat.

Während die Politische Philosophie danach fragt, wie die Normen und Institutionen des politischen Gemeinwesens beschaffen sein müssen, um als gerechtfertigt gelten zu können, konzentriert sich die Politische Theorie auf die Frage, wie sie derzeit gestaltet *sind*, wie sie funktionieren, wo ihre Fehler und Grenzen liegen. Zu ihrer Aufgabe gehört auch die *Analyse politischer Institutionen* und der in ihnen geronnenen Macht- und Herrschaftsverhältnisse: Wem dienen sie? Wem schaden sie? Wen schließen sie aus? Wie werden Macht- und Herrschaftsverhältnisse erhalten und/oder transformiert? Dazu gehört auch die Frage, ob und wie politische Institutionen Herrschafts- und Machtverhältnisse zwischen Männern und Frauen errichten, erhalten oder verschieben. Feministische Theoretikerinnen haben diese Frage auch umgedreht und gefragt, ob nicht auch ein bestimmtes Verständnis und eine bestimmte Organisation der Geschlechterrelation das Selbstverständnis und die Strukturen der politischen Institutionen bestimmt.

Eine wichtige politische Institution, die auch für das Problem der Herrschaft und der Ungleichheit entlang der Linie Geschlecht von großer Bedeutung ist, ist das Recht, und hier insbesondere das Verfassungsrecht.

Aus einer feministischen Perspektive wird das Rechtssystem der USA vor allem von der Rechtstheoretikerin Catharine A. MacKinnon (v.a. 1989) kritisiert. MacKinnon gilt als eine der wichtigsten radikalfeministischen Theoretikerinnen in den USA. "Radikalfeministisch" ist ihr Zugang insofern, als sie das Verhältnis zwischen Männern und Frauen als Herrschaftsverhältnis sui generis begreift, d.h. es ist ihrer Ansicht nach weder auf ein anderes Herrschaftsverhältnis zu reduzieren (*class*) noch einem anderen analog (*race*). Das entscheidende Feld, auf dem dieses Herrschaftsverhältnis sich etabliert, ist nach MacKinnon die Sexualität: "Sexualität bedeutet für den Feminismus, was Arbeit für den Marxismus ist" (MacKinnon 1989a: 86). In dem hier vorgestellten Text vertritt MacKinnon die Auffassung, dass das in den USA vorherrschende Verständnis von Rechtsgleichheit den Abbau von Geschlechterungleichheit mehr behindert als unterstützt. Es basiere auf der Annahme, dass Differenzen zwischen den Geschlechtern ungleiche Behandlungen rechtfertigen können, auch wenn sie soziale Ungleichheit zur Folge haben, insofern die Ungleichheit von "natürlichen" Differenzen ausgehe. MacKinnon vertritt die entgegengesetzte These: Ungleichheit zwischen den Geschlechtern entsteht nicht aufgrund von Differenz, sondern Differenz entsteht durch Macht und Ungleichheit. Sie setzt sich daher für eine andere Konzeption von Rechtsgleichheit ein, derzufolge alle Gesetze, welche die soziale Ungleichheit von Frauen tolerieren oder verstärken, als verfassungswidrig gelten müssten (MacKinnon 1991). Es ist also das dominante, liberale, us-amerikanische Verständnis von Gleichheit, das MacKinnon kritisiert, insofern reichen auch ihre Überlegungen über die Problematik der Geschlechterherrschaft hinaus.

Catharine MacKinnon gehört zu den umstrittensten Theoretikerinnen des Feminismus. Problematisch ist vor allem, dass sie Frauen in ihren Texten nahezu ausschließlich als Opfer porträtiert. Auf diese Weise bleibt zum einen außen vor, in welcher Weise Frauen an der Aufrechterhaltung gesellschaftlicher Herrschafts- und Ungleichheitsverhältnisse beteiligt sind, also auch Mitwirkende oder Nutznießerinnen von Herrschaft sind. Zum anderen wird unklar, wie Frauen jemals in der Lage sein sollten, ihre Situation zu verändern, wenn sie immer nur Objekt männlicher Machtausübung sind. In bezug auf MacKinnons Rechtskritik stellt sich zudem die Frage, ob sie nicht doch einen normativen Bezugspunkt für die von ihr geforderte Gleichheit angeben müsste: Warum und inwiefern sind Männer und Frauen gleich bzw. sollten gleich behandelt werden? Eine solche Begründung wird aber schwierig, vielleicht unmöglich, wenn die normativen Bezugspunkte des liberalen Rechts prinzipiell als Instrument männlicher Herrschaft verstanden werden (vgl. Nagl-Docekal 1996: 19).

MacKinnon versteht ihre Arbeit als feministische Analyse des Staates, als Analyse der Art und Weise, wie der Staat männliche Suprematie unterstützt (MacKinnon 1989). Dabei begreift sie jedoch, in einem spezifisch amerikanischen Sinne, den "Staat" vor allem als das Rechtssystem. Allenfalls die Regierung (*government*) spielt daneben eine Rolle. Da im amerikanischen Recht, das in der Tradition des englischen *common law* steht, das Richterrecht und die Interpretation von Präzedenzfällen eine größere Bedeutung haben als im kontinentaleuropäischen, in dem die Kodifizierung von größerer Wichtigkeit ist, vollzieht sich Staatsanalyse bei MacKinnon in erster Linie als Analyse konkreter Gerichtsentscheidungen, konfrontiert mit der empirisch feststellbaren sozialen Ungleichheit zwischen Männern und Frauen.

Dagegen hat "Staat" in der europäischen feministischen Theorie eine andere und umfassendere Bedeutung. Dabei ist zu sehen, dass die amerikanische Geschichte einerseits weder Absolutismus noch Faschismus erfahren hat und andererseits durch die späte und - verglichen mit Europa - rudimentäre Ausbildung einer gesamtstaatlichen Administration und Sozialpolitik gekennzeichnet ist. Letzteres hängt damit zusammen, dass die Arbeiterbewegung in den USA traditionell schwach ist[5]. Ein weiterer Unterschied zwischen den us-amerikanischen und der westeuropäischen feministischen Staatsdiskussion geht darauf zurück, dass das feministische Staatsverständnis in der Bundesrepublik, Großbritannien und anderen westeuropäischen Ländern nicht zuletzt durch die marxistische Staatsdiskussion der siebziger Jahre geprägt ist, an der auch viele Frauen, wenngleich zunächst nicht als Feministinnen, beteiligt waren (u.a.

---

[5] Allerdings hat die Schwäche von Bürokratie und organisierter Arbeiterbewegung in den USA auch Eingriffsmöglichkeiten für Frauenorganisationen eröffnet, die in Europa in diesem Maße nicht bestanden (vgl. das Kapitel 'Sozialpolitik' in diesem Band).

Müller/Neusüß 1971; Gerstenberger 1973). Diese Diskussion drehte sich vor allem um die Bedeutung des (Sozial-)Staates für die Gewährleistung der Bedingungen der Kapitalakkumulation. Vor diesem Hintergrund wird verständlich, dass "der Staat" im europäischen Feminismus stärker mit Sozialstaat, Bürokratie, Militär und Gewaltmonopol zusammengedacht wird und meist im Spannungsfeld zwischen Herrschaftssicherung und sozialem Ausgleich gesehen wurde[6]. Im europäischen Raum entwickelten sich frühe Ansätze zu einer feministischen Theorie des Staates vor allem in Großbritannien. Hier wurde von Feministinnen die Frage gestellt, ob der Staat nur aus dem kapitalistischen Klassenverhältnis zu begreifen sei, oder auch aus der geschlechtlichen Arbeitsteilung, ob er ein Instrument der herrschenden Klasse ist oder auch des Patriarchats. Problematisch an diesen frühen Ansätzen war vor allem der ihnen inhärente Funktionalismus und die damit verbundene Vorstellung des Staates als monolithischem Subjekt[7].

In der deutschsprachigen Frauen- und Geschlechterforschung bestand vor allem in den siebziger Jahren eine große kritische Distanz gegenüber dem Staat. Die Neue Frauenbewegung in Deutschland verstand sich überwiegend als "autonome Frauenbewegung"[8], d.h. sie bildete eigene Organisationsformen jenseits bestehender linker oder gewerkschaftlicher Strukturen und jenseits der etablierten Politik. Diese Politik wiederum kann als Reaktion darauf verstanden werden, dass die Frauenbewegung in Deutschland innerhalb der Parteien und Verbände tatsächlich wenig Unterstützung fand. Zusätzlich ist zu bedenken, dass der Staat in Deutschland eine lange autoritäre Tradition hat und die Frauenbewegung kaum auf historische Erfahrungen erfolgreicher Frauenpolitik im Staat zurückgreifen konnte. Seit Mitte der achtziger Jahre, unter dem Eindruck zunehmender Institutionalisierung der Gleichstellungspolitik

---

[6] Eine Gesamtdarstellung der feministischen Staatstheorie in Deutschland gibt Seemann 1996, ein Überblick über die angelsächsische und die skandinavische Diskussion findet sich bei Pringle/Watson 1992.

[7] Vgl. Wilson (1977) und McIntosh (1978). Mary McIntosh vertrat die These, dass der Sozialstaat durch seine Unterstützung des patriarchalischen "Familien-Haushaltsmodells" die Unterdrückung von Frauen stütze, denn dieses sei für die kapitalistische Produktionsweise funktional. Es wurde davon ausgegangen, dass der Zweck des Staats in der Aufrechterhaltung kapitalistischer Herrschaft liegt und aus dieser Annahme wurde abgeleitet, wie der Staat historisch-konkret handelt. Dabei fielen sowohl Widersprüche zwischen Klassen- und Geschlechterherrschaft aus dem Blick wie auch mögliche emanzipative Potentiale, die der Sozialstaat für Frauen haben könnte und die empirischen Unterschiede der verschiedenen (Sozial-)Staaten untereinander. Zur nichtfunktionalistischen Weiterentwicklung des politisch-ökonomischen Ansatzes vgl. Braun 1993; Young 1992; 1995.

[8] In der deutschen Frauenbewegung der 1970er und 1980er Jahre waren französische poststrukturalistische Ansätze (v.a. Irigaray 1980), teils in ihrer Rezeption durch italienische Feministinnen (Libreria delle donne di Milano 1988), von viel größerer Bedeutung als nordamerikanische Theorien. Dem feministischen poststrukturalistischen Ansatz ging es um ein Denken und eine Praxis "der Differenz". Zentral an diesem Ansatz ist der Gedanke, dass Frauen sich nicht mehr über Männer definieren sollen, sei es als deren Negation oder als Abweichung vom Mann, sondern sich auf Frauen beziehen sollten. Konkret beinhaltete die "Politik der Differenz" den Zusammenschluss von Frauen in reinen Frauenzusammenhängen, die Forderung nach geschlechtsdifferenzierten Rechten bis zur Forderung nach getrennten politischen Institutionen für Frauen (vgl. die Diskussion in Gerhard u.a. 1990).

einerseits sowie dem Abbau des Sozialstaates und seinen Folgen für Frauen andererseits, setzte sich die Frauen- und Geschlechterforschung jedoch auch im deutschsprachigen Raum zunehmend mit den Möglichkeiten und Grenzen staatsbezogener feministischer Politik auseinander[9].

Einen maßgeblichen Beitrag zur deutschen feministische Staatstheorie bilden die Arbeiten von Eva Kreisky. Für diese ist nicht die Auseinandersetzung mit dem Marxismus prägend, sondern diejenige mit einer spezifischen deutschen Theorietradition: Inspirierend war vor allem die Auseinandersetzung von Nicolaus Sombart mit der Männerbundideologie in Deutschland sowie mit der Theorie und Persönlichkeit von Carl Schmitt, aber auch der Einfluss von Max Weber mit seinem Verständnis der Bürokratie als "stählernem Gehäuse der Hörigkeit". Noch in den Gegenständen von Kreiskys Analysen reflektiert sich die starke obrigkeitsstaatliche Tradition im deutschen Staatsverständnis: Der Staat, den Kreisky untersucht, ist der Staat als Apparat, als Institution, paradigmatisch für ihn sind die Institutionen Bürokratie und Militär. Auch die Tradition eines männerdominierten Korporatismus in Österreich und Deutschland gehört zum historischen Erfahrungshintergrund dieses Ansatzes.

Kreiskys zentrale These lautet, der Staat sei als Männerbund zu verstehen. Kreisky bezieht sich dabei zunächst auf die historische Tradition des Männerbund-Gedankens in Deutschland, der sich um die Jahrhundertwende entwickelte und bis in den Nationalsozialismus reicht. Im Unterschied zum Patriarchatsbegriff akzentuiert er zum einen die Beziehungen *zwischen Männern* und zum anderen betont er die affektive Dimension dieser Beziehung. "Männerbund" wird verstanden als eine affektgeladene, hierarchische Bindung zwischen Männern mit dem Ziel der Erhaltung männlicher Dominanz gegenüber Frauen. Auch Riten, Zeremonien und Symbole, in welchen die Beziehungen zwischen Männern und ihre Dominanz gegenüber Frauen gefestigt werden, müssten, so Kreisky, einen wichtigen Untersuchungsgegenstand feministischer Politikwissenschaft bilden. Die feministische Staatstheorie erhielt somit durch den Männerbundbegriff eine kulturwissenschaftliche Komponente. Kreisky selbst arbeitet auf weiten Strecken mit Studien aus Geschichtswissenschaft und Ethnologie.

Der Männerbund ist für Kreisky jedoch nicht nur eine spezifisch deutsche Erscheinung aus der ersten Hälfte des 20. Jahrhunderts und schon gar nicht ein überwundenes Element vormoderner Kulturen; ihre These ist vielmehr, dass das "Männerbundsyndrom" bis heute im Staat wirksam sei, vor allem in Militär und Bürokratie. Kreisky betrachtet den Staat also vor-

---

[9] vgl. hierzu das Kapitel Sozialpolitik in diesem Band.

nehmlich als "Staatsapparat", genauer: Sie betrachtet zentrale Bestandteile des Staatsapparates, nämlich Militär und Administration. Andere Bereiche des Staates, wie z.B. das Rechtssystem oder der Parlamentarismus, sind für ihre These dagegen weit weniger paradigmatisch.

Kreisky versteht den Begriff des Männerbundes als theoretisches Instrument und nicht unmittelbar als Aussage über eine historische Realität. Ihre Arbeiten bleiben insofern programmatisch, d.h. die Aufgabe, an historisch-konkreten Staatsapparaten zu untersuchen, inwieweit der Männerbundgedanke dort wirksam ist - oder nicht -, welche Gegenkräfte aktiv sind, welche Widersprüche möglicherweise zwischen männerbündischen und brüderlich-egalitären Modellen zu finden sind, kurz: die empirische Überprüfung des Konzeptes steht noch aus. Ohne diese besteht allerdings die Gefahr, dass das Konzept des Männerbundes zur anthropologischen Konstante gerät, die, ähnlich wie der Patriarchatsbegriff der siebziger Jahre, historische Unterschiede, Entwicklungen und Widersprüche eher verdeckt.

Im Zentrum von Kreiskys Überlegungen steht noch unangefochten der Nationalstaat; über diesen Rahmen hinaus wird feministische Staatstheorie in Zukunft auch vor der Herausforderung stehen, neue Formen von Staatlichkeit und neue Formen des Politischen oberhalb, unterhalb und jenseits des Nationalstaates im Hinblick auf ihre Implikationen für geschlechtsbezogene Formen von Macht und Herrschaft zu analysieren. Einen wichtigen Beitrag leistet dazu Brigitte Young in diesem Band (daneben vgl. auch Kreisky/Sauer 1997; Jessop 1997).

Literatur

Ackelsberg, Martha A./Mary Lyndon Shanley (eds.) (1996): Privacy, Publicity, and Power: A Feminist Rethinking of the Public-Private Distinction, in: Hirschmann/ Di Stefano, S.213-233.

Antony, Louise M./Charlotte Witt (eds.) (1993): A Mind of one's own. Boulder/San Francisco/Oxford.

Benhabib, Seyla (1989): Der verallgemeinerte und der konkrete Andere. Ansätze zu einer feministischen Moraltheorie, in: List/ Pauer-Studer, S.454-487.

Benhabib, Seyla (1995): Selbst im Kontext. Frankfurt a.M.

Benhabib, Seyla (1995a): Ein deliberatives Modell demokratischer Legitimität, in: Deutsche Zeitschrift für Philosophie, H.1, S.3-30.

Benhabib, Seyla/Nicholson, Linda (1987): Politische Philosophie und die Frauenfrage, in: Pipers Handbuch der Politischen Ideen Bd. 5, hrsg. v. Iring Fetscher und Herfried Münkler, München/Zürich 1987, S.513-562.

Bock, Gisela/Susan James (eds.) (1992): Beyond Equality and Difference. Citizenship and Feminist Politics and Female Subjectivity. London/New York.

Braun, Kathrin (1993): Gewerbeordnung und Geschlechtertrennung. Klasse, Geschlecht und Staat in der frühen Arbeitsschutzgesetzgebung. Baden-Baden.

Braun, Kathrin/Anne Diekmann (1994): Individuelle und generative Reproduktion in den politischen Philosophien von Hobbes, Locke und Kant, in: Elke Biester/Barbara Holland-Cunz/Birgit Sauer (Hg.), Demokratie oder Androkratie? Theorie und Praxis demokratischer Herrschaft in der feministischen Diskussion. Frankfurt a.M./New York, S.157-187.

Butler, Judith (1991): Das Unbehagen der Geschlechter. Frankfurt a.M.

Butler, Judith/Joan W. Scott (eds.) (1992): Feminists Theorize the Political. London/New York.

Clark, Lorenne M.G./Linda Lange (eds.) (1979): The Sexism of Social and Political Theory: Women and Reproduction from Plato to Nietzsche. Toronto.

Cohen, Jean L. (1994): Das Öffentliche und das Private neu denken, in: Margrit Brückner/Birgit Meyer (Hg.), Die sichtbare Frau. Die Aneignung der gesellschaftlichen Räume. Freiburg, S.300-326.

Coole, Diana H. (1988): Women in Political Theory: From Ancient Misogyny to Contemporary Feminism. Brighton.

Di Stefano, Christine (1983): Masculinity as Ideology in Political Theory: Hobbesian man considered, in: Hypathia Vol.6, S.633-644.

Eisenstein, Zillah (1978): Capitalist Patriarchy and the Case for Socialist Feminism. New York.

Elshtain, Jean Bethke (1981): Public Man - Private Woman. Women in Social and Political Thought. Princeton.

Flax, Jane (1983): Political Philosophy and the Patriarchal Unconsciousness: A Psychoanalytic Perspective on Epistemology and Metaphysics, in: Sandra Harding/Merril B. Hintikka (eds.), Discovering Reality. Dordrecht/Boston/London, S.245-281.

Fraser, Nancy (1994): Widerspenstige Praktiken. Macht, Diskurs, Geschlecht. Frankfurt a.M.

Fraser, Nancy (1997): Culture, Political Economy, and Difference: on Iris Youngs` *Justice and the Politics of Difference*, in: Dies. (ed.), Justice Interruptus. Critical Reflections on the "Postsocialist" Condition. New York/London, S.189-205.

Fraser, Nancy (1997a): Rethinking the Public Sphere: A Contribution to the Critique of Actually Existing Democracy, in: Dies., Justice Interruptus. Critical Reflections on the "Postsocialist" Condition. New York/London, S.69-98.

Gerhard, Ute u.a. (Hg.) (1990): Differenz und Gleichheit. Menschenrechte haben (k)ein Geschlecht. Frankfurt a.M.

Gerstenberger, Heide (1973): Zur Theorie der historischen Konstitution des bürgerlichen Staates, in: Prokla, H.8/9, S.207-226.

Gilligan, Carol (1988): Die andere Stimme. Lebenskonflikte und Moral der Frau. München.

Hirschmann, Nancy J./Christine Di Stefano (eds.) (1996): Revisioning the Political. Feminist Reconstructions of Traditional Concepts in Western Political Theory. Boulder/Co.

Holland-Cunz, Barbara (1998): Feministische Demokratietheorie. Thesen zu einem Projekt. Opladen.

Honneth, Axel (Hg.) (1993): Kommunitarismus. Eine Debatte über die moralischen Grundlagen moderner Gesellschaften. Frankfurt a.M./New York.

Horster, Detlef (Hg.) (1998): Weibliche Moral - ein Mythos? Frankfurt a.M.

Institut für Sozialforschung (Hg.) (1994): Geschlechterverhältnisse und Politik. Frankfurt a.M.

Irigaray, Luce (1980): Speculum. Spiegel des anderen Geschlechts. Frankfurt a.M.

Jaggar, Alison (1983): Feminist Politics and Human Nature. Totowa N.J.

Jessop, Bob (1997): Nationalstaat, Globalisierung, Gender, in: Eva Kreisky/Birgit Sauer (Hg.), Geschlechterverhältnisse im Kontext politischer Transformation. PVS-Sonderheft 28/1997, S.262-292.

Kerchner, Brigitte/Gabriele Wilde (Hg.) (1997): Staat und Privatheit. Aktuelle Studien zu einem schwierigen Verhältnis. Opladen.

Kreisky, Eva (1995): Der Stoff, aus dem die Staaten sind. Zur männerbündischen Fundierung politischer Ordnung, in: Regina Becker-Schmidt/Gudrun Axeli Knapp (Hg.), Das Geschlechterverhältnis als Gegenstand der Sozialwissenschaften. Frankfurt a.M./New York, S.85-124.

Kreisky, Eva/Birgit Sauer (1997): Geschlechterverhältnisse im Kontext politischer Transformation, in: Eva Kreisky/Birgit Sauer (Hg.), Geschlechterverhältnisse im Kontext politischer Transformation. PVS-Sonderheft 28/1997, S.9-49.

Lemke, Christiane/Katrin Töns (1998): Feministische Demokratietheorie und der Streit um Differenz, in: Gudrun Axeli Knapp (Hg), Kurskorrekturen. Feminismus zwischen Kritischer Theorie und Postmoderne, Frankfurt a.M./New York, S.216-241.

Libreria delle donne di Milano (1988): Wie weibliche Freiheit entsteht. Eine neue politische Praxis. Berlin.

List, Elisabeth/Herlinde Studer (Hg.) (1989): Denkverhältnisse. Feminismus und Kritik. Frankfurt a.M.

MacKinnon, Catharine A. (1989): Toward a Feminist Theory of the State. Cambridge MA/London.

MacKinnon, Catharine A. (1989a): Feminismus, Marxismus, Methode und der Staat: Ein Theorieprogramm, in: List/Studer, S.86-132.

MacKinnon, Catherine A. (1991): Reflections on Sex Equality Under Law. In: 100 Yale Law Journal 1281, S.1281-1328.

Maihofer, Andrea (1997): Gleichheit und/oder Differenz. Zum Verlauf einer Debatte, in: Eva Kreisky/Birgit Sauer (Hg.), Geschlechterverhältnisse im Kontext politischer Transformation. PVS-Sonderheft 28/1997, S.155-176.

McIntosh, Mary (1978): The State and the Oppression of Women, in: Annette Kuhn/ Annette Wolpe (eds.), Feminism and Materialism. London.

Millett, Kate (1971): Sexus und Herrschaft. München/Wien/Basel.

Mouffe, Chantal (1993): Feminism, Citizenship and Radical Democratic Politics, in: Dies., The Return of the Political. London/New York, S.74-89.

Müller, Rudolf Wolfgang/Christel Neusüß (1971): Die Sozialstaatsillusion und der Widerspruch von Lohnarbeit und Kapital, in: Prokla, Sonderheft 1, S.7-70.

Nagl-Docekal, Herta (1993): Die Kunst der Grenzziehung und die Familie, in: Deutsche Zeitschrift für Philosophie 41, 1993, S.1021-1033.

Nagl-Docekal, Herta (1996): Gleichbehandlung und Anerkennung von Differenz: Kontroversielle Themen feministischer politischer Philosophie, in: Nagl-Docekal/Pauer-Studer, S.9-53.

Nagl-Docekal, Herta/Herlinde Pauer-Studer (Hg.) (1996): Politische Theorie. Differenz und Lebensqualität. Frankfurt a.M.

Nunner-Winkler, Gertrud (Hg.) (1991): Weibliche Moral. Die Kontroverse um eine geschlechtsspezifische Ethik. Frankfurt a.M./New York.

Nussbaum, Martha (1996): Onora O´Neill, Gerechtigkeit, Geschlechterdifferenz und internationale Grenzen. Ein Kommentar, in: Nagl-Docekal/ Pauer-Studer, S.451-468.

O'Neill, Onora (1996): Gerechtigkeit, Geschlechterdifferenz und internationale Grenzen, in: Nagl-Docekal/Pauer-Studer, S.417-450.

Okin, Susan Moller/Jane Mansbridge (eds.) (1994): Feminism. Bd. 1 u. 2. Schools of Thought in Politics 6, Cambridge UK.

Pateman, Carol/Mary Lyndon Shanley (eds.) (1991): Feminist Interpretations and Political Theory. Cambridge.

Pateman, Carole (1988): The Sexual Contract. Stanford, California.

Pateman, Carole (1992): Gleichheit, Differenz, Unterordnung. Die Mutterschaftspolitik und die Frauen in ihrer Rolle als Staatsbürgerinnen, in: Feministische Studien, H.1, 1992, S.54-69.

Pauer-Studer, Herlinde (1996): Das Andere der Gerechtigkeit. Moraltheorie im Kontext der Geschlechterdifferenz. Berlin.

Phillips, Anne (1993): Democracy and Difference. Cambridge/UK.

Phillips, Anne (1995): Geschlecht und Demokratie. Hamburg.

Phillips, Anne (1995a): The Politics of Presence. Oxford.

Pringle, Rosemary/Sophie Watson (1992): `Women´s Interest´ and the Post-Structuralist State, in: Michéle Barrett/Anne Phillips (eds.), Destabilizing Theory. Contemporary Feminist Debates. Cambridge, S.51-73.

Rauschenbach, Brigitte (1998): Politische Philosophie und Geschlechterordnung. Eine Einführung. Frankfurt a.M./New York.

Rawls, John (1979): Eine Theorie der Gerechtigkeit. Frankfurt a.M.

Seemann, Birgit (1996): Feministische Staatstheorie. Der Staat in der deutschen Frauen- und Patriarchatsforschung. Opladen.

Sevenhuijsen, Selma (1997): Feministische Überlegungen zum Thema Care und Staatsbürgerschaft, in: Helga Braun/Dörte Jung (Hg.), Globale Gerechtigkeit? Feministische Debatte zur Krise des Sozialstaats. Hamburg, S.74-95.

Tronto, Joan C. (1994): Moral Boundaries. A Political Argument for an Ethics of Care. New York.

Walzer, Michael (1992): Sphären der Gerechtigkeit. Ein Plädoyer für Pluralität und Gleichheit. Frankfurt a.M./New York.

Wilson, Elizabeth (1977): Women and the Welfare State. London.

Young, Brigitte (1992): Der Staat - eine "Männerdomäne?" Überlegungen zur feministischen Staatsanalyse, in: Elke Biester/Brigitte Geißel u.a. (Hg.), Staat aus feministischer Sicht. Berlin, S.7-18.

Young, Brigitte (1995): Staat, Ökonomie und Geschlecht, in: Eva Kreisky/Birgit Sauer (Hg.), Feministische Standpunkte in der Politikwissenschaft. Frankfurt a.M./New York, S.255-280.

Young, Iris Marion (1990): Justice and the Politics of Difference. Princeton, N.J.

Carole Pateman:
Der brüderliche Gesellschaftsvertrag

Die Söhne bilden eine Konspiration, um den Despoten zu entmachten, und am Ende ersetzten sie den Gesellschaftsvertrag durch gleiches Recht für alle... Freiheit bedeutet Gleichheit unter Brüdern (Söhnen) ... Locke behauptet, dass Bruderschaft nicht durch die Geburt entsteht, sondern durch die freie Wahl und den Vertrag ... Rousseau würde sagen, dass sie auf dem Willen des Einzelnen beruht.

Norman O. Brown, *Love's Body*

Die Entstehungsgeschichte der bürgerlichen Gesellschaft, wie sie durch die klassischen Staatsvertragstheorien des siebzehnten und achtzehnten Jahrhunderts begründet wird, ist schon oft erzählt worden. In den zeitgenössischen politiktheoretischen Auseinandersetzungen wurde die Begründungsgeschichte des politischen Rechts durch den Gesellschaftsvertrag von John Rawls und seinen Mitstreitern wiederbelebt. In all diesen Erzählungen, Diskussionen und Argumenten spiegelt sich jedoch nur die halbe Geschichte des Sozialvertrags wieder. Namhafte Politiktheoretiker präsentieren die Entstehung der bürgerlichen Gesellschaft als die Herausbildung einer universellen Öffentlichkeit, die (zumindest potentiell) alle mit einbezieht; gelegentlich wird die Vertragsgeschichte auch mit den Ursprüngen der rechtsstaatlichen Autorität oder mit Rousseaus partizipatorisch-demokratischen Gemeinwesen gleichgesetzt. Dabei handelt es sich bei dem Sozialvertrag nicht um das originäre politische Recht. Man schweigt nämlich über einen bestimmten Teil der Geschichte, der Aufschluss gibt über den brüderlichen Pakt hinter dem Sozialvertrag und die dadurch bedingte Konstituierung der bürgerlichen Gesellschaft als eine patriarchale und grundlegend maskuline politische Ordnung.

Die meisten herkömmlichen vertragstheoretischen Diskussionen übernehmen die Behauptung einer erfolgreichen Begründung der Staatsgewalt durch die Vertragstheorie unkritisch; der entscheidende Fehler, durch den vermieden wird, dass der brüderliche Pakt hinter dem Gesellschaftsvertrag als solcher erkannt wird, liegt jedoch woanders. Die Kommentierung klassischer Texte wie auch die zeitgenössischen Rawlsschen Argumentationen bringen nur die halbe Wahrheit ans Licht; aufgrund ihres tiefsitzenden Patriarchalismus´ lässt die moderne Politiktheorie einen ganz entscheidenden Aspekt ihrer eigenen Entstehungsgeschichte analytisch außer acht. Wenn Politiktheoretiker über das Individuum sprechen, dann setzen sie die Betroffenheit der öffentlichen Welt unhinterfragt voraus; sie investieren gar nicht erst in die Frage, wie gängige Konzeptionen des Individuums, der Zivilgesellschaft und der Öffentlichkeit durch die Entgegensetzung zur weiblichen Natur und zur Privatsphäre entlang patriarchaler Kategorien konstituiert werden. Der bürgerliche Staat (*civil body politic*), wie er durch den brüderlichen Sozialvertrag entstand, wurde nur nach dem Vorbild einer der beiden menschlichen Körper modelliert.

Der patriarchale Charakter der bürgerlichen Gesellschaft kommt besonders deutlich in den klassischen Texten zum Ausdruck - vorausgesetzt sie werden aus einer feministischen Perspektive gelesen. In diesem Kapitel werde ich nur einige Implikationen einer solchen Lesart und die offensichtlichsten Auslassungen der vertragstheoretischen Standarddiskussionen verdeutlichen.[1] Zum Beispiel soll es sich bei der bürgerlichen Gesellschaft um eine öffentliche Gesellschaft handeln; bei dieser Behauptung wird außer acht gelassen, dass sich feministische Argumente auf eine andere Auffassung der Trennung von "öffentlich" und "privat" beziehen als sie sich normalerweise in den Diskussionen über die bürgerliche Gesellschaft findet.

Die Bedeutung der "bürgerlichen Gesellschaft" in den herkömmlichen Vertragsgeschichten, auf die ich mich hier beziehe, wird durch die "ursprüngliche" Trennung und Gegenüberstellung von einer modernen, öffentlichen - zivilen - Welt und einer modernen, privaten oder ehelichen und familiären Sphäre konstituiert: D.h. in der neuen sozialen Welt, die durch den Gesellschaftsvertrag geschaffen wird, gilt all das, was über die häusliche (private) Sphäre hinausgeht, als die öffentliche bzw. "zivile" Gesellschaft. Feministinnen beschäftigen sich mit *dieser* Trennung. Demgegenüber gehen die meisten Debatten über die bürgerliche Gesellschaft und solche Formulierungen wie "öffentliche" Regulierung versus "private" Unternehmen von der Annahme aus, dass die politisch relevante Grenze zwischen öffentlich und privat *innerhalb* der durch die Vertragstheorie konstituierten "bürgerlichen Gesellschaft" zu ziehen ist. Das heißt der Begriff "bürgerliche Gesellschaft" wird zunehmend im Sinne Hegels verwandt, der als einer der größten Kritiker der Vertragstheorie die allgemeine, öffentliche Sphäre des Staates mit dem Markt, den gesellschaftlichen Klassen und den Korporationen der privaten Bürgergesellschaft kontrastiert hat.

Hegel steht natürlich für die dreifache Unterteilung zwischen Familie, bürgerlicher Gesellschaft und Staat — aber die Trennung zwischen der Familie und dem Rest des sozialen Lebens wird in den Diskussionen über die bürgerliche Gesellschaft in der Regel "vergessen". Die sich verändernde Bedeutung des "Zivilen", des "Öffentlichen" und des "Privaten" bleibt unbemerkt; denn bei der "ursprünglichen" Gründung der bürgerlichen Gesellschaft durch den Gesellschaftsvertrag handelt es sich ja um eine patriarchale Konstruktion, die mit der Ge-

---

[1] Eine ausführlichere und detaillierte Interpretation der Vertragsgeschichten und ihrer Bedeutung für den Ehevertrag und andere Verträge, wie zwischen einer Prostituierten und ihrem Klienten, befindet sich in meinem Buch *The Sexual Contract* (1988).

schlechtertrennung einhergeht. Politische Theoretiker haben diesen Teil der Geschichte aus ihrem theoretischen Bewusstsein verdrängt — obwohl er der Annahme immer schon implizit ist, dass das bürgerliche Leben ein natürliches Fundament braucht; genaugenommen beschäftigen sich sowohl Liberale als auch (nicht-feministische) Radikale nur mit dem liberalen Verständnis der bürgerlichen Gesellschaft, in welchem das "bürgerliche" Leben gegenüber dem öffentlichen Staat als das Private gilt.

Wahrscheinlich ist der bemerkenswerteste Aspekt der verschiedenen Darstellungen der Vertragsgeschichte die mangelnde Aufmerksamkeit gegenüber der Brüderlichkeit, obgleich ja viel diskutiert wird über Freiheit und Gleichheit. Ein Grund für diese Vernachlässigung liegt in der Ignoranz der Freudschen Erkenntnisse über die Brüderlichkeit und die Vertragsgeschichte. Die Brüderlichkeit gilt als ein zentraler Aspekt des Sozialismus´; und vor kurzem hat eine Studie gezeigt, dass die Brüderlichkeit im Liberalismus des neunzehnten und zwanzigsten Jahrhunderts die Integration des Individuums in die Gemeinschaft in entscheidender Weise bedingen soll. Diese Diskussionen über Fraternität rühren jedoch nicht an der Tatsache, dass die Konstitution des Individuums auf die patriarchale Trennung zwischen privat und öffentlich beruht; ferner bleibt unberücksichtigt, dass sich eine Trennung zwischen Vernunft und Brüderlichkeit durch die Konzeption des (männlichen) "Individuums" hindurchzieht. Die Brüderlichkeit spielt für diejenigen Liberalen eine Rolle, die versuchen eine soziologisch adäquatere Darstellung des Individuums zu formulieren als durch die abstrakten Konzeptionen der klassisch liberalen Vertragstheorien nahegelegt wird. Für Feministinnen verdeutlicht diese explizite Bezugnahme auf liberale oder sozialistische Brüderbünde lediglich den patriarchalen Charakter der angeblich universalen Kategorien; sie macht auf das grundlegende Problem aufmerksam, ob und in welcher Weise Frauen in eine patriarchale bürgerliche Welt vollständig integriert werden können.

Eine feministische Interpretation der Vertragsgeschichten ist auch aus einem weiteren Grund von Bedeutung. Die zeitgenössische feministische Bewegung hat für die Verbreitung der Idee des Patriarchats in den allgemeinen und akademischen Debatten gesorgt; im Hinblick auf die genaue Bedeutung und die Implikationen dieser Idee besteht jedoch ein gehöriges Maß an Verwirrung, so dass einige Feministinnen kürzlich sogar für die Vermeidung dieses Terminus plädiert haben. "Patriarchat" ist jedoch meines Wissens der einzige Begriff, mit dessen Hilfe sich das Spezifische an der Unterwerfung und Unterdrückung von *Frauen* erfassen und von anderen Herrschaftsformen unterscheiden lässt. Wenn wir das Konzept des Patriarchats abschaffen, wird das Problem der Unterwerfung von Frauen und der Geschlechterherrschaft innerhalb der individualistischen und klassentheoretischen Ansätze wieder von der

Bildfläche verschwinden. Die zentrale Frage muss daher lauten, in welchem Sinne sich unsere eigene Gesellschaft als patriarchisch bezeichnen lässt.

Zwei bekannte feministische Behauptungen über die patriarchale tragen nur zu der bereits bestehenden Verwirrung bei. Bei der ersten handelt es sich um die These, dass die wortwörtliche Bedeutung von "Patriarchat", nämlich die Herrschaft durch die Väter, heutzutage immer noch relevant sei. Wie jedoch die Untersuchung klassischer Texte zeigt handelt es sich bei der Behauptung, das Patriarchat bedeute nicht mehr als die väterliche Herrschaft, selbst um eine patriarchalische Interpretation. Die zweite These, das Patriarchat sei ein zeitloses menschliches Universum, schließt ganz offensichtlich die Möglichkeit aus, dass die Herrschaft der Männer über die Frauen in unterschiedlichen historischen Phasen und kulturellen Kontexten eine sehr verschiedenartige Gestalt annehmen kann. Genauer gesagt kann durch keine dieser beiden Behauptungen der Tatsache Genüge geleistet werden, dass der ganz entscheidende Prozess des Wandels von der traditionellen zur modernen Gesellschaft - gemeint ist der Umbruch, den ja die Vertragsgeschichten theoretisch komprimiert darstellen - begleitet wurde durch den Übergang von einer traditionellen (patriarchalen) Form des Patriarchats zu einer *spezifisch modernen* (oder brüderlichen) Form: der patriarchalen bürgerlichen Gesellschaft.

Wenige Teilnehmer/innen aktueller feministischer Patriarchatsdebatten scheinen sich der Bedeutung der patriarchalen politischen Theorie in ihrem klassischen Sinne bewusst zu sein: Gemeint ist der Patriarchalismus von Sir Robert Filmer und anderer weniger bekannten Autoren aus der Zeit vor dreihundert Jahren. Hinzu kommt, dass kaum jemand Notiz nimmt von der theoretischen wie praktischen Bedeutung des Kampfes zwischen den Patriarchalisten und den Vertragstheoretikern. Die Untersuchung von Zillah Eisenstein (1981) bildet eine Ausnahme. Jean Elsthain (1981) bekräftigt in ihrer Bezugnahme auf die Patriarchatstheorie hingegen nur die allgemeine Ansicht der politischen Theorie, dass am Ende des siebzehnten Jahrhunderts das Patriarchat eine fatale Niederlage erlitten hat (1981:Kapitel 3; siehe auch Nicholson 1986).[2] Diese Annahme ist jedoch sehr realitätsfern; ein besseres Verständnis davon, in welchem Sinne und mit welchen Einschränkungen die Vertragstheoretiker als Sieger über die Patriarchalisten hervorgingen, ist die Voraussetzung der Erkenntnis über den Entstehungsprozess der spezifisch modernen Form des Patriarchats.

Die patriarchalische politische Theorie hat wenig gemeinsam mit der altertümlichen Patriarchalismustradition. In den Patrialismusvorstellungen der Antike wurde die Familie zum

---

[2] Im Gegensatz zu mir schlägt Eisenstein eine andere Richtung in der Entwicklung ihres Arguments ein.

allgemeinen Vorbild der sozialen Ordnung erklärt; die Entstehung der politischen Gesellschaft wurde aus der Familie oder dem Zusammenkommen vieler Familien abgeleitet. In *Patriarchalism in Political Thought* betont Schochet, dass die patriarchalische politische Theorie dahingegen ausdrücklich als eine Rechtfertigung der politischen Autorität und des politischen Gehorsams formuliert wurde; wie er außerdem unterstreicht, entstand die politische Theorie des Patriachats in Opposition zu den Theorien des Gesellschaftsvertrags, die sich etwa während des selben Zeitraums entwickelten und durch die die Hälfte der grundlegendsten Annahmen der Patriarchalisten in Frage gestellt wurde (Schochet 1975). Der Patriarchalismus wurde also in einem spezifischen historischen und theoretischen Kontext geschaffen und "besiegt".

In der Standardinterpretation wird der Konflikt zwischen den Anhängern des Patriarchats und den Vertragstheoretikern als ein Kampf um die väterliche Herrschaft behandelt; man konzentriert sich in der Regel auf die unüberwindbaren Gegensätze zwischen den zwei Doktrinen des politischen Rechts des Vaters einerseits und der natürlichen Freiheit der Söhne andererseits. Die Vertreter des Patriarchats behaupteten, dass Könige und Väter in der gleichen Art und Weise regierten (Könige waren Väter und umgekehrt); sie bezeichneten die Familie und das politische Gemeinwesen als homolog. Die Söhne galten als von Geburt an ihren Vätern unterworfen; politische Autorität und Gehorsam sowie die Hierarchie der Ungleichheit wurden demnach als naturgegeben betrachtet. Die Vertragstheoretiker stritten all diese Behauptungen ab. Sie argumentierten dagegen, dass die väterliche und die politische Herrschaft verschieden seien und dass es sich bei der Familie und dem politischen Gemeinwesen um zwei völlig unterschiedliche und voneinander getrennte Formen der Assoziation handelt. Ihren Darstellungen zufolge wurden die Söhne frei und gleich geboren; sie würden als Erwachsene so frei sein wie ihre Väter vor ihnen, die politische Autorität und der Gehorsam galten als konsensabhängig und alle politischen Subjekte sollten einander als Bürger gleichgestellt werden.[3] Es ist wahr, dass die Theoretiker des Patriarchats innerhalb dieser Kontroverse besiegt wurden. Die theoretischen Annahmen der Vertragstheoretiker wurden im wesentlichen durch den tatsächlichen Wandel von der traditionellen politischen Ordnung und einer Welt der Väter-Könige zu der kapitalistischen Gesellschaft, der liberalen repräsentativen Regierung und der modernen Kleinfamilie bestätigt.

---

[3] Diese kurze Zusammenfassung verdeutlicht die wesentlichen Punkte in der Auseinandersetzung zwischen den Protagonisten und übergeht damit die Unterschiede zwischen den Theoretikern auf beiden Seiten. Hobbes beispielsweise betrachtete väterliches und politisches Recht als homolog, lehnte aber einen patriarchalischen Anspruch auf Vaterschaft ab.

Allerdings handelt es sich bei dieser bekannten Version der Geschichte, in der die Söhne ihre natürliche Freiheit erlangen, den Vertrag schließen und die liberale bürgerliche Gesellschaft bzw. Rousseaus partizipatorische Gesellschaftsordnung gründen, nur um die halbe Wahrheit. Es bleibt eine patriarchalische Lesart der Texte, in der "Patriarchat" mit väterlicher Herrschaft gleichsetzt wird; über den wahren Ursprung des politischen Rechts wird weiterhin geschwiegen. Das Patriarchat hat nämlich im Grunde genommen zwei Dimensionen: die väterliche Version (Vater/Sohn) und die männliche Version (Gatte/Gattin). Politische Theoretiker können den Ausgang dieses theoretischen Kampfes nur als Sieg der Vertragstheorie verbuchen, weil sie über den geschlechtsspezifischen bzw. ehelichen Aspekt des Patriarchats hinwegsehen, bzw. weil ihnen dieser Aspekt als unpolitisch, natürlich und damit als theoretisch irrelevant erscheint. Die feministische Lesart der Texte kann jedoch verdeutlichen, dass der Patriarchalismus im Grunde genommen weit von einer Niederlage entfernt war. Zwar lehnten die Vertragstheoretiker das patriarchale Recht ab; sie übernahmen aber gleichzeitig das eheliche bzw. das männliche patriarchale Recht, welches sie gleichzeitig transformierten.

Um aufzuzeigen, wie dies geschehen konnte, und um einige der Charaktereigenschaften des modernen Patriarchats in einem ersten Schritt zu verdeutlichen, muss mit der patriarchalischen Geschichte der monarchischen Vaterschaft - wie sie etwa in den Werken von Sir Robert Filmer veranschaulicht wird - begonnen werden. Obwohl Filmers Vater in der Geschichte des Gesellschaftsvertrages gestürzt wird, erhalten seine Söhne ein bedeutsames Erbe. Dies wird jedoch paradoxer Weise von der Doktrin des väterlichen Rechts überschattet.

Filmer (1949) wollte die vertragstheoretische Behauptung, dass Männer von Natur aus frei seien, als einen schrecklichen Fehler entlarven. Er betrachtete diese Behauptung als "das Fundament für den Aufstand der Massen" (ebd.: 54). Filmer argumentierte, dass alle Gesetze notwendigerweise dem Willen eines Mannes entstammen. Alle Herrschaftstitel wurden seiner Meinung nach aus dem ursprünglichen göttlich garantierten königlichen Recht Adams, des ersten Vaters, übertragen. Durch die Erkenntnis, dass "das natürliche und private Reich Adams die Quelle allen Regierens und allen Eigentums [ist]" (ebd.: 71), sollte das Fundament der Behauptung der natürlichen Gleichheit aller Menschen zum Einsturz gebracht werden. Filmer schreibt, dass "der Titel durch die Vaterschaft kommt" (ebd.: 188); Adams Söhne, und damit alle Söhne der darauffolgenden Generationen, würden aufgrund von Adams "Vaterrecht," seiner "väterlichen Macht" oder der "Macht der Vaterschaft" in politische Unterwerfung hinein geboren (ebd.: 71, 57, 194).

Mit der Geburt seines ersten Sohnes wurde Adam zum ersten Monarch, sein politisches Recht wurde auf alle folgenden Väter und Könige übertragen. Filmer war der Überzeugung, dass Väter und Könige aufgrund ihrer Vaterschaft regierten und dass alle Väter Monarchen in ihren Familien seien: "Der Vater einer Familie regiert durch kein anderes Gesetz als durch seinen eigenen Willen" (ebd.: 96). Filmer argumentierte, dass keine Regierung eine Tyrannei sein könne, weil der Wille des Königs Gesetz sei; in der gleichen Weise sollte der Wille des Vaters als absolut gelten, als der willkürliche Wille des *patria potestas*, der nach römischem Recht die Macht über das Leben und den Tod seiner Kinder besaß. Laslett (1949) kommentiert, dass Filmer "zwar nicht die Todesstrafe für Kinder durch ihre Väter vorsah, wohl aber zustimmend einige Beispiele derselben aus Bodin zitierte" (ebd.: 28).[4]

Filmers Ansicht über den Ursprung politischen Rechts scheint deshalb unmissverständlich: Es entspringt der Vaterschaft. Aber der Patriarchalismus, selbst in seiner klassischen Form, ist wesentlich komplexer als seine wörtliche Bedeutung vermuten lässt. Väterliche Macht ist, wie Filmer selbst zu erkennen gibt, nur eine Dimension des Patriarchats. Filmers augenscheinlich klare Aussagen verdecken den Ursprung patriarchalen Rechts. Väterliche Macht ist nicht der Ursprung des politischen Rechts. Die Genese politischer Macht liegt in Adams ehelichem oder geschlechtlichem Recht, nicht aber in der Vaterschaft. Adams politischer Titel wird ihm übertragen *bevor* er Vater wird. Söhne, so äußerst sich Filmer bissig über Hobbes' These, sprießen nicht einfach wie Pilze aus dem Boden empor. Wenn Adam ein Vater werden sollte, musste Eva ein Mutter werden; und wenn Eva eine Mutter werden sollte, so musste Adam sexuellen Zugang zu ihrem Körper haben. Mit anderen Worten, das geschlechtliche oder eheliche Recht muss dem Vaterrecht *notwendigerweise vorausgehen*.

Filmer macht unmissverständlich deutlich, dass Adams politisches Recht ursprünglich in seinem Recht als Ehemann über Eva begründet liegt: "Gott hat Adam... die Herrschaft über seine Frau gegeben" und "Gott hat Adam dazu bestimmt, über seine Frau zu bestimmen und ihre Wünsche sollten den seinigen untergeordnet sein" (Filmer 1949: 241, 283). Das geschlechtliche oder eheliche Recht verschwindet jedoch allmählich in Filmers Schriften. Nachdem er behauptet hatte, dass sich die erste Herrschaft Adams bzw. sein politisches Recht auf eine Frau statt einen anderen Mann (den Sohn) bezieht, subsumiert Filmer das eheliche Recht unter der Macht der Vaterschaft. Eva und ihre Wünsche sind Adam unterworfen, aber, so fährt Filmer fort, "hier haben wir die ursprüngliche Übertragung der Regierung und die Quelle jeglicher Macht in die Hände des Vaters der Menschheit gelegt" (ebd.). Zur Erinne-

---

[4] Filmer (1949) schreibt: "wo es nur Väter und Söhne gibt, können Söhne nicht an dem Vater zweifeln, weil er ihren Bruder getötet hat" (256).

rung: In der biblischen Geschichte im Buch Genesis wurde Eva erst geschaffen nachdem Adam und die Tiere bereits auf der Erde waren. Darüber hinaus ist Eva nicht *ab initio* sondern *aus* Adam entstanden, der dadurch in einem gewissen Sinne ein Elternteil ist. Filmer kann jegliches politische Recht als das Recht des Vaters behandeln, da der patriarchale Vater die kreativen Fähigkeiten beider, der Mutter und des Vaters, besitzt. Er ist nicht nur einer der beiden Elternteile, er ist *die* Eltern.

Die patriarchalische Vorstellung von politischen Vätern (hier in Lockes Worten) ist die von "fürsorglichen Vätern, liebevoll und besorgt um das Allgemeinwohl" (Locke 1967: II, §110). Die patriarchalische Geschichte handelt von der Zeugungskraft eines Vaters, der in sich selbst vollkommen ist. Seine Zeugungskraft gibt und ernährt gleichzeitig alles Leben; durch sie wird politisches Recht geschaffen und erhalten. Filmer (1949) kann Adams Macht über Eva ohne weiteres negieren, denn in dieser Erzählung sind Frauen in prokreativer und politischer Hinsicht irrelevant. Der Grund, weshalb Adam über "die Frau" herrscht, liegt nach Ansicht Filmers (der sich hier auf eine sehr alte Vorstellung bezieht) darin, dass "der Mann ... die noblere und eigentliche Person in der Fortpflanzung ist" (ebd.: 245). Frauen sind für den Vater lediglich leere Gefäße zum Zweck der Ausübung seiner sexuellen und prokreativen Macht. Das ursprüngliche politische Recht, das Gott Adam gibt, stellt sozusagen das Recht dar, das leere Gefäß zu füllen.

Die Frage nach der natürlichen Freiheit der Frauen bzw. nach der Korrektur ihrer Nichtberücksichtigung taucht somit gar nicht erst auf. Filmer erwähnt Frauen lediglich, um die Torheit der Doktrin der natürlichen Freiheit der Söhne zu verdeutlichen. Die Behauptung der Vertragstheoretiker einer naturgegebenen Freiheit beinhaltet, dass es "keine übergeordnete Macht geben kann." Das Absurde dieser Schlussfolgerung wird für Filmer in dem Korollar deutlich, dass "Frauen, insbesondere Jungfrauen, von Geburt an genauso viel natürliche Freiheit haben [würden] wie alle anderen und dadurch ihre Freiheit nicht ohne ihre Einwilligung verlieren sollten" (ebd.: 287).

Filmer konnte die natürliche Freiheit von Frauen als *reductio ad absurdum* der Vertragstheorie behandeln, weil es keine Kontroverse zwischen den Patriarchalisten und den Vertragstheoretikern bezüglich der Unterwerfung von Frauen gab. Das Ziel der Vertragstheoretiker war nicht, das geschlechtliche Recht von Männern und Ehemännern zu Fall zu bringen, sondern der theoretische Vatermord. Beide Seiten stimmten in den folgenden Punkten überein: erstens, dass Frauen (Ehefrauen) im Gegensatz zu Söhnen von Geburt an den Männern (Ehemännern) untergeordnet waren und es auch blieben; und zweitens, dass das Recht der Männer über Frauen *nicht politisch* war. Locke zum Beispiel stimmte mit Filmer darin überein, dass die Unterwerfung von Frauen "in der Natur verwurzelt" ist. Der Ehemann ist von Natur aus "der Fähigere und Stärkere"; er muss deshalb über die Frau herrschen (Locke 1967: I, §47; II, §82). Auch Rousseau (1979), der den liberalen Gesellschaftsvertrag vehement als das betrügerische Fundament einer korrupten bürgerlichen Ordnung der Ungleichheit und der Herrschaft kritisierte, besteht darauf, dass Frauen Untergebene eines Mannes oder eines männlichen Urteils sein müssen und dass ihnen niemals erlaubt werden kann sich über diese Urteile zu stellen. Wenn eine Frau eine Ehefrau wird, erkennt sie ihren Ehemann als "einen Meister für das gesamte Leben" an (ebd.: 370, 404).

Der Sieg der Vertragstheoretiker hing von der Trennung zwischen väterlicher und politischer Macht ab, so dass sie nicht, wie Filmer, die geschlechtliche unter die väterliche —d.h. die politische - Herrschaft subsumieren konnten. Im Gegenteil, die Geschichte des Gesellschaftsvertrages verdeckt das ursprüngliche politische Recht, indem sie geschlechtliches oder eheliches Recht als natürlich proklamiert. Es wird angenommen, dass die männliche Herrschaft über Frauen sich von den jeweiligen Eigenschaften der Geschlechter ableiten lässt, eine Behauptung die von Rousseau in Buch V des *Emile* ausführlich diskutiert wird. Locke (1967) streitet mit Filmer nicht über die Legitimität des geschlechtlichen, patriarchalen Rechts; er besteht vielmehr darauf, dass dieses Recht unpolitisch ist. Evas Unterwerfung

> "kann keine andere Unterwerfung sein als die, die jede Ehefrau ihrem Ehemann schuldet, ... Adams [Macht] ... kann nur eine eheliche Macht sein, nicht aber eine politische, die Macht, die jeder Ehemann als der Verwalter der Güter und des Landes besitzt, um die Dinge in der Privatsphäre der Familie zu regeln und um seinen Willen in allen Angelegenheiten, die sie gemeinsam betreffen, vor den seiner Ehefrau zu stellen" (ebd.: I, §48).

Im Gegensatz zu zeitgenössischen politischen Theoretikern waren sich beide Seiten in der Kontroverse des siebzehnten Jahrhunderts darüber bewusst, dass die neue Doktrin von der natürlichen Freiheit und Gleichheit subversive Auswirkungen auf *alle* Macht- und Herrschaftsbeziehungen hatte. Die Patriarchalisten behaupteten, diese Doktrin sei derart absurd, dass die Probleme, die sie aufwerfe, wenn es darum ginge, bspw. die Herrschaft eines Ehemannes über seine Frauen zu rechtfertigen, sich unmittelbar als Hirngespinste erweisen würden, die der verwirrten Vorstellungswelt der Vertragstheoretiker entstammen. Obgleich die Vertragstheoretiker dem ehelichen Patriarchat zustimmten, so bot die individualistische Sprache ihres Angriffs auf das Vaterrecht Anknüpfungspunkte (wie Sir Robert Filmer behauptete) für unzählige revolutionäre, einschließlich feministische Bestrebungen. Frauen begannen beinah sofort damit, die Widersprüche zu nutzen, die sich aus einem Individualismus und einem Universalismus ergaben, die darauf beharrten, dass Frauen für die Unterwerfung geboren seien und dass ihre Unterwerfung natürlich sei und politisch irrelevant. Am Ende des siebzehnten Jahrhunderts fragte z.B. Mary Astell (1970): "Wenn alle Männer als Freie geboren werden, wie kann es dann angehen, dass Frauen als Sklaven geboren werden" (ebd.: 107)?[5]

Die Schwierigkeit für die Vertragstheoretiker bestand darin, dass sie diese Frage nicht beantworten konnten, ohne sich in Selbstwidersprüchlichkeiten zu verfangen. Immerhin gibt es keinen logischen Grund, warum sich ein freies und gleiches weibliches Individuum immer einem anderen freien und gleichen (männlichen) Individuum (vertraglich) durch die Eheschließung unterordnen sollte. Diese Schwierigkeit wurde einfach beiseite geschoben. Politische Theoretiker, ob liberal oder sozialistisch, nahmen das Männerrecht in ihre Theorien auf, während sie die Geschichte über den Ursprung patriarchaler Macht schlicht "vergaßen". Natürliche Unterwerfung wurde als väterliche Macht begriffen und drei Jahrhunderte feministischer Kritik wurde unterdrückt und ignoriert - und zwar unabhängig davon, ob sie von Frauen geschrieben wurde, deren Namen in den Lehrbüchern über politische Theorie niemals Erwähnung finden, von genossenschaftlich orientierten oder utopischen Sozialisten oder von dem ansonsten anerkannten Philosophen John Stuart Mill.

Die gängige Ansicht, dass der Aufstieg der gesellschaftlichen Vertragstheorie und die Entwicklung einer bürgerlichen Gesellschaft auch gleichzeitig die Niederlage des Patriarchalismus bedeute, führte dazu, dass wesentliche Fragen über die Entstehung des bürgerlichen politischen Gemeinwesens (*civil body politic*) niemals gestellt wurden. Ein Problem bezüglich des Gesellschaftsvertrags, dem einige Aufmerksamkeit gewidmet wurde, ist die Frage, wer genau diese Vereinbarung trifft. Viele Kommentatoren sprechen unreflektiert von "Individuen," die den Pakt schließen. Schochet macht allerdings darauf aufmerksam, dass man die Begrenzung der Vertragsfähigkeit auf die Familienväter als selbstverständlich voraussetzte.

Als ich zum ersten Mal über diese Dinge aus der Sichtweise einer Feministin nachdachte, nahm ich an, dass der Gesellschaftsvertrag ein patriarchaler Vertrag war, denn er wurde von Vätern gemacht, deren Zustimmung ihre Familien verpflichtete. Gleichwohl sind Individuen, verstanden im universellen Sinne, also gleichbedeutend mit "alle" und "jeder," nicht Teil des Gesellschaftsvertrags. Frauen sind daran nicht beteiligt: Als natürliche Wesen fehlen ihnen die dazu notwendigen Fähigkeiten. Die "Individuen" der Geschichten sind *Män-*

---

[5] Für Analogien zwischen Ehevertrag und Gesellschaftsvertrag und die Macht der Ehemänner oder Könige siehe

ner, die aber nicht als Väter handeln. Schließlich geht es in den Geschichten um den Sieg über die politische Macht der Väter. Als Väter haben Männer keinen politischen Anspruch mehr. Aber Väter sind auch Ehemänner—Lockes Freund Tyrrell schreibt, dass Ehefrauen "durch ihre Ehemänner vollendet" würden (zit. n. Schochet 1985: 202)[6]; von einem anderen Standpunkt aus gesehen sind die Teilnehmer des Gesellschaftsvertrags Söhne und Brüder. Der Vertrag entsteht durch Brüder oder *Brüderlichkeit*. Es ist kein Zufall, dass Brüderlichkeit in der Geschichte mit Freiheit und Gleichheit einhergeht und dass dieser Begriff gleichbedeutend ist mit dem, was er wortwörtlich besagt: Bruderschaft (*brotherhood*).

Wenn "Patriarchat" allzu häufig wörtlich verstanden wird, so wird "Fraternität" meist so behandelt, als sei die wörtliche Bedeutung heute irrelevant und als träfen die Begriffe des revolutionären Slogans "Freiheit, Gleichheit, Brüderlichkeit" ohne weiteres auf uns alle zu statt sich nur auf die durch den Bruderbund vereinten Männer zu beziehen. Bernard Crick (1982) machte vor kurzem darauf aufmerksam, dass es noch relativ wenige Analysen über Brüderlichkeit gibt, obwohl, so behauptet er, "Brüderlichkeit zusammen mit Freiheit der Menschheit größter Traum ist" (ebd.: 228). Wenn sie Erwähnung findet, wird die Brüderlichkeit häufig als Ausdruck der Gemeinschaftlichkeit verstanden; sie wird begriffen "letztlich als eine Art soziales Miteinander ... eine Beziehung zwischen einer Gruppe von Gleichgestellten, die dazu dient, sich soviel als möglich gegenseitig zu helfen und zu unterstützen" (Hobsbawm 1975 zit. n. Taylor 1982: 31). Oder wie Crick (1982) das Argument an seine sozialistischen Freunde adressiert: Die Brüderlichkeit sei eine ethische und soziale Praxis, die "einhergeht mit Einfachheit, Bescheidenheit, Freundlichkeit, Hilfsbereitschaft, Liebenswürdigkeit, Offenheit und Vorbehaltslosigkeit zwischen Individuen im alltäglichen Leben sowie der Bereitschaft, an gemeinsamen Aufgaben zusammenzuarbeiten" (ebd.: 233).[7] Die generelle Akzeptanz, dass "Brüderlichkeit" nicht mehr ist als eine Art und Weise, über gemeinschaftliche Bindungen zu reden, verdeutlicht wie sehr patriarchalische Vorstellungen unsere politische Theorie und Praxis beeinflussen. Feministinnen haben längst das Maß einzuschätzen gelernt, in dem die sozialistische Solidarität und Gemeinschaft für sie nicht viel mehr bedeutet als Gehilfinnen ihrer Kameraden zu sein und mit ihren spezifischen politischen Belangen bis

---

M. Shanley (1979).

[6] Ich habe Freiheit, Gleichheit und den Gesellschaftsvertrag diskutiert in *The Problem of Political Obligation* (1985).

[7] Crick (1982: 230) behauptet, dass "Schwesterlichkeit" in "gewisser Hinsicht ein weniger ambivalentes Bild, von dem ist, was ich durch "Brüderlichkeit" zu vermitteln suche." Obwohl er die Verbindung zwischen Brüderlichkeit, dem "Bund der aggressiven Brüder" und männlichen "Stereotypen" anführt, behauptet er, dass es besser ist "zu versuchen, alte ‚Brüderlichkeit' zu desexualisieren oder gar zu feminisieren, anstatt innezuhalten um die meisten Sprachen umzuformulieren;" welches genau den Punkt außer acht lässt, dass Sprache Ausdruck und Teil der patriarchalen Struktur unserer Gesellschaft ist ("Sprache ist eine Art des Lebens").

nach der Revolution warten zu müssen. Die Probleme, die Frauen begegnen, wenn sie ihren Belangen sprachlich Ausdruck verleihen wollen, werden in den Schlussworten von Simone de Beauvoirs *The Second Sex* deutlich; dort schreibt sie, dass "Männer und Frauen unmissverständlich ihre Brüderlichkeit beweisen [müssen]" (Beauvoir 1953: 732).[8]

Die Tatsache, dass der Gesellschaftsvertrag keine Vereinbarung zwischen Individuen, Vätern oder Söhnen ist, sondern ein Bruder-Bund, wird insbesondere in Freuds Version der Geschichte des Gesellschaftsvertrages deutlich. Freuds Schilderung von der Ermordung des Urvaters durch die Söhne wird in den Diskussionen über den Gesellschaftsvertrag normalerweise nicht berücksichtigt. Allerdings wird, wie von Brown behauptet, "Freuds Urverbrechen im Kampf der verschiedenen Interpretationen nachvollzogen" (Brown 1966: 4).[9] Rieff (o. J.) wiederum behandelt den Freudschen Mythos des Vatermords als eine Version des Gesellschaftsvertrags, der als ein Teil derselben Tradition zu verstehen ist wie die Theorien von Hobbes, Locke und Rousseau (Kapitel VII). Alles spricht für diese Interpretation. In *Der Mann Moses und die monotheistische Religion* bezeichnet Freud (1939) den Bund, den die Brüder nach ihrer schrecklichen Tat eingehen, als eine "Art Gesellschaftsvertrag" (104).

Aber man könnte einwenden, dass der Freudsche Mythos vom Ursprung der Gesellschaft selbst handelt. Freuds Behauptung, dass der Vatermord die "Zivilisation", d.h. die menschliche Gesellschaft einleitet, wird von Juliet Mitchell in dem Buch *Psychoanalyse und Feminismus*, das einen großen Einfluss auf Feministinnen hatte, für bare Münze genommen. Die klassischen Theoretiker des Gesellschaftsvertrages werden jedoch manchmal in gleicher Weise gelesen; die Passage über den "Naturzustand" kann als ein Übergang von der Natur oder Wildnis zur ersten menschlichen und gesellschaftlichen Ordnung verstanden werden. In keinem dieser beiden Fälle gibt es einen Grund dafür, eine universalistische Interpretation zu akzeptieren, in der "Zivilisation" oder "bürgerliche Gesellschaft' mit Gesellschaft überhaupt gleichgesetzt wird. Wenn man die Art der Gesetze, die von den Brüdern eingeführt wurden einmal untersucht, wird deutlich, dass die Geschichten vom Ursprung einer kulturell und historisch spezifischen Form des gesellschaftlichen Lebens handeln. Die enge Verbindung zwi-

---

[8] Natürlich müssen wir uns in Erinnerung rufen, dass Beauvoir ohne die Unterstützung einer organisierten feministischen Bewegung schrieb. Heute schenken Feministinnen der Sprache einen großen Teil ihrer Aufmerksamkeit – und haben faszinierende Darstellungen geliefert, wie Brüderlichkeit in der Praxis die Arbeiterklasse und die Arbeiterbewegung beeinflusst hat, so dass der "Arbeiter" ein Mann und ein Mitglied der "Männerbewegung" ist; siehe insbesondere C. Cockburn (1983) sowie B. Campbell (1984). (Der Ausdruck "Männerbewegung" stammt von Beatrix Campbell).

[9] Ich danke Peter Breiner, dass er mich auf Browns Interpretation in *Love's Body* aufmerksam gemacht hat. Ein ähnlicher Standpunkt wird von M. Hulliung (1974) vertreten, allerdings ohne die Konsequenzen dieses Standpunktes für das Patriarchat auszuführen. Hulliung (ebd.: 416) behauptet, dass es keinen Grund gibt warum der Vatermord "nicht ebenso in ein Moralstück über demokratische Ideale verwandelt werden könnte" und dass "die Täter ‚Brüder' sein könnten, die einander gleichgestellt sind."

schen "bürgerlicher Gesellschaft" und "Zivilisation" wird auch dadurch vermittelt, dass der Begriff "Zivilisation" im allgemeinen erst mit dem Ende des achtzehnten Jahrhunderts verwendet wurde, um damit einer besonderen Entwicklungsstufe in der europäischen Geschichte und manchmal der letzten und endgültigen Entwicklungsstufe überhaupt zum Ausdruck zu verhelfen" (Rothblatt 1976: 18). "Zivilisation" war Ausdruck für das "Modernitätsverständnis: sie galt als der Ausdruck eines erreichten Zustands der Verbesserung und der Ordnung" (Williams 1985: 58).[10]

In ihrer Interpretation von Freud behauptet Mitchell, dass das "Gesetz des Vaters" durch den Vatermord entsteht. Im Gegenteil: Das Gesetz des Vater, der absoluten Herrschaft eines Vater-Königs, hatte bereits Einfluss vor seiner Ermordung. Der springende Punkt bezüglich des Vertrages ist ja, dass er nach dem Tod des Vaters vereinbart wird und dass er dessen willkürliches Gesetz abschafft. Im Gegensatz dazu erlassen die Brüder (Söhne), veranlasst durch die Reue über ihre schreckliche Tat, durch Liebe, Hass und den Wunsch, Vatermord in der Zukunft zu vermeiden, ihr *eigenes* Gesetz. Sie führen Gerechtigkeit ein, "das erste ‚Recht' oder ‚Gesetz'" (Freud o. J.: 53) - bzw. die bürgerliche Gesellschaft. Das Gesetz oder der willkürliche Wille des Vaters wird durch das gemeinsame Handeln der Brüder zu Fall gebracht, die sich darauf hin selbst gegenseitig Restriktionen auferlegen. Durch diese Restriktionen wird eine Form der Gleichheit geschaffen, von der Freud behauptet, dass sie "die Organisation aufrechterhält, die sie stark gemacht hat" (Freud o. J.: 186). Ein Vertrag zwischen freien und gleichen Brüdern ersetzt das "Gesetz des Vaters" durch öffentliche Regeln, die alle in gleicher Weise binden. Wie Locke deutlich macht, ist die Herrschaft eines Mannes (Vaters) unvereinbar mit der bürgerlichen Gesellschaft. Diese setze nämlich eine Reihe unparteiischer und unpersönlicher Gesetze voraus, die von einer aus Männern bestehenden kollektiven Körperschaft erlassen werden müssen. Die bürgerliche Gesellschaft setzt Locke zufolge also voraus, dass die Männer vor dem Gesetz und voreinander als Freie und Gleiche - eben als eine Fraternität - gelten.

An diesem Punkt könnte man einwenden, dass die Brüder in dem Moment der Vertragseinwilligung keine Brüder mehr sind. Im Zuge des Vertrags konstituieren sie sich als gleiche, zivile "Individuen" und entledigen sich damit ihrer familiären bzw. brüderlichen Verbindungen. Der grundlegende Unterschied zwischen dem traditionellen Patriarchat der Väter und dem modernen Patriarchat ist genau der, dass letzteres durch die Trennung von und im Gegensatz zu der familiären Sphäre geschaffen wurde.

---

[10] Ich danke Ross Poole, dass er mich auf das Entstehen der "Zivilisation" aufmerksam gemacht hat.

Es lässt sich daraus jedoch nicht folgern, dass alle askriptiven Verbindungen abgeschafft werden und dass der Begriff "brüderlich" damit hinfällig wird. Brown behauptet, dass ein "innerer Widerspruch" in der Trilogie von Freiheit, Gleichheit und Brüderlichkeit besteht: "ohne einen Vater kann es keine Söhne oder Brüder geben." (Brown 1966: 5). Neuere Aufzeichnungen über Brüderlichkeit verdeutlichen jedoch, dass das Konzept mehr als nur verwandtschaftliche Bindungen beinhaltet. "Individuen" können Teil einer Bruderschaft sein — einer "Gemeinschaft" — obwohl sie keine Brüder (Söhne eines Vaters oder eines Verwandten) sind. Der Vater ist tot und die Mitglieder einer bürgerlichen Gesellschaft haben die Verwandtschaft hinter sich gelassen, aber als gesellschaftliche Individuen verbindet sie noch immer ein askriptives Bündnis *als Männer*.

Freuds Geschichte über den Vatermord ist wichtig, denn sie macht deutlich, was in den klassischen Erzählungen des theoretischen Mords unklar bleibt: Das Motiv für den gemeinsamen Akt der Brüder ist nicht lediglich ihr Anspruch auf ihre natürliche Freiheit und ihr Recht auf Selbstregierung, sondern auch, sich *den Zugang zu den Frauen zu erwerben*. Im Naturzustand der klassischen Theoretiker, existiert die "Familie" bereits und das eheliche Recht der Männer wird als ein natürliches Recht behandelt.[11] Freuds Urvater, seine *patria potestas*, beansprucht alle Frauen der Horde für sich. Der Vatermord beseitigt das politische Recht des Vaters und damit auch sein *exklusives* sexuelles Recht. Die Brüder erben sein patriarchales, männliches Recht und teilen die Frauen unter sich auf. Kein Mann kann jemals wieder Urvater sein, aber indem sie Regeln aufstellen, die allen Männern den gleichen Zugang zu Frauen geben (vgl. ihre Gleichheit vor dem staatlichen Gesetz), machen sie Gebrauch von dem "ursprünglichen" politischen Recht der Herrschaft über Frauen, das einst ein Privileg des Vaters war.

Freud schreibt von den Brüdern und deren "Entsagen von den leidenschaftlich begehrten Müttern und Schwestern der Horde" (Freud o. J.: 153). Dies ist irreführend. Die Bruderschaft verzichtet nicht auf Frauen, aber jeder von ihnen gibt den Wunsch auf, selbst die Stelle des Vaters einzunehmen. Als ein Teil des brüderlichen Gesellschaftsvertrages institutionalisieren die Brüder, was Freud das Gesetz der Exogamie oder der Verwandtschaft nennt. Historisch gesprochen schaffen die Brüder das moderne System des Ehe- und Familienrechts; sie etablieren dadurch die moderne Ordnung des ehelichen bzw. geschlechtlichen Rechts. Das "natürli-

---

[11] Wiederum ist Hobbes hier eine Ausnahme. Es gibt keine Familien in seinem radikal individualistischen Naturzustand; Frauen sind ebenso stark wie Männer. Jedoch geht er lediglich von der Annahme aus, dass Frauen in der bürgerlichen Gesellschaft immer einen Ehevertrag eingehen werden, der sie ihren Ehemännern unterworfen macht.

che Fundament" der bürgerlichen Gesellschaft wurde durch den brüderlichen Gesellschaftsvertrag geschaffen.

Die Trennung zwischen "väterlicher" und politischer Herrschaft oder zwischen der Familie und der öffentlichen Sphäre bedeutet auch gleichzeitig die Trennung der Frauen von den Männern, indem sich die Frauen den Männern unterwerfen. Die Brüder schaffen ihr eigenes Gesetz und ihre eigene Form geschlechtlicher und ehelicher Herrschaft. Der brüderliche Gesellschaftsvertrag schafft eine neue, moderne patriarchale Ordnung, die durch zwei getrennte Sphären dargestellt wird: Die bürgerliche Gesellschaft oder die universale Sphäre bestehend aus Freiheit, Gleichheit, Individualismus, Vernunft, Vertrag und dem unparteiischem Gesetz - der Raum der Männer oder der "Individuen" - und die private Welt, bestehend aus Partikularität, natürlicher Unterwerfung, Blutsverwandtschaft, Gefühlen, Liebe und sexueller Leidenschaft - eben die Welt der Frauen, in der die Männer allerdings ebenfalls herrschen.

Kurz gesagt konstituiert der Vertrag die patriarchale bürgerliche Gesellschaft und die moderne, askriptive Herrschaft der Männer über die Frauen. Askription und Vertrag werden normalerweise als sich gegenüber stehende Pole betrachtet, aber der Gesellschaftsvertrag ist geschlechtlich askriptiv sowohl in seiner Form (er wurde von Brüdern gemacht) als auch in seinem Inhalt (das patriarchale Recht einer Bruderschaft wird damit eingeführt). Gesellschaftliche Individuen sind Teil eines brüderlichen Bündnisses; als Männer haben sie ein gemeinsames Interesse, den Vertrag aufrechtzuerhalten, der ihr männliches und patriarchales Recht legitimiert und ihnen die Erlaubnis gibt, materiellen und psychologischen Nutzen aus der Unterwerfung der Frauen zu ziehen.

Eine wichtige Frage, die durch die Erzählungen des Gesellschaftsvertrags aufgeworfen wird, lautet, wie das "natürliche Fundament" charakterisiert werden soll, das die Unterwerfung der Frauen aufrechterhält. Von Locke erfahren wir, dass die Stärke und die Fähigkeit des Mannes (Ehemannes) die natürliche Basis für die Unterordnung der Ehefrau darstellt. Diese Sichtweise ist nicht nur von dem patriarchalischen Liberalismus übernommen worden, sie gilt ferner als Zielscheibe für die Kritik des liberalen Feminismus. Feministinnen haben schon vor langer Zeit damit begonnen, das Argument der Stärke zu kritisieren.[12] Diese Behauptung ist

---

[12] Zum Beispiel macht Mary Astell (1970) die sarkastische Bemerkung, dass wenn "die Stärke des Verstandes mit der Stärke des Körpers einhergeht, [dann] ist es nur ein seltsamer Zufall, den Philosophen noch nicht als wichtig genug erachteten, um ihn zu untersuchen, dass der kräftigste Träger nicht der klügste Mann ist" (ebd.: 86)! Man betrachte William Thompson (1970, ursprünglich veröffentlicht 1825): "Wenn Stärke den höchsten Anspruch auf Glück verspricht, dann soll das Wissen und das Geschick eines Mannes zu den angenehmen Gefühlen der Pferde, Elefanten und allen stärkeren Tieren beitragen. Wenn Stärke den Anspruch auf Glück verspricht, sollten alle Qualifikationen für Wähler, wie die Fähigkeit zu lesen und zu schreiben oder alle *indirekten* Arten, deren intellektuelle Eignung sicherzustellen, abgeschafft werden; und der einfache Test für das

heutzutage immer noch zu hören; in historischer Perspektive hat die Rechtfertigung des politischen Rechts der Männer durch die Naturgegebenheit ihrer Überlegenheit jedoch zunehmend an Plausibilität eingebüßt. Zeitgenössische liberale Feministinnen folgten dem Beispiel von früheren Autorinnen wie Mary Astell und Mary Wollstonecraft, indem sie die geringeren Fähigkeiten von Frauen als das Resultat mangelnder Bildungschancen und als eine Sache der bewussten gesellschaftlichen Erfindung statt als natürliches Faktum bezeichneten.

Die Schwierigkeit des liberalen feministischen Arguments besteht jedoch darin, dass es keine Gleichheit in bezug auf Bildung geben kann, solange Männer und Frauen in ihren ‚getrennten Sphären' unterschiedlich positioniert bleiben, während die patriarchale Trennung zwischen privater Familie und öffentlicher bürgerlicher Gesellschaft gleichzeitig das zentrale strukturelle Merkmal des Liberalismus darstellt. Das Problem liegt viel tiefer als es die liberale Perspektive vermuten lässt. Der liberale Feminismus geht davon aus, dass das relevante politische Problem darin liegt zu zeigen, dass Frauen dieselben Fähigkeiten wie Männer besitzen bzw. dass Frauen auch können, was Männer können. Damit wird jedoch auch die Tatsache als politisch irrelevant erklärt, dass Frauen eine natürliche Kompetenz besitzen, die Männern fehlt: Frauen und nicht Männer besitzen die Fähigkeit zu gebären.

Nun könnte behauptet werden, dass dies keine ‚natürliche Grundlage' für die Unterwerfung der Frauen darstellt, weil die Fähigkeit des Gebärens (im Gegensatz zu der Kindererziehung) letztlich keinen Einfluss auf die Entwicklung der gesellschaftlichen Fähigkeiten eines Menschen besitzt. Die Schwierigkeit dieses Arguments besteht jedoch darin, dass mit der Bedeutung der Geburt für die patriarchale bürgerliche Gesellschaft auch die Erzählung vom "Ursprung" des patriarchalen politischen Rechts außer acht gelassen wird. Die Fähigkeit zu gebären bildet sowohl real als auch metaphorisch einen zentralen Bestandteil der patriarchalen politischen Theorie.

Filmers Argument verdeutlicht, dass Adams Recht über Eva zu herrschen, das Recht ist, Vater zu werden: ein Recht, sexuellen Zugang zu Eva verlangen zu können und darauf bestehen zu können, dass sie gebärt. Eva wird die generative Kompetenz abgesprochen, indem sie von den *Männern* als die Fähigkeit *politisch zu gebären* in Besitz genommen wird; Männer werden zu dem "Ursprung" einer neuen Form der politischen Ordnung erklärt. Adam und den Partizipanten des brüderlichen Gesellschaftsvertrags wird eine unglaubliche patriarchale Kompetenz zugesprochen; sie werden zu den prinzipiellen Akteuren der Entstehung des Politischen gemacht. Überdies gibt die Geburt in der patriarchalischen Argumentation auch dar-

---

Ausüben von politischem Recht, sowohl für Männer als auch Frauen, die Fähigkeit, sein 300 lb. tragen zu

über Aufschluss, warum Frauen aus der bürgerlichen Gesellschaft leibhaftig verdrängt werden müssen.[13]

Einige dunkle Stellen werden in den Geschichten klarer, die von Rousseau und Freud erzählt werden. Beide bestehen darauf, dass Frauen unfähig sind, sich über ihre körperliche Natur hinwegzusetzen, wie dies von "Individuen" verlangt wird, die am gesellschaftlichen Leben teilnehmen und die allgemeinen Gesetze der bürgerlichen Gesellschaft aufrechterhalten. Durch den weiblichen Körper, der unkontrollierbaren natürlichen Prozessen und Leidenschaften ausgesetzt ist, wird Frauen der Verstand und Moralcharakter vorenthalten, der für die bürgerliche Gesellschaft ausgebildet werden muss. (Ein Aspekt der Vorstellung, dass wir Frauen eine permanente Gefahr für die bürgerliche Gesellschaft darstellen, begann ich in einem anderen Kapitel zu untersuchen.)[14]

Rousseaus Lösung lautet, dass die Geschlechter soweit wie möglich und selbst im häuslichen Leben voneinander getrennt werden müssen. Significant sind beispielsweise seine Ausführungen in *Emile*. Rousseau erlaubt dem Tutor nur eine direkte Anweisung, und zwar wenn er Emile für eine Zeit lang von Sophie fortschickt, um etwas über Politik und Staatsbürgerschaft zu lernen, bevor er ihm erlaubt, ihren Körper als Mann zu beanspruchen. Freud bietet keine Lösung des Problems an; er behauptet jedoch eindeutig, dass Frauen bereits seit dem "Beginn" — seit dem ursprünglichen Vatermord, in dem es um Frauen geht und der sich endlos durch den Ödipuskomplex wiederholt — ein kontinuierliches "Unbehagen gegenüber" der bürgerlichen Gesellschaft besitzen (Freud o. J.: 56). Oder, wie Mitchell (1975) Freud interpretiert, eine Frau kann "nicht durch das Gesetz "zivilisiert" werden; stattdessen muss ihre Unterwerfung dadurch erfolgen, dass sie sich zu dessen Gegenstück macht" (ebd.: 405).

Frauen sind der "Gegensatz"; sie stehen in zweierlei Hinsicht außerhalb des Gesellschaftsvertrages und seinem bürgerlichen Recht. Erstens sind sie "ursprünglich" notwendigerweise von einer Vereinbarung ausgeschlossen, durch welche die Brüder ihr Vermächtnis in Form von patriarchalem geschlechtlichem Recht erben und welches ihren Anspruch auf den weiblichen Körper und seine Fähigkeit zu gebären legitimiert. Zweitens beinhaltet das bürgerliche Recht all das, was Frauen angeblich nicht besitzen. Das bürgerliche Recht entspringt einer durchdachten Vereinbarung, dass es zum rationalen und gegenseitigen Nutzen der Beteiligten des Vertrages ist, ihre Handlungen und Wünsche durch ein allgemeingültiges Gesetz zu beschränken. Die Leidenschaften der Frauen hindern sie daran, solch eine durchdachte

---

können" (ebd.: 120).
[13] Das erklärt warum wir keine "Geburtsphilosophie" haben, siehe insbesondere Kapitel 1 in M. O'Brien (1981).
[14] Siehe Kapitel 1.

Vereinbarung einzugehen oder sie einzuhalten falls sie zustande kommt. Mit anderen Worten das patriarchalische Argument, dass es eine "natürliche Grundlage" für die männliche Herrschaft über Frauen gibt, ist auch eine Begründung für die Kontrolle des männlichen Verstands über den weiblichen Körper. Die Trennung zwischen bürgerlicher Gesellschaft und familiärer Sphäre ist ebenso eine Trennung zwischen der Vernunft der Männer und dem Körper der Frauen.

Feministische Wissenschaftlerinnen zeigen nun, wie das politische Leben seit der Antike im Gegensatz zur alltäglichen Welt der Notwendigkeiten des Körpers, der sexuellen Leidenschaften und der Geburt konzipiert wurde, kurzum im Gegensatz zu Frauen und der Unordnung und Kreativität, die sie symbolisieren (siehe Hartstock 1983: Kapitel 8; O'Brien 1981: Kapitel 3 und 4; und Pitkin 1984). In Filmers klassischem Patriarchalismus ist der Vater sowohl Mutter als auch Vater; er schafft politisches Recht durch seine Vaterschaft, aber Filmers Schilderung ist nur eine Version der langen westlichen Tradition, in welcher das Entstehen des politischen Lebens als ein männlicher Geburtsakt betrachtet wurde: als eine männliche Nachahmung einer Fähigkeit, die eigentlich nur Frauen besitzen.

Der brüderliche Gesellschaftsvertrag ist eine spezifisch moderne Umformulierung der patriarchalen Tradition. Der Vater ist tot, aber die Brüder eignen sich eine spezifisch weibliche Fähigkeit an; auch sie können neues politisches Leben und Recht schaffen. Der Gesellschaftsvertrag ist der Ursprung oder die Geburt der bürgerlichen Gesellschaft; zugleich bedeutet er deren Trennung von der (privaten) Sphäre der wirklichen Geburt und Unordnung der Frauen. Die Brüder gebären einen künstlichen Körper, den politischen Körper *(body politic)* der bürgerlichen Gesellschaft; sie schaffen Hobbes "künstlichen Mann, den wir Commonwealth," nennen, oder Rousseaus "künstlichen und kollektiven Körper" oder den "einzigartigen Körper" von Lockes ´Body Politick´.

Die "Geburt" des zivilen politischen Körpers ist jedoch ein Akt der Vernunft; es gibt im Grunde genommen keine Analogie zu einem körperlichen Zeugungsakt. Wie uns allen gelehrt wurde, handelt es sich nicht um ein wahres Ereignis. Der natürliche patriarchale Körper in Filmers Theorie des Patriarchats wird sinnbildlich gesprochen durch die Vertragstheoretiker getötet, aber der ‚künstliche' Körper, der ihn ersetzt, ist ein gedankliches Konstrukt und nicht das Entstehen einer politischen Gemeinde durch reale Menschen. Während durch die Geburt eines Menschen ein wirkliches neues männliches oder weibliches Wesen entsteht, wird mit der der bürgerlichen Gesellschaft ein gesellschaftlicher Körper geschaffen, der nur einem der zwei menschlichen Körper gleicht. Genauer gesagt wurde die bürgerliche Gesellschaft nur nach dem Vorbild des männlichen "Individuums" geschaffen, das auf eine Trennung zwischen der bürgerlichen Gesellschaft und den Frauen beruht. Dieses Individuum hat ein paar besondere und größtenteils nicht wahrgenommene Aspekte, und zwar genau deshalb, weil seine bestimmenden Charakteristika erst durch die Entgegensetzung zu der als Frau vorgestellten Natur, die von der bürgerlichen Gesellschaft ausgeschlossen wurde, freigesetzt werden.

Der abstrakte Charakter des Individuums in der liberalen Vertragstheorie wurde seit Rousseaus erstem Angriff von der Linken kritisiert. Aber da sich diese Kritiken alle stillschweigend über die Trennung zwischen männlichem Verstand und weiblichem Körper in der Entstehung des gesellschaftlichen Individuums hinwegsetzen, wird einer der bemerkenswertesten Aspekte des Gegenstands ihrer Kritik lautlos übernommen. Das "Individuum" ist körperlos. Drei Jahrhunderte lang wurde die Figur des Individuums als universale Verkörperung aller dargestellt; aber nur weil es körperlos ist, kann das "Individuum" als allgemein erscheinen. Es ist ebenso "künstlich" wie der politische *Körper (body politic)*: Es ist nicht mehr als ein "Mann der Vernunft."[15]

In der aktuellsten Wiedergabe der liberalen Vertragsgeschichte *Eine Theorie der Gerechtigkeit* behauptet Rawls (1971), dass die Parteien im Urzustand nichts über ihre gesellschaftliche Position wissen. Dies mag den Anschein erwecken, dass Rawls' Parteien wirklich universal sind und dass die ursprüngliche Wahl eine Wahl zwischen den zwei menschlichen Körpern (Geschlechtern) beinhaltet. Die Tatsache, dass Rawls diese Möglichkeit ignoriert, indem er schreibt, dass die teilnehmenden Parteien als Familienoberhäupter betrachtet werden können (ebd.: 128), zeigt wie tief verwurzelt die patriarchalischen Annahmen bezüglich der richtigen Eigenschaften des "Individuums" sind. Wie die Eigenschaften der Parteien selbst verdeutlicht das Konzept des Urzustands, dass Rawls' Ansatz fest in der Logik der brüderlichen Vertragstheorien verankert ist. Der Urzustand und die Wahlmöglichkeiten, die sich aus ihm ergeben, sind explizit hypothetisch (logisch), und die teilnehmenden Parteien sind nichts als körperlose Wesen mit Verstand; sonst wäre es ihnen nicht möglich, die natürlichen Fakten über sich selbst unabhängig von ihren Körpern, d. h. ihrem tatsächlichen Geschlecht, ihrem Alter und ihrer Hautfarbe in Erfahrung zu bringen.[16]

---

[15] Bezüglich seiner Geschichte siehe G. Lloyd (1984). Über das Kartesische 'Drama der Entbindung' siehe S. Bordo (1986).
[16] Dagegen könnte eingewendet werden, dass man jünger oder älter aussehen kann als man wirklich ist oder überzeugt sein kann, sich im "falschen" Körper zu befinden oder für weiß "gehalten" werden kann. Jedoch sind all diese Beispiele davon abhängig, was man über das Alter, Geschlecht und die Farbunterschiede und deren spezifische Bedeutung in verschiedenen Kulturen weiß. Man kann nicht einfach sagen, man sei ein Transsexueller ohne sich schon vorher bewusst zu sein, was "Männlichkeit" und "Weiblichkeit" beinhalten und

Ironischer Weise bedeutet die Körperlosigkeit - die notwendige Voraussetzung der politischen Fiktion eines universalen gesellschaftlichen Individuums - ernsthafte Schwierigkeiten für die Brüderlichkeit. Für individualistische Liberale sind diese Schwierigkeiten nur ein Teil ihrer grundlegenden Probleme mit dem Selbst; es geht um den Gegensatz zwischen Brüderlichkeit und Verstand, der sich durch das Konzept des Individuums hindurchzieht. Diese Gegenüberstellung von Verstand und Brüderlichkeit entspricht im Grunde genommen der Dichotomisierung von öffentlich und privat. Es handelt sich hier jedoch nicht um die patriarchale Gegensätzlichkeit von "privat" und "öffentlich" im Sinne der Unterscheidung zwischen der Familie (den Frauen) einerseits und der bürgerlichen Gesellschaft (den Männern) andererseits; die relevante Trennung zwischen öffentlich und privat rekurriert stattdessen auf die andere Gegensätzlichkeit, auf die ich bereits verwiesen habe. Gemeint ist die Trennung, die innerhalb der "bürgerlichen Gesellschaft" wie ich den Begriff hier verwende, lokalisiert ist.[17] Für Liberale, die sich auf eine soziale Sicht des Selbst beziehen, und für sozialistische Liberalismuskritiker entstehen die Probleme daraus, dass die Betonung, die in den 1980er Jahren auf Brüderlichkeit gelegt wurde, zunehmend den patriarchalischen Charakter ihrer Theorie aufdeckt. Um die Vorstellung der Universalität zu bewahren, muss nun sogar von der Männlichkeit und der Brüderlichkeit "des" Individuums abstrahiert werden, so dass es keinen Körper hat und also auch kein Geschlecht.

Die Entstehung des "Individuums" setzt die Trennung zwischen der rationalen Ordnung der bürgerlichen Gesellschaft und der Unordnung der weiblichen Natur voraus. Dies könnte den Anschein erwecken, dass das bürgerliche Individuum und der nach seinem Vorbild geschaffene politische Körper eins sind. Tatsächlich wird es in der liberalen Theorie auch so dargestellt. Ihre Kritiker, angefangen mit Rousseau, bestehen jedoch auf eine Trennung zwischen dem Individuum und der bürgerlichen Gesellschaft. Angeblich sind beide von Natur aus voneinander und jeweils in sich getrennt. Während das Individuum zwischen *bourgeois* und *citoyen* bzw. zwischen *Homo economicus* und *Homo civicus* hin und her gerissen ist, spaltet sich die bürgerliche Gesellschaft in private und öffentliche allgemeine Interessen bzw. in die "bürgerliche" Gesellschaft und den Staat. Das Problem mit diesen Kritiken ist jedoch genau das, dass sie sich nur mit dem außerfamiliären sozialen Leben und dem Individuum als Bewohner der öffentlichen Welt beschäftigen.

---

wie diese unmittelbar an den Körper gebunden sind. Dass Rawls Behauptung, trotz seiner scheinbar geschlechtlich undifferenzierten Vertragsparteien, eine geschlechtlich differenzierte Moral voraussetzt, wird deutlich in D. Kearns (1983).

[17] Diese Trennung zwischen privat und öffentlich wird in der zweiten Phase der bekannten Geschichte des Gesellschaftsvertrages konstituiert (Die Locksche Theorie macht das unmissverständlich deutlich); hierzu mein eigenes Buch (1985), *The Problem of Obligation*, Kapitel 4; und Kapitel 6 dieses Buches.

Die liberale Trennlinie zwischen privat und öffentlich nimmt (wie auch die patriarchalische Gegenüberstellung der Geschlechter) vielerlei Gestalt an: Zum Beispiel stehen die Gesellschaft, die Wirtschaft und die Freiheit dem Staat, der Öffentlichkeit und dem Zwang gegenüber. Für Liberale stellen diese Dualitäten grundlegende Freiheitsprobleme dar. Da die Privatsphäre der bürgerlichen Gesellschaft vor den zwangsförmigen Übergriffen des Staates geschützt werden muss, verbringen sie nun ein Großteil ihrer Zeit und Mühe damit herauszufinden, wo die relevante Trennlinie vernünftigerweise gezogen werden könnte. Ihre Kritiker behaupten andererseits, dass der Gegensatz zwischen privat und öffentlich ein unlösbares Problem bzw. ein unüberwindbares strukturelles Element im Kern des Liberalismus darstellt. Ich stimme diesen Kritikern zu; ihr Einwand geht mir jedoch nicht weit genug; da kein Bezug auf die "ursprüngliche" patriarchale Trennung genommen wird, bleibt die Konzeptionen des "Individuum" und der "bürgerlichen Gesellschaft" selbst unangefochten.

In *Knowledge and Politics* bietet Robert Unger eine umfassende Diskussion und Kritik der liberalen Dichotomien. Aber selbst in seiner Analyse einer Trennung zwischen Fakten und Theorien, Werten und Regeln, Wünschen und Verstand wird die Tatsache ignoriert, dass diese Trennungen auch den Gegensatz zwischen den Geschlechtern repräsentieren. Das "Selbst" wird implizit als männlich begriffen. Bei dem folgenden Zitat muss die Bezugnahme auf "Männer (*men*)" in einem wörtlichen Sinne verstanden werden: "Die Dichotomisierung zwischen öffentlichem und privatem Leben ist eine weitere Folge der Trennung zwischen Verstand und Leidenschaft ... Wenn [Männer (*men*)] logisch denken gehören sie einer öffentlichen Welt an ..., wenn sie begehren, sind sie (*men*) jedoch private Wesen" (Unger 1976: 45).[18] In Ungers Darstellung wird die "Leidenschaft" und die damit verbundene Unordnung, die Frauen und ihre private Welt verkörpern, "vergessen." Das "Selbst" wird zum männlichen Individuum in der bürgerlichen Gesellschaft. Es wird zu einem Individuum, das zerrissen ist zwischen den Ansprüchen des öffentlichen Interesses ("der Vernunft") und den privaten, subjektiven Interessen ("der Leidenschaft"). Die eigentliche Entgegensetzung zwischen Frauen, Körpern und Leidenschaften einerseits und Männern, Vernunft sowie aufgeklärten Eigeninteressen andererseits wird außen vor gelassen bzw. von der Dichotomie zwischen den individuellen Privatinteressen und den Ansprüchen der öffentlichen Interessen oder des allgemeinen Rechts überschattet.

---

[18] Unger (1976) hat wenig über die Familie zu sagen, aber seine Kommentare (wie die über die Arbeitsteilung) verdeutlichen, dass seine Kritik nicht die "ganze Kritik" ist, auf die er abzielt. Er behauptet zum Beispiel, dass die Familie "Männer in eine Gemeinschaft zurückzieht, die mit allen anderen Gruppen um die Loyalität der Männer konkurriert" (ebd.: 264) – aber es "zieht" nur die "zurück," die in die bürgerliche Gesellschaft gehen.

Sogesehen wird die Dichotomie auch als Gegensatz zwischen Brüderlichkeit und der Vernunft bürgerlicher Individuen aufgefasst. Das einzige, was die Individuen der liberalen Vertragstheorie verbindet, ist das individuelle Interesse. Das Individuum bildet dann eine Zusammensetzung von Eigentumsanteilen, die durch rationale Kalkulationen des Verstandes zum Gegenstand des Vertrags gemacht werden können. Das Individuum geht damit nur ganz bestimmte Beziehungen ein und diese Einschränkung bringt ein anderes bekanntes Problem der liberalen Theorie zum Vorschein: die Darstellung einer kohärenten Konzeption von Staatsbürgerschaft (*citizenship*) oder des Politischen. Die politischen Beziehungen des liberalen Individuums zu anderen Bürgern sind lediglich der Ausdruck eigener Interessen; Homo civicus wird absorbiert; er ist nicht mehr als ein Gesicht des "privaten" Homo economicus. Das Individuum als Bürger zu betrachten - als öffentliches oder gesellschaftliches Individuum - bedeutet jedoch, dass eine der signifikantesten Ausdrucksweisen der Brüderlichkeit systematisch untergraben wird.

Liberale Individuen interagieren in einer wohlgeordneten Gesellschaft. Sie konkurrieren, aber der Wettbewerb wird reguliert und die Regeln sind fair; der einzig notwendige Zwang besteht darin, die Regeln geltend zu machen. Die Trennung zwischen privat und öffentlich in Form eines Gegensatzes zwischen Gesellschaft und Staat wird deshalb häufig als Gegensatz zwischen Freiheit und Zwang dargestellt. Gegenwärtig wird diese Position mit der neuen Rechten in Verbindung gebracht, aber in der Vergangenheit konnte *le doux commerce* als Antithese zur Gewalt dargeboten werden, und idealistische Liberale, die meinten, die Gegensätze überwunden zu haben, konnten behaupten, dass der Wille statt der Gewalt die Basis des Staates ist.

Auf der anderen Seite ist es auch klar, dass von einem Individuum gefordert werden kann, sein eigener Beschützer zu sein (wie Hobbes es ausgedrückt hat), und zwar durch etwas mehr als nur das Befolgen von Gesetzen. Es muss vielleicht seinen Körper für die Verteidigung des Staates opfern. In der Tat wurde dies immer als der ultimative Akt von Loyalität und Treue und als ein wahrhaft beispielhafter Akt der Staatsbürgerschaft angesehen. Wie aus Hobbes' Logik des radikalen Individualismus deutlich wird, ist es jedoch auch ein Akt, der für das liberale Individuum rational gesehen niemals von Vorteil sein wird. In dem Zusammenprall von privaten und öffentlichen Interesse hat der private Anspruch immer den rationalen Vorteil. Es ist nicht das individuelle Interesse einer Person, ein Soldat zu sein; deshalb werden Vernunft und Brüderlichkeit, auf welche die Staatsbürgerschaft letztlich analytisch betrachtet beruht, auseinandergerissen. Unter all den männlichen Clubs und Verbindungen sind das Militär und das Schlachtfeld der deutlichste Ausdruck der Brüderlichkeit.

Die Unterscheidung zwischen der Figur des Soldaten und der Figur des Individuums oder zwischen Brüderlichkeit und Vernunft ist ein spezifisches Merkmal der liberalen bürgerlichen Gesellschaft. In vielerlei Hinsicht verwandelt die Geschichte des Bruder-Vertrages lediglich altertümliche patriarchalische Themen in eine spezifisch moderne Theorie. Die Konzeption des liberalen Individuums bricht jedoch mit alten Traditionen, in welchen Staatsbürgerschaft eine bestimmte Art von Tätigkeit beinhaltete und eng mit dem Tragen von Waffen verbunden war. Feministische Wissenschaftlerinnen zeigen jetzt, dass von Alters her eine enge Verbindung bestand zwischen dem Krieger und den Vorstellungen von Identität, Sexualität und Männlichkeit, die alle zusammen an die Staatsbürgerschaft gekoppelt waren. Das Spezifische des liberalen Individuums gegenüber seinen Vorgängern in der traditionalen Welt oder den "Individuen", die in der sozialliberalen und sozialistischen Theorie auftreten, besteht darin, dass es, obwohl es männlich ist, gleichzeitig durch die Opposition zum Politischen und zu den männlichen Leidenschaften definiert wird, die der Verteidigung des Staates durch Waffengewalt zugrunde liegen.

Obwohl unser Bewusstsein von dem Image des liberalen Individuums geprägt wird und obwohl viele unserer gesellschaftlichen Praktiken und Institutionen von der Annahme ausgehen, dass unsere Motivation auf Eigeninteresse beruht (das gegenwärtige verstärkte Interesse an Trittbrettfahrern ist kein Zufall), hat der Staat sich nie auf das rationale Eigeninteresse als die Basis der sozio-politischen Ordnung verlassen. Selbst die klassischen Theoretiker, abgesehen von Hobbes, hatten nicht den Mut, ihre theoretischen Überzeugungen in diesem Punkt zu äußern. Hobbes' Schlussfolgerung, dass das Schwert des Leviathan die einzige Alternative zu einem von Natur aus unsicheren "künstlichen" Fundament der Ordnung ist, wurde mit Blick auf das natürliche Recht, die Sympathie, Gutmütigkeit und der unsichtbaren Hände abgelehnt — und Sozialisten haben der Solidarität, der Kameradschaft und der Gemeinschaft oder kurz gesagt der Brüderlichkeit den Vorzug gegeben. Historisch betrachtet wurden Gehorsam und Loyalität gegenüber dem Staat nicht durch den Verweis auf persönliche Vorteile, sondern durch askriptive und psychologische Bindungen, darunter insbesondere Nationalismus, Patriotismus und Brüderlichkeit, gefördert. Diese Verbindungen haben einen wesentlich leidenschaftlicheren Charakter als beispielsweise Rawls' Gerechtigkeitsverständnis, und was noch wichtiger ist, sie appellieren direkt an das Identitätsverständnis des männlichen Selbst. Die reale und ideologische Basis der treibenden Kraft des Eigeninteresses bedeutet jedoch, dass es schwer ist, den Gegensatz zwischen Brüderlichkeit und Vernunft zu eliminieren.

Obwohl einige Liberale im Laufe des letzten Jahrhunderts versuchten, ein angemessenes soziales Entwicklungskonzept der Individualität zu entwickeln - eines, das die affektiven Bindungen des Selbst an die Gemeinschaft, die in der liberalen Vertragstheorie aus dem Blick geraten ist, wiederherstellt - so griffen sie auch dabei auf die Idee der Brüderlichkeit zurück. Nach Auffassung der Liberalen, so stellt Gaus (1983) fest, ist Brüderlichkeit die "stärkste unter den gemeinschaftlichen Verbindungen" (ebd.: 90). Das Ideal der Brüderlichkeit stellt die "herausragende Darstellung gemeinschaftlicher Bindungen in der modernen liberalen Theorie" dar, so dass Dewey beispielsweise von einer "brüderlich verbundenen Öffentlichkeit" schrieb und Rawls sein Unterschiedsprinzip als eine "natürliche Bedeutung der Brüderlichkeit" (ebd.: 94) versteht.[19]

Die explizite Verwendung von "Brüderlichkeit" in den sozialliberalen und sozialistischen Versuchen, das gesellschaftliche Individuum und die Gemeinschaft zu reintegrieren (oder die liberale Trennung zwischen privat und öffentlich wieder zu integrieren), bedeutet, dass der patriarchale Charakter der bürgerlichen Gesellschaft an die Oberfläche zu dringen beginnt. Überdies beginnen die männlichen Eigenschaften des Individuums deutlich zu werden. Das Universale in der Kategorie des "Individuums" kann nur solange aufrechterhalten werden wie die Abstraktion vom Körper bestehen bleibt. "Das Individuum" ist eine Fiktion: Individuen haben einen von zwei möglichen Körpern, männliche oder weibliche. Aber wie kann der weibliche Körper ein Teil des (liberalen oder sozialistischen) brüderlichen politischen Körpers (*body politic*) werden?

Da die Staatsbürgerschaft nun formal auf Frauen ausgeweitet wurde, stellt sich substantiell die Frage, wie wir ein gesellschaftliches "Individuum" nach männlichem Vorbild werden können. In der Praxis wurde die Bedeutung der engen Verbindung zwischen Männlichkeit, Staatsbürgerschaft und dem Tragen von Waffen sichtbar als Frauen die Universalität der bürgerlichen gesellschaftlichen Prinzipien wörtlich nahmen und das Wahlrecht verlangten. Der "Juwel" im Waffenlager der Anti-Suffragisten war das Argument der physischen Gewalt.[20] Frauen, so wurde behauptet, seien von Natur aus ungeeignet und nicht dazu bereit, Waffen zu tragen oder Gewalt anzuwenden; der Staat würde unweigerlich auf verheerende Weise geschwächt sobald sie in die Hände von Bürgerinnen gelangten.

Obwohl Frauen nun das Wahlrecht besitzen (und sogar Premierministerinnen sind), ist diese patriarchalische Ansicht der Staatsbürgerschaft immer noch vorhanden. Im britischen

---

[19] Gaus zitiert Dewey und Rawls auf S. 91 und 94.

Unterhaus argumentierte Enoch Powell 1981 in einer Debatte über ein Staatsangehörigkeitsgesetz, dass eine Frau ihre Staatsangehörigkeit nicht auf ihre Kinder vererben dürfe, da "Nationalität letztendlich im Kampf bewiesen wird. Die Nation eines Mannes ist die Nation, für die er zu kämpfen bereit ist." Der Unterschied zwischen Männern und Frauen, der in der Staatsbürgerschaft zum Ausdruck kommen muss, ist der zwischen "Kämpfen auf der einen Seite und Gebären und Erhalt von Leben auf der anderen" (zitiert in *Rights* 1981: 4). Obwohl Frauen bereits in der Armee dienen, bleiben sie immer noch ausgeschlossen von den Kampfeinheiten, die Bruderschaften in Aktion bedeuten.[21]

"Männer sind frei geboren:" Das Ablehnen einer (männlichen) natürlichen Unterwerfung war der Grund für die Behauptung, dass der Wille und nicht die Gewalt die Basis des Staates ist. Einer der Haupterfolge der Erzählung des Gesellschaftsvertrages ist die Art und Weise, wie diese zu der Verschleierung von Zwang und Gewalt in der bürgerlichen Gesellschaft beigetragen hat, wie durch sie verschleiert wird, dass der "Wille" im Grunde genommen durch Herrschafts- und Unterwerfungsverhältnisse bestimmt wird. Kritiker der Vertragstheorie haben sich viel über die Ungleichheit zwischen den Vertragsparteien und die Ausbeutung geäußert; die Folgen des Vertrags und der Unterwerfung haben sie jedoch weniger beachtet. Nur selten haben sie diskutiert, wie der zugeschriebenen geschlechtlichen Herrschaft und Unterwerfung durch den Vertrag der Anschein von Freiheit verliehen wird. Der Vertrag verbirgt die Figur des bewaffneten Mannes im Schatten des bürgerlichen Individuums. Foucault hat dem ursprünglichen Vertrag (der als der wesentliche Pakt in den bekannten Geschichten dargestellt wird) einen "militärischen Traum" einer Gesellschaft gegenübergestellt, aber die zwei sind wahrscheinlich nicht so weit voneinander entfernt.

Foucault (1979) schreibt, dass der militärische Traum "nicht auf den Naturzustand schaut, sondern auf die sorgfältig untergeordneten Rädchen der Maschine, nicht auf den ursprünglichen Gesellschaftsvertrag, sondern den permanenten Zwang, nicht auf die fundamentalen Rechte, sondern die unendlichen und fortschreitenden Formen der Dressur, nicht auf den allgemeinen Willen, sondern die automatische Gefügigkeit" (ebd.: 169). Die automatische Gefügigkeit und die Disziplinierung des Körpers sind die Folgen des brüderlichen Gesellschaftsvertrages. Foucault behauptet, dass "die Entwicklung und Verallgemeinerung der Disziplinierungsmechanismen die andere dunkle Seite" der Entwicklung eines "formal egalitären gesetzlichen Rahmens darstellt. "Es sind jedoch weniger die Disziplinierungsme-

---

[20] Die Beschreibung stammt von B. Harrison (1978: Kapitel 4). Frauen waren einmal ein wichtiger Teil der Armeen, aber bereits zur Zeit des Ersten Weltkrieges "war der einst integrale Platz von Frauen in westlichen Armeen in Vergessenheit geraten" (wie so vieles andere, was die Frauen betrifft!) (Hacker 1981: 671).
[21] Zum Thema Frauen, Militär und Kampf siehe J. Stiehm (1982 und 1981).

chanismen selbst, die die "Darstellung der vertraglichen Verbindung systematisch verzerren" (ebd.: 222f.), sondern viel mehr die Disziplinierung in der bürgerlichen Gesellschaft, bei der es sich auch um eine patriarchale Form der Disziplinierung handelt, die typischerweise durch den Vertrag erzeugt wird. Die für die bürgerliche Gesellschaft charakteristischen Formen der Unterwerfung (wie auch die Formen des Widerstands) wurden, wie Foucault betont, sowohl durch die Kollaboration der Unterworfenen als auch durch Gewalt entwickelt; die Kollaboration wird dadurch erleichtert, dass das Bewusstsein durch patriarchale Formen der Freiheit und Gleichheit geprägt wird. Wenn beispielsweise "Individuen" aufgrund eines öffentlich anerkannten freiwilligen Vertrages ihre Ehepartner frei wählen können, ist nur schwer zu erkennen, dass der Ehevertrag eine politische Fiktion ist, durch welche der Unterwerfung der Frau und den männlichen Privilegien des Ehemannes zeremoniell Anerkennung verliehen wird (siehe auch Pateman 1984).

Die moderne Körperdisziplin wird durch eine politische Theorie unterstützt, die bereits Vernunft und Körper sowie die Vernunft der Männer und die Körper der Frauen voneinander getrennt hat. Foucault ignoriert die wichtige Tatsache, dass im Gegensatz zum ‚militärischen Traum', der ein Traum von Männern ist, der brüderliche Gesellschaftsvertrag auch ein Traum von Frauen ist. Der Traum von Frauen kann aber nicht in Erfüllung gehen, obwohl die angeblich universalen Eigenschaften des Vertrags immer wieder diesen Anschein erwecken. Die Geschichte des liberalen Feminismus ist die Geschichte einer ganzen Reihe von Versuchen, die liberalen Freiheiten und Rechte auf die ganze erwachsene Bevölkerung zu übertragen; aber der liberale Feminismus gibt keine Antwort, und er kann auch gar keine Antwort geben auf die brisante Frage, wie es Frauen gelingen soll, einen gleichen Platz in einer patriarchalen Gesellschaftsordnung einzunehmen.

Jetzt, da der feministische Kampf den Punkt erreicht hat, an dem Frauen formal betrachtet fast gesellschaftlich gleich sind, wird die Kluft zwischen der Gleichheit nach männlichem Vorbild und den realen gesellschaftlichen Positionen für Frauen *als Frauen* deutlich.

Frauen wurden natürlich niemals völlig vom gesellschaftlichen Leben ausgeschlossen— die zwei Sphären der modernen gesellschaftlichen Ordnung sind in Wirklichkeit nicht getrennt — aber unsere Einbeziehung erfolgte nur partiell. In einer Welt, die als konventionell, vertraglich und universal dargestellt wird, wird die gesellschaftliche Position von Frauen askriptiv durch ihre natürliche Partikularität des Frauseins definiert; patriarchale Unterordnung wird sozial und legal im gesamten gesellschaftlichen Leben aufrechterhalten, sowohl in der Produktion und der Staatsbürgerschaft als auch in der Familie. Neuere feministische Forschungen haben damit begonnen aufzuzeigen, wie Männer *als Männer* – trotz der wichtigen Ungleichheiten zwischen ihnen auf Grund von Klassenzugehörigkeit oder Hautfarbe (und Assoziationen und Clubs, die die Brüderlichkeit betonen, sind für gewöhnlich durch diese Ungleichheiten geprägt) – die Macht und Privilegien ihres patriarchalen Rechts im gesamten sozio-politischen Leben aufrechterhalten.

Die Geschichte des brüderlichen Gesellschaftsvertrages zeigt, dass sich die Kategorien und Praktiken der bürgerlichen Gesellschaft nicht so ohne weiteres auf Frauen übertragen lassen. Wie können wir volle Mitglieder einer bürgerlichen Gesellschaft oder Partner im Bruder-Vertrag werden, wenn der Gesellschaftsvertrag ein moderner patriarchaler Pakt ist, der das geschlechtliche Recht von Männern über Frauen etabliert und das gesellschaftliche Individuum im Gegensatz zu Frauen und zu allem, was unsere Körper symbolisieren, geschaffen wurde?

Die widersprüchliche Antwort ist, dass wir uns als Frauen in der bürgerlichen Gesellschaft von unseren Körpern lossagen müssen und als ein Teil der Bruderschaft handeln müssen — aber da wir niemals als etwas anderes als als Frauen angesehen werden, müssen wir gleichzeitig weiterhin die patriarchalischen Vorstellungen von Weiblichkeit bzw. die patriarchale Unterwerfung bestätigen.[22]

Die besondere Beziehung zwischen der bürgerlichen Gesellschaft, uns Frauen und unseren Körpern wird darin deutlich, dass nur wenige Gesetzgebungen das Recht eines Mannes abgeschafft haben, den Körper seiner Frau gegen ihren Willen zu missbrauchen, dass erzwungene sexuelle Beziehungen (,*sexual harrassment*') ein Teil jeder Arbeitswelt sind und dass die Körper von Frauen auf dem kapitalistischen Markt verkauft werden.[23] Sie wird daran deutlich, dass Frauen in den USA und in Großbritannien bis 1934 ihre Staatsangehörigkeit verloren, wenn sie einen Ausländer heirateten und dass erst 1983 alle britischen Frauen das Recht erhielten, ihre Staatsangehörigkeit auf ihre Männer zu übertragen, um ihnen den dauerhaften Aufenthalt zu ermöglichen.[24] Schließlich wird sie daran deutlich, dass Frauen in der wohlfahrtsstaatlichen Politik nicht wirklich als Individuen anerkannt werden.

---

[22] Frau Thatcher liefert hierzu ein faszinierendes Beispiel. Auf der einen Seite ist sie "der beste Mann im Kabinett," der Sieger des Falklandkrieges, der Komplize von Reagan in seinem Staatsterrorismus gegen Libyen, und wird mit Waffen photographiert. Auf der anderen Seite spricht sie mit der Presse über "frauliche" Angelegenheiten (wie ihre Haare gefärbt zu haben), macht Schlagzeilen wie "Vier Jahre im Amt und sie wirkt zehn Jahre jünger," und benutzt die Sprache des Haushalts, wenn sie über Kürzungen in den wohlfahrtsstaatlichen Sozialausgaben spricht (siehe Carter 1983: 8-10).
[23] Für eine Kritik einer kontraktualistischen Verteidigung von Prostitution, siehe Pateman (1983: 561-5; und 1988: Kapitel 7).
[24] Dieses Recht ist immer noch durch Immigrationsrestriktionen geschützt, die es schwarzen Frauen schwer machen es für sich zu beanspruchen; für eine Beschreibung der Wechselwirkung von Geschlecht und Rasse im

Die theoretischen und sozialen Veränderungen, die notwendig wären, damit Frauen und Männer zu vollwertigen Mitglieder einer freien und wirklich demokratischen (oder wirklich "bürgerlichen") Gesellschaft würden, sind so weitreichend wie man nur irgend denken kann. Die Bedeutung der "bürgerlichen Gesellschaft" (in dem Sinne, wie sie hier diskutiert wird) wurde durch den Ausschluss von Frauen und all dem, was wir symbolisieren, konstruiert. Die Wiederentdeckung der patriarchalischen Konzeption der bürgerlichen Gesellschaft allein wird das patriarchale Recht der Männer nicht wirklich herausfordern. Um eine wirklich demokratische Gesellschaft zu schaffen, die Frauen als vollwertige Bürgerinnen miteinbezieht, ist es notwendig, unser Verständnis des politischen Körpers (*body politic*) zu dekonstruieren und wieder zusammenzufügen. Diese Aufgabe erstreckt sich von der Auflösung der patriarchalen Trennung zwischen privat und öffentlich bis hin zu einer Transformation unserer Individualität und unseren geschlechtlichen Identitäten als männliche und weibliche Wesen. Diese Identitäten stehen sich jetzt als ein Teil der verschiedensten Ausdrucksformen der patriarchalen Dichotomie zwischen Verstand und Leidenschaft gegenüber. Das schwerwiegendste und komplexeste Problem der politischen Theorie und Praxis besteht in der Beantwortung der Frage, wie die zwei menschlichen Körper und wie die weibliche und die männliche Individualität vollkommen in das politische Leben einbezogen werden können. Wie kann eine Gegenwart der patriarchalen Herrschaft, der Opposition und der Dualität in eine Zukunft der autonomen demokratischen Differenzierung verwandelt werden?

Das traditionelle Patriarchat der Väter wurde schon vor langer Zeit in ein brüderliches, modernes Patriarchat oder in eine bürgerliche Gesellschaft verwandelt. Vielleicht besteht jedoch noch Hoffnung, weil diese Beobachtungen noch in der Dämmerung geschrieben wurden, in der die Eule der Minerva ihren Flug erst beginnt. Vielleicht ist die Zeit für Optimismus aber auch schon vorbei; der Feminismus könnte zu einem Zeitpunkt neu aufgekommen sein, an dem sich das Patriarchat in einer Krise befindet und die Vorstellung des bewaffneten Mannes - nun nicht mehr bewaffnet mit einem Schwert, sondern mit Plastikkugeln, Splitterbomben, chemischen, biologischen und nuklearen Waffen - das Bild des zivilen Individuums gänzlich verdrängt hat. Vielleicht ist, wie Mary O'Brien behauptet, "die Bruderschaft völlig verrückt geworden und hat die Kontrolle über ihre Entstehungsgeschichten in einer kosmischen Hexenmeisterlehre verloren" (O'Brien 1981: 205).

---

britischen Gesetz siehe Women, Immigration and Nationality Group (1985). Bezüglich der USA siehe V. Sapiro, (1984).

Literatur

Astell, M. 1970 (1970): Some Reflections Upon Marriage. New York.

Beauvoir, Simone de (1953): The Second Sex, translated by: Parshley, H. M. New York.

Bordo, S. (1986): The Cartesian Masculinization of Thought, in: Signs (11), pp. 439-456.

Brown, N. O. (1966): Love's Body. New York.

Campbell, Beatrix. (1984): The Road to Wigan Pier Revisited: Poverty and Politics in the 80s. London.

Carter, A. (1983): Masochism for the Masses, in: New Statesman (3 June), pp. 8-10.

Cockburn, C. (1983): Brothers: Male Dominance and Technological Change. London.

Crick, B. (1982): In Defence of Politics, 2nd ed. Middlesex.

Eisenstein, Zila (1981): The Radical Future of Liberal Feminism. New York.

Elshtain, Jean Bethke (1981): Public Man, Private Woman: Women in Social and Political Thought. Princeton.

Filmer, Sir R. (1949): Patriarchia and Other Political Works, in: Laslett, P. (ed.). Oxford.

Foucault, M. (1979): Discipline and Punish: The Birth of the Prison, translated by: Sheridan, A. New York.

Freud, Sigmund (1939): Moses and Monotheism, translated by: K. Jones. New York.

Freud, Sigmund (n. d.): Civilization and Its Discontents. New York.

Freud, Sigmund (n. d.): Totem and Taboo, translated by: Brill, A. New York.

Gaus, G. G. (1983): The Modern Liberal Theory of Man. London.

Hacker, B. C. (1981): Women and Military Institutions in Early Modern Europe: A Reconnaissance, in: Signs (6), pp. 643-671.

Harrison, B. (1978): Separate Spheres: The Opposition to Women's Suffrage in Britain. New York.

Hartstock, B. N. (1983): Money, Sex and Power: Towards a Feminist Historical Materialism. Boston.

Hobsbawm, E. (1975): The Idea of Fraternity, in: New Society (November).

Hulliung, M. (1974): Patriarchalism and Ist Early Enemies, in: Political Theory (2), pp. 410-419.

Kearns, D. (1983): *A Theory of Justice* and Love: Rawls on the Family, in: Politics (18), pp. 36-42.

Lloyd, G. (1984): The Man of Reason: ‚Male' and ‚Female' in Western Philosophy. London.

Locke, Jean (1967): Two Treatises of Government, in: Laslett, P. (ed.). Cambridge.

Mitchell, J. (1975): Psychoanalysis and Feminism. Middlesex.

Nicholson, Linda J. (1986): Gender and History: The Limits of Social Theory in the Age of the Family. New York.

O'Brien, Mary (1981): The Politics of Reproduction. London.

Pateman, Carol (1983): Defending Prostitution: Charges Against Ericson, in: Ethics (93).

Pateman, Carol (1984): The Shame of Marriage Contract, in: Stiehm, J. (ed.) Women's View of the Political World of Men. New York.

Pateman, Carol (1985): The Problem of Political Obligation, 2nd ed. Cambridge and Berkeley.

Pateman, Carol (1988): The Sexual Contract. Cambridge und Standford.

Pitkin, H. (1984): Fortune Is A Woman: Gender and Politics in the Thought of Niccolo Machiavelli. Berkeley.

Rawls, J. (1971): A Theory of Justice. Cambridge.

Rieff, P. (n. d.): Freud: The Mind of the Moralist. London.

Rothblatt, S. (1976): Tradition and Change in English Liberal Education. London.

Rousseau, Jean-Jaques (1979): Emile, or On Education, translated by: Bloom, A. New York.

Sapiro, V. (1984): Women, Citizenship and Nationality: Immigration and Naturalization Policies in the United States, in: Politics and Society (13).

Schochet, G. (1975): Patriarchalism in Political Thought: The Authoritarian Family and Political Speculation and Attitudes Especially in Seventeenth Century England. Oxford.

Shanley, M. (1979): Marriage Contract and Social Contract in Seventeenth Century English Political Thought, in: Western Political Quarterly (32), pp. 79-91.

Stiehm, J. (1981): Bring Me Men and Women: Mandated Change at the US Air Force Academy. Berkeley.

Stiehm, J. (1982): The Protected, The Protector, The Defender, in: Women's Studies International Forum (5), S. 367-376.

Taylor, M. (1982): Community, Anarchy and Liberty. Cambridge.

Thompson, William (1970): Appeal of One Half of the Human Race, Women, Against the Pretensions of the Other Half, Men to Retain them in Political, and Thence in Civil and Domestic, Slavery. New York.

Unger, R. M. (1976): Knowledge and Politics. New York.

Williams, R. (1985): Keywords: A Vocabulary of Culture and Society, revised ed. New York.

Women, Immigration and Nationality Group (1985): Worlds Apart: Women under Immigration and Nationality Law. London.

[aus dem Amerikanischen: Jutta Joachim]

Susan Moller Okin
Gerechtigkeit und die soziale Institutionalisierung des Geschlechtsunterschiedes

Theorien der Gerechtigkeit drehen sich darum, ob, wie und warum Personen unterschiedlich behandelt werden sollen. Welche ursprünglichen oder erworbenen Charakteristika oder Positionen in der Gesellschaft, so fragen sie, legitimieren eine unterschiedliche Behandlung von Personen durch soziale Institutionen, Gesetze und Sitten? Insbesondere geht es darum, wie sich ursprünglich bestehende Sachverhalte in dieser Hinsicht auswirken sollen. Die Teilung der Menschen in zwei Geschlechter scheint sich für solche Fragestellungen geradezu anzubieten. Wir leben in einer Gesellschaft, in deren Vergangenheit die angeborenen geschlechtlichen Merkmale als Rechtfertigungsgründe für unterschiedliche Rechte und Beschränkungen sowohl formeller als auch informeller Art galten, wie sie nicht klarer sein konnten. Während die rechtlichen Sanktionen, die die männliche Dominanz aufrechterhielten, im letzten Jahrhundert in einem gewissen Ausmaß zu erodieren begannen – eine Erosion, die sich in den letzten zwanzig Jahren beschleunigte –, verstärkt die schwere Last der Tradition in Verbindung mit den unterschiedlichen Sozialisationsbedingungen noch immer nachhaltig eine Verteilung von normalerweise nicht für gleichwertig gehaltenen Rollen auf beide Geschlechter.[1] Dabei ist insbesondere die geschlechtsspezifische Arbeitsteilung innerhalb der Familie nicht nur ein fundamentaler Bestandteil des Heiratskontrakts, sondern übt in unseren die Entwicklung am meisten prägenden Lebensjahren einen so tiefen Einfluss auf uns aus, dass Feministinnen beiderlei Geschlechts die Erfahrung machen, dass sie sich bei ihrem Versuch, dagegen anzukämpfen, in die unterschiedlichsten Ambivalenzen verstricken. Dies ist der Dreh- und Angelpunkt, auf den gestützt die tief verwurzelte soziale Institutionalisierung des biologischen Geschlechtsunterschiedes noch immer unsere Gesellschaft prägt.

Dieses "System der Geschlechtsorientiertheit" ["gender system"], wie ich diese soziale Institutionalisierung im folgenden nenne, ist bisher noch kaum auf seine Gerechtigkeit hin überprüft worden. Wenn man die große Tradition des abendländischen politischen Denkens daraufhin betrachtet, wie dort die Gerechtigkeit der Geschlechtsorientiertheit behandelt wird,

---

[1] Zur Geschichte der rechtlichen Durchsetzung traditioneller Geschlechterrollen und des in letzter Zeit in dieser Hinsicht stattfindenden Wandels siehe: Leo Kanowitz, *Sex Roles in Law and Society*, Albuquerque 1973 und Ergänzungsband 1974, bes. die Teile 2, 4 und 5; wie auch Kenneth M. Davidson, Ruth Bader Ginsburg und Herma Hill Kay, *Sex-Based Discrimination,* St. Paul 1974, bes. Kap. 2, und den von Wendy Williams besorgten Ergänzungsband 1978.

Kapitel 1: Politische Theorie und Politische Philosophie

so stellt man fest, dass nur wenig zu diesem Thema zu finden ist. Unerschrockene Feministinnen wie Mary Astell, Mary Wollstonecraft, Harriet Taylor und George Bernard Shaw haben gelegentlich die Tradition angegriffen und dabei häufig auf die Prämissen und Argumente der Tradition selbst zurückgegriffen, um deren Rechtfertigung einer ungleichen Behandlung der Frauen zu widerlegen. John Stuart Mill ist eine Ausnahme von der Regel, dass zentrale Figuren der Tradition die Gerechtigkeit der Unterordnung und Unterdrückung der Frauen fast nie in Zweifel gezogen haben. Die Ursache dieses Phänomens ist zweifellos auch darin zu suchen, dass Aristoteles, dessen Theorie der Gerechtigkeit einen so großen Einfluss ausgeübt hat, Frauen und Sklaven in den Bereich der "Gerechtigkeit des Haushalts" verwiesen hat. Die Angehörigen eines Haushalts sind den freien Männern, die an der politischen Gerechtigkeit partizipieren, nicht grundsätzlich gleichgestellt, sondern niedrigere Wesen, deren natürliche Funktion es ist, jenen zu dienen, die vollkommene Menschen sind. Obwohl sie angeblich die Rechte des Individuums und die Gleichheit der Menschen begründet hat, ist die liberale Tradition in dieser Hinsicht stärker Aristoteles verpflichtet, als man gemeinhin zugibt.[2] Auf die eine oder andere Weise sind Liberale stets davon ausgegangen, das "Individuum", das den grundlegenden Gegenstand ihrer Theorien darstellt, sei der männliche Vorstand des patriarchalischen Haushalts.[3] Daher ist die Anwendung von Gerechtigkeitsprinzipien auf Beziehungen zwischen den Geschlechtern oder innerhalb des Haushalts häufig von vornherein ausgeschlossen worden.

Es haben auch noch andere Annahmen ihren Teil zu der weitverbreiteten Überzeugung beigetragen, dass sich weder die Frauen noch die Familie dazu eignen, an ihnen die Gerechtigkeit zu erörtern. Eine dieser Annahmen geht davon aus, dass Frauen, sei es wegen ihres liederlichen Wesens, ihrer sklavischen Unterworfenheit gegenüber der Natur, ihrer privaten und partikularistischen Neigungen oder ihrer ödipalen Phase, nicht fähig seien, einen Sinn für Gerechtigkeit zu entwickeln. Diese Vorstellung findet sich – manchmal kurz angedeutet, manchmal ausführlicher entfaltet – von Platon bis Freud, auch in den Arbeiten von Bodin, John Knox, Rousseau, Kant, Hegel und Bentham.[4] Häufig wird daraus die Folgerung ge-

---

[2] Siehe Judith Hicks Stiehm, *The Unit of Political Analysis: Our Aristotelian Hangover*, in: Sandra Harding und Merrill B. Hintikka (Hg.), *Discovering Reality: Feminist Perspectives on Epistemology, Metaphysics, Methodology, and Philosophy of Science*, Dordrecht 1983, S. 31-43.
[3] Siehe Carole Pateman und Theresa Brennan, *"Mere Auxiliaries to the Commonwealth": Women and the Origins of Liberalism*, in: *Political Studies* 2/27, Juni 1979, S. 183-200; wie auch Susan Moller Okin, *Women and the Making of the Sentimental Family*, in: *Philosophy & Public Affairs* 1/11, Winter 1982, S. 65-88.
[4] Zu Bodin, John Knox und Rousseau siehe Nannerl O. Keohane, *Female Citizenship: The Monstrous Regiment of Women*, vorgelegt bei dem Annual Meeting of the Conference for the Study of Political Thought, 6.-8. April 1979; zu Rousseau und Freud siehe Carole Pateman, *"The Disorder of Women": Women, Love, and The Sense of Justice*, in: *Ethics* 1/81, Oktober 1980, S. 20-34; zu Platon und Hegel siehe Susan Moller Okin, *Thinking like*

zogen, dass diejenigen, die nicht über die nötigen Qualifikationen verfügen, um im vollen Sinne ethisch zu denken und zu handeln, auch nicht verdienen, dass die Prinzipien der Gerechtigkeit auf sie angewendet werden. Bei Rousseau schließlich (der auch hier, wie so häufig, originell ist) findet man die einzigartige Behauptung, die Frau, die "dazu geschaffen [ist], dem Mann nachzugeben und selbst seine Ungerechtigkeit zu ertragen", sei von Natur aus dazu eingerichtet, die ungerechte Behandlung, die sie sich in ihrem Leben aller Wahrscheinlichkeit nach gefallen lassen muss, duldsam hinzunehmen.[5]

Für alle, die diese Gründe, die dazu dienen, die Frauen und die Geschlechtsorientiertheit aus dem Gegenstandsbereich von Gerechtigkeit auszuschließen, nicht zufrieden stellen, hat die große Tradition nur wenig zu bieten, was uns bei unserer Untersuchung weiterhelfen könnte, und wenn, dann zumindest nicht unmittelbar. Wenn wir uns allerdings modernen Theorien der Gerechtigkeit zuwenden, dann steht zu erwarten, dass wir erhellendere und positive Beiträge zum Thema Gerechtigkeit und Geschlechtsorientiertheit finden. Ich werde zwei solcher Theorien, nämlich John Rawls' *Eine Theorie der Gerechtigkeit* und Michael Walzers *Sphären der Gerechtigkeit*, daraufhin untersuchen, welche expliziten oder impliziten Antworten sie auf die Frage liefern: Wie gerecht ist eine Orientierung am Geschlechtsunterschied?[6]

Gerechtigkeit als Fairness

John Rawls' *Theorie der Gerechtigkeit* ist von einer durchgängigen Inkonsequenz gekennzeichnet, die jeder Person auffallen muss, die das Buch aus feministischer Perspektive liest. Einerseits hat, wie ich unten zeigen werde, eine konsequente und rückhaltlose Anwendung von Rawls' liberalen Prinzipien zur Folge, dass dem in unserer Gesellschaft herrschenden System der Geschlechtsorientiertheit der Kampf angesagt wird, andererseits wird in Rawls' eigener Darstellung seiner Theorie diese Konsequenz kaum angedeutet, geschweige denn entfaltet. Der Hauptgrund für diese Inkonsequenz liegt darin, dass Rawls in seinem

---

a Woman, unveröffentlichtes Manuskript 1984; zu Bentham siehe Terence Ball, *Utilitarianism, Feminism and the Franchise: James Mill and his Critics,* in: History of Political Thought 1/1, Frühling 1980, S. 91-115.
[5] Jean-Jacques Rousseau, *Emile oder Über die Erziehung,* 5. Buch, Stuttgart 1963, S. 795. Siehe auch S. 772f.
[6] John Rawls, *Eine Theorie der Gerechtigkeit,* Frankfurt a. M. 1979, im folgenden als *Theorie* unter Angabe der Seitenzahl zitiert (Originalausgabe: *A Theory of Justice,* Cambridge, Mass. 1971, zitiert als *Theory*); die Verweise auf die Originalausgabe sind zumeist dadurch begründet, dass der deutschen Übersetzung ein vom Autor anlässlich der deutschen Ausgabe revidierter Text zugrunde liegt. Michael Walzer, *Sphären der Gerechtigkeit,* Frankfurt a.M./ New York 1992, im folgenden als *Sphären* unter Angabe der Seitenzahl zitiert (Originalausgabe: *Spheres of Justice,* New York 1983, zitiert als *Spheres*).

Buch zumeist von der (fast von der gesamten liberalen Tradition geteilten) Annahme ausgeht, die geeigneten Subjekte politischer Theorien seien Familienoberhäupter. Das Ergebnis davon ist, dass Rawls zwar bei verschiedenen Gelegenheiten darauf hinweist, dass das Geschlecht einer Person ein moralisch arbiträres und kontingentes Merkmal ist, und auch ausdrücklich sagt, die Familie sei eine der grundlegenden sozialen Institutionen, auf die die Prinzipien der Gerechtigkeit Anwendung finden müssen, seine Theorie der Gerechtigkeit aber versäumt, diese Überzeugungen zur Entfaltung zu bringen.

Rawls verwendet, wie fast alle politischen Theoretiker es bis vor ganz kurzer Zeit taten, angeblich die Gattung bezeichnende männliche Begriffe. "Men", "mankind", "he" und "his" treten zusammen mit nicht-sexistischen Begriffen wie "Individuum" und "moralische Person" auf. Beispiele für die Beziehungen zwischen den Generationen werden mit den Begriffen "Vater" und "Sohn" bzw. "Väter" und "Söhne" vorgeführt (*Theorie 237, 324*), und vom Unterschiedsprinzip wird gesagt (*Theorie 126f.*), es entspreche dem Grundsatz der "Brüderlichkeit" (*siehe Theory 105f., 208f., 288f.*). Dieser Sprachgebrauch wäre vielleicht weniger signifikant, würde sich Rawls nicht als Glied einer langen Tradition moralischer und politischen Philosophie begreifen, die in ihrer Argumentation solche angeblich die Gattung bezeichnenden maskulinen Begriffe oder sogar umfassendere Bezeichnungen wie "menschliche Wesen", "Personen" oder "alle vernünftigen Wesen" stets dazu verwendet hat, Frauen aus dem Anwendungsbereich der gezogenen Schlussfolgerungen auszuklammern. Kant ist dafür ein eindeutiges Beispiel.[7] Aber wenn Rawls sich auf die "Allgemeinheit und Uneingeschränktheit" in Kants Ethik bezieht und wenn er die Prinzipien seines Urzustandes mit den in Kants Reich der Zwecke herrschenden Grundsätzen vergleicht, wo "das Handeln nach diesen Grundsätzen unsere Natur als freie und gleiche vernünftige Menschen ausdrückt" (*Theorie 289*), dann lässt er die Tatsache unerwähnt, dass Frauen in die Kategorie der "freien und gleichen vernünftigen Menschen" nicht eingeschlossen sind, für die Kant die Geltung seiner Moraltheorie behauptete. In einer kurzen Erörterung von Freuds Theorie der moralischen Entwicklung wiederum gibt Rawls Freuds Lehre von der Entstehung des männlichen Überich in weitgehend geschlechtsneutralen Begriffen wieder, ohne zu erwähnen, dass Freud die moralische Entwicklung der Frauen wegen ihrer unvollkommenen Bewältigung des Ödipuskomplexes für äußerst unzulänglich hielt (*Theorie 499f.*).

Es lässt sich daher bei Rawls eine gewisse Blindheit gegenüber dem Sexismus der Tradition feststellen, in der er steht; eine Blindheit, die dazu neigt, den Bezug seiner Begriffe noch doppeldeutiger werden zu lassen, als er ohnehin schon ist. Eine feministische Leserin oder ein feministischer Leser sieht sich ständig vor die Frage gestellt: Bezieht sich diese Theorie der Gerechtigkeit auch auf Frauen oder nicht?

Auf diese Frage findet sich keine Antwort in den wichtigen Passagen des Buches, in denen aufgezählt wird, was Personen im Urzustand über sich alles nicht wissen dürfen, um unparteiische Prinzipien der Gerechtigkeit aufstellen zu können. In einem späteren Aufsatz hat Rawls zwar deutlich gemacht, dass das Geschlecht einer Person eine der moralisch irrelevanten Zufälligkeiten ist, die als vom Schleier des Nichtwissens verborgen anzusehen sind.[8] Aber in seiner *Theorie der Gerechtigkeit* umfasst die Liste dessen, was "niemand" im Urzustand kennen darf, zwar "seinen Platz in der Gesellschaft, seine Klasse oder seinen Status; ...seine natürlichen Gaben, seine Intelligenz, Körperkraft usw. ...seine Vorstellung vom Guten, die Einzelheiten seines vernünftigen Lebensplanes, ja [sogar] ... die Besonderheiten seiner Psyche" (*Theorie 160*; siehe auch 29), doch "sein" Geschlecht wird nirgendwo erwähnt. Da die Parteien aber "die allgemeinen Tatsachen über die menschliche Gesellschaft kennen" (*Theorie 160*), wozu vermutlich auch die Tatsache gehört, dass die Gesellschaft sowohl durch Sitten und Gebräuche als auch durch das Gesetz nach Geschlechtszugehörigkeit strukturiert ist, könnte man eigentlich annehmen, dass die Frage, ob sie ihr Geschlecht kennen oder nicht, wichtig genug sei, um Erwähnung zu finden. Vielleicht wollte Rawls das mit seinem "usw." abgedeckt wissen, es ist aber auch möglich, dass er es nicht für wesentlich hielt.

Die Doppeldeutigkeit wird noch verschlimmert durch Rawls' Aussage, diese freien und gleichen moralischen Menschen des Urzustands, die die Prinzipien der Gerechtigkeit formulieren, seien nicht als "Einzelmenschen" anzusehen, sondern als "Familienoberhäupter" (*Theorie 151 u. 170*) oder "representatives of families" (*Theory 128*). Er sagt (in der amerikanischen Fassung seines Buches), es sei nicht notwendig, die Parteien als Familienoberhäupter aufzufassen, er werde aber trotzdem im allgemeinen davon ausgehen (*Theory 128*), und zwar, um sicherzustellen, dass jeder Mensch des Urzustandes um das Wohlergehen einiger Menschen der nächsten Generation besorgt sei. Diese "ties of sentiment" (*Theory 292*; siehe *Theorie 323*), diese Gefühlsbande zwischen den Generationen sind für Rawls wichtig wegen der Rolle, die ihnen für die Aufstellung seines gerechten Spargrundsatzes zukommt, stellen aber ansonsten ein Problem dar, da generell angenommen wird, die Parteien des Urzustandes seien aneinander nicht interessiert. Trotz der Bande des Gefühls *innerhalb* der Familien sind die

---

[7] Siehe Susan Moller Okin, *Women and the Making of the Sentimental Family*, l.c., S. 78-82.
[8] John Rawls, *Fairness to Goodness*, in: *Philosophical Review* 84/1975, S. 537. Rawls schreibt: "Dass wir vom Guten eine bestimmte Vorstellung haben und nicht eine andere, ist vom moralischen Standpunkt aus irrelevant. Bei der Herausbildung dieser Vorstellung werden wir von der gleichen Art von Zufälligkeiten beeinflusst, die uns dazu brachten, ein Wissen um unser Geschlecht und unsere Klasse auszuklammern."

Interessen der Parteien "als Repräsentanten von Familien ..., wie die Anwendungsverhältnisse der Gerechtigkeit implizieren, einander entgegengesetzt " (*Theory 128*).

Das Familienoberhaupt muss natürlich nicht notwendigerweise ein Mann sein. Doch schon die Tatsache, dass der Begriff "weiblicher Haushaltsvorstand" für gewöhnlich *nur* auf Haushalte angewendet wird, in denen keine erwachsenen Männer leben, weist darauf hin, dass man davon ausgeht, ein anwesender erwachsener Mann habe vor einer Frau den Vorrang hinsichtlich der Position als Familienoberhaupt oder Haushaltsvorstand. Rawls unternimmt nichts, um diesen Eindruck zu zerstreuen, wenn er von den Menschen im Urzustand sagt: "So stellen sie sich etwa vor, sie seien Väter, und fragen sich, wie viel sie für ihre Söhne und Enkel zur Seite legen sollten, indem sie sich fragen, zu welchen Ansprüchen gegenüber ihren Vätern und Großvätern sie sich berechtigt fühlen würden" (*Theorie 324*). Er macht die "Familienoberhäupter"-Annahme nur, um das Generationenproblem des Sparens angehen zu können, und verfolgt damit vermutlich keine sexistischen Absichten. Trotzdem verfällt Rawls mit dieser Annahme der traditionellen Denkweise, dass das Leben innerhalb der Familie und die Beziehungen zwischen den Geschlechtern nicht eigentlich zum Gegenstandsbereich einer Theorie der sozialen Gerechtigkeit gehören.

Bevor ich dies begründe, muss ich zunächst auf die Tatsache eingehen, dass Rawls zu Beginn seiner Abhandlung sagt, die Familie *gehöre* zum Gegenstandsbereich der sozialen Gerechtigkeit. "Für uns", sagt er, "ist der erste Gegenstand der Gerechtigkeit die Grundstruktur der Gesellschaft, genauer: die Art, wie die wichtigsten gesellschaftlichen Institutionen Grundrechte und –pflichten und die Früchte der gesellschaftlichen Zusammenarbeit verteilen" (*Theorie 23*). Unter den Beispielen für die wichtigsten gesellschaftlichen Institutionen, die er dann aufführt, findet sich auch die "monogame Familie", zusammen mit der politischen Verfassung, der gesetzlichen Sicherung der wesentlichen Freiheiten, dem Privateigentum und Märkten mit Konkurrenz. Rawls macht solche Institutionen zum ersten Gegenstand seiner Theorie der Gerechtigkeit, weil sie so gravierende Auswirkungen auf das Leben der Menschen haben, denn diese sind schon in dem Moment, wo sie auf die Welt kommen, davon abhängig, wie ihre Stellung in bezug auf diese Institutionen ist. Rawls unterscheidet explizit zwischen diesen wichtigsten gesellschaftlichen Institutionen und "privaten Vereinigungen", "weniger umfassende[n] gesellschaftliche[n] Gruppen" und "informellen Konventionen und Sitten des täglichen Lebens", für die die Gerechtigkeitsprinzipien, die der Grundstruktur der Gesellschaft genügen, vielleicht weniger geeignet oder relevant seien (*Theorie* 24). Es kann somit kein Zweifel bestehen, dass die Familie in Rawls' erster Bestimmung

Sphäre sozialer Gerechtigkeit einbezogen ist.[9] Die beiden Grundsätze der Gerechtigkeit, die Rawls in Teil I seiner Arbeit verteidigt, nämlich das Prinzip gleicher Grundfreiheiten und das mit den Erfordernissen fairer Chancengleichheit kombinierte Unterschiedsprinzip, sollen auf die Grundstruktur der Gesellschaft anwendbar sein. Sie sollen "die Zuweisung von Rechten und Pflichten und die Verteilung gesellschaftlicher und wirtschaftlicher Güter [bestimmen]" (*Theorie* 81). Wann immer in diesen grundlegenden Institutionen Unterschiede hinsichtlich Macht, Verantwortung und der Verteilung von Ressourcen wie Vermögen und Freizeit auftreten, müssen diese Unterschiede sowohl den am wenigsten Begünstigten zum größten Vorteil gereichen als auch mit Positionen verbunden sein, die allen unter Bedingungen fairer Chancengleichheit offen stehen.

In Teil II diskutiert Rawls ziemlich ausführlich die Anwendung seiner Gerechtigkeitsprinzipien auf fast alle der am Anfang des Buches aufgelisteten wichtigsten sozialen Institutionen. Die gesetzliche Sicherung der Gedanken- und Gewissensfreiheit wird ebenso verteidigt wie gerechte demokratische Institutionen und Verfahren der Verfassung; von Konkurrenz geprägte Märkte spielen eine bedeutende Rolle in der Diskussion der gerechten Einkommensverteilung; die Frage des privaten oder öffentlichen Eigentums der Produktionsmittel wird ausdrücklich offengelassen, da Rawls die Meinung vertritt, Gerechtigkeit als Fairness könne mit bestimmten Versionen beider Eigentumsformen vereinbar sein. Aber im Zuge all dieser Erörterungen wird niemals die Frage gestellt, ob die monogame Familie, sei es in ihrer traditionellen Form oder in irgendeiner anderen, eine gerechte soziale Institution ist. Wenn Rawls verkündet, die "Skizze des Systems der Institutionen, die die beiden Grundsätze erfüllen", sei "jetzt vollständig" (*Theorie* 337), hat er sich mit der inneren Gerechtigkeit der Familie noch in keiner Weise befasst. Abgesehen von flüchtigen Verweisen spielt die Familie in Rawls' *Theorie der Gerechtigkeit* nur in drei Zusammenhängen überhaupt eine Rolle: als für das Sparprinzip nötiges Bindeglied zwischen den Generationen, als mögliches Hindernis einer fairen Chancengleichheit – wegen der Ungleichheiten unter den Familien – und als erste Schule der moralischen Entwicklung. Erst im dritten Kontext nennt Rawls zum ersten Mal die Familie eine gerechte Institution. Wohlgemerkt, er *erörtert* dabei nicht, ob die Familie in ir-

---

[9] Es ist interessant festzustellen, dass Rawls in einem späteren Aufsatz zu der Frage, warum die Grundstruktur der Gesellschaft der erste Gegenstand der Gerechtigkeit ist, die Familie nicht mehr als Teil der Grundstruktur erwähnt. Siehe John Rawls, *The Basic Structure as Subject*, in: *American Philosophical Quarterly* 2/14, April 1977, S. 159.
Anmerkung des Übersetzers: In der "stark überarbeiteten Fassung" dieses Vortrags von John Rawls, die 1978 unter dem gleichen Titel in dem von A. Goldman und J. Kim bei Reidel in Dordrecht herausgegebenen Band *Values and Morals* veröffentlicht wurde, ist diese Unterlassung berichtigt. Siehe auch die deutsche Fassung *Die Grundstruktur als Gegenstand*, in: John Rawls, *Die Idee des politischen Liberalismus*, Frankfurt a. M. 1992, S. 45.

Kapitel 1: Politische Theorie und Politische Philosophie

gendeiner Form eine gerechte Institution ist oder nicht, sondern er *nimmt es als gegeben an*. Dass Rawls diese Annahme für wichtig hält, wird deutlich, wenn er die Formulierung seines ersten psychologischen Gesetzes der moralischen Entwicklung mit den Worten beginnt: "Falls die Familieninstitutionen gerecht sind..." (*Theorie* 532) – "given that family institutions are just..." (Theory 490).[10]

Es wird jedoch ebenso deutlich, dass diese Annahme durch Rawls' Überlegungen zur sozialen Gerechtigkeit der wichtigsten Institutionen nicht gerechtfertigt ist. Denn das zentrale Argument seiner Theorie behauptet, dass eine Institution sich durch Gerechtigkeit auszeichnet, wenn ihre Mitglieder auch dann mit der Struktur und den Regeln dieser Institution einverstanden wären, wenn sie von ihrem Platz in dieser Struktur keine Kenntnis hätten. Rawls' Buch versucht zu zeigen, dass die beiden Grundsätze der Gerechtigkeit als Fairness so geartet sind, dass Individuen in einer solchen hypothetischen Situation ihnen zustimmen würden. Aber da die Vertragspartner im Rawlsschen Urzustand die Oberhäupter oder Repräsentanten von Familien sein sollen, sind sie damit *nicht in einem Zustand, der ihnen erlaubte, über Fragen der Gerechtigkeit innerhalb von Familien zu entscheiden.*[11] Was die Kinder angeht, so bringt Rawls ein überzeugendes paternalistisches Argument für ihre vorübergehende Ungleichheit. Aber Frauen (oder alle anderen erwachsenen Mitglieder der Familie, die *nicht* ihr "Oberhaupt" sind) sind im Urzustand überhaupt nicht repräsentiert. Wenn Familien gerecht sind, wie Rawls annimmt, dann müssen sie es auf irgendeine (von Rawls nicht angegebene) andere Weise als die anderen Institutionen *schaffen*, gerecht zu sein, denn so ist nicht vorstellbar, wie sich der Standpunkt ihrer weniger begünstigten Mitglieder jemals Gehör verschaffen könnte.

Bei zwei Gelegenheiten scheint Rawls von seiner Voraussetzung, die Parteien im Urzustand seien "Familienoberhäupter", entweder abzugehen oder anzunehmen, das "Oberhaupt einer Familie" könne ebenso gut eine Frau sein. "Wenn ... die Männer bei den Grundrechten bevorzugt werden", schreibt Rawls, "so ist diese Ungleichheit nach dem Unterschiedsprinzip ... nur gerechtfertigt, wenn es den Frauen Vorteile bringt und aus ihrer Sicht annehmbar ist" (*Theorie* 119). An einer späteren Stelle scheint er zu implizieren, die Ungerechtigkeit und Unvernunft rassistischer Doktrinen sei auch für sexistische Auffassungen charakteristisch

---

[10] Eine interessante Diskussion der Bedeutung von Rawls' Unterlassung einer Erörterung der Gerechtigkeit der Familie für seine Theorie der moralischen Entwicklung liefert Deborah Kearns, *A Theory of Justice – and Love: Rawls on the Family,* in: Politics (Australasian Political Studies Association Journal), 2/18, November 1983, S. 39f.
[11] Wie Jane English in einem Aufsatz sagt, der sich allerdings mehr mit den Problemen von Rawls' Sparprinzip als mit der Gerechtigkeit innerhalb der Familie per se befasst: "Indem Rawls die Parteien im Urzustand als

(siehe *Theorie* 173f.). Aber trotz dieser Passagen, die sich gegen eine überkommene Geschlechterdiskriminierung zu wenden scheinen, basieren die Erörterungen über Institutionen in Teil II implizit in einer ganzen Reihe von Hinsichten auf der Annahme, dass die gerechte Institutionen entwerfenden Vertragspartner (männliche) Oberhäupter (völlig traditioneller) Familien sind und sich folglich mit den Problemen einer Verteilungsgerechtigkeit innerhalb der Familien nicht befassen. Daher ist die "Familienoberhaupt"-Annahme alles andere als neutral oder unschuldig, sondern hat den Effekt, einen großen Bereich des menschlichen Lebens – und einen besonders großen Bereich des Lebens der meisten Frauen – aus dem Anwendungsgebiet der Theorie zu verbannen.

Rawls' Diskussion der Verteilung von Wohlstand scheint davon auszugehen, dass alle Parteien im Urzustand erwarten, auf dem Arbeitsmarkt vertreten zu sein, wenn der Schleier des Nichtwissens sich hebt. Verteilungsanteile werden in bezug auf Haushaltseinkommen diskutiert, doch bezieht er sich dabei auch immer wieder auf "Individuen", als ob es keinen Unterschied zwischen dem Vorteil oder dem Wohlergehen eines Haushalts und dem eines Individuums gäbe (*siehe Theorie* 304-308 u. 338-343). Diese Konfusion verschleiert die Tatsache, dass zwar alle Arbeitskräfte für ihre Arbeit Lohn beanspruchen können sollen, dass aber in Gesellschaften, für die ein System der Geschlechtsorientiertheit charakteristisch ist (also in allen gegenwärtigen Gesellschaften), ein weit größerer Anteil der von Frauen verrichteten Arbeit unbezahlt ist, als er bei Männern der Fall ist, und dass dieser Anteil oft noch nicht einmal als Arbeit anerkannt wird. Sie verschleiert die Tatsache, dass solche resultierenden Ungleichheiten und die wirtschaftliche Abhängigkeit der Frauen von Männern sich wahrscheinlich ebenso auf die Machtverhältnisse innerhalb des Haushalts auswirken wie auf den Zugang zu Freizeit, Prestige, politischen Ämtern usw., der den erwachsenen Mitgliedern eines Haushalts offen steht. Jede Erörterung der Gerechtigkeit *innerhalb* der Familie müsste sich diesen Fragen aber widmen.

Auch später, in seiner Diskussion der Pflichten eines Bürgers, scheint Rawls' Annahme, Gerechtigkeit sei das Resultat einer Übereinkunft zwischen Familienoberhäuptern im Urzustand, ihn davon abzuhalten, eine Frage zu bedenken, die für Frauen als Bürger von entscheidender Bedeutung ist – nämlich ihre Befreiung vom Wehrdienst. Rawls kommt zum Schluss, dass eine Wehrpflicht gerechtfertigt ist, wenn sie zur Verteidigung der Freiheit gegen einen ungerechten Angriff notwendig ist und wenn die Institutionen "dafür sorgen, dass die Risiken dieser Unbilden für alle Mitglieder der Gesellschaft im Lauf ihres Lebens insgesamt

---

Familienoberhäupter und nicht als Individuen auffasst, kapselt er die Familie gegenüber Anforderungen der Gerechtigkeit ab" (*Justice between Generations*, in: *Philosophical Studies* 31/1977, S. 95).

möglich gleich sind und dass es bei der Heranziehung zum Militärdienst keine vermeidbare *Klassen*einseitigkeit gibt" (*Theorie* 418; Hervorheb. hinzugefügt). Das Problem der Befreiung der Frauen von diesem schwerwiegenden Eingriff in die Grundfreiheiten gleicher Bürger wird noch nicht einmal erwähnt.

Trotz der beiden ausdrücklichen Ablehnungen einer geschlechtlichen Diskriminierung in Teil I scheint Rawls also in Teil II seines Buches so stark dem Einfluss seiner "Familienoberhaupt"-Annahme zu unterliegen, dass er weder die größere wirtschaftliche Abhängigkeit der Frauen und die geschlechtliche Arbeitsteilung innerhalb der typischen Familie noch irgendeine der weitergehenden Auswirkungen dieser grundlegenden Geschlechtsorientiertheit der gesellschaftlichen Institutionen in ihrer Bedeutung für die Grundstruktur der Gesellschaft ins Auge zu fassen vermag. Zudem klingt Rawls in Teil III seines Buches, wo er die Gerechtigkeit "eine[r] Form der Familie" (*Theorie* 503) als gegeben *annimmt*, ohne jedoch irgendwelche alternativen Formen diskutiert zu haben, sehr danach, als ob er ganz im Rahmen von traditionellen, geschlechtsorientierten Vorstellungen von Familienstrukturen denken würde. Die Familie, sagt er, ist »eine Kleingruppe ..., gewöhnlich mit einer wohlbestimmten Hierarchie, in der jedes Mitglied bestimmte Rechte und Pflichten hat« (*Theorie* 508). Die Rolle der Familie als moralische Lehranstalt wird zum Teil durch die elterlichen Erwartungshaltungen gesichert, die die "Tugenden eines guten Sohnes oder einer guten Tochter" bei ihren Kindern sehen wollen (*Theorie* 508). In der Familie und in anderen Gruppen wie Schule, Nachbarschaft und Peer-group, so fährt Rawls fort, lernt man verschiedene moralische Tugenden und Ideale, die dann zu den Idealen hinführen, die man in seinem späteren Leben in den verschiedenen Positionen und Berufen und der Stellung innerhalb der Familie übernimmt. "Der Inhalt dieser Ideale ergibt sich aus den Vorstellungen von der guten Ehefrau und dem guten Ehemann, dem guten Freund, dem guten Staatsbürger usw." (*Theorie* 509). Wahrscheinlich hat es mit diesen ungewöhnlichen Abweichungen von dem sonst bei Rawls in diesem Buch üblichen Gebrauch von angeblich Gattungsbezeichnungen darstellenden männlichen Referenzbegriffen die Bewandtnis, dass Rawls damit zum Ausdruck bringen möchte, dass sich die Tugenden einer guten Tochter von denen eines guten Sohnes ebenso unterscheiden wie die einer guten Ehefrau von denen eines guten Ehemannes. Damit scheint ein System der Institutionalisierung des Geschlechtsunterschiedes als gegeben angenommen zu werden, das völlig traditionell ist.

Jedoch geht Rawls trotzdem nicht nur davon aus, wie oben bereits vermerkt, "dass zu der Grundstruktur einer wohlgeordneten Gesellschaft *eine Form* der Familie gehört", sondern er fügt auch noch die Bemerkung hinzu, dass "eine breiter angelegte Untersuchung die Familie in Frage stellen [könnte]", wobei sich "andere Regelungen ... in der Tat als besser erweisen [könnten]" (*Theorie* 503; Hervorheb. hinzugefügt). Aber warum sollte es einer breiter angelegten Untersuchung als der in *Eine Theorie der Gerechtigkeit* unternommenen bedürfen, um die Institution der Familie zu hinterfragen? Sicher hat Rawls recht, wenn er zu Beginn seines Buches die Familie als eine der grundlegenden sozialen Institutionen aufzählt, die die Lebenschancen von Individuen am meisten beeinflussen. Die Familie ist keine private Assoziation wie eine Kirche oder eine Universität, die untereinander in ihrer Form beträchtlich differieren und denen man freiwillig beitreten und aus denen man auch wieder nach Belieben austreten kann. Denn obwohl man eine gewisse Wahl hat (wenn auch sehr eingeschränkt), durch Heirat Mitglied einer geschlechtsorientiert strukturierten Familie zu werden, so hat man doch überhaupt keine Wahl, in eine hineingeboren zu werden. Angesichts dieser Tatsache muss Rawls' Versäumnis, die Struktur der Familie seinen Grundsätzen der Gerechtigkeit zu unterwerfen, als besonders schwerwiegend erscheinen, vor allem, wenn man seine Überzeugung bedenkt, dass eine Theorie der Gerechtigkeit in Betracht ziehen muss, "wie [Individuen] werden, was sie sind", und "die Ziele und Interessen, die sie schließlich haben, sowie ihre Einstellungen zu sich selbst und zu ihrem Leben, nicht als gegeben hinnehmen kann".[12] Denn die Familie mit ihrer geschlechtsorientierten Struktur, vor allem ihrer Rolle der Frau bei der Aufzucht und Versorgung der Kinder, ist eindeutig eine entscheidende Determinante in der unterschiedlichen Sozialisation der beiden Geschlechter – darin, wie Männer und Frauen "werden, was sie sind".

Wenn Rawls im Aufbau seiner Theorie wirklich die Annahme durchhalten will, dass alle erwachsenen Menschen an dem beteiligt sind, was hinter dem Schleier des Nichtwissens vorgeht, dann kommt er nicht umhin zu verlangen, dass die Familie als eine der wichtigsten gesellschaftlichen Institutionen, die die Lebenschancen der Individuen beeinflussen, in Übereinstimmung mit den beiden Grundsätzen der Gerechtigkeit gebildet ist. Ich werde dies im letzten Abschnitt dieses Aufsatzes weiter ausführen, will mich aber zunächst einer anderen neuen Theorie der Gerechtigkeit zuwenden, die anders argumentiert als die von Rawls und die aus feministischer Sicht anders gelagerte Probleme aufwirft.

---

[12] John Rawls, *The Basic Structure as Subject*, l.c., S. 160.

Gerechtigkeit in getrennten Sphären

Michael Walzers Buch *Sphären der Gerechtigkeit* zeichnet sich unter den modernen Theorien der Gerechtigkeit durch die Aufmerksamkeit aus, die sein Autor geschlechtsspezifischen Fragen widmet. Von ihrer weitgehend nicht-sexistischen Sprache über ihr Beharren darauf, dass die Familie eine bedeutsame "Sphäre der Gerechtigkeit" konstituiert, bis zu ihren speziellen Verweisen auf das Machtungleichgewicht zwischen den Geschlechtern und die hier stattfindende Diskriminierung steht Walzers Theorie in auffälligem Gegensatz zu der von den meisten sich mit Moral und Politik beschäftigenden Philosophen weiterhin an den Tag gelegten Indifferenz gegenüber feministischen Fragen. Wird aber dieses Buch unter dem Blickwinkel des Problems der sozialen Institutionalisiertheit des Geschlechtsunterschiedes betrachtet, so werden nicht nur seine Stärken, sondern auch seine Schwächen deutlich. Der theoretische Rahmen getrennter Sphären, der es gestattet, dass in einer gerechten Gesellschaft verschiedene Ungleichheiten nebeneinander existieren, ohne eine Situation der Vorherrschaft einer Sphäre über andere aufkommen zu lassen, stellt einer feministischen Kritik zwar ein geeignetes Instrumentarium zur Verfügung, lässt aber zugleich, wie ich zeigen werde, in eben dem Maße, wie diese Kritik entfaltet und betont wird, den kulturellen Pluralismus fragwürdig werden, der ein ganz entscheidender Bestandteil von Walzers Theorie der Gerechtigkeit ist. Und in dem Maße, wie der Relativismus den Ton angibt, wird zugleich die Stoßkraft des feministischen Potentials der Theorie geschwächt.

Zu Anfang seines Buches legt Walzer die Ziele seiner Theorie dar: "[I]ch [werde] im folgenden versuchen, den Nachweis dafür zu erbringen, dass die Prinzipien der Gerechtigkeit ihrerseits in ihrer Form selbst pluralistisch sind; dass die verschiedenen Sozialgüter aus unterschiedlichen Gründen von verschiedenen Agenten und Mittlern auf der Basis unterschiedlicher Verfahren verteilt werden sollten; und dass alle diese Unterschiede sich herleiten aus den unterschiedlichen Bedeutungen der Sozialgüter selbst – dem unvermeidbaren Resultat eines historischen und kulturellen Partikularismus" (*Sphäre* 30). In dieser kurzen Zusammenfassung sind zwei Kriterien für Gerechtigkeit aufgestellt, Kriterien, die, wie ich zeigen werde, nicht nur ganz eigenständig sind, sondern zudem in einem Spannungsverhältnis zueinander stehen. Ich werde zunächst Walzers Argument für "getrennte Sphären" darstellen und seine relativistische oder partikularistische Position rekonstruieren, um dann zu zeigen, wie der Konflikt zwischen beiden sich im Kontext von Fragen der sozialen Institutionalisiertheit des Geschlechtsunterschiedes und ihrer Gerechtigkeit oder Ungerechtigkeit stark bemerkbar macht.

Es ist eine von Walzers grundlegenden Thesen, dass Gerechtigkeit keine gleiche Verteilung sozialer Güter innerhalb ihrer jeweiligen Sphären verlangt, sondern dass diese Distributionssphären in dem Sinne autonom gehalten werden, dass die in jeder Sphäre bestehende Ungleichheit sich nicht in Ungleichheiten innerhalb anderer Sphären umsetzen darf. Im Prinzip stellen sowohl das Monopol einer oder mehrerer Personen auf ein soziales Gut oder soziale Güter innerhalb einer einzigen Sphäre als auch die Dominanz eines Guts, das die Verfügung über andere Güter außerhalb seiner Sphäre bestimmt, Bedrohungen für die soziale Gerechtigkeit dar. Aber wegen seiner Überzeugung, dass das Monopol ohne ständige staatliche Intervention unmöglich zu eliminieren sei (siehe *Sphären* 41-45), beschäftigt sich Walzer in erster Linie mit den Möglichkeiten zur Eliminierung der Dominanz. Seine Kritik der Dominanz führt zur Aufstellung folgenden Distributionsprinzips: "Kein soziales Gut X sollte ungeachtet seiner Bedeutung an Männer und Frauen, die im Besitz eines anderen Gutes Y sind, einzig und allein deshalb verteilt werden, weil sie dieses Y besitzen" (*Sphären* 50; Hervorheb. beseitigt). Aus der Geltung dieses Prinzips würde eine Gesellschaft resultieren, deren Gerechtigkeit in der Verteilung "unterschiedliche[r] Güter für unterschiedliche Personengruppen aus unterschiedlichen Gründen auf der Basis unterschiedlicher Verfahren" bestünde (*Sphären* 58).

Diese Vorstellung einer von der Autonomie der verschiedenen Distributionssphären abhängigen Gerechtigkeit wird von Walzer ein "kritisches Prinzip – ja ... radikales Prinzip" genannt (*Sphären* 36). Eine Reihe seiner besonderen Anwendungen dieses Prinzips – besonders auf die Fragen eines genossenschaftlichen Unternehmensbesitzes und der Kontrolle der Arbeiterschaft über alle größeren Unternehmen (siehe *Sphären* 412-429) – bestätigt diese Auffassung, und wenn wir uns den feministischen Implikationen des Gerechtigkeitskriteriums der separaten Sphären zuwenden, dann werden wir sehen, dass auch sie so interpretiert werden können, als begründeten sie die Notwendigkeit eines radikalen sozialen Wandels.

Walzer sagt, die sich aus dem Kriterium ergebenden Verteilungsmaßstäbe "werden häufig dadurch verletzt, dass mächtige Männer und Frauen willkürlich Güter für sich usurpieren und in Sphären eindringen, in denen sie nichts zu suchen haben. ... Bei genauem Hinsehen erweisen sich diese Verletzungen durchaus als gezielte, planvolle Verletzungen. ... Der großen Komplexität ihrer Verteilungssysteme wegen sind die meisten Gesellschaften auf der Basis dessen organisiert, was man als eine soziale Version des Goldstandards bezeichnen könnte: Ein einzelnes Gut oder eine bestimmte Spezies von Gütern bestimmen den Wert in sämtlichen Distributionssphären. In der Regel werden diese Güter monopolisiert und wird ihr Wert stabil gehalten vermittels der Macht und des Zusammenhalts derer, die in ihrem Besitz sind" (*Sphären* 36f). Nachdem er so das Ausmaß aufgezeigt hat, in dem das Kriterium der "Sphären der Gerechtigkeit" üblicherweise verletzt wird, zeigt Walzer, wie solche Verletzungen durch den Einsatz einer Ideologie legitimiert werden. Eine solche Ideologie steht im Dienst des Monopolanspruchs einer Gruppe auf ein dominantes Gut und verknüpft in ihrer "Standardform ... rechtmäßigen Besitz mit einer Reihe von persönlichen Qualitäten im Medium eines philosophischen Prinzips" (*Sphären* 38). Aber Walzer hält Ideologien ebenso wie Gerechtigkeitsvorstellungen für pluralistisch. Nach seiner Auffassung "konkurrieren" Gruppen, die unterschiedliche ideologische Prinzipien zur Rechtfertigung ihrer Dominanz verwenden, "miteinander im Kampf um die Vorherrschaft. Bisweilen ist es eine einzelne Gruppe, die den Sieg davonträgt, um später von einer anderen Gruppe aus dieser Position wieder verdrängt zu werden, bisweilen bilden sich Koalitionen aus Gruppen, die sich gezwungenermaßen in die Oberhoheit teilen. Einen endgültigen Sieg gibt es nicht und sollte es auch nicht geben" (Sphären 39). Wenn das eine zutreffende Beschreibung der vergangenen und gegenwärtigen Situation in unserer Gesellschaft ist, dann ist damit die kritische Stoßkraft von Walzers erstem Gerechtigkeitskriterium abgeschwächt, denn es ist schwer zu begreifen, wie Dominanz und Monopol, die nach Walzer für die meisten Gesellschaften charakteristisch sind, mit pluralistischen Ideologien zusammen Bestand haben können, die in einem echten Konkurrenzverhältnis zueinander stehen. Bevor wir dies aber weiter untersuchen, müssen wir uns seinem zweiten Kriterium etwas näher widmen.

Walzer macht gleich zu Beginn seines Buches klar, dass seine Theorie der Gerechtigkeit in hohem Maße relativistisch sei, oder, wie er sich ausdrückt: "Meine Argumentation ist eine streng subjektive" (*Sphären* 20) – "My argument is radically particularist" (*Spheres* xiv). Jenseits des Rechts auf Leben und Freiheit, so meint er, haben Männer und Frauen zwar noch andere Rechte, "aber diese Rechte ergeben sich nicht aus unserem gemeinsamen Menschsein; sie folgen vielmehr aus gemeinsamen Vorstellungen von sozialen Gütern und haben ihren je besonderen Lokalcharakter" (*Sphären* 21). "Gerechtigkeit", sagt Walzer, "ist kein absoluter, sondern ein relativer Begriff, dessen je konkreter Inhalt in Relation steht zu bestimmten sozialen Zielen und Sinngehalten. ... Eine bestehende Gesellschaft ist dann eine gerechte Gesellschaft, wenn sie ihr konkretes Leben in einer bestimmten Weise lebt – in einer Weise, die den gemeinsamen Vorstellungen ihrer Mitglieder entspricht" (*Sphären* 440f.). Und: "Soziale Bedeutungen tragen historischen Charakter, und so wandeln sich die Verteilungspraktiken, die gerechten wie die ungerechten, im Lauf der Zeit" (*Sphären* 35).

Bei seiner Begründung und Betonung des kulturellen Relativismus seiner Gerechtigkeitstheorie geht Walzer in Distanz zu Philosophen, die "die Niederungen des Ortes", wo sie leben, hinter sich lassen, um "einen objektiven und universellen Standpunkt" einzunehmen (*Sphären* 20). Insbesondere setzt er sich mit Rawls' Entfaltung einer Gerechtigkeitstheorie auseinander, die nicht an eine bestimmte, partikulare Kultur gebunden ist, die sich nicht herleitet von den gemeinsamen Vorstellungen oder gemeinsam getroffenen Übereinkünften konkreter geschichtlicher Menschen, die in voller Kenntnis davon handeln, wer sie sind und wo ihr Platz in der Gesellschaft ist. Zwar scheint Walzer nicht der Meinung zu sein, die rationalen Subjekte würden, wenn sie von all dem, was hinter dem Schleier des Nichtwissens verborgen liegt, keine Ahnung hätten, sich wesentlich anders entscheiden, als Rawls annimmt, doch er ist nicht davon überzeugt, dass die in einer solchen Situation von den Menschen beschlossenen Gerechtigkeitsprinzipien auch dann noch ihre Kraft und Bedeutung bewahren, wenn die gleichen Menschen zu "Normalbürgern" werden, "ausgestattet mit einem starken Identitätsgefühl und der Verfügungsgewalt über die eigenen Güter und verstrickt in die Nöte und Sorgen des Alltags". Würden sie dann "ihre hypothetische Entscheidung wiederholen oder sie auch nur als die ihre wiedererkennen"? (*Sphären* 29; siehe auch 128f). Wenn den die Gerechtigkeit betreffenden Beschlüssen "Gewicht und Bestand" zukommen soll, dann dürfen die gefassten Grundsätze nicht in einer solchen hypothetischen Situation gewählt werden, sondern müssen Antwort geben auf die Frage: "Was würden Individuen wie wir wollen, Individuen, die in etwa der gleichen Situation sind wie wir, die einer gemeinsamen Kultur angehören und gewillt sind, dieser Kultur auch weiterhin gemeinsam anzugehören? Diese Frage verwandelt sich sehr schnell in die Überlegung: Welche Entscheidungen haben wir im Lauf unseres gemeinsamen Lebens bereits getroffen? Welches gemeinsame Verständnis teilen wir (realiter) miteinander?" (*Sphären* 29f.)

Diesem in hohem Maße relativistischen Kriterium für die Gerechtigkeit sozialer Arrangements und Verteilungen scheint es eindeutig an kritischer Perspektive zu mangeln. Wenn Walzer mit "Gewicht und Bestand" eines Beschlusses oder eines Systems nur auf ihre *Durchsetzbarkeit* abheben würde, dann hätte er mit seiner Ablehnung von Rawls' Methode sicherlich recht. Er meint aber eindeutig mehr, denn er sagt, dass Rawls' Formel zur Entscheidung von Gerechtigkeitsgrundsätzen unter der Bedingung eines Schleiers des Nichtwissens "nicht viel [hilft] bei der Klärung der Frage, welche Entscheidungen die Menschen treffen *oder treffen sollten*, wenn sie erst einmal wissen, wer sie sind und wo sie stehen" (*Sphären* 128). Er meint also, dass die nach der von Rawls vorgeschlagenen Weise gewählten Gerechtigkeitsprinzipien keine konkrete *moralische* Kraft besitzen, dass sie in *moralischer* Hinsicht kein bestimmtes Gewicht und keinen konkreten Bestand haben. Es sei vielmehr so, dass Philosophen nur dann die Sache der Gerechtigkeit auf die rechte Weise verfolgen würden, "wenn sie sich in ihrer Arbeit von einem Respekt vor diesem Verständnis, das sie mit ihren Mitbürgern teilen , leiten lassen" (*Sphären* 451).

Walzers Vertrauen auf das "gemeinsame Verständnis" ist jedoch mit einer ganzen Reihe von Schwierigkeiten behaftet, denn er möchte ja keine Theorie der Gerechtigkeit konstruieren, die sich völlig unkritisch dazu verhält, in welcher Form in einer bestimmten Gesellschaft Verteilungen vorgenommen werden und wie man sie rechtfertigt. Er sagt vielmehr, dass das von ihm gesuchte Wunschbild praktischer gesellschaftlicher Möglichkeiten "in unserem gemeinsamen Verständnis von sozialen Gütern *latent* bereits existiert", und das Ziel seiner Arbeit sei "ein Abbild von besonderer Art", "ein Abbild nämlich, welches auch *jene tieferen Bedeutungen* von sozialen Gütern erfasst, die sich in der Alltagspraxis von Dominanz und Monopol nicht unbedingt widerspiegeln" (*Sphären* 19 u. 58; Hervorheb. hinzugefügt). Aber wie lässt sich bestimmen, welches Verständnis wir "(realiter) miteinander teilen", wenn es so tief und latent ist und sich in unserer Alltagspraxis nicht unbedingt widerspiegelt?

Dass Walzer sich auf zwei eigenständige Kriterien für Gerechtigkeit stützt – den Maßstab "separater Sphären" und den Maßstab "gemeinsamen Verständnisses" oder "sozialer Bedeutungen" -, erzeugt innerhalb seiner Theorie beträchtliche Spannungen. Es scheint nur einen Weg zu geben um zu vermeiden, dass diese beiden Kriterien in der Frage, was gerecht ist, zu unterschiedlichen Schlüssen führen. Man müsste behaupten, dass unser gemeinsames soziales Verständnis in Fragen der Gerechtigkeit das Kriterium der "separaten Sphären" wirklich erfüllt. Trotz solcher Passagen wie der oben zitierten (*Sphären* 36f.) scheint Walzer manchmal zu glauben, das sei der Fall. Er sagt, wir könnten eine gerechte oder egalitäre Gesellschaft "auch in Zukunft niemals konkret ausformen und verwirklichen", "[w]enn eine solche Gesellschaft – wenn auch verborgen und versteckt in unseren Konzepten und Kategorien – nicht bereits existierte", und fügt hinzu, unsere Sozialentwürfe würden auf "Maßnahmen zur Achtung der Nutzung von Dingen zum Zwecke der Ausübung von Herrschaft" hinauslaufen (*Sphären* 20f.).

Das Verhältnis der beiden Gerechtigkeitskriterien Walzers zueinander ist dann am gespanntesten, wenn es sich um eine grundsätzlich hierarchisch strukturierte Gesellschaft handelt, in der "Dominanz und Monopol keine Verletzungen, sondern Implementationen von sozialen Bedeutungen und Wertvorstellungen darstellen und in welcher soziale Güter hierarchisch konzipiert sind" (*Sphären* 58) . Walzer erörtert Feudal- und vor allem Kastengesellschaften, da solche Gesellschaften seine Annahme in Frage zu stellen drohen, "dass soziale Bedeutungen die Autonomie – oder zumindest die relative Autonomie – der Distributionssphären zur Voraussetzung haben" (*Sphären* 58). Denn ein soziales Kastensystem "basiert auf einer hochgradigen Integration gesellschaftlicher Bedeutungen und Wertvorstellungen. Ansehen, Reichtum, Wissen, Amt, Ernährung, Kleidung, selbst das soziale Gut der Konversation, sie unterliegen allesamt sowohl der geistigen als auch der körperlichen Disziplin der Hierarchie" (*Sphären* 59). Die Hierarchie selbst ist von einem einzigen Wert bestimmt – im Falle des Kastensystems vom Wert der rituellen Reinheit, die ihrerseits von Geburt und Geblüt dominiert wird -, der über die Distribution aller anderen Güter dominiert , so dass sich "die verschiedenen [sozialen] Bedeutungen überschneiden, überlagern und verbinden" (*Sphären* 60) und damit ihre Autonomie verlieren. Je vollkommener in solchen Systemen die Kohäsion der sozialen Bedeutungen ausfalle, sagt Walzer, um so schwieriger werde es, "an komplexe Gleichheit auch nur zu denken" (*Sphären* 60), denn schließlich leiste in einer solchen Gesellschaft "die Gerechtigkeit der Ungleichheit Vorschub" und werde "zu ihrem Stützpfeiler" (*Sphären* 441). Trotzdem kommt er wegen seines Gerechtigkeitskriteriums des "gemeinsamen Verständnisses" und der "sozialen Bedeutungen", an dem er diese Systeme misst, nicht umhin zu behaupten, solche Gesellschaften könnten "(interne) Gerechtigkeitsstandards" erfüllen (*Sphären* 443). Nach dem Maßstab dieses Kriteriums gibt es allerdings in der Tat keinen Grund zu der Annahme, Kastengesellschaften seien weniger gerecht als Gesellschaften, die keine Diskriminierung auf der Basis eines angeborenen Status oder angeborener Merkmale vornehmen.

Walzer schreibt von Kastengesellschaften mit ihren undifferenzierten sozialen Bedeutungen, als ob nichts an ihnen an Merkmale unserer Kultur gemahnen würde. Nur unter dieser Voraussetzung vermag er seine Vorstellung aufrechtzuerhalten, im modernen Kontext gerieten seine beiden Kriterien für eine gerechte Gesellschaft nicht ernsthaft miteinander in Konflikt. Aber wenn wir seine Beschreibung der Kastengesellschaft lesen, in der angeborene Merkmale einen sich in sämtlichen Sphären durchsetzenden dominanten oder untergeordneten Status hinsichtlich der Verteilung sozialer Güter festlegen, so entdecken wir starke Ähnlichkeiten mit dem System der Geschlechtsorientiertheit, das unsere Gesellschaft erst im letzten Jahrhundert und nur auf formaler Ebene abzustreifen begonnen hat und das durch die Macht seiner ökonomischen Struktur, seiner Sitten und Gebräuche und seiner aus einer eminent patriarchalischen Vergangenheit stammenden Ideologie noch immer weitgehend Bestand hat. Es scheint tatsächlich nur zwei signifikante Unterschiede zwischen Kastenhierarchien und auf dem Geschlechterunterschied basierenden Hierarchien zu geben: Zum einen sind die Frauen von den Männern nicht physisch abgesondert worden; zum anderen scheint, wie Walzer sagt, "die politische Macht ... von den Gesetzen der Kaste niemals erfasst worden zu sein, oder es gelang ihr stets aufs neue, sich ihnen zu entwinden" (*Sphären* 59). Den Gesetzen des Systems der Geschlechtsorientiertheit ist die politische Macht hingegen praktisch immer unterworfen gewesen. Wie die Kastenhierarchie, so ist auch die auf dem Geschlechtsunterschied basierende Hierarchie von einem einzigen Wertmaßstab bestimmt – der Geschlechtszugehörigkeit –, wobei hier an die Stelle des Werts der rituellen Reinheit der Wert der Männlichkeit tritt. Wie die Kastenhierarchie, so schreibt auch die geschlechtsorientierte Hierarchie Rollen, Verantwortlichkeiten, Rechte und andere soziale Güter gemäß einem angeborenen Merkmal zu, das von einer ungeheuren Signifikanz erfüllt ist. Sämtliche sozialen Güter, die Walzer in seiner Beschreibung einer Kastengesellschaft auflistet, sind früher auf die Angehörigen der beiden Geschlechter unterschiedlich verteilt worden, und viele werden es noch immer. Was Ansehen, Reichtum, Wissen, Amt und Beruf angeht, so ist die Wahrheit dieser Behauptung ganz offensichtlich, wenn auch in manchen dieser Sparten die Ungleichheiten zwischen den Geschlechtern sich in den letzten Jahren zu verringern begonnen haben. In ärmeren Klassen und Kulturen wird nach wie vor den Männern eine bessere und reichhaltigere Ernährung zugebilligt, und die Kleidung der Frauen wird nach wie vor in großem Ausmaß entweder zur Einschränkung ihrer Bewegungsfreiheit oder zur Steigerung ihrer Attraktivität für Männer entworfen statt zu ihrer eigenen Bequemlichkeit und für ihren eigenen Komfort. Von der Konversation der Männer sind Frauen in zahlreichen sozialen Kontexten ausgeschlossen gewesen, vom alten Griechenland bis zu den im neunzehnten und zwanzigsten Jahrhundert nach dem Dinner üblichen Gesprächsrunden und den Männern vorbehaltenen Clubs.[13]

Wie in Kastengesellschaften, so hat auch in patriarchalischen Gesellschaften die Ideologie eine entscheidende Rolle beim Erhalt der Legitimität gespielt. Obwohl Walzer in Zusammenhang mit der Kastengesellschaft sagt, es wäre falsch anzunehmen, die "Menschen seien bereit, mit einer immerwährenden radikalen Ungleichheit vorliebzunehmen" (*Sphären* 59) – "that men and women are ever entirely content with radical inequality" (*Spheres* 27) –, hilft uns die Ideologie, das Ausmaß zu verstehen, in dem sie häufig damit zufrieden waren und noch sind. Beim sozialen System der Geschlechtsorientiertheit zum Beispiel sind die Möglichkeiten zur Entfaltung einer konkurrierenden Ideologie, was Geschlechtsunterschiede

---

[13] In einer Passage, in der seine nicht-sexistische Sprache die Glaubwürdigkeit strapaziert, sagt Walzer, "in unterschiedlichen historischen Epochen" seien dominante Güter wie "[k]örperliche Stärke, ein guter Name, ein geistliches oder politisches Amt, Grundbesitz, Kapital oder technisches Wissen" (*Sphären* 37) "by some group of men and women" monopolisiert worden (*Spheres* 11). In Wirklichkeit haben Männer diese Güter monopolisiert, um die Frauen von ihnen auszuschließen (und sie monopolisieren noch immer einige der wichtigsten dieser Güter), und das keinesfalls in geringerem Maße, als irgendeine Gruppe von Männern und Frauen sie zum Zwecke des Ausschlusses irgendeiner anderen Gruppe monopolisierten. A. d. Ü.: In der deutschen Ausgabe von Walzers Buch ist dies durch die Formulierung "von ganz bestimmten Personengruppen monopolisiert worden" wenigstens im Prinzip mit abgedeckt (*Sphären* 37).

und ihre soziale Institutionalisierung betrifft, arg begrenzt, wenn man davon ausgeht, dass die Familie nach Recht und Sitte auf männliche Dominanz und weibliche Unterordnung und Abhängigkeit gründet, dass die Religion den Menschen die gleiche Hierarchie einprägt und sie durch mystische und heilige Bedeutung eines männlichen Gottes aufwertet und dass das Erziehungssystem nicht nur die Frauen von den höheren Bildungsbereichen ausschließt, sondern zudem die geistigen Grundlagen des Patriarchats als Wahrheit hinstellt. In Wirklichkeit ist die im "male-stream"-Denken, wie man es kürzlich genannt hat, verkörperte Ideologie zweifellos eine der umfassendsten und alle Bereiche durchdringendsten Ideologien, die es in der Geschichte je gegeben hat.[14]

Walzer beruft sich, was die Möglichkeit eines generellen sozialen Wandels betrifft, auf die ständige Unzufriedenheit der Menschen. In den meisten Gesellschaften, selbst wenn in ihnen "die Ideologie, welche die Inbesitznahme ... [der sozialen] Güter rechtfertigt, einer Vielzahl von Menschen als Wahrheit gilt", sind "Groll und Widerstand (fast) ebenso verbreitet wie Vertrauen und gläubige Zustimmung. Es gibt immer Menschen, deren Zahl im Zeitverlauf in der Regel zumeist stetig zunimmt, die in dieser Inbesitznahme keine Rechtmäßigkeit, sondern eine widerrechtliche Aneignung erblicken" (*Sphären* 39). Aber je mehr das soziale System auf ein Kastensystem hinausläuft, in dem soziale Bedeutungen sich "überschneiden, überlagern und verbinden", desto weniger wahrscheinlich wird das Auftreten oder die Entfaltung einer solchen Unzufriedenheit. Je durchgängiger und gründlicher die Dominanz ist und je mehr ihre Ideologie die verschiedenen Sphären gleichermaßen durchdringt, desto geringer sind die Aussichten, dass die gesamte vorherrschende Struktur in Frage gestellt wird oder auf Widerstand stößt. Indem Walzer meint, ein solches System könne "(interne) Gerechtigkeitsstandards" erfüllen, wenn es von den ihm angehörenden Menschen wirklich akzeptiert werde, lässt er die paradoxe Situation gelten, dass ein System, je *ungerechter* es nach einem seiner beiden Kriterien ist (insofern eine Dominanz sich in allen Sphären dieses System durchsetzt), zugleich auch um so mehr in der Lage ist, die Ideologie der herrschenden Gruppe zur dominierenden Anschauung aller zu machen und damit seinem zweiten Kriterium zu genügen (dass es mit dem gemeinsamen Verständnis sozialer Bedeutungen in Einklang steht). Walzers Vorstellung von Gerechtigkeit birgt die Gefahr, dass hier das, was gerecht ist, davon abhängig wird, wovon die Menschen überzeugt (worden) sind.[15]

---

[14] Diese Wendung hat Mary O'Brien in *The Politics of Reproduction*, London 1981, geprägt.
[15] Siehe Bernhard Williams, *The Idea of Equality*, in: Peter Laslett u. W.G. Runciman (Hg.), *Philosophy, Politics and Society* (Second Series), Oxford 1962, S. 119f., der die Frage der sozialen Konditionierung und der Rechtfertigung hierarchischer Gesellschaften in kritischer Auseinandersetzung mit einer Position, wie sie Walzer

Selbst wenn die sozialen Bedeutungen in einer grundlegend hierarchischen Gesellschaft von allen geteilt werden, sollten wir uns sicherlich trotzdem davor hüten, daraus den Schluss zu ziehen, wie Walzer es eindeutig tut, dass eine Hierarchie durch die Zustimmung oder das Ausbleiben von Unzufriedenheit seitens der Betroffenen gerecht wird.[16] Was ist aber, wenn die Unterdrücker und die Unterdrückten grundsätzlich anderer Meinung sind? Was ist, wenn die Unterdrücker behaupten, wie sie es oft getan haben, dass Aristokraten oder Brahmanen oder Männer vollwertige Menschen sind, Leibeigene, Unberührbare oder Frauen jedoch nicht, und dass es nicht nur gerecht ist, wenn die Herrschenden untereinander gleiche Rechte institutionalisieren, sondern gleichermaßen gerecht ist, wenn sie verlangen, dass die anderen, nicht vollwertigen Menschen Dienstleistungen vollbringen, die es denen, die dazu befähigt sind, ermöglichen, eine vollwertige menschliche Existenz zu führen? Und was ist, wenn die Leibeigenen oder Unberührbaren oder Frauen irgendwie tatsächlich (trotz allem, was dagegen spricht) zur Überzeugung kommen sollten, auch sie seien vollwertige Menschen und Prinzipien der Gerechtigkeit, die zwischen ihren Unterdrückern Geltung besitzen, müssten auch für sie gelten? Bei einer so grundsätzlichen Meinungsverschiedenheit kann man wohl davon sprechen, hier würde eine Debatte um den Sinn sozialer Bedeutungen in Gang kommen. Es handelte sich viel eher um zwei miteinander nicht in Einklang zu bringende Theorien der Gerechtigkeit. Hier gäbe es in der grundsätzlichsten aller Fragen kein gemeinsames Verständnis.

Dieses Problem wird noch komplexer, wenn es grundsätzliche Unstimmigkeiten und Meinungsverschiedenheiten nicht nur zwischen Unterdrückern und Unterdrückten, sondern sogar in den Reihen der Unterdrückten selbst gibt. Die zur Zeit unter Frauen herrschenden Ansichten über das System der Geschlechtsorientiertheit sind ein gutes Beispiel für eine solche Meinungsverschiedenheit. Untersuchungen über Feminismus und Antifeminismus haben gezeigt, dass die Frauen in dieser Frage ganz entgegengesetzte Auffassungen vertreten, wobei die antifeministischen Frauen dieses System nicht als ungerecht ablehnen, sondern die fortwährende wirtschaftliche Abhängigkeit der Frauen und die dominante Rolle der Männer in der Welt außerhalb der eigenen vier Wände angesichts der besonderen Reproduktionsfunktion der Frau für natürlich und unvermeidlich halten.[17] Selbst unter Feministinnen hat sich in den

---

einnimmt, kurz und prägnant diskutiert. Norman Daniels hat Walzer deswegen in seiner Besprechung von *Spheres of Justice* kritisiert, in: *The Philosophical Review* XCIV, Nr. 1, Januar 1985, S. 145f.

[16] Siehe Ronald Dworkins Besprechung von *Spheres of Justice* in: *New York Review of Books*, 14. April 1983, S. 4f., und Walzers Antworten in: *New York Review of Books*, 21. Juli 1983.

[17] Eine Analyse solcher Einstellungen liefert Kristin Luker, *Abortion and the Politics of Motherhood*, Berkeley 1984, bes. Kap. 8, Feministinnen neigen dazu, solche Einstellungen wenigstens zum Teil dem Einfluss patriarchalischer Ideologie zuzuschreiben; es ist klar, dass die Religion ein wichtiger Faktor ist. Eine solche antifeministische Haltung wird immer schwerer durchzuhalten sein, wenn feministische Reformen einmal institutionalisiert werden sollten. Dann werden weibliche Vertreter einer solchen Haltung sich nämlich dem

letzten Jahren eine Kluft aufgetan zwischen denen, die in dem System der Geschlechtsorientiertheit selbst das Problem sehen und eine androgyne Gesellschaft anstreben, und denen, die die einzigartige Natur der Frau und die traditionellen Frauenrollen feiern und für die das Problem nicht in der *Existenz* dieser Rollen besteht, sondern in der *Abwertung* der weiblichen Eigenschaften und Tätigkeiten durch eine männlich dominierte Kultur.[18]

Diese entgegengesetzten Pole im Bild der Meinungen über die wahre Natur des Geschlechtsunterschiedes und seine angemessenen sozialen Auswirkungen scheinen keinen gemeinsamen geistigen Boden zu bieten, auf dem man über Distributionen diskutieren könnte. Und Walzers Theorie der Gerechtigkeit liefert kein Kriterium, um zwischen ihnen entscheiden zu können, sieht man einmal von einem Appell an irgendein tieferes, latentes Verständnis ab, das unterhalb aller Meinungsverschiedenheiten doch allen gemeinsam sein soll.

Wie ich oben gezeigt habe, hängt die Widerspruchsfreiheit der Gerechtigkeitstheorie Walzers von der Vereinbarkeit seiner beiden Gerechtigkeitskriterien ab, und diese Vereinbarkeit ist ihrerseits davon abhängig, ob das gemeinsame Verständnis einer Gesellschaft die Autonomie unterschiedlicher Distributionssphären verlangt. Ich habe auch die Meinung vertreten, dass die heutige Gesellschaft noch immer in einem solchen Maße von dem ihre Vergangenheit vollkommen prägenden kastenähnlichen System der Geschlechtsorientiertheit bestimmt ist, dass sie diese Bedingung nicht erfüllt. Zwar scheint Walzer gelegentlich unsere patriarchalische Geschichte zu vergessen (siehe Anm. 13), doch manchmal zeigt er auch, dass er sich ihrer heutigen Erscheinungsformen völlig bewusst ist. Zu Beginn seines Kapitels über Anerkennung merkt er zum Beispiel an, dass sein Argument, was die Frauen angeht, nur zum Teil gelte. Das Ausmaß, in dem Frauen noch immer gemäß ihrer Stellung innerhalb der Familie bezeichnet und definiert werden, sagt er, wird durch den nach wie vor gängigen Gebrauch solcher Bezeichnungen wie "Miss" und "Mrs." symbolisiert: "Die Nichtexistenz eines weiblichen Universaltitels beweist den anhaltenden Ausschluss von Frauen, oder von vielen Frauen, aus dem sozialen Universum, aus der Sphäre der Anerkennung, wie sie heute

---

Problem gegenübersehen, wie sie erfolgreich eine politische Veränderung rückgängig machen und dabei zugleich an ihrer, wie sie glauben, eigentlichen, politisch machtlosen Rolle festhalten können.

[18] Eine faire und erhellende Darstellung dieser Spaltung liefert Iris Marion Young, *Humanism, Gynocentrism and Feminist Politics*, in: *Hypatia: A Journal of Feminist Philosophy*, Nr. 3, eine Sonderausgabe von *Women's Studies International Forum* 8, 3/1985, S. 173-183. Der gynozentrische Feminismus hat ein ähnliches Problem wie der Antifeminismus: Wie können Arbeit, Belange und Sichtweisen der Frauen richtig bewertet werden, solange Frauen nicht nach Macht in dem dominierenden männlichen Bereich streben und sie auch erlangen?

beschaffen und verfasst ist" (*Sphären* 360).[19] Aber diese Klausel, dass das Argument nur zum Teil auch für Frauen oder nur für einige Frauen Gültigkeit hat, ist gleichermaßen auch auf fast alle anderen Sphären der Gerechtigkeit anzuwenden, die in dem Buch erörtert werden. Politische Macht und Ämter, harte Arbeit, Geld und Waren, Sicherheit – gibt es auch nur in einer dieser Sphären eine gleiche Verteilung zwischen den beiden Geschlechtern? Sicherlich hat in jedem Fall die explizite oder implizite Festlegung der Frauen auf die funktionale, faktische oder potentielle Rolle einer Ehefrau und Mutter sowie auf die grundsätzliche Abhängigkeit von einem Mann als primärem Ernährer viel mit der Tatsache zu tun, dass Frauen, was die Verteilung der meisten sozialen Güter angeht, im allgemeinen weniger mit den Segnungen gesegnet und mehr mit den Lasten belastet sind als Männer. Wenn auch Walzer der feministischen Perspektive, die er in dem Kapitel über Anerkennung berücksichtigt, in einem kurzen Abschnitt mit der Überschrift "Die Frauenfrage" einmal breiteren Spielraum gönnt, so übersieht er doch häufig deren Implikationen.

Zu Beginn seiner Erörterungen der Unterdrückung der Frauen schreibt Walzer: "Die wirkliche Unterdrückung der Frau hat ... weniger mit ihrer Stellung in der Sphäre der Familie zu tun als mit ihrem Ausschluss aus allen anderen Sphären" (*Sphären* 343). Die Familie benachteiligt die Frauen, indem sie vielen Aktivitätsbereichen, »in denen die Geschlechterfrage ohne jede Bedeutung ist, jenes Phänomen aufnötigt, das wir derzeit mit dem Begriff der ‚Geschlechtsrolle' kennzeichnen« (*Sphären* 344). Die Befreiung von dieser "Art von politischer und wirtschaftlicher Misogynie" (*Sphären* 344) beginnt außerhalb der Familie. Der Markt darf "der Partizipation von Frauen keine interne Barriere entgegenstell[en]" (*Sphären* 346). Aber, so scheint er im Kontext seines Beispiels aus dem China des 19. Jahrhunderts zu implizieren, die Befreiung darf nicht *außerhalb* der Familie aufhören: "Die Familie als solche musste ihrerseits so reformiert werden, dass ihre Macht nicht länger in die Amtssphäre hineinreichte" (noch in irgendeine andere Distributionssphäre, wie wir hinzufügen können; *Sphären* 345). Bei vielen Gelegenheiten, sei es in seinem Abschnitt über die Frauenfrage oder anderswo, kritisiert Walzer die Wirkungsweise des Systems der Geschlechtsorientiertheit außerhalb der Familie. Aber seinem fortgesetzten Wirken innerhalb der Familie widmet er fast keine Aufmerksamkeit.

Aber diese Unterlassung ist sicher nicht darauf zurückzuführen, dass Walzer glaubt, Gerechtigkeit sei keine auf Familien anwendbare moralische Tugend. Denn er begreift zwar die

---

[19] Siehe auch William Safire, *On Language*, und die Antwort des Herausgebers in: *New York Times Magazine*, 5. August 1984, S. 8-10. Im Jahre 1986 hat die *New York Times* sich dann schließlich bereit erklärt, in bestimmten Zusammenhängen die Bezeichnung "Ms." zu verwenden.

Familie als eine "Sphäre der Spezialbeziehungen" (*Sphären* 329), sagt aber andererseits ganz klar, dass "die Sphäre der persönlichen Beziehungen, des häuslichen Lebens, der Reproduktion und der Kinderaufzucht ... nach wie vor das Zentrum von enorm wichtigen Verteilungen [ist]" (*Sphären* 346) – und wo es Verteilungen gibt, sei es von Verantwortungen, Rechten, Vorteilen oder Gütern, dort gibt es auch ein Potential für Gerechtigkeit und Ungerechtigkeit. Er widmet jedoch dieser wichtigen Distributionssphäre nicht die Aufmerksamkeit, die ihr seiner Auffassung nach doch zukommen müsste. Während alle Arten von harter (unwillkommener, aber notwendiger) Arbeit, die gegen Bezahlung geleistet wird, ziemlich ausführlich erörtert werden, wird all die zu einem großen Teil nach seiner eigenen Definition "harte" unbezahlte Arbeit praktisch übergangen, die Frauen im Haushalt verrichten, und er verweist nur kurz auf die immense Zeit kostende Tätigkeit der Versorgung der Kinder. Wenn seine Argumentation nicht in so vieler Hinsicht egalitär wäre, dann könnte man meinen, er würde es gutheißen, wie ein weniger egalitärer Denker es vielleicht täte, wenn diejenigen, die es sich leisten können, auf bezahlte Kräfte im Haushalt zurückgriffen, um für die Ehefrauen und/oder Mütter eine Lösung zu finden, die ins Berufsleben möchten und nach Anerkennung, politischer Macht, einem Amt und dergleichen in der Welt außerhalb der Familie streben. Aber das ist für ihn erklärtermaßen keine akzeptable Lösung, da er eine Familie mit Dienstboten für "eine Despotie im Kleinformat" hält (Sphären 93) und ihm jede Art von Hausarbeit als "erniedrigend" gilt. In einer egalitären Gesellschaft wird es nach seiner Auffassung auf jeden Fall so sein, dass der Markt die Löhne ungelernter Arbeiter den Löhnen der Facharbeiter weit stärker angleichen wird, als es heute der Fall ist, und das wird das erwünschte Resultat haben, dass die Arbeiter eine solche erniedrigende Arbeit kaum noch annehmen wollen (siehe *Sphären* 263f.) Eine Versorgung der Kinder seitens der Gemeinschaft hält er zur Lösung der Probleme berufstätiger Paare mit Kindern für ungeeignet, da dies, außer in einer kleinen, eng verbundenen Gemeinschaft wie dem israelischen Kibbuz, "einen enormen Liebesverlust zur Folge haben [dürfte]" (*Sphären* 333, Anm.). Er wiederholt diesen Gedanken in einer Passage, in der er erörtert, was es bedeutete, wenn die Kinder "dem Staat zur Aufzucht überlassen" würden (*Sphären* 342).

Wer soll dann die unbezahlte Arbeit, die im Haushalt anfällt und die zur Zeit noch immer fast ausschließlich von Frauen getan wird, in einer Gesellschaft verrichten, die die Familie und besonders das Verhältnis zwischen den Geschlechtern als eine Sphäre begreift, in der die Gerechtigkeit wirksame Geltung verlangen kann? Walzers Antwort auf diese Frage fällt so beiläufig aus (er geht nur in einem kurzen Absatz sowie in einer Fußnote darauf ein), dass man sie fast überliest. In dem Kapitel über "Harte Arbeit" - das sich hauptsächlich mit harter

Lohnarbeit beschäftigt (die, wie er sagt, vornehmlich von Frauen geleistet wird) – vertritt er die Ansicht, die einzige Antwort auf die Frage, wer denn in einer Gesellschaft von Gleichen die nötige harte Arbeit, insbesondere die Dreckarbeit, machen solle, sei, "dass sie – zumindest in einem partiellen und symbolischen Sinne – von uns allen getan werden muss" (*Sphären* 257). Sonst würden nämlich alle, die diese Arbeit verrichten, durch sie erniedrigt und könnten deswegen niemals gleichgestellte Mitglieder im politischen Gemeinwesen sein. "Was mithin erforderlich ist, ist eine Art von häuslichem Frondienst, nicht nur in den Privathaushalten – wiewohl er hier besonders wichtig ist -, sondern auch in Dorfgemeinschaften, Fabrikbetrieben, Ämtern und Schulen" (*Sphären* 257). Daher würde die Hausarbeit in einer Gesellschaft von Gleichen "zumindest in einem partiellen und symbolischen Sinne" gleichmäßig auf die erwachsenen Haushaltsmitglieder verteilt, und zwar ungeachtet ihres Geschlechts. Die Aufzucht und Versorgung der Kinder ist zwar insofern eine andere Sache, als sie wohl kaum unter seinen negativ definierten Begriff von "harter Arbeit" fällt (zumindest die meiste Zeit nicht), doch auch für sie schlägt Walzer die gleiche Lösung vor. Am Ende einer Fußnote, in Klammern, stellt er die Frage: "Warum sollten sich die Eltern nicht auch an der sozialen *Reproduktion* beteiligen können?" (*Sphären* 335, Anm.)[20]

Bis auf einen wichtigen Vorbehalt[21] bin auch ich der Meinung, dass dieser Weg (wenn die Arbeitsteilung wirklich und vollständig und nicht nur symbolisch ist) der einzige ist, auf dem die Ungerechtigkeiten beseitigt werden können, die der traditionellen, nach Geschlechtsunterschieden strukturierten Familie immanent sind. Solange die erwachsenen Mitglieder eines Haushalts die unbezahlte und weitgehend nicht anerkannte Arbeit im Haushalt nicht

---

[20] Die Wichtigkeit einer auf beide Geschlechter verteilten Kinderaufzucht hat nichts damit zu tun, dass es sich hier um lästige Arbeit handeln würde, die keiner machen will, denn unter günstigen Umständen kann dies eine äußerst faszinierende und Freude bereitende Aufgabe sein. Was die gerechte Verteilung dieser Aufgabe so wichtig macht, ist die immense Zeit, die diese Tätigkeit verschlingt, denn man wird von ihr rund um die Uhr gefordert. Walzer ist der Meinung, Freizeit lasse sich nicht mühelos in andere Güter umwandeln (*Sphären* 270). Ich bin da ganz anderer Ansicht. Die Art von Freizeit, die man *nicht* hat, wenn man für kleine Kinder in erster Linie oder gar allein verantwortlich ist, lässt sich in viele andere Dinge umsetzten, einschließlich Fortbildung, beruflichem Weiterkommen und vermehrter sozialer Anerkennung, politischer Ämter, Wohlstand und Müßiggang. Andererseits könnte man sagen, dass diejenigen, denen es versagt bleibt, für Kinder zu sorgen, eine Ungerechtigkeit erdulden müssen, insofern sie die speziellen sozialen Belohnungen nicht erfahren können, die damit verbunden sind; sie können nie die Erfahrung der innigen Verbundenheit mit einem Kind machen und nie die sorgende Liebe zu ihm verspüren.
[21] Walzer ist zu schnell bei der Hand, die Versorgung von Kindern in Tagesstätten als partielle Lösung des Problems zu verwerfen. Selbst in einer "Massengesellschaft" muss die Versorgung der Kinder in Tagesstätten nicht unbedingt auf eine "Massenabfertigung" hinauslaufen. Auch eine "Massengesellschaft" kann dafür Sorge tragen, dass man sich im kleinen Rahmen liebevoll um die Kinder kümmert; sie muss nur ein ausreichendes Interesse daran haben und bereit sein, für Eltern, die sich diese Tagesstätten nicht leisten können, die vollen Kosten zu übernehmen. Gute Kindertagesstätten sind nicht nur eine positive Erfahrung für die Kinder, sondern helfen auch, zwei andere Probleme zu lösen: Ohne sie stellt die Verteilung der Last auf beide Geschlechter für alleinerziehende Elternteile, wie es sie, vor allem als alleinerziehende Mütter, immer mehr gibt, überhaupt keine Hilfe dar; und gute, mit finanziellen Beihilfen arbeitende Kindertagesstätten können das Hindernis verkleinern helfen, das infolge der Ungleichheit der familiären Situationen einer Chancengleichheit im Weg steht.

gleichmäßig unter sich aufteilen, solange werden Frauen nicht die gleichen Chancen haben wie Männer, sei es innerhalb der Familie oder in einer anderen Distributionssphäre – von der Politik bis zur Freizeit, von der Anerkennung bis zur Sicherheit und zum Wohlstand. Dieses gemeinsame Tragen der Last ist notwendig, wenn Walzers Gerechtigkeitskriterium der separaten Sphären erfüllt werden soll – wenn eine Gesellschaft von gleichgestellten Männern und Frauen ihre sozialen Güter auf eine solche Weise verteilen soll, dass das, was innerhalb der Familie geschieht, nicht in alle anderen Sphären der Gerechtigkeit eindringt und über sie dominiert. Andererseits aber (und das ist vielleicht auch der Grund, warum Walzer so rasch darüber hinweggeht) stellt dieser Weg einen radikalen Bruch dar, uns zwar nicht nur mit vorherrschenden Verhaltensmustern, sondern auch mit einem von den meisten, wenn auch nicht von allen, geteilten "gemeinsamen Verständnis" unserer Gesellschaft hinsichtlich der sozialen Bedeutungen der Geschlechtszugehörigkeit und der daran geknüpften Orientierungen. Diesen Weg zu beschreiten würde nicht weniger bedeuten, als das System der Geschlechtsorientiertheit in seiner mit den stärksten Bollwerken versehenen Festung zu überwinden und zur Abdankung zu zwingen, und dies fände wahrscheinlich in allen sozialen Sphären einen großen Widerhall. Walzer könnte nur dann behaupten, sein Weg zur Lösung des Problems der Ungleichheit zwischen den Geschlechtern sei gemäß seines relativistischen Kriteriums gerecht, wenn sich zeigen ließe, dass in unserem derzeit geltenden "gemeinsamen Verständnis" sozialer Bedeutungen tief verborgen oder latent eine Rechtfertigung dafür zu finden ist, das soziale System der Geschlechtsorientiertheit total abzuschaffen.

Somit wird die Paradoxität von Walzers Theorie der Gerechtigkeit durch die feministischen Implikationen der Theorie auf schlagende Weise deutlich. Insofern die Verminderung der Dominanz einen kompromisslosen Feminismus verlangt, der aber die Wurzeln unserer am Geschlechtsunterschied orientierten Institutionen untergräbt, steht sie in einer beträchtlichen Spannung zu der relativistischen Forderung, eine gerechte Gesellschaft habe sich an ihrem gemeinsamen Verständnis sozialer Bedeutungen auszurichten. Wenn aber dieses zweite Kriterium angewendet wird, dann müssen die feministischen Implikationen der Theorie gegenüber den tief verwurzelten Einstellungen hinsichtlich der Unterschiede zwischen den Geschlechtern den kürzeren ziehen, die ein Erbe unserer Vergangenheit sind und die aus vielen Aspekten unserer Kultur ihr Leben saugen.

Frauen und Gerechtigkeit in Theorie und Praxis

Ich habe gezeigt, dass Walzers Forderung, Gerechtigkeit müsse sich auf ein sie bedingendes "gemeinsames Verständnis" "sozialer Bedeutungen" beziehen, mit seinem Gerechtigkeitskriterium der Getrenntheit der Sphären in Konflikt zu geraten neigt. Diese Forderung ist auch nicht dazu geeignet, als Grundlage einer Moraltheorie zu dienen. In manchen wichtigen Teilbereichen der Frage, wie heute eine Gesellschaftsordnung auszusehen hat – besonders, was das System der Geschlechtsorientiertheit angeht -, gibt es kein Verständnis, das allen gemeinsam wäre. Wenn es in dieser oder irgendeiner anderen bestehenden Gesellschaft tatsächlich in bestimmten Bereichen ein gemeinsames Verständnis sozialer Bedeutungen gibt, dann ist es gut möglich, dass eine in der Vergangenheit oder in der Gegenwart bestehende Vorherrschaft bestimmter Gruppen über andere die Ursache davon ist. Außerdem können die Differenzen zwischen konservativen und radikalen Standpunkten hinsichtlich solcher Bereiche so tiefgreifend sein, dass es kaum eine gemeinsame Plattform gibt, von der aus unterschiedliche Parteien, *die dort stehen, wo sie nun einmal stehen,* zu einer Übereinkunft kommen könnten, was als gerecht anzusehen ist. Die Bedeutung der im Zentrum von Rawls' Theorie der Gerechtigkeit stehenden brillanten Idee eines Urzustandes, in dem die Merkmale und die gesellschaftliche Stellung einer Person nicht bekannt sind, liegt darin, dass sie uns dazu zwingt, ein gemeinsames Verständnis sozialer Bedeutungen in jeder denkbaren Hinsicht in Frage zu stellen und kritisch zu überprüfen, um sicherzugehen, dass die gewählten Gerechtigkeitsprinzipien für jedermann akzeptierbar sind, unabhängig von der Stellung, die er dann letztlich in der Gesellschaft einnimmt.

Eine feministische Lektüre von Rawls' Theorie hat mit der ihr von Rawls verliehenen Fassung aber ihre Schwierigkeiten, die sich exemplarisch an dem "jedermann" und dem "er" des letzten Satzes festmachen. Wie ich oben gezeigt habe, schließt Rawls zwar in einer kurzen Bemerkung eine formelle rechtliche Diskriminierung von Menschen aufgrund ihrer Geschlechtszugehörigkeit als nicht mit seiner Theorie der Gerechtigkeit vereinbar aus (wie auch jede andere Diskriminierung aus Gründen, die er für "moralisch irrelevant" ansieht), doch er geht mit keinem Wort darauf ein, wie es um die Gerechtigkeit des Systems der Geschlechtsorientiertheit bestellt ist, das seine Wurzeln in den geschlechtsspezifischen Rollen in der Familie hat, dessen Ausläufer sich praktisch bis in jeden Winkel unseres Lebens erstrecken und das folglich eine der fundamentalsten Strukturen unserer Gesellschaft darstellt. Wenn wir jedoch Rawls' Theorie konsequent verfolgen und sowohl mit der Vorstellung Ernst machen, die hinter dem Schleier des Nichtwissens sich befindenden Personen seinen geschlechtslos, als auch an der Forderung festhalten, die Familie und das System der Geschlechtsorientiertheit müssten (als grundlegende soziale Institutionen) einer kritischen Prüfung unterzogen werden, dann folgt daraus eine konstruktive feministische Kritik an diesen Institutionen in ihrer heutigen Form. Die gleichen Folgerungen ergeben sich auch aus den verborgenen Schwierigkeiten, die eine Theorie der Gerechtigkeit nach Rawlsschem Vorbild mit einer Gesellschaft hat, in der der Geschlechtsunterschied sozial institutionalisiert ist.

Ich werde diese Punkte der Reihe nach erörtern. Zunächst möchte ich jedoch sowohl die kritische Perspektive als auch die anfänglichen Probleme einer feministischen Lektüre von Rawls' Theorie der Gerechtigkeit anhand einer Karikatur illustrieren, die ich vor einigen Jahren gesehen habe. Dort waren drei ältere Richter zu sehen, die erstaunt auf ihre hochschwangeren Bäuche schauten, die sich unter ihren Roben wölbten. Einer von ihnen sagt zu den anderen: "Vielleicht sollten wir unsere Entscheidung noch einmal überdenken". Diese Illustration demonstriert zunächst einmal auf anschauliche Weise, welche Bedeutung der Rawlsschen Vorstellung von einem Urzustand zukommt, wenn es darum geht, über Gerechtigkeit nachzudenken, denn der Urzustand im Sinne Rawls' zwingt uns, uns in die Lage von anderen zu versetzen – besonders in solche Lagen, in die wir selbst (wenn wir den Schleier des Nichtwissens beiseite lassen) niemals gelangen können. Sie weist zudem darauf hin, dass diejenigen, die auf Rawlssche Weise konsequent über Gerechtigkeit nachdenken, wahrscheinlich zu dem Schluss gelangen werden, ihr sei mit einer formalen rechtlichen Gleichstellung der Geschlechter allein nicht Genüge getan. Wir haben in den vergangenen Jahren erfahren, dass es durchaus möglich ist, die formale rechtliche Gleichheit der Geschlechter zu institutionalisieren und dabei gleichzeitig Gesetze über Abtreibung, Schwangerschaftsurlaub etc. zu erlassen, die sich diskriminierend auf Frauen auswirken, und zwar nicht auf Frauen als solche, sondern als "schwangere Personen". Der Oberste Gerichtshof der USA entschied zum Beispiel 1976, es stelle keineswegs eine auf der sozialen Institutionalisierung des Geschlechtsunterschiedes basierende Diskriminierung dar, wenn Schwangerschaft nicht als Berechtigung zum Bezug sozialer Leistungen anerkannt würde, die zur Absicherung arbeitsunfähiger Personen dienen sollen.[22] Einer der Vorzüge der Karikatur besteht darin, dass sie deutlich macht, dass unsere Einstellung zu diesen Dingen wahrscheinlich von unserem Wissen beeinflusst wird, ob es möglich ist, eine "schwangere Person" zu werden. Und schließlich macht die Illustration auch deutlich, welche Grenzen einem Nachdenken über Gerechtigkeit gesetzt sind, dessen Grundlage darin besteht, dass wir uns in den Urzustand hineinversetzen, solange wir in Wirklichkeit in einer Gesellschaft leben, deren Struktur sich am Geschlechtsunterschied orientiert. Zwar können die älteren Richter sich irgendwie vorstellen, *sie* seien schwanger, viel fraglicher aber ist, ob sie sich bei der Festlegung von Gerechtigkeitsprinzipien vorstellen können, sie seien *Frauen*. Das wirft die Frage auf, ob das Geschlecht einer Person in einer durch sozial institutionalisierte Geschlechtsunterschiede strukturierten Gesellschaft tatsächlich ein moralisch irrelevantes und kontingentes menschliches Charakteristikum *ist*.

Wir wollen zunächst einmal annehmen, das Geschlecht sei eine in dieser Hinsicht kontingente Eigenschaft, wenn ich dies auch später anzweifeln werde. Wir wollen davon ausgehen, es sei möglich, wie Rawls eindeutig meint, die moralischen Überlegungen zu ergründen, die repräsentative Menschen ohne Kenntnis ihres Geschlechts und aller anderen Dinge, die hinter dem Schleier des Nichtwissens verborgen sind, anstellen würden. Es scheint klar zu sein, dass wir im Unterschied zu Rawls die relevanten Positionen beider Geschlechter durchgängig berücksichtigen müssen, wenn es darum geht, Gerechtigkeitsprinzipien zu formulieren. Die im Urzustand befindlichen Personen müssen insbesondere die Perspektive der Frauen in Rechnung ziehen, da ihre Kenntnis der "allgemeinen Tatsachen über die menschliche Gesellschaft" (*Theorie* 160) auch das Wissen umfassen muss, dass Frauen in vielerlei Hinsicht das benachteiligte Geschlecht waren und noch sind. Hinsichtlich der grundlegenden gesellschaftlichen Institutionen gilt es für sie, die Familie nicht zu ignorieren, sondern ihr ein besonderes Augenmerk zu schenken, da die in ihr herrschende ungleiche Verteilung von Verantwortlichkeiten und Privilegien auf die beiden Geschlechter und die durch sie erfolgende Sozialisierung der Kinder auf festgelegte Geschlechtsrollen sie in ihrer jetzigen Form zur entscheidenden Institution für die Bewahrung der Ungleichheit zwischen den Geschlechtern machen.

Es ist unmöglich, hier alle Aspekte zu diskutieren, in denen die Gerechtigkeitsgrundsätze, zu denen Rawls kommt, mit einer durch den Geschlechtsunterschied strukturierten Gesellschaft in Widerspruch stehen. Eine allgemeine Erörterung dieses Punktes sowie drei zur Illustration dienende Beispiele müssen genügen. Die kritische Potenz einer feministischen Lektüre Rawls' verdankt sich hauptsächlich seinem zweiten Grundsatz, der die Forderungen aufstellt, Ungleichheiten müssten erstens "den am wenigsten Begünstigten den größtmöglichen Vorteil bringen" und zweitens "mit Ämtern und Positionen verbunden sein, die allen gemäß fairer Chancengleichheit offen stehen" (*Theorie* 336). Das hat folgende Konsequenz: Wenn irgendwelche unseren gegenwärtigen Geschlechtsrollen entsprechenden Rollen oder Positionen, einschließlich der von Ehemann und Ehefrau, von Vater und Mutter, die erste Forderung überstehen, dann untersagt die zweite Forderung jede Verbindung zwischen

---

[22] Siehe *General Electric vs. Gilbert*, 429, U.S. 125 (1976).

diesen Rollen oder Positionen und dem Geschlecht. Die soziale Institutionalisierung des Geschlechtsunterschiedes mit ihrer Zuschreibung von Positionen und ihren Verhaltenserwartungen nach Maßgabe des angeborenen Merkmals der Geschlechtszugehörigkeit kann dann kein legitimer Bestandteil der Sozialstruktur mehr sein, sei es innerhalb oder außerhalb der Familie. Drei Beispiele werden dabei helfen, diese Folgerung mit speziellen, als wesentlich erachteten Anforderungen zu verbinden, die Rawls an eine gerechte oder wohlgeordnete Gesellschaft stellt.

(1) Eine der nach den grundlegenden politischen Freiheiten wesentlichsten Freiheiten ist "die wichtige Freiheit der Berufswahl" (*Theorie* 308). Es ist leicht einzusehen, dass diese Freiheit durch die für unser soziales System der Geschlechtsorientiertheit zentrale Grundannahme oder gängige Erwartungshaltung beeinträchtigt wird, Frauen seien, ob berufstätig oder nicht, für den Haushalt und die Versorgung der Kinder in weit größerem Maße verantwortlich als Männer. Dass diese Verantwortung den Frauen aufgebürdet wird, führt zu ihrer asymmetrischen wirtschaftlichen Abhängigkeit von Männern, denen im Gegenzug die Verantwortung für den Unterhalt ihrer Ehefrauen zufällt. Man kann daher sagen, dass diese Festlegung von Verantwortlichkeiten nicht nur die Frauen, sondern beide Geschlechter in ihrer Freiheit der Berufswahl beeinträchtigt. Rawls hat zwar gegen manche Aspekte der Arbeitsteilung nichts einzuwenden, in einer wohlgeordneten Gesellschaft müsse es jedoch so sein, dass niemand "von anderen sklavisch abhängig zu sein" braucht und "zur Wahl zwischen eintönigen Routinearbeiten gezwungen" ist, die "Verstand und Empfindung abtöten", sondern dass "die Arbeit für alle sinnvoll ist" (*Theorie* 574). Diese Bedingungen sind aber weit eher in einer Gesellschaft zu erfüllen, die die mit der Familie zusammenhängenden Verantwortlichkeiten nicht so verteilt, dass die Frauen zu einem marginalen Sektor auf dem Arbeitsmarkt werden und zu erwarten steht, dass sie von Männern wirtschaftlich abhängig sind.

(2) Die Abschaffung der sozialen Institutionalisierung des Geschlechtsunterschiedes scheint zu Erfüllung des Rawlsschen Kriteriums für politische Gerechtigkeit unabdingbar zu sein. Denn er sagt, die Parteien im Urzustand würden sich nicht bloß für gleiche formale politische Freiheiten entscheiden, sondern das Unterschiedsprinzip müsse auch alle Ungleichheiten im *Wert* dieser Freiheiten rechtfertigen (zum Beispiel die Auswirkungen, die solche Faktoren wie Armut und Unwissenheit auf diese Freiheiten haben). In der Tat "sollte bei der Verfassungsfindung die Gleichberechtigung des Urzustands soweit wie möglich beibehalten werden" (*Theorie* 252; siehe auch S. 229-234 u. 251-258). Rawls diskutiert zwar diese Forderung im Kontext von *Klassen*unterschieden, wobei er feststellt, dass diejenigen, die sich der Politik widmen, sich "mehr oder weniger gleichmäßig aus allen Teilen der Gesellschaft" rek-

Kapitel 1: Politische Theorie und Politische Philosophie

rutieren sollten (*Theorie* 258), doch ist sie eindeutig auch auf Geschlechtsunterschiede anwendbar. Und die politische Gleichberechtigung von Frauen und Männern als gleiche aktive Teilnahme an öffentlichen Angelegenheiten steht, vor allem, wenn sie Eltern sind, zu unserem bestehenden sozialen System der Geschlechtsorientiertheit in Widerspruch.

(3) Rawls vertritt die Meinung, die rationalen moralischen Personen im Urzustand würden einen besonderen Wert auf die Sicherung ihrer Selbstachtung oder ihres Selbstwertgefühls legen. Sie würden "fast um jeden Preis die sozialen Verhältnisse vermeiden [wollen], die die Selbstachtung untergraben", die "vielleicht das wichtigste Grundgut" sei (*Theorie* 479 u. 434; siehe auch 204f.). Im Interesse dieses Grundguts wären die Menschen im Urzustand, da sie nicht wissen, ob sie männlichen oder weiblichen Geschlechts sind, sicherlich darauf bedacht, für eine durchgehende soziale und wirtschaftliche Gleichheit zwischen den Geschlechtern zu sorgen, die verhindert, dass Menschen genötigt sind, sich zu prostituieren oder sich zur Befriedigung der Lust eines anderen anzudienen. Sie wären zum Beispiel hochmotiviert, einen Weg zur Regelung der Pornographiefrage zu finden, der die Freiheit der Meinungsäußerung nicht ernsthaft beeinträchtigt. Allgemeine gesprochen wären sie wahrscheinlich nicht bereit, grundlegende soziale Institutionen zu tolerieren, die auf asymmetrische Weise die Personen des einen Geschlechts dazu zwängen oder ihnen einen starken Anreiz böten, für die Personen des anderen Geschlechts zum Sexualobjekt zu werden.

In Rawls' Theorie der Gerechtigkeit gibt es also implizit eine potentielle Kritik der am Geschlechtsunterschied orientierten sozialen Institutionen, die explizit gemacht werden kann, indem man die Tatsache ernst nimmt, dass diejenigen, die die Gerechtigkeitsprinzipien aufstellen, ihr Geschlecht nicht kennen. Zu Beginn meiner kurzen Erörterung dieser feministischen Kritik machte ich jedoch eine Annahme, von der ich sagte, dass ich sie später anzweifeln würde – nämlich dass das Geschlecht einer Person, wie Rawls gelegentlich andeutet, eine kontingente und moralisch irrelevante Eigenschaft sei, so dass die Menschen so tun können, als ob sie von dieser Eigenschaft keine Kenntnis hätten, indem sie sich vorstellen, sie seien *geschlechtslose*, freie, gleiche, rationale, moralische Personen. Zunächst werde ich erklären, warum es, wenn diese Annahme nicht vernünftig ist, wahrscheinlich außer den von mir skizzierten noch weitere feministische Implikationen der Rawlsschen Theorie der Gerechtigkeit gibt. Dann werde ich dafür argumentieren, dass die Annahme sehr wahrscheinlich für jede Gesellschaft unplausibel ist, deren Strukturen am Unterschied zwischen den Geschlechtern ausgerichtet sind. Ich werde zu dem Schluss kommen, dass das Verschwinden der sozialen Institutionalisiertheit des Geschlechtsunterschiedes nicht nur für die Praxis des wirklichen Lebens notwendig ist, wenn Männer und Frauen sich einer sozialen Gerechtigkeit erfreuen sollen, sondern dass dieses Verschwinden auch eine Voraussetzung dafür ist, dass es überhaupt zu einer *vollständigen* Entfaltung einer nicht-sexistischen, in vollem Umfang humanen *Theorie* der Gerechtigkeit kommen kann.

Obwohl Rawls sich der Auswirkungen sehr wohl bewusst ist, die ihre unterschiedliche Stellung im sozialen System auf die einzelnen Menschen hat, hält er es doch für möglich, freie und rationale moralische Personen hypothetisch anzusetzen, die im Urzustand, frei von den Kontingenzen tatsächlicher Eigenschaften und sozialer Sachverhalte, den Standpunkt des repräsentativen menschlichen Wesens einnehmen. Er macht sich keine Illusionen über die Schwierigkeiten dieser Aufgabe, die einen Übergang zu einer sich von unserem Alltagsverständnis von Fairness stark unterscheidenden Perspektive erforderlich macht. Doch er glaubt, dass man mit Hilfe des Schleiers des Nichtwissens die Gesellschaft von einem Standpunkt sehen könne, "den jedermann gleichermaßen einnehmen kann", so dass man "mit den anderen einen gemeinsamen Standpunkt ein[nimmt] und ... nicht mit persönlicher Einseitigkeit [urteilt]" (*Theorie* 561). Das Resultat dieser rationalen Unparteilichkeit oder Objektivität, meint Rawls, sei eine Einstimmigkeit in der Wahl der Grundsätze, da alle durch die gleichen Argumente überzeugt würden (sieh *Theorie* 162-165). Er meint damit nicht, dass sich die Parteien im Urzustand in *allen* moralischen oder sozialen Fragen einig wären, sondern dass in allen "wesentlichen Punkten" (*Theorie* 562) eine völlige Übereinstimmung erreicht würde. Dieses Argument für die Einstimmigkeit setzt jedoch voraus, dass alle Menschen im Urzustand in ihren Motivationen und ihrer Psychologie einander ähnlich sind (er geht von einer durch ein wechselseitiges Desinteresse gekennzeichneten Rationalität aus und nimmt an, es gäbe keinen Neid) und dass sie eine ähnliche moralische Entwicklung erfahren haben (er geht davon aus, dass sie eines Gefühls für Gerechtigkeit fähig sind). Für Rawls gehören diese Annahmen offenbar noch zu den "schwachen Voraussetzungen", auf die man eine allgemeine Theorie der Gerechtigkeit gefahrlos gründen könne (*Theory* 149).

Ob es richtig ist, für Rawls' hypothetischen Urzustand eine einstimmige Übereinkunft repräsentativer menschlicher Wesen anzunehmen, wird jedoch fraglich, wenn wir uns in einer Gesellschaft in Wirklichkeit zu Menschen entwickeln, die sich untereinander nicht nur in ihren Interessen, ihren oberflächlichen Meinungen, ihren Vorurteilen und ihren Standpunkten in für das Aufstellen von Gerechtigkeitsprinzipien belanglosen Fragen unterscheiden, sondern auch darin, wie es um ihre grundsätzlichen psychischen Strukturen bestellt ist, wie sie sich selbst und ihr Verhältnis zu anderen begreifen und welche moralische Entwicklung sie erfahren haben. Eine ganze Reihe von feministischen Wissenschaftlerinnen hat in den letzten Jahren Argumente dafür vorgebracht, dass die unterschiedlichen Lebenserfahrungen von Männern und Frauen in einer durch die soziale Institutionalisierung des Geschlechtsunterschiedes strukturierten Gesellschaft tatsächlich deren Psyche, deren Denkweise und deren moralische Entwicklungsmuster auf signifikante Weise beeinflussen.[23] Man interessierte sich dabei besonders dafür, wie sich auf die psychische und moralische Entwicklung der beiden Geschlechter die für unsere geschlechtsorientiert strukturierte Gesellschaft fundamentale Tatsache auswirkt, dass sowohl männliche wie weibliche Kinder in erster Linie von Frauen aufgezogen werden. Man kam zu der Auffassung, dass die Erfahrung der Individuation – der Separierung von der nährenden und pflegenden Person, mit der man ursprünglich psychisch verschmolzen ist – für Mädchen eine ganz andere ist als für Jungen, was dazu führt, dass anschließend die Angehörigen der beiden Geschlechter sich selbst und ihr Verhältnis zu anderen verschieden wahrnehmen. Zudem vertrat man die Ansicht, dass die Erfahrung, eine solche primäre Bezugsperson für Kinder zu *sein* (und in dieser Erwartung aufzuwachsen), sich ebenfalls auf die psychische und moralische Perspektive der Frauen auswirkt, genauso wie die Erfahrung, in einer Gesellschaft aufzuwachsen, in der die Angehörigen des einen Geschlechts in vieler Hinsicht denen des anderen untergeordnet sind. Die von feministischer Seite unternommene kritische Analyse der unterschiedlichen Erfahrungen, denen wir in unserer Entwicklung ausgesetzt sind, von den Erfahrungen unseres wirklich gelebten Lebens bis zu unserem Absorbieren des ideologischen Unterbaus dieser Erfahrungen, hat auf wertvolle Weise die Behauptung Simone de Beauvoirs angereichert, dass man nicht als Frau auf die Welt kommt, sonder erst zu einer Frau wird.[24]

Diese Untersuchungen lassen, obwohl sie noch nicht erschöpfend sind, bereits erkennen, dass es in einer durch den Geschlechtsunterschied bestimmten Gesellschaft so etwas wie einen eigenständigen, für Frauen charakteristischen Standpunkt gibt und dass dieser Standpunkt von männlichen Philosophen nicht adäquat berücksichtigt werden kann, die auf eine Weise theoretisieren, die dem Verhalten der Richter in der Karikatur entspricht. Besonders der prägende Einfluss der weiblichen Bezugsperson auf Kleinkinder scheint ein Indiz dafür zu sein, dass sich der Geschlechtsunterschied in einer an ihm ausgerichteten Gesellschaft stärker auf die Moralpsychologie einer Person auswirkt als etwa der Rassenunterschied in einer Gesell-

---

[23] Zu den wichtigsten Arbeiten zu diesem Thema zählen Jean Baker Miller, *Toward a New Psychology of Women,* Boston 1976; Dorothy Dinnerstein, *The Mermaid and the Minotaur,* New York 1977; Nancy Chodorow, *The Reproduction of Mothering,* Berkeley 1978; Carol Gilligan, *In a Different Voice,* Cambridge, Mass. 1982; Nancy Hartsock, *Money, Sex and Power,* New York 1983; Jane Flax, *The Conflict between Nurturance and Autonomy in Mother-Daughter Relationships and within Feminism,* in: *Feminist Studies* 2/1978; Sara Ruddick, *Maternal Thinking,* in: *Feminist Studies* 2/1980. Eine gute Zusammenfassung und Diskussion des "Frauenstandpunkts" liefert das II. Kapitel von Alison Jaggar, *Feminist Politics und Human Nature,* Totowa 1983.
[24] Siehe Simone de Beauvoir, *Das andere Geschlecht,* Reinbek 1992, S. 20.

schaft, in der der Rassenzugehörigkeit soziale Bedeutung zukommt, oder der Klassenunterschied in einer Klassengesellschaft. Der Begriff des Frauenstandpunktes ist zwar nicht unproblematisch, doch zeigt er an, dass eine den Menschen in umfassender Weise einbeziehende Moraltheorie nur entwickelt werden kann, wenn sich beide Geschlechter gleichermaßen an dem sich als moralische und politische Philosophie darstellenden Dialog beteiligen. Das aber wird erst der Fall sein, wenn Frauen in annähernd gleicher Anzahl und in vergleichbaren Positionen wie die Männer in diesen Dialog eingreifen. Es ist aber höchst unwahrscheinlich, dass dies in einer Gesellschaft geschehen wird, deren Strukturen durch den Geschlechtsunterschied bestimmt sind.

Eine solche Gesellschaft ist außerdem auch in sich schon einer vollständigen Entwicklung einer allen Menschen gerecht werdenden Theorie der Gerechtigkeit abträglich. Denn wenn Gerechtigkeitsprinzipien einstimmig durch repräsentative menschliche Wesen angenommen werden müssen, die von ihren besonderen Merkmalen und ihrer gesellschaftlichen Stellung keine Kenntnis haben, dann muss es sich bei diesen menschlichen Wesen um Personen handeln, deren psychische und moralische Entwicklung in allen wesentlichen Dingen identisch ist. Das bedeutet, dass die sozialen Faktoren, die die gegenwärtig bestehenden Unterschiede zwischen den Geschlechtern beeinflussen – von der Rolle der Frau als primäre Bezugsperson von Kindern bis zu sämtlichen Manifestationen weiblicher Unterordnung und Abhängigkeit -, durch nicht am Geschlechtsunterschied orientierte Institutionen und Sitten ersetzt werden müssten. Nur dann, wenn Männer in gleichem Maße an dem beteiligt werden, was bisher die Domäne der Frauen war, nämlich jeden Tag für die Befriedigung der materiellen und psychischen Bedürfnisse der ihnen Nahestehenden sorgen zu müssen, und wenn Frauen in gleichem Maße an dem teilhaben, was bisher hauptsächlich eine Domäne der Männer war, nämlich am wirtschaftlichen Leben, an der Regierung des Staates und an geistiger und schöpferischer Tätigkeit, nur dann werden die Angehörigen beider Geschlechter eine vollständigere *menschliche* Persönlichkeit entfalten, als bisher möglich war. Rawls und die meisten anderen Philosophen haben stets vorausgesetzt, dass Psyche, Vernunft, moralische Entwicklung etc. des Menschen von den männlichen Wesen der Gattung vollständig repräsentiert werden. Diese Voraussetzung ist jedoch mittlerweile als Bestandteil der von Männern dominierten Ideologie unserer am Geschlechtsunterschied orientierten Gesellschaft entlarvt worden.

Es ist nicht möglich, hier auszuführen, welchen Effekt die Berücksichtigung eines Frauenstandpunktes auf eine Theorie der Gerechtigkeit hätte. Was die Theorie von Rawls angeht, so würde dies wahrscheinlich einige seiner Annahmen und Schlüsse zweifelhaft erscheinen lassen, andere hingegen bekräftigen. Zum Beispiel würde sich Rawls' Diskussionen der vernünftigen Lebenspläne und der Grundgüter, wenn sie auch die traditionellerweise eher weiblichen Seiten des Lebens mit einbezöge, mehr auf Beziehungen konzentrieren und weniger auf die komplexen Tätigkeiten, die sein "Aristotelischer Grundsatz" am höchsten einstuft.[25] Andererseits würden jene Aspekte von Rawls' Theorie, die, wie das Unterschiedsprinzip, eine größere Fähigkeit zur Identifikation mit anderen zu verlangen scheinen, als für den Liberalismus normalerweise charakteristisch ist, wahrscheinlich verstärkt werden, wenn auch Vorstellungen von den Beziehungen zwischen dem Ich und den anderen Beachtung fänden, die in einer am Geschlechtsunterschied orientierten Gesellschaft überwiegend spezifisch weiblich zu sein scheinen.

Als ich mit der Arbeit an diesem Aufsatz begann, richtete sich mein Interesse hauptsächlich darauf, welche Konsequenzen die Gerechtigkeit für die soziale Institutionalisiertheit des Geschlechtsunterschiedes hat, und weniger auf die Auswirkungen dieser Institutionalisiertheit auf die Gerechtigkeit. Ich betrachtete aus dieser Perspektive zwei moderne Theorien der Gerechtigkeit und stellte fest, dass Walzer der Rolle der Frau in der Gesellschaft zwar eine viel größere Beachtung schenkte als Rawls, dass es in Wahrheit aber viel eher die Theorie von Rawls ist, die folgerichtig zu feministischen Gerechtigkeitsprinzipien führt, wenn der Frauenstandpunkt Berücksichtigung findet. Da sich aber die Theorie von Rawls darauf gründet, dass repräsentative menschliche Wesen hinsichtlich der grundlegenden moralischen Prinzipien, nach denen ihr Leben ausgerichtet sein soll, eine Übereinkunft treffen, ziehe ich den Schluss, dass eine solche Theorie der Gerechtigkeit zwar zur Kritik bestehender Ungleichheiten geeignet ist, dass wir sie jedoch so lange nicht vervollständigen können, bis die Lebenserfahrungen der beiden Geschlechter einander so ähnlich geworden sind, wie es die biologischen Unterschiede zwischen ihnen gestatten. Eine solche Theorie wird ebenso wie die Gesellschaft, die sie in die Praxis umsetzt, auf fundamentale Weise durch die gleiche Beteiligung von Frauen und Männern in allen Sphären des menschlichen Lebens geprägt sein. Die soziale Institutionalisiertheit des Geschlechtsunterschiedes ist mit einer gerechten Gesellschaft unvereinbar, darüber hinaus wird aber ihr Verschwinden wahrscheinlich wiederum zu bedeutenden Veränderungen sowohl in der Theorie als auch in der Praxis der Gerechtigkeit führen.

---

[25] Brian Berra, *The Liberal Theory of Justice*, Oxford 1973, S. 27-30, hat eine ähnliche, wenn auch allgemeiner gehaltene Kritik an dem Aristotelischen Grundsatz geübt.

Iris Marion Young
Das politische Gemeinwesen und die Gruppendifferenz.
Eine Kritik am Ideal des universalen Staatsbürgerstatus

Das emanzipatorische Moment im modernen politischen Leben wurde von einem Ideal des universalen Staatsbürgerstatus[*] vorangetrieben. Seitdem das Bürgertum die aristokratischen Privilegien in Frage stellte, indem es die gleichen politischen Rechte für Bürger schlechthin forderte, haben Frauen, Arbeiter, Juden, Schwarze und andere die Aufnahme in jenen Staatsbürgerstatus durchsetzen wollen. Die moderne politische Theorie machte den gleichen moralischen Wert aller Personen geltend, und die sozialen Bewegungen der Unterdrückten nehmen das ernst, insofern darin die Aufnahme aller Personen in den vollen Staatsbürgerstatus unter dem gleichen Schutz durch das Recht impliziert war.

Den Staatsbürgerstatus für jeden und jedem das gleiche qua Staatsbürger. Das moderne politische Denken unterstellte ganz allgemein, dass die Universalität des Staatsbürgerstatus, im Sinne eines Staatsbürgerstatus für alle, eine Universalität des Staatsbürgerstatus in dem Sinne einschließt, dass dieser Status Partikularität und Differenz transzendiert. Ganz gleich welche sozialen Unterschiede oder gruppenspezifischen Differenzen es unter den Bürgern geben mag, welche Ungleichheiten bezüglich Reichtum, Ansehen und Macht im sozialen Alltag der Zivilgesellschaft vorhanden sein mögen, in der politischen Öffentlichkeit verleiht der Staatsbürgerstatus jedem den gleichen Status als einem Gleichgestellten. Gleichheit wird als Gleichsein aufgefasst. Damit führt das Ideal des universalen Staatsbürgerstatus zumindest zwei weitere Bedeutungselemente mit sich, die zu dem Moment einer Ausdehnung des Staatsbürgerstatus auf alle hinzutreten:

1. Universalität definiert als allgemein im Gegensatz zu partikular; was Bürger gemein haben, nicht, wie sie sich unterscheiden, und

2. Universalität im Sinne von Gesetzen und Regeln, die für alle das gleiche besagen und auf alle in gleicher Weise anzuwenden sind; Gesetze und Regeln, die für individuelle Verschiedenheiten und Unterschiede von Gruppen blind sind.

---

[*] Für den Begriff *citizenship* gibt es keinen äquivalenten deutschen Begriff. Er lässt sich annähernd wiedergeben durch `Staatsbürgerstatus´ oder `Bürgerrechte´. Im Zusammenhang mit der politischen Vertretung konkreter Gruppen liegt der Akzent so sehr auf einer Versammlung der Bürger, dass bei Young stellenweise auch von `Staats-Bürgerschaft´ gesprochen werden kann [Anm. d. Übs.].

Während der wütenden, manchmal blutigen politischen Kämpfe, die im 19. und 20. Jahrhundert stattfanden, glaubten viele der Ausgeschlossenen und Benachteiligten, dass der Gewinn des vollen Staatsbürgerstatus, das heißt gleicher politischer und bürgerlicher Rechte, zu ihrer Freiheit und Gleichheit führen würde. Jetzt, im späten 20. Jahrhundert, da die Staatsbürgerrechte formal auf alle Gruppen in den liberalen kapitalistischen Gesellschaften ausgedehnt worden sind, stellen manche Gruppen fest, dass sie noch immer wie Bürger zweiter Klasse behandelt werden. Vor nicht allzu langer Zeit fragten sich die sozialen Bewegungen der unterdrückten und ausgeschlossenen Gruppen, warum die Ausdehnung gleicher staatsbürgerlicher Rechte nicht zu sozialer Gerechtigkeit und Gleichheit geführt hat. Ein Teil der Antwort ist schlichtweg marxistisch: Die sozialen Prozesse, die den Status der Individuen und Gruppen am stärksten determinieren, sind anarchisch und oligarchisch. Das ökonomische Leben steht nicht genügend unter einer Kontrolle der Bürger, um an den ungleichen Status und die ungleiche Behandlung von Gruppen heranreichen zu können. Ich denke, das ist eine wichtige und richtige Erklärung dafür, warum der gleiche Staatsbürgerstatus die Unterdrückung nicht beseitigt hat. In diesem Beitrag denke ich aber über einen anderen Grund nach, der stärker in dem Verständnis von Politik und Staatsbürgerstatus liegt, das in vielen modernen Denkströmungen zum Ausdruck kommt.

Die unterstellte Verbindung zwischen dem Staatsbürgerstatus für jeden einerseits und den zwei weiteren Bedeutungen des Staatsbürgerstatus andererseits – nämlich ein gemeinsames Leben mit den anderen Bürgern zu haben und in gleicher Weise wie die anderen Bürger behandelt zu werden – ist selbst ein Problem. Die zeitgenössischen sozialen Bewegungen der Unterdrückten haben diese Verbindung gelockert. Sie behaupten die Eigenheit der Gruppe gegen die Ideale der Assimilation. Sie haben auch in Zweifel gezogen, ob Gerechtigkeit stets bedeutet, dass Recht und Politik die Gleichbehandlung aller Gruppen erzwingen sollten. Diese Infragestellung enthält im Keim schon ein Konzept des *differenzierten* Staatsbürgerstatus als besten Weg, Einschluss und Teilhabe einer jeden Person im vollen Staatsbürgerstatus zu realisieren.

In diesem Aufsatz vertrete ich die Ansicht, dass die Universalität des Staatsbürgerstatus im Sinne der Inklusion und Partizipation eines jeden und einer jeden und die beiden anderen mit modernen politischen Ideen verknüpften Bedeutungen der Universalität, weit davon entfernt, einander zu implizieren, in einem Spannungsverhältnis stehen. Erstens hat das Ideal, dass in Ausübung der Staatsbürgerrolle ein Allgemeinwillen ausgedrückt oder gestaltet wird, der bestimmte Unterschiede der Gruppen in ihrer Zugehörigkeit, ihrer Situation und ihrem Interesse transzendiert, Gruppen ausgeschlossen, die als unfähig beurteilt wurden, jenen allgemeinen Standpunkt einzunehmen. Die Idee, der Staatsbürgerstatus drücke einen Allgemeinwillen aus, tendierte dahin, eine Homogenität der Staatsbürger durchzusetzen. In dem Grade, in dem die heutigen Befürworter eines Konzepts des wiederbelebten Staatsbürgerstatus die Idee eines Allgemeinwillens und eines gemeinsamen Lebens beibehalten, unterstützen sie implizit die gleichen Ausschließungen und die Homogenität. Deshalb trete ich dafür ein, dass die Inklusion eines jeden bzw. einer jeden und ihre Teilhabe an der öffentlichen Diskussion und Entscheidungsfindung bestimmte Mechanismen der Gruppenvertretung erfordert. Zweitens tendiert das strikte Festhalten an einem Prinzip der Gleichbehandlung zu einer Verstetigung von Unterdrückung und Benachteiligung dort, wo zwischen den Gruppen Unterschiede in den Fähigkeiten, der Kultur, den Werten und Verhaltensstilen vorhanden sind, einige dieser Gruppen aber privilegiert sind. Die Inklusion und Partizipation eines jeden und einer jeden an sozialen und politischen Institutionen verlangt deshalb manchmal die Formulierung spezieller Rechte, die auf gruppenspezifische Unterschiede achten, um Unterdrückung und Benachteiligung zu unterminieren.

1. Die Staatsbürgerschaft als Allgemeinheit

Viele zeitgenössische politische Theoretiker halten die kapitalistische Wohlfahrtsgesellschaft für entpolitisiert. Der Pluralismus der Interessengruppen privatisiert die Entscheidungsfindung, überlässt sie Verhandlungen im Hinterzimmer und autonom steuernden Agenturen und Gruppen. Der Pluralismus der Intereressengruppen fragmentiert sowohl die Politik als auch die Interessen der Individuen und erschwert es, die strittigen Fragen im Verhältnis zueinander zu beurteilen und Prioritäten zu setzen. Der fragmentarische und privatisierte Charakter des politischen Prozesses erleichtert darüber hinaus die Dominanz der mächtigeren Interessen.[1]

In Reaktion auf diese Privatisierung des politischen Prozesses rufen viele Autoren nach einer Erneuerung des öffentlichen Lebens und einer erneuerten Verpflichtung auf die Tugenden des Staatsbürgerstatus. Die Demokratie verlangt, dass die Bürger der korporatistischen Wohlfahrtsgesellschaft aus ihren privatistischen Konsumträumen erwachen, dass sie die Ex-

---

[1] Theodore Lowis´ klassische Analyse der privatisierten Vorgänge im Liberalismus der Interessengruppen bleibt einschlägig für die amerikanische Politik; siehe *The End of Liberalism*, New York: W.W. Norton 1969. Neuere Analysen sind Habermas, Jürgen: *Legitimationsprobleme im Spätkapitalismus*, Frankfurt am Main: Suhrkamp 1973; Offe, Claus: *Contradiction of the Welfare State*, Cambridge, Mass.: MIT Press 1984; Keane, John: *Public*

perten mit deren Anspruch auf Alleinherrschaft herausfordern und gemeinsam die Kontrolle über ihr Leben und ihre Institutionen in die Hand nehmen durch aktive Diskussionsprozesse mit dem Ziel, zu kollektiven Entscheidungen zu gelangen.[2] In partizipatorischen demokratischen Institutionen entwickeln und üben die Bürger Fähigkeiten der Urteilsbildung, der Diskussion und des sozialen Umgangs, die andernfalls brachliegen, und sie begeben sich aus ihrer Privatexistenz heraus, wenden sich an andere und begegnen ihnen mit Achtung und im Bemühen um Gerechtigkeit. Viele, die die Vorzüge des Staatsbürgerstatus gegen die Privatisierung der Politik in der kapitalistischen Wohlfahrtsgesellschaft anführen, übernehmen als Modelle für das heutige öffentliche Leben den staatsbürgerlichen Humanismus solcher Denker wie Machiavelli oder häufiger noch Rousseau.[3]

Der Pluralismus der Interessengruppen erleichtert, weil er privatisiert und fragmentiert ist, die Herrschaft korporatistischer, militaristischer und anderer mächtiger Interessen. Wie sie denke ich, dass demokratische Prozesse die Institutionalisierung genuin öffentlicher Diskussion erfordern. Es sind jedoch ernsthafte Probleme damit verbunden, die Ideale einer staatsbürgerlichen Öffentlichkeit, die aus der Tradition des modernen politischen Denkens auf uns gekommen sind, unkritisch zu übernehmen.[4] Das Ideal einer Öffentlichkeit der Staats-Bürgerschaft, die einen Allgemeinwillen, einen Standpunkt und ein Interesse ausdrückt, das die Staatsbürger gemein haben und das ihre Unterschiede transzendiert, hat faktisch wie eine Forderung nach Homogenität der Staatsbürger gewirkt. Der Ausschluss von Gruppen, die man als andersartig definierte, wurde bis zu Beginn dieses Jahrhunderts ausdrücklich akzeptiert. In unserer Zeit sind die Folgen eines Ausschlusses aus dem universalistischen Ideal einer Öffentlichkeit, die einen Allgemeinwillen verkörpert, zwar subtiler, aber sie bestehen fort.

Life in Late Capitalism, Cambridge, Mass.: MIT Press 1984; und Barber, Benjamin: *Strong Democracy*, Berkeley: University of California Press, 1984.
[2] Eine herausragende neuere Darstellung der Vorzüge von und der Bedingungen für eine solche Demokratie ist Green, Philipp: *Retrieving Democracy*, Totowa, N.J.: Rowman and Allenheld 1985.
[3] Barber (a.a.O.) und Keane (a.a.O.) verweisen beide auf Rousseaus Verständnis der staatsbürgerlichen Betätigung als ein Modell für die heutige partizipatorische Demokratie, wie das auch Carol Pateman tut in ihrer klassischen Arbeit *Participation and Democratic Theory*, Cambridge, Mass.: Cambridge University Press 1970. (Patemans Position hat sich allerdings gewandelt.) Siehe auch Miller, James: *Rousseau: Dreamer of Democracy*, New Haven, Conn.: Yale University Press 1984.
[4] Viele, die die Vorzüge einer staatsbürgerlichen Öffentlichkeit preisen, berufen sich natürlich auch auf ein Modell der antiken Polis. Ein jüngeres Beispiel ist Bookchin, Murray: *The Rise of Urbanization and the Decline of Citizenship*, San Francisco: Sierra Club Books 1987. In diesem Beitrag ziehe ich es jedoch vor, meine Thesen auf das moderne politische Denken zu beschränken. Die Idee der antiken griechischen Polis fungiert sowohl in der modernen als auch in der zeitgenössischen Diskussion als ein Mythos verlorengegangener Ursprünge, als das Paradies, von dem wir abfielen und zu dem wir zurückkehren möchten. Dementsprechend sind oft Berufungen auf die antike griechische Polis in der Berufung auf die modernen Ideen des republikanischen Humanismus enthalten.

Die Tradition des staatsbürgerlichen Republikanismus steht zu der individualistischen Vertragstheorie von Hobbes oder Locke in einem kritischen Spannungsverhältnis. Während der liberale Individualismus den Staat als notwendiges Instrument ansieht, mit dem Konflikte geschlichtet und Handlungen reguliert werden, so dass den Individuen die Freiheit gegeben ist, ihre privaten Ziele zu verfolgen, lokalisiert die republikanische Tradition Freiheit und Autonomie in den eigentlichen öffentlichen Tätigkeiten der Staats-Bürgerschaft. Indem sie an der öffentlichen Diskussion und kollektiven Entscheidungsfindung teilhaben, gehen die Staatsbürger über ihr jeweiliges eigeninteressiertes Leben und die Verfolgung privater Interessen hinaus und nehmen einen allgemeinen Standpunkt ein, von dem aus sie sich auf das Gemeinwohl einigen. Die Staatsbürgerschaft ist ein Ausdruck der Universalität des menschlichen Lebens. Sie ist ein Reich der Rationalität und Freiheit im Gegensatz zu dem heteronomen Reich der partikularen Bedürfnisse, Interessen und Wünsche.

In diesem Verständnis von Staatsbürgerschaft als universal im Gegensatz zu partikular, als allgemein im Gegensatz zu differenziert, impliziert nichts, dass der volle Staatsbürgerstatus auf alle Gruppen ausgedehnt werden muss. In der Tat dachten zumindest einige moderne Republikaner genau das Gegenteil. Während sie die Vorzüge des Staatsbürgerstatus, der die Universalität der Menschheit ausdrücke, priesen, schlossen sie manche Menschen bewusst aus der Staats-Bürgerschaft aus mit der Begründung, sie könnten den allgemeinen Standpunkt nicht einnehmen oder ihre Aufnahme würde die Öffentlichkeit auflösen und teilen. Das Ideal eines Gemeinwohls, eines Allgemeinwillens und eines geteilten öffentlichen Lebens drängt auf eine homogene Bürgerschaft.

Insbesondere Feministinnen haben analysiert, wieso der Diskurs, der die staatsbürgerliche Öffentlichkeit mit Brüderlichkeit verbindet, nicht bloß metaphorisch ist. Der von Männern gegründete moderne Staat und seine Öffentlichkeit der Staats-Bürgerschaft traten als universale Werte und Normen auf, die aus spezifisch männlichen Erfahrungen abgeleitet waren: von den militaristischen Normen der Ehre und homoerotischen Kameradschaft, von der respektvollen Konkurrenz und dem Verhandeln zwischen unabhängigen Akteuren und von dem im nüchternen Tonfall der leidenschaftslosen Vernunft geführten Diskurs.

Mehrere Interpreten haben die Meinung vertreten, dass die modernen Männer, indem sie die Vorzüge des Staatsbürgerstatus, verstanden als Partizipation an einer universalen Öffentlichkeit, priesen, eine Flucht vor der sexuellen Differenz zum Ausdruck brachten, eine Flucht davor, eine andere Art der Existenz zur Kenntnis nehmen zu müssen, die sie nicht vollständig verstehen konnten, und eine Flucht vor der Verkörperung der Natur, der Abhängigkeit von der Natur sowie von der Moral, die die Frauen repräsentierten.⁵ So wurde der Gegensatz zwischen der Universalität in der Öffentlichkeit der Staat-Bürgerschaft einerseits und der Partikularität des Privatinteresses andererseits mit den Gegensätzen zwischen Vernunft und Leidenschaft, maskulin und feminin verschmolzen.

Die bürgerliche Welt errichtete eine moralische Arbeitsteilung zwischen Vernunft und Gefühl, sie setzte Männlichkeit mit Vernunft und Weiblichkeit mit Gefühl, Begehren und den Bedürfnissen des Körpers gleich. Die Verherrlichung eines öffentlichen Bereichs der mannhaften Tugenden und eine Staats-Bürgerschaft als Unabhängigkeit, Allgemeinheit und leidenschaftslose Vernunft brachte mit sich, dass die Privatsphäre der Familie als der Ort geschaffen wurde, auf den Emotion, Empfindung und körperliche Bedürfnisse beschränkt bleiben mußten.⁶ Die Allgemeinheit des Öffentlichen beruht also auf dem Ausschluss der Frauen, die dafür verantwortlich sind, sich um jenen Privatbereich zu kümmern, und denen die leidenschaftslose Vernunft und die Unabhängigkeit fehlt, die von guten Staatsbürgern verlangt wird.

Rousseaus politische Theorie lässt den Imperativ, Einheit und Universalität der Öffentlichkeit durch Ausschluss der Frauen zu wahren, sichtbar werden. Die Besonderheiten des Gefühlslebens, des Begehrens und des Körpers sollten aus den öffentlichen Debatten herausgehalten werden, weil ihr Einfluss dazu tendiert, die Einheit der Öffentlichkeit zu fragmentieren. Die Frauen sollten die Hüter dieser Begehren und Bedürfnisse sein, beschränkt auf einen häuslichen Bereich außerhalb des öffentlichen Bereichs der Staats-Bürgerschaft. Zudem muss innerhalb jenes häuslichen Bereichs das eigene Begehren der Frauen für die heterosexuelle Ehe und die Mutterschaft eingespannt werden. Frauen müssen keusch, pflichtbewusst und gehorsam sein, wenn nicht das Chaos der Illegitimität und der sinnlichen Begierde die klaren Grenzen des Haushaltsbesitztums sprengen soll. Gesittet und pflichtbewusst erziehende Frauen wiederum werden das Begehren des Mannes in rechten Grenzen halten und sein Interesse auf die moralische Gesinnung für das Gemeinwohl richten.⁷

---

⁵ Hannah Pitkin leistet eine sehr detaillierte und feinsinnige Analyse der Vorzüge der staatsbürgerlichen Öffentlichkeit als eine Flucht vor sexueller Differenz anhand einer Lektüre der Schriften von Machiavelli; siehe *Fortune Is a Woman*, Berkeley: University of California Press 1984. Carol Pateman gibt dazu eine wichtige Analyse der Vertragstheorie, siehe *The Sexual Contract*, Stanford University Press 1988. Siehe auch Hartsock, Nancy: *Money, Sex and Power*, New York: Longman 1983, Kapitel 7 und 8.
⁶ Vgl. Moller Okin, Susan: Women and the Making of the Sentimental Family, in: *Philosophy and Public Affairs* 11, 1, 1982, S. 65-88; siehe auch Nicholson, Linda: *Gender and History. The Limits of Social Theory in the Age of the Family*, New York: Columbia University Press 1986.
⁷ Analysen zur Behandlung der Frauen bei Rousseau finden sich bei Moller Okin, Susan: *Women in Western Political Thought* Princeton, N. J.: Princeton University Press 1978; Lange, Lynda: Rousseau: Women and the General Will, in: Clark, Lorenne M.G./Lange, Lynda (Hg.): *The Sexism of Social and Political Theory*, Toronto: University of Toronto Press 1979; Bethke Elshtain, Jean: *Public Man, Private Woman*, Princeton, N. J.: Princeton University Press 1981, Kapitel 4. Mary Dietz entwickelt eine kluge Kritik an Elshtains "maternalistischer" Perspektive auf die politische Theorie; indem sie das tut, beruft sie sich aber scheinbar doch

Es ist wichtig, sich ins Gedächtnis zu rufen, dass die Universalität des Staatsbürgerstatus im Sinne von Allgemeinheit so definiert wurde, dass nicht nur Frauen, sondern auch andere Gruppen ausgeschlossen blieben. Europäische und amerikanische Republikaner sahen kaum einen Widerspruch darin, eine Universalität des Staatsbürgerstatus zu fördern, die manche Gruppen ausschloss, weil die Idee, der Staatsbürgerstatus sei für alle gleich, in der Praxis in das Erfordernis übersetzt wurde, alle Staatsbürger hätten gleich zu sein. Die weiße männliche Bourgeoisie begriff die republikanische Tugend als rationale, beherrschte und gesittete Haltung, mit der man der Leidenschaft oder dem Verlangen nach Luxus nicht erliegt und durch die man in der Lage ist, sich über Begehren und Bedürfnis hinauszubegeben zu einem Interesse für das Gemeinwohl. Dies implizierte, arme Leute und Lohnarbeiter vom Staatsbürgerstatus auszuschließen, mit der Begründung, sie seien zu sehr von ihrer Bedürftigkeit motiviert, als dass sie eine allgemeine Perspektive einnehmen könnten. In dieser Hinsicht waren die Gestalter der amerikanischen Verfassung nicht egalitärer gesonnen als ihre europäischen Brüder im Geiste; sie beabsichtigten, eigens den Zugang der arbeitenden Klasse zur Öffentlichkeit zu beschränken, weil sie fürchteten, die Verpflichtung auf die allgemeinen Interessen werde aufgebrochen.

Diese frühen amerikanischen Republikaner äußerten sich auch recht deutlich über die Notwendigkeit einer Homogenität der Staatsbürger. Sie befürchteten, dass die Unterschiede der Gruppen dazu tendieren würden, die Verpflichtung auf das Allgemeininteresse zu unterminieren. Dies bedeutete, dass die Präsenz von Schwarzen und amerikanischen Indianern und später von Mexikanern und Chinesen auf dem Gebiet der Republik eine Bedrohung darstellte, der nur mit Assimilation, Ausrottung oder Entmenschlichung begegnet werden konnte. Natürlich kamen verschiedene Kombinationen davon in Anwendung, aber die Anerkennung dieser Gruppen als Gleichgestellte in der Öffentlichkeit war nie eine Option. Selbst solche republikanischen Vaterfiguren wie Jefferson identifizierten die auf ihren Territorien lebenden roten und schwarzen Menschen mit der wilden Natur und Leidenschaft, genau wie sie auch die Befürchtung hegten, die Frauen seien außerhalb des häuslichen Bereichs lüstern und gierig. Sie definierten das moralische, zivilisierte republikanische Leben über einen Gegensatz zu diesem rückwärtsgewandten, unkultivierten Begehren, das sie mit den Frauen und Nicht-

---

auch auf ein universalistisches Ideal der staatsbürgerlichen Öffentlichkeit, in der die Frauen über ihre partikularen Anliegen hinausgehen und allgemein werden; vgl. Citizenship with a Feminist Face: The Problem with Maternal Thinking, in: *Political Theory* 13, 1, 1985, S. 19-37. Zu Rousseau über Frauen siehe auch Schwartz, Joel: *The Sexual Politics of Jean-Jacques Rousseau*, Chicago: University of Chicago Press 1984.

weißen identifizierten.[8] Eine vergleichbare Ausschlusslogik war in Europa am Werk, wo die Juden ein besonderes Ziel waren.[9]

Diese republikanischen Ausschließungen waren weder zufällig noch unvereinbar mit dem Ideal universaler Staatsbürgerschaft, so wie es von diesen Theoretikern verstanden wurde. Sie waren eine direkte Konsequenz der Dichotomie zwischen öffentlich und privat, die das Öffentliche als ein Reich der Allgemeinheit, das alle Besonderheiten hinter sich lässt, definierte und das Private als das Partikulare, das Reich der Affektivität, der Zugehörigkeit, des Bedürfnisses und des Körpers. Solange diese Dichotomie in Kraft ist, erzwingt die Aufnahme der zuvor Ausgeschlossenen – Frauen, Arbeiter, Juden, Schwarze, Asiaten, Indianer, Mexikaner – in die Definition der Staatsbürgerschaft eine Homogenität, die die Unterschiede der Gruppen in der Öffentlichkeit unterdrückt und die zuvor ausgeschlossenen Gruppen praktisch zwingt, sich an Normen messen zu lassen, die von den privilegierten Gruppen stammen und von ihnen definiert wurden.

Die zeitgenössischen Kritiker eines Liberalismus der Interessengruppen, die ein erneuertes öffentliches Leben fordern, beabsichtigen gewiss nicht, irgendwelchen erwachsenen Personen oder Gruppen den Staatsbürgerstatus zu verweigern. Sie sind Demokraten, überzeugt davon, dass nur der Einschluss aller Staatsbürger und ihre Partizipation am politischen Leben zu weisen und fairen Entscheidungen und zu einem Gemeinwesen führen wird, das die Fähigkeiten seiner Staatsbürger und ihre Beziehungen untereinander eher fördert als hemmt. Der Nachdruck, den solche partizipatorisch eingestellten Demokraten auf Allgemeinheit und Gemeinsamkeit legen, droht jedoch die Unterschiede zwischen den Staatsbürgern weiterhin zu unterdrücken.

Ich werde mich auf den Text von Benjamin Barber konzentrieren, der in seinem Buch *Strong Democracy* eine stichhaltige und konkrete Sicht von partizipatorischen demokratischen Prozessen erarbeitet. Barber erkennt die Notwendigkeit, eine demokratische Öffentlichkeit vor gewollten oder unbeabsichtigten Ausschließungen von Gruppen zu schützen, obwohl er keine Vorschläge macht, wie die Aufnahme und die Partizipation eines jeden bzw. einer jeden sicherzustellen ist. Er spricht sich vehement gegen zeitgenössische politische Theoretiker aus, die ein Modell des politischen Diskurses konstruieren, das von affektiven Dimensionen bereinigt ist. Barber befürchtet also nicht das Zerbrechen von Allgemeinheit und

---

[8] Siehe Takaki, Ronald: *Iron Cages*. Race and Culture in 19th Century America, New York: Knopf 1979. Don Herzog diskutiert die ausschlussfördernden Vorurteile einiger anderer früher Republikaner Amerikas, vgl. Some Questions for Republicans, in: *Political Theory* 14, 1985, S. 473-493.

[9] Mosse, George: *Nationalismus und Sexualität*. Bürgerliche Moral und sexuelle Normen, München: Hanser 1985.

Rationalität der Öffentlichkeit am Begehren und am Körper in der Weise, wie es die republikanischen Theoretiker taten. Gleichwohl behält er eine Konzeption von staatsbürgerlicher Öffentlichkeit bei, in der sie als Allgemeinheit definiert wird und das Gegenteil von Gruppenaffinität und dem partikularen Bedürfnis und Interesse ist. Er trifft eine klare Unterscheidung zwischen dem öffentlichen Bereich der Staats-Bürgerschaft sowie staatsbürgerlicher Betätigung einerseits und einem privaten Bereich partikularer Identitäten, Rollen, Zugehörigkeiten und Interessen andererseits. Der Staatsbürgerstatus erschöpft keinesfalls die sozialen Identitäten der Menschen, aber er erhält in einer starken Demokratie moralische Priorität vor allen sozialen Aktivitäten. Die Verfolgung partikularer Interessen, die Durchsetzung der Forderungen von bestimmten Gruppen, das alles hat im Rahmen einer Gemeinschaft und einer gemeinschaftlichen Vision zu geschehen, die vom öffentlichen Bereich erstellt wird. Demnach beruht Barbers Vision einer partizipatorischen Demokratie nach wie vor auf einem Gegensatz zwischen der öffentlichen Sphäre des Allgemeininteresses und einer Privatsphäre des partikularen Interesses und der besonderen Zugehörigkeit.[10]

Barber erkennt zwar die Notwendigkeit von Verfahren gemäß der Mehrheitsregel und von Mitteln, die Rechte von Minderheiten zu sichern, behauptet aber, dass "der gute Demokrat jede Teilung bedauert und die Existenz von Majoritäten als ein Zeichen dafür betrachte, dass Gegenseitigkeit nicht erreicht worden ist". (S. 207) Eine Gemeinschaft von Staatsbürgern, sagt er, "verdankt den Charakter ihrer Existenz dem, was ihre sie konstituierenden Mitglieder gemein haben" (S. 232), und dies erfordert, die Ordnung individueller Bedürfnisse und Wünsche zu transzendieren und zu erkenne, dass "wir ein moralischer Körper sind, dessen Existenz davon abhängt, die individuellen Bedürfnisse und Wünsche gemeinsam zu einer einzigen Zukunftsvision zu ordnen, die alle teilen können". (S. 224) Diese gemeinsame Vision wird den Individuen jedoch nicht von oben auferlegt, sondern wird von ihnen geschmiedet, indem sie miteinander reden und zusammen arbeiten. Barbers Modelle von solchen Gemeinschaftsprojekten enthüllen dennoch seine latenten Voreingenommenheiten:

"Wie Spieler eines Teams oder Soldaten im Krieg, können diejenigen, die eine gemeinsame Politik praktizieren, dahin kommen, Bande zu spüren, die sie nie zuvor spürten, bevor sie mit ihrer gemeinschaftlichen Tätigkeit begannen. Die Art der Bindung, die anstelle monolithischer Zwecke und Ziele vielmehr gemeinsame Verfahren, gemeinsames Arbeiten und einen geteilten Sinn für das, was eine Gemeinschaft gelingen lässt, betont, dient höchst erfolgreich der starken Demokratie." (S. 244)

---

[10] Barber, Benjamin; a.a.O., Kapitel 8 und 9.

Der Versuch, ein Ideal des universalen Staatsbürgerstatus zu verwirklichen, welches besagt, die Öffentlichkeit verkörpere Allgemeinheit im Unterschied zu Partikularität, Gemeinsamkeit gegenüber Differenz, wird dazu tendieren, manche Gruppen selbst dann auszuschließen oder zu benachteiligen, wenn sie formal den gleichen Staatsbürgerstatus haben. Die Idee, das Öffentliche als universal zu charakterisieren, und die damit einhergehende Gleichsetzung von Partikularität mit Privatheit, macht die Homogenität zu einem Erfordernis für öffentliche Partizipation. In der Ausübung ihrer Staatsbürgerrolle sollen alle Staatsbürger denselben unparteilichen, allgemeinen Standpunkt einnehmen, der alle besonderen Interessen, Perspektiven und Erfahrungen transzendiert.

Aber eine solche unparteiliche, allgemeine Perspektive ist ein Mythos.[11] Die Menschen denken über öffentliche Themen zwangsläufig und richtig in Begriffen nach, die von ihrer situationsbedingten Erfahrung und Wahrnehmung der sozialen Beziehungen beeinflusst sind. Verschiedene soziale Gruppen haben unterschiedliche Bedürfnisse, Kulturen, Geschichten, Erfahrungen und Wahrnehmungen sozialer Beziehungen, die ihre Interpretation davon, welche Bedeutung und Konsequenzen politische Pläne haben, und die Form ihrer politischen Urteilsbildung beeinflussen. Diese Unterschiede in der politischen Interpretation sind nicht bloß oder gar hauptsächlich ein Resultat abweichender oder konfligierender Interessen, da die Gruppen selbst dann unterschiedliche Interpretationen haben, wenn sie bestrebt sind, Gerechtigkeit zu fördern und nicht lediglich ihre eigenen, selbstbezogenen Ziele voranzubringen. Wenn man in einer Gesellschaft, in der einige Gruppen privilegiert, andere dagegen unterdrückt sind, darauf besteht, dass Personen ihre besonderen Zugehörigkeiten und Erfahrungen hinter sich lassen sollen, um einen allgemeinen Standpunkt einzunehmen, so dient das nur der Verstärkung des Privilegs; denn die Perspektiven und Interessen der Privilegierten werden dazu tendieren, diese vereinheitlichte Öffentlichkeit zu beherrschen, und dabei jene der anderen Gruppen an den Rand zu drängen oder zum Schweigen zu bringen.

Barber behauptet, dass eine verantwortungsvoll praktizierte Staatsbürgerschaft ein Transzendieren partikularer Zugehörigkeiten, Verpflichtungen und Bedürfnisse erforderlich macht, weil eine Öffentlichkeit nicht funktionieren kann, wenn ihre Mitglieder lediglich mit ihren Privatinteressen befasst sind. Hier unterläuft ihm eine gravierende Verwechslung von Pluralität und Privatisierung. Der Pluralismus der Interessengruppen, den er und andere kritisieren, institutionalisiert und ermuntert tatsächlich eine egoistische, selbstbezügliche Sicht des politischen Prozesses, eine Sicht, die Gruppierungen in den politischen Wettbewerb um

---

[11] Ich habe diesen Ansatz gründlicher ausgearbeitet in meinem Aufsatz: Impartiality and the Civic Public: Some Implications of Feminist Critiques of Moral and Political Theory, in: *Praxis International* 5, 4, 1986, S. 381-401.

knappe Güter und Privilegien eintreten sieht allein zu dem Zweck, den eigenen Gewinn zu maximieren, weswegen sie auch den Forderungen anderer, die ihre eigenen Standpunkte haben, nicht zuzuhören brauchen oder darauf eingehen müssen. Des weiteren spielen sich die Prozesse und oft auch die Resultate des Aushandelns zwischen Interessengruppen weitgehend im Privaten ab; sie werden in einem Forum, das genuin alle diejenigen einbezieht, die potentiell von den Entscheidungen betroffen sind, weder offengelegt noch diskutiert.

Privatheit in diesem Sinne des privaten Aushandelns zugunsten des privaten Vorteils ist ganz verschieden von der Pluralität im Sinne der voneinander abweichenden Gruppenerfahrungen, Zugehörigkeiten und Verpflichtungen, die in jeder großen Gesellschaft wirksam sind. Personen können ihre Gruppenidentität aufrechterhalten und in ihren Wahrnehmungen sozialer Ereignisse von ihrer gruppenspezifischen Erfahrung beeinflusst, aber zugleich öffentlich gesonnen sein, in dem Sinne, dass sie offen dafür sind, den Forderungen anderer zuzuhören, und nicht nur auf ihren eigenen Vorteil Bedacht nehmen. Die Menschen können und müssen eine kritische Distanz zu ihren eigenen unmittelbaren Wünschen und gefühlsmäßigen Reaktionen einnehmen, um öffentliche Pläne zu diskutieren. Das zu tun, kann jedoch nicht heißen, dass die Staatsbürger ihre besonderen Zugehörigkeiten, Erfahrungen und ihren sozialen Ort aufgeben sollen. Wie ich im nächsten Abschnitt erörtern werde, fördert es die Aufrechterhaltung einer solchen kritischen Distanz ohne Vortäuschung von Unparteilichkeit am besten, wenn die Perspektiven einzelner Gruppen, die anders als die eigene Perspektive sind, in der öffentlichen Diskussion mit ihrer Stimme ausdrücklich vertreten sind.

Eine Repolitisierung des öffentlichen Lebens sollte nicht die Schaffung eines vereinheitlichten öffentlichen Bereichs verlangen, in dem die Staatsbürger ihre besonderen Gruppenzugehörigkeiten, Vergangenheiten und Bedürfnisse abstreifen, um ein Allgemeininteresse oder Gemeinwohl zu diskutieren. Ein solcher Wunsch nach Einheit unterdrückt Unterschiede, beseitigt sie aber nicht, und neigt dazu, einige Perspektiven aus der Öffentlichkeit auszuschließen.[12] Anstelle der universalen Staats-Bürgerschaft im Sinne dieser Allgemeinheit brauchen wir eine nach Gruppen differenzierte Staats-Bürgerschaft und eine heterogene Öffentlichkeit. In einer heterogenen Öffentlichkeit werden Unterschiede öffentlich zugestanden und als irreduzibel akzeptiert, womit ich sagen will, dass Menschen aus einer Perspektive oder Geschichte heraus den Standpunkt derjenigen mit anderen gruppenspezifischen Perspektiven und Vergangenheiten niemals vollständig verstehen und einnehmen können. Doch die Verpflichtung auf die Notwendigkeit und der Wunsch, die politischen Maßnahmen der Gesellschaft zusammen zu entscheiden, fördert die Verständigung über diese Differenzen hinweg.

2. Differenzierte Staatsbürgerschaft als Gruppenvertretung

In ihrer Studie über die Funktionsweise einer regierenden Stadtversammlung in New England erörtert Jane Mansbridge, wieso Frauen, Schwarze, Angehörige der Arbeiterklasse und arme Menschen dazu neigen, weniger daran zu partizipieren, und wieso ihre Interessen weniger vertreten werden als die von Weißen, Berufstätigen der Mittelklasse und Männern. Obwohl doch alle Staatsbürger das Recht haben, am Prozess der Entscheidungsfindung teilzunehmen, werden die Erfahrungen und die Perspektiven mancher Gruppen aus vielen Gründen eher zum Verstummen gebracht. Weiße Männer aus der Mittelklasse strahlen mehr Autorität als andere aus, und sie sind mehr darin geübt, überzeugend zu reden. Für Mütter und alte Leute ist es häufig schwieriger, zu den Sitzungen zu kommen.[13] Amy Gutman diskutiert ebenfalls, inwiefern die partizipatorischen demokratischen Strukturen dazu neigen, benachteiligte Gruppen zum Schweigen zu bringen. Sie führt das Beispiel der Gemeindeaufsicht über Schulen an, wo mehr Demokratie zur zunehmenden Rassentrennung in vielen Städten führte, weil die privilegierteren und artikulierteren Weißen in der Lage waren, ihre vermeintlichen Interessen gegen die berechtigte Forderung der Schwarzen nach Gleichbehandlung in einem rassenintegrierenden Schulsystem durchzusetzen.[14] Solche Fälle zeigen, dass partizipatorische demokratische Strukturen die Tendenz haben, die vorhandene Unterdrückung von Gruppen zu reproduzieren, wenn die Staats-Bürgerschaft in universalistischen und vereinheitlichten Begriffen definiert ist.

Nach Gutman verlangen solche repressiven Konsequenzen der Demokratisierung, dass soziale und ökonomische Gleichheit erlangt werden muss, bevor politische Gleichheit eingerichtet werden kann. Am Wert sozialer und ökonomischer Gleichheit habe ich nichts auszusetzen, aber ich denke, das Erreichen dieses Ziels ist auf wachsende politische Gleichheit genauso angewiesen, wie das Erlangen politischer Gleichheit von zunehmender sozialer und ökonomischer Gleichheit abhängt. Wenn wir nicht gezwungen sein wollen, einem utopischen Zirkel zu folgen, müssen wir das "Paradox der Demokratie", wodurch soziale Macht einige Staatsbürger gleicher macht als andere und die Gleichheit des Staatsbürgerstatus manche Menschen zu mächtigeren Staatsbürgern macht, jetzt lösen. Diese Lösung besteht zumindest

---

[12] Siehe Pateman, Feminism and Participatory Democracy, a.a.O.
[13] Mansbridge, Jane: *Beyond Adversary Democracy*, New York: Basic Books 1980.
[14] Gutman, Amy: *Liberal Equality*, Cambridge, Mass.: Cambridge University Press 1980, S. 191-202.

teilweise darin, institutionalisierte Wege zur ausdrücklichen Anerkennung und Repräsentation unterdrückter Gruppen zu schaffen. Bevor jedoch über Prinzipien und Praktiken diskutiert werden kann, die in eine solche Lösung eingehen, wird es notwendig sein, etwas darüber zu sagen, was eine Gruppe ist und wann eine Gruppe unterdrückt ist.

Das Konzept der sozialen Gruppe ist politisch wichtig geworden, weil jüngste emanzipatorische und linke soziale Bewegungen eher auf Grund von Gruppenidentitäten mobilisiert haben als ausschließlich auf der Grundlage von Klasse oder von ökonomischen Interessen. In vielen Fällen bestand eine solche Mobilisierung darin, sich zu einer verachteten oder geringgeschätzten ethnischen oder rassischen Identität zu bekennen und sie positiv zu definieren. In der Frauenbewegung, der Bewegung für die Rechte der Schwulen oder der Alten-Bewegung wurde ein unterschiedlicher sozialer Status, basierend auf Alter, Sexualität, den physischen Kräften oder der Arbeitsteilung, als eine positive Gruppenidentität für die politische Mobilisierung aufgegriffen.

Ich werde hier nicht versuchen, eine soziale Gruppe zu definieren, aber es sei auf mehrere Kennzeichen verwiesen, die eine soziale Gruppe von anderen Kollektiven unterscheidet. Eine soziale Gruppe beinhaltet zunächst einmal eine Affinität mit anderen Personen, über die sie sich mit dem jeweils anderen identifizieren und vermittels derer andere Menschen sie identifizieren. Die einer Person eignende besondere Auffassung der Geschichte, ihr oder sein Verständnis sozialer Beziehungen und persönlicher Möglichkeiten, die Weise der Urteilsbildung, die Werte und expressiven Stile sind zumindest zu einem Teil durch ihre oder seine Gruppenidentität konstituiert. Viele Gruppendefinitionen werden von außen herangetragen, von anderen Gruppen, die bestimmte Menschen stereotypisieren und mit einem Etikett versehen. Unter solchen Umständen finden die Mitglieder verachteter Gruppen ihre Affinität häufig in ihrer Unterdrückung. Das Konzept der sozialen Gruppe muss von zwei Konzepten unterschieden werden, mit denen es verwechselt werden könnte: von dem Aggregat und von der Assoziation.

Ein Aggregat ist jede Klassifizierung von Personen gemäß irgendeinem Attribut. Personen können entsprechend einer Anzahl von Attributen, von denen alle gleichermaßen willkürlich sein können – unsere Augenfarbe, die Autotype, die wir fahren, die Straße, in der wir leben – aggregiert werden. Zuweilen werden Gruppen, die in unserer Gesellschaft emotional oder sozial hervorstechen, als Aggregate interpretiert, als willkürliche Klassifikationen von Personen nach den Attributen Hautfarbe, Geschlechtsmerkmale oder Lebensjahre. Eine soziale Gruppe wird jedoch nicht in erster Linie durch eine Menge geteilter Attribute definiert, sondern von dem Identitätsempfinden, das die Menschen haben. Was die schwarzen Amerikaner als eine soziale Gruppe definiert, ist nicht zuallererst ihre Hautfarbe; dies wird von der Tatsache veranschaulicht, dass beispielsweise manche Personen, deren Hautfarbe sehr hell ist, sich als Schwarze identifizieren. Obwohl objektive Attribute manchmal eine notwendige Bedingung dafür sind, sich selbst oder andere als Mitglied einer bestimmten sozialen Gruppe zu klassifizieren, ist es die Identifikation bestimmter Personen mit einem sozialen Status, mit einer gemeinsamen Geschichte, die jener soziale Status produziert, und eine Eigen-Identifikation, die die Gruppe als eine Gruppe definiert.

Politikwissenschaftler und Gesellschaftstheoretiker neigen weit häufiger dazu, Assoziationen statt Aggregate an die Stelle von sozialen Gruppen zu setzen. Mit einer Assoziation meine ich ein freiwillig zusammentretendes Personenkollektiv – wie etwa einen Club, eine berufsständische Vertretung, eine politische Partei, eine Kirche, ein College, eine Gewerkschaft, eine lobbyistische Organisation oder eine Interessengruppe. Ein individualistisches Vertragsmodell der Gesellschaft lässt sich auf Assoziationen anwenden, nicht aber auf Gruppen. Individuen gründen Assoziationen; sie finden als schon geformte Personen zusammen und bauen Assoziationen auf, indem sie Regeln festlegen, Ämter und Büros einrichten.

Tritt man einer Assoziation bei, dann fasst man die Mitgliedschaft selbst dann, wenn sie das Leben grundlegend beeinflusst, nicht so auf, als definiere sie die eigentliche Identität, wie beispielsweise die Bestimmung, ein Navajo zu sein, sie zu definieren vermag. Die Gruppenaffinität dagegen hat den Charakter dessen, was Heidegger "Geworfenheit" nennt: Man findet sich selbst als Mitglied einer Gruppe vor, deren Existenz und Verhältnisse man als immer schon dagewesen erlebt, denn die Identität einer Person wird im Zusammenhang damit definiert, wie andere sie oder ihn identifizieren, und andere tun dies gemäß den Gruppen, mit denen schon spezifische Attribute, Stereotype und Normen assoziiert sind, auf die auch Bezug genommen wird, wenn sich die Identität einer Person ausbildet. Aus der Geworfenheit der Gruppenaffinität folgt nicht, dass man Gruppen nicht verlassen und in neue eintreten kann. Viele Frauen werden lesbisch, auch wenn sie sich zuvor als heterosexuell identifiziert hatten, und jeder bzw. jede, die lange genug lebt, wird alt. Diese Fälle veranschaulichen die Geworfenheit genau in dem Punkt, dass solche Änderungen in der Gruppenaffinität als eine Wandlung der eigenen Identität erlebt werden.

Eine soziale Gruppe sollte nicht als etwas Substantielles oder als eine natürliche Gegebenheit mit einer spezifischen Menge gemeinsamer Attribute aufgefasst werden. Statt dessen sollte die Gruppenidentität in Relationsbegriffen verstanden werden. Die sozialen Prozesse erzeugen Gruppen, indem sie relationale Differenzierungen, Situationen der Gruppierung und affektive Bindungen schaffen, in denen die Menschen eine Affinität mit anderen Menschen empfinden. Manchmal definieren Gruppen sich selbst, indem sie andere verachten oder ausschließen, die sie als andersartig definieren und die sie beherrschen und unterdrücken. Obwohl die sozialen Prozesse der Affinität und Trennung die Gruppen definieren, verleihen sie den Gruppen keine substantielle Identität. Ein gemeinsames Wesen, das die Mitglieder einer Gruppe besitzen, gibt es nicht.

Als Produkte sozialer Verhältnisse sind Gruppen fließende Gebilde, sie entstehen und können auch wieder zerfallen. Homosexuelle Praktiken gab es zum Beispiel in vielen Gesellschaften und zu verschiedenen historischen Zeiten, die Identifikation mit der Gruppe männlicher Schwuler existiert aber nur in westlichen Gesellschaften des 20. Jahrhunderts. Die Identität einer Gruppe wird vielleicht erst unter ganz bestimmten Umständen überhaupt auffällig, dann nämlich, wenn diese mit anderen Gruppen interagiert. Außerdem haben die meisten Menschen in den modernen Gesellschaften mehrfache Gruppenidentifikationen. Deshalb sind Gruppen an sich keine eigenständigen Einheiten. Jede Gruppe weist durch sie hindurchgehende Gruppendifferenzen auf.

Ich denke, die Ausdifferenzierung von Gruppen ist ein unvermeidlicher und wünschenswerter Prozess in den modernen Gesellschaften. Aber wir müssen diese Frage nicht entscheiden. Ich mache nur geltend, dass unsere Gesellschaft heute eine nach Gruppen differenzierte Gesellschaft ist und dass dies in absehbarer Zukunft so bleiben wird. Dass manche Gruppen privilegiert und andere unterdrückt sind, macht unser politisches Problem aus.

Aber was ist Unterdrückung? Ich habe den Begriff der Unterdrückung an anderer Stelle ausführlicher analysiert.[15] Kurz gesagt, eine Gruppe ist dann unterdrückt, wenn auf alle oder auf einen großen Anteil ihrer Mitglieder einer oder mehrere der folgenden Sachverhalte zutreffen:

1. Der Nutzen ihrer Arbeit oder Energie geht auf andere über, ohne dass diese anderen ihnen in reziproker Weise nützen (Ausbeutung).

2. Sie sind von der Partizipation an wichtigen sozialen Tätigkeiten ausgeschlossen, womit in unserer Gesellschaft vorrangig ein Arbeitsplatz gemeint ist (Marginalisierung).

---

[15] Ich habe eine umfangreichere Darstellung von Unterdrückung entwickelt, vgl. Five Faces of Oppression, in: *The Philosophical Forum* XIX, 4, 1988, S. 270-290.

3. Sie leben und arbeiten unter der Autorität von anderen, verfügen über wenig Autonomie bei der Arbeit und haben selbst kaum Autorität über andere (Machtlosigkeit).

4. Sie werden als Gruppe stereotypisiert, und gleichzeitig bleiben ihre Erfahrungen und ihre Situation in der Gesellschaft im allgemeinen unbemerkt, zudem haben sie wenig Gelegenheit, ihrer Erfahrung und ihrer Sichtweise von sozialen Geschehnissen Ausdruck zu verleihen und finden kaum Gehör, wenn sie es tun (Kulturimperialismus).

5. Die Gruppenmitglieder erleiden willkürliche Gewalt und Schikane, die von Gruppenhass oder -angst motiviert ist. In den Vereinigten Staaten werden heute zumindest die folgenden Gruppen auf eine oder mehrere dieser Arten unterdrückt: Frauen, Schwarze, amerikanische Indianer, Chicanos, Puertoricaner und andere spanisch sprechende Amerikaner, asiatische Amerikaner, schwule Männer, Lesben, Angehörige der Arbeiterklasse, arme Menschen und alte Menschen sowie geistig und körperlich Behinderte.

In irgendeiner utopischen Zukunft wird es vielleicht eine Gesellschaft ohne Unterdrückung und Benachteiligung geben. Wir können aber keine politischen Prinzipien entwickeln, wenn wir mit der Annahme einer vollends gerechten Gesellschaft beginnen, wir müssen von den allgemeinen historischen und sozialen Bedingungen, unter denen wir existieren, ausgehen. Das heißt, wir haben eine partizipatorische demokratische Theorie nicht unter der Voraussetzung einer undifferenzierten Menschheit zu entwickeln, sondern unter der Voraussetzung, dass Gruppendifferenzen vorhanden sind und dass manche Gruppen tatsächlich oder potentiell unterdrückt und benachteiligt sind.

Ich mache also das folgende Prinzip geltend: Eine demokratische Öffentlichkeit, wie immer diese beschaffen sein mag, sollte Mechanismen bereitstellen zur wirksamen Vertretung und Anerkennung der unterschiedlichen Stimmen und Perspektiven, die denjenigen Gruppen gehören, die konstitutive Bestandteile dieser Öffentlichkeit sind und die in ihr unterdrückt und benachteiligt sind. Eine solche Gruppenvertretung impliziert institutionelle Mechanismen und öffentliche Ressourcen zur Unterstützung von drei Betätigungen:

1. Die Selbstorganisation der Gruppenmitglieder, so dass sie einen Sinn für kollektive Ermächtigung gewinnen sowie ein reflexives Verständnis ihrer kollektiven Erfahrung und ihres kollektiven Interesses im Kontext der Gesellschaft.

2. Das Öffentlichmachen einer von der Gruppe erstellten Analyse, wie sich gesellschaftspolitische Maßnahme auf sie auswirken, sowie das Hervorbringen eigener politischer Vorschläge, und zwar in institutionellen Zusammenhängen, wo die Ent-

scheidungsträger dazu verpflichtet sind zu zeigen, dass sie diese Perspektiven in ihre Überlegungen einbezogen haben.

3. Die Vetomacht im Hinblick auf ganz bestimmte politische Maßnahmen, die eine Gruppe direkt betreffen – Beispiele sind die Reproduktion betreffende Rechte für Frauen oder die Nutzung von Reservatsgebieten für amerikanische Indianer.

Die Prinzipien fordern nur eine spezifische Repräsentation für unterdrückte oder benachteiligte Gruppen, weil die privilegierten Gruppen ohnehin vertreten sind. Daher wäre das Prinzip in einer Gesellschaft, die von Unterdrückung gänzlich frei ist, nicht anwendbar. Ich halte das Prinzip dennoch nicht für bloß vorläufig oder instrumentell, weil ich glaube, dass die Differenz von Gruppen in den modernen Gesellschaften sowohl unvermeidlich als auch wünschenswert ist und dass, wo immer Differenz von Gruppen vorhanden ist, Benachteiligung oder Unterdrückung sich stets als eine Möglichkeit abzeichnet. So sollte sich eine Gesellschaft immer auf die Repräsentation unterdrückter oder benachteiligter Gruppen verpflichten und bereit sein, eine solche Repräsentation zu implementieren, wenn Unterdrückung erkennbar wird. Diese Überlegungen nehmen sich allerdings in unserem eigenen Kontext ziemlich akademisch aus, da wir in einer Gesellschaft mit gravierenden Gruppenunterdrückungen leben, deren vollständige Beseitigung nur wie eine entfernte Möglichkeit anmutet.

Soziale und ökonomische Privilegierung heißt unter anderem, dass die Gruppen, die das Privileg innehaben, sich so verhalten, als ob sie das Recht hätten zu sprechen und gehört zu werden, dass andere sie so behandeln, als ob sie jenes Recht hätten, und dass sie über die materiellen, personellen und organisatorischen Ressourcen verfügen, die sie in die Lage versetzten, in der Öffentlichkeit zu sprechen und gehört zu werden. Die Privilegierten sind gewöhnlich nicht geneigt, die Interessen der Unterdrückten zu schützen und zu fördern, einesteils weil ihre soziale Stellung sie daran hindert, diese Interessen zu verstehen, anderntteils weil ihre Privilegierung in einem gewissen Grade von der fortgesetzten Unterdrückung anderer abhängt. Ein Hauptgrund für die ausdrückliche Repräsentation unterdrückter Gruppen in der Diskussion und Entscheidungsfindung ist also, die Unterdrückung zu unterminieren. Eine solche Gruppenvertretung legt auch das Spezifische an den Annahmen und der Erfahrung der Privilegierten öffentlich bloß, denn wenn sie nicht mit verschiedenen Sichtweisen der sozialen Verhältnisse und Geschehnisse, mit verschiedenen Werten und Sprachen konfrontiert werden, tendieren die meisten Menschen dazu, ihre eigene Perspektive als universal geltend zu machen.

Theoretiker und Politiker preisen die Vorzüge des Staatsbürgerstatus, weil die Menschen durch die öffentliche Partizipation angehalten werden, über die bloß egozentrische Motivation hinauszugehen und ihre Abhängigkeit von anderen und ihre Verantwortlichkeit für andere anzuerkennen. Der verantwortungsvolle Staatsbürger ist nicht nur mit Interessen befasst, sondern auch um Gerechtigkeit bemüht und anerkennt, dass der Standpunkt einer jeden anderen Person genauso gut ist wie der eigene und dass die Bedürfnisse und Interessen eines jeden bzw. einer jeden ausgesprochen werden müssen und von den anderen, die diese Bedürfnisse und Interessen anerkennen, gehört werden müssen. Das Problem der Universalität trat auf, als diese Verantwortlichkeit im Sinne eines Transzendierens in eine allgemeine Perspektive interpretiert wurde.

Ich habe die Ansicht vertreten, dass dieses Erfordernis, allen Erfahrungen, Bedürfnissen und Perspektiven auf soziale Geschehnisse Ausdruck zu verleihen und sie zu respektieren, umgangen und verdunkelt wird, wenn man den Staatsbürgerstatus als Allgemeinheit definiert. Eine allgemeine Perspektive, die alle Personen einnehmen können und von der aus alle Erfahrungen und Perspektiven verstanden und in Rechnung gestellt werden können, existiert nicht. Die Existenz sozialer Gruppen impliziert verschiedene, wenn auch nicht unbedingt zwangsläufig nicht vergleichbare Vergangenheiten, Erfahrungen und Perspektiven auf das soziale Leben, und sie impliziert, dass die Menschen die Erfahrungen anderer Gruppen nicht vollends verstehen können. Niemand kann beanspruchen, im Allgemeininteresse zu sprechen, weil keine der Gruppen für die andere sprechen kann, und ganz gewiss kann keine Gruppe für alle sprechen. Wenn man erreichen will, dass alle Gruppenerfahrungen und sozialen Perspektiven ausgesprochen, angehört und in Rechnung gestellt werden, ist darum der einzige Weg derjenige, sie jeweils einzeln in der Öffentlichkeit repräsentiert zu haben.

Die Gruppenvertretung ist das beste Mittel, gerechte Ergebnisse in demokratischen Prozessen der Entscheidungsfindung herbeizuführen. Das Argument für diese Behauptung stützt sich auf Habermas' Entwurf einer kommunikativen Ethik. In der Abwesenheit eines Philosophenkönigs, der die transzendenten normativen Wahrheiten deutet, ist die einzige Begründung dafür, dass eine politische Maßnahme oder Entscheidung gerecht ist, die, dass sie von einer Öffentlichkeit erzielt wurde, die die freie Äußerung aller Bedürfnisse und Standpunkte wirklich gefördert hat. In seiner Formulierung einer kommunikativen Ethik behält Habermas unangemessenerweise einen Appell an einen universalen oder unparteilichen Standpunkt bei, von dem aus Forderungen in der Öffentlichkeit erhoben werden sollen. Eine kommunikative Ethik, die nicht nur eine hypothetische Öffentlichkeit artikuliert, die Entscheidungen rechtfertigen würde, sondern auch wirkliche Bedingungen vorschlägt, die zu gerechten Ergebnissen der Entscheidungsprozesse verhelfen sollen, sollte für Bedingungen werben, die der Äußerung der konkreten Bedürfnisse aller Individuen in ihrer Besonderheit dienlich sind.[16] Das Konkrete ihres individuellen Lebens, ihre Bedürfnisse und Interessen und ihre Wahrnehmung der Bedürfnisse und Interessen von anderen, so habe ich argumentiert, sind zum Teil von ihrer auf einer Gruppe basierenden Erfahrung und Identität strukturiert. Darum verlangt die volle und freie Äußerung konkreter Bedürfnisse und Interessen unter sozialen Verhältnissen, in denen manche Gruppen mundtot gemacht und marginalisiert werden, dass diese eine spezifische Stimme in der Beratung und Entscheidungsfindung haben.

Die Einführung solcher Differenzierung und Partikularität in die demokratischen Prozeduren ermutigt nicht dazu, einem verengten Eigeninteresse Ausdruck zu verleihen; tatsächlich ist die Gruppenvertretung das beste Gegenmittel gegen ein sich selbst täuschendes Eigeninteresse, das als ein unparteiliches oder Allgemeininteresse getarnt ist. In einer demokratisch strukturierten Öffentlichkeit, in der die soziale Ungleichheit durch Gruppenvertretung gemildert ist, können die Individuen oder Gruppen nicht einfach geltend machen, dass sie etwas wollen; sie müssen sagen, dass die Gerechtigkeit verlangt oder erlaubt, dass sie es bekommen. Die Gruppenvertretung gibt einigen, die sonst wahrscheinlich nicht gehört werden würden, die Gelegenheit, ihre Bedürfnisse oder Interessen auszudrücken. Zugleich wird der Test, ob ein Anspruch an die Öffentlichkeit gerecht oder bloßer Ausdruck des Eigeninteresses ist, am besten durchgeführt, wenn die betreffenden Personen mit den Meinungen von anderen konfrontiert werden, die ganz andere, obgleich nicht unbedingt konfligierende Erfahrungen, Prioritäten und Bedürfnisse haben. Als eine sozial privilegierte Person werde ich nicht gewillt sein, von mir abzusehen und der sozialen Gerechtigkeit Beachtung zu schenken, es sei denn, ich bin gezwungen, denjenigen zuzuhören, die meine Privilegierung tendenziell verstummen lässt.

In Verhältnissen, die von sozialer Unterdrückung und Beherrschung geprägt sind, ist die Gruppenvertretung die beste Institutionalisierung von Fairness. Aber sie maximiert auch das in der Diskussion geäußerte Wissen und verhilft so zu praktischer Klugheit. Die Gruppendifferenz umfassen nicht nur verschiedene Bedürfnisse, Interesse und Ziele, sondern, was höchstwahrscheinlich bedeutsamer ist, auch verschiedene sozialen Lagen und Erfahrungen, von denen aus soziale Tatsachen und gesellschaftspolitische Maßnahmen verstanden werden.

---

[16] Habermas, Jürgen: *Theorie des kommunikativen Handelns*. Band 1, *Handlungsrationalität und gesellschaftliche Rationalisierung* Frankfurt am Main: Suhrkamp 1981. Eine Kritik daran, dass Habermas an einer allzu universalistischen Konzeption des kommunikativen Handelns festhält, findet sich bei Benhabib, Seyla: *Kritik, Norm und Utopie*. Die normativen Grundlagen der Kritischen Theorie, Frankfurt am Main: Fischer

Die Mitglieder verschiedener sozialer Gruppen wissen sehr wahrscheinlich unterschiedliche Dinge über die Struktur sozialer Beziehungen und über potentielle und wirkliche Folgen gesellschaftspolitischer Maßnahmen. Auf Grund ihrer Geschichte, ihrer gruppenspezifischen Werte oder Ausdrucksweisen, ihres Verhältnisses zu anderen Gruppen, der Art von Arbeit, die sie verrichten, usw. verfügen die verschiedenen Gruppen über unterschiedliche Arten, die Bedeutung sozialer Geschehnisse zu verstehen, die, wenn sie geäußert und gehört werden, zum Verständnis, das andere Gruppen haben, beitragen können.

Die emanzipatorischen sozialen Bewegungen der letzten Jahre haben einige politische Praktiken entwickelt, die der Idee einer heterogenen Öffentlichkeit verpflichtet sind, und sie haben zumindest teilweise oder zeitweilig solche Öffentlichkeiten hergestellt. Manche der politischen Organisationen, Gewerkschaften und feministischen Gruppierungen verfügen über formale Ausschüsse für Gruppen (wie Schwarze, Latinos, Frauen, Schwule und Lesben sowie behinderte oder alte Menschen), deren Perspektive ohne solche Vertretung vielleicht übergangen werden würden. Häufig haben diese Organisationen Verfahren für eine Mitsprache der Ausschüsse bei der organisationsinternen Diskussion und für die Ausschussvertretung in der Entscheidungsfindung. Manche Organisationen verlangen auch eine Mitgliedervertretung spezifischer Gruppen in den Leitungsorganen. Unter dem Einfluss dieser sozialen Bewegungen, die die Gruppendifferenzen geltend machen, hat die Demokratische Partei für einige Jahre sogar auf der nationalen und der einzelstaatlichen Ebene Delegiertenregeln eingeführt, die Bestimmungen für die Gruppenvertretung enthalten.

Obgleich weit davon entfernt, mit Sicherheit realisiert zu werden, drückt das Ideal einer "Regenbogen-Koalition" eine solche heterogene Öffentlichkeit mit den Formen der Gruppenvertretung aus. Die traditionelle Form der Koalition korrespondiert dem Gedanken einer vereinheitlichten Öffentlichkeit, die die partikulare Differenz von Erfahrungen und Anliegen transzendiert. In den traditionellen Koalitionen arbeiten diverse Gruppen zusammen für Ziele, bei denen sie sich einig sind, dass sie alle in ähnlicher Weise an ihnen interessiert oder von ihnen berührt sind. Und meistens stimmen sie darin überein, dass die Perspektiven-, Interessen- und Meinungsunterschiede zwischen ihnen in den öffentlichen Verlautbarungen und Aktionen der Koalition nicht nach außen gelangen. In einer Regenbogen-Koalition bekräftigt hingegen jede der konstituierenden Gruppen die Präsenz der anderen und bestätigt das Spezifische ihrer Erfahrung und ihrer Perspektive auf soziale Fragen.[17] In der Regenbogen-Öffent-

---

1992; vgl. auch meinen Text: Impartiality and the Civic Public: Some Implications of Feminist Critiques of Moral and Political Theory, a.a.O.

[17] Die Organisation für die ‚Mel King for Mayor'-Kampagne ließ die Aussicht einer solchen Gruppenvertretung praktisch werden, die dort allerdings nur partiell und zögerlich verwirklicht wurde; siehe dazu das Sonder-

lichkeit tolerieren Schwarze nicht schlicht die Partizipation von Schwulen, Gewerkschaftsaktivisten arbeiten nicht murrend neben Veteranen der Friedensbewegungen, und keine dieser Gruppen gestattet auf paternalistische Art die Beteiligung von Feministinnen. Dem Ideal nach bekräftigt eine Regenbogen-Koalition die Präsenz einer jeden unterdrückten Gruppe oder politischen Bewegung, aus denen sie gebildet wird, und unterstützt ihre Forderungen. Sie erzielen ein politisches Programm nicht, indem sie ein paar "Einheitsprinzipien" formulieren, die die Differenzen verbergen, sondern dadurch, dass sie jeder ihrer Wählerschaften gewähren, ökonomische und soziale Fragen aus der Perspektive ihrer Erfahrung zu analysieren. Das impliziert, dass jede Gruppe in der Verbindung zu ihrer Wählerschaft autonom bleibt und dass die entscheidungsfindenden Organe und Verfahren die Gruppenvertretung vorsehen.

Sofern es in der gegenwärtigen Politik heterogene Öffentlichkeiten gibt, die gemäß den Prinzipien der Gruppenvertretung verfahren, existieren sie nur in Organisationen und Bewegungen, die sich der mehrheitsorientierten Politik widersetzen. Trotzdem beinhaltet die partizipatorische Demokratie dem Prinzip nach die Verpflichtung auf Institutionen einer heterogenen Öffentlichkeit in allen Sphären demokratischer Entscheidungsfindung. Politische Öffentlichkeiten, einschließlich demokratisierter Arbeitsplätze und entscheidungsfindender Regierungsorgane, sollten die spezifische Vertretung jener unterdrückten Gruppen übernehmen, wenn und solange die Unterdrückung oder Benachteiligung dieser Gruppen nicht beseitigt ist. Dadurch können jene Gruppen ihre spezifische Sicht der strittigen Fragen in der Öffentlichkeit darstellen und ein gruppenspezifisches Votum abgeben. Solche Strukturen der Gruppenvertretung sollen die Strukturen einer regionalen Vertretung oder einer Vertretung durch eine Partei nicht ersetzen, sie sollen allerdings neben ihnen existieren.

Die Implementation von Prinzipien der Gruppenvertretung in der Innenpolitik der Vereinigten Staaten oder in den umstrukturierten demokratischen Öffentlichkeiten innerhalb einzelner Institutionen wie beispielsweise in Fabriken, Büros, Universitäten, Kirchen und sozialen Dienstleistungsagenturen würde kreatives Denken und Flexibilität verlangen. Es gibt keine Modelle, denen man folgen könnte. Die europäischen Modelle konkordanzdemokratischer Institutionen zum Beispiel können nicht aus den Kontexten, in denen sie entstanden sind, herausgenommen werden, und selbst innerhalb dieser Kontexte funktionieren sie nicht auf eine sehr demokratische Weise. Berichte von Versuchen mit öffentlich institutionalisierter

---

Doppelheft von *Radical America* 17, 6, 1984, und 18, 1, 1984. Sheila Collins erörtert, wie die Idee einer Regenbogen-Koalition die traditionellen politischen Annahmen von Amerika als einem "Schmelztiegel" in Frage stellt und wie ein Mangel an Koordination zwischen den Regenbogen-Fraktionen auf nationaler Ebene und den "grassroot"-Komitees die Jackson-Kampagne daran hinderte, das Versprechen der Gruppenvertretung

Selbstorganisation von Frauen, Ureinwohnern, Arbeitern, Bauern und Studenten in Nicaragua bieten ein Beispiel, das der Konzeption, die ich verteidige, näher kommt.[18]

Das Prinzip der Gruppenvertretung verlangt nach solchen Strukturen der Vertretung für unterdrückte und benachteiligte Gruppen. Aber welche Gruppen verdienen eine Vertretung? Sichere Kandidaten für die Gruppenvertretung bei der Politikformulierung in den Vereinigten Staaten sind Frauen, Schwarze, amerikanische Indianer, alte Menschen, arme Menschen, Behinderte, schwule Männer und lesbische Frauen, spanischsprachige Amerikaner, junge Menschen und unqualifizierte Arbeiter. Es muss aber nicht erforderlich sein, die spezifische Vertretung all dieser Gruppen in allen öffentlichen Kontexten und allen politischen Diskussionen sicherzustellen. Die Vertretung ist immer dann angezeigt, wenn die Geschichte und die soziale Situation einer Gruppe eine besondere Perspektive auf strittige Fragen mit sich bringt, wenn die Interessen ihrer Mitglieder besonders betroffen sind und wenn ihre Wahrnehmungen und Interessen ohne eine solche Vertretung wenig Aussicht haben, Ausdruck zu finden.

Wenn man ein Prinzip wie dieses vorschlägt, entsteht ein wirkliches Problem, das kein philosophisches Argument zu lösen vermag. Um dieses Prinzip zu implementieren, muss nämlich eine Öffentlichkeit gebildet werden, die darüber befindet, welchen Gruppen die spezifische Vertretung in entscheidungsfindenden Verfahren berechtigterweise zugesprochen werden kann. Welche Prinzipien leiten die Zusammensetzung einer solchen "verfassungsgebenden Versammlung"? Wer soll entscheiden, welche Gruppen eine Vertretung erhalten sollen, und vermittels welcher Verfahren soll diese Entscheidung vollzogen werden? Kein Programm oder Satz von Prinzipien kann Politik begründen, weil Politik stets ein Prozess ist, in den wir immer schon einbezogen sind. An Prinzipien kann im Verlauf der politischen Diskussion lediglich appelliert und sie können von einer Öffentlichkeit als handlungsleitend akzeptiert werden. Ich schlage ein Prinzip der Gruppenvertretung als Teil einer solchen potentiellen Diskussion vor, es kann aber diese Diskussion nicht ersetzen oder ihr Ergebnis vorwegnehmen.

Welche Mechanismen sollte die Gruppenvertretung haben? Ich habe bereits festgestellt, dass die Selbstorganisation der Gruppe ein Aspekt des Prinzips der Gruppenvertretung ist. Die Mitglieder der Gruppe müssen in demokratischen Foren zusammentreffen, um strittige Fragen zu diskutieren und Stellungnahmen und Vorschläge der Gruppe zu formulieren. Dieses Prinzip der Gruppenvertretung sollte als Teil eines Programms für demokratisierte Ent-

---

einzulösen; siehe Collins, Sheila: *The Rainbow Challenge*. The Jackson Campaign and the Future of U.S. Politics, New York: Monthly Review Press 1986.

scheidungsprozesse verstanden werden. Das öffentliche Leben und die Prozesse der Entscheidungsfindung sollten so umgestaltet werden, dass alle Staatsbürger erheblich mehr Gelegenheit zur Teilnahme an der Diskussion und Entscheidungsfindung haben. Alle Staatsbürger sollten Zugang zu Nachbarschafts- oder Gebietsversammlungen haben, wo sie an der Diskussion und Entscheidungsfindung beteiligt sind. In einem solchen stärker partizipatorischen demokratischen Schema hätten auch die Mitglieder unterdrückter Gruppen ihre Gruppenversammlungen, die dann Gruppenvertreter delegieren würden.

Nun könnte man sich fragen, wie sich die Idee einer heterogene Öffentlichkeit, die die Selbstorganisation von Gruppen und die Strukturen der Gruppenvertretungen in der Entscheidungsfindung ermutigt, von der Kritik am Pluralismus der Interessengruppen unterscheidet, die ich in diesem Aufsatz zuvor guthieß. Erstens zählt in der heterogenen Öffentlichkeit nicht jede Ansammlung von Menschen, die sich dazu entschließt, eine Assoziation zu bilden, als Kandidat für eine Gruppenvertretung. Nur jene Gruppen, welche die bedeutenderen Identitäten und wichtigeren Statusverhältnisse, von denen die Gesellschaft oder eine einzelne Institution gebildet wird, ausprägen und die unterdrückt oder benachteiligt sind, verdienen eine spezifische Repräsentation in einer heterogenen Öffentlichkeit. In den Strukturen eines Pluralismus der Interessengruppen haben die *Friends of the Whales*, die *National Association for the Advancement of Colored People*, die *National Rifle Association* und die *Nationale Freeze Campaign* alle denselben Status, und jede beeinflusst die Entscheidungsfindung in dem Grad, wie ihre Ressourcen und ihre Raffinesse die Konkurrenz um Gehör bei denen, die politische Entscheidungen fällen, gewinnen können. Obschon die demokratische Politik die Freiheit der Meinungsäußerung und der Artikulation von Interessen maximieren muss, ist das eine andere Aufgabenstellung, als sicherzustellen, dass die Perspektiven aller Gruppen eine Stimme haben.

Zweitens sind die in der heterogenen Öffentlichkeit vertretenen Gruppen nicht durch irgendein partikulares Interesse oder Ziel oder durch irgendeine bestimmte politische Position definiert. Soziale Gruppen sind umfassende Identitäten und Lebensweisen. Ihre Mitglieder können auf Grund ihrer Erfahrungen einige gemeinsame Interessen haben, die sie in der Öffentlichkeit durchzusetzen versuchen. Ihre soziale Lage begünstigt jedoch, dass sie charakteristische Auffassungen von allen Aspekten der Gesellschaft und unverwechselbare Perspektiven auf soziale Fragen haben. Viele amerikanische Indianer sind zum Beispiel der Ansicht,

---

[18] Siehe Ruchwarger, Gary: *People in Power*. Forging a Grassroots Democracy in Nicaragua, S. Hadley, Mass.: Bergin and Garvey 1985.

dass ihre traditionelle Religion und ihre Beziehung zum Land ihnen ein einzigartiges und wichtiges Verständnis von Umweltproblemen verschafft.

Letztlich verfährt der Pluralismus der Interessengruppen genau so, um der Entstehung einer öffentlichen Diskussion und Entscheidungsfindung zuvorzukommen. Jede Interessengruppe verfolgt nur ihr ganz spezifisches Interesse so gründlich und effektvoll wie möglich, und sie muss die anderen Interessen nicht berücksichtigen, es sei denn strategisch, als potentielle Verbündete oder Gegner in Verfolgung ihres eigenen Interesses. Die Regeln eines Pluralismus der Interessengruppen verlangen nicht, dass ein Interesse als richtig oder als mit sozialer Gerechtigkeit vereinbar gerechtfertigt wird. Eine heterogene Öffentlichkeit ist jedoch eine *Öffentlichkeit*, in der die Beteiligten die anstehenden Themen diskutieren und in der von ihnen erwartet wird, eine Entscheidung herbeizuführen, die sie als beste oder gerechteste bestimmen.

3. Universale Rechte und spezielle Rechte

Auch ein zweiter Aspekt der Universalität des Staatsbürgerstatus steht heute in einem Spannungsverhältnis zu dem Ziel der vollen Inklusion und Partizipation aller Gruppen in politischen und sozialen Institutionen: die Universalität in der Formulierung von Recht und Politik. Der moderne und der zeitgenössische Liberalismus halten es für ein grundlegendes Prinzip, dass die Regeln und die Politik des Staates blind zu sein haben gegenüber Rasse, Geschlecht und anderen Gruppendifferenzen, und im zeitgenössischen Liberalismus gilt das auch für die Regeln privater Institutionen. Der öffentliche Bereich des Staates und des Rechts soll seine Regeln eigentlich in allgemeinen Begriffen ausdrücken, die von den Besonderheiten der Geschichten, der Bedürfnisse und Situationen von Individuen und Gruppen abstrahieren, um alle Personen gleichermaßen anzuerkennen und alle Staatsbürger in der gleichen Weise zu behandeln.

Solange wie die politische Ideologie und Praxis daran festhielt, manche Gruppen wegen ihrer angeblich natürlichen Unterschiede zu den weißen männlichen Staatsbürgern für nicht würdig zu befinden, den gleichen Staatsbürgerstatus einzunehmen, so lange war es wichtig für die Emanzipationsbewegungen, darauf zu bestehen, dass alle Menschen hinsichtlich ihres moralischen Werts gleich sind und den gleichen Staatsbürgerstatus verdienen. In diesem

Kontext waren Forderungen nach gleichen Rechten, die für Gruppendifferenzen blind sind, der einzig vernünftige Weg, um Ausschluss und Erniedrigung zu bekämpfen.

Heute ist es jedoch sozialer Konsens, dass alle Personen den gleichen moralischen Wert haben und den gleichen Staatsbürgerstatus verdienen. Trotz der nahezu erreichten Herstellung gleicher Rechte für alle Gruppen, mit der wichtigen Ausnahme schwuler Männer und lesbischer Frauen, bleiben die Gruppenungleichheiten dennoch erhalten. Unter diesen Umständen vertreten viele Feministinnen, Aktivisten der Schwarzen-Befreiung und andere, die für vollständige Inklusion und Partizipation aller Gruppen an den Institutionen und Positionen dieser Gesellschaft, die Macht, Auszeichnung und Befriedigung verschaffen, kämpfen, dass Rechte und Regeln, die universell formuliert sind und daher für rassische, kulturelle, geschlechtsspezifische, altersbedingte und durch Behinderung verursachte Unterschiede blind sind, die Unterdrückung eher verstetigen als untergraben.

Die heutigen sozialen Bewegungen, die nach vollständiger Inklusion und Partizipation unterdrückter und benachteiligter Gruppen streben, stehen vor einem Dilemma der Differenz.[19] Einerseits müssen sie weiterhin bestreiten, dass es irgendwelche wesensmäßigen Unterschiede gibt zwischen Mann und Frau, Weißen und Schwarzen, körperlich gesunden und behinderten Menschen, die es rechtfertigen, Frauen, Schwarzen oder Behinderten die Möglichkeiten zu verweigern, irgend etwas zu tun, wozu andere frei sind, es zu tun, oder die es rechtfertigen, dass ihnen verwehrt wird, in irgendeine Institution oder Position aufgenommen zu werden. Andererseits haben sie es für notwendig gehalten zu versichern, dass oft gruppenbedingte Unterschiede zwischen Männern und Frauen, Schwarzen und Weißen, körperlich Gesunden und Behinderten vorhanden sind, die die Anwendung eines rigiden Prinzips der Gleichbehandlung, insbesondere bei der Konkurrenz um Stellen, unfair machen, weil diese Unterschiede jene Gruppen benachteiligen. Zum Beispiel sind die weißen Männer der Mittelklasse als eine Gruppe in Verhaltensstile einer bestimmten Art von Artikuliertheit, Kaltblütigkeit und kompetenter Bestimmtheit einsozialisiert, die im Berufs- und Geschäftsleben stark prämiert werden. Insofern es benachteiligende Gruppendifferenzen gibt, scheint die Fairness zu gebieten, sie zur Kenntnis zu nehmen, anstatt für sie blind zu sein.

Obwohl das Recht heute in vielen Hinsichten für Gruppendifferenzen blind ist, ist es die Gesellschaft nicht, und manche Gruppen werden nach wie vor als abweichend und als das Andere kenntlich gemacht. In den alltäglichen Interaktionen, Vorstellungen und Entscheidungsfindungen werden weiterhin solche Annahmen über Frauen, Schwarze, Latinos, schwule Männer und lesbische Frauen, alte Menschen und bestimmte andere Gruppen gemacht, um weiterhin Ausschluss, Ausklammerung, Paternalismus und autoritäre Behandlung zu rechtfertigen. Ungebrochen rassistische, sexistische, homosexuellenfeindliche, Alte und Behinderte diskriminierende Verhaltensweisen und Institutionen schaffen besondere Lebensumstände für diese Gruppen, die sie meistens in ihrer Möglichkeit, die eigenen Fähigkeiten zu entwickeln, beeinträchtigen und ihnen spezielle Erfahrungen und Erkenntnisse vermitteln. Letztlich gibt es, teils weil sie voneinander getrennt und ausgeschlossen wurden, teils weil sie besondere Vergangenheiten und Traditionen haben, kulturelle Unterschiede zwischen den sozialen Gruppen – Unterschiede in der Sprache, in Lebensstil, Körperverhalten und Gesten sowie in den Werten und den Perspektiven auf die Gesellschaft.

Das Zugeständnis, dass sich Gruppen in den Fähigkeiten, den Bedürfnissen, in der Kultur und den kognitiven Stilen unterscheiden, stellt nur dann ein Problem für jene dar, die Unterdrückung beseitigen wollen, wenn Differenz als Abweichung oder Mangelhaftigkeit verstanden wird. Ein solches Verständnis setzt voraus, dass einige Fähigkeiten, Bedürfnisse, Kulturen oder kognitive Stile normal sind. Ich habe schon darauf hingewiesen, dass ihre Privilegierung den dominanten Gruppen erlaubt, die Unparteilichkeit und Objektivität ihrer Erfahrung von und ihrer Perspektive auf soziale Geschehnisse zu behaupten. Auf ganz ähnliche Weise ermöglicht es die Privilegierung einigen Gruppen, ihre gruppenbedingten Fähigkeiten, ihre Werte, ihre kognitiven Muster und Verhaltensstile als die Norm zu vermitteln, mit der konform zu sein von allen Personen erwartet wird. Besonders die Feministinnen haben dargelegt, dass die meisten heutigen Arbeitsplätze, und speziell die begehrtesten, einen Lebensrhythmus und Verhaltensstil voraussetzen, der für Männer typisch ist, und dass von den Frauen verlangt wird, sich den Arbeitsplatzerwartungen, die jene Normen voraussetzen, anzupassen.

Wo Gruppendifferenzen in den Fähigkeiten, Werten und Verhaltens- oder kognitive Stilen existieren, wird die Gleichbehandlung bei der Zuteilung von Gütern nach den Regeln, aus denen die Bestimmung des Verdienstes hervorgeht, die Benachteiligung verstärken und verstetigen. Die Gleichbehandlung verlangt, dass jeder beziehungsweise jede an den gleichen Normen gemessen wird, tatsächlich aber gibt es keine "neutralen" Normen des Verhaltens und Auftretens. Wo einige Gruppen privilegiert und andere unterdrückt sind, tendieren die Formulierung des Rechts, der Politikinhalte und die Regeln privater Institutionen zur Voreingenommenheit für die privilegierten Gruppen, weil ihre partikulare Erfahrung implizit die

---

[19] Minow, Martha: Learning to Live with the Dilemma of Difference: Bilingual and Special Education, in: *Law and Contemporary Problems* 48, 1985.

Norm setzt. Wo also Gruppendifferenzen in Fähigkeiten, in der Sozialisation, in Werten und in den kognitiven und Verhaltensstilen vorhanden sind, kann nur die Beachtung solcher Differenzen die Inklusion und Partizipation aller Gruppen an den politischen und ökonomischen Institutionen sicherstellen. Dies impliziert, dass an Stelle der stets in universellen Begriffen abgefassten Rechte und Regeln, die für Differenzen blind sind, manchmal spezielle Rechte für bestimmte Gruppen erforderlich sind.[20] Im folgenden werde ich mehrere Kontexte der gegenwärtigen politischen Debatten durchgehen, in denen, wie ich meine, solche speziellen Rechte für unterdrückte oder benachteiligte Gruppen angebracht sind.

Die Frage nach dem Recht auf Schwangerschafts- und Mutterschaftsurlaub und nach dem Recht auf spezielle Behandlung für stillende Mütter wird unter Feministinnen heute höchst kontrovers diskutiert. Ich beabsichtige hier nicht, den Feinheiten dessen, was sich zu einer konzeptuell herausfordernden und interessanten Debatte in der Rechtstheorie ausgewachsen hat, in alle Verästelungen hinein zu folgen. Wie Linda Krieger meint, hat die Frage nach den Rechten für Schwangere und werdende Mütter in bezug auf den Arbeitsplatz eine Paradigmenkrise für unser Verständnis von sexueller Gleichheit erzeugt, weil die Anwendung eines Prinzips der Gleichbehandlung auf diese Problematik Ergebnisse gezeigt hat, deren Wirkungen für die Frauen bestenfalls mehrdeutig und schlimmstenfalls schädlich sind.[21]

Aus meiner Sicht ist ein Gleichbehandlungsansatz in dieser Frage unangemessen, weil er entweder impliziert, dass Frauen keinerlei Recht auf Mutterschaftsurlaub mit Arbeitsplatzsicherheit erhalten, oder solche Arbeitsplatzgarantien in eine vorgeblich geschlechtsneutrale Kategorie der "Behinderung" aufnimmt. Eine solche Angleichung ist nicht akzeptabel, weil Schwangerschaft und Geburt normale Lebensumstände normaler Frauen sind. Sie zählen selbst zur gesellschaftlich notwendigen Arbeit, und sie haben unvergleichliche und variable charakteristische Merkmale und Notwendigkeiten.[22] Die Angleichung der Schwangerschaft

---

[20] Ich gebrauche den Ausdruck "spezielle Rechte" sehr ähnlich wie Elizabeth Wolgast in ihrem Buch *Equality and the Rights of Women*, Ithaca, N. Y.: Cornell University Press 1980. Wie Wolgast möchte ich eine Klasse von Rechten unterscheiden, die alle Menschen haben sollten, nämlich allgemeine Rechte, und eine Klasse von Rechten, die Kategorien von Menschen kraft besonderer Lebensumstände bekommen sollten. Das heißt, die Unterscheidung sollte sich nur auf verschiedenen Ebenen der Allgemeinheit beziehen, so dass "speziell" lediglich "spezifisch" bedeutet. Unglücklicherweise hat "spezielle Rechte" sehr leicht die Konnotation von *außergewöhnlich*, das heißt besonders gekennzeichnet und von der Norm abweichend. Wie ich weiter unten im Text erkläre, besteht das Ziel jedoch nicht darin, Defizite zu kompensieren, um den Menschen das "Normalsein" zu erleichtern, sondern in der Entnormalisierung, so dass in bestimmten Zusammenhängen und auf bestimmten Abstraktionsebenen jeder oder jede "spezielle" Rechte hat.
[21] Krieger, Linda J.: Through a Glass Darkly: Paradigms of Equality and the Search for a Women´s Jurisprudence, in: *Hypatia* 2, 1, 1987, S. 45-62. Deborah Rhode gibt eine ausgezeichnete Zusammenschau der Dilemmata, die in dieser Schwangerschaftsdebatte in der feministischen Rechtstheorie eine Rolle spielen, siehe dies.: *Justice and Gender*, Cambridge, Mass.: Harvard University Press 1989, Kapitel 9.
[22] Siehe Scales, Ann: Towards a Feminist Jurisprudence, in: *Indiana Law Journal* 56, 1983. Christine Littleton gibt eine sehr gute Analyse der feministischen Debatte über Gleichbehandlung contra Andersbehandlung im

an Behinderung gibt diesen Prozessen die negative Bedeutung von "ungesund". Außerdem wird damit suggeriert, dass die elementaren oder einzigen Gründe, mit denen eine Frau das Recht auf eine Beurlaubung mit Arbeitsplatzsicherheit hat, die sind, dass sie körperlich nicht in der Lage ist, ihre Arbeit auszuüben, oder dass, wenn sie ihre Arbeit täte, dies schwieriger wäre, als wenn sie nicht schwanger wäre oder sich von der Geburt erholte. Obschon dies wichtige Gründe sind, die von der einzelnen Frau abhängen, ist ein weiterer Grund, dass sie die Zeit haben sollte, das Stillen zu organisieren und zu ihrem Kind eine Beziehung aufzubauen und vertrauten Umgang mit ihm zu entwickeln, wenn sie das vorzieht.

Die Debatte über Mutterschaftsurlaub ist hitzig und weitreichend gewesen, weil Feministinnen wie Nichtfeministinnen geneigt sind zu denken, der biologische Geschlechtsunterschied sei der fundamentalste und untilgbarste Unterschied. Wenn die Differenz übergeht in Devianz, Stigma und Benachteiligung, kann dieser Eindruck die Befürchtung erzeugen, dass die sexuelle Gleichheit nicht herstellbar ist. Ich glaube, es ist wichtig zu betonen, dass die Reproduktion keineswegs der einzige Kontext ist, in dem Fragen nach gleicher contra unterschiedlicher Behandlung aufkommen. Es ist nicht einmal der einzige Kontext, in dem sie sich als Fragen stellen, die auch körperliche Unterschiede betreffen. Die vergangenen 20 Jahre haben bedeutende Erfolge gebracht, was die Durchsetzung spezieller Rechte für Personen mit körperlichen oder geistigen Behinderungen angeht. Hier liegt ein klarer Fall vor, in dem es die Forderung nach Gleichheit bei Partizipation und Inklusion erforderlich macht, die besonderen Bedürfnisse verschiedener Gruppen zu beachten.

Eine andere körperliche Differenz, die in der rechts- und politikwissenschaftlichen Literatur nicht so breit diskutiert wurde, aber diskutiert werden sollte, ist das Alter. Die Frage des obligatorischen Ruhestands wurde mit der steigenden Zahl arbeitswilliger und -fähiger alter Menschen, die in unserer Gesellschaft an den Rand gedrängt werden, zunehmend diskutiert. Diese Diskussion verstummte wieder, weil das ernsthafte Inbetrachtziehen eines Rechts auf Arbeit für alle Menschen, die willens und fähig sind zu arbeiten, eine größere Umstrukturierung der Verteilung von Arbeit zur Konsequenz gehabt hätte; und das in einer Ökonomie mit einer schon jetzt sozial brisanten Arbeitslosigkeitsrate. Menschen allein auf Grund ihres Alters von ihren Arbeitsplätzen zu vertreiben, ist willkürlich und ungerecht. Ich denke aber, es ist genauso ungerecht, alte Menschen zu nötigen, nach den gleichen Bedingungen zu arbeiten wie jüngere. Alte Menschen sollten andere Arbeitsrechte haben. Wenn sie ein be-

---

Hinblick auf Schwangerschaft und Geburt neben anderen Rechtsfragen für Frauen; Reconstructing Sexual Equality, in: *California Law Review* 75, 4, 1987, S. 1279-1337. Littleton meint, wie ich bereits oben erklärte, dass nur die herrschende männliche Konzeption von Arbeit verhindert, dass Schwangerschaft und Gebären als Arbeit aufgefasst werden.

stimmtes Alter erreichen, sollte es ihnen freigestellt sein, in den Ruhestand zu treten und Ruhegeld zu beziehen. Falls sie weiter arbeiten wollen, sollte ihnen mehr an flexiblen und Teilzeitarbeitsplätzen geboten werden, als die meisten Arbeitnehmer derzeit vorfinden.

Jeder dieser Fälle von speziellen Rechten am Arbeitsplatz – Schwangerschaft und Geburt, körperliche Behinderung und das Alter – hat seine eigenen Zwecke und Strukturen. Sie alle stellen jedoch dasselbe Paradigma des "normalen, gesunden" Arbeitnehmers und der "typischen Arbeitssituation" in Frage. In jedem einzelnen Fall sollte der Umstand, der eine unterschiedliche Behandlung erfordert, nicht so verstanden werden, dass er von den unterschiedlich behandelten Arbeitnehmern an sich herrührt, sondern dass er in deren Interaktion mit den Strukturen und Normen des Arbeitsplatzes wurzelt. Das heißt, selbst in Fällen wie diesen hat die Differenz ihre Quellen nicht in natürlichen, unabänderlichen, biologischen Attributen, sondern in dem Verhältnis von Körpern zu konventionellen Regeln und Praktiken. In jedem der Fälle entspringt die politische Forderung nach speziellen Rechten nicht der Notwendigkeit, eine Unterlegenheit zu kompensieren, wie manche es interpretieren würden, sondern einem positiven Geltendmachen des Spezifischen in den verschiedenen Formen des Lebens.[23]

Fragen der Differenz für Recht und Politik entstehen nicht nur hinsichtlich des körperlichen Seins, sondern auch, und das ist ebenso wichtig, in bezug auf die kulturelle Integrität und kulturell bedingte Unsichtbarkeit. Mit Kultur meine ich gruppenspezifische Phänomene des Verhaltens, des Temperaments oder der Bedeutung. Kulturelle Unterschiede umfassen Phänomene der Sprache, gesprochenen Dialekte oder Stile, Körperverhalten, Gestik, soziale Praktiken, Werte, gruppenspezifische Sozialisation und anderes mehr. Insoweit Gruppen kulturell verschieden sind, ist jedoch die Gleichbehandlung in vielen Fragen der Gesellschaftspolitik ungerecht, weil sie diese kulturellen Differenzen leugnet oder sie zu einer Neigung macht. Es gibt eine enorme Zahl von Problematiken, in denen Fairness eine Beachtung kultureller Unterschiede und ihrer Wirkungen beinhaltet, ich werde aber lediglich drei erörtern: *affirmative action*, den Grundsatz des vergleichbaren Werts sowie Zweisprachigkeit und Bikulturalität im Bildungswesen und im öffentlichen Dienst.

Ob sie nun Quoten beinhalten oder nicht, die *affirmative-action*-Programme verletzen das Prinzip der Gleichbehandlung, weil sie bei der Festsetzung von Kriterien für die Zulas-

---

[23] Littleton (a.a.O.) meint, Differenz solle nicht als eine Charakteristik eines besonderen Menschenschlags verstanden werden, sondern als die Interaktion besonderer Menschentypen mit spezifischen institutionellen Strukturen. Minow (a.a.O.) drückt etwas Ähnliches aus, wenn sie sagt, dass Differenz eher als eine Funktion des Verhältnisse zwischen Gruppen aufgefasst denn in den Attributen einer besonderen Gruppe lokalisiert werden sollte.

sung zu einer Schule, für Stellen und Förderungen rasse- oder geschlechtsbewusst vorgehen. Diese Vorgehensweise wird meist in einer von zwei möglichen Arten verteidigt. Eine Rasse oder ein Geschlecht vorzuziehen wird entweder als gerechter Ausgleich für Gruppen aufgefasst, die in der Vergangenheit Diskriminierung erdulden mussten, oder als Ausgleich für gegenwärtige Benachteiligung, die diese Gruppen auf Grund jener Geschichte der Diskriminierung und des Ausschlusses erleiden.[24] Ich habe an diesen beiden Rechtfertigungen für eine sich auf Rasse oder Geschlecht stützende, andersartige Behandlung, die von den *affirmative-action*-Maßnahmen impliziert wird, nichts auszusetzen. Meine Überlegungen gehen dahin, dass wir die *affirmative-action*-Maßnahmen darüber hinaus als Ausgleich für die kulturellen Voreingenommenheiten in den Maßstäben und Bewertungsskalen ansehen können, die von den Schulen oder Arbeitgebern verwendet werden. Diese Maßstäbe und Bewertungsskalen spiegeln zumindest in einem gewissen Grade das spezifische Leben und die kulturelle Erfahrung herrschender Gruppen wider – der Weißen, der *anglos* [Menschen angelsächsischer Abstammung] oder der Männer. Außerdem ist in einer nach Gruppen differenzierten Gesellschaft die Entwicklung wirklich neutraler Maßstäbe und Bewertungen schwierig oder unmöglich, weil die kulturelle Erfahrung der Frauen, der Schwarzen oder Latinos und die herrschenden Kulturen in vielen Hinsichten nicht auf ein gemeinsames Maß zurückführbar sind. So kompensieren die *affirmative-action*-Maßnahmen die Dominanz einer bestimmten Menge kultureller Attribute. Eine solche Interpretation der *affirmative action* lokalisiert das "Problem", das die *affirmative action* löst, zum Teil auch in den verständlichen Voreingenommenheiten der Bewertenden und ihrer Maßstäbe und nicht einzig und allein in den spezifischen Unterschieden der benachteiligten Gruppen.

Obwohl sie als solche kein Gegenstand der andersartigen Behandlung sind, stellen die Grundsätze des vergleichbaren Werts die kulturellen Voreingenommenheiten bei der herkömmlichen Berechnung des Werts vornehmlich weiblicher Beschäftigungen in Frage. Und indem sie das tun, verlangen sie die Beachtung von Unterschieden. Pläne zur gleichen Bezahlung für Arbeit von vergleichbarem Wert fordern, dass überwiegend männliche und überwiegend weibliche Berufsarbeiten dann ähnliche Gehaltsstrukturen haben sollen, wenn sie vergleichbare Grade des Könnens, der Schwierigkeit, der Belastung und so weiter aufweisen. Das Problem, diese Grundsätze zu implementieren, besteht darin, Vergleichsmethoden für die Berufsarbeit zu konzipieren, da diese oft sehr verschieden ist. Die meisten Vergleichsschemata ziehen es vor, Geschlechtsunterschiede zu minimalisieren, indem sie angeblich ge-

---

[24] Eine von vielen Diskussionen solcher "rückwärtsgewandter" und "vorwärtsblickender" Argumente ist Boxill, Bernard: *Blacks and Social Justice*, Totowa, N. J.: Rowman and Allenheld 1984, Kapitel 7.

schlechtsneutrale Kriterien verwenden, wie beispielsweise Bildungsabschlüsse, Arbeitsgeschwindigkeit, ob die Arbeit die Manipulation von Symbolen oder das Fällen von Entscheidungen beinhaltet und so weiter. Manche Autoren haben jedoch darauf verwiesen, dass maßgebliche Klassifikationen von Berufstypologien systematisch eine Schieflage haben könnten, so dass spezifische Aufgabenmuster, die in vornehmlich weiblichen Beschäftigungen enthalten sind, verborgen bleiben.[25] Viele weiblich dominierten Beschäftigungen beinhalten geschlechtsspezifische Arten der Arbeit – wie das Erziehen, das Glätten sozialer Beziehungen oder die Zurschaustellung von Sexualität –, was ein Großteil der empirischen Forschung zu den Arbeitsinhalten übersieht.[26] Eine faire Beurteilung der Fähigkeiten und der Komplexität in vielen vornehmlich weiblichen Berufsarbeiten könnte deshalb vielmehr bedeuten, den Geschlechtsunterschieden in den Berufsarten ausdrücklich Aufmerksamkeit zu schenken, statt geschlechterblinde Vergleichskategorien anzuwenden.

Schließlich sollten sprachliche und kulturelle Minderheiten das Recht haben, ihre Sprache und Kultur beizubehalten; gleichzeitig sollten ihnen alle Vorteile des Staatsbürgerstatus zustehen, wie auch eine solide Bildung und Karrierechancen. Dieses Recht schließt auf seiten der Regierung und anderer öffentlicher Organe eine positive Pflicht ein, Dokumente in der Muttersprache anerkannter sprachlicher Minderheiten zu drucken, öffentliche Dienstleistungen in diesen Sprachen anzubieten und für zweisprachigen Unterricht an den Schulen zu sorgen. Die kulturelle Assimilation sollte keine Bedingung für die vollständige soziale Partizipation sein, weil sie einer Person abverlangt, ihr Identitätsgefühl zu verändern, und wenn dies auf Gruppenebene verwirklicht wird, bedeutet das die Änderung oder den Untergang der Gruppenidentität. Dieses Prinzip lässt sich nicht auf irgendwelche Personen anwenden, die sich mit Sprache oder Kultur der Mehrheit innerhalb einer Gesellschaft nicht identifizieren, sondern nur auf größere sprachliche oder kulturelle Minoritäten, die in deutlich geschiedenen, wenn auch nicht unbedingt segregierten, Gemeinschaften leben. Danach sind in den Vereinigten Staaten besondere Rechte für kulturelle Minderheiten zumindest angebracht bei den spanischsprachigen Amerikanern und den amerikanischen Indianern.

Der Universalist findet einen Widerspruch dabei, geltend zu machen, dass zuvor segregierte Gruppen sowohl ein Recht auf Inklusion als auch ein Recht auf Andersbehandlung ha-

---

[25] Siehe Beatty, R. W./ Beatty, J. R.: Some Problems with Contemporary Job Evaluation Systems, und Steinberg, Ronnie: A Want of Harmony: Perspectives on Wage Discrimination and Comparable Worth, beide in: Remick, Helen (Hg.): *Comparable Worth and Wage Discrimination*. Technical Possibilities and Political Realities, Philadelphia: Temple University Press 1981; Treiman, D. J./Hartmann H. I. (Hg.): *Women, Work and Wages*, Washington D. C.: National Academy Press 1981, S.81.
[26] Alexander, David: *Gendered Job Traits and Women's Occupations*, wirtschaftswissenschaftliche Dissertation, University of Massachusetts 1987.

ben. Es gibt hier jedoch keinen Widerspruch, wenn die Rücksicht auf Differenz notwendig ist, um Partizipation und Inklusion zu ermöglichen. Gruppen mit unterschiedlichen Lebensverhältnissen oder Lebensformen sollten in der Lage sein, gemeinsam an öffentlichen Institutionen zu partizipieren, ohne ihre unterschiedlichen Identitäten zu verlieren oder ihretwegen Nachteile zu erleiden. Das Ziel ist nicht, den Abweichenden einen besonderen Ausgleich zu verschaffen, bis sie Normalität erlangt haben, sondern vielmehr der Art, wie Institutionen ihre Regeln formulieren, die Normalität zu nehmen, dadurch dass die pluralen Lebensverhältnisse und Bedürfnisse offengelegt werden, die in ihnen existieren oder in ihnen existieren sollten.

Viele Gegner von Unterdrückung und Privilegierung hüten sich vor Forderungen nach besonderen Rechten, weil sie eine Wiederherstellung spezieller Klassifikationen fürchten, die Ausschluss und Stigmatisierung der besonders gekennzeichneten Gruppen rechtfertigen. Insbesondere Feministinnen, die dagegen sind, dass die sexuelle und kulturell strukturierte geschlechtliche Differenz in Recht und Politik bekräftigt wird, haben solche Befürchtung ausgesprochen. Es wäre töricht von mir zu bestreiten, dass diese Befürchtung eine bedeutsame Grundlage hat.

Eine solche Befürchtung gründet sich allerdings darauf, dass die Gruppendifferenz für die traditionelle Gleichsetzung mit Devianz, Stigma und Ungleichheit anfällig ist. Die heutigen Bewegungen unterdrückter Gruppen machen jedoch eine positive Bedeutung für Gruppendifferenz geltend, mittels derer eine Gruppe ihre Identität als Gruppe beansprucht und die Stereotype und Etikettierungen zurückweist, mit denen ihre Gruppenidentität von anderen als minderwertig oder inhuman charakterisiert wird. Diese sozialen Bewegungen besetzen die Bedeutung von Differenz selbst als ein Feld der politischen Auseinandersetzung, statt die Differenz der Rechtfertigung von Ausschluss und Unterordnung zu überlassen. Die Unterstützung von Politikinhalten und Regeln, die die Gruppendifferenz beachten, um Unterdrückung und Benachteiligung abzubauen, ist nach meiner Meinung ein Teil jenes Kampfes.

Die Furcht davor, besondere Rechte zu fordern, verweist auf eine Verknüpfung des Prinzips der Gruppenvertretung mit dem Prinzip, die Differenz in der Politikformulierung zu beachten. Das grundlegendste Mittel dagegen, dass besondere Rechte dazu verwendet werden, Gruppen zu unterdrücken oder auszuschließen, ist die Selbstorganisation und Vertretung jener Gruppen. Wenn unterdrückte und benachteiligte Gruppen in der Lage sind, unter sich zu diskutieren, welche Verfahren und politischen Maßnahmen ihres Erachtens ihre soziale und politische Gleichheit am besten fördern werden, und wenn ihnen Mechanismen zugänglich sind, die ihre Beurteilungen einer breiteren Öffentlichkeit bekannt machen, werden politische Maßnahmen, die sich auf Differenz einrichten, weit weniger wahrscheinlich gegen sie als für sie verwendet werden. Wenn sie außerdem das institutionalisierte Vetorecht gegenüber politischen Vorschlägen haben, die sie direkt betreffen, und zwar sie in erster Linie, dann ist eine solche Gefahr noch weiter vermindert.

In diesem Aufsatz habe ich drei Bedeutungen von Universalität unterschieden, die in den Diskussionen über die Universalität des Staatsbürgerstatus und der Öffentlichkeit gewöhnlich zusammen fallen. Die moderne Politik befördert im Grunde die Universalität der Staatsbürgerschaft im Sinne von Inklusion und Partizipation eines jeden bzw. einer jeden am öffentlichen Leben und demokratischen Prozess. Die Verwirklichung einer genuin universalen Staatsbürgerschaft in diesem Sinne wird aber heute mehr blockiert als gefördert von der allgemein verbreiteten Überzeugung, dass die Personen einen universalen Standpunkt einnehmen sollen und Wahrnehmungsweisen, die sie aus ihrer partikularen Erfahrung und sozialen Position beziehen, ablegen sollen, wenn sie ihren Staatsbürgerstatus wahrnehmen. Die vollständige Inklusion und Partizipation aller im Recht im öffentlichen Leben wird manchmal auch dadurch behindert, dass Gesetze und Regeln in universellen Begriffen formuliert werden, die auf alle Staatsbürger in gleicher Weise zutreffen.

In Reaktion auf diese Argumente haben einige Leute mir gegenüber bemerkt, dass solche Infragestellungen des Ideals der universalen Staatsbürgerschaft Gefahr laufen, keine Basis für rationale normative Appelle übrig zu lassen. Die normative Vernunft, so wird behauptet, impliziert Universalität in einem kantischen Sinne: Wenn eine Person geltend macht, dass etwas gut oder richtig ist, beansprucht sie, dass im Prinzip jeder oder jede konsistenterweise jenen Geltungsanspruch machen könnte und dass alle ihn akzeptieren können sollten. Das bezieht sich auf eine vierte Bedeutung von Universalität, die eher epistemologisch als politisch ist. Es mag tatsächlich Gründe geben, eine auf Kant gestützte Theorie der Universalität normativer Vernunft in Zweifel zu ziehen. Aber das ist eine andere Frage als die substantiellen politischen Themen, die ich hier angesprochen habe, und die Argumente in meinem Text schließen eine solche Möglichkeit weder ein noch aus. Auf keinen Fall glaube ich, dass die Infragestellung des Ideals einer vereinheitlichten Öffentlichkeit oder des Anspruchs, dass Regeln stets in formaler Weise universal sein sollten, die Möglichkeit rationaler normativer Geltungsansprüche erschüttert.

[Aus dem Amerikanischen von Karin Wördemann-Wingert]

Catharine A. MacKinnon
Geschlechtergleichheit: Über Differenz und Herrschaft

Man kann von *einem* Ding nicht aussagen, es sei 1 m lang, noch, es sei nicht 1 m lang, und das ist das Urmeter in Paris.
Ludwig Wittgenstein

Das Maß des Menschen (Mannes) ist der Mensch (Mann).
Pythagoras

[Männer] glauben, sie wären den Frauen überlegen, aber sie vermischen das mit der Vorstellung von Gleichheit zwischen Männern und Frauen. Es ist sehr eigentümlich.
Jean-Paul Sartre

Ungleichheit aufgrund des Geschlechts[1] definiert und situiert Frauen als Frauen. Wenn die Geschlechter gleich wären, würden Frauen nicht sexuell unterworfen sein. Sexuelle Gewalt wäre die Ausnahme, die Zustimmung zu Sexualität könnte im allgemeinen tatsächlich gegeben sein, und Frauen, denen sexuelle Gewalt angetan worden ist, würde geglaubt werden. Wenn die Geschlechter gleich wären, würden Frauen nicht ökonomisch unterworfen, ihre Verzweiflung und Marginalität nicht kultiviert, ihre erzwungene Abhängigkeit sexuell oder ökonomisch nicht ausgebeutet. Frauen hätten Sprache, Privatheit, Autorität, Respekt und mehr Ressourcen, als sie jetzt haben. Vergewaltigung und Pornographie würden als Verletzungen bzw. Vergehen erkannt, und Abtreibung wäre sowohl selten als auch tatsächlich gewährleistet.

In den Vereinigten Staaten wird anerkannt, dass der Staat kapitalistisch ist; nicht anerkannt wird, dass er männlich ist. Das Gesetz der Gleichheit der Geschlechter, das der Interpretation nach ein Teil der Verfassung und der gesetzlichen Gestalt nach ein Witz ist, bricht diesen Unterschied auf und demaskiert die Geschlechtergleichheit, die zu gewährleisten der

---

[1] Um die überaus differenzierte Wortwahl der Autorin so getreu wie möglich zu übertragen, werden im folgenden das englische "gender", wo es einer Spezifizierung bedarf, als "kulturelles Geschlecht", "sex" hingegen einfach als "Geschlecht" übersetzt. "Sameness" und "difference" werden durch "Identität" und "Differenz", "distinction" durch "Unterscheidung" bzw. "Unterschiedlichkeit", "equality" durch "Gleichheit", "likeness" durch "Gleichartigkeit" und "equivalence" durch "Gleichwertigkeit" bzw. "Entsprechung" wiedergegeben. (A. d. Ü.)

Staat vorgibt.¹ Wenn sich Geschlechterhierarchie und Sexualität gegenseitig bedingen – wobei Geschlechterhierarchie die Erotik der Sexualität liefert und Sexualität den Durchsctzungsmechanismus für männliche Herrschaft über Frauen – , würde ein männlicher Staat Akte sexueller Herrschaft voraussichtlich nicht als Geschlechterungleichheit gelten lassen. Gleichheit würde von Sexualität so weit wie möglich ferngehalten werden. In der Tat wird sexuelle Gewalt üblicherweise nicht so gesehen, als würde sie Fragen sexueller Ungleichheit aufwerfen, was entweder jene betrifft, die solche Akte begehen, oder den Staat, der sie zulässt. Sexualität wird weitgehend vom Strafrecht reguliert, gelegentlich vom Schadenersatzrecht, in beiden Fällen nicht auf der Grundlage von Gleichheit.² Ähnlich wird die Kontrolle der Reproduktion im Recht primär als eine Frage der Privatsphäre betrachtet. Es ist, als ob ein Vakuum die Grenze zwischen sexuellen Themen einerseits und dem Recht auf Gleichheit andererseits markieren würde. Das Recht nimmt strukturell den männlichen Standpunkt ein: Sexualität betrifft die Natur und nicht soziale Willkür, zwischenmenschliche Beziehungen und nicht die gesellschaftliche Verteilung von Macht, die Geschlechterdifferenz und nicht Diskriminierung aufgrund des Geschlechts.

Das Gesetz gegen Diskriminierung aufgrund des Geschlechts begreift, wie die herrschende Moraltheorie, Gleichheit und kulturelles Geschlecht als Fragen der Identität und Differenz. Gemäß diesem Ansatz, der die Politik, das Recht und die soziale Wahrnehmung beherrscht, bedeutet "Gleichheit" Gleichwertigkeit und nicht eine Unterscheidung, und "Geschlecht" bedeutet eine Unterscheidung und nicht eine Entsprechung. Das rechtliche Mandat für Gleichbehandlung – sowohl eine systemische Norm als auch eine besondere Rechtsdoktrin – wird zu einer Angelegenheit der Behandlung Gleicher als gleich und Ungleicher als ungleich, während die Geschlechter als solche gesellschaftlich durch ihre gegenseitige Ungleichheit definiert werden. Das heißt, das kulturelle Geschlecht wird gesellschaftlich als epistemologische Differenz konstruiert, und gleichzeitig bindet die Dogmatik des Gesetzes

---

[1] Geschlechterungleichheit wurde in den USA erstmals 1971 aufgrund des 14. Verfassungszusatzes (equal protection clause of the Fourteenth Amendment) als verfassungswidrig erkannt. Reed gegen Reed, 404 U.S. 71, 1971. Bei der Debatte um Titel VII der Bürgerrechtsakte von 1964, der Diskriminierung im Arbeitsleben zivilrechtlich einklagbar macht, versuchten rassistische Kongressabgeordnete der Südstaaten, die Vorkehrungen gegen Rassendiskriminierung durch ein Hinzufügen des "Geschlechts" zu den verbotenen Grundsätzen zu bekämpfen. Ihre *reductio ad absurdum* scheiterte, als das Gesetz durchging; *Congressional Record*, 8. Februar 1964, S. 2577. Siehe auch Willingham gegen Macon Telegraph Publishing Co., 507 F. 2. 1084, 1090, 5. Cir. 1975.

[2] Das Verbot sexueller Belästigung, die erst seit kurzem rechtlich als Diskriminierung aufgrund des Geschlechts anerkannt wird, ist eine Ausnahme, die durchgesetzt wurde, indem die Analyse, die diesem Buch zugrunde liegt, in die Praxis umgesetzt wurde. Siehe MacKinnon, Catharine, A.: *Sexual Harassment of Working Women. A Case of Sex Discrmination,* New Haven: Yale University Press 1979. Fälle betreffend Geschlechtergleichheit, die sexuelle Themen wie Vergewaltigung ansprechen (Michael M. gegen Superior Court of Sonoma County, 450 U.S., S. 464 [1981]; Dothard gegen Rawlinson, 433 U.S., S. 321 [1977]), tun dies in einem Kontext, innerhalb dessen Geschlechtertrennlinien gezogen werden.

gegen sexuelle Diskriminierung die kulturelle Geschlechtergleichheit an die Differenz. Gesellschaftlich wird eine Frau von einem Mann durch die gegenseitige Differenz unterschieden, aber vor dem Gesetz wird eine Frau nur dann als auf der Basis des Geschlechts diskriminiert angesehen, wenn von ihr zuerst gesagt werden kann, dass sie einem Mann gleich ist. Auf diese Weise existiert eine eingebaute Spannung zwischen diesem Konzept der Gleichheit, welches Identität voraussetzt, und diesem Konzept von Geschlecht, das Differenz voraussetzt. Differenz definiert die Einstellung des Staates gegenüber Geschlechtergleichheit in epistemologischer und in dogmatischer Hinsicht. Geschlechtergleichheit wird zu einem Widerspruch in sich, zu so etwas wie einem Oxymoron[2]. Die problematischsten Fragen der Geschlechterungleichheit, bei denen die Geschlechter am stärksten als gesellschaftlich differente konstruiert sind, werden entweder vorweg ausgeschlossen, oder sie werden, wenn sie den Eingang ins Recht geschafft haben, begrifflich nicht abgedeckt. Auf diese Weise wird Differenz in der Bedeutung des kulturellen Geschlechts der Gesellschaft eingeschrieben, und dem Recht wird sie als Grenze für sexuelle Diskriminierung aufgeprägt.

Nach dem Gesetz gegen sexuelle Diskriminierung wird aus sexueller Ungleichheit im Leben eine "geschlechtsbezogene Klassifizierung" im Recht, wobei jede Kategorie durch ihren Unterschied von der jeweils anderen definiert wird. Eine rechtliche oder faktische Klassifizierung ist oder ist nicht eine auf dem Geschlecht basierende Diskriminierung. Dies hängt ab von der Genauigkeit ihrer "Übereinstimmung"[3] mit dem kulturellen Geschlecht und der Gültigkeit ihres Zwecks für die Regierung oder die Wirtschaft. Eine Klassifizierung, in der klassischen Formulierung der Verhältnismäßigkeitsprüfung ("rational relational test"[3]), "muss vernünftig, nicht willkürlich sein, und sie muss auf einem Unterschied beruhen, der in einem angemessenen und substantiellen Verhältnis zum Gegenstand der Gesetzgebung steht, so dass alle Personen, die sich in ähnlichen Umständen befinden, gleich zu behandeln sind"[4]. Gemäß dem Gleichbehandlungsgrundsatz des 14. Zusatzartikels der US-Verfassung muss die Trennlinie, die von einer als diskriminierend angegriffenen Regel oder einer Praxis gezogen wird, die kulturellen Geschlechtertrennlinien noch genauer nachziehen. Um nicht diskriminierend zu sein, muss die Beziehung zwischen dem kulturellen Geschlecht und den angemessenen

---

[2] Griech. f. d. Zusammenstellung zweier sich widersprechender Begriffe, z.B. bittersüß. (A. d. Ü.)
[3] Tussman, J. und tenBroek, J.: *The Equal Protection of the Laws,* in: *California Law Review,* Nr. 37, 1949, S. 341; sie waren die ersten, die den Terminus "übereinstimmen (>fit<)" verwendeten, um die notwendige Beziehung zwischen einer gültigen Gleichheitsregel und der Welt, auf die sich bezieht, zu charakterisieren.
[3] Der "rational relational test" ist jener Test, den der Supreme Court in Gleichheitsfällen ("equal protection cases") anwendet, in denen Angehörige besonders geschützter Gruppen (Schwarze, Frauen, Behinderte u.ä.) nicht betroffen sind. Der Test prüft lediglich, ob das legislativ gewählte Mittel grundsätzlich geeignet ist, den angestrebten Zweck zu erfüllen. (A. d. Ü.)
[4] Royster Guano Co. gegen Virginia, 253,U.S., 1920, S. 412, 415 .

Zielen der Trennlinie mehr als nur vernünftig sein, sie braucht aber nicht perfekt zu sein. Bei dem sogenannten Test der "mittleren Genauigkeit" ("intermediate scrutiny") – einem gerichtlichen Sorgfältigkeitsstandard, der nur für Frauen gilt – werden die Geschlechtertrennlinien sorgfältiger als die meisten, aber nicht so genau wie einige andere geprüft.[5] Sie sind nicht absolut verboten, wie es gemäß der herrschenden Interpretation des Equal Rights Amendment (ERA)[4] der Fall gewesen wäre.[6] Vor dem Hintergrund dieser Doktrin, welche die Korrelation zwischen den kulturellen Geschlechtertrennlinien und den Zwecken, die damit verfolgt werden, genau prüft, war der Gleichberechtigungszusatz (ERA) kein neuer Beginn, sondern ein Vorschlag, die geltende Auffassung zum Gleichbehandlungsgrundsatz bis zur letzten Konsequenz durchzuziehen.

Gleichheit ist im Gesetz gegen sexuelle Diskriminierung komparativ. Geschlecht im Recht wird mit Geschlecht im Leben verglichen, und Frauen werden mit Männern verglichen. Relevante empirische Ähnlichkeit mit Männern ist die Basis für einen Anspruch von Frauen auf Gleichbehandlung. Damit eine unterschiedliche Behandlung als diskriminierend gilt, müssen die Geschlechter zuerst vom Gesetz her, von ihren Qualifikationen, den Umständen oder physischen Anlagen her "ähnlich situiert" sein.[7] Dieser Standard wendet auf das Geschlecht die breiter angelegte Rechtsnorm der Neutralität an, die Rechtsversion von Objektivität. Kehren wir das Geschlecht um und vergleichen das Ergebnis, können wir den Standard hinsichtlich seiner Geschlechtsneutralität überprüfen. Um zu sehen, ob eine Frau auf der Grundlage des Geschlechts diskriminiert wurde, genügt es zu fragen, ob ein ähnlich situierter Mann genauso behandelt wurde oder werden würde. Relevante Differenz unterstützt eine unterschiedliche Behandlung, wie kategorisch, nachteilig oder kumulativ auch immer sich diese gestaltet. Genaue Widerspiegelungen situierter Disparitäten werden auf diese Art entweder für nicht vergleichbar oder für vernünftig erklärt, und werden daher für rechtliche Zwecke zu

---

[5] Craig gegen Boren, 429 U.S., 1976, S. 190.
[4] ERA – Gleichberechtigungsgrundsatz zur amerikanischen Bundesverfassung. (A. d. Ü.)
[6] Brown, Barbara, Emerson, Thomas I., Falk, Gail und Freedman, Ann E.: *The Equal Rights Amendment: A Constitutional Basis for Equal Rights for Women*, in: Yale Law Journal Nr. 80, 1971, S. 871.
[7] "Ohne Beachtung ihres Geschlechts sind Personen innerhalb aller der aufgezählten Klassen (...) in vergleichbarer Lage (...). Indem er eine ungleiche Behandlung für Männer und Frauen in vergleichbarer Lage zulässt, verletzt der angefochtene Abschnitt die Klausel für gleichen Schutz (Equal Protection Clause)." Reed gegen Reed, 404 U.S., 1971, S. 71; Rostker gegen Goldberg, 453 U.S., 1981, S. 57. (Da Frauen hinsichtlich eines militärischen Kampfeinsatzes nicht in vergleichbarer Lage sind, verletzt die Einberufung ausschließlich von Männern zum Kriegsdienst den verfassungsrechtlichen Gleichheitsgrundsatz nicht.) Siehe auch Califano gegen Webster, 430 U.S., 1977, S. 313; Parham gegen Hughes, 441 U.S., 1979, S. 347, 355 (Mütter sind im Hinblick auf die Legitimierung von Kindern den Vätern gegenüber nicht in vergleichbarer Lage, weil nur Väter die gesetzliche Macht haben, das zu tun); Schlesinger gegen Ballard, 419 U.S., 1975, S. 498; Michael M. gegen Superior Court of Sonoma County, 450 U.S., 1981, S. 464, 471 (Frauen sind "hinsichtlich der Probleme und Risiken des sexuellen Verkehrs", d.h. hinsichtlich Schwangerschaft, Männern gegenüber nicht in vergleichbarer Lage).

Differenzen und nicht zu Ungleichheiten. Aus dieser Sicht leitet sich normative Gleichheit von empirischer Übereinstimmung her und bezieht sich auf dieselbe. Situierte Differenzen produzieren unterschiedliche Ergebnisse, ohne notwendige Diskriminierung einzuschließen.

Für diesen herrschenden, epistemologisch liberalen Ansatz gilt[8], dass die Geschlechter von Natur aus biologisch verschieden sind und daher gesellschaftlich für einige Zwecke angemessen unterschieden werden. Er nimmt an, dass Gesellschaft und Recht auf der Grundlage dieser natürlichen, unveränderlichen, inhärenten, essentiellen, gerechten und wunderbaren Unterscheidung irgendwelche willkürlichen, irrationalen, einschränkenden und entstellenden Unterscheidungen errichtet hätten. Dies sind die Ungleichheiten, auf die sich das Gesetz gegen sexuelle Diskriminierung richtet. Wie ein Wissenschaftler es ausgedrückt hat: "Jedes Verbot geschlechtsspezifischer Klassifizierungen muss flexibel genug sein, um zwei legitime Quellen von Unterscheidungen auf der Basis des Geschlechts unterzubringen: biologische Differenzen zwischen den Geschlechtern und die vorherrschende heterosexuelle Ethik der amerikanischen Gesellschaft."[9] Das bundesweit vom ERA vorgeschlagene, ansonsten kompromisslose Verbot für geschlechtsgebundene Unterscheidungen erlaubt parallele Ausnahmen für "einzigartige physische Eigenschaften" und "persönliche Privatheit".[10] Den Kern dieser Definition von Diskriminierung bilden Gesetze oder Praktiken, die "Geschlechterstereotypen" ausdrücken oder widerspiegeln, wobei mit "Stereotypen" ungenaue, übertrieben generalisierte Einstellungen gemeint sind, die oft als "archaisch" oder "altmodisch" bezeichnet werden.[11] Falsch verstandene Illusionen über reale Differenzen sind einklagbar, doch jede Unterscheidung, die eben auf Biologie oder Heterosexualität zurückgeführt wird, ist keine Diskriminierung, sondern eine Differenz.

Aus der Sicht von Frauen ist das kulturelle Geschlecht eher eine Machtungleichheit als eine Unterscheidung, die genau oder ungenau ist. Für Frauen ist das Geschlecht ein sozialer Status, der darauf beruht, wer wem was antun darf; nur in einem abgeleiteten Sinn ist es eine Differenz. So dachte zum Beispiel eine Frau über ihr kulturelles Geschlecht mit folgenden Worten nach: "Ich wünschte, ich wäre als Türvorleger oder als Mann auf die Welt ge-

---

[8] Es gibt auch einen anderen Ansatz, der an Einfluss gewinnt und der diskutiert wird in: MacKinnon, Catharine, A.: *Toward a Feminist Theory of the State*, Cambridge, Mass.: Harvard University Press 1989, Kapitel 13.
[9] Rutherglen, George: *Sexual Equality in Fringe-Benefit Plans*, in: *Virginia Law Review* Nr. 65, 1979 S. 199 und S. 206.
[10] Brown, Barbara et al.: a.a.O.
[11] Taub, Nadine: *Keeping Women in Their Place. Stereotyping Per Se as a Form of Employment Discrimination*, in: *Boston College Law Review* 21, 1980, S. 345; siehe auch Cavanaugh, Barbara Kirk: *"A Little Dearer than His House". Legal Stereotypes and the Feminine Personality,* in: *Harvard Civil Rights – Civil Liberties Law Review* Nr. 6, 1971, S. 260.

kommen."[12] Ein Türvorleger zu sein, ist definitiv etwas anderes, als ein Mann zu sein. Differenzen zwischen den Geschlechtern existieren gewiss in deskriptiver Weise. Aber die Tatsache, dass dies die realistischen Optionen einer Frau sind, und dass sie so einschränkend sind, stellt die Perspektive in Frage, die diese Unterscheidung als eine "Differenz" betrachtet. Von Männern wird nicht gesagt, dass sie, weil sie weder Türvorleger noch Frauen sind, anders wären, aber einer Frau wird gesellschaftlich nicht gestattet, eine Frau und weder ein Türvorleger noch ein Mann zu sein.

Aus dieser Perspektive verdeckt die Betrachtung des Geschlechts als einer Angelegenheit von Identität und Differenz die Realität des kulturellen Geschlechts als eines Systems sozialer Hierarchie, als einer Ungleichheit. Die Differenzen, die dem Geschlecht zugeschrieben werden, werden zu Trennlinien, die die Ungleichheit zieht, nicht zu irgendeiner Art von Basis für sie. Soziale und politische Ungleichheit beginnt als indifferent gegenüber Identität und Differenz. Differenzen sind die post hoc-Entschuldigung der Ungleichheit, ihr endgültiges Kunstprodukt, ihr Ergebnis, das sich als ihr Ursprung präsentiert, ihre Sentimentalisierung, ihr Schaden, auf den als die Rechtfertigung für das schädigende Tun nach Anrichten des Schadens hingezeigt wird. Differenzen sind die Unterscheidungen, die zu bemerken die gesellschaftliche Wahrnehmung organisiert wird, weil ihnen die Ungleichheit Konsequenzen im Hinblick auf die gesellschaftliche Macht verleiht. Das kulturelle Geschlecht wäre vielleicht nicht einmal als Differenz kodiert, bedeutete vielleicht nicht einmal einen epistemologischen Unterschied, wenn es nicht um die Konsequenzen für gesellschaftliche Macht ginge. Auf Unterschiede des Körpers, Geistes oder Verhaltens wird als auf Ursachen und nicht so sehr als Wirkungen hingewiesen, ohne jede Einsicht, dass die Unterschiede so grundlegend eher Wirkung als Ursache sind, dass bereits der Hinweis auf sie schon eine Wirkung ist. Ungleichheit kommt zuerst; danach kommt Differenz. Ungleichheit ist materiell und substantiell und macht eine Disparität deutlich; Differenz ist ideell und abstrakt und fälschlicherweise symmetrisch. Wenn dem so ist, dann tragen ein Diskurs und ein Recht des Geschlechts dazu bei, die Differenz in den Mittelpunkt zu stellen, als Ideologie, um Disparitäten der Macht zu neutralisieren, zu rationalisieren und zu verdecken. Dies gilt selbst noch, wo sie diese zu kritisieren und zu problematisieren scheinen. Differenz ist der Samthandschuh auf der eisernen Faust der Herrschaft. Das Problem ist dann nicht, dass Differenzen nicht wertgeschätzt würden; das Problem ist, dass sie durch Macht definiert werden.

---

[12] Harris, Jean, zitiert bei Alexander, Shana: *Very Much a Lady*, in einer Rezension von Bernays, Anne, in: *New York Times Book Review*, 27. März 1983, S. 13.

Das ist gleich wahr, ob Differenz nun affirmiert oder ob sie geleugnet wird, ob ihre Substanz beklatscht oder herabgesetzt wird, ob Frauen in ihrem Namen bestraft oder beschützt werden.

Dogmatisch gesprochen, gibt es innerhalb des herrschenden Ansatzes, der sich mit sexueller Diskriminierung auseinandersetzt, zwei alternative Wege zu sexueller Gleichheit für Frauen, zwei Wege, die den Linien der Spannung von Identität/Differenz folgen. Der übliche Weg sagt: sei dem Mann gleich. Dieser Weg wird dogmatisch als kulturelle "Geschlechtsneutralität" und in der Philosophie als "Einheitsstandard" bezeichnet. Dass diese Regel als formale Gleichheit betrachtet wird, ist ein Zeugnis dafür, wie innerhalb des Rechtes Substanz zu Form wird. Weil sie die Werte der gesellschaftlichen Welt spiegelt, wird sie für abstrakt gehalten, was bedeutet, transparent gegenüber der Welt zu sein und sich durch einen Mangel an jeglicher Substanz auszuzeichnen. Aus diesem Grund wird sie außerdem nicht nur für *den* Standard gehalten, sondern gilt als *Standard* schlechthin. Die stärkste, dogmatisch akzeptierte Ausdrucksweise von Identität wird rechtlich als Übereinstimmung normativer Standards mit der existierenden Realität gefasst, als Recht, welches das Leben reflektiert. So verstanden würde der Begriff – abgesehen von der Ausnahme "wirklicher Unterschiede" – verbieten, das Geschlecht auf irgendeine Weise zu berücksichtigen. Dies ist die bis heute herrschende Regel dafür, dass die Wörter "gleich mit" ein Code für die Wörter "gleich wie" sind, oder/und als äquivalent gelten – wobei das, worauf sich beide Wörter beziehen, nicht spezifiziert ist.

Für Frauen, die Gleichheit wollen, sich aber als "different" empfinden, liefert die Dogmatik einen alternativen Weg: sei anders als der Mann. Diese gleiche Berücksichtigung der Differenz wird im Recht als spezielle Begünstigungsbestimmung oder spezielle Schutznorm bezeichnet, in der Philosophie heißt sie "Doppelstandard". Ihr haftet ein ziemlich schlechter Geruch an, sie erinnert an den Ausschluss von Frauen aus der öffentlichen Sphäre und die Schutzbestimmungen im Arbeitsrecht.[13] Sie ist wie Schwangerschaft, in deren Schlepptau sie immer auftaucht, so etwas wie eine dogmatische Peinlichkeit. Während sie als Ausnahme von echter Gleichheit und nicht wirklich als Rechtsregel angesehen wird, ist sie der einzige Ort, wo das Gesetz gegen Geschlechterdiskriminierung zugibt, dass es etwas Inhaltliches anerkennt. Es wird angenommen, dass hier zusammen mit der *Bona Fide Occupational Qualification (BFOQ),* der Regel, dass das Geschlecht eine unverzichtbare Voraussetzung für einen Arbeitsplatz sein kann, und der Ausnahme für besondere physische Eigenschaften gemäß der ERA-Politik, der Ort ist für eine kompensatorische Gesetzgebung, für geschlechtsbewusste

---

[13] Siehe Babcock, B., Freedman, A., Norton, E. und Ross, S.: *Sex Discrimination and the Law*, Boston: Little, Brown 1975, S. 23-53.

Hilfe bei besonderen Rechtsstreitigkeiten und für die positive Aktion.[14] Situierte Differenzen können zu ungleicher Behandlung führen – zu Begünstigungen *oder* Vorenthaltungen. Dieses Gleichheitsrecht ist bezüglich einer Entscheidung zwischen beiden agnostisch.

Die Philosophie, die dem Ansatz von Identität/Differenz zugrunde liegt, wendet den Liberalismus auf Frauen an. Geschlecht ist eine natürliche Differenz, eine Teilung, eine Unterscheidung, unter der eine Schicht von menschlicher Gemeinsamkeit, von Identität liegt.[15] Das moralische Gewicht des Teiles der Lehre, der von Identität ausgeht, bringt normative Regeln mit der empirischen Realität in Übereinstimmung, indem Frauen Zutritt zu den Bereichen gewährt wird, die Männern gehören: In dem Ausmaß, in dem Frauen nicht anders als Männer sind, steht Frauen zu, was Männer haben. Der Teil der Lehre, der von Differenzen ausgeht, gilt im allgemeinen als bevormundend und prinzipienlos, aber zur Vermeidung von Absurdität notwendig. Er plädiert dafür, Frauen für das, was sie genau als Frauen sind bzw. geworden sind – womit gemeint ist, dass sie mit Männern nicht gleich sind -, eine Wertschätzung oder eine Kompensation zukommen zu lassen, oder Frauen genauso "anders" zu belassen, wie sie vom Gleichheitsrecht befunden werden.

Der größte Teil der wissenschaftlichen Arbeiten zu sexueller Diskriminierung beschäftigt sich mit der Frage, welcher der beiden obigen Zugänge zu Geschlechtergleichheit langfristig vorzuziehen oder für irgendeinen Spezialfall der angemessenere wäre, als ob es außer diesen zwei Wegen nichts gäbe.[16] Von vornherein bedeutet jedoch die Behandlung von Fragen der Geschlechtergleichheit als Fragen von Identität und Differenz, eine bestimmte Position einzunehmen. Diese wird hier als Identität/Differenz-Ansatz bezeichnet, weil er von

---

[14] Die "Bona Fide Occupational Qualification"-Ausnahme zu Titel VII der Bürgerrechtsakte von 1964, 42 U.S.C. Abschnitt 2000e-2(e) (auf Deutsch: die Ausnahme der Beschäftigungsqualifikation in gutem Glauben), erlaubt dem Geschlecht, eine berufliche Qualifikation zu sein, wenn dies nachgewiesen werden kann. Zur Theorie über den Gleichberechtigungszusatz (ERA) siehe Brown, Barbara et al.: a.a.O.

[15] Diese Beobachtung gilt auch für aufgeklärte Liberale wie John Rawls, der die Natürlichkeit sozialer Ordnungen als präskriptiv ablehnt, sie aber als deskriptiv für ungerechte Gesellschaften akzeptiert. Ungleichheit existiert in der Natur; die Gesellschaft kann sie akzeptieren oder ablehnen. Ungleichheit selbst ist kein gesellschaftliches Konstrukt, noch trifft es zu, dass Differenzen eine Funktion von ihr sind; Rawls, John: *Eine Theorie der Gerechtigkeit*, Frankfurt am Main: Suhrkamp 1979.

[516] Siehe zum Beispiel Williams, Wendy: *The Equality Crisis. Some Reflections on Culture, Courts, and Feminism*, in: *Women´s Rights Law Report*, Nr. 7, 1982, S. 175; Kay, Herma: *Models of Equality*, in: *University of Illinois Law Review*, Nr. 39, 1985; Olsen, Frances: *Statutory Rape: A Feminist Critique of Rights Analysis*, in: *Texas Law Review*, Nr. 63, 1984, S. 387; Williams, Wendy: *Equality´s Riddle. Pregnancy and the Equal Rights Treatment/Special Treatment Debate*, in: *New York University Review of Law and Social Change*, Nr. 13, 1985, S. 325; Law, Sylvia: *Rethinking Sex and the Constitution*, in: *University of Pennsylvania Law Review*, Nr. 132, 1984, S. 955; Wildman, Stephanie: *The Legitimation of Sex Discrimination. A Critical Response to Supreme Court Jurisprudence*, in: *Oregon Law Review*, Nr. 63, 1984, S. 265; Kay, Herma: *Equality and Difference. The Case of Pregnancy*, in: *Berkeley Women´s Law Journal*, Nr. 1, 1985, S. 1; Dowd: *Maternity Leave: Taking Sex Differences into Account*, in: *Fordham Law Review*, Nr. 54, 1986, S. 699. Olsen, Frances: *From False Paternalism to False Equality. Judicial Assaults on Feminist Community*, Illinois 1869-1895, in: *Michigan Law Review*, Nr. 84, 1986, S. 1518, wo die Definition der Fragestellung selbst als limitierend angesehen wird.

der Geschlechterdifferenz besessen ist. Sein Hauptthema lautet: "Wir sind gleich, wir sind gleich, wir sind gleich." Sein Kontrapunkt (in einer höheren Tonlage) geht so: "Aber wir sind anders, aber wir sind anders, aber wir sind anders." Seine Geschichte geht so: Am ersten Tag gab es die Differenz; am zweiten Tag wurde darauf eine Teilung begründet; am dritten Tag zeigte sich gelegentlich Dominanz. Teilung kann rational oder irrational sein. Herrschaft ist gerechtfertigt oder ungerechtfertigt oder scheint es zu sein. Differenz *existiert*.

Was so verheimlicht wird, ist die substantielle Weise, wie der Mann zum Maß aller Dinge geworden ist. Unter der Rubrik der Gleichheit werden Frauen gemäß der Übereinstimmung mit dem Mann gemessen, ihre Gleichheit wird nach der Nähe zu seinem Maß beurteilt. Unter der Rubrik der Differenz werden Frauen entsprechend ihrem Mangel an Übereinstimmung mit dem Mann gemessen, ihr Frausein entsprechend ihrer Entfernung von seinem Maß beurteilt. Geschlechtsneutralität ist der männliche Standard. Die spezielle Schutznorm ist der weibliche Standard. Maskulinität oder Männlichkeit ist für beide der Bezugspunkt. An Geschlechterdiskriminierung auf diese Art heranzugehen, als ob Geschlechtsfragen Fragen der Differenz und Gleichheitsfragen Fragen der Identität wären, stellt dem Recht lediglich zwei Wege dafür zur Verfügung, Frauen mit einem männlichen Standard zu beurteilen und das dann Geschlechtergleichheit zu nennen.

Die Lehre von Identität/Differenz vermittelt, was Frauen als Frauen von diesem Staat unter der Rubrik der Geschlechterdiskriminierung bekommen haben. Sie spricht tatsächlich ein sehr wichtiges Problem an: Wie Frauen zu allem, wovon sie ausgeschlossen worden sind, Zugang zu verschaffen ist, und wie gleichzeitig alles das Wertschätzung erfahren kann, was Frauen sind, oder was zu werden ihnen erlaubt worden ist, oder was sie als Folge ihres Kampfes entwickelt haben, mit dem sie erreichen wollten, entweder nicht länger aus den meisten Lebensbereichen und –tätigkeiten ausgeschlossen oder unter den Bedingungen ernst genommen zu werden, die ihnen als Lebensbedingungen erlaubt worden sind. Sie handelt alles das ab, was Frauen im Vergleich zu Männern geleistet haben. Ihr leitender Impuls ist: "Wir sind so gut wie ihr. Alles, was ihr könnt, können wir auch. Also macht Platz." Diese Doktrin hat den Zugang der Elite zu Erwerbsarbeit und Bildung verbessert – zu öffentlichen Tätigkeiten einschließlich akademischer und der Arbeit als Angestellte und Arbeiterinnen – zum Militär und, in einer nicht nur nominalen Weise, zum Sport.[17] Diese Lehre hat auch zu einer

---

[17] Beispiele für Beschäftigung: Titel VII der Bürgerrechtsakte von 1964, 42 U.S.C. 2000e; Phillips gegen Martin-Marietta, 400 U.S., 1971, S. 542. Erziehung: Titel IX der Bürgerrechtsakte von 1964, 20 U.S.C. 1681; Cannon gegen University of Chicago, 441 U.S., 1979, S. 677; Delacruz gegen Tormey, 582 F.2. 45, 9. Cir. 1978. Akademische Berufe: Frauen scheinen die meisten Fälle, die zur Verhandlung kommen, zu verlieren, aber cf. Sweeney gegen Board of Trustees of Keene State College, 604 F.2. 106, 1. Cir. 1979. Professionelle Berufe:

Veränderung der Sackgassen geführt, die das einzige waren, das man Frauen als ihnen angemessen anbot. Solche Sackgassen galten als Mangel an körperlichem Training, während es sich um ein ernsthaftes Training für Passivität und erzwungene Schwäche handelte. Die Einberufung zum Wehrdienst präsentiert den Weg der Identität hin zu Gleichheit in seiner ganzen Schlichtheit und komplexen Doppeldeutigkeit: Als Bürger sollten Frauen das Risiko tragen, genauso wie Männer getötet zu werden.[18] Staatsbürgerschaft ist ein ganzes. Die Folgen des Widerstandes von Frauen gegenüber den Risiken dieser Staatsbürgerschaft sollten genauso wie die der Männer zählen.[19]

Der Standard der Identität hat mehrheitlich den Männern die wenigen Vergünstigungen eingebracht, die Frauen historisch besaßen – für alles Gute, das sie getan haben. Gemäß der Geschlechtsneutralität wurden das Sorgerecht und das Scheidungsrecht erneut dahingehend verändert, dass Männern nun etwas gegeben wird, was als gleiche Chance auf Vormundschaft über Kinder und auf Unterhalt bezeichnet wird.[20] Männer sehen im Licht von geschlechtsneutralen Regelungen, die auf Einkommenshöhe und das Vorhandensein einer Kernfamilie abzielen, eher nach besseren Eltern aus, denn Männer verdienen mehr Geld und sie initiieren (wie es genannt wird) die Bildung von Familieneinheiten. Sie besitzen auch vor Gericht größere Glaubwürdigkeit und Autorität. Gemäß der Geschlechtsneutralität wird Männern als Elternteil tatsächlich ein Vorzug eingeräumt, weil die Gesellschaft sie schon, ehe sie vor Gericht

---

Hishon gegen King & Spalding, 467 U.S., 1984, S. 69. Manuelle Beschäftigung: Vanguard Justice gegen Hughes, 471 F. Supp. 670, D. Md. 1979; Meyer gegen Missouri State Highway Commission, 567 F.2. 804, 8. Cir. 1977; Payne gegen Travenol Laboratories Inc., 416 F. Supp. 248, N.D. Miss. 1976. Siehe auch Dothard gegen Rawlinson, 433 U.S., 1977, S. 321 (Vorschriften bezüglich Körpergröße und Gewicht wurden für Gefängnisposten für ungültig erklärt, weil sie für die beiden Geschlechter unterschiedliche Folgen hätten). Militärische Tätigkeiten: Frontiero gegen Richardson, 411 U.S., 1973, S. 677; Schlesinger gegen Ballard, 419 U.S., 1975, S. 498. Leichtathletik: Hier ist die Situation relativ kompliziert. Siehe Gomes gegen R. I. Interscholastic League, 469 F. Supp. 695, D. R. I. 1979; Brenden gegen Independent School District, 477 F. 2. 1292, 8. Cir. 1973; O'Connor gegen Board of Education of School District No. 23, 645 F. 2. 578, 7. Cir. 1981; Cape gegen Tennessee Secondary School Athletic Association, 424 F. Supp. 732, E.D. Tenn. 1976, revidiert, 563 F. 2. 793, 6. Cir. 1977; Yellow Springs Exempted Village School District Board of Education gegen Ohio High School Athletic Association, 443 F. Supp. 753, S.D. Ohio 1978; Aiken gegen Lieuallen, 593 P. 2. 1243, Or. App. 1979.

[18] Siehe Rostker gegen Goldberg, 453 U.S., 1981, S. 57 (erhält die Wehrpflicht ausschließlich für Männer aufrecht). Siehe auch Kornblum, Lori S.: *Women Warriors in a Men's World. The Combat Exclusion*, in: *Law & Inequality: A Journal of Theory and Practice*, Nr. 2, 1984, S. 351.

[19] Die unterschwellige Botschaft ist: Was ist los, wollt ihr nicht, dass ich genau wie ihr töten lerne? Dieser Konflikt kann als ein Dialog zwischen Frauen im Leben nach dem Tod ausgedrückt werden. Die Feministin sagt zur Soldatin: Wir kämpften für eure Gleichheit. Die Soldatin sagt zur Feministin: Oh, nein, *wir* kämpften für *eure* Gleichheit.

[20] Zu Unterhalt und anderen ökonomischen Faktoren siehe: Weitzman, L.: *The Economics of Divorce. Social and Economic Consequences of Property, Alimony and Child Support Awards*, in: *UCLA Law Review*, Nr. 28, 1981, S. 1181, 1251, wo dokumentiert wird, dass der Lebensstandard von Frauen um 73 Prozent gefallen und der der Männer um 42 Prozent gestiegen ist, während eines Zeitraumes von einem Jahr nach der Scheidung ohne Schuldprinzip in Kalifornien. Weitzman schreibt dem Aufgeben des Schuldprinzips etwas zu, das in meinen Augen der Geschlechtsneutralität zugeschrieben werden sollte. Zum Sorgerecht siehe: Chesler, Phyllis: *Mothers on Trial*, New York: McGraw-Hill 1986.

gehen, bevorzugt behandelt. Vor dem Gesetz aber ist es verboten, diese Bevorzugung zu berücksichtigen, denn das würde bedeuten, dass das Geschlecht berücksichtigt würde, was wiederum sexuelle Diskriminierung wäre. Auch Gruppenwirklichkeiten, die dazu führen, dass Frauen mehr auf Unterhalt angewiesen sind, dürfen keine Rolle spielen, weil nur individuelle Faktoren unter dem Blickwinkel der Geschlechtsneutralität eine Rolle spielen dürfen. Also darf die Tatsache nicht zählen, dass Frauen als Individuen, als Mitglieder der Gruppe der Frauen, ihr Leben mit den Möglichkeiten von Frauen in einer sexuell diskriminierenden Gesellschaft leben. Denn würde das berücksichtigt, so wäre das sexuelle Diskriminierung, ein Verstoß gegen das Gleichheitsgebot. Das Gleichheitsprinzip mobilisiert in dieser Form die Idee, dass die Art, in der Frauen bestimmte Dinge verschafft werden können, darin besteht, sie Männern zu verschaffen. Die Männer haben sie schon bekommen. Frauen haben ihre Kinder und finanzielle Sicherheit verloren, und noch immer haben sie nicht den gleichen Lohn oder gleiche Arbeit bekommen, ganz zu schweigen von gleichem Lohn für gleiche Arbeit, und sie sind nahe daran, durch diesen Ansatz die getrennten Enklaven wie Mädchenschulen zu verlieren.[21]

Was diese Doktrin offensichtlich unter "sexueller Ungleichheit" versteht, ist nicht das, was Frauen passiert, und was sie unter "sexueller Gleichheit" versteht, ist weiter nichts, als für Frauen die Dinge durchzusetzen, die auch für die Männer durchgesetzt werden können. Das Gesetz gegen sexuelle Diskriminierung scheint nur nach solchen Wegen zu suchen, mittels deren die Frauen niedergehalten werden und die sich *nicht* als eine Differenz verkleidet haben, egal ob es sich dabei um eine ursprüngliche, eine auferlegte oder eine imaginäre Differenz handelt. Was die ursprünglichen Differenzen betrifft: Wie soll mit der Tatsache umgegangen werden, dass Frauen eine Fähigkeit haben, die Männern noch immer fehlt, nämlich Kinder auszutragen? Daher ist Schwangerschaft eine Differenz, aber sie definiert keine per-

---

[21] Für Daten und Analysen siehe Reskin, Barbara F. und Hartmann, Heidi (Hg.): *Women's Work, Men's Work. Sex Segregation on the Job*, Washington, D.C.: National Academy Press 1986. Für einen Vergleich der Durchschnittseinkommen der Geschlechter für Altersgruppen von fünfundzwanzig bis fünfzig in den Jahren von 1975-1983 berichtet das Amt für Frauen des amerikanischen Arbeitsministeriums, dass Frauen im Jahre 1975 ungefähr 8 000 $ verglichen mit einer Zahl von 14 000 $ für Männer, und im Jahre 1983 15 000 $ im Vergleich zu 24 000 $ für Männer verdient haben; U.S. Department of Labour, Women's Bureau: *Time of Change: 1983 Handbook of Women Workers, Bulletin 298,* Washington D.C.: 1983, S. 456. Das Gesetz für gleichen Lohn (Equal Pay Act) wurde 1963 erlassen. Zum Thema "gleicher Lohn für gleiche Arbeit" siehe: Christensen gegen State of Iowa, 563 F. 2. 353, 8. Cir. 1977; Gerlach gegen Michigan Bell Tel. Co., 501 F. Supp. 1300, E.D. Mich. 1980; Odomes gegen Nucare, Inc. 653 F.2d. 246, 6. Cir. 1981; Power gegen Berry County, Michigan, 539 F. Supp. 721, W.D. Mich. 1982; Lemons gegen City and County of Denver, 17 FEP Fälle 906, D. Colo. 1978, bestätigt, 620 F.2. 228, 10. Cir. 1980, Bestätigung verweigert, 449 U.S., 1980, S. 888. Siehe auch Pint, Carol Jean: *Value, Work and Women*, in: *Law & Inequality: A Journal of Theory and Practice*, Nr. 1, 1983, S. 159. Zum Verschwinden der Mädchenschulen und –universitäten vergleiche den Ausgang von Bob Jones University gegen United States, 461 U. S., 1983, S. 574 (eine private Universität verliert Steuerbegünstigung, weil interne Rassentrennung die öffentliche Politik verletzt) mit Mississippi University of Women gegen Hogan, 458 U.S., 1982, S. 718 (öffentliche Krankenpflegeschulen nur für Frauen bedeutet sexuelle Diskriminierung).

fekte Geschlechtertrennlinie, weil nicht alle Frauen schwanger werden.[22] Hier wird das Geschlecht zuerst biologisch definiert – um das, was alle Frauen und nur Frauen betrifft, einzuschließen; und dann wird die biologischste aller Differenzen, Schwangerschaft, ausgeschlossen, weil sie nicht biologisch genug (im Sinne von 100 Prozent) ist. Nebenbei bemerkt ist Schwangerschaft eine Differenz, auf deren Grundlage Differenzierungen gemacht werden können, ohne diskriminierend zu sein. Schwangerschaft ist sowohl zu geschlechtsspezifisch als auch nicht geschlechtsspezifisch genug, so dass Frauen für berufliche Fehlzeiten problemlos nicht kompensiert werden müssen, ihnen die Rückkehr an den Arbeitsplatz nicht garantiert werden muss, und so weiter. Geschlechtsneutralität lässt tatsächlich vermuten, dass es sexuell diskriminierend sein kann, Frauen das zu geben, was sie brauchen, nur weil Frauen es brauchen. Mit Gewissheit würde man das als besonderen Schutz ansehen. Aber innerhalb dieses Ansatzes ist es auf keinen Fall eine sexuelle Diskriminierung, nur den Frauen *nicht* zu geben, was sie brauchen, weil dann nämlich nur Frauen das, was sie brauchen, nicht bekommen werden.[23] Nach dieser Logik verbietet das Gesetz gegen sexuelle Diskriminierung eigentlich gar nichts, was Frauen und nur Frauen gesellschaftlich benachteiligt. Außer de jure ist sexuelle Diskriminierung eine nicht vorhandene Größe.

Betrachten wir auferlegte Differenzen: Was kann gegen die Tatsache unternommen werden, dass die meisten Frauen in niedrig bezahlte Arbeitsplätze abgedrängt werden, wo es keine Männer gibt? Mit dem Argument, dass die Struktur des Marktes unterwandert würde, wenn Lohngleichheit realisiert wird (ein interessanter Kommentar zum radikalen Potential einer Reform, die viel mit den Vorschlägen für "Lohn für Hausarbeit" gemeinsam hat)[24,] besagt die Lehre von der Differenz, dass, eben weil es keinen Mann gibt, der einen Standard setzen könnte, von dem die Behandlung der Frauen dann eine Abweichung wäre, es keine Diskriminierung aufgrund des Geschlechts, sondern nur eine geschlechtsspezifische Differenz gibt. Es macht nichts, dass es keinen Mann zum Vergleich gibt, denn kein Mann würde, wenn er die Wahl hätte, diese Arbeit tun, und weil er ein Mann ist, hat er die Wahl, also tut er sie nicht. Einfache Fälle von geschlechtlicher Diskriminierung zerschellen am selben Felsen. So argumentierte die Equal Employment Opportunities Commission (die Kommission für glei-

---

[22] General Electric gegen Gilbert, 429 U.S., 1976, S. 125; Geduldig gegen Aiello, 417 U.S., 1974, S. 484.
[23] Ein jüngeres Beispiel dafür, dass der Oberste Gerichtshof dies besser versteht als die Frauenbewegung, ist der den Mutterschutz betreffende Fall California Federal Savings and Loan Assn. gegen Guerra, 479 U.S., 1987, S. 272. Keine feministische Gruppe unterstützte die Position, die der Oberste Gerichtshof letztlich einnahm: dass es keine Diskriminierung aufgrund des Geschlechts durch den Gesetzgeber eines Einzelstaates ist, schwangeren Frauen Mutterschutz und Arbeitsplatzsicherheit zu gewähren. Alle bis auf eine feministische Gruppe (die vom Argument, dass Reproduktion ein Grundrecht sei, ausging) vertraten das gegenteilige Argument.
[24] Lemons gegen City und County of Denver, 17 FEP Fälle 906, D. Colo. 1978; AFSCME gegen Washington, 770 F.2. 1401, 9. Cir. 1985.

che Chancen auf Beschäftigung) im Fall Sears gegen EEOC, in dem es um Diskriminierung durch das Warenhaus Sears ging, dahingehend, dass massive statistische Disparitäten zwischen Frauen und Männern in einigen der besser bezahlten Stellengruppen eine sexuelle Diskriminierung auf seiten von Sears aufzeigten. Eine Expertin, Alice Kessler Harris, die im Namen des Feminismus von der Annahme der Identität von Frauen und Männern ausging, unterstützte die Kommission; sie sagte, dass Frauen, wann immer sie Ausnahmen sein durften, es auch wären. Das angeklagte Unternehmen Sears argumentierte, dass Frauen anders als Männer seien, dass sie nicht notwendigerweise dieselben Dinge wie die Männer, nämlich zum Beispiel besser bezahlte Arbeit, wünschten. Eine andere Expertin, Rosalind Rosenberg, unterstützte die angeklagte Seite, indem sie im Namen des Feminismus mit der Differenz zwischen Frauen und Männern argumentierte. In den Statistiken fanden sich die Frauen mit überwältigender Deutlichkeit entlang der Geschlechtertrennlinien separiert. Doch weder wurden die der Dogmatik zugrundeliegenden Annahmen noch die sexuelle Ungleichheit der Definitionen der Arbeitsplätze in Frage gestellt, ganz zu schweigen vom gesellschaftlichen Sexismus, der das, was die Leute "wünschen", konstruiert. Und so siegte das Argument von den Differenzen der Frauen, und die Frauen waren die Verlierer.[25]

Betrachten wir nun die de facto Diskriminierung, die sogenannten subtilen Zugriffe der Gruppe der auferlegten Differenzen. Die meisten Beschäftigungen setzen voraus, dass eine qualifizierte, geschlechtsneutrale Person, die für die Arbeit in Frage kommt, nicht die primäre Bezugsperson für ein Kind im Vorschulalter sein dürfe.[26] Der Hinweis, dass diese Tatsache in einer Gesellschaft, in welcher von Frauen erwartet wird, dass sie für die kleinen Kinder sorgen, eine geschlechtsspezifische Frage aufwirft, wird als der Tag eins gewertet, an dem das Geschlecht in der Strukturierung von Arbeitsplätzen berücksichtigt würde. Das zu tun, wäre eine Verletzung der geltenden Regel, auf dem Geschlecht basierende Differenzen der Lebensumstände nicht zu beachten. Deshalb ist niemals klar, dass der Tag eins, an dem das Geschlecht bei der Strukturierung von Arbeitsplätzen berücksichtigt wäre, auch der Tag sei, an dem die Arbeit mit der Erwartung strukturiert würde, dass ihr Inhaber keine Verpflichtungen als primäre Betreuungsperson für ein Kind haben würde.

---

[25] EEOC gegen Sears, Roebuck & Co., Gerichtsfall Nr. 79-C-4373, N.D.III. 1987, *Offer of Proof concerning the Testimony of Dr. Rosalind Rosenberg, Written Testimony of Alice Kessler Harris, Written Rebuttal Testimony of Dr. Rosalind Rosenberg,* Rosenberg, Rosalind: *The Sears Case. An Historical Overview,* Mimeograph, 25. November 1985; Rosenberg, Rosalind: *Women and Society Seminar: The Sears Case,* Paper, 16. Dezember 1985; Weiner, Jon: *The Sears Case. Women´s History on Trial,* in: *The Nation* 7. September 1985, S. 1, 176-180; Kessler-Harris, Alice: *Equal Employment Opportunity Commission gegen Sears, Roebuck and Company. A Personal Account,* in: *Radical History Review* Nr. 35, 1986, S. 57-79. EEOC gegen Sears, 628 F. Supp. 1264, N.D.III., 1986 (Sears beging keine Diskriminierung), bestätigt, 839 F. 2. 302., 7. Cir. 1988.
[26] Phillips gegen Martin-Marietta, 400 U.S., 1971, S. 542.

Imaginäre sexuelle Differenzen, wie solche zwischen gleich qualifizierten männlichen und weiblichen Bewerbern für die Immobilienverwaltung[27], kann die Lehre von der sexuellen Diskriminierung handhaben. Wenn aber Frauen nicht im Lesen und Schreiben unterrichtet würden (wie es einmal der Fall war; Frauen bilden immer noch die Mehrheit der Analphabeten auf der ganzen Welt), dann wäre die Geschlechterdifferenz zwischen Frauen und Männern in der Immobilienverwaltung nicht imaginär. Ein solche Gesellschaft hätte einen noch größeren Bedarf an einem Gesetz gegen sexuelle Ungleichheit; die herrschende Lehre aber wäre nicht in der Lage, dieses Problem als eines der Ungleichheit anzusprechen. Mit Illusionen und Fehlern kann das Gesetz gegen sexuelle Diskriminierung umgehen. Mit Realitäten hat es eine ganz andere Bewandtnis. Das Ergebnis besteht darin, dass Frauen aufgrund sexueller Ungleichheit, selbst wenn sie "ähnlich situiert" sind wie Männer, oft nicht gesehen werden. Das eigentliche Problem besteht darin, dass es ihnen aufgrund sexueller Ungleichheit selten gestattet ist, in eine "ähnlich situierte" Lage wie Männer zu kommen.

Dieses Gesetz nähert sich der gesellschaftlichen Realität sexueller Ungleichheit, wie sich die Ideologie sexueller Ungleichheit dem gesellschaftlichen Leben nähert, und es hält sich für legitim, weil die beiden übereinstimmen. Aus diesem Grund wird das Gesetz für Geschlechtergleichheit immer von dem Problem, das zu lösen es sich bemüht, unterminiert. Es kann zum Beispiel nicht anerkennen, dass Männer, um ein Recht auf die meisten Leistungen zu haben, nicht irgendjemand anderem gleich zu sein brauchen. Es kann nicht anerkennen, dass jede Eigenschaft, die Männer von Frauen unterscheidet, bereits affirmativ in der Organisation und den Werten der Gesellschaft kompensiert wird, so dass diese Eigenschaften die Standards, die das Recht neutral anwendet, implizit definiert. Die Physiologie der Männer definiert die meisten Sportarten, ihre gesundheitlichen Bedürfnisse definieren weitgehend die Versicherungsleistungen, ihre sozial entworfenen Biographien definieren Arbeitsplatzerwartungen und erfolgreiche Karrieremuster, ihre Perspektiven und Interessen definieren die Qualität wissenschaftlicher Arbeit, ihre Erfahrungen und Obsessionen definieren Verdienste, ihr Militärdienst definiert Staatsbürgerschaft, ihre Anwesenheit definiert die Familie, ihre Unfähigkeit im Umgang miteinander – ihre Kriege und Herrschaftsformen – definieren Geschichte, ihr Bild definiert Gott, und ihre Genitalien definieren Sexualität. Das sind die Standards, die als geschlechtsneutral präsentiert werden. Für jede der Differenzen von Männern gegenüber Frauen gilt, dass, was einem Förderprogramm gleichkommt, in Wirklichkeit aber weiter nichts ist als die männlich dominierten Strukturen und Werte der amerikanischen Gesellschaft. Wann immer jedoch Frauen als von Männern unterschieden gesehen werden und

---

[27] Reed gegen Reed, 404 U.S., 1971, S. 71.

darauf bestehen, dies nicht als zu ihrem Nachteil vorgehalten zu bekommen, dann wird jedes Mal eine Differenz verwendet, um Frauen als zweitrangig einzustufen, und wenn das Gleichheitsrecht als Rechtsmittel dagegen eingesetzt wird, leidet die Doktrin unter einem Paradigmentrauma.

Es gibt also offensichtlich viele Unterschiede zwischen Männern und Frauen. Die systematische Erhöhung der einen Hälfte der Bevölkerung bei gleichzeitiger Geringschätzung der anderen Hälfte wird wohl kaum eine Bevölkerung hervorbringen, in welcher alle gleich sind. Der Fehler des Gesetzes für sexuelle Gleichheit besteht darin, dass es nicht bemerkt, dass die Differenzen der Männer von den Frauen gleich den Differenzen der Frauen von den Männern sind. Aber die Geschlechter sind in der Gesellschaft in Hinblick auf ihre relativen Differenzen nicht gleich situiert. Machthierarchie produziert sowohl reale als auch phantasierte Differenzen, Differenzen, die auch Ungleichheiten sind. Die Differenzen sind gleich. Die Ungleichheiten sind es ziemlich offensichtlich nicht.

Dem Gesetz für Geschlechtergleichheit mangelt es an dem, was schon Aristoteles nicht sah, als er in seiner empiristischen Vorstellung davon ausging, dass Gleichheit so viel bedeute wie Gleiche gleich und Ungleiche ungleich zu behandeln.[28] Das hat seither niemand wirklich ernsthaft in Frage gestellt. Warum sollte jemand einem Mann gleich sein müssen, um zu bekommen, was ein Mann bekommt, einfach weil er ein Mann ist? Warum gestattet Männlichkeit ein ursprüngliches Recht, das auf der Basis des männlichen Geschlechts unhinterfragt bleibt, während Frauen, die einen Fall ungleicher Behandlung in einer Welt, die Männer nach ihrem Bild formten (das ist der eigentliche Punkt, den Aristoteles übersieht)[29], einklagen wollen, tatsächlich zeigen müssen, dass sie in jeder relevanten Hinsicht Männer sind, die unglücklicherweise und fälschlicherweise aufgrund eines Geburtsfehlers für Frauen gehalten werden?

Die Frauen, die einen Vorteil aus der Geschlechtsneutralität ziehen, und es gibt einige, entlarven diese Methode mit größter Deutlichkeit. Es handelt sich bei diesen Frauen zum größten Teil um solche, die eine Biographie zusammengebracht haben, die – zumindest auf dem Papier – an die männliche Norm irgendwie herankommt. Sie sind die Qualifizierten, die am wenigsten unter sexueller Diskriminierung Leidenden. Wenn ihnen eine Chance eines

---

[28] Aristoteles: *Politik*, übers. und herausgeg. v. Olof Gigon, München: Deutscher Taschenbuch Verlag 1986, S. 132: "Denn wo eine natürliche Gleichheit vorliegt, da muss auch der Natur nach dasselbe Recht und dieselbe Würde vorhanden sein." Ders.: *Die Nikomachische Ethik*, Buch V.3, 1131 a-b, übers. und herausgeg. Von Olof Gigon, München: Deutscher Taschenbuch Verlag 1972.
[29] Über die Natur der Frau: "Also gehört die ethische Tugend allen Genannten, doch ist die Besonnenheit des Mannes und der Frau nicht dieselbe und auch nicht die Tapferkeit und die Gerechtigkeit, ...sondern das eine ist eine regierende Tapferkeit, das andere eine dienende und so weiter." Aristoteles: *Politik*, a.a.O., S. 67.

Mannes verweigert wird, dann sieht es am ehesten nach geschlechtsspezifischer Befangenheit aus. Je ungleicher die Gesellschaft wird, um so weniger Frauen dieser Art dürfen existieren. Je ungleicher die Gesellschaft wird, um so unwahrscheinlicher ist es, dass diese Doktrin der sexuellen Gleichheit in der Lage ist, etwas dagegen zu unternehmen, denn ungleiche Macht produziert sowohl den Schein als auch die Realität sexueller Differenzen entlang denselben Linien, entlang denen sie sexuelle Ungleichheiten schafft.

Der Aspekt der speziellen Begünstigungsbestimmungen innerhalb des Ansatzes von Identität/Differenz kompensiert Frauen nicht dafür, zweitklassig zu sein. Der Doppelstandard gibt Frauen nicht die Würde eines Einheitsstandards, noch unterdrückt er das Geschlecht seines Bezugspunktes: weiblich. Die Sonderrechtsregel ist der einzige Ort innerhalb der herrschenden Doktrin von der Geschlechtergleichheit, in der sich jemand als Frau identifizieren kann und nicht gleichzeitig jeden Anspruch auf gleiche Behandlung aufgeben muss. Aber es kommt dem schon nahe. Ursprünglich war es Frauen erlaubt, in der Arbeit speziellen Schutz zu verlangen, doch hatte das zweifelhafte Vorteile.[30] Dann wurde Frauen, die Aussicht auf eine Erbschaft nach dem Tod ihres Mannes hatten, entsprechend dem Doppelstandard gestattet, einen kleinen Prozentsatz der Erbschaftssteuer abzuziehen, und der Supreme Court unter Richter Douglas ließ sich eloquent über die Schwierigkeiten der wirtschaftlichen Situation von Frauen aus.[31] Wenn Frauen als andere stigmatisiert werden, sollte die Kompensation wenigsten der Disparität angemessen sein. Frauen werden auch drei Jahre mehr als den Männern gewährt, bevor sie in der Militärhierarchie befördert oder rausgeschmissen werden. Dies soll sie dafür entschädigen, dass sie vom Frontdienst ausgeschlossen sind, welches der übliche Weg für eine Beförderung ist.[32] Wenn für Frauen Ausnahmen gemacht werden, so als ob sie Sonderfälle wären, dann scheint das oft vorteilhafter als eine Korrektur der Regel selbst zu sein, auch wenn die "Besonderheit" der Frauen zweifelhaft ist oder mit anderen geteilt oder gesetzlich geschaffen wird.

Der Ausschluss von Frauen ist immer eine Option, wenn sexuelle Gleichheit mit dem Ziel der Gleichheit in einem Spannungsverhältnis zu sein scheint. So sind Frauen zum Beispiel von bestimmten Beschäftigungen in Männergefängnissen genau im Namen ihres "Frauseins" ausgeschlossen worden, weil sie vergewaltigt werden könnten. Das Gericht hat bei den Möglichkeiten für Frauenbeschäftigungen sozusagen den Standpunkt des einsichtigen Verge-

---

[30] Landes, J.: *The Effect of State Maximum-Hours Laws on the Employment of Women in 1920*, in: *Journal of Political Economy*, Nr. 88, 1980, S. 476.
[31] Kahn gegen Shevin, 416 U.S., 1974 S. 351, 353.
[32] Schlesinger gegen Ballard, 419 U.S., 1975, S. 498.

waltigers eingenommen.³³ Die Bedingungen, die ermöglichen und verursachen, dass Frauen vergewaltigt werden, gelten als nicht vom Recht veränderbar. Es wird auch nicht als diskriminierend angesehen, die Beschäftigungschancen von Frauen auf der Unvermeidbarkeit sexueller Gewalt aufzubauen. Vergewaltigbarkeit ist augenscheinlich eine Differenz. Frauen wurden auch vor gefährlichen Beschäftigungen beschützt, weil sie nicht sterilisiert werden wollten oder der Arbeitgeber kein Risiko eingehen wollte. Gewisse Beschäftigungen sind gesundheitsgefährdend, und jemand, der vielleicht eines Tages eine wirkliche Person sein wird und daher vor Gericht klagen kann – ein Fötus –, könnte verletzt werden, wenn potentiell fruchtbare Frauen eine Arbeit bekämen, bei der sie ihre Körper möglichen Schädigungen aussetzen könnten.³⁴ Fruchtbare Frauen sind offensichtlich keine wirklichen Personen und können daher auch weder wegen der Gesundheitsgefährdung noch wegen des Verlustes einer Beschäftigungsmöglichkeit prozessieren – obwohl nur Frauen auf diese Art behandelt werden. Männer sind, wie es scheint, niemals als solche ausschließbar, selbst wenn ihre Fruchtbarkeit (wie im Falle der Gesundheitsgefährdung) oder ihr Leben (wie im Falle des Frontdienstes) gefährdet ist, obwohl nur Männer geschädigt werden.

Diese Zweigleisigkeit der Wege zu Geschlechtergleichheit, der Identitätsweg und der Differenzweg, teilt Frauen entsprechend ihren Beziehungen zu Männern und entsprechend ihrer Annäherung an einen männlichen Standard ein. Frauen, die aus den traditionellen Beziehungen von Frauen zu Männern aussteigen und abstrakte Personen werden – eine Ausnahme von der Situation des Frauseins, die nicht den Schutz desselben genießt –, von solchen Frauen sagt man, dass sie danach trachten, Männern gleich zu werden. Sie werden zur Strafe mit Gleichheit bedient. Wenn sie gewinnen, erhalten sie als Wiedergutmachung das Privileg, den männlichen Standard zu erreichen, den Preis für den Zutritt zu etwas zu bezahlen, wofür Männer als Männer ausgebildet werden und den sie als solche zu bezahlen haben, selbst wenn sie es in der Regel nicht tun. Frauen, die auf dem Differenzweg, nämlich entsprechend den traditionellen Rollen Ansprüche stellen, werden, wenn sie gewinnen, vielleicht beschützt werden; vielleicht werden sie auch mit der geschlechtsspezifischen Benachteiligung zurückgelassen. Unterschiedliche Situationen können eine unterschiedliche – bessere oder schlechtere – Behandlung rechtfertigen.

---

[33] Dothard gegen Rawlinson, 433 U.S., 1977, S. 321. Wenn Gerichte verstanden haben, dass sexuelle Belästigung für Frauen an jedem Arbeitsplatz so schlimm und weitverbreitet und schädigend wie Vergewaltigung für weibliche Gefängniswärter in Männergefängnissen ist, dann fragt man sich, ob Frauen nicht überhaupt vom Arbeitsmarkt ausgeschlossen werden sollten. Meritor Savings Bank, FSB gegen Vinson, 477 U.S., 1986, S. 57, beinhaltet eine Klage gegen sexuelle Belästigung wegen Vergewaltigung während zweieinhalb Jahren durch einen Vorgesetzten.
[34] Doerr gegen B. F. Goodrich, 484 F. Supp. 320, N.D. Ohio 1979; Hayes gegen Shelby Memorial Hospital, 546 F. Supp. 259, N.D. Ala. 1982; Wright gegen Olin Corp., 697 F.2. 1172, 4. Cir. 1982.

Das Ergebnis von Geschlechtsneutralität besteht darin, dass einige wenige Frauen Zutritt zu den Voraussetzungen gewinnen, die Gleichheit auf der Grundlage des männlichen Maßstabs ermöglichen, während gleichzeitig jene Frauen, die im traditionellen gesellschaftlichen Frauenbild erzogen worden sind, die Sicherheiten jener Rollen an Männer verlieren, die sexuelle Gleichheit beanspruchen. Frauen, die sich an Gerichte wenden, um die Garantien, die ein Teil der Abmachung über Frauenrollen gewesen sind, durchzusetzen, bekommen immer weniger, während sie gleichzeitig nicht in den Genuss der Vorteile und Leistungen der gesellschaftlichen Veränderungen kommen, die sie dazu qualifizieren würden, Rechte unter denselben Bedingungen wie die Männer zu erhalten. Das ist kein Übergangsproblem. Abstrakte Gleichheit verstärkt notwendig die Ungleichheiten des Status quo in dem Ausmaß, in dem sie ein ungleiches gesellschaftliches Arrangement getreu reflektiert. Das Gesetz gegen sexuelle Diskriminierung verweigert weitgehend die Anerkennung dafür, dass es Frauen sind, die Männern ungleich sind, und nennt diese Verweigerung das Gleichheitsprinzip.

Weil nach dieser Lehre Gleichheit der Rechte auf der Voraussetzung der Ähnlichkeit beruht, und weil das kulturelle Geschlecht eigentlich eine Hierarchie ist, qualifizieren sich Männer, die als Männer versagen, ganz leicht für eine Sonderbehandlung, die für Frauen vorgesehen wäre, während nur wenige Frauen die Voraussetzungen für einen Anspruch auf Gleichheit mit Männer erfüllen können. Viele der seit 1971 beim Obersten Gerichtshof vorgebrachten Fälle, die von der Dogmatik als sexuelle Diskriminierung anerkannt wurden, sind von Männern vorgebracht worden, die Zugang zu den wenigen Vorteilen suchten, die Frauen besaßen.[35] Viele davon sind erfolgreich durchgegangen, während Frauen als Klägerinnen, die sich um Möglichkeit, die bisher für Männer reserviert waren, bemühten, verlieren und verlieren und verlieren und normalerweise nicht einmal bis zum Obersten Gerichtshof kommen.[36] Als ein Ergebnis dieser leichteren Abstiegsmobilität der Männer, verbunden mit dem vergleichsweise besseren Zugang von Männern zu Ressourcen und zu Glaubwürdigkeit, einem Zugang, den Männer kaum jemals verlieren, sind die frauenbezogenen, kompensatorischen Richtlinien oder Begünstigungs- und Sonderschutzregeln des Gesetzes gegen sexuelle Diskriminierung in den meisten Fällen im Zusammenhang mit gerichtlichen Klagen von Männern gegen geschlechtsspezifische Maßnahmen formuliert worden, welche den Status von Frauen abfedern oder aufwerten, aber nicht verändern. Wie so oft verstärken solche Argumentationen den Status in umgekehrter Richtung. Ein solcher Fall ist die Aufrechterhaltung

---

[35] Cole, David: *Strategies of Difference. Litigating for Women´s Rights in a Man´s World*, in: *Law & Inequality. A Journal of Theory and Practice*, Nr. 2, 1984, S. 34 Anm. 4 (Fallsammlung).

eines Gesetzes, das ausschließlich die Vergewaltigung durch (nicht minderjährige (A.d.Ü.)) Männer strafbar macht, gegenüber einer Anfechtung aufgrund sexueller Diskriminierung. Die Klage wurde mit der Begründung zurückgewiesen, dass nur Frauen schwanger würden – was ignoriert, dass junge Männer auch vergewaltigt werden, dass die jüngsten unter den vergewaltigten Frauen nicht schwanger werden, und dass volljährige Frauen sowohl vergewaltigt als auch schwanger werden. Weil Vergewaltigung nicht als ein Akt sexueller Ungleichheit erkannt wurde, bekräftigte das Gericht das Bild junger Männer als sexuell aktiv Handelnder sogar gegenüber erwachsenen Frauen und teilte die weibliche Bevölkerung in Kategorien entsprechend der Zugänglichkeit für erzwungenen Geschlechtsverkehr ein. Die Altersgrenze erklärte kleine Mädchen für sexuell tabu und machte sie so zum sexuellen Zielobjekt, insofern sie der Definition nach zur Zustimmung unfähig sind. Mädchen, die nur einen Tag älter sind, als die Vorschrift festlegt, und Frauen wurden dadurch, dass Gleichheit vermutet wird, sofern man nicht das Gegenteil beweisen kann, als effektiv Einwilligende festgeschrieben.[37]

Eine andere Entscheidung sicherte die ausschließlich für Männer gültige Wehrpflicht, weil nur Männer gezwungen würden, ihr Leben im Kampf zu riskieren, und stellte damit sicher, dass Männer als die primären Kämpfer der Gesellschaft gelten, deren legitime Gewalt in ihren Händen liegt.[38]

Zugegeben, einige Witwer sind wie die meisten Witwen: arm, weil ihre Gefährtin bzw. ihr Gefährte verstorben ist. Einige Ehemänner sind wie die meisten Ehefrauen: abhängig von ihren Ehegefährtinnen bzw. Ehegatten. Einige Väter sind wie die meisten Mütter: primäre Bezugspersonen. Aber diese Positionen einzunehmen, stimmt mit den gängigen weiblichen Geschlechtsnormen überein; die meisten Frauen teilen diese Normen. Der geschlechtsneutrale Zugang zum Gesetz gegen sexuelle Diskriminierung verschleiert die Tatsache, dass die Armut von Frauen und ihre daraus resultierende finanzielle Abhängigkeit von Männern (ob in der Ehe, im Sozialwesen, am Arbeitsplatz oder durch Prostitution), ebenso wie erzwungene Mutterschaft und sexuelle Verletzlichkeit ihren sozialen Status *als Frauen*, als Angehörige ihres Geschlechts, konstituieren. Eine Philosophie der Vorzugspolitik weigert sich, diese Tatsachen zu ändern. Dass sich einige Männer vorübergehend in ähnlichen Situationen wie Frauen befinden, bedeutet nicht, dass sie diesen Status als Männer, als Angehörige ihres Geschlechts, einnehmen. Sie stellen sowohl hinsichtlich der Normen als auch der Zahlen Ausnahmen dar.

---

[36] Es ist schwierig, etwas zu dokumentieren, das nicht passiert ist. Ein Beispiel ist der Fall von American Booksellers Assn., Inc. Gegen Hudnut, 771 F.2. 323, 7. Cir. 1985, summarisch vom Obersten Gerichtshof ohne Argument bestätigt. 475 U.S., 1986, S. 1001, Wiederaufnahme verweigert 475 U.S., 1986, S. 1132.
[37] Michael M. gegen Superior Court of Sonoma County, 450 U.S., 1981, S. 464.
[38] Rostker gegen Goldberg, 453 U.S., 1981, S. 57.

Anders als Frauen sind Männer nicht arm oder die primären Bezugspersonen von Kindern aufgrund ihres Geschlechts.

Die Standards des Gesetzes gegen sexuelle Diskriminierung gelten für die Ausnahmen in der Gesellschaft. Um einzufordern, dass sie ähnlich wie Männer situiert sind, müssen Frauen zu Ausnahmen werden. Sie müssen in der Lage sein, all das zu beanspruchen, was sexuelle Ungleichheit im allgemeinen den Frauen systematisch weggenommen hat: finanzielle Unabhängigkeit, Arbeitsqualifikationen, Berufserfahrung, Führungsqualitäten, Zuversicht und Selbstvertrauen, Selbstwertgefühl, Anerkennung durch ihre Umgebung, körperlichen Wuchs, Stärke oder Tapferkeit, Kampftauglichkeit, sexuelle Unüberwindlichkeit und – auf allen Ebenen der Rechtsverfahren – Glaubwürdigkeit. Die Geschlechter als "Individuen" anzusehen, d.h. immer nur als je eine Person, als ob sie keinem kulturellen Geschlecht zugehörten, verschleiert diese kollektiven Wirklichkeiten und wesentlichen Wechselbeziehungen zwischen Status und Geschlechtergruppen auf perfekte Weise hinter der Maske der Anerkennung individueller Rechte. Es ist die Frau, die geschlechtlicher Ungleichheit weitgehend entkommen ist, die am ehesten in der Lage ist, zu behaupten, dass sie durch eine solche verletzt worden sei. Es sieht so aus, als müsste eine Frau bereits gleich sein, ehe sie sich über Ungleichheit beschweren kann.

Das Gesetz gegen sexuelle Diskriminierung verlangt, dass Frauen entweder Sexualobjekte sind oder dass sie mit Männlichkeit wetteifern und es ihr gleichtun, um sich als Subjekte zu qualifizieren. Diese Kriterien ähneln interessanterweise der zweischneidigen "Leidenschaftslosigkeit", die Nancy Cott als den Teil des Handels bezeichnet, der Frauen historisch überhaupt den Zutritt zu dieser Form institutioneller Gleichheit erlaubte. "Leidenschaftslosigkeit" – sexuelles Behandeltwerden als Definition des weiblichen Geschlechts – war der Preis für den Zutritt der Frauen zu viktorianischer moralischer Gleichheit.[39] Leidenschaftslose Frauen verdienen den gleichen Schutz (gleiche Behandlung, getrennte weibliche Version) oder die qualifizierte Erlaubnis, zweitklassige Männer zu sein (gleiche Behandlung, männliche Version). Leidenschaftlichkeit würde lediglich die Regel brechen und Frauen das Recht auf moralische Gleichheit absprechen, während Leidenschaftslosigkeit weiterhin als die Regel für Frauen gilt. Nicht leidenschaftslose Frauen – vielleicht selbst aktiv, selbstbestimmt, sich selbst achtend, nicht sexuell definiert und sexueller Ungleichheit aus dieser Position heraus widerstehend – existieren unter diesen Bedingungen einfach nicht. Wenn der Status des Geschlechts auf einer sexuellen Grundlage aufbauen würde, dann wäre sexuelle Gleichheit

---

[39] Cott, Nancy: *Passionlessness. An Interpretation of Victorian Sexual Ideology, 1790-1950*, in: *Signs: A Journal of Women in Culture and Society,* Nr. 4, 1978, S. 219-236.

wirkliche Gleichheit. In diesem Licht betrachtet, sieht diese Form von sexueller Verdinglichung als Preis für Gleichheit ebenso aus wie Ungleichheit als Preis für Gleichheit, und es wird offenkundig, dass der bürgerliche Handel – die Bedingungen, unter denen Frauen als kulturelles Geschlecht zu abstrakter Personhaftigkeit und Individualität ursprünglich zugelassen wurden – einen sexuellen Preis gehabt hat.

Nach dem Gesetz für Geschlechtergleichheit heißt Mensch sein der Substanz nach ein Mann sein. Eine Person zu sein, ein abstraktes Individuum mit abstrakten Rechten, das mag vielleicht ein bürgerliches Konzept sein, aber sein Inhalt ist ein männlicher. Der einzige Weg, um *als* Mitglied der gesellschaftlich ungleichen Gruppe der Frauen, im Gegensatz zur Möglichkeit, *gegen* die Mitgliedschaft in der Gruppe der Frauen einen Anspruch durchzusetzen, besteht darin, die Behandlung auf einer sexuell anrüchigen Grundlage zu suchen. Menschenrechte, einschließlich der "Frauenrechte", sind implizit auf jene Rechte eingegrenzt worden, welche die Männer zu verlieren haben. Das kann zum Teil der Grund dafür sein, dass Männer ständig prozedurale und abstrakte Gleichheit mit substantieller Gleichheit verwechseln: Für sie sind beide dasselbe. Abstrakte Gleichheit hat niemals jene Rechte beinhaltet, welche Frauen als Frauen am nötigsten brauchen und niemals gehabt haben. All das sieht im Recht rational und neutral aus, weil die gesellschaftliche Realität aus derselben Perspektive konstruiert ist.

Stereotypisierung – ungenaue oder übertriebene Fehlreflexionen – ist der liberale Archetypus von Verletzung. Sie passiert im Kopf oder im symbolischen gesellschaftlichen Raum. Sie friert den Prozess der Verdinglichung (von der sie ein bona fide Teil ist) im Moment seiner Ungenauigkeit ein, indem sie versagt, die Bilder zu begreifen, die verhaltensmäßig und emotional real werden, und wird so potenziell immer von ihnen besiegt. Das gilt für die meisten der Bilder. So verschleiert zum Beispiel der Versuch, Stellenbewerber auf individueller Grundlage zu beurteilen, diese Tatsache viel stärker, als dass er sie wettmacht, obwohl so sicher einigen Individuen geholfen wird. Dass Frauen und Mädchen vielleicht nicht körperlich stark sind oder mit Männern und Knaben verglichen nicht physisch einschüchternd wirken, diese Tatsache kann sowohl Folge wie Ursache des gesellschaftlichen Bildes von echter Weiblichkeit als schwach und von Männlichkeit als stark sein. Es geht nicht einfach darum, dass eine strenge Annahme biologischer Kausalität innerhalb der Gesellschaft eine gegenteilige Abwandlung erfährt. Es ist eine Sache der eigenen Erfahrung und Einschätzung der Geschlechterrealität zum Zeitpunkt ihrer Demontage. Macht in der Gesellschaft umschließt sowohl legitime Macht als auch die Macht, entscheidende Sozialisationsprozesse zu bestimmen. Sie umfasst daher die Macht, Realität herzustellen. Die Unterscheidung zwischen Frauen und Männern ist nicht einfach in die wahrgenommene Realität eingraviert, sondern über ein Bild gelegt, das bereits im Kopf existiert, weil es in der sozialen Welt existiert. Wenn ein Stereotyp eine gesellschaftliche Grundlage hat, wenn es nicht nur eine Lüge oder Entstellung, sondern empirisch real geworden ist, dann wird es nicht als sexuell diskriminierend angesehen. Dann ist es eine Differenz. Im Gegensatz dazu ist die Kritik an sexueller Verdinglichung als einem Prozess sexueller Ungleichheit gleichbedeutend damit, wirkliche Disparitäten als Teil der Verletzung durch Ungleichheit zu sehen, denn durch Disparitäten können Stereotype genau dort am tiefsten verletzen, wo sie empirisch real werden.

In Fällen, in denen geschlechtsunterschiedliche Behandlung nicht offensichtlich ist, verlangt das Gesetz gegen Diskriminierung zunehmend den Nachweis, dass ein diskriminierendes "Motiv" oder eine solche "Absicht"[40] hinter dem in Frage gestellten Verhalten liegt. Dieses Erfordernis definiert ganz ähnlich dem mentalen Element bei Vergewaltigung die Verletzung durch sexuelle Diskriminierung vom Standpunkt des Täters. Wenn er keine Verletzung intendierte, dann war auch keine Verletzung geschehen. Wenn der Täter seine Taten nicht auf der Basis des Geschlechts intendierte, dann basierten sie nicht auf dem Geschlecht.[41] Diskriminierung ist ein moralischer Lapsus. Frauen wissen, dass ein großer, wenn nicht der größte Teil von Sexismus unbewusst, achtlos, gönnerhaft, wohlmeinend oder von Gewinnstreben motiviert ist. Dass er nicht "mit Absicht" geschieht, macht Sexismus um nichts weniger erniedrigend, verletzend oder geschlechtsspezifisch.[42] Absicht verlangt den Beweis, dass die Angeklagten zuerst den Wert der Frauen kennen und sich dann entscheiden, diesen Wert nicht zu beachten. Aber der Punkt, an dem die Bigotterie wirklich entscheidend wird, ist der Punkt, wo Frauen überhaupt nicht als vollwertige Menschen gesehen werden. Oft bewerten Angehörige beiderlei Geschlechts die Arbeit von Frauen weniger hoch, und zwar allein auf der Grundlage des Wissens, dass die Arbeit von einer Frau durchgeführt wurde. Doch die Tatsache, dass wir die eigenen sexistischen Einstellungen nicht kennen oder nicht wissen,

---

[40] Personnel Administrator of Massachusetts gegen Feeney, 442 U.S., 1979, S. 256. Siehe auch Washington gegen Davis, 426 U. S., 1976, S. 229; U.S. Postal Service gegen Aikens, 460 U. S., 1983, S. 711.
[41] Das Gesetz gegen sexuelle Belästigung hat es mehrheitlich vermieden, von Frauen den Beweis zu verlangen, dass der Mann, der ihnen sexuelle Avancen gemacht hatte, dies in einer sie diskriminierenden Absicht getan hätte. Katz gegen Dole, 709 F. 2. 251, 255-56, bes. 256 Anm. 7, 4. Cir. 1983; aber cf. Norton gegen Vartanian, 31 FEP Fälle 1259, 1260, D. Mass. 1983. Die Richter sind zum größten Teil zu der Ansicht gebracht worden, dass Frauen, die Zielscheibe unerwünschter heterosexueller Avancen sind, nicht in dieser Position wären, wenn sie nicht Frauen wären. Barnes gegen Costle, 561 F. 2. 983, D. C. Cir. 1977.
[42] Stellen Sie sich folgende Diskussion über die Verbindung zwischen geschlechtsbezogenen Fragen und Motiven vor: "Mir ist klar, dass ich nicht entlassen wurde, weil ich lesbisch bin. Mir ist ebenso klar, dass keiner und keine, der bzw. die gegen meine Anstellung gestimmt hat, dachte, dass er /sie mich >diskriminierte<, weil ich lesbisch bin, sondern dass jeder und jede dachte, dass er/sie >eine schwierige Entscheidung bezüglich der Qualität und Richtung meiner Arbeit traf<." McDaniel, Judith: *We Were Fired: Lesbian Experience in Academe*, in: *Sinister Wisdom*, Nr. 20, Frühjahr 1982, S. 30-43.

dass sie einen Einfluss auf unser Urteil ausüben, wird vom Gesetz als ein Grund dafür akzeptiert, dass eine sexuelle Diskriminierung nicht geschah.

In ähnlicher Weise setzen Beweislastregeln wirkungsvoll ein Universum voraus, das geschlechtliche Diskriminierung nicht kennt. Es ist ein Universum, das weitgehend von Männern besetzt wird, und dem gegenüber Klägerinnen den Beweis erbringen müssen, dass sie und ihre Situation Ausnahmen darstellen. Als ein Kontext, in dem Ansprüche evaluiert und Beweise abgewogen werden müssen, erlaubt diese Doktrin Frauen, die ihren Fall vorbringen, keinen Vorteil davon, dass anerkannt wird, dass es eine Diskriminierung gegenüber Frauen gibt. Angeklagte brauchen nur "einen legitimen und nichtdiskriminierenden Grund" für ihre Handlungen "zu artikulieren"[43], um einen Vorteil aus der Annahme zu ziehen, dass das leistungsbezogene System im allgemeinen funktioniert. Und das geschieht ungeachtet der Tatsache, dass Frauen in der überwältigenden Mehrheit nicht entsprechend ihren Fähigkeiten befördert werden. Diese Verteilung der Beweislast wird als neutral und unvoreingenommen und rein technisch präsentiert. Die Annahme, dass es Gleichheit im allgemeinen gibt, spricht so sicher gegen den Versuch, in besonderen Fällen Ungleichheit festzustellen, wie die Annahme, dass es Ungleichheit im allgemeinen gibt, für die Tatsache spricht, in besonderen Fällen Ungleichheit festzustellen. Soziale Ungleichheit macht einen neutralen Grund unerreichbar: Das Gesetz gegen diese Ungleichheit muss von der Annahme ausgehen, dass entweder Gleichheit oder Ungleichheit die gesellschaftliche Norm ist. Die Annahme, dass es Gleichheit im allgemeinen gibt, und dass jedes Beispiel von Anfechtung eine Ausnahme davon ist, macht es fast unmöglich, Gleichheit rechtlich herzustellen.

Das Gesetz gegen sexuelle Diskriminierung wird von seinen eigenen Vorstellungen von Geschlecht, Ungleichheit und Recht entscheidend unterminiert. Die grundlegende Strategie besteht darin, Geschlecht als eine Differenz zu denken; das Böse der sexuellen Ungleichheit als falsch verstandene Differenz zu diagnostizieren; sich vorzustellen, dass sexuelle Gleichheit – die Eliminierung unwirklicher Differenzen – erreicht worden ist, und von diesem projizierten Punkt aus Regeln hervorzubringen und sie zu einer Strategie zu machen, wie dieser Punkt zu erreichen ist. Die Reflexionsmethode dieses Gesetzes verkörpert diese Strategie – das Gesetz spiegelt die Realität des Geschlechts, die Realität der Geschlechterungleichheit. Die Vorstellung, die Situation sei *wirklich* gleich, um sie gleich zu machen, ist die Sentimentalität des Liberalismus. Die distanzierte Aperspektivität, welche die gesuchte Blindheit gegenüber sexuellen Differenzen ermöglicht, erreicht auch eine Blindheit gegenüber sexueller

---
[43] Furnco Construction Corp. gegen Walters, 438 U.S., 1978, S. 567. Regelungen der Beweislastverteilung gemäß dem Bürgerrechtsgesetz von 1964 gelten auch für sexuelle Diskriminierung.

Ungleichheit. Ein solcher Ansatz kann Separatismus nicht von Segregation, Nichtdiskriminierung nicht von erzwungener Integration oder Vielfalt nicht von Assimilierung unterscheiden. Er bedeutet auch eine Fehldiagnose hinsichtlich der Interessen der Herrschenden an der Aufrechterhaltung der Situation, weil weder dieser Ansatz noch die Herrschenden wissen, dass sie dominant sind. Ronald Dworkin definiert zum Beispiel den Gleichheitsstandard des Liberalismus als einen, der "keinem Bürger ein Opfer oder eine Einschränkung kraft eines Argumentes auferlege, welches ein Bürger, ohne sein Empfinden von Gleichwertigkeit zu verlieren, nicht akzeptieren könnte".[44] Dworkin scheint nicht zu erkennen, dass die Minderwertigkeit der Frauen substantiell notwendig ist, um männlichen Selbstwert in ungleichen Gesellschaften zu ermöglichen, und dass genau dies Teil des Grundes dafür ist, dass sexuelle Ungleichheit andauert.

Alle diese Elemente der Dogmatik – das Vorsatzerfordernis, die Beweislastverteilung, aber am grundsätzlichsten das Erfordernis der über die Geschlechtertrennlinien hinweg vergleichbaren Situation – negieren autoritativ, dass die gesellschaftliche Wirklichkeit durch sexuelle Ungleichheit gespalten ist. Diese Negation, die vom männlichen Standpunkt aus einen Sinn ergibt, vermischt den Rechtsstandard für erkennbare Ungleichheit mit Objektivität als einer epistemologischen Haltung. Objektivität geht von der Annahme aus, dass gleich kompetente Beobachter, die vergleichbar situiert sind, dasselbe sehen oder zumindest sagen, dass sie das Gleiche sehen. Feminismus stellt genau das radikal in Frage, nämlich, ob die Geschlechter jemals unter den gegenwärtigen Bedingungen ähnlich situiert sind, selbst wenn sie unter denselben Bedingungen leben. (Er stellt auch einige Standards für Kompetenz in Frage.) Die Grenze zwischen subjektiver und objektiver Wahrnehmung, welche angeblich das Idiosynkratische, Nichtwiederholbare, Religiöse, Befangene und Unverifizierbare – das Unwissenschaftliche – vom Wirklichen trennt, setzt die Existenz einer einzigen dinglichen Realität und deren Unabhängigkeit vom Wahrnehmungswinkel voraus. Wenn es jedoch Lebensbedingungen von Frauen gibt, dann gibt es (zumindest) zwei *Objekt*bereiche gesellschaftlicher Bedeutung. Der Gesichtspunkt von Frauen ist um nichts subjektiver als der von Männern, wenn Frauen eine sexuell diskriminierende Objektwirklichkeit bewohnen.

Für diese Analyse gilt, dass gesellschaftliche Umstände, für die das Geschlecht zentral ist, unterschiedliche Interessen und daher unterschiedliche Wahrnehmungen und daher unterschiedliche Bedeutungen und daher unterschiedliche Definitionen von Rationalität produzieren. Diese Beobachtung reduziert Geschlecht weder auf ein anderes Denken, noch reduziert sie Richtigkeit auf eine relative Subjektivität oder Prinzipien auf Willkür. Sie stellt je-

---

[44] Dworkin, Ronald: *A Matter of Principle*, Cambridge, Mass.: Harvard University Press, 1985, S. 205.

doch die Ansicht in Frage, dass Neutralität und insbesondere Geschlechtsneutralität als Ausdruck von Objektivität der nichtneutralen, verdinglichten gesellschaftlichen Realität, wie Frauen sie erfahren, angemessen ist. Wenn Unterscheidung das Problem wäre, würde Geschlechtsneutralität als ein sinnvoller Ansatz gelten können. Da aber Hierarchie das Problem ist, ist Geschlechtsneutralität nicht nur unangemessen, sie ist pervers. Dadurch, dass die vorliegende Analyse die Prinzipienorientiertheit neutraler Prinzipien in Frage stellt[45], sagt sie dem gegenwärtigen Recht nach, dass es, statt die Ungleichheit der Geschlechter zu korrigieren, auf deren andauernder Existenz beruht und diese fördert.

Der analytische Ausgangs- und Zielpunkt des Gesetzes gegen sexuelle Diskriminierung ist daher die liberale Auffassung der Geschlechterdifferenzen, die dahingehend verstanden werden, dass sie Ungleichheiten des Geschlechts rational oder irrational schaffen. Der feministische Ansatz stellt im Gegensatz dazu eine Geschlechterhierarchie in Frage, welche Ungleichheiten nicht nur produziert, sondern auch die gesellschaftliche Bedeutung und damit die rechtliche Relevanz von sexueller Differenz formt. In dem Ausmaß, in dem die Biologie des einen Geschlechts ein gesellschaftlicher Nachteil ist, während die Biologie des anderen Geschlechts kein solcher Nachteil oder sogar ein gesellschaftlicher Vorteil ist, in diesem Ausmaß sind die Geschlechter gleichermaßen different, aber nicht gleich mächtig. Es geht also um die gesellschaftliche Bedeutung der Biologie und nicht um irgendeine Faktizität oder Objektqualität der Biologie selbst. In ähnlicher Weise besitzen beide Geschlechter eine Sexualität, welche einen Platz in der "heterosexuellen Ethik" einnimmt. In dem Ausmaß, in dem die Sexualität des einen Geschlechts ein soziales Stigma, Zielscheibe von und eine Provokation für Verletzung ist, während die Sexualität des anderen Geschlechts gesellschaftlich eine Quelle der Lust, des Abenteuers, der Macht (die gesellschaftliche Definition von Potenz überhaupt) und ein Brennpunkt der Vergötterung, des Vergnügens, der Bereicherung und der Aufhebung von Unterdrückung ist, in diesem Ausmaß ist die Sexualität der Geschlechter voneinander gleichermaßen unterschiedlich, gleich heterosexuell oder nicht, nicht aber gesellschaftlich gleich mächtig. Die relevante Frage ist die der gesellschaftlichen Bedeutung der Sexualität und des Geschlechts von Frauen und Männern und nicht deren Sexualität oder Geschlecht "an sich" – wenn so eine Unterscheidung überhaupt getroffen werden kann. Die Bemühungen um die Aufhebung der Ungleichheit des Geschlechts werden an jenem Punkt eingeschränkt, wo sie auf Biologie oder Sexualität unter der Bezeichnung von Differenzen tref-

---

[45] Die klassische Artikulierung der "neutralen Prinzipien bei richterlichen Entscheidungen auf Verfassungsebene" stammt von Herbert Wechslers Angriff gegen die Entscheidung des Obersten Gerichtshofs, die die Rassentrennung in Schulen für verfassungswidrig erklärte, in: Brown gegen Board of Education.

fen. Dies geschieht, ohne zu erkennen, dass diese im Recht oder innerhalb der Gesellschaft nur als deren spezifisch sexistische soziale Bedeutungen existieren. Eine solche Einschränkung bedeutet nicht viel mehr als das Zugeständnis, dass Geschlechterungleichheit so lange in Frage gestellt werden kann, als die zentralen epistemologischen Säulen des kulturellen Geschlechts als eines Machtsystems stehen bleiben dürfen.

Wenn die genannten Fragen auf diese Art gestellt werden, scheinen die Forderungen von Frauen nach sexueller Gleichheit so auszusehen, als wollten sie beides: Gleiches, wenn Frauen den Männern gleich sind, anderes, wenn sie anders sind. Aber das ist genau das, was die Männer haben: gleich und gleichzeitig anders. Gleich wie Frauen, wenn sie gleich sind und gleich sein wollen, und anders als Frauen, wenn sie anders sind und anders sein wollen, was für gewöhnlich der Fall ist. Gleich und gleichzeitig different wäre Parität. Aber unter männlicher Vorherrschaft kommen im Grunde nur wenige Frauen in den Genuss einer der beiden Positionen, während man ihnen sagt, Frauen erhielten beides: die Sonderstellung auf einem Podest und eine gleiche Chance im Rennen um die Fähigkeit, eine Frau und gleichzeitig auch eine Person zu sein. Der Identitätsweg ignoriert das Faktum, dass die Indizien oder die Verletzungen von Geschlecht oder Sexismus oft gewährleisten, dass einfach eine Frau zu sein, selten bedeutet, in einer Position zu sein, die der eines Mannes ausreichend ähnlich ist, um ungleiche Behandlung auf ein sexuelles Vorurteil zurückgeführt zu bekommen. Der Differenzweg verkörpert und reflektiert eher die Substanz des minderwertigen Status von Frauen, als dass er diesen verändert, indem Schutzmaßnahmen so vorgestellt werden, als wären sie gleicher Schutz durch Gesetze. Auf diese Art verschleiern die rechtlichen Formen, die für den Beweis von sexuellen Diskriminierungen zur Verfügung stehen, das Geschlecht dieses Bezugspunktes für Gleichheit, während gleichzeitig Klagen wegen geschlechtsspezifischen Beschwerden von Frauen wirkungsvoll ausgeschlossen werden.

Wenn Identität der Standard für Gleichheit ist, dann sieht die Kritik an der Geschlechterhierarchie wie ein verschleiertes Ansuchen um besonderen Schutz aus. Tatsächlich stellt sich die Kritik eine Veränderung vor, die zum ersten Mal eine einfache gleiche Chance möglich machen würde. Der Versuch, die Realität des Geschlechts als Differenz und die Bedingung für Gleichheit als Identität zu definieren, garantiert nicht nur, dass sexuelle Gleichheit niemals erreicht werden wird; er ist in beiderlei Hinsicht falsch. Geschlecht ist in der Natur keine Bipolarität, es ist ein Kontinuum; die Gesellschaft macht es zu einer Bipolarität. Wenn das einmal geschehen ist, beläuft sich die Forderung nach Gleichheit mit denen, die den Stan-

---

Wechsler, Herbert: *Toward Neutral Principles of Constitutional Law*, in: *Harvard Law Review*, Nr. 73, 1959, S. 1.

dard gesetzt haben – das sind jene, die Frauen gesellschaftlich bereits als anders definiert haben -, genau darauf, dass sexuelle Gleichheit im Recht schon so konzipiert ist, dass sie niemals erlangt werden kann. Diejenigen, die gleiche Behandlung am dringendsten benötigen, werden diejenigen sein, die gesellschaftlich denen am wenigsten vergleichbar sind, deren Situation den Standard setzt, an dem die Berechtigung ihres Rechtsanspruchs auf gleiche Behandlung gemessen wird. Die größten Probleme sexueller Ungleichheit liegen dort vor, wo Frauen den Männern nicht "ähnlich situiert" sind. Praktiken der Ungleichheit brauchen nicht absichtlich diskriminierend zu sein. Der Status quo muss nur unverändert reflektiert werden. Deskriptiv gesprochen lässt sich diese Strategie zur Erhaltung der sozialen Macht so charakterisieren: Strukturiere die gesellschaftliche Realität zuerst als ungleich und verlange dann, dass das Recht auf ihre Veränderung auf der mangelnden Unterschiedlichkeit der Situation basiert; strukturiere die Wahrnehmung erst so, dass different gleichviel wie minderwertig bedeutet, und verlange dann, dass es für Diskriminierung der bösen Absichten jener bedürfe, die *wissen*, dass sie es sind, die in einer Gesellschaft, in der epistemologisch gesprochen die meisten Frömmler aufrichtig sein werden, Gleiche als weniger gleich behandeln.

Das herrschende Gleichheitsgesetz geht davon aus, dass die Gesellschaft bereits grundsätzlich gleich ist. Es gibt Frauen rechtlich nicht mehr, als sie bereits gesellschaftlich haben, und wenig, das nicht gleichzeitig Männern gegeben wird. Daher wird eigentlich jeder Versuch, für Frauen gemäß dem Gesetz für sexuelle Gleichheit irgendetwas zu tun, bereits als Sonderrecht oder spezielle Förderung stigmatisiert, als dass er zum ersten Mal einfach als Nichtdiskriminierung oder Gleichheit anerkannt würde. Solange sexuelle Differenz – ob als Wert geschätzt oder negiert, ob als Terrain des Feminismus oder als Terrain des Frauenhasses abgesteckt – sexuelle Gleichheit einschränkt, werden Frauen erniedrigt geboren werden und erniedrigt sterben. Schutz wird ein schmutziges Wort und Gleichheit ein besonderes Privileg sein.

Aus dem Amerikanischen von Ursula Marianne Ernst

Eva Kreisky
Der Stoff, aus dem die Staaten sind
Zur männerbündischen Fundierung politischer Ordnung

"... es scheine, der Staat sei ein moralischer Mann, statt eines moralischen Menschen"

(Th.G.v.Hippel, 1828)

1. Geschlechtsblindheit von Staatstheorien

Alle staatlichen Angelegenheiten sind seit jeher – grundsätzlich aber mit dem modernen Nationalstaat – von Männern dominiert. Die klassisch-liberalen Anstrengungen ließen zwar im Gefolge des antifeudalen Kampfes Individuen zu Rechtssubjekten werden, aber nur Männer konnten Individuen, also Rechts- und Staatsbürger sein. Frauen hatten sich auf die "Privatsphäre", nämlich auf "Herd" und "Bett", zu beschränken. Für sie war demgemäss die "abgeleitete" Rechtsstellung angemessen: Männer vertraten die Familien in der Sphäre des "öffentlichen Lebens". Frauen wurden in der Folge über ihr Verhältnis zu anderen Personen, dem Ehemann, den Kindern, bestimmt und staatlich "behandelt" (vgl. *Kreisky*, 1991, S. 195f.).

Mechthild *Rumpf* erblickt in der Ausdifferenzierung einer "privaten" und einer "politisch-öffentlichen Sphäre" den Unterbau für das Credo aller Staatstheorien. Zugleich schärft sie den Blick dafür, das staatliche Gewaltmonopol als "Mythos" zu erkennen. Nicht alle Gewalt nämlich wird durch den Staat "monopolisiert": "Der Unterwerfung der männlichen Subjekte unter eine souveräne staatliche Macht korrespondiert die Absicherung männlicher Souveränität in der häuslichen Sphäre". Das staatliche Gewaltmonopol institutionalisierte das Zusammenspiel von "häuslichem Frieden" und "innerstaatlichem ‚sozialen Frieden'" auf Kosten der Frauen (*Rumpf*, 1992, S. 17). Dieser besondere Doppelcharakter wird in gängigen staatstheoretischen Erklärungen jedoch nie hervorgehoben. Gleichzeitig bedeutete die Festigung des modernen Nationalstaates einen entscheidenden Schritt in Richtung "Entfamilialisierung der Politik". Die Trennung von Familie und Staat äußerte sich nämlich im "entfamilialisierten" Staat ebenso wie in der "entpolitisierten" Familie (vgl. *Benhabib/Nicholson*, 1987, S. 529).

Ein wichtiges Beispiel feministischer Kritik an ideologischen Fundamenten der Politikwissenschaft stellen die Arbeiten Carol *Patemans* dar. Mit ihrer Kritik an den "Vertragstheorien" hat sie die unterdrückte Geschichte der Konstituierung bürgerlicher Gesellschaft als "modernes Patriarchat" aufgearbeitet (vgl. *Pateman*, 1988). Die Fixierung politischer Theorien auf den "Gesellschaftsvertrag", als den Ursprung politischer Rechte und bürgerlicher Freiheiten verkörpert in ihrer Sicht nur eine Hälfte der Geschichte und soll die patriarchale Fundierung der gesellschaftlichen Ordnung unsichtbar halten. *Pateman* hat nachgewiesen, dass es kein purer Zufall ist, wenn Vertragstheoretiker bis in die Gegenwart nur den vom "Sexualvertrag" abgespaltenen "Gesellschaftsvertrag" herausstreichen. Der "Gesellschaftsvertrag" ist als Geschichte der Freiheit der Männer, der "Sexualvertrag" aber als Geschichte der Unterwerfung der Frauen unter Männer als "Männer" oder unter Männer als "fraternity" zu deuten. Dieser zweite Aspekt der Geschichte ist freilich systematisch ausgeblendet worden. Die patriarchale Welt ist "zweigeteilt", aber nur eine, nämlich die "öffentliche" Sphäre erweckte Aufmerksamkeit und korrespondierte auch mit "bürgerlichen Freiheiten". Die andere, nämlich "private" Sphäre blieb ohne politische Relevanz. Die Separierung dieser beiden Sphären mit ihrer differenten Ausstattung mit politischen Rechten kann suggerieren, dass nur für eine der beiden Sphären patriarchale Ordnungsmuster Bedeutung hätten. Der Verdienst *Patemans* liegt aber gerade darin, die patriarchalen Wurzeln moderner "Zivilgesellschaft" bloßgelegt und "sexuelle Differenz" als "politische Differenz" gedeutet zu haben.

Es ist evident, dass staatliche und politische Institutionen ihren Ursprung in sozialen und politischen Konfliktkonstellationen haben[1]. Dass der Geschlechterkonflikt in politisch-institutioneller Hinsicht folgenlos geblieben ist, ist näherer Beschäftigung wert. Wenn die Staatsproblematik auf neue soziale Interessensbezüge hin erörtert wurde, so war es das Aufkommen des Bürgertums oder der Arbeiterbewegung, nicht aber auch jenes der Frauenbewegung, das den Begründungszusammenhang staatlicher Herrschaft irritierte und neu austarierte Machtkonstellationen sowie sozial-angepasste Institutionalisierungen einforderte. Immer waren es also primär die direkt ökonomischen und sozialen Interessenbezüge, nicht aber der Geschlechterkonflikt, der in der staatstheoretischen und staatspolitischen Erörterung Resonanz fand.

Beinahe ausnahmslos blieben in der (bürgerlichen wie auch marxistischen) Staatstheorie "Geschlecht" und erst recht "Frauen" unthematisiert. Die Überhand der (zumeist männlichen) Ökonomisten und Funktionalisten im staatstheoretischen Diskurs trägt ein Gutteil an Verantwortung für diese eklatante Ausblendung, die nicht nur der Verschleierung der Machtver-

---

[1] So entstand das Parlament aus dem Konflikt zwischen Adel und Bürgertum, sozialstaatliche Einrichtungen und sozialpartnerschaftliche Institutionen aus dem Konflikt zwischen Lohnarbeit und Kapital. Lediglich mit dem Geschlechterkonflikt korrespondierte im öffentlichen Bereich keine Form der Institutionalisierung. Am ehesten

hältnisse überhaupt, sondern auch dem Unsichtbarmachen der hierarchischen Organisation der Geschlechterverhältnisse dienlich ist.

Weder frühe Versuche aus dem politischen Kontext der Frauenbewegung (z.B. *Vaerting*, 1921) noch kühne männerbündische Staatsphantasien derselben Ära (z.B. *Blüher*, 1921) haben staatstheoretische Wahrnehmung in ihrem rigiden Kurs der Geschlechtsleugnung verunsichern können. Weder präfaschistische Vorarbeit noch faschistische Übersteigerung vergeschlechtlichter Staatssicht (vgl. *Spengler*, 1923; *Rosenberg*, 1930; *Baeumler*, 1934) haben Aufmerksamkeit für innere oder äußere Bezüge zwischen Staat und Geschlecht provoziert.

Nur für theoretische oder politische "Außenseiter" oder für staatstheoretische "Fremdgänger" aus Grenzdisziplinen (wie der Anthropologie, Ethnologie, Psychoanalyse oder Ethnopsychoanalyse) scheint der Zusammenhang von Staat und (männlichem) Geschlecht von Interesse (vgl. *Erdheim*, 1982; *Eliade*, 1988; *Godelier*, 1987). Die grundsätzliche "Eingeschlechtlichkeit" des Staates kommt einem orthodoxen Staatstheoretiker dagegen nicht in den Sinn. Er braucht "das Männliche" nicht gesondert zu denken, weil es für ihn "selbstverständlich" im Fundament des Staates eingelassen ist (vgl. allgemein *Simmel*, 1983, S. 53f.).

Jeder Blick in einschlägige Literatur zeigt, dass Annäherungsversuche an das Konstrukt "Männlichkeit" häufig auf die Beispiele von Staat und Militär greifen (so etwa *Erdheim*, 1982). Umso erstaunlicher ist es, wenn Beschäftigung mit dem Staat, seinen Agenden oder seinem Apparat nicht auch zwangsläufig zur Beachtung des (männlichen) Geschlechtes hinführt. Diese Blockade bedarf der Entschlüsselung.

Der Staat war und ist keine geschlechtsneutrale Instanz. Er schuf und stützt immer noch die Bedingungen hierarchischer Geschlechterordnung (vgl. *Young*, 1992, S. 7). Dennoch bleibt einseitige Geschlechtsbindung des Staates in üblicher staatstheoretischer Routine ausgeblendet. Auch neuere Staatstheoretiker vernachlässigen nach wie vor die staats- und politikstrukturierende Bedeutung von Geschlecht sowie die Geschlechterverhältnisse gestaltende Kraft von Staat und Politik.

Die Staatsdiskussion veränderte sich grundlegend, würde sie systematisch mit der Tradition hierachisierter Geschlechterverhältnisse in Verbindung gebracht. Der Geschlechterbezug würde nicht nur "strukturelles" Patriarchat aktueller Gesellschaften verstehbar und erklärbar machen, sondern könnte auch die Erklärungs- und Praxisrelevanz politikwissenschaftlicher Staatstheorien steigern. Es wäre zumindest den Versuch wert.

---

wäre in diesem Zusammenhang noch an die seit den achtziger Jahren entstehenden "zahnlosen" (d.h. budget- und kompetenzlosen) Frauenministerien, Frauenbeauftragten oder Gleichstellungsstellen zu denken.

2. Veranschaulichung des Unbegreiflichen

Der Staat ist ein abstraktes Konzept, weshalb er, um ihn "verständlich" zu machen, in politischer Alltagssprache, aber auch in politisch-theoretischer Sprache in der Regel personifiziert und verbildlicht werden muss. Mittels verschiedener Metaphern (z.B. Organismus, Körper, Maschine, Schiff, Gebäude u.a.m.), die Anleihen aus dem Vokabular anschaulicherer Disziplinen (z.B. Biologie, Physik, Technik, Architektur) sind, lässt sich das Wesen des Staates scheinbar leichter ausdrücken als mittels einer hochabstrakten Begrifflichkeit (vgl. *Rigotti*, 1994). Gebräuchliche Metaphern für den Staat spielen zwar auf allgemeine Funktionsweisen und Machtvorstellungen an, die geschlechtliche Fundierung des Staates bleibt jedoch verdeckt.

Der staatstheoretischen Einsicht, dass der Staat nicht der Apparat ist, sondern sich nur als Apparat äußert, ist beizupflichten: Repressive und ideologische Apparate sind bloß Mittel, mit Hilfe derer der Staat handelt (vgl. *Poulantzas*, 1974, S. 97f. und S. 348). Dennoch wird in diesem Beitrag das "schauerliche, abstrakte Gespenst" Staat (*Mayreder*, 1922, S. 127) "personalisiert". Der Apparat des Staates – in Gestalt seiner "Apparatschiks" – muss im Brennpunkt feministischer Überlegungen zum Staat stehen. Das Herausstellen des Apparathaften hilft, allgemeine Herrschaftsaspekte staatsbürokratischer Mechanismen wie darin eingelassene Unterdrückungs- und Entfremdungsstrukturen zu entschlüsseln, bietet aber auch Material zur Einsicht in "Männlichkeit als System", die sich im Staatsapparat historisch eingeschrieben hat. Es ist daher keineswegs Zufall, wenn Karl *Popper* das Funktionieren der Institutionen von den in diesen Institutionen tätigen Personen abhängig macht: "Institutionen sind wie Festungen; sie müssen wohlgeplant und wohlbemannt sein" (*Popper*, 1980, S. 177).

Politikwissenschaft zielt mittels des Trugbildes geschlechtsneutraler Politikanalysen auf "Entsexualisierung" von Politik. Das Unsichtbare, nämlich Frauen und ihre Geschichte, sichtbar zu machen, galt von Anbeginn als eine der wichtigsten Absichten feministischer Forschung. Im Falle politischer und bürokratischer Institutionen ist diese erkenntnispolitische Absicht aber nicht umzusetzen. Formeller und informeller Frauenausschluss waren so umfassend und nachhaltig, dass die institutionelle Welt der "Berufspolitik" immer noch als intakte männliche Lebenswelt erhalten ist (vgl. *Schöler-Macher*, 1991), "Weibliches" beim besten Willen also nicht sichtbar zu machen ist. Feministische Forschung muss daher zu methodischer "Inversion" bereit sein: Das "Unsichtbare", das es in der Politik freizulegen gilt, ist nichts "Weibliches". Weibliche Lebenserfahrung und weibliche Lebensinteressen haben in der Sphäre von Staat und Politik kaum je gestaltend wirken können. Wenn etwas freizulegen ist, so ist es das Männliche, das sich unter einem Deckmantel von Neutralität bis in unterste Gefilde politischer und bürokratischer Institutionen hinein verborgen hat. Daher bedarf es einer feministischen "Institutionenarchäologie", die formaldemokratisch camouflierte Schichten männerbündischer Strukturen und männerbündischen Verhaltens nach oben kehrt.

Im modernen Staatsapparat materialisieren sich patriarchale Prinzipien in öffentlichen Strukturen. Was wir gemeinhin als Staatsapparat erfahren und verstehen, hat sich unter historisch-gesellschaftlichen Prämissen etabliert, für die Ausschließung und Beschränkung von Frauen konstitutiv war[2]. Staatliche Institutionen sind ihrer Provenienz nach sedimentierte männliche Lebenserfahrungen und männliche Interessen[3]. Männlichkeit ist nicht nur gesellschaftlich konstruiert (vgl. *MacKinnon*, 1989, S. 100), sondern sie konstruiert selbst gesellschaftliche Strukturen. Auch der Staat als politische Struktur ist davon erfasst.

Diese vorläufigen Hinweise machen vorstellbar, dass "Staat als Männerbund" nicht die Bedeutung einer nur plakativen oder gar Emotionen stimulierenden, sondern einer durchaus aus "konstitutiven Metapher" (vgl. *Rigotti*, 1994, S. 21) bekommen kann, wenn sie mit einer dezidiert feministisch-politischen Sicht des Staates verknüpft wird.

3. Ende der Staatsblindheit in der feministischen Theoriearbeit?

Bis Mitte der achtziger Jahre wurde die Wichtigkeit staatstheoretischer Fragestellungen für feministische Theoriediskussionen nur unzureichend erkannt. Nicht einmal die Wirkungen staatlicher Institutionen oder staatlicher Ideologien auf das Geschlechterverhältnis wurden untersucht. Mit einer pauschalen Ablehnung des marxistischen Theorieentwurfes ist für die (vor allem deutsche) Frauenbewegung und ihre theoretische Reflexion auch der Sinn für die Relevanz des Staates abhanden gekommen. Und dem Widerstand gegen "universalisierende" Theorien fielen selbst gesellschaftstheoretische Erklärungsansprüche zum Opfer.

In den letzten Jahren – unter bereits krisenhaften sozialen, politischen und ökonomischen Bedingungen freilich – wurden auch von feministischer Seite Fragen ungenügender

---

[2] Carole *Pateman* weist richtigerweise auf die paradoxe politische Position von Frauen hin: Ihr Ausschluss vom staatsbürgerlichen Status hatte niemals bedeutet, dass sie keinen politischen Beitrag leisten und keine politische Pflicht zu erfüllen hatten. So wurden sie über ihre "Mutterpflichten" in die politische Ordnung eingeschlossen, als "Staatsbürgerinnen" blieben sie freilich von der politischen Ordnung ausgeschlossen (vgl. *Patemann*, 1992).
[3] Trotz einseitiger Bindung an männliche Interessenlagen kann ein merkwürdiges Paradoxon des Staates allerdings nicht vermieden werden: Der selbe Staat, der geradezu die Superstruktur männlicher Überlegenheit verkörpert, setzt gleichzeitig aber auch das Ideal unabhängiger Männlichkeit außer Kraft. Der Staat ist es, der das

sozialstaatlicher Sicherung von Frauen[4], aber auch die Problematik des de-facto-Ausschlusses von Frauen aus staatlichen Institutionen aufgegriffen. Diese Diskussion war zumeist eher anwendungs- und handlungsbezogen ausgerichtet.

Rückblicke auf historische Ursachen aber blieben oft mythisch fixiert am Übergang vom "Matriarchat" zum "Patriarchat", wann und wo immer sich dieser Übergang auch historisch-konkret vollzogen haben mag[5]. Die Spurensuche zum "patriarchalen Sündenfall" erschien manchmal reizvoller als die vermeintlich so spröde theoretische Arbeit am modernen Staat. Freilich ist das eine ohne das andere nicht wirklich zu Ende zu bringen.

Die Konstituierungsphase des bürgerlichen Staates der Neuzeit wie auch die Periode des zunehmenden Staatsinterventionismus und die damit einhergehende Bürokratisierung und Zentralisierung gegen Ende des 19. Jahrhunderts haben in feministischen Debatten – wenn überhaupt – nur am Rande Aufmerksamkeit erweckt[6]. Dabei ist es gerade diese Epoche, in der sich die männerbündische Gewaltsamkeit moderner Staatlichkeit ihre spezifische und bis heute beibehaltene Statur gegeben hat. Und nicht einmal die historische Erfahrung mit dem nationalsozialistischen Gewaltstaat hat einen ernsthaften feministischen Staatsdiskurs provozieren können.

Die neuere Staatsdiskussion der Frauenbewegung lässt sich grob in zwei Strängen abbilden: Einerseits äußert sie sich in einer Konzentration auf sozialstaatliche Aspekte und darin begründeten Möglichkeiten zur Verbesserung des rechtlichen Status von Frauen. Der Staatsinterventionismus wird als Instrument der Frauenbefreiung gedacht ("Staatsfeminismus"). Andererseits wird der Staat in patriarchaler Kontinuität gesehen, weshalb er als politische Arena für Frauenkampf kaum in Betracht gezogen wird. Der Staat kann in dieser Sichtweise nur patriarchale Unterdrückungsverhältnisse fortschreiben.

Wunschbild initiativer und selbständiger Männlichkeit in das Zerrbild einer abhängigen und inferioren Untertanenschaft transformiert (vgl. *Ferguson*, 1984; *Kreisky*, 1988).
[4] Nicht einmal im Sozialstaat, so wie er in Deutschland oder Österreich verfasst ist, materialisiert sich wirklich angemessen das Interesse des weiblichen Lebenszusammenhanges. Die Bindung an die Erwerbsarbeit als Kriterium der Sozialstaatlichkeit ist trotz verschiedener Reformen immer noch dominierend. Die skandinavische Entwicklung ist in Hinsicht auf Anerkennung der Frauen als eigenständige Sozialstaatsbürgerinnen meiner Meinung nach doch um einiges weiter.
[5] Die Spannweite dieser Kontroverse innerhalb der Frauenforschung kann hier nicht aufgerollt werden. Sie reicht jedenfalls von Versuchen der Plausibilisierung matriarchaler Konzeptionen, um tiefliegende und vielfältige Sehnsüchte nach einer "anderen" Gesellschaft zumindest im historischen Rückblick träumen zu können (vgl. etwa *Göttner-Abendroth*, 1988), bis hin zu absolut notwendigen und historisch sehr sorgfältig verfahrenden Relativierungen des in den Debatten zumeist nur apodiktisch festgelegten androzentrischen Wendepunktes in der griechischen Antike (vgl. dazu die wichtigen und hervorragenden Arbeiten von *Wagner-Hasel*, 1988; *Wagner-Hasel* (Hg.), 1992.
[6] Die Beiträge von *Bennholdt-Thomsen* (1985) und Mechthild *Rumpf* (1992) bilden eher die Ausnahme als die Regel in diesem Trend deutschsprachiger feministischer Staatserörterung.

Wissenschaftlicher Feminismus hat sich der Staatsproblematik nach anderen Gesichtspunkten zugewendet als frauenpolitische Praxis (innerhalb und außerhalb traditioneller Institutionen). Anfänglich äußerte er sich als Kritik an herrschenden Theorien und erst später ging er zu einer Theoriebildung über. Methodologisch wurde dies wie in der Philosophie mit dem Doppelschritt der Dekonstruktion herrschender politischer Theorien und ihrer feministischen Reformulierung begründet (vgl. *Klinger*, 1986, S. 64ff.).

Feministische Kritik an Staatstheorien hat sich zu allererst als Beschäftigung mit prinzipieller "Ausklammerung" oder aber "sexistisch" abwertender Darstellung von Frauen und ihrem Lebenszusammenhang im staatstheoretischen Denken von der Antike bis zur Gegenwart geäußert. Mit großer Akribie ging man daran, dem "blinden Fleck" oder verächtlichen Frauenbildern in staatstheoretischen Konzepten zu Leibe zu rücken[7].

Erst in der Folge kam es dann auch zu einer stärkeren Beachtung machttheoretischer Komponenten von Frauenunterdrückung und Frauenausbeutung, was schließlich überleitete zur Frage nach der Institutionalisierung hierarchisierter Geschlechterstrukturen. Diese Fragen müssen auch im Kontext der neueren "Patriarchatsdebatte" gesehen werden, die eine wichtige Brücke im Übergang zu staatstheoretischen Perspektiven bildete. In dieser Debatte ging es vorerst um Relevanz und Relation von patriarchalen und kapitalistischen Unterdrückungs- und Ausbeutungsstrukturen (vgl. u.a. *Barrett*, 1983; *Harding*, 1981; 1988; *Hartmann*, 1981). Im Zuge der analytischen Annäherung galt es dann schließlich auch, die Rolle des Staates zu klären (z.B. *Dahlerup*, 1987; *Hernes*, 1986). War es zuerst ein Streit um die Bestimmung des Staates als patriarchal oder als kapitalistisch, so entstand aus dem Material dieser Diskussion bald ein theoretisches Konzept zur Verortung des Sozialstaates. Dabei wurde der Sozialstaat als "strukturelles" Patriarchat identifiziert, das "persönliche" Patriarchatsmuster tendenziell abgelöst (vgl. *Hernes*, 1987; aber auch *Gerhard*, 1990).

In der Folge wurde im Rahmen der Sozialstaatsdebatte auch die Feminisierung des Staatsapparates gefordert. Daran knüpfte sich nämlich die Hoffnung auf effektive Durchsetzung frauenpolitischer Interventionen. Freilich erwiesen sich die sozialen, ökonomischen und politischen Widerstände in der Praxis als nahezu unüberwindlich. Aus der Diskussion um die in Wirklichkeit strukturellen Grenzen der Feminisierbarkeit gesellschaftlicher und staatlicher Institutionen erwuchs schließlich die theoretische Arbeit am männerbündischen Kern des patriarchalen Staates. Solche staatsanalytischen Versuche bemühen sich nicht nur um

---

[7] Vor allem in der US-amerikanischen feministischen Literatur finden sich dazu viele aufschlussreiche kritische Arbeiten (z.B. *Brennan/Pateman*, 1979; *Clark/Lange*, 1979; *Elshtain*, 1981; *Flax*, 1983; *Okin*, 1977, 1979, 1980; einen guten Überblick dazu vermitteln auch *Benhabib/Nicholson*, 1987).

Macht- und Herrschaftskritik im allgemeinen, sondern auch um konkrete Struktur- und Staatsapparatskritik (vgl. *Ferguson*, 1984, 1986; *Kreisky*, 1988, 1991, 1993). Darum wird es im Folgenden gehen.

4. Worüber die "großen Denker" der politischen Theorie lieber nicht sprechen: Männerbeziehungen als "invisible hand" der Politik

Politik im modernen Sinne ist entstanden, nachdem der (männliche) Mensch als Individuum anerkannt war, als "einer, der das Recht hat, Rechte zu haben" (*Arendt*, 1981). Paradoxerweise war aber alles, was diesem historischen Einschnitt folgte und sich fortan Politik nannte, in diesem ursprünglichen Sinne eigentlich "antipolitisch". Die historisch ins Auge genommene Verwirklichung und Erweiterung der Rechte des Individuums unterblieb: Frauen wurden lange Zeit nicht als "Individuen" angesehen. Aber auch der "individualisierte" Mensch mit seinen Rechten blieb entindividualisierenden Strukturen (wie dem Markt, der Bürokratie oder dem "realen Sozialismus") unterworfen. "Politik" wurde auf institutionelle Formen von Politik verkürzt, kurzgeschlossen mit Staat und politischem System, ja es wurde dem Staat das Monopol des Politischen überhaupt zugesprochen (vgl. *Schmitt*, 1963, S. 21; *Schwan*, 1990, S. 20; kritisch dazu: *Narr*, 1986, S. 66ff.; *Beck*, 1993, S. 155).

Diese Verengung kommt auch in den Aspekten des politikwissenschaftlichen Politikbegriffs zum Ausdruck: Es geht bekanntlich um die institutionelle Verfassung des politischen Gemeinwesens ("polity"), um Inhalte politischer Programme zur Gestaltung gesellschaftlicher Verhältnisse ("policy") und um den Prozess der politischen Auseinandersetzung um Machtanteile und Machtpositionen ("politics"). Nicht das Individuum erweist sich in der Praxis als politikfähig, sondern organisierte, korporatistische, kollektive Akteure gestalten das Politikspiel (vgl. *Beck*, 1993, S. 162). Politik ist auf "regelausführende Politiker-Politik" (ebd., S. 17) reduziert.

Max *Weber* war wohl einer der schärfsten politischen Analytiker an der Schwelle zur modernen Parteiendemokratie. Und er gilt nach wie vor als der relevanteste Theoretiker der "Berufspolitik": Die "Leitung" oder "Beeinflussung der Leitung" eines "politischen Verbandes" wie des Staates nannte Weber "Politik" (*Weber*, 1971, S. 493). Politisches Handeln sollte zwar sowohl "hauptberuflich" wie auch "ehrenamtlich" erfolgen, aber *Weber* ließ keinen Zweifel aufkommen an seiner Vorstellung von wirklich überlegener Politik. In der Ehrenamtlichkeit steckte für ihn Dilettantismus. Eigentlich ist uns spätestens seit Max *Weber* "Politik als Beruf" ein vertrautes und selbstverständliches Konzept. Anschaulich hat *Weber* entfaltet, wie man "aus der Politik" seinen "Beruf" machen kann (ebd., S. 513) und wie sich überhaupt die Politik zu einem regelrechten "Betrieb" entwickelt hat (ebd., S. 519). Die Professionalisierung von Politik hat *Weber* plausibel mit der Modernisierung des Staates in Zusammenhang gebracht.

Die Tatsache des Ausschlusses der Frauen aus dem Beruf Politik tangierte *Weber* nicht. Seine Kategorien reflektieren eine ausschließlich männlich verfasste und genormte Welt: *Weber* spricht vom "Beruf", der "Berufung" und dem "Charisma des ‚Führers'", der "Hingabe seines Anhanges: der Jüngerschaft, der Gefolgschaft" (ebd., S. 508), der "Sachlichkeit und Ritterlichkeit" (ebd., S. 549), der "Brüderlichkeit" (ebd., S. 560) und dem "Helden" der Politik (ebd.). Politik ist ihm ein Feld des Kampfes und Krieges, ein "Wahlschlachtfeld" (ebd., S. 535). Um die Entwicklung der politischen Gemeinschaft darzustellen, rekurriert *Weber* ohne Einschränkungen auf den Stand der zeitgenössischen Männerbundtheorie und ihre frauenausschließende Sicht der Verknüpfungen von Krieg und Politik: "Als politischen Volksgenossen erkennt der Waffentragende nur den Waffentüchtigen an. Alle anderen, Nichtwaffengeübte und Nichtwaffentüchtige, gelten als Weiber" (*Weber*, 1972, S. 616).

Wenn *Weber* die für den Beruf Politik günstigen Qualitäten hervorkehrt, bedient er sich der "Weiblichkeit" als illustrativer Figur zur Beschreibung von Unfähigkeit und Unangemessenheit: "Statt nach alter Weiber Art nach einem Kriege nach dem ‚Schuldigen' zu suchen – wo doch die Struktur der Gesellschaft den Krieg erzeugte -, wird jede männliche und herbe Haltung dem Feinde sagen: ‚Wir verloren den Krieg, - ihr habt ihn gewonnnen. Das ist nun erledigt: nun lasst uns darüber reden, welche Konsequenzen zu ziehen sind entsprechend den *sachlichen* Interessen, die im Spiel waren" (*Weber* 1971, S. 549). Das ist dann das von Weber eingeforderte nötige "Augenmaß" des Politikers, die "Fähigkeit, die Realitäten mit innerer Sammlung und Ruhe auf sich wirken zu lassen", also: die "Distanz zu den Dingen und Menschen" (ebd., S. 546). Weit verbreitetes – oft sehr folgenreiches und inhumanes – männliches Verhalten wird nicht problematisiert, sondern unter der Hand als "richtiges" politisches Verhalten absolut gesetzt. Obwohl Max *Weber* nur selten ausdrücklich von Männern spricht, bezieht er sich ausschließlich auf die Spannweite männlicher Erfahrungen. Für *Weber* war es selbstverständlich, dass "Realpolitik" Sache von Männern ist. Er lebte und arbeitete in einem eindeutig patriarchalen Umfeld. Er hatte also wenig Grund, dieses Faktum zu verschleiern, wenngleich es ihn auch nicht zu spezieller Kritik anstachelte. Die enge Verbindung zwischen männlichem und politischem Denken ist nicht zu übersehen (vgl. *Bologh*, 1990).

Die tages- und berufspolitische Dynamik wird – zu Webers Zeiten ebenso wie gegenwärtig – überproportional von Konjunktur- und Krisenverläufen in Männerbeziehungen erzeugt. Dieses Faktum wird allerdings möglichst unter der Decke männlicher Eintracht gehalten. Jeder – auch noch so kurze - Blick in Tageszeitungen bestärkt allerdings die Vermutung, dass gerade "Politikerpolitik" (vgl. *Beck,* 1993) ganz entscheidend von äußerst persönlichen Beziehungen zwischen Männern getragen sein muss. Hinter jeder scheinbar noch so sachlichen Regel verbirgt sich immer auch eine Vielfalt emotionaler Bindungen zwischen Männern[8]. Das krampfhafte Aufrechterhalten angeblich streng separierter öffentlicher und privater Lebenswelten bietet das willkommene Alibi für die "geheimen (Männer)Liebschaften". Ausgelebt und gepflegt wird das freundschaftlich-emotionale Gleitmittel der "Berufspolitik" – je nach gesellschaftlichem Standort – an verschiedenen sozialen Orten: am Stammtisch, in eigenen Klubs, beim Sport, in Jagdgesellschaften. Nicht nur Macht und Geld bilden "Steuerungsmedien" (vgl. *Habermas,* 1981), vielmehr scheint mir auch eine spezifische Art von Homoerotik das politisch-administrative System zu regeln.

Nur selten wird "Freundschaft" auch als Kategorie des Politischen gefasst, allerdings bleibt ihre besondere geschlechtliche Konnotation dann dennoch zumeist ausgeblendet. Nicolaus *Sombart*[9] hat in seinen Thesen zur "männerbündischen" politischen Kultur Deutschlands wie auch im Zuge seiner Deutung des politischen Denkens Carl *Schmitts* auch in dieser Richtung einige beachtenswerte Überlegungen angestellt (vgl. *Sombart,* 1988, 1991). In seinem Argumentationsbogen rekurrierte *Sombart* u.a. auch auf die nationalsozialistische Männerbundtheorie, die im "Freundschaftsverhältnis" eine besondere "Beziehung zum Staat" gesehen hat. Die "Freundschaft ist etwas anderes als eine persönliche Liebhaberei. Die Freundschaft als Lebensform gedeiht nur in bezug auf den Bund und den Staat. Es gibt keine Freundschaft ohne Vaterland, aber auch kein Vaterland ohne Freundschaft" (*Baeumler,* 1934, S. 38). Sombart radikalisiert in kritischer Absicht diese Vorstellung *Baeumlers:* "Freundschaft ist natürlich Männersache, wie der ‚Staat' Männersache ist (nur Männer können Freunde

---

[8] Im Zuge der Erörterung von *Habermas'* und *Luhmanns* differenten Konzeptionen von "System" und "Lebenswelt" trifft Klaus von *Beyme* eine auch für unseren thematischen Zusammenhang erstaunliche Feststellung: "'Liebe' mag in stark institutionalisierten Bereichen keine Rolle spielen, ja darf sie eigentlich nicht spielen. Vertrauen aber beinhaltet lebensweltliche Aspekte, ohne die informelles Handeln in formalen Organisationen nicht denkbar wäre" (*Beyme,* 1991, S. 262). Diese Sicht vermittelt die – wohl wider besseren Wissens um die tatsächlichen Funktionsweisen politischer und bürokratischer Institutionen – unbewusste Hemmung, emotionale und erotische Momente in "formalisierten" Politikfeldern wahrzunehmen und auch als solche zu benennen.
[9] Nicolaus *Sombart* bildet in diesem Zusammenhang eine regelrechte Ausnahme, wofür er von Seiten der Männergemeinschaft auch ausgiebig als entweder schlicht "verräterisch" oder als angeblich theoretisch-schwach und damit in anderer Weise ebenfalls ehrlos gemaßregelt wurde. Zahlreiche Rezensionen zu seinem letzten Buch (vgl. *Sombart,* 1991) belegen anschaulich den empörten Bann des männlichen Verbundes von Politik, Wissenschaft und Journalismus.

sein). Der Staat ist eine Sache von ‚Freunden'. Die Basis des Staates ist ein Freundesbund – mit anderen Worten der ‚Männerbund'" (*Sombart*, 1988, S. 157).

Sombart entdeckt in dieser Sicht, dass hier eine "wesensmäßige Identität von Staat und Männerbund" vorausgesetzt wird. Die "Entscheidung für den ‚Staat'" ist daher die "Entscheidung gegen den ‚Feind'" (ebd.). Nur Freund – Feind – Denken reguliert politische Zusammenhänge. So sah der auch heute noch in politikwissenschaftlichen Einführungen prominent vertretene Staatsrechtslehrer Carl *Schmitt* "die Unterscheidung von Freund und Feind" als das wesentliche "Kriterium" des Politischen (*Schmitt*, 1963, S. 26). Der "Feind" steht für alles "andere", das es abzugrenzen und auszuschließen gilt. Der "Etatismus" Carl *Schmitts* ist "exklusiv" gedacht, also eine – selbst wenn nur äußerst selten ausdrücklich davon die Rede ist – das Eigene und mithin auch das Männliche in jeglicher Hinsicht überhöhende Staatssicht[10].

Ausschluss von Staat und Politik ist eine Machtkonstellation besonderer Art. Weil unter demokratischen Prämissen auch Macht sich als "gute Macht" darzustellen hat, bedürfen Machtphantasien akzeptabler Repräsentationsformen. Sich "präsentierende" Herrschaft umgibt und schützt sich mit Zeremonien, die Beherrschte distanzieren, hierarchisieren und dadurch "entwerten" (vgl. *Heinrichs*, 1990, S. 87). Empörung und Protest hat sich daher nicht nur gegen reale, sondern immer auch gegen symbolische und rituell geregelte Macht zu richten. Individuelles Machtstreben wird in das Unterbewusste abgedrängt und u.a. auch auf das "Kollektiv des Männerbundes der Politiker" übertragen (ebd.). Wachsende Identifikation mit diesem "Bund" bedingt Aufgabe von "Eigenem", lässt aber als Gegenleistung auch teilhaben am "Schutz" und der "magischen Kraft": Im Männerbund wird "der Machtwunsch des einzelnen durch das Bündnis mit anderen Männern verstärkt und institutionalisiert" (ebd., S. 88).

Gewiss kennt auch der politische Männerbund "magische Techniken" Sprach- und Verhaltensregeln, Initiationsriten und Zeremonien, die ein- und deshalb gleichzeitig ausschließen. Die "Berufspolitik" ist – im Vergleich zu anderen – gewiss ein "loserer" Männerbund, "mit weniger Aufwand und Verpflichtung" (ebd., S. 89), noch dazu "stetem Zerfall" ausgesetzt (ebd., S. 90). Sukzessive "entweihen" Modelle der Quotierung und Rotierung den "heiligen Bezirk" männlicher Politik. Zudem aktiviert sich "Subpolitik" im Sinne einer Selbstorganisation des Politischen neben der, aber auch gegen die "politische Klasse" (der Männer)

---

[10] So bemisst Carl *Schmitt* "die politische Kraft einer Demokratie» daran, ob »sie das Fremde und Ungleiche, die Homogenität Bedrohende zu beseitigen oder fernzuhalten weiß" (*Schmitt*, 1991, S. 14). Ein weiteres Beispiel in unserem Diskussionskontext kann auch *Schmitts* Hinweis auf ein, wie er betont, "interessantes und witziges" Buch sein, das "den Übergang vom Intellektuellen zum Affektiven und Sensuellen dadurch (erklärt), dass infolge der modernen Demokratie der männliche Typus zurückgedrängt wird und eine allgemeine Feminisierung eintritt" (ebd., S. 11).

(vgl. Beck, 1993, S. 156). Das "Männerbündische" überdauert auch solche Tendenzen der Aufweichung durch erhebliche Gegenwehr, aber auch durch seine beträchtliche Erneuerungsfähigkeit. Frauen bleiben wegen der besonderen "Affinität" aller politischen Ordnung "zu Männlichkeitswerten und –vorstellungen" immer noch Fremde in der Berufspolitik (vgl. *Schöler-Macher*, 1991, S. 106f.).

Geht es also um das Politische überhaupt, verfängt sich weiblicher Blick – wie auch die eigenen bisherigen Aussagen – außerordentlich leicht am "Männerbündischen". Soll das Ablehnenswerte und Hassenswerte am Staat, seinen Institutionen sowie seinen Repräsentanten mit einem Wort markiert werden, kommt in Frauenbewegung und Frauenforschung der Verweis auf das "Männerbündische" besonders rasch über die Lippen. Es ist zu befürchten, dass die Formel "Männerbund" Gemeinplatz bleibt, wenn mit ihr nur allzu glatte Assoziationen zum männlich strukturierten Staat hergestellt werden. Der Begriff ist weitgehend unreflektiert und enthistorisierend in feministisches Vokabular eingegangen, weil er scheinbare Klarheit suggeriert, wo immer noch beträchtliche Blindstellen vorherrschen.

5. Gesellschaftlicher Zusammenhalt durch männerbündische Rituale

In diesem Abschnitt werden die Beschränkungen politikwissenschaftlicher Konzeptualisierungen manifest: Politikwissenschaft fasst Politik als Interessens- und Verteilungskampf im weitesten Sinne. Von der die Perspektive enorm einengenden Staatsfixierung im Politikverständnis war schon zuvor die Rede. Inwiefern aber auch Symbole und Rituale für Politik fundamental sind, ist keine die Politikwissenschaft wirklich interessierende Fragestellung. Politische Anthropologie und politische Psychologie haben zumindest in der deutschsprachigen Politikwissenschaft nur marginale Bedeutung. In der US-amerikanischen Politikwissenschaft ist die Forschungslage einigermaßen anders. Hier gibt es nämlich eine durchaus anerkannte Forschungstradition, die der Politikmächtigkeit von Ritualen und Symbolen systematisch nachgeht (vgl. etwa *Edelmann*, 1964; *Kertzer*, 1988). Wir bleiben in diesem Problemfeld also auf Anleihen aus anderen Disziplinen (Kultur- und Sozialanthropologie, Ethnologie, Psychoanalyse, Ethnopsychoanalyse oder Soziologie) angewiesen. Besonders hilfreich wären natürlich solche Ansätze, die sich gerade der "missing link" der Disziplinen annehmen. Allerdings bieten sich nur wenige überbrückende Zugriffsweisen an. Das Abrufen von Einsichten anderer Disziplinen soll die eigene historisch-politikwissenschaftliche Erkenntnisabsicht nicht ersetzen, sondern lediglich zusätzlich absichern.

Mittels historischen und kulturellen Vergleichens lässt sich das konzeptuelle Verständnis männerbündischer Rituale vertiefen. Eine solche begrifflich-theoretische Vorarbeit muss konkret-historischer Analyse deshalb vorangehen, weil das politikwissenschaftliche Instrumentarium alleine eben nicht ausreicht. Dabei geht es nicht etwa um Universalisierung des Phänomens, sondern um Hilfe beim Ausloten der Komplexität sowie der Reichweite der Begrifflichkeit.

Auch wenn es in diesem Beitrag in erster Linie um politische und staatliche Ordnung gehen soll, ist die Bestimmung gesellschaftlicher Bindungskraft von Ritualen erwägenswert. Wir müssen das Männerbündische nach seinem gesellschaftlichen und politischen Integrationspotential befragen, nach dem Bindungsmuster also, das männlich hegemoniale Gesellschafts- und Machtstrukturen initiieren, aber auch stabilisieren kann. Selbstredend sind zur Fundierung gesellschaftlicher und politischer Macht (im Sinne der Macht von Männern über Frauen, aber auch der Macht von Männern über Männer) überdies psychische und symbolische Momente von Relevanz.

Die Sozialanthropologin Mary *Douglas* ortet ein gewichtiges Problem der Gegenwart im "Schwinden des Verbundenseins durch gemeinsame Symbole" (*Douglas*, 1986, S. 11). Sie betrachtet Symbole und Rituale als bedeutsame menschliche Ausdrucksmöglichkeit. Daher versucht sie, Basil *Bernsteins* Sprachcodesanalyse auf andere Symbolsysteme zu übertragen. "Restringierte Codes" sind relativ ökonomische Instrumente zur Übermittlung von Informationen sowie zur Stabilisierung konkreter Sozialstrukturen, Kommunikations- und Kontrollsysteme. Sie bewirken personale und soziale Integration zugleich, weil der einzelne seine Identität als Teil seiner sozialen Umwelt erfassen kann. Rituale erfüllen für Mary *Douglas* eine ganz "ähnliche solidaritätsstiftende Funktion" (ebd., S. 81). Sie sind nämlich besondere Formen "restringierter Codes", die dazu beitragen, ein bestimmtes Wertesystem innerhalb einer Gruppe durchzusetzen. Die Gruppenangehörigen werden befähigt, die Struktur und die Normen der Gruppe zu internalisieren (vgl. ebd., S. 79). Rituale von Stammeskulturen oder Industriegesellschaften stellen lebensgeschichtliche Begebenheiten heraus, markieren Zäsuren und Übergänge, stiften Gemeinschaften oder tragen zur Gefahrenabwendung oder Krisenbewältigung bei. Rituale sind nicht zu beseitigen. Auch der "Antiritualismus" der Gegenwart substituiert sie lediglich (ebd., S. 228).

Der französische Ethnologe van *Gennep* hat 1909 ein Strukturschema von Riten und Zeremonien entwickelt, das bestimmten Phasen in Übergangsperioden individueller menschlicher Entwicklung korrespondiert: Van *Gennep* arbeitete aus dem systematischen Vergleich damals verfügbaren ethnologischen Materials ein Ablaufschema von "Übergangsriten" heraus, in dem nach Trennungs-, Umwandlungs- und Angliederungsriten differenziert wurde (vgl. 1986, S. 72). Ausgangspunkt seiner Überlegungen war die Beobachtung, dass sich alle Gesellschaften aus unterschiedlichen Gruppierungen zusammensetzen und die Dynamik sozialen Lebens ständige Grenzüberschreitungen notwendig macht. Individuen und Gruppen sind in räumlicher, zeitlicher und sozialer Hinsicht mobil. Veränderungen gefährden aber gesellschaftliche Ordnungsmuster. Die Funktion der Riten besteht daher vor allem in einer Kontrolle der Dynamik gesellschaftlicher Abläufe. Es obliegt ihnen daher, mögliche Störungen durch Steuerung der Veränderung abzuschwächen. Diese keineswegs nur individuell-psychisch oder gar nur magisch-religiös festgelegte, sondern vor allem auf gesellschaftliche Kohärenz und Krisenvermeidung ausgerichtete Zugriffsweise auf Riten und Zeremonien im Verlaufe individueller und gesellschaftlicher Übergänge erweitert den Blick auf die gesellschaftliche und politische Funktion von Männerbünden und damit auf die gesellschaftliche Organisation des Geschlechterverhältnisses entscheidend.

In der ethnologischen und religionshistorischen Debatte werden Männerbünde als strukturelles Element vor allem vor-moderner und vor-staatlicher, also traditionell gebundener Gesellschaften angesehen: Diese Gesellschaften bedürfen der Initiationsriten, weil in ihrem Denken der Mensch erst "gemacht" werden muss. Er kann sich als Mensch nämlich nur erkennen, wenn er zunächst als natürlicher Mensch rituell "stirbt" und dann sozial, kulturell als ein "anderer" wiedergeboren wird. Männlichkeit ist nichts Naturgegebenes, auch kein individueller psychischer Zustand, zum Mann muss man erst "gemacht" werden. Männlichkeit ist ein kulturelles Produkt (vgl. *Nadig*, 1991, S. XI).

Die wichtigsten und am häufigsten auftretenden Initiationen markieren den kollektiv-rituellen – mehr oder weniger langen (vgl. van *Gennep* 1986, S. 71) – Übergang von der Kindheit zum Erwachsenenalter[11]. Der Bruch mit der Welt der Kindheit bezweckt die Trennung der Knaben von den Müttern, die Ablösung von der "profanen" mütterlichen und weiblichen Welt und das Eindringen in die nur Männern vorbehaltene "heilige Welt".

---

[11] Pubertätsriten sind fast durchwegs nach Geschlechtern differenziert. Die Initiation von Mädchen signalisiert ihre sexuelle Reife auch nach außen und erfolgt zumeist individuell. Initiationen von Mädchen sind, so meint der Religionshistoriker Mircea *Eliade*, "nicht gut erforscht". Das muss aber selbstverständlich nicht bedeuten, dass sie, wie er unzulässigerweise kurzschließt, tatsächlich auch weniger verbreitet sind als Pubertätsriten für Knaben (vgl. *Eliade*, 1988, S. 83). Vielmehr scheinen bei *Eliade* – wie auch bei vielen anderen männlichen Ethnologen, aber auch Altertumswissenschaftlern – Übertragungen eigener Gefühle, Wünsche und Vorstellungen wirksam zu werden. Das androzentrische Interesse der Gegenwart lenkt den Blick ebenso abwehrend zurück wie auch abwehrend auf andere kulturelle Zusammenhänge.

Diesen Ritualen liegt ein "Ursprungsmythos" zugrunde, wonach die geheimnisvolle Macht der Frauen durch die Männer gebrochen wurde, die sie nun ihrerseits als geheime Macht bewahren (vgl. *Eliade*, 1988, S. 65, 96, 131). Die Zeremonien bezwecken eine "Reaktualisierung" dieses Ursprungsmythos (ebd., S. 93). Jeder einzelne Mann muss "wiederholen", was Männer als Genusgruppe erfahren haben sollen. Dieser Vorgang der "Wiederholung" stiftet Identität.

Die Entstehung der Männerbünde wird gelegentlich auch als Schöpfung der mutterrechtlichen Epoche gedeutet. Mit ihnen sollte wirtschaftliche, gesellschaftliche und religiöse Vorherrschaft von Frauen erschüttert werden. *Eliade* erscheint diese Hypothese allerdings wenig überzeugend: Die Bünde "haben sehr wahrscheinlich eine Rolle im Kampf um die Vorherrschaft des Mannes gespielt, aber es ist wenig glaubhaft, dass das religiöse Phänomen der Geheimgesellschaften eine Folge des Matriarchats ist." *Eliade* nimmt im Gegensatz zu dieser Sicht eher eine Kontinuität von männlichen Pubertätsriten und Initiationsprüfungen männlicher Geheimbünde an (vgl. ebd., S. 131). Van *Gennep* allerdings wollte zwischen Pubertäts- und Initiationsriten keinen Zusammenhang erkennen (vgl. *van Gennep*, 1986, S. 86).

Aufnahmeriten in Geheimgesellschaften oder Bruderschaften stehen keineswegs allen Gesellschaftsmitgliedern offen. "Bünde" umfassen zahlreiche hierarchische Stufen und sind zudem meist einem Geschlecht[12] vorbehalten. In der Mehrzahl sind es ausdrücklich "Männerbünde". Asketische Absonderung, Mutprüfungen und Torturen bezwecken das Zerbrechen der Persönlichkeit und die nachfolgende Zähmung durch Beschützer[13]. Fast überall bleiben Riten und Zeremonien Frauen verborgen.

---

[12] Wenn *Eliade* von einzelnen weiblichen Geheimgesellschaften berichtet, in denen er eine "Nachahmung gewisser äußerlicher Aspekte" männlicher Geheimbünde entdeckt habe (*Eliade*, 1988, S. 143), beweist er neuerlich seinen männlich festgelegten Blick. Auch wenn er ein Bedürfnis nach besonderer weiblich-religiöser Erfahrung betont, die den Frauen Prestige und Freiheit vermittelt (ebd., S. 144), verlässt er niemals seine männlich kanalisierte Perspektive: Weibliche Geheimbünde würden die "Umkehrung" des alltäglichen, durch die Macht der Institutionen geregelten Verhaltens der Frauen fördern (ebd., S. 145). Insofern würden sie daher als "antimännlich" (ebd., S. 147) oder "vom Hass auf die Männer besessen" (ebd., S. 149) wahrgenommen. Gesellschaften, die beiden Geschlechtern zugänglich sind, seien nicht nur äußerst selten, im Gegenteil, "wo sie bezeugt sind, handelt es sich im allgemeinen um eine Degenerationserscheinung" (ebd., S. 24). Die gemeinsame Pubertätsinitiation von Mädchen und Knaben wird zwar üblicherweise als die älteste Initiationsform angesehen, *Eliade* erblickt in ihr jedoch nur einen "Prozess der Verarmung" (ebd., S. 63). Nur zu deutlich steuert hier eine männlich-projektive Sichtweise die Tendenz der Forschungsergebnisse.

[13] Mario *Erdheim* beschreibt diesen Prozess des Zerbrechens und Wiedererstehens der Persönlichkeit für den Männerbund Militär: "Die vom Führungspersonal in eine Regression versetzten Soldaten produzieren die Leerstelle, die vom ‚Vater' ausgefüllt werden soll. Das Wesen der Massenseele, also der Seele der in einer Institution tätigen Individuen, sind nach *Freud* Gefühlsbindungen, die aufgrund regressiver Mechanismen zustande kommen" (*Erdheim*, 1982, S. 335). Die militärische Institution reaktiviert die Identifizierung. Das Ich der Individuen wird innerhalb der Institution "aufgezehrt". "Der Führer setzt sich an die Stelle des Über-Ichs und lenkt von dort aus die Realitätswahrnehmung: Gleichzeitig kommt es zu den typischen Regressionserscheinungen: Schwund der bewussten Einzelpersönlichkeit, gleiche Ausrichtung der Gedanken und Gefühle, Vorherrschen der Affektivität und des unbewusst Seelischen" (ebd., S. 336). So wie in den

Für die moderne Welt wird zwar grundsätzlich ein "Verschwinden der Initiation" konstatiert (vgl. *Eliade*, 1988, S. 10; Douglas, 1986, S. 11), dennoch aber scheinen die traditionellen Initiationsmotive fortzubestehen und auch fähig zu sein, sich unendlich oft reaktivieren und mit neuen Werten bereichern zu lassen" (Eliade, 1988, s. 210). Das "archaische Szenarium kann für zahlreiche und verschiedenartige Zwecke aufgegriffen und verwendet werden"[14] (ebd.). Menschliches Leben beinhaltet beharrlich "Krisen des Unbewussten [...], Prüfungen, Ängste, Verlust und Wiedergewinn des Selbst" (ebd., S. 242). Und jede Existenz "[erweist] sich in einem bestimmten Augenblick als fehlgeschlagene Existenz" (ebd.). In Augenblicken der Krise scheint es für Individuen "nur eine erlösende Hoffnung zu geben: sein Leben von neuem beginnen" (ebd., S. 243). Der Traum vom "neuen Leben" kann sich selbstverständlich auch auf gesellschaftlicher Ebene einstellen – etwa als Wunsch "angeschlagener" Männlichkeit nach umfassender "Remaskulinisierung" gesellschaftlicher Zusammenhänge.

Auch moderne, vorgeblich individualistisch organisierte, atomisierte Gesellschaften müssen durch spezifische Ordnungs- und Orientierungsleistungen zusammengehalten werden (vgl. *Soeffner*, 1992, S. 7f.). "Tradierte Ordnungsgitter und Stratifizierungen" verlieren im Laufe der Zeit aber immer wieder an Orientierungswert (ebd., S. 8). Auf- oder Abstieg von Individuen wird in modernen Gesellschaften "immer weniger durch feste ‚vererbbare' Schichten- oder Gruppenzugehörigkeit geregelt" (ebd.). Vorgegebene Zuordnungen können an Bedeutung verlieren, demgegenüber kann die Notwendigkeit von "Selbstzuordnungen" an Gewicht gewinnen: Das Individuum "muss sich in Handlungen und äußerer Darstellung als Mitglied ‚von etwas' und als zugehörig ‚zu etwas' so erkennbar machen, dass ihn tendenziell jedermann, ohne ihn persönlich zu kennen und ohne ihn je gesehen zu haben, ‚einzuordnen' vermag" (ebd., S. 9).

Was der Soziologe Hans-Georg *Soeffner* für Gesellschaft und gesellschaftlichen Wandel im allgemeinen entfaltet, scheint mir auch für den Aspekt männlich strukturierter und dominierter Gesellschaft und ihre Veränderungsdynamik von Belang zu sein. *Soeffners* gesellschaftsanalytische Perspektive lässt sich auch auf Männlichkeit als gesellschaftliches Konstrukt plausibel anwenden. Weil nicht länger nur eindeutig vorgegebene, unverrückbar erscheinende gesellschaftliche Geschlechtszuordnungen wirksam sind, können auch individuelle männliche "Selbstinszenierungen" an Bedeutung gewinnen.

Männerhäusern "das Geheimnis gepflegt wird, wodurch der Mann zum Mann wird, ist auch das Militär der Hort der Männlichkeit", der "die Kategorien abgibt, welche die Welt ordnen sollen" (ebd.).
[14] Genau dieses Moment lässt sich beobachten an der Revitalisierung des Männerbundthemas im 20. Jahrhundert. Das "archaische" Thema wurde mit antifeministischen Werten jeweils neu aufgeladen.

Soeffner betont in seiner gesellschaftlichen Alltagsanalyse einen engen inneren Zusammenhang von Darstellungs- und Lebensstilen. Durch sie werden eben nicht nur einfach Konsumgewohnheiten, sondern auch die "Zugehörigkeit zu kollektiven Lebens- und Werthaltungen" angezeigt (ebd.). Gesellschaftliche Ordnung ist bei Soeffner ein "ständig neu herzustellendes Sozialprodukt", das "als Darstellungsleistung jedes einzelnen Gesellschaftsmitgliedes sichtbar wird" (ebd.). Alltägliche Verhaltensrituale ersetzen zunehmend "ständische, klassen- oder schichtspezifische (vielleicht aber auch geschlechtsspezifische, Anm.d.Verf.) Habitusformationen" (ebd.). Mit der "Wahl" einer bestimmten Form kann immer also auch ein konkreter Inhalt gewählt werden (ebd., S. 11). Demgemäss könnten auch aktuelle Männlichkeitsbilder auf ein nicht zu vernachlässigendes Variationspotential männlicher Inszenierung hinweisen.

Auch das patriarchale System ist nicht als starres Modell zu denken, es verfügt vielmehr über ungeheure Flexibilität und Regulationsfähigkeit. Das ist auch der Grund, weshalb "das Patriarchat" aus Wirtschaft, Politik und Wissenschaft nicht einfach verschwinden kann. Die Stabilität patriarchaler Herrschaft ist gewissen Schwankungen ausgesetzt: Eine Irritation durch Frauenbewegung und Frauenpolitik in den letzten zwanzig Jahren ist zwar nicht zu leugnen; aber es gibt auch umgekehrt immer wieder Ereignisse, die dazu beitragen, traditionelle, gewalttätige und patriarchal geleitete Männlichkeitsbilder aufleben zu lassen (z.B. Vietnamkrieg, neuer Rechtsextremismus, Krieg im "ehemaligen Jugoslawien"). Eine solche "Remaskulinisierung" geschieht über die "männliche Sichtweise", für deren Tradierung unter anderem auch männerbündische Konstruktionen von Nutzen sind. Die "männliche Sichtweise" ermöglicht es einzelnen Männern, an gesellschaftlich idealisierter und ikonisierter "Männlichkeit" zu partizipieren. Der einzelne Mann verkörpert niemals "das Männliche" an sich. Und "das Männliche" ändert von Zeit zu Zeit, von Ort zu Ort seine Zusammensetzung, aber es bleibt immer in Relation zum "Weiblichen". Für das Überdauern patriarchaler Strukturen ist es daher wesentlich, die Spannungen zwischen "Männlichkeit" und einzelnen Männern anzusprechen und zu kompensieren. Diese Transmissionsfunktion wird über verschiedenste männerbündische Gemeinschaften, aber zunehmen auch durch massenmediale Tiefenarbeit erfüllt[15].

---

[15] Sowohl die "alte" wie auch die "neue" Frauenbewegung haben zur "Modernisierung" der Geschlechterverhältnisse beigetragen. So wurden und werden ihnen auch alle im Gefolge von Modernisierung auftretenden (männlichen) Identitätskrisen angelastet. Wenn traditionelle Wertmuster nicht mehr stimmen, wenn das herrschende Bild der Männlichkeit brüchig wird, neue Identitäten aber nicht gefunden werden, wird die politische Frauenbewegung zur Wurzel allen Übels erklärt und männliche Gegenbewegungen formieren sich. Antifeminismus ist dann das Thema der Zeit und Männerbünde bilden eine praktische Alternative zu den vor sich gehenden entprivilegierenden Veränderungen in der männlichen Lebensweise. Hier kann angegriffene und

Real organisierte Männerbünde oder auch nur "Verbrüderung" von Männern "im Geiste" haben nicht bloß eine Form bescheidener "Vergemeinschaft" von Männern im Sinne, sondern ihre Vergemeinschaft erfolgt in antifeministischer Reaktion. Männliche Auseinandersetzung mit Geschlechterdifferenz vermittelt spezifische männliche Ohnmachts- und Angsterfahrungen. Diese Ohnmacht wird aber verdrängt: "Die reale Ausschließung der Frauen ist die unbewusste, negative Präsenz des Verdrängten: des weiblichen Geschlechts und seiner gesellschaftlichen Bedeutung" (*Becker-Schmidt*, 1991, S. 82; 1992, S. 84ff.).

Männer beherrschen zwar die Produktion materieller Lebensbedingungen, nicht aber auch die Reproduktion des Lebens. Zumindest "durch das Denken" wollen sie ihre Bedeutung auch im Prozess der Reproduktion des Lebens steigern. Frauen müssen daher in ihren Fähigkeiten als Geschlecht abgewertet werden. Männer wollen endlich ihre Abhängigkeit von Frauen im Prozess der Reproduktion des Lebens auslöschen (vgl. *Godelier*, 1987, S. 300). Rituale und Zeremonien einer exklusiven männlichen Vergemeinschaftung sollen die Geburt des Mannes aus dem Geist des Mannes, eine männliche Genealogie also, suggerieren. "Etabliert wird [...] das Bewusstsein einer männlichen Selbstzeugung. In der Behauptung einer solchen Autopotenz wird die Vorstellung einer rein homosexuellen Vergesellschaftung produziert. Diese Perspektive, aus der die Reproduktion des gesellschaftlichen Lebens und der Kultur gesehen wird, bestimmt ganz wesentlich die soziale Organisation des Geschlechterverhältnisses, das wiederum die gesamtgesellschaftliche Politik mitbestimmt. Aber dieses Fundament wird unbewusst gehalten" (ebd., S. 85).

6. Revitalisierung und Instrumentalisierung des "Männerbundthemas" im 20. Jahrhundert

Spätestens um die Jahrhundertwende hat der Geschlechterkampf insofern auch auf den modernen bürgerlichen Staat übergegriffen, als Frauen ihnen zustehende politische Rechte

---

gefährdete Männlichkeit Zuflucht suchen, sich in traditioneller Männlichkeit bestätigen und "Männlichkeit" als gesellschaftliches Reformkonzept ("Neo-Männlichkeit") wiedererstehen. Um die drohende "Verweiblichung" der Männer sowie die "Verweiblichung" wirtschaftlicher, staatlicher und politischer Tätigkeit abzuwenden, klammert man sich an die alte patriarchale Werteordnung. Mit einem neuen Männlichkeitsschub soll ein eventuell wirksam gewordener kultureller Einfluss der Frauenbewegung hintertrieben werden. Für die "vaterlose" Gesellschaft werden dann Frauenbewegung und Frauenpolitik verantwortlich gemacht, nicht jedoch wird die Flucht der Väter aus ihrer Verantwortung thematisiert: Der Einfluss der Mütter auf ihre Söhne produziere "Softies", männliche Mentoren müssten endlich wieder den "wilden Mann" hervorkommen lassen. Das verändernde Aufbrechen der hierarchisierten Geschlechterordnung wird als nackter Macht- und Verteilungskampf zwischen den Geschlechtern wahrgenommen, fernab von allen Möglichkeiten sozialen Lernens. Drohender Verlust von "Größe" und Privilegien wiegt jedenfalls schwerer als möglicher Gewinn oder gar Chancen zur Persönlichkeitsentfaltung, die in einer konsequenten Enthierarchisierung der geschlechtlichen Machtkonstellation liegen könnten.

einzufordern begannen. Diese Terminisierung bedeutet freilich nicht, dass nicht auch schon in Zeiten zuvor einseitig "vergeschlechtlichte" Staatlichkeit dominierte, dass Frauen dagegen hin und wieder auch rebellierten, doch der organisierte Widerstand von Frauen als soziale, politische und kulturelle Bewegung steht in festem Zusammenhang zur "Moderne".

Auch der "wissenschaftliche Begriff" des Männerbundes ist an der Wende zum 20. Jahrhundert in Deutschland entstanden. An dieser Aussage erscheinen zwei Aspekte bedeutsam: Erstens der Zeitpunkt der Entstehung und zweitens die geopolitische Verortung.

Im 19. Jahrhundert war eine "politische Männerbundtheorie" (noch) nicht notwendig gewesen, da der Frauenausschluss in und mit der damaligen Politikstruktur gewährleistet war. Männerbundtheorien sind theoretischer Ausdruck des 20. Jahrhunderts, jener Zeit also, in der es eine vermeintliche "Mädchen- und Fraueninvasion" (vgl. *Blüher*, 1921) abzuwehren galt. Zudem ist das auch jene Zeit, in der die "Moderne" die hierarchische Geschlechterordnung erstmals auch "wissenschaftlich" zu untermauern begann (vgl. *Honegger*, 1991). Die Männerbundtheorie entstand aus einem unmissverständlich antifeministischen Erkenntnisinteresse und hatte gerade in ihren Anfängen reichlich wenig mit Patriarchatskritik zu tun. Dieser Akzent wird erst heute von feministischer Seite dem Begriff mit einer gewissen Automatik unterlegt.

Geistesgeschichtlich ist der Begriff in besonderem Maße in Deutschland verwurzelt, weil nirgendwo ein auch nur annähernd vergleichbar ehrgeiziger "gesellschaftstheoretischer" Anspruch zu konstatieren ist. Hier erfolgte der Anstoß zur Entstehung der Männerbundideologie, hier wurde sie auch in offener und exzentrischer Form artikuliert und schließlich durch den Nationalsozialismus auch umgesetzt (vgl. *Reulecke*, 1990, S. 5).

Die deutsche Männerbundideologie formierte sich in mehreren Wellen. Die Fokussierung des Blickes auf diese Entwicklungsschübe soll keinesfalls die Tatsache kontinuierlicher Ausbreitung und Fortentwicklung männerbündischer Ideologien verdecken. Es waren auch keineswegs nur isolierte "Denker" oder skurile Außenseiter der Männerwelt, denen diese Phantasien zur totalen Identität von Staat und Männlichkeit zuzuschreiben wären. Das Konzept wurde vielmehr rasch und breit von deutschen Wissenschaftlern (Ethnologen, Soziologen, Volkskundler, Skandinavisten, Germanisten usw.) aufgegriffen. Die Idee des Männerbundes hat – auch stimuliert durch Erfahrungen militarisierter, aber auch geschundener Männlichkeit im Ersten Weltkrieg – die literarisch-künstlerische Sphäre fasziniert (z.B. Stefan

George, Hermann *Hesse*, Thomas *Mann*[16]). Die Männerbundphantasien waren selbstverständlicher Teil einer kulturellen Tradition, die Geschlechterhierarchisierung als naturhaft legitimierte, sie als ewig gesetzt hatte und durch Gleichberechtigungs- und Gleichbehandlungsforderungen von Frauen in Bedrängnis und aggressive Abwehr geraten war. Die enthusiastische Aufnahme der Männerbundidee entsprach absolut den tiefgründigen Wünschen der Männer dieser Ära.

Heinrich *Schurtz*, einer der "Klassiker" der deutschen Ethnologie[17], hat 1902 den Terminus "Männerbund" in die wissenschaftliche Diskussion eingeführt (vgl. *Schurtz*, 1902). Er versuchte aus damals vorliegenden ethnographischen Beobachtungen eine direkte Entwicklungslinie von den "Junggesellenhäusern" über die "Männerhäuser" bis hin zu den "Rat-, Gemeinde- oder Gerichtshäusern" seiner Zeit und seiner Region zu rekonstruieren. Als Ursache für dieses weltumspannende männerbündische Bauprinzip ortete *Schurtz* den Geschlechterantagonismus.

Mittels seines umfangreichen völkerkundlichen Materials versuchte *Schurtz* zu belegen, dass quer durch die Kulturen "konträre Triebe" existieren, die Frauen und Männer primär bestimmen: der "Familientrieb" und der "Geselligkeitstrieb"[18]. *Schurtz* unterschied zwei "Hauptarten der menschlichen Gesellschaft": Solche, die auf Blutsverwandtschaft beruhen und nicht der bewussten Wahl des Einzelnen unterliegen ("Geschlechtsverband"), und solche, denen sich der einzelne Mensch mehr oder minder freiwillig beigesellt ("Geselligkeitsverband") (vgl. ebd., S. 14 und S. 16). *Schurtz* machte die angebliche "Schwäche der gesellschaftlichen Neigungen des weiblichen Geschlechts" zur Grundlage seiner Typologie (ebd., S. 17f. und S. 20f.): Frauen zeigen in allen Kulturen eine "geringere Neigung zum Zusammenschluss" als Männer (ebd., S. 58f.). Frauen vermögen nicht, geeignete Gesellschaftsordnungen zu begründen. Die (jungen) Männer bilden dagegen überall "sympathetische

---

[16] In einer Rede vor Berliner Studenten im Oktober 1922 entrollte Thomas *Mann* einen Faden, der männlichen Eros, Staat, Schöpfertum und Geist fest verknüpfte, als er ausführte: "Eros als Staatsmann, als Staatsschöpfer sogar ist eine seit alters vertraute Vorstellung, die noch in unseren Tagen aufs neue geistreich propagiert worden [ist]". *Mann* sah in der "innigen Liebe zwischen Kameraden" ein staatstragendes Prinzip, und er spielte auf die homoerotische Komponente an, die den Zusammenhalt auch der republikanischen Gemeinschaft garantiert, wenn ersagt: "ich meine jene Zone von Erotik, in der das allgültig geglaubte Gesetz der Geschlechtspolarität sich als ausgeschaltet, als hinfällig erweist und in der wir Gleiches mit Gleichem, reifere Männlichkeit mit aufschauender Jugend, in der sie einen Traum ihrer selbst vergöttern mag, oder junge Männlichkeit mit ihrem Ebenbilde zu leidenschaftlicher Gemeinschaft verbunden sehen". Dass in dieser "deutschen Republik" die Frauen bereits im Prinzip gleichberechtigte politische Bürgerinnen waren, kam Thomas *Mann* gar nicht in den Sinn, zumal ja für ihn "objektiv, das Männliche der reinere und schönere Ausdruck der Idee des Menschen" war (*Mann*, 1922).
[17] Heinrich *Schurtz* war Assistent am Bremer Übersemuseum und entsprechend damaliger Kolonialbegeisterung mit dem Zuwachs der völkerkundlichen Bestände befasst.

Gruppen" (Männerhäuser, klubartige Vereinigungen, Geheimbünde usw.), aus denen sich die "höherwertigen" Grundformen öffentlichen Lebens sowie des Staates entwickeln. Die Bünde etablieren sich daher vor allem als "Selbstbehauptungsprogramm" von Männern (*Nippa*, 1987, S. 28). Die Anfänge des Staatswesens waren für *Schurtz* also von Kräften abhängig, die in einem zu Familienleben und Ehe "feindlichen Verhältnis" stehen.

In methodologischer Hinsicht wollte *Schurtz* die ethnologische Kleinarbeit[19] überwinden, die lediglich "Vorbereitung zu höherer Tätigkeit" (ebd., S. 10), nämlich zur Bildung einer neuen Theorie der Gesellschaftsentstehung sein sollte. Mit einem weiteren Buch über die "Grundformen des Staates" wollte er sein theoretisches Projekt vorantreiben. Er starb jedoch schon 1903, nur ein Jahr nach Veröffentlichung des Bandes über die "Grundformen der Gesellschaft".

Was von seiner Begriffsbildung und Materialsammlung über "Naturvölker" blieb, waren "a-historische Brückenschläge der Ethnologen in die Gegenwart einer modernen Massenindustriegesellschaft um 1900" (*Reulecke*, 1990, S. 5). Solche Brückenköpfe entstanden keineswegs zufällig, sondern entsprachen dringenden männlichen wissenschafts- und erkenntnispolitischen Abwehrbedürfnissen der Zeit. Dies – und nur dies – erklärt die enorme Resonanz des *Schurtz*'schen Begriffsimpulses.

Schurtz Arbeit ist in wissenschaftlicher Hinsicht – sieht man von den kritischen Anmerkungen *Genneps* ab – eigentlich lange Zeit unwidersprochen geblieben. Erst 1929 erschienen im englischsprachigen Raum erste Versuche wissenschaftlicher Widerlegung (vgl. *Völger/Welck*, 1990, S. XXIV). In Deutschland blieb *Schurtz'* gesellschaftstheoretisches Konstrukt nicht nur unwidersprochen, sondern induzierte sogar weitere Wellen pseudo-wissenschaftlicher Männerbundtheorien. Auch auf die deutsche Soziologie sollte *Schurtz* erheblichen und nachhaltigen Einfluss haben[20].

---

[18] Schon *Gennep* kritisierte *Schurtz* wegen seiner falschen Deutungen sowie wegen seiner Klassifikationsversuche (vgl. *Gennep*, 1986, S. 87, 112, 175); darüber hinaus meinte er auch, dass *Schurtz* "unannehmbare allgemeine Theorien entwickelt" hätte (ebd., S. 70).
[19] Die Erfolge der Ethnologie waren bis dahin vor allem als "Triumphe der Kleinarbeit" betrachtet worden.
[20] Als Reflex auf die zeitgenössische bündische Bewegung erweiterte *Schmalenbach Tönnies'* Grundformen sozialer Gruppen (Gemeinschaft, Gesellschaft) um den "Bund", dessen Entstehung "gesellschaftlich", dessen Wesen aber "gemeinschaftlich" ist. Kollektive Begeisterung, gefühlsbetonte enge Beziehungen, Freundschaft usw. begründen "Bünde" (vgl. *Schmalenbach*, 1922). Auch in Max *Webers* Idealtypus der charismatischen Herrschaft ist die männerbündische Gesellschaftsvision verpackt (vgl. *Widdig*, 1992, S. 50). Magische Fähigkeiten, Offenbarungen oder Heldentum fundieren die Herrschaft eines charismatischen Führers, der eine Gefolgschaft um sich scharen kann. Diese Gefolgschaft ist niemals "Verwaltungsstab", sondern "eine emotionale Vergemeinschaftung" (vgl. *Weber*, 1922, S. 141). Weber spricht zwar nicht explizit davon, dass die Beziehung zwischen charismatischem Führer und Gefolgschaft eine Vergemeinschaftung von Männern ist, jeder "Hinweis auf die mögliche Rolle von Frauen fehlt jedoch" (*Widdig*, 1992, S. 54). *Weber* hat also die "soziosexuelle Ebene des Charismas" (ebd.) keineswegs entzaubert.

In den Schützengräben des Ersten Weltkrieges wurde der "soldatische Männerbund" (vgl. *Reulecke*, 1990, S. 6) praktiziert, und in nachfolgender Beschwörung dieser Erfahrungen hat der Männlichkeitsmythos gewaltigen Auftrieb erhalten. Akkordiert wurde diese Woge der "Remaskulinisierung"[21] von "Jugendbewegtheit" und Jugendprotest. Aus diesen ganz speziellen Erfahrungen speiste sich in erheblichem Maße auch die "Theorie" nachfolgender Männerbundideologen.

Hans *Blüher* schlug seinen Bogen von der historischen Rekonstruktion der Wandervogelbewegung zu politischen Phantasien um das Ideal einer "mann-männlichen" Gesellschaft". Er kreierte eine durch und durch "homo-erotische Staatstheorie" (vgl. *Sombart*, 1991, S. 56). *Blühers* staatstheoretische Bemühungen hatten zudem auch antisemitisch begründeten Antrieb: "Es ist natürlich kein Zufall, dass die Rasse, die keinen Staat hat, die meisten Staatstheorien aufstellt" (*Blüher*, 1919, S. 18). Der Sozialismus als "jüdisches Denkprodukt" rationalisiert das Staatsphänomen. "Der Staat ist für diese Auffassung der Zweckverband seiner Nutznießer, sonst nichts". Eine andere staatstheoretische Antwort auf ihr "staat- und volkloses Dasein" (ebd.) könnten die nach Ansicht *Blühers* zur Männerbundbildung unfähigen Juden gar nicht geben.

Schon 1915 schrieb *Blüher*, dass eine "Sozialisierung des Geistes" nur durch Männerbünde erreicht werden könnte. Männerbünde beschrieb er als das "geschärfteste Organ zur Vergeistigung des Volkes". *Blüher* kritisierte die liberale Ära, weil sie den "geistigen Funktionswert" der Männerbünde verscherzt habe, indem sie durch voreilige Gleichsetzung von Mann und Weib das "gemischte Publikum" geschaffen habe (*Blüher*, 1915, zit.n. *Reulecke*, 1985, S. 207f.).

Seit 1917 arbeitete der Autodidakt Hans *Blüher* an seinem politisch-theoretischen Hauptwerk einer männlich-erotischen Staatsfundierung: "Gäbe es im menschlichen Geschlechte nur die Familie, so wäre nichts weiter gewährleistet als die Erhaltung der Art. Die Staatsbildung kommt erst durch das Einsetzen eines zweiten Poles mit soziologischer Begabung zustande. Und dieser zweite Pol ist die männliche Gesellschaft" (*Blüher*, 1921, 2.Bd., S. 91).

Blüher hat im Zuge seiner Theoriebildung ausdrücklich auf *Schurtz*'-sche Grundideen zurückgegriffen: Um die Tiergattung Mensch zu einem staatenbildenden Wesen zu machen, bedarf es "eines Gesellungsprinzipes über die Familie hinaus". *Blüher* fasste die von *Schurtz* oftmals noch recht vorsichtig formulierten Thesen schon wesentlich eindeutiger und schärfer.

---

[21] Zur Bedeutung des Begriffes vgl. *Jeffords*, 1989.

Schurtz hatte beschrieben, "wie dem Manne die dauernde Gesellschaft der Frau unerträglich und herabmindernd ist und wie er zwangartig darüber hinaus zu den Männern strebt" (ebd.). Die Familie stellte *Schurtz* als zweite Gesellungsform den Männerbund gegenüber. *Blüher* stilisiert den Männerbund schon wesentlich radikaler zum "Gegenkonzept" der Familie.

Er kritisierte *Schurtz* aber auch, weil "in bezug auf das Männerhaus und die Männerbünde überhaupt so außerordentlich wenig Sexuelles gesagt wird" (ebd., S. 99). *Blüher* vermutete, dass *Schurtz* dem männlichen Gesellungstrieb nicht wirklich auf den Grund gegangen ist, sondern ihn im "Zufälligen, Gelegentlichen, Unverbindlichen" belassen hat (zit.n. *Reulecke*, 1990, S. 7). Wesentlicher Grund für diese defizitäre Sicht ist, dass *Schurtz* "reiner Soziologe" war und "noch nicht die Technik der analytischen Psychologie" beherrschte (ebd., S. 92).

In der Folge erweiterte *Blüher* daher *Schurtz'* Konzept um eine "tiefenpsychologische" Deutung. In jedem Manne existiert ein latenter "dunkler Verbündungsdrang, der es nicht aushält, unbenannt und dunkel zu bleiben, sondern sich irgendwie in den Dienst des Geistigen und des Lichtes stellen muss" (*Blüher*, 1918, S. 24, zit.n. *Reulecke*, 1990, S. 7). Die Wurzel dafür liegt im "mannmännlichen Eros", der "im tiefsten Untergrunde des menschlichen Staatstumes rauscht" (ebd., S. 22). Alle wirklich formenden Männerbünde sind durch Erotik geprägt. Der Männerbund befreit den Mann zu voller schöpferischer Tätigkeit, während die Familie wegen der "Vorherrschaft des Weibes" destruktiv auf ihn wirkt. Die eigentliche Elite des Volkes muss daher durch die Schule des Männerbundes gehen (vgl. *Blüher*, 1924, S. 8, zit.n. *Reulecke*, 1985, S. 205 und *Reulecke*, 1990, S. 7).

Die praktische Umsetzung der Männerbundidee erfolgte nach 1918/19 in den "Freikorps" (vgl. *Theweleit*, 1987), vor allem aber in der bürgerlichen Jugendbewegung, deren männlicher Charakter immer stärker zutage trat. Die Debatte um gleichberechtigte Beteiligung von Mädchen im "Wandervogel", die sog. "Mädelfrage", gehörte längst der Vergangenheit an. Von der so gefürchteten "Mädcheninvasion" (*Blüher*, 1921, S. 120f.) hatte man erwartet, dass sie "feminine Mannsgruppen", aber auch eine "Verbengelung" der Mädchen bewirken würde (*Breuer*, zit.n. *Reulecke*, 1985, S. 203). Mittlerweile gab es nicht einmal mehr die Diskussion, und die Organisationsstrukturen konnten unbehindert vermännlichen[22].

---

[22] "Wachsende Disziplinierung und Hierarchisierung, Uniformierung und Ideologisierung bestimmten das äußere Auftreten wie die innere Ausrichtung. Waren die Vorkriegs-Wandervogelgruppen nur locker miteinander kooperierende, überschaubare, von Spontaneität und bunter Vielfalt im Auftreten geprägte Kleingruppen gewesen, deren Gemeinschaftserlebnis im wesentlichen von den gemeinsamen Wanderfahrten geprägt war, so setzte sich jetzt als zentrale Organisationsform und zugleich als Leitbild der ‚Bund' durch. Der Bund sollte eine Art in sich geschlossener Jugendstaat sein" (*Reulecke*, 1985, S. 210f.)

Jugend umschloss nicht nur die Angehörigen einer biologischen Altersphase, sondern integrierte mehrere Generationen. Hans *Blüher* schrieb also die Geschichte des "Wandervogels" als Geschichte einer männlichen Sozietät, deren kulturschaffende Kraft aus dem mann-männlichen Eros stammte. So sah *Blüher* in der männlichen Homosexualität die eigentliche Triebgrundlage jeder Kulturentwicklung, und er sah sie als entscheidend für die Herausbildung des Staates. *Blüher* bestimmte den Staat daher auch als den "obersten Männerbund" (*Blüher*, 1921, S. 217ff.).

An der Staatsidee erweist sich nicht nur der antifeministische Gehalt des Männerbundbegriffes, sondern auch *Blühers* grundsätzlich antidemokratische und antiliberale Denkweise: "Der Staat ist [...] keine verstehbare Nützlichkeit, sondern ein schlechthin irrationales Schicksal mit unbekanntem Ende und Ziel. Ein Staat befindet sich im Stande der tiefsten Korruption, wenn die Machtbefugnisse aus den Händen des Männerbundes in die der Zweckverbände geglitten sind, vom Kern an die Schale gekommen, und wenn in ihm statt der geborenen Könige vom bürgerlichen Typus gewählte Vertreter herrschen". "Der oberste Männerbund ist nichts, was man gründen oder machen kann. Man kann nur geringe Dinge machen, deren Struktur unergründlich ist. Vielleicht wird er einmal gestiftet werden. Er ist ein wachsendes und werdendes Ereignis: er ist der Bund, der sich langsam emporringt aus dem verworrenen Gewühl der abgelaufenen Männerbünde" (ebd., S. 219).

Hans *Blüher* hat nicht nur männerbündische Ideen theoretisch entfaltet, er hat sie auch ausdrücklich in ein politisches Programm des "Antifeminismus" eingebunden. "der Liberalismus [muss] ins Irre greifen, wenn er, auf vorgebliche Ebenbürtigkeit der Frauen pochend, verlangt, dass Frauen überall dort sein dürfen, wo Männer untereinander sind. Da die schöpferischen Leistungen von Männerbünden stammen und der Männerbund eine völlige Stilverbiegung erleidet, wenn auch nur eine Frau, die klügste und beste auf der Welt, als gleichberechtigtes, Rechte forderndes Mitglied eintritt, so muss die antifeministische Mindestforderung lauten: Ablehnung jeder Fraueninvasion in die Männerbünde" (*Blüher*, 1916, S. 17). Das Verbot des Frauenwahlrechtes und der politischen Betätigung von Frauen betrachtete *Blüher* als davon bloß "abgeleitete Fälle" (ebd.).

Trotz kritischer Vorbehalte gegenüber "bürgerlichem Antifeminismus"[23] war *Blüher* von zentralen Forderungen des "Deutschen Bundes gegen Frauenemanzipation" fasziniert. Dieser

---

[23] *Blüher* unterschied zwischen "bürgerlichem" und "geistigem" Antifeminismus: Weil die Frau grundsätzlich "ungeistig" und absolut nur "Familien-Wesen" ist, liegt es im Wesen des geistigen Antifeminismus zu fordern, "dass sie unter keinen Umständen herrschen darf" (*Blüher*, 1916, S. 8). Der "bürgerliche Antifeminismus" dagegen ist "relativistisch", er beruft sich auf "einen überlieferten Kulturstand des Volkes [...] als letztes Maß [...] und bezieht seine Forderungen darauf" (ebd., S. 24).

Bund wollte Frauen den Zugang zum Staatsdienst verwehren, weil dieses Arbeitsgebiet "von jeher dem Wesen des männlichen Staates entsprechend und zum Vorteil der Allgemeinheit (vom Mann) ausschließlich beherrscht" wurde (zit.n. *Blüher*, 1916, S. 25). Die Staatsverwaltung muss "dem Manne belassen werden", und "eine Unterordnung männlicher Beamter unter weibliche Vorgesetzte muss gesetzlich ausgeschlossen werden" (ebd.).

An diesen Punkten manifestierte sich auch die "sakrale Dimension" (vgl. *Schoeps*, 1988, S. 144) von *Blühers* Staatskonzeption. In der "Erfahrung" des Staates "(erlebt) die Gemeinschaft der Männer als Freundesbund eine das Individuelle transzendierende Steigerung ihres Daseinsgefühls" (*Sombart*, 1988, S. 159f.). Der oberste Männerbund als "heiliger Bezirk" darf durch Frauen weder berührt noch betreten werden. Politische Beteiligung von Frauen steht für *Blüher* nicht auf dem Blatt demokratischen Fortschrittes, sondern er deutet sie vielmehr als ein "Verfallszeichen": "Vom Votum einer Frau darf im Staate niemals etwas abhängen. Denn der Staat ist [...] doch dazu berufen, größtes und mächtigstes Werkzeug des Geistes in der Welt zu werden. Da aber die Frau weder den Geist noch den Staat im Grunde ihres Wesens ernst nehmen kann, so darf sie auch nichts in ihm zu sagen haben" (*Blüher*, 1916, S. 8).

Blüher hatte mit seinen antifeministischen Vorstellungen weitreichende Wirkungen, weil er sie im Kontext einer sozialen Bewegung artikuliert hatte. Er fand Resonanz in der "Wandervogelbewegung", aber auch in der Arbeiterjugendbewegung, in den konfessionellen Jugendorganisationen und in den Sportvereinen der zwanziger Jahre bis hin zur nationalsozialistischen Bewegung, die auf dem männerbündisch und antifeministisch aufbereiteten Boden unmittelbar fortfahren konnte und bis dahin oftmals nur erträumte Konzepte bittere Wirklichkeit werden ließ.

Dass *Blühers* Antifeminismus auch eine deutlich antisemitische Facette aufwies, beförderte nur die Inkorporationsfähigkeit seines Männlichkeitsmythos in natio.

Dies äußerte sich nicht zuletzt in Gewicht und Vielfalt männerbündischer Organisationen (SA, SS, Hitlerjugend usw.), die den politischen und gesellschaftlichen Übergang zur NS-Herrschaft vollzogen. Man weiß, dass Adolf *Hitler* Hans *Blühers* Veröffentlichungen kannte und dass dessen Männerbundinterpretation bei der Ausschaltung *Röhms* und der SA-Spitze eine gewisse Rolle gespielt haben soll (vgl. *Stümke/Finkler*, 1981, S. 180f., zit.n. *Reulecke*, 1985, S. 212). Zu Beginn hatte die weitreichende Militarisierung junger Männer der nationalsozialistischen Bewegung geradezu in die Hände gearbeitet. Auch die antidemokratische, antifeministische und homoerotische Komponente in den Männerbünden war den Nationalsozialisten vorderhand durchaus von Nutzen. Wurde die Homoerotik vorerst – wenn auch stillschweigend – noch toleriert, so zeichnete sich 1934/35 eine Wende ab, die mit dem Sturz *Röhms*, der Entmachtung der SA sowie der Verfolgung von Homosexualität zu markieren ist. *Himmler*, der SS-Gegenspieler *Röhms*, hasste Autoren wie *Blüher*, die militärische Helden im homoerotischen Milieu ansiedelten oder überhaupt die verdrängte, zur Homoerotik sublimierte Sexualität als wesentliche Triebkräfte der Männerbünde ansahen.

Die NS-Ideologen (insbesondere Alfred *Rosenberg* und Alfred *Bauemler*) propagierten kein isoliertes männerbündisches Projekt, sondern sie integrierten die Männerbundidee in Rassismus, Antisemitismus, Germanenkult sowie Blut- und Bodenideologie. So wurde in der Folge auch viel in pseudowissenschaftliche Forschungen investiert, um den Männerbund als "Konstante eines typisch germanisch-deutschen Verfassungsdenkens" zu belegen (vgl. V. *See*, 1990, S. 101) [25]. In den Kern der Männerbundidee war der Typus des Helden, der starke Führer sowie das Modell der Gefolgschaft eingelassen. Genau das harmonierte mit dem politischen Organisationsmodell des Nationalsozialismus. Der vom "heroischen Enthusiasmus" durchdrungene Männerbund war als zentrales Strukturprinzip des nationalsozialistischen Staates auserkoren (vgl. *Rosenberg*, 1930). Auch wenn nationalsozialistische Sozialpolitik nach außen hin "Familien- und Frauenfreundlichkeit" zu suggerieren trachtete, störte der im Kern antifamiliale und antifeministische Gehalt der Männerbundidee keineswegs die ideologische Gesamtkonzeption des Nationalsozialismus (vgl. *Reulecke*, 1985, S. 218).

Diese unmissverständlich geäußerte männerbündische Priorität der nationalsozialistischen Führungsclique ließ auch innerhalb der NSDAP den Geschlechterkampf noch ein letztes Mal aufflackern. Die radikalen männerbündischen Festlegungen provozierten anfangs noch Kritik und ausdrücklichen Widerspruch von nationalsozialistischen Frauen. Das antifeministische Moment in der Männerbundidee konnten diese Frauen noch verstehen und akzeptieren, nicht aber auch ihre frauenfeindlichen und antifamilialen Implikationen: "Soweit dieser Kampf die alte Frauenbewegung traf, war er berechtigt und gesund: ein natürlicher Aufstand der männlichen Kräfte gegen das drohende Entwertetwerden" (*Gottschewsky*, 1934, S. 40). Aber "der Kampf der männerbündischen Front richtete sich sehr bald nicht nur gegen die alte Frauenbewegung, sondern gegen die Frau als solche und ihre Stellung in der Gemein-

---

[24] Die "antifamiliale" Weichenstellung für die NS-Programmatik traf Alfred *Rosenberg* schon 1930, als er der These widersprach, dernach angeblich die Familie die Zelle des Staates bilden würde: "Der Staat ist nirgends die Folge eines gemeinsamen Gedankens von Mann und Frau gewesen, sondern das Ergebnis des auf irgendeinen Zweck zielstrebig eingestellten Männerbundes" (vgl. *Rosenberg*, 1930, S. 485). Insbesondere aus kriegerischen Männerbünden wurden die Staaten geboren (ebd., S. 486). Für die Zeit nach der Revolution plante *Rosenberg* ein "Deutsches Reich", das "das Werk eines zielbewussten Männerbundes sein (wird)" (ebd., S. 514). In diesem

schaft" (ebd.). Und vor der "Überspannung der männerbündischen Idee und die damit verbundene Zurückdrängung von Frau und Familie auf die ausschließlich ‚naturhafte' Seite des Lebens" warnte Lydia *Gottschewsky* – die erste, allerdings nur kurzzeitige Vorsitzende der NS-Frauenschaft – entschieden (ebd., S. 44). In ihrer Sorge um den "neuen Staat" nannte sie Bedrohungen: "Die schwerste Bedrohung dieses neuen Weges – ein Verschweigen dieser Tatsache wäre Verrat am Volk – ist die Übersteigerung des männerbündischen Gedankens, nicht der Gedanke als solcher" (ebd., S. 9). Die Männerbundidee "als Prinzip der Ordnung hat unser Volk vor dem Chaos des Bolschewismus gerettet", aber "die Übersteigerung dieser Idee, ihre Festlegung als alleiniger Maßstab aller Dinge zerreißt die Volksgemeinschaft" (ebd.).

Der Nationalsozialismus hatte also auch die Männerbundidee in ganz gezielter Weise für seine menschenverachtenden und demokratievernichtenden Ziele eingesetzt. Die Verknüpfung mit dem Nationalsozialismus hat schließlich den Männerbundbegriff ideologisch und politisch belastet. Dies wird als Grund angeführt, weshalb "nach dem Ende des NS-Reiches die Diskussion um die Funktion von Männerbünden abbrach, die mit ihr einhergehende Forschung eingestellt wurde und betretenes Schweigen sich breit machte" (*Völger/Welck*, 1990, S. XXIV). Dass aber deshalb auch die männerbündischen Ideologien aus den Köpfen verschwunden wären, kann mit Sicherheit ausgeschlossen werden.

7. Grundstrukturen des Männerbundphänomens

Abschließend sollen "Bauelemente" (formell wie informell) männerbündischer Strukturen herausgearbeitet und in ihrem Staatsbezug erörtert werden. "Männerbund"[26] ist niemals nur das, was sich auch als solcher deklariert. Männerbünde äußern sich vor allem in modernen Gesellschaften auf vielfältige informelle und latente Weisen, die oftmals nur faktisch männerbündisch wirken (vgl. *Heinrichs*, 1990, S. 89). Frauenausschluss und Männerreservat können intendiert oder auch nichtintendiert sein. Jedenfalls aber werden Frauen ausgeschlossen. Männerbünde sind Instrumente männlichen Machterwerbs und männlichen Machterhalts. "Losere" Männerbundformen zu übersehen, würde die analytischen Möglichkeiten des Män-

---

männerbündischen Staat sollten den Frauen die eben erst erkämpften politischen Rechte wieder genommen werden (vgl. ebd., S. 503).

[25] Vieles von dieser NS-Gebrauchsforschung wird auch heute noch von aktueller Männerbund- oder Initiationsliteratur – insbesondere in der Ethnologie und Soziologie – unbesehen als Quelle herangezogen. Auch Mircea *Eliade* fundiert seine Aussagen zu Ritualen germanischer Männerbünde ausschließlich auf Arbeiten, die zwischen 1933 und 1938 veröffentlicht worden sind. Quellenkritische Hinweise bleiben aber aus (vgl. *Eliade*, 1988, S. 157).

nerbundkonzeptes erheblich einschränken. Es geht also in erster Linie um die Arbeit am Männerbündischen als Standardform von Staat und Politik.

Nur unter dieser Voraussetzung lässt sich das Männerbundkonzept in sinnvoller Weise auch auf den (formal- und nicht unbedingt real) demokratisch verfassten Staat des ausgehenden 20. Jahrhunderts beziehen. Nicolaus *Sombart* konstatierte zurecht, dass das "Männerbundsyndrom als psychisches Verhaltensmuster und als Mentalitätsraster" (*Sombart*, 1988, S. 171 f.) auch dort noch "wirksam und nachweisbar (ist), wo es eine akute Männerbundbindung nicht (mehr) gibt" (ebd., S. 172).

Die "Vorstellung einer wesensmäßigen Identität von Staat und Männerbund" (ebd., S. 157) bildet die eigentliche Substanz männlicher Wunschvorstellungen von idealer politischer Gestaltung, wie sie in den zwanziger und dreißiger Jahren heftig artikuliert wurden. Diese "wesensmäßige Identität" zielte ganz vordergründig auf den Ausschluss von Frauen, um männliche Machtpositionen zu konservieren. *Völger/Welck* diagnostizieren eine "historisch gewachsene Grundtendenz männlichen Verhaltens. Männer verbünden sich mit dem Ziel, die männliche Dominanz in der Gesellschaft zu erhalten." (*Völger/Welck*, 1990, S. XXI). Wenn eine solche aggressive Abwehrstrategie sich trotz ihrer Totalitätsansprüche[27] nicht durchsetzen kann, geht es bei männerbündischen Zielen immer noch um Erhaltung oder Schaffung zumindest punktueller "Männerreservate".

Männerbünde sind eine "männergemäße, männerbezogene, exklusiv von Männern geprägte Form der Gesellung" (*Sombart*, 1988, S. 158). Der Zusammenschluss von Männern kann freiwillig und bewusst sein, es kann sich aber auch um unbewusstes oder informelles Verhalten handeln. Männerbünde sind immer Wertegemeinschaften. Die Affinität und Solidarität der Männer hat nicht bloß eine rationale, sondern auch emotionale, affektive und häufig auch erotische Basis. Männerbünde haben eine extrem hierarchische Binnenstruktur: Um die zentrale Figur des "Männerhelden" ("Führer", "Meister") scharen sich die libidinös ge-

---

[26] Die Rekonstruktion der Geschichte des Männerbundbegriffes verdeutlicht, insbesondere wenn wir sie mit der feministischen Wiederbelebung der 80er und 90er Jahre in Beziehung bringen, dass wir von einer ambivalenten Bedeutung auszugehen haben: Einerseits wird mit dem Begriff ein "gesellschaftlicher Idealtypus" bezeichnet (vgl. *Schurtz*, 1902; *Blüher*, 1921; *Rosenberg*, 1930; *Baeumler*, 1934). Andererseits wird der Begriff aber auch in dezidiert herrschafts- und patriarchatskritischer Absicht gebraucht (vgl. feministische und psychoanalytische Diskussion). Was die einen also zum Wunsch steigern, entdecken die anderen bereits im Übermaß in politischen und administrativen Normalstrukturen. Beide Verwendungen haben unterschiedliche Merkmale: In einem Fall handelt es sich – zumindest unter demokratischen Prämissen – um einen ausschließlich plakativen "Kampfbegriff" (Antifeminismus, Remaskulinisierung von Gesellschaft und Politik), während er im anderen Fall primär theoretisch anspruchsvolleren Kriterien eines "analytischen Begriffes" gerecht zu werden hätte, dem allerdings dann auch Varianten eines demokratisierenden, herrschaftsminimierenden "Kampfbegriffes" folgen müssten (Entpatriarchalisierung, Feminisierung). Solche differenzierteren Anforderungen eines "analytischen" Konzeptes werden freilich auch im feministischen Kontext nur selten erfüllt. Allzu oft kommt es leider zu einer unstatthaften Vermengung.

bundenen "Brüder", "Freunde", "Kameraden". Männerbünde haben eigene Verkehrsformen, Wertmaßstäbe und Denkfiguren: Treue, Ehre, Gefolgschaft, Gehorsam, Unterwerfung. Männerbünde bedürfen der Aura des Geheimnisvollen. Initiationsriten, Zeremonien, magische Techniken, Sprache "verbinden". Künstliche Feindbilder (z.B. "Bolschewismus", "Weiblichkeit", "Judentum") schweißen – trotz aller internen Differenzen und Gegensätze – zusammen (vgl. u.a. *Völger/Welck*, 1990, S. XXI; *Sombart*, 1988, S. 158ff.; *Heinrichs*, 1990, S. 87ff.).

Gerne wird eine besondere "egalitäre" Qualität von Männerbünden beschworen. Wenn Männer unter Männern sind, spielen soziale Gegensätze angeblich kaum eine Rolle. Die soziale Männlichkeitsidylle männerbündischer Vergemeinschaftungsformen gilt es jedoch zu entmystifizieren. Gerade in Armeen mit Wehrpflicht ist ein besonderer Widerspruch zu bewältigen: Die vorgebliche demokratische Gleichheit beim Zugang zum Militär ist mit der schroffen internen Differenzierung und Hierarchisierung in Einklang zu bringen. Hierarchischere Institutionen als das Militär sind wohl kaum vorstellbar. Hierarchie, Drill und Rituale formen den einheitlichen männlichen Körper Militär. Die Hierarchie von Befehl und Gehorsam wird als Sachzwang vermittelt. Militärische Kameradschaft soll soziale Differenzen übertünchen. Auch im Bund der Freimaurer wird die scheinbare Gleichheit nach außen "über das Ritual in interne Macht und Hierarchie" transformiert (*Ebrecht*, 1989, S. 30). Orte wirklicher Gleichheit sind Männerbünde also nicht einmal für Männer.

"Masse" und "Männerbund" sind Modelle gesellschaftlicher und politischer "Ordnung", aber eben "nicht bloß für eine politische oder soziale Außenwelt, sondern auch als Mittel der Konstruktion einer männlichen Ich-Identität" (*Widdig*, 1992, S. 29). Die Idee des Männerbundes steht als Gegenbegriff zur ungestalteten, objekthaften, gleichzeitig aber auch bedrohlichen (weiblich vercodeten) passiven Masse. Charakteristisch für den Idealtypus männerbündisch strukturierter Gesellschaft ist ihr elitäres, männlich-fixiertes Kulturverständnis, für das der Ausschluss der Frauen konstitutiv ist. Der Drang zur männlichen "Selbstfindung" bedarf "radikaler Abgrenzung" (ebd., S. 25f.). Die Idee des Männerbundes ist in ihrem wahren Kern ein Kampfprogramm gegen Ängste: "Frauenfeindlichkeit, antikapitalistische Tendenzen und andere Strategien der Ausgrenzung gehen eine eigenartige Mischung ein, um das zu verhindern, was [...] als der Untergang männlicher Identität erscheint: den Beginn des Zeitalters einer Herrschaft der Massen" (ebd., S. 21).

Kennzeichnend für männerbündische Konzepte ist ihre – trotz aller "strikten Trennung" von der Welt der Familie – Opposition zu patriarchalen Strukturen. Dieses Merkmal findet

Fortführung in "einer strikten Absetzung von ‚Privatheit' und ‚Öffentlichkeit'. Während die Familie als strukturbildendes Element von Privatheit und somit als Bereich des Weiblichen verstanden wird, ist Öffentlichkeit ein von ‚homosozialen' [...] Strukturen durchsetzter Bereich" (ebd., S. 30). Öffentlichkeit im Sinne ihrer Männerbundfähigkeit umfasst vor allem den staatlichen Bereich, die Sphären "geistigen Lebens" und das Militär. Die Sphäre der Produktion aber bleibt außerhalb der klassischen Männerbundideen[28].

Schon bei Max *Weber* ist reines Charisma "wirtschaftsfremd", und er lehnt "den planvollen rationalen Geldgewinn, überhaupt alles rationale Wirtschaften, als würdelos ab. Darin liegt sein schroffer Gegensatz auch gegen alle ‚patriarchale' Struktur, welche auf der geordneten Basis des ‚Haushalts' ruht (*Weber*, 1922, S. 142 und S. 663). Auch Hans *Blüher* lehnt in seinem Konstrukt der Männergesellschaft das "wirtschaftliche, besitzschaffende Handeln" ab. Er kritisierte die Familie unter anderem auch als "wirtschaftsorientierte Institution". Der weiblichen Sexualität schreibt *Blüher* alles "ökonomische" Trachten zu. Der patriarchale Mann als Familienoberhaupt wird in seiner Funktion und Rolle letztlich von den Strukturen weiblicher Sexualität gelenkt und verkörpert keine männliche Führergestalt (vgl. *Widdig,* 1992, S. 53f.).

8. Militär und Bürokratie als Kernstrukturen des (männerbündischen) Staates

In der politischen Männerbundtheorie sind nicht nur Staat und Männerbund, sondern auch Militär und Männerbund eins. Der Mann in der Männerbundtheorie ist immer der männliche, soldatische, heroische Mann. Die Nichtwaffenfähigen oder Nichtwaffentragenden galten immer schon "als Weiber" (vgl. *Weber*, 1972, S. 616).

Das Militär ist nicht bloß eine Institution von Männern, es ist vielmehr die "Schule der (männlichen) Nation", also die "Schule der Nation (zum Mann)". Das Militär ist eine "Illusionsmaschine", die ein Konstrukt der Männlichkeit produziert: Hier wird das Geheimnis gepflegt, wodurch der Mann erst zum Mann wird (vgl. *Erdheim*, 1982).

Nicht nur "äußerer Zwang", vor allem "libidinöse Strukturen" sind es, die Armeen verbünden (vgl. *Freud*, 1974, S. 89). Jeder einzelne ist sowohl an Vorgesetzte wie auch an an-

---

[27] Wie z.B. im Faschismus, der auch als entschiedene Gegenbewegung zum Feminismus eine umfassende Reorganisation der Geschlechterverhältnisse gewaltsam anstrebte.

dere Soldaten gebunden. Identifizierung mit dem Führer lässt die bewusste Einzelpersönlichkeit schwinden, richtet Gedanken und Gefühle einheitlich aus, lässt Affektivität und Unbewusstes vorherrschen. Statt erhabener "idealistischer Ziele" (z.B. Vaterland) wird "Männlichkeit" zur primären Kampfmotivation. Zum Überleben wird männliche Solidarität ("Kameradschaft") vorrangig und verselbständigt sich demgemäss.

Auch der Männerbund Militär reproduziert sich über Initiationsriten, die die Männer äußerst ungleiche Ordnung akzeptieren lassen. Hinter den Kasernenmauern müssen Rekruten zuallererst einmal die Frauenrolle erlernen. Nur wer dort "wie eine Frau" tyrannisiert wurde, wird sich Frauen gegenüber so verhalten können, wie es gesellschaftlich gängig ist (vgl. *Erdheim*, 1982).

Masochismus ist synonymisiert mit weiblicher Unterwerfung, die ein sexuelles Verhältnis meint, nämlich die sexuelle Lust an der Unterwerfung. Wenn "Masochismus die sexuelle Besetzung einer Autoritätsbeziehung" ist, dann fragt sich, "warum die männliche Unterwerfung etwa beim Militär und im Sport zumindest gemeinhin nicht als sexuelle Unterwerfung wahrgenommen wird. Machtbeziehungen zwischen Männern werden im allgemeinen entsexualisiert. Sexualität wird nach außen projiziert, auf Frauen, die den Männerbünden auch möglichst ferngehalten werden sollten" (*Rommelspacher*, 1992, S. 110). Und sogar die sexuelle Aneignung der Frau durch den Mann in der Vergewaltigung wird für ihn "durch den Bezug zum Männerbund entsexualisiert" und zum "'normalen' Männlichkeitsbeweis im Wetteifer mit anderen Männern" (ebd.).

Das zweite wesentliche und beständige männerbündische Standbein des Staates bildet die Bürokratie. Das männliche Bürokratiemonopol wird direkt oder indirekt verteidigt. An einem Beispiel aus der Literatur lässt sich solche männerbündische Kontinuitätssehnsucht anschaulich vor Augen führen (vgl. *Ulitz*, 1930). Angesichts des Kriegsausbruches im Jahre 1914 schreit der Beamte Anton *Worbs* sein männliches Elend heraus: "Jetzt ist alles aus, jetzt bricht die Herrschaft der Weiber an!" An männliches Gemeinschaftsbewusstsein appellierend fragt Worbs bestürzt: "[...] wissen Sie auch, wer auf Ihrem Stuhle sitzen wird? Eine Dame! Und auf den Stühlen der anderen Herren Kollegen, denn sie sind alle jung und werden hinausmüssen? Damen! Der ganze Dienstraum voll Damen!" Frauen im Amt, diese Vorstellung beflügelt Worbs Ängste vor dem Niedergang des Amtes: "Meinen Sie, dass da viel gearbeitet werden wird? Wissen Sie noch nichts von der Unzuverlässigkeit der Frauen im Denken? Wissen Sie, dass das ganze Beamtentum einem sicheren Untergang entgegengeht, weil es durch unzureichende weibliche Kräfte verseucht werden muss? Und wissen Sie nicht, dass das Beamtentum die Grundlage eines gesunden Staatswesens ist? Wollen Sie das? Sagen Sie es ruhig! Dann würde ich Ihnen ein Disziplinarverfahren bis aufs Schlachtfeld nachschicken, das lassen Sie sich gesagt sein! Der deutsche Beamte ist der deutsche Mann!" (ebd.). So deutlich und offen bekommen wir das heute zumeist nicht mehr gesagt.

Männlichkeit garantiert in der deutschen Tradition angeblich immer auch Staatlichkeit[29]. Diese Symbiose wird auf symbolischer Ebene als ideologisches Mysterium tradiert und in realer Hinsicht durch Frauenausschluss beinhart praktiziert. So kann es verblüffen, wenn Frauen der Einbruch in den bürokratischen "Herrenclub" nicht zu gelingen vermag. Die relevanten Herrschaftspositionen in staatlichen Bürokratien sind – wie ehedem – fest in Händen von Männern.

Und selbst die (weitgehend informelle) "Karrierekultur" ist immer noch von männerbündischen Symbolen und Ritualen bestimmt: Die Zugehörigkeit zu einem "Beziehungsnetz", einer "Seilschaft", die Präsenz in der (auch als Informationsbörse überaus bedeutsamen) Stammtischkultur bilden die keineswegs unbedeutenden Voraussetzungen einer Karriere im bürokratischen Apparat. Weibliche Erfahrungen mit Hausarbeit, Kindererziehung oder Altenpflege sind dagegen kaum "förderlich". Horst *Bosetzky* betont, dass auch in unseren aktuellen Kulturen "die Männerbünde in der öffentlichen Verwaltung, populär Seilschaften oder Promotionsbündnisse genannt [...], [...] in der Regel [...] in einer Art Männerhaus zusammen(finden), [...] Kneipe, Pinte, Gasthaus oder Restaurant genannt – und der Initiationsritus ist zumeist mit viel Alkoholkonsum und sexistischen Witzen und Ferkeleien verbunden" (*Bosetzky*, 1992, S. 26).

Auch Republikanisierung und Parlamentarisierung haben der männerbündischen Fundierung des Staates in Wirklichkeit wenig anhaben können. Sie haben die männerbündische Struktur staatlicher Bürokratie lediglich unter einen Schutzmantel parademokratischer Normen gelegt. Überdies hat die Bürokratie – wie viele andere feste oder lose Männerbünde auch – enorme Bunkereigenschaften bewiesen. Die Staatsbürokratie, die eigentlich verfassungsmäßig nicht mehr Männerbund sein darf, umgibt sich deshalb mit einem äußerst vielfältigen und recht vitalen Berufsumfeld extremer Männerbünde (Kartellverband, Burschen-

---

[29] [28] Das bedeutet selbstverständlich nicht, dass die reale Welt der Wirtschaft männerbündischer Strukturen entbehren würde. Ganz im Gegenteil, es finden sich in Vorstandsetagen und Aufsichtsräten fast ausschließlich männerbündische Formationen.
29 Damit wird selbstverständlich nicht gemeint, dass die uns leider allzu vertraute Art von entfremdender und repressiver Staatlichkeit im System der Männlichkeit wurzelt, sondern Frauen wird ganz allgemein Staatsfähigkeit überhaupt in Abrede gestellt.

schaften, studentische Korporationen, Freimaurer usw.). Die Aura des Geheimen und Geheimnisvollen verbirgt allseits tätige Männerseilschaften.

Die männliche Schutz- und Notgemeinschaft funktioniert auch im staatlich-bürokratischen Umkreis bestens. Antidiskriminatorische, frauengerechtere Gesetze und Normen werden lasch gehandhabt, unterlaufen, ja überhaupt nicht umgesetzt. Der "strukturelle Konservativismus der Bürokratie" (vgl. *Häußermann*, 1977) lässt frauenpolitische Reformen leicht zu "symbolischer Politik" (vgl. *Edelmann*, 1976) verkommen.

Das "ewig Männerbündische" scheint im staatlichen Apparat anhaltend zu überdauern.

Literatur

ARENDT, Hannah, Vita Activa oder Vom tätigen Leben, München 1981

BAEUMLER, Alfred, Männerbund und Wissenschaft, Berlin 1934

BARRETT, Michèle, Das unterstellte Geschlecht. Umrisse eines materialistischen Feminismus, Berlin 1983

BECK, Ulrich, Die Erfindung des Politischen, Frankfurt am Main 1993

BECKER-SCHMIDT, Regina, Vergesellschaftung – innere Vergesellschaftung. Individuum, Klasse, Geschlecht aus der Perspektive der kritischen Theorie, in: W. Zapf (Hg.), Die Modernisierung moderner Gesellschaften, Verhandlungen des 25. deutschen Soziologentages in Frankfurt am Main 1990, Band 1, Frankfurt am Main/New York

BECKER-SCHMIDT, Regina, Gesellschaft, Geschlechterverhältnisse und Staat, in: Elke Biester u.a. (Hg.), Staat aus feministischer Sicht, Berlin 1992, S. 75-85

BECKER-SCHMIDT, Regina, Verdrängung Rationalisierung Ideologie. Geschlechterdifferenz und Unbewusstes, Geschlechterverhältnis und Gesellschaft, in: Gudrun-Axeli Knapp/Angelika Wetterer (Hg.), Traditionen Brüche. Entwicklungen feministischer Theorie, Freiburg 1992, S. 65-113

BENHABIB, Seyla/Linda NICHOLSON, Politische Philosophie und die Frauenfrage, in: Iring Fetscher/Herfried Münkler (Hg.), Pipers Handbuch der politischen Ideen, Bd. 5, München/Zürich 1987, S. 513-562

BENNHOLDT-THOMSEN, Veronika, Zivilisation, moderner Staat und Gewalt. Eine feministische Kritik an Norbert Elias"Zivilisationstheorie, in: beiträge zur feministischen theorie und praxis 13 (1985)

BEYME, Klaus v., Theorie der Politik im 20. Jahrhundert. Von der Moderne zur Postmoderne, Frankfurt am Main 1991

BLÜHER, Hans, Der bürgerliche und der geistige Antifeminismus, Berlin 1916

BLÜHER, Hans, Deutsches Reich, Judentum und Sozialismus. Eine Rede an die Freideutsche Jugend, München 1919

BLÜHER, Hans, Die Rolle der Erotik in der männlichen Gesellschaft. Eine Theorie der menschlichen Staatsbildung nach Wesen und Wert, 2 Bde., Jena 1921

BOLOGH, Roslyn Wallach, Love or Greatness. Max Weber and masculine thinking – feminist inquiry, Boston 1990

BOSETZKY, Horst, Die öffentliche Verwaltung als Männerbund und Formen dessen ständiger Reproduktion, Frankfurt am Main 1992

BRENNAN, Teresa/Carole PATEMAN, Mere Auxiliaries to the Commonwealth: Women and the Origins of Liberalism, in: Political Studies, 27 (1979), S. 183-200

CLARK, Lorenne M.G./Lynda LANGE, The Sexism of Social and Political Theory: Women and Reproduction from Plato to Nietzsche, Toronto 1979

DAHLERUP, Drude, Confusing concepts – confusing reality: a theoretical discussion of the patriarchal state, in: Anne Showstack Sassoon (Hg.), Women and the State. The shifting boundaries of public and private, London 1987, S. 93-127

DOUGLAS, Mary, Ritual, Tabu und Körpersymbolik. Sozialanthropologische Studien in Industriegesellschaft und Stammeskultur, Frankfurt am Main 1986

EBRECHT, Angelika, Dürfen Frauen den Männern hinter ihr Geheimnis kommen? Frauen und Geheimgesellschaften im 18. Jahrhundert, in: Feministische Studien 1/1989, S. 28-42

EDELMANN, Murray, Politik als Ritual. Die symbolische Funktion staatlicher Institutionen und politischen Handelns, Frankfurt am Main 1976 (1964)

ELIADE, Mircea, Das Mysterium der Wiedergeburt. Versuch über einige Initiationstypen, Frankfurt am Main 1988

ELSHTAIN, Jean Bethke, Public Man, Private Women. Women in Social an Political Thought, Princeton 1981

ERDHEIM, Mario, "Heiße" Gesellschaften und "kaltes" Militär, in: Kursbuch 67, 1982, S. 59-70

ERDHEIM, Mario, Revolution, Totem und Tabu. Vom Verenden der Revolution im Wiederholungszwang, in: Ethnopsychoanalyse 2, Herrschaft, Anpassung, Widerstand, Frankfurt am Main 1991, S. 153-166

ERDHEIM, Mario, Einleitung. Zur Lektüre von Freuds Totem und Tabu, in: Sigmund Freud, Totem und Tabu, Frankfurt am Main 1991, S. 7-42

FERGUSON, Kathy E., The Feminist Case against Bureaucracy, Philadelphia 1984

FLAX, Jane, Political Philosophy and the Patriarchal Unconscious: A Psychoanalytic Perspective on Epistemology and Metaphysics, in: Sandra Harding/Merill Hintikka (Hg.), Discovering Reality: Feminist Perspective on Epistemology, Metaphysics, Methodology and Philosophy of Science, Dordrecht 1983

FREUD, Sigmund, Totem und Tabu, Frankfurt am Main 1991

FREUD, Sigmund, Massenpsychologie und Ich-Analyse, in: Sigmund Freud, Studienausgabe, Bd. IX, Frankfurt am Main 1974 (1921), S. 61-134

GENNEP, Arnold van, Übergangsriten (Les rites de passage), Frankfurt am Main/New York/Paris 1986

GERHARD, Ute, Patriarchatskritik als Gesellschaftsanalyse. Ein nicht erledigtes Projekt, in: Arbeitsgemeinschaft Interdisziplinäre Frauenforschung und –studien (Hg.), Feministische Erneuerung von Wissenschaft und Kunst, Pfaffenweiler 1990, S. 65-80

GILMORE; David D., Mythos Mann. Rollen, Rituale, Leitbilder, München/Zürich 1991

GODELIER, Maurice, Die Produktion der Großen Männer, Frankfurt am Main/New York 1987

GÖTTNER-ABENDROTH, Heide, Das Matriarchat I. Geschichte seiner Erforschung, Stuttgart/Berlin/Köln 1988

GOTTSCHEWSKY, Lydia, Männerbund und Frauenfrage. Die Frau im neuen Staat, München 1934

HABERMAS, Jürgen, Theorie des kommunikativen Handelns, 2 Bde., Frankfurt am Main 1981

HARDING, Sandra, What is the Real Material Base of Patriarchy and Capital?, in: Lydia Sargent (Hg.), Women and Revolution. A Discussion of the Unhappy Marriage of Marxism and Feminism, Boston 1981, S. 135-163

HARDING, Sandra, Feminism Federated Against Patriarchy? Paper presented at the XIVth World Congress of IPSA, Washington 1988.

HARTMANN, Heidi, The Unhappy Marriage of Marxism and Feminism: Towards a more progressive union, in: Lydia Sargent (Hg.), Women and Revolution. A Discussion of the Unhappy Marriage of Marxism and Feminism, Boston 1981, S. 1-41

HÄUSSERMANN, Hartmut, Die Politik der Bürokratie, Einführung in die Soziologie der staatlichen Verwaltung, Frankfurt am Main/New York 1977

HEINRICHS, Hans-Jürgen, Politik als männerbündisches Handeln und Verhalten, in: Gisela Völger/Karin v. Welck (Hg.), Männerbande. Männerbünde. Zur Rolle des Mannes im Kulturvergleich, Bd. 1, Köln 1990

HERNES, Helga Maria, Die zweigeteilte Sozialpolitik: Eine Polemik, in: Karin Hausen/Helga Nowotny (Hg.), Wie männlich ist die Wissenschaft? Frankfurt am Main 1986, S. 163-176

HERNES, Helga Maria, The Transition from Private to Public Dependence, in: Helga Maria Hernes, Welfare State and Women Power. Essays in State Feminism, Oslo 1987, S. 9-24

HONEGGER, Claudia, Die Ordnung der Geschlechter. Die Wissenschaften vom Menschen und das Weib 1750 – 1850, Frankfurt am Main/New York 1991

JEFFORDS, Susan, The Remasculinization of America. Gender and the Vietnam War, Bloomington/Indianapolis 1989

KERTZER, David I., Ritual, Politics, and Power, New Haven/London 1988

KLINGER, Cornelia, Das Bild der Frau in der Philosophie und die Reflexion von Frauen auf die Philosophie, in: Karin Hausen/Helga Nowotny (Hg.), Wie männlich ist die Wissenschaft? Frankfurt am Main 1986, S. 62-84

KREISKY, Eva, Frauen und Bürokratie, in: Österreichische Zeitschrift für die Politikwissenschaft 1988/1, S. 91-102

KREISKY, Eva, Bürokratisierung der Frauen – Feminisierung der Bürokratie, in: Barbara Schaeffer-Hegel/Heidi Kopp-Degethoff (Hg.), Vater Staat und seine Frauen. Studien zur politischen Kultur, Pfaffenweiler 1991, S. 194-207

KREISKY, Eva, Der Staat ohne Geschlecht? Ansätze feministischer Staatskritik und feministischer Staatserklärung, in: Österreichische Zeitschrift für Politikwissenschaft 1993/1, S. 23-35

MACKINNON, Catherine A., Feminismus, Marxismus und der Staat: Ein Theorieprogramm, in: Elisabeth List/Herlinde Studer (Hg.), Denkverhältnisse. Feminismus und Kritik, Frankfurt am Main 1989, S. 86-132

MANN, Thomas, Von deutscher Republik. Gerhart Hauptmann zum sechzigsten Geburtstag, in: Thomas Mann, Gesammelte Werke, Bd. 15, hrsg. v. Peter de Mendelssohn, Frankfurt am Main 1984

MAYREDER, Rosa, Zur Kritik der Weiblichkeit, Essays, Jena 1922

NADIG, Maya, Vorwort zu David D. Gilmore, Mythos Mann. Rollen, Rituale, Leitbilder, München/Zürich 1991, S. IX-XV

NADIG, Maya, Die Ritualisierung von Hass und Gewalt im Rassismus, in: Feministische Studien 1/93, S. 96-108

NARR, Wolf-Dieter, Politische Theorie – wofür und wie? Eine Einführung, in: Wilfried Röhrich, Politik als Wissenschaft. Ein Überblick, Opladen 1986, S. 43-95

NIPPA, Annegret Bund, in: Bernhard Streck (Hg.), Wörterbuch der Ethnologie, Köln 1987, S. 27-31

OKIN, Susan Moller, Philosopher Queens and Privat Wives: Plato on Women and the Family, in: Philosophy and Public Affairs, 6, 1977, S. 345-369

OKIN, Susan Moller, Rousseau's Natural Women, in: The Journal of Politics, 41, 1979, S. 393-416

OKIN, Susan Moller, Women in Western Political Thought, London 1980

PATEMAN, Carole, The Sexual Contract, Cambridge/Oxford 1988

PATEMAN, Carole, Gleichheit, Differenz, Unterordnung. Die Mutterschaftspolitik und die Frauen in ihrer Rolle als Staatsbürgerinnen, in: Feministische Studien, 1/92

POPPER, Karl, Die offene Gesellschaft und ihre Feinde, 6. Aufl., Tübingen 1980 (1957)

POULANTZAS, Nicos, Politische Macht und gesellschaftliche Klassen, Frankfurt am Main 1974

REULECKE, Jürgen, Männerbund versus Familie. Bürgerliche Jugendbewegung und Familie in Deutschland im ersten Drittel des 20. Jahrhunderts, in: Thomas Koebner et al. (Hg.), Mit uns zieht die neue Zeit. Der Mythos Jugend, Frankfurt am Main 1985, S. 11-32

REULECKE, Jürgen, Das Jahr 1902 und die Ursprünge der Männerbund-Ideologie in Deutschland, in: Gisela Völger/Karin v. Welck (Hg.), Männerbande, Männerbünde. Zur Rolle des Mannes im Kulturvergleich, Bd. 1, Köln 1990, S. 3-10

RIGOTTI, Francesca, Die Macht und ihre Metaphern. Über die sprachlichen Bilder der Politik, Frankfurt am Main/New York 1994

ROMMELSPACHER, Birgit, Mitmenschlichkeit und Unterwerfung. Zur Ambivalenz der weiblichen Moral, Frankfurt am Main/New York 1992

ROSENBERG, Alfred, Der Mythus des 20. Jahrhunderts. Eine Wertung der seelisch-geistigen Gestaltenkämpfe unserer Zeit, Berlin 1930

RUMPF, Mechthild, Staatliches Gewaltmonopol, nationale Souveränität und Krieg. Einige Aspekte des männlichen »Zivilisationsprozesses«, in: L'Homme, 3. Jg. (1992), H.1, S. 7-30

SCHMALENBACH, H., Die soziologische Kategorie des Bundes, in: Dioskuren 1, 1992, S. 35-105

SCHMITT, Carl, Der Begriff des Politischen, Berlin 1963 (1932)

SCHMITT, Carl, Die geistesgeschichtliche Lage des heutigen Parlamentarismus, Berlin 1991(1926)

SCHÖLER-MACHER, Bärbel, Fremd(körper) in der Politik. Die Normalität des politischen Alltags in Parteien und Parlamenten aus der Sicht der Frauen, in: Zeitschrift für Frauenforschung, hrsg. v. Institut Frau und Gesellschaft, H, 1 + 2, 1991, S. 98-116

SCHOEPS, J.H.., Sexualität, Erotik und Männerbund. Hans Blüher und die deutsche Jugendbewegung, in: J.H. Knall/ J.H. Schoeps (Hg.): Typisch deutsch. Die deutsche Jugendbewegung, Opladen 1988, S. 137-154

SCHURTZ, Heinrich, Altersklassen und Männerbünde. Eine Darstellung der Grundformen der Gesellschaft, Berlin 1902

SCHWAN, Alexander, Zur philosophischen Begründbarkeit freiheitlicher Politik, in: Volker Gerhardt (Hg.), Der Begriff der Politik. Bedingungen und Gründe politischen Handelns, Stuttgart 1990, S. 20-41

SEE, Klaus von: Politische Männerbund-Ideologie von der wilhelminischen Zeit bis zum Nationalsozialismus, in: VÖLGER/WELCK 1990

SIMMEL, Georg, Das Relative und das Absolute im Geschlechter-Problem, in: Georg Simmel, Philosophische Kultur. Über das Abenteuer, die Geschlechter und die Krise der Moderne. Gesammelte Essays, Berlin 1983 (1923), S. 52-81

SOEFFNER, Hans Georg, Die Ordnung der Rituale. Die Auslegung des Alltags II, Frankfurt am Main 1992

SOMBART, Nicolaus, Männerbund und politische Kultur in Deutschland, in: Joachim H. Knoll/Julius H. Schoeps (Hg.), Typisch deutsch: Die deutsche Jugendbewegung, Opladen 1988, S. 155-176

SOMBART, Nicolaus, Die deutschen Männer und ihre Feinde. Carl Schmitt – ein deutsches Schicksal zwischen Männerbund und Matriarchatsmythos, München/Wien 1991

SPENGLER, Oswald, Der Untergang des Abendlandes. Umrisse einer Morphologie der Weltgeschichte, München 1972 (1923)

THEWELEIT, Klaus, Männerphantasien, 2 Bde., Reinbek bei Hamburg 1987

ULITZ, Arnold, Worbs, Berlin 1930

VAERTING, Mathilde, Frauenstaat und Männerstaat, Berlin 1975 (1921)

VÖLGER, Gisela/Karin v.WELCK, Männerbande, Männerbünde. Zur Rolle des Mannes im Kulturvergleich, Köln 1990

WAGNER-HASEL, Beate, »Das Private wird politisch«. Die Perspektive »Geschlecht« in der Altertumswissenschaft, in: Ursula A.J. Becher/Jörn Rüsen (Hg.), Weiblichkeit in geschichtlicher Perspektive. Fallstudien und Reflexionen zu Grundproblemen der historischen Frauenforschung, Frankfurt am Main 1988, S. 11-50

WAGNER-HASEL, Beate, (Hg.), Matriarchatstheorien der Altertumswissenschaft, Darmstadt 1992

WEBER, Max, Wirtschaft und Gesellschaft, Frankfurt am Main 1972 (1922)

WEBER, Max, Politik als Beruf, in: Max Weber, Gesammelte Politische Schriften, hrsg. v. Johannes Winckelmann, 3. Aufl., Tübingen 1971

WIDDIG, Bernd, Männerbünde und Massen. Zur Krise männlicher Identität in der Literatur der Moderne, Opladen 1992

YOUNG, Brigitte, Der Staat – eine »Männerdomäne« ? Überlegungen zur feministischen Staatsanalyse, in: Elke Biester u.a. (Hg.), Staat aus feministischer Sicht, Berlin 1992, S. 7-18

Kapitel 2: Feministische Perspektiven in der Sozialpolitikforschung

Katrin Töns

In der Sozialpolitikforschung nehmen geschlechtersensible Wissenschaftsperspektiven einen recht zentralen Stellenwert ein. Ohne die Berücksichtigung traditionell weiblicher Lebens- und Arbeitsbereiche in der Familie, den privaten Wohlfahrtsverbänden und sozialberuflichen Arbeitsmarktsektoren sowie der Rolle von Frauen in den zahlreichen sozialstaatsprägenden Reformbewegungen lässt sich „Sozialpolitik" in ihrer historisch-genetischen Komplexität und institutionellen Ausdifferenzierung kaum nachvollziehen. Sogar in der konventionellen Sozialpolitikforschung wird die oft in privaten bzw. *häuslichen* („domestic") Zusammenhängen unentgeltlich geleistete Arbeit von Frauen in gewisser Weise als öffentlich relevant und wichtig anerkannt (z.B. Kaufmann 1998:45). Neben den beiden primären Leistungsträgern, „Staat" und „Markt", gilt die Familie als eine Institution, in der Frauen sich um Kinder und pflegebedürftige (ältere) Familienmitglieder „kümmern" und dadurch sozialstaatsentlastende *Fürsorgeleistungen* („carework") erbringen. Sozialhistorische Aufarbeitungen der Geschichte des Wohlfahrtsstaates zeigen ferner, dass Frauen aus ganz unterschiedlichen Lebenszusammenhängen und politischen Überzeugungen heraus - als Pionierinnen der Sozialarbeit, Reform-Aktivistinnen der bürgerlichen Frauenbewegung oder sozialistische Verbündete der Arbeiterbewegung -, in vielen Ländern einen ganz wesentlichen Teil zu der Institutionalisierung sozialer Sicherheit beigetragen haben (z.B. Sachße 1994; Skocpol 1992; Gordon 1994).

Aus der feministischen Perspektive sind diese Studien von unschätzbarem Wert. Dennoch reicht es häufig nicht aus, frauenspezifische politische Interessen und Tätigkeitsbereiche lediglich sichtbar zu machen bzw. in die Geschichte des Wohlfahrtsstaates hineinzulesen („to read women in"). Häufig bringt erst die gezielte geschlechtersensible Analyse einzelner sozialstaatlicher Institutionen und ihrer Auswirkungen auf die Lebenschancen von Frauen die Vielschichtigkeit und Widersprüchlichkeit des Verhältnisses zwischen Sozialstaat und Geschlechterordnung zum Ausdruck, von der gerade die ausdifferenzierten Gegenwartsgesellschaften geprägt sind.

Die feministische Sozialstaatsdiskussion der neunziger Jahre ist durch eine zunehmende methodische Komplexität und Selbstreflexivität gekennzeichnet. Es kann daher hier nicht der

Anspruch sein, einen umfassenderen Überblick über relevante Ansätze und Debatten zu liefern. Anhand der kurzen Zusammenfassung der Hauptthesen einiger weniger Studien soll auf den folgenden Seiten lediglich ein ausschnitthafter Einblick in aktuellere Auseinandersetzungen vermittelt werden. Ich unterscheide zwischen Diskussionssträngen, die von dem Anspruch einer eigenständigen sozialen Sicherheit und sozialstaatlich vermittelten Risikovermeidung für Frauen getragen werden, und Auseinandersetzungen, die Sozialpolitik als umfassendere Gestaltungsaufgabe im Hinblick auf die Herstellung der Chancengleichheit von Männern und Frauen verstehen. Die abschließende Skizzierung der Herausforderungen, die sich der feministischen Sozialpolitikforschung mit den gegenwärtigen Krisentendenzen einer nationalstaatlich gefassten Sozialpolitik stellen, eröffnet schließlich den Blick auf die in diesem Band versammelten sozialpolitischen Forschungsperspektiven.

Die ungleiche Verteilung von Armutsrisiken zwischen den Geschlechtern

Im reichen Deutschland sind Frauen und Kinder besonders von Armut betroffen. Laut der offiziellen Angaben[1] bilden alleinerziehende Mütter mit 22,1 Prozent die größte Gruppe von den insgesamt ca. 2,7 Millionen Sozialhilfeabhängigen. In einem direkten Zusammenhang steht die erschreckend hohe Zahl der Kinder und Jugendlichen, die in Deutschland von der Sozialhilfe leben müssen. 38 Prozent aller Sozialhilfeempfänger/innen sind unter 18 Jahre. Jedes zweite Kind, das Sozialhilfe erhält, ist Kind einer alleinerziehenden Mutter. Alleinstehende Frauen ohne Kinder stellen mit gut 22 Prozent der hilfebedürftigen Haushalte die zweite größte Gruppe Sozialhilfeabhängiger dar. Oftmals handelt es sich hier um ältere Frauen, deren Rente unterhalb des Sozialhilfeniveaus liegt.

Warum ist das Armutsrisiko für Frauen trotz der verhältnismäßig hohen Sozialleistungsquote der Bundesrepublik größer als für Männer? Warum sind gerade alleinerziehende und alte Frauen besonders gefährdet, wo doch „Mutterschaft" und „Alter" in Deutschland als besonders unterstützenswürdig gelten?

Um der Geschlechterdimension des Armutsproblems auf die Spur zu kommen, müssen sozialpolitische Institutionen als Normierungsinstanzen von Lebensläufen und Erwerbsbiographien in den Blick genommen werden. Empirische Studien zu dem Zusammenspiel von Lebensverlauf und Sozialpolitik (z.B. Allmendinger 1994) zeigen, dass gerade die Rentenversicherung, die ja das Problem einer allgemeinen Schlechterversorgung im Alter verhindern soll, in Deutschland immer noch auf der Normalitätserwartung des sogenannten Ernährermodells (ein vollzeiterwerbstätiger Mann ernährt Frau und Kinder) beruht und somit die finanzielle Ungleichheit der Geschlechter im Alter zementiert (vgl. auch Allmendinger/Brückner/Brückner 1992). Frauen mit Kindern, die keine lückenlose Erwerbsbiographie vorweisen können und von dem Einkommen ihres Mannes abhängig sind, verfügen oft nicht einmal im Alter über eine eigenständige subsistenzsichernde Rente. In Deutschland sind es nahezu 80 Prozent der älteren, verheirateten Frauen, die von ihren regulären (vom Einkommen des Ehemannes abgeleiteten) Rentenansprüchen allein nicht leben könnten (vgl. Döring/Hauser/Tibitanzl 1993). Das Problem der finanziellen Nichtanerkennung privater Fürsorgearbeit verlängert sich in die öffentliche Sphäre der staatlichen Daseinsvorsorge.

Die Erforschung der sozialstaatlichen Normierung des ganzen Lebenslaufes hat den Nachteil, dass Frauen oft nur passiv wahrgenommen werden, d. h. als Personen, die sich mit ihrem Schicksal abfinden müssen statt institutionelle Handlungsspielräume bewusst für sich nutzen zu können. Diese Wahrnehmung entspricht nicht immer der Realität. Sie ist vielmehr bezeichnend für die Untersuchung institutioneller Benachteiligungsformen, die (wie im Fall der Rente) für die betroffenen Frauen erst zu einem relativ späten Zeitpunkt ihres Lebens spürbar werden. Anders ist es bei der Sozialhilfe.

In der öffentlichen Wahrnehmung wird der Sozialhilfeempfang oft als biographisches Scheitern wahrgenommen - als Endstation eines missglückten Lebens, in dem die betroffen Frauen zur Passivität verdammt sind und sich dementsprechend selbst aufgeben. Dass Frauen in bestimmten Lebenslagen die Sozialhilfe bewusst für sich nutzen können, zeigen empirische Untersuchungen zur Situation alleinerziehender Sozialhilfeempfängerinnen in Berlin (Mädje/Neusüß 1996). In dieser Studie treten Sozialhilfeempfängerinnen als Akteurinnen in Erscheinung; die Befragungen ergaben, dass insbesondere eine Gruppe der Frauen die institutionellen Spielräume der Sozialhilfe als eine Art Grundsicherung nutzte, um von ihren Partnern finanziell unabhängig zu sein und Phasen der beruflichen Um- und Neuorientierung zu überbrücken. Indem diese Frauen dem Staat die Rolle des Ernährers sehr bewusst zuwiesen, politisierten sie die Kinderfrage: Wer die Verantwortung auf sich nimmt, Kinder großzuziehen, der sollte nicht durch die finanzielle Abhängigkeit vom Lebenspartner und dem damit verbundenen Mangel an Sicherheit und Handlungsautonomie bestraft werden.

---

[1] Statistisches Bundesamt 53. Jg., Mai 1998. Alle Angaben beziehen sich auf das Jahr 1996.

Wo der Sozialstaat alte Abhängigkeitsmuster zu überwinden hilft, schafft er jedoch neue, die dem gesellschaftlichen Status und der ökonomischen Partizipation von Frauen nicht immer zuträglich sind. Viele Feministinnen empfinden es als problematisch, dass die Sozialhilfe oft die einzige Form der Unterstützung für Alleinerziehende darstellt (z.B. Ostner 1997). Soziale Sicherheit im Sinne der Vermeidung unzumutbarer Risiken ist ja nur *ein* Kriterium, das über die Lebenschancen von Frauen entscheidet. Aus der feministischen Perspektive bemisst sich Sozialstaatlichkeit nicht nur an dem Anspruch einer gerechten Risikoabsicherung; die Chancengleichheit, d. h. die gleichwertige Einbeziehung von Männern und Frauen in die ökonomische und politische Organisation der Gesellschaft, wird als ebenso wichtig erachtet.

Ökonomische und politische Partizipationschancen

Eine Frage, die in der feministischen Forschung immer wieder gestellt wird, ist die sozialstaatliche Beeinflussung der Erwerbschancen von Frauen (Hobson 1991). Ob Frauen mit Kindern erwerbstätig sein können, hängt nicht nur von den objektiven ökonomischen Chancen ab, der Frage also, ob ihr individuelles Ausbildungs- oder Erwerbsprofil auf dem Arbeitsmarkt nachgefragt wird. Die Erwerbschancen von Frauen können ebenso durch die politische Prioritätensetzung bedingt sein, beispielsweise durch die Abwesenheit von zeitlich flexiblen, qualitativ akzeptablen und finanzierbaren Kinderbetreuungsmöglichkeiten, die mangelnde soziale Absicherung von Teilzeitstellen oder die negative Beeinflussung der Arbeitsanreize durch steuerrechtliche Regelungen, z.B. die Verrechnung des Einkommens mit dem des Ehemannes.

In der feministischen Sozialpolitikdiskussion der achtziger Jahre galt das schwedische Sozialstaatsmodell in punkto weibliche Erwerbschancen als besonders vorbildhaft. Mit der massiven Expansion sozialstaatlicher Leistungen während der siebziger Jahre schnellte in Schweden auch die Frauenerwerbstätigkeitsrate in die Höhe. Die Institutionalisierung öffentlich organisierter und finanzierter Teilzeitdienstleistungsstellen in den familienergänzenden bzw. ersetzenden Bereichen der Kinderbetreuung und Altenpflege half vielen Frauen dabei, beide Probleme, die finanzielle Abhängigkeit vom Lebenspartner und die eingeschränkte Verfügbarkeit und Konkurrenzfähigkeit auf den regulären Arbeitsmärkten, zu umgehen. Der skandinavischen Sozialwissenschaftlerin Helga Hernes zufolge stärkte das schwedische Sozialstaatsmodell nicht nur die ökonomische Eigenständigkeit von Frauen, sondern auch ihre politischen Machtressourcen (Hernes 1989). Letztendlich, so argumentiert Hernes, hätte man sich in Schweden für einen sozialdemokratisch reformerischen Staatsfeminismus entschieden, der langfristig den Weg in die „postpatriarchale frauenfreundliche Gesellschaft" ebnen könne (dazu auch Seemann 1996:116).

Jüngere Feministinnen zeigen sich da eher skeptisch. Hernes´ Ansatz, so argumentiert etwa Teresa Kulawik, überschattet die Paradoxien der Geschlechterordnung in Schweden. Es gelte herauszuarbeiten, warum „mit der ´Entfamiliarisierung´ weder ein dem Anteil an der bezahlten Arbeit linearer sozialer oder gar politischer Machtzuwachs einherging, noch die Herausbildung einer eigenständigen kollektiven Identität von Frauen stattfand" (Kulawik 1996:62). Die Herstellung politischer Partizipationschancen ist ein schwieriges Thema, weil die ökonomische Eigenständigkeit allein nicht auszureichen scheint. Hier werden komplexere Fragen berührt, etwa die Verfügbarkeit über eigenbestimmte Zeit, die Freiheit von Ausbeutung, die institutionellen Möglichkeiten der politischen Organisation und Einflussnahme sowie die innere psychologische Sicherheit der eigenständigen Bedürfnisbestimmung und selbstbewussten Formulierung von Ansprüchen (dazu Fraser 1989).

Diesen Problemstellungen kann hervorragend anhand der feministischen Sozialpolitikdiskussion in den USA nachgespürt werden. Das Paradox der us-amerikanischen Sozialpolitik besteht darin, dass „Eigenverantwortung" historisch und aktuell in einem primär ökonomischen Sinne, nämlich als die Fähigkeit, den eigenen Lebensunterhalt durch Erwerbstätigkeit selbst zu verdienen, verstanden wird. Dabei verfügen die Amerikaner/innen über eine relativ weit zurückreichende politische Kultur der demokratischen Selbstregierung, in der Eigenverantwortung traditionell politisch als aktiv-engagierte Staatsbürgerschaft und die rechtlich-politische Beeinflussung alltäglicher Lebensbereiche verstanden wurde. In ihrer international vieldiskutierten Studie über die politischen Wurzeln der amerikanischen Sozialpolitik zeigt Theda Skocpol am Beispiel des zivilpolitischen Engagements der Frauenbewegung, dass Sozialreformerinnen der „Progressive Era"[2] einen verhältnismäßig starken Einfluss auf die frühe Sozialpolitik genommen haben. Während die bürgerliche Frauenbewegung in vielen vergleichbar entwickelten Industrienationen und insbesondere in Deutschland an der androzentristischen Verbandsstruktur und den Widerständen einer zentralistisch organisierten Staatsbürokratie scheiterte, so lautet Skocpols zentrale These, gelang es den Sozialreformerinnen in den USA sich mit einer *Politik des Maternalismus*[3] gegen die Machtinteressen der

---

[2] Es handelt sich um die amerikanische Reformperiode des frühen 20. Jahrhunderts, deren Höhepunkt innerhalb des Zeitraumes von 1906 - 1920 anzusiedeln ist (vgl. Skocpol 1992:265).
[3] Viele Sozialreformerinnen der Progressive Era waren Angehörige der bürgerlichen Mittelschichten. Ihre politische Autorität gründete in der Überzeugung, daß sie als gebildete Amerikanerinnen eine besondere moralische Verantwortung für das körperliche und geistige Wohl sozial benachteiligter Frauen und Kinder tragen. Der

Männer durchzusetzen. In der Konsequenz entwickelten sich in den USA in einer relativ frühen Konstituierungsphase der Sozialpolitik Institutionen, die auf die in anderen Ländern zu dieser Zeit politisch weitgehend ignorierten Bedürfnisse von Frauen, Müttern und deren Kinder eingingen (vgl. auch Skocpol/Ritter 1991).

In der amerikanisch-feministischen Diskussion wurde Skocpols Studie kontrovers diskutiert. Während ihr historisch-institutionalistischer Ansatz einerseits als besonders geeignet gilt, um die institutionellen Bedingungen und Auswirkungen der historisch-maternalistischen Politik deutlich zu machen, schien doch andererseits auffällig, dass der komparative Fokus ihrer Studie sie in gewisser Weise davon abhielt, den Zusammenhängen von maternalistischer Politik und geschlechts- sowie hautfarbespezifischen Diskriminierungsmechanismen in den USA des frühen 19. Jahrhunderts stärker nachzuspüren. Skocpol war viel zu sehr damit beschäftigt, die positiven Seiten der amerikanisch-maternalistischen Sozialpolitik im Vergleich zu der relativen politischen Einflusslosigkeit der bürgerlichen Frauenbewegung in anderen Ländern hervorzukehren, als dass sie den Entstehungsprozess sozialstaatlicher Institutionen kritisch in den Blick hätte nehmen können (Nelson 1990:129). Der Widerspruch zwischen dem vergleichsweise starken politischen Einfluss amerikanischer Frauen und der bitteren Tatsache, dass Mutterschutzprogramme bis in die Gegenwart der aktuellen amerikanischen Sozialhilferegelung hinein nicht als Rechtsansprüche anerkannt werden, bleibt ungeklärt (Kulawik 1996:66f.). Erst durch den historisch-genetischen Ansatz der amerikanischen Policy-Analytikerin Barbara Nelson werden jene Mikrostrukturen der Entwicklung von politisch-organisatorischer Macht und Einflussnahme deutlich, die zu einer tiefgreifenden *dualen Struktur* („two-tired structure") des us-amerikanischen Sozialsystems geführt haben (Nelson 1984, 1990; Nelson/Carver 1994). Auf der einen Seite steht das lohnarbeitszentrierte, politisch verhältnismäßig stabile *Sozialversicherungssystem* („social security"), das in der androzentristisch-öffentlich routinierten, juridischen Institution der Arbeiterunfallversicherung wurzelt; auf der anderen Seite liegen die historischen Ursprünge der Sozialhilfe („welfare") gerade in den politisch nicht-routinierten und bevormundenden Mutterschutzprogrammen sowie der hochstigmatisierenden *privaten Armenfürsorge* („charity"). Bis heute werden insbesondere Mütter als Sozialhilfeempfängerinnen institutionell gegängelt (vgl. Stone 1993; Fraser/ Gordon 1994).

Begriff Maternalismus hat also in diesem Zusammenhang eine zweifache Bedeutung. Zum einen bezieht er sich auf die Identität der Sozialreformerinnen, die sich als „Mütter der Nation" verantwortlich fühlten. Darüber hinaus charakterisiert er die Art der Hilfeleistungen, die ja in erster Linie auf die spezifischen Bedürfnislagen von Müttern und Kindern zugeschnitten sein sollten.

Aktuelle Herausforderungen der feministischen Sozialpolitikforschung

Die aktuellen politischen, ökonomischen und kulturellen Veränderungen stellen die feministische Sozialpolitikforschung vor neue Herausforderungen. Mit der Transformation der Wohlfahrtsstaaten in Mittel- und Osteuropa eröffnet sich ein zunehmend wichtiger werdendes Forschungsfeld (vgl. Götting 1998). In vielen dieser Länder zeichnen sich bereits neue Muster der sozialen Diskriminierung und Geschlechterungleichheit ab, auf die Frauen sehr unterschiedlich reagieren (Lemke 1996; Firlit-Fesnak 1996, siehe auch Fuchs in diesem Band). Im Kontext der zunehmend global konstituierten ökonomischen Interdependenzen und politischen Wirkungszusammenhänge ist das Wort Transformation allerdings längst zu einer Art Schlüsselbegriff der Analyse kulturellen, politischen und ökonomischen Wandels in Ost *und* West geworden (dazu Kreisky/Sauer 1998:19f.). Auch in den westlichen Gesellschaften befindet sich die Sozialpolitik in einer tiefgreifenden Umbruchphase, deren Konsequenzen für Frauen in vielerlei Hinsicht noch nicht absehbar sind. Pessimistische Sichtweisen prophezeien das baldige Ende aller Sozialstaatlichkeit, die sich mit dem zunehmend begrenzten politischen Handlungsspielraum auf der nationalen Ebene und dem dahinschwindenden „kulturellen Konsens" schrittweise erschöpfen soll. Demographische Verschiebungen sowie familien- und arbeitsmarktbedingte Veränderungen, die für die Aushöhlung der strukturellen und kulturellen Basis des patriarchalen Sozialstaatsarrangement verantwortlich gemacht werden (dazu Kaufmann 1998), nähren jedoch auch die Hoffnung auf neue sozialpolitische Wege hin zu einer gerechteren Geschlechterordnung (vgl. Kreisky/Sauer 1996). Eine frauenfreundlichere Sozialpolitik wird sich jedoch nicht von alleine einstellen. Um diesbezüglich Land zu gewinnen bedarf es zunächst einmal innerhalb des Feminismus´ einer stärkeren Übereinstimmung im Hinblick auf die Frage, wie denn eine zukünftige Sozialpolitik überhaupt aussehen soll. Interessante Ansätze gibt es in der *feministischen Gerechtigkeits- und Wohlfahrtstheorie*. Ihre Aufgabe ist es, sozialpolitische Forderungen („claims") theoretisch zu verorten und gegeneinander auszuloten.

Der Aufsatz von Nancy Fraser in diesem Band bietet hier ein hervorragendes Beispiel. Im Rahmen eines „postindustriellen Gedankenexperiments" bezieht Fraser gleichheits- und differenztheoretische Denkansätze der feministischen Politiktheorie auf die unterschiedlichen sozialpolitischen Forderungen von Frauen und versucht, eine sich im Laufe der achtziger Jahre zunehmend abzeichnende Polarisierung zwischen beiden Theorieströmungen zugunsten eines dritten Modells, der „komplexen Geschlechtergleichwertigkeit", zu überwinden. Differenz bedeutet in der feministischen Forschung immer zweierlei, nämlich einerseits die Betonung von Pluralität und Vielfalt. Hier lautet der Anspruch der feministischen Forschung, der

Unterschiedlichkeit von Erfahrungen gerecht zu werden. Die Erfahrungen, die Frauen mit dem Sozialstaat machen, können je nach objektiver Lebenslage (Alter, Familienstand, Bildungsgrad, Beruf), ethnischen und/oder schichtspezifischen Zuschreibungen und subjektiven Zugehörigkeitsgefühlen sehr unterschiedlich sein. Andererseits meint Differenz die positive Wertung derjenigen Eigenschaften (Fürsorge, Gefühlsbetontheit, Altruismus), die historisch Frauen qua Geschlecht zugeschrieben wurden. Fraser gelangt zu dem Schluss, dass die Sozialstaaten der Zukunft die weiblichen Lebensläufe zwischen Haus- und Erwerbsarbeit zur Norm erheben sollen. Durch die institutionelle Abfederung unsteter Erwerbsbiographien soll Fürsorgearbeit insgesamt attraktiver gemacht werden. Fraser hofft, dass dadurch zunehmend für Männer Anreize geschaffen werden, Frauen in ihrer traditionellen Verantwortung für Haus- und Pflegearbeit zu entlasten.

Die aktuellen sozialstaatlichen Transformationsprozesse rücken ferner die Frage nach den konkreten empirischen Bedingungen und den immanenten Grenzen wohlfahrtsstaatlicher Strukturanpassungen in den Vordergrund. Sie steht im Zentrum des seit Beginn der neunziger Jahre stark expandierenden Forschungszweiges der *internationalen Wohlfahrtsstaats- und Regimeforschung*. Eingeleitet wurde diese Diskussion durch Gösta Esping-Andersens „Three Worlds of Welfare Capitalism" (1990), eine Studie, die mittlerweile zu den Klassikern der Sozialpolitikforschung gezählt werden muss. Mit Hilfe des zugrundeliegenden Konzeptes wohlfahrtsstaatlicher Regime und unter der Berücksichtigung historisch-konkreter politischer Machtverhältnisse und sozialpolitischer Entwicklungsdynamiken beschreibt Esping-Andersen drei historische Entwicklungspfade, die zu relativ stabilen wohlfahrtsstaatlichen Interventionparadigmen geführt haben: den liberal-residualen Regimetyp, für den das us-amerikanische Sozialsystem eine Art Musterbeispiel darstellen soll (1), den konservativ-institutionellen Typus, der sich stark an dem ständisch-korporativen Charakter des bismarckschen Sozialversicherungsmodells orientiert (2) und den sozialdemokratisch-institutionellen Typus, für den schließlich die an universellen Kriterien orientierte Leistungsvergabe des schwedischen Sozialstaates bezeichnend sein soll (3). Die regulativen Unterschiede der einzelnen Wohlfahrtsstaatsregime bemessen sich erstens an der Bedeutung und Rolle der drei zentralen Versorgungsinstitutionen Markt, Staat und Familie in dem Zusammenspiel öffentlicher und privater Sicherungsformen (I), zweitens an Qualität und Reichweite sozialer Rechte bzw. dem Ausmaß der staatlichen Einschränkung des Warencharakters der Arbeit (De-Kommodifizierung) (II), und drittens an der gesellschaftlichen Stratifizierung der unterschiedlichen Verteilungslogiken (III). Nachdem Esping-Andersens Forschungsmodell zunächst in der angelsächsischen Diskussion sehr breit diskutiert und angewendet wurde, ist nun in Deutschland eine ausführlichere Debatte um die methodischen Möglichkeiten und Grenzen seiner Vorgehensweise entfacht (vgl. dazu den Sammelband von Lessenich/Ostner 1998).

Esping-Andersens Konzept wohlfahrtsstaatlicher Regime gewann einen nachhaltigen Einfluss auf die feministische Sozialpolitikforschung. Die Gründe, die dafür eine Rolle gespielt haben mögen, fasst Ilona Ostner folgendermaßen zusammen: „Endlich elaborierte Dimensionen und Indikatoren für den Ländervergleich, die man empirisch verwerfen oder bestätigen konnte; darüber hinaus ein Gerüst, das Prognosen über das Schicksal des jeweiligen Typus im sozioökonomischen Wandel zu wagen half. Schließlich handelte es sich um einen originellen Entwurf, der der feministischen Kritik ausreichend Angriffsflächen bot. Diese musste nur systematisch den Gesichtspunkt weiblicher Lebenschancen einbringen, um die Typologien in Bewegung und die Zuordnung der Länder zum Wanken zu bringen" (Ostner 1998:228).

Mit den Aufsätzen von Mary Langan / Ilona Ostner und Angelika von Wahl in diesem Band soll ein Überblick über die unterschiedlichen Entwicklungsphasen und Diskussionsstränge der kritisch-feministischen Rezeption und Weiterentwicklung der Regimetypologien gegeben werden. Die zwei ausgewählten Essays bestätigen, dass die Regime-Typologie feministischen Analytikerinnen zwar einerseits von Nutzem war; durch die Erarbeitung des geschlechterspezifischen Subtextes, d. h. des ungeschriebenen oder nur am Rande thematisierten Geschlechtertextes („gender subtext") (Fraser 1989:123), konnte nämlich gezeigt werden, dass die einzelnen Interventionsmuster von unterschiedlichen „Genderregimen" oder „Geschlechterordnungen" mit je spezifischen Risiken und Chancen für Frauen gestützt werden. Andererseits hat gerade die geschlechtersensible Anwendung der Esping-Andersen'schen Analyseinstrumentarien gezeigt, dass die Subsummierung sehr verschiedenartiger Sozialstaaten unter den drei Regimetypologien dazu verleitet, über geschlechterrelevante Unterschiede innerhalb einzelner Länder eines Regimetypes hinwegzusehen. Auch in normativer Hinsicht sind die komparativen Analysekriterien, die Esping-Andersen seiner Studie zugrundelegt, nur bedingt hilfreich. Ann Orloff kritisiert beispielsweise die Konzeptualisierung der organisatorischen Basis des Wohlfahrtsstaates als einseitig auf die Arbeiterbewegung fokussierend (vgl. Orloff 1993). Die Vergeschlechtlichung von Esping-Andersens „Machtressourcenansatzes" bedeutet ihrer Ansicht nach sowohl die Berücksichtigung des Einflusses weiblicher Sozialreformerinnen und Frauenbewegungen auf den Prozess der Politikformulierung und Implementierung einzelner Policies als auch der unterschiedlichen politischen Forderungen, die sich mit dem politischen Engagement von Frauen in der Regel verbinden. Demnach steht die Sozialpolitik nicht nur im Dienst der Abschaffung bzw. Minimierung von Klassenunterschieden;

darüber hinaus ist sie für die Herstellung einer gerechteren Verteilung von Fürsorgearbeit und Chancen der Arbeitsmarktpartizipation zwischen den Geschlechtern in die Verantwortung zu nehmen.

Die Forderung einer gerechteren Verteilung von Fürsorgearbeit („carework") und Erwerbsgelegenheiten („equal-opportunity") wird von feministischen Komparatistinnen verstärkt aufgegriffen. Sie hat zu der Ausdifferenzierung der geschlechtersensiblen Regimeforschung im Hinblick auf die Analyse und den Vergleich länderspezifischer Familien- und Gleichstellungspolitiken beigetragen. Neuere Arbeiten von Jane Jenson (1997), Ilona Ostner (1997, 1998), Jane Lewis (1992, 1997, 1997a) und anderen namhaften Forscherinnen (vgl. den Sammelband Lewis 1997) widmen sich der Analyse von Familienpolitiken in einem weiteren Sinne. Diese Autorinnen vergleichen sogenannte „caring systems" (Lewis 1992), d. h. länderspezifische Mischungen aus marktvermittelten, staatlich finanzierten und/oder durch private Haushalte geleisteten Fürsorge- und Pflegearbeiten. Im Mittelpunkt der kritischen Analysen steht die Frage, durch welche Policyarrangements die unbezahlte Haus- und Familienarbeit von Frauen konstituiert bzw. aufrechterhalten wird.

Die Arbeiten von Angelika von Wahl widmen sich dem zweiten, bisher relativ unerforschten Bereich länderspezifischer Gleichstellungspolitiken. In ihrer empirisch fundierten Analyse us-amerikanischer und deutscher Gleichstellungspolitiken beschäftigt sich von Wahl mit der Frage, inwiefern der liberale und der konservative Regimetypus die politische Mobilisierung einer feministischen Gleichstellungsagenda und die Implementierung konkreter Gleichstellungspolitiken fördert bzw. unterbindet. Als Ergebnis werden wir mit dem Policy-Paradox konfrontiert, dass der „schwache Staat" des residualen Sozialsystems in den USA aktiver in die Implementierung von Gleichstellungspolitiken verwickelt ist als der „starke Staat" des institutionellen deutschen Regimetyps. Damit sträubt sich der Vergleich und die Analyse von Gleichstellungspolitiken dem konzeptuellen Untersuchungsschema von Esping-Andersen, das eher gegenteilige Tendenzen in beiden Ländern vermuten ließe. Von Wahl erklärt diese Abweichungen, indem sie die Implementierung von Gleichstellungspolitiken in beiden Ländern auf den politischen Druck der neuen Frauenbewegung zurückführt, die in Esping-Andersens Analyse keine Berücksichtigung findet. Esping-Andersens Regimetypologie greift allerdings wieder, so von Wahl, wenn es um die Frage der länderspezifischen Barrieren gegen die Implementierung von Gleichstellungspolitiken geht. Hier seien jene Moralvorstellungen und Normen mitverantwortlich, die den jeweiligen Regimetypologien zugrunde liegen und die letztlich beide Sozialstaatstypen in einem zwiespältigen Licht erscheinen lassen. Während das deutsche Sozialsystem eine „differenzorientierte", auf die wechselseitige

Ergänzung traditioneller Geschlechterrollen zugeschnittene Norm des „männlichen Brotverdieners" impliziere, baut das amerikanisch-liberale Sozialstaatsmodell auf Werte wie ökonomische Eigenverantwortung und Gleichheit im Sinne einer *Angleichung* („sameness") weiblicher Lebensläufe an männliche Standards.

An analytischem Scharfsinn und reformerischen Ideen mangelt es nicht in der feministischen Sozialpolitikforschung. Ob und inwiefern sich geschlechtersensible Reformkonzepte als politisch konsensfähig und umsetzbar erweisen, wird sich zeigen.

Literatur

Allmendinger, Jutta/ Brückner, Hannah/ Brückner, Erika (1992): „Ehebande und Altersrente oder: Vom Nutzen der Individualanalyse", in: Soziale Welt, Jg. 43.1, S. 90-116.

Allmendinger, Jutta (1994): Lebensverlauf und Sozialpolitik. Die Ungleichheit von Mann und Frau und ihr öffentlicher Ertrag, Frankfurt a.M.

Behning, Ute (1999): Zum Wandel der Geschlechterrepräsentation in der Sozialpolitik, Leverkusen.

Braun, Kathrin (1993): Gewerbeordnung und Geschlechtertrennung, Baden-Baden.

Firlit-Fesnak, Grażyna (1996): „Frauenpolitik im Kontext der Systemtransformation in Polen: Sozialpolitische Probleme und frauenpolitische Organisierung", in: Frauenbewegung und Frauenpolitik in Osteuropa, Christiane Lemke/Virginia Penrose, Uta Ruppert (Hg.), Frankfurt a.M., S. 86-95.

Dies. (1997): „What about social policy? Social effects of system transformation in Poland", in: Wojtaszczyk, Konstanty Adam (Hg.), Poland: Government and Politics, Warschau, S. 35-46.

Döring, Diether/ Hauser, Richard/ Tibitanzl, Frank (1993): „Zur Alterssicherung von Frauen in sechs Ländern der EG", in: Sozialer Fortschritt, 42.6-7, S. 142-46.

Fraser, Nancy (1989): „Women, Welfare, and the Politics of Need Interpretation", in: dies. Unruly Practices, S. 144-61.

Dies. / Linda Gordon (1994): „A Genealogy of `Dependency´: Tracing a Keyword of the U.S. Welfare State, in: Signs, 19.2, S. 309-36.

Götting, Ulrike (1998): Transformation der Wohlfahrtsstaaten in Mittel- und Osteuropa. Eine Zwischenbilanz, Opladen.

Gordon, Linda (1994): „Pitied but not entitled. Single Mothers and the History of Welfare, Cambridge, Mass.

Hernes, Helga (1989): Wohlfahrtsstaat und Frauenmacht. Essays über die Feminisierung des Staates, Baden-Baden.

Hobson, Barbara (1991): „No Exit, No Voice: Women's Economic Dependency and the Welfare State", in: Acta Sociologica, Vol. 33, S. 235-50.

Jenson, Jane (1997): „Who Cares? Gender And Welfare Regimes", in: Social Politics, Vol. 4.2, S. 181-83.

Kaufmann, Franz-Xaver (1998): Herausforderungen des Sozialstaates, Frankfurt a. M.

Köppen, Ruth (1994): Armut und Sexismus, Berlin.

Kulawik, Teresa (1996): „Modern bis maternalistisch: Theorien des Wohlfahrtsstaates", in: dies. / Birgit Sauer (Hg.), Der halbierte Staat, Frankfurt a.M., S. 47-81.

Dies. (1998): „Jenseits des - androzentristischen Wohlfahrtsstaates? Theorien und Entwicklungen im internationalen Vergleich", in: Eva Kreisky / Birgit Sauer (Hg.), Geschlechterverhältnis im Kontext politischer Transformation, Sonderband der Politischen Vierteljahresschrift (PVS), Opladen, S. 293-310.

Kreisky, Eva / Sauer, Birgit (1996): „Wohlfahrtsstaat und Patriarchalismus", in: Die Zukunft des Wohlfahrtsstaates, Transit 12, S. 127-41.

Dies. (Hg.) (1998): Geschlechterverhältnis im Kontext politischer Transformation, Sonderband der Politischen Vierteljahresschrift (PVS), Opladen.

Lemke, Christiane (1990): „Women and the Welfare State. Zur Rolle des Staates in der amerikanischen Frauenforschung", in: Leviathan, 18, 2, S. 239-54.

Dies. (1992): „Neue Ansätze der Sozialstaatskritik in den USA", in: Elke Biester u.a. (Hg.), Staat aus feministischer Sicht, Berlin, S. 37-42.

Dies. (1996): „Frauen und Politik in den Transformationsprozessen Osteuropas", in: dies. u.a. (Hg.), Frauenbewegung und Frauenpolitik in Osteuropa, Frankfurt a.M., S. 15-33.

Lessenich, Stephan / Ilona Ostner (1998): Welten des Wohlfahrtskapitalismus. Der Sozialstaat in vergleichender Perspektive, Frankfurt a.M.

Lewis, Jane (1992): „Gender and the development of welfare regimes", in Journal of European Social Policy 3, S. 159-73.

Dies. (Hg.) (1997): Lone Mothers in European Welfare Regimes. Shifting Policy Logics, London

Dies. (Hg.) (1997a): „Further Thoughts on Gender and Welfare Regimes", in: Social Politics, Vol. 4, 2, S. 160-178

Mädje, Eva / Neusüß, Claudia (1996): Frauen im Sozialstaat. Zur Lebenssituation alleinerziehender Sozialhilfeempfängerinnen, Franfurt a.M.

Nelson, Barbara (1984): „Women's Poverty and Women's Citizenship: Some Political Consequences of Economic Marginality", in: Signs, 10,2, S. 209-231.

Dies. (1990): „The origins of the two-channel welfare-state: Workman's Compensation and Mother's Aid", in: Linda Gordon (Hg.), Women, the State, and Welfare, Madison / London, S. 123-51.

Dies. / Carver, K. A. (1994): „Many voices but view vehicles: The consequences for women of weak political infrastructure in the United States", in: dies. / Najma Chowdhury (Hg.), Women and Politics Worldwide, New Haven (Conn.), S. 2-24.

Ostner, Ilona (1997): „Lone Mothers in Germany Before and After Reunification", in: Jane Lewis (Hg.) Lone Mothers in European Welfare Regimes, London, S. 21-50.

Dies. (1998): „Quadraturen im Wohlfahrtsdreieck. Die USA, Schweden und die Bundesrepublik im Vergleich", in: dies. / Stephan Lessenich (Hg.), Welten des Wohlfahrtskapitalismus. Der Sozialstaat in vergleichender Perspektive, Frankfurt, S. 225-54.

Orloff, Ann Shola (1993): „Gender and the Social Rights of Citizenship. The Comparative Analyses of Gender Relations and Welfare States", American Sociological Review, Vol. 58. S. 303-28.

Sachße, Christoph (1994): Mütterlichkeit als Beruf. Sozialarbeit, Sozialreform und Frauenbewegung 1871 - 1929, zweite überarbeitete Auflage, Opladen.

Seemann, Birgit (1996): Feministische Staatstheorie. Der Staat in der deutschen Frauen- und Patriarchatsforschung, Opladen.

Skocpol, Theda (1992): Protecting Soldiers and Mothers. The Political Origins of Social Policy in the United States, Cambridge, Mass.

Dies. / Ritter, Gretchen (1991): „Gender and the Origins of modern Social Policies in Britain and the United States", in: Studies in American Political Development, 5: 36-93.

Stone, Deborah A. (1988): Policy Paradoxes and Political Reason, Glenview.

Dies. (1993): „Clinical authority in the construction of citizenship", in: Public Policy for Democracy, Brookings Institution, Washington D.C., S. 45-67.

Töns, Katrin: Recht, Bedürfnis und Leistung. Die Anwendungsprinzipien der Verteilungsgerechtigkeit am Beispiel der aktuellen Sozialhilfereformdebatten in den USA und in Deutschland (Dissertation, Institut für Politische Wissenschaft der Universität Hannover, 2000).

Nancy Fraser:
Die Gleichheit der Geschlechter und das Wohlfahrtssystem: Ein postindustrielles Gedankenexperiment[1]

Die derzeitige Krise des Wohlfahrtsstaates hat viele Ursachen - globale ökonomische Tendenzen, der Zusammenbruch des Staatssozialismus, massive Wanderungsbewegungen von Flüchtlingen und Immigranten, die Abneigung breiter Bevölkerungsschichten gegen Steuern, die Schwächung der Gewerkschaften und der Arbeiterparteien, die Entwicklung nationaler und „rassistisch"- ethnischer Antagonismen und der Niedergang solidarischer Ideologien. Aber ein absolut entscheidender Faktor ist der Zerfall der alten Geschlechterordnung. Die bestehenden Wohlfahrtsstaaten basieren auf Annahmen über die Geschlechter, die immer weniger mit dem Leben und dem Selbstverständnis vieler Menschen übereinstimmen. Sie bieten daher keinen angemessenen sozialen Schutz, insbesondere nicht für Frauen und Kinder.

Die Geschlechterordnung, die jetzt verschwindet, entstand in der industriellen Ära des Kapitalismus und spiegelt die damalige soziale Welt wider. Sie war um das Ideal des „Familieneinkommens" zentriert. Diese Welt war von der Vorstellung geprägt, dass die Menschen in einer heterosexuellen Kernfamilie mit einem männlichen Oberhaupt organisiert sein sollten, die hauptsächlich von dem Arbeitseinkommen des Mannes lebte. Das männliche Familienoberhaupt bezog ein „Familieneinkommen", das ausreichend war, um die Kinder und eine Frau-und-Mutter zu ernähren, die die unbezahlte Hausarbeit verrichtete. Natürlich gab es unzählige Familien, die nicht in dieses Schema passten. Dennoch war dies die normative Vorstellung von einer „richtigen" Familie. Und sie lag der Struktur der meisten Wohlfahrtsstaaten in der industriellen Ära zugrunde.[2]

Es handelte sich um eine dreigeteilte Struktur, bei der die Sozialversicherungsprogramme an erster Stelle standen. Diese Programme waren darauf abgestellt, die Menschen vor

---

[1] Die Forschungsarbeit für diesen Aufsatz wurde vom Center for Urban Affairs and Policy Research der Northwestern University unterstützt. Für hilfreiche Kommentare danke ich Rebecca Blank, Joshua Cohen, Fay Cook, Axel Honneth, Barbara Hobson, Jenny Mansbridge, Linda Nicholson, Ann Shola Orloff, John Roemer, Ian Schapiro, Peter Taylor-Gobby, Judy Wittner, Eli Zaretsky und den Mitgliedern der Feminist Public Policy Work Group of the Center for Urban Affairs and Policy Research der Northwestern University.
[2] Mimi Abramowitz, *Regulating the Lives of Women: Social Welfare Policy from Colonial Times to the Present*, Boston 1988; Nancy Fraser, „Women, Welfare, and the Politics of Need Interpretation" (1987), in: dies., *Unruly Practices: Power, Discourse, and Gender in Contemporary Social Theory*, Minneapolis 1989; Linda Gordon, „What does Welfare Regulate?", in: *Social Research* 55, Nr.4, S. 609-630; Hilary Land, „ Who Cares for the Family?", in: *Journal of Social Policy* 7, Nr. 3, S. 257-284.

den Wechselfällen des Arbeitsmarktes zu schützen (und die Wirtschaft gegenüber Nachfrageeinbußen abzusichern), und ersetzten den Lohn des Ernährers im Fall von Krankheit, Invalidität, Arbeitslosigkeit oder altersbedingter Arbeitsunfähigkeit. Viele Länder führten in einer zweiten Stufe Programme ein, die die ganztägige Haus- und Erziehungsarbeit der Frauen direkt unterstützten. Eine dritte Stufe brachte Sozialleistungen für den „Rest". Weitgehend eine Fortsetzung der traditionellen Armenhilfe, sahen diese Programme eine kümmerliche und als schmachvoll abgestempelte Unterstützung für nachweislich bedürftige Menschen vor, die nicht in das Szenario des Familieneinkommens passten und folglich keinen Anspruch auf eine ehrenhafte Unterstützung hatten.[3]

Heute ist die Vorstellung eines Familieneinkommens allerdings nicht mehr haltbar - weder empirisch noch normativ. Wir erleben derzeit den Untergang der alten, industriellen Geschlechterordnung und den Übergang zu einer neuen, postindustriellen Phase des Kapitalismus. Die Krise des Wohlfahrtsstaates hängt mit diesen epochalen Veränderungen zusammen. Sie ist teilweise durch den Zusammenbruch der Welt des Familieneinkommens und ihrer zentralen Vorstellung von Arbeitsmärkten und Familien bedingt.

Auf den Arbeitsmärkten des postindustriellen Kapitalismus bieten nur wenige Arbeitsplätze ein Einkommen, das für den Unterhalt einer Familie ausreichend ist; es gibt viele befristete oder Teilzeitarbeitsplätze, die nicht mit einem Normallohn verbunden sind.[4] Immer mehr Frauen arbeiten - wenngleich sie wesentlich schlechter bezahlt werden als Männer.[5] Die postindustriellen Familien sind weniger konventionell und weisen eine größere Vielfalt auf. Heterosexuelle Paare heiraten seltener und später und lassen sich häufiger und früher schei-

---

Eine Ausnahme ist Frankreich, das schon früh eine hohe Frauenerwerbsquote akzeptierte (Jane Jenson, „Representations of Gender: Policies to `Protect`Women Workers and Infants in France and the United States before 1914", in: Linda Gordon (ed.), *Women, The State, and Welfare*, Madison, WI 1990).

[3] Mit dieser Darstellung der dreigeteilten Struktur des Wohlfahrtsstaates revidiere ich meine frühere Ansicht (1987). Bisher habe ich in Anlehnung an Nelson eine zweigeteilte Struktur angenommen: idealtypische „männliche" Sozialversicherungsprogramme und idealtypische „weibliche" Programme zur Unterstützung von Familien (Barbara Nelson, „Women`s Poverty and Women`s Citizenship: Some Political Consequences of Economic Marginality", in: *Signs: Journal of Women in Culture and Society 10*, Nr. 2, 1984, S. 209-231; Barbara Nelson, „The Origins of the Two-Channel Welfare State: Workmen`s Compensation and Mothers´ Aid", in: Linda Gordon (ed.), Women, the State and Welfare. Obwohl diese Ansicht ein relativ richtiges Bild des amerikanischen Wohlfahrtssystems vermittelte, halte ich es jetzt für analytisch irreführend. Das Besondere an den Vereinigten Staaten ist die Tatsache, daß die zweite und dritte Stufe zusammenfallen. Das wichtigste Programm zur Unterstützung von nachweislich bedürftigen Menschen - Aid to Families with Dependent Children (AFDC) - ist zugleich das wichtigste Programm, das die Erziehungsarbeit von Müttern finanziell unterstützt. Analytisch sind diese beiden Programme am besten als zwei unterschiedliche Stufen des Wohlfahrtssystems zu verstehen. Nimmt man das Sozialversicherungssystem hinzu, hat man eine dreigeteilte Struktur des Wohlfahtsstaates.

[4] David Harvey, *The Condition of Postmodernity: An Inquiry into Origins of Cultural Change*, Oxford 1989; Scott Lash /John Urry, *The End of Organized Capitalism*, Cambridge 1987; Robert Reich, *The Work of Nations: Preparing Ourselves for 21st Century Capitalism*, New York 1991.

[5] John Smith, „The Paradox of Women`s Poverty: Wage-earning Women and Economic Transformation", in: *Signs: Journal of Women in Culture and Society* 9; Nr.2, 1984, S. 291-310.

den. Und Schwule und Lesben führen neue Formen des Zusammenlebens ein. Eine wachsende Zahl von Frauen, die entweder geschieden sind oder nie verheiratet waren, kämpft darum, sich und ihre Familien ohne den Verdienst eines männlichen Ernährers durchzubringen.[6] Die Geschlechternormen und Familienformen sind sehr umstritten. Es ist teilweise den feministischen und Lesben- und Schwulen-Befreiungsbewegungen zu verdanken, dass viele Menschen das Modell des männlichen Verdieners und der weiblichen Hausfrau nicht mehr für erstrebenswert halten.[7]

Kurzum, es entsteht eine neue Welt der wirtschaftlichen Produktion und der sozialen Reproduktion – eine Welt mit weniger stabilen Arbeitsplätzen und einer größeren Vielfalt der Familienformen. Obwohl noch niemand mit Sicherheit sagen kann, wie sie letztlich aussehen wird, scheint soviel klar zu sein: die entstehende Welt wird ebenso wie die Welt des Familieneinkommens einen Wohlfahrtsstaat erfordern, der die Menschen effektiv vor Unsicherheiten schützt. Die sich herausbildenden Formen der Arbeitsmärkte und Familien erhöhen die Bedeutung eines solchen Schutzes. Es ist auch klar, dass die alten Formen des Wohlfahrtsstaates, die auf der Annahme patriarchalischer Familien und relativ stabiler Arbeitsplätze basierten, nicht mehr geeignet sind, diesen Schutz zu gewährleisten. Wir brauchen einen neuen, postindustriellen Wohlfahrtsstaat, der den radikal neuen Bedingungen von Arbeit und Reproduktion entspricht.

Wie sollte also ein solcher postindustrieller Wohlfahrtsstaat aussehen? Was immer wir dazu sagen mögen, eines scheint außer Frage zu stehen: der postindustrielle Wohlfahrtsstaat muss eine Geschlechterordnung fördern, die auf der Gleichheit der Geschlechter beruht. Daraus folgt, dass Feministinnen besonders berufen sind, eine emanzipatorische Vision für die Zukunft zu entwickeln. Besser als jeder andere wissen sie, dass die Geschlechterbeziehungen viel mit der derzeitigen Krise des industriellen Wohlfahrtsstaates zu tun haben. Und ihnen ist bewusst, dass die Gleichheit der Geschlechter für jedes akzeptable postindustrielle Nachfolgemodell ein zentrales Element sein muss. Die Feministinnen kennen auch die Bedeutung der pflegerischen und betreuerischen Arbeit für das menschliche Wohlergehen und wissen, wie sich die soziale Organisation dieser Arbeit auf die Lage der Frauen auswirkt. Sie sind mit den potentiellen Interessenkonflikten in den Familien vertraut und wissen um die Unzulänglichkeit der Definitionen von Arbeit, die auf den Mann zugeschnitten sind.

---

[6] David T. Ellwood, *Poor Support: Poverty in the American Family*, New York 1988.
[7] Judith Stacey, „Sexism By a Subtler Name? Postindustrial Conditions and Postfeminist Consciousness in the Silicon Valley", in: *Socialist Review* Nr. 96, 1987, S. 7-28.

Bisher sind die Feministinnen einem systematischen Nachdenken über den Umbau des Wohlfahrtssystems allerdings eher ausgewichen. Wir haben auch noch keine befriedigende Vorstellung von der Geschlechtergleichheit entwickelt, die einer emanzipatorischen Vision zugrunde liegen könnte. Ein solches Nachdenken müssen wir jetzt in Angriff nehmen. Wir sollten fragen: welche neue, postindustrielle Geschlechterordnung sollte das Familieneinkommen ersetzen? Und welche Art von Wohlfahrtsstaat kann eine solche Geschlechterordnung am besten fördern? Und welche Vorstellung von der Geschlechtergleichheit entspricht am besten unseren höchsten Bestrebungen? Und welches Wohlfahrtssystem drückt am besten die volle Bedeutung der Geschlechtergleichheit aus?

Zwei verschiedene Visionen sind meiner Ansicht nach heute denkbar, die beide feministisch ausgerichtet sind. Die erste nenne ich das Modell der allgemeinen Erwerbstätigkeit. Diese Vision bestimmt implizit die heutige politische Praxis der meisten Feministinnen und der Liberalen in den USA. Sie zielt darauf ab, die Gleichheit der Geschlechter dadurch zu fördern, dass sie die Erwerbstätigkeit von Frauen fördert; das Kernstück dieses Modells ist die staatliche Bereitstellung von Einrichtungen, die die Erwerbstätigkeit von Frauen ermöglichen, wie beispielsweise Kindertagesstätten. Die zweite mögliche Antwort nenne ich das Modell der Gleichstellung der Betreuungsarbeit. Diese Vision bestimmt implizit die heutige politische Praxis der meisten Feministinnen und der Sozialdemokraten in Westeuropa. Sie zielt darauf ab, die Gleichheit der Geschlechter hauptsächlich dadurch zu fördern, dass sie die informelle Betreuungsarbeit unterstützt; das Kernstück dieses Modells ist die staatliche finanzielle Unterstützung der Betreuungsarbeit.

Für welches dieser beiden Konzepte sollen wir uns in Zukunft einsetzen? Welches stellt die attraktivste Vision einer postindustriellen Lebensform dar? Welches verspricht die umfassendste Verwirklichung der Geschlechtergleichheit? In diesem Beitrag skizziere ich die Rahmenbedingungen für ein systematisches Nachdenken über diese Fragen. Meine Darstellung hat die Form eines Gedankenexperiments und ist in vier Teile gegliedert. Im ersten Teil schlage ich eine Analyse der Geschlechtergleichheit vor, die fünf normative Vorstellungen umfasst; sie werden die Maßstäbe sein, mit denen ich alternative postindustrielle wohlfahrtsstaatliche Visionen bewerte. Im zweiten und dritten Teil schätze ich die relativen Vorzüge der beiden Modelle ein, indem ich von dieser Konzeption der Geschlechtergleichheit ausgehe. Im vierten Teil komme ich zu dem Schluss, dass die volle Gleichheit der Geschlechter am besten dadurch verwirklicht wird, dass wir eine neue Vision eines postindustriellen Wohlfahrtssystems entwickeln, die ich das „Integrations"-Modell nenne. Dieses Modell würde die Lohnarbeit und die Betreuungsarbeit integrieren, so dass sowohl für Frauen als auch für Männer neue Rollen mit vielen Facetten entstehen würden.

I. Die Gleichheit der Geschlechter als Bewertungsmaßstab: Eine Analyse in fünf Teilen

Um alternative postindustrielle Visionen zu bewerten, brauchen wir einige normative Kriterien. Wie schon gesagt, ist die Gleichheit der Geschlechter ein unerlässliches Kriterium. Aber worin besteht es genau? Bislang haben die Feministinnen die Gleichheit der Geschlechter entweder mit Gleichheit oder mit Differenz assoziiert, wobei „Gleichheit" bedeutet, dass Frauen genauso behandelt werden wie Männer, und „Differenz", dass Frauen anders behandelt werden. Sie haben die relativen Vorzüge dieser beiden Ansätze so diskutiert, als wären sie zwei gegensätzliche Pole einer absoluten Dichotomie.[8]

Ich möchte einen anderen Ansatz vorschlagen. Die Gleichheit der Geschlechter ist meiner Ansicht nach eine komplexe Idee, die nicht ein oder zwei, sondern fünf normative Prinzipien umfasst. Diese Prinzipien können untereinander in einem Spannungsverhältnis stehen, je nachdem, wie sie interpretiert und angewandt werden. Dennoch sind alle fünf Elemente der Geschlechtergleichheit unabdingbar. Alle müssen auf irgendeine Weise realisiert werden, wenn wir zu einer vollen Gleichheit der Geschlechter kommen wollen.

Was das Wohlfahrtssystem betrifft, so schlage ich vor, die Idee der Geschlechtergleichheit als einen Komplex von fünf verschiedenen normativen Prinzipien zu fassen. Ich stelle sie der Reihe nach vor:

1. *Bekämpfung der Armut*: Das erste und offensichtlichste Ziel des Wohlfahrtssystems ist die Verhinderung von Armut. Die Verhinderung von Armut ist heute, nach der Ära des Familieneinkommens, besonders wichtig, wenn man an die weitverbreitete Armut in den Familien alleinstehender Mütter und an die zunehmende Wahrscheinlichkeit denkt, dass Frauen und Kinder in solchen Familien leben werden.[9] Jedes postindustrielle Wohlfahrtssystem, das eine solche Armut vermeiden würde, wäre ein großer Fortschritt gegenüber den derzeit geltenden Regelungen. Damit ist allerdings noch nicht genug gesagt. Das Prinzip der Armutsbekämpfung kann auf verschiedenen Wegen verwirklicht werden, von denen nicht alle akzeptabel sind. Eine Armenhilfe für die Familien alleinstehender Mütter, die diese isoliert und stigmati-

---

[8] Katherine T. Bartlett/ Rosanne Kennedy (eds.), *Feminist Legal Theory: Readings in Law and Gender*, Boulder, Colorado 1991.
[9] David T. Ellwood, *Poor Support: Poverty in the American Family*.

siert, erfüllt beispielsweise nicht die folgenden normativen Kriterien und trägt somit nichts zur Herstellung der vollen Gleichheit der Geschlechter bei.

2. *Bekämpfung der Ausbeutung*: Maßnahmen, die gegen die Armut gerichtet sind, sind nicht nur an sich wichtig, sondern auch als Mittel zu einem anderen grundlegenden Zweck: die Ausbeutung der Schutzlosen zu verhindern.[10] Auch dieses Prinzip ist für die Geschlechtergleichheit von zentraler Bedeutung. Bedürftige Frauen, die keine andere Möglichkeit haben, sich und ihre Kinder zu ernähren, können leicht der Ausbeutung zum Opfer fallen – durch rücksichtslose Ehemänner, durch Vorarbeiter bei der Akkordarbeit, durch Zuhälter. Sozialprogramme sollten das Ziel haben, eine solche Ausbeutung dadurch zu verhindern, dass sie alternative Einkommensquellen zur Verfügung stellen und damit die Position des unterlegenen Partners in ungleichen Beziehungen verbessern. Die nichtberufstätige Frau, die weiß, dass sie sich und ihre Kinder auch außerhalb der Ehe ernähren kann, hat in der Ehe einen besseren Stand; ihre „Stimme" wird in dem Maße gewichtiger, wie die Möglichkeiten ihres „Ausstiegs" zunehmen.[11] Das gleiche gilt für die schlechtbezahlte Pflegekraft gegenüber ihrem Chef.[12] Damit sozialpolitische Maßnahmen diese Wirkung haben, muss die staatliche Hilfe zu einem Rechtsanspruch gemacht werden. Wenn der Bezug dieser Hilfe die Empfänger stigmatisiert oder eine Sache des Ermessens ist, wird das Prinzip der Ausbeutungsbekämpfung nicht respektiert.[13] Dieses Prinzip schließt Regelungen aus, die der Hausfrau soziale Leistungen nur über ihren Ehemann zukommen lassen. Es ist auch mit Regelungen unvereinbar, die so wesentliche Güter wie die Krankenversicherung an knappe Arbeitsplätze binden. Jedes postindustrielle System, das die Ausbeutung von Frauen (und Männern) verhindern würde, wäre eine große Verbesserung gegenüber den derzeit geltenden Regelungen. Aber es

---

[10] Robert Goodin, *Reasons for Welfare: The Political Theory of the Welfare State*, Princeton, NY 1988.
[11] Albert O. Hirschman, *Exit, Voice, and Loyalty*, Cambridge, MA 1971; Susan Moller Okin, *Justice, Gender, and the Family,* New York 1989; Barbara Hobson, „No Exit, No Voice: Women`s Economic Dependency and the Welfare State", in: *Acta Sociologica* 33, Nr. 3, 1990, S. 235-250.
[12] Frances Fox Piven und Richard A. Cloward, *Regulating the Poor*, New York 1971; Gosta Esping-Andersen, *The Three Worlds of Welfare Capitalism*, Princeton, NY 1990.
[13] Robert Goodin, *Reasons for Welfare: The Political Theory of the Welfare State*. Bei diesem Ziel kommt es darauf an, mindestens drei Arten der Ausbeutung zu verhindern: die Ausbeutung durch ein Familienmitglied, beispielsweise durch einen Ehemann oder ein erwachsenes Kind; die Ausbeutung durch Arbeitgeber und Vorgesetzte; und die Ausbeutung durch Regierungsbeamte (Edward V. Sparer, „The Right to Welfare", in: Norman Dorsen [ed.], *The Rigths of Americans: What They are – What they should Be*, New York 1970). Anstatt die Menschen abwechselnd durch diese Ausbeutungssituationen zu schleusen, muß ein richtiger Ansatz alle drei gleichzeitig verhindern (Ann Shola Orloff, „Gender and The Social Rights of Citizenship: The Comperative Analysis of Gender Relations and Welfare States" , in: *The American Sociological Review* 58, Nr. 3, 1993, S. 303-328.) Das Ziel der Bekämpfung der Ausbeutung sollte nicht mit der derzeitigen Angriffen auf die „Abhängigkeit von der Sozialhilfe" verwechselt werden, die stark ideologisch geprägt sind. Diese Angriffe definieren „Abhängigkeit" ausschließlich als Bezug von staatlicher Hilfe. Sie übersehen, daß der Bezug dieser Hilfe die Unabhängigkeit der Empfänger fördern kann, indem er die ausbeutbare Abhängigkeit von Ehemännern und Arbeitgebern verhindert (Nancy Fraser/ Linda Gordon, „A Genealogy of Dependency: Tracing a Keyword of The U.S. Welfare State", in: *Signs: Journal of Women in Culture and Society* 19, Nr.2, 1994).

trägt unter Umständen nichts zur Herstellung der vollen Geschlechtergleichheit bei. Einige Wege zur Verhinderung der Ausbeutung würden mehreren der folgenden Prinzipien nicht entsprechen.

3. *Gleichheit:* Ein Wohlfahrtssystem könnte die Armut und Ausbeutung von Frauen verhindern und dennoch eine schwerwiegende Ungleichheit der Geschlechter tolerieren. Ein solches System ist nicht befriedigend. Eine weitere Dimension der Geschlechtergleichheit im sozialpolitischen Bereich ist eine Umverteilung, die die Ungleichheit zwischen Frauen und Männern verringert.[14] Mindestens drei Arten der Gleichheit sind für die Herstellung der Geschlechtergleichheit notwendig.

3a. *Gleiche Einkommen:* Ein Aspekt der Gleichheit, der für die Geschlechtergleichheit von entscheidender Bedeutung ist, betrifft die Verteilung des realen Pro-Kopf-Einkommens. Diese Art der Gleichheit ist heute, nach der Ära des Familieneinkommens, sehr wichtig, weil der Verdienst von Frauen in den USA weniger als 70% des Verdienstes von Männern beträgt, weil ein Großteil der Arbeit von Frauen gar nicht bezahlt wird und weil viele Frauen aufgrund der ungleichen Verteilung der finanziellen Mittel in der Familie unter einer „versteckten Armut" leiden.[15] Nach meinem Verständnis bedeutet das Gleichheitsprinzip nicht exakt gleiche Einkommen, auch nicht für gleich große Familien. Aber es schließt Regelungen aus, die das Einkommen von Frauen nach einer Scheidung nahezu halbieren, während das von Männern fast verdoppelt wird.[16] Es schließt auch ungleichen Lohn für gleiche Arbeit und die gesamte Unterbewertung der Fähigkeiten und der Arbeit von Frauen aus. Das Prinzip der Einkommensgleichheit zielt darauf ab, die große Diskrepanz zwischen dem Verdienst von Frauen und Männern wesentlich zu verringern. Dadurch will es auch die Lebenschancen von Kindern verbessern, da heute die Wahrscheinlichkeit besteht, dass die meisten Kinder in den USA irgendwann in der Familie einer alleinstehenden Mutter leben.[17]

---

[14] Diese Forderung ist umstritten. Nicht nur die Konservativen, sondern auch viele Feministinnen stellen den Wert der Gleichheit in Frage; manche sagen, daß die Gleichheit es erfordert, Frauen genauso wie Männer zu behandeln, und zwar nach männlichen Maßstäben, und daß dies die Frauen zwangsläufig benachteiligt (Christine A. Littleton, „Reconstructing Sexual Equality", in: Katherine T. Bartlett/ Rosanne Kennedy, *Feminist Legal Theory: Readings in Law and Gender*, Boulder, Colorado 1991). Dieses Argument drückt eine legitime Sorge aus, mit der ich mich weiter unten befassen werde: aber es spricht nicht gegen das Gleichheitsideal als solches. Die Sorge erstreckt sich nur auf gewisse unangemessene Auffassungen von Gleichheit, von denen ich hier nicht ausgehe.
[15] Ruth Lister, „Women, Economic Dependency, and Citizenship", in: *Journal of Social Policy* 19, Nr. 4, 1990, S. 445-467; Amartya Sen, „More Than 100 Million Women Are Missing", in: *The New York Review of Books* 37, Nr. 20, 20. Dezember 1990, S. 61-66.
[16] Lenore Weitzman, *The Divorce Revolution: The Unexpected Social Consequences for Women and Children in America*, New York 1985.
[17] David T. Ellwood, *Poor Support: Poverty in the American Family*.

3b. *Gleiche Freizeit:* Ein zweiter Aspekt, der wichtig für die Herstellung der Geschlechtergleichheit ist, betrifft die Verteilung der Freizeit. Diese Art der Gleichheit ist heute, nach der Ära des Familieneinkommens, eine dringende Notwendigkeit, weil viele Frauen, aber nur wenige Männer, sowohl Erwerbsarbeit als auch unbezahlte Betreuungsarbeit leisten.[18] Eine britische Untersuchung stellte kürzlich fest, dass Frauen unverhältnismäßig stark unter „Zeit-Armut" leiden; 52% der befragten Frauen sagten im Vergleich zu 21% der Männer, dass sie „meistens müde waren".[19] Das Prinzip der gleichen Freizeit schließt soziale Regelungen aus, die zwar Einkommensgleichheit herstellen, aber von Frauen eine doppelte und von Männern nur eine einfache Arbeitsbelastung fordern. Es schließt auch Regelungen aus, die von Frauen, aber nicht von Männern, verlangen, dass sie entweder ihren Anspruch auf Sozialhilfe geltend machen oder auf zeitraubende Weise Einkommen aus mehreren Quellen zusammenstückeln und die Leistungen von verschiedenen Trägern und Organisationen koordinieren.[20]

3c. *Gleiche Achtung:* Ein dritter Aspekt, der für die Herstellung der Geschlechtergleichheit wichtig ist, betrifft Status und Achtung. Diese Art der Gleichheit ist heute eine besonders dringende Notwendigkeit, da die postindustrielle Kultur Frauen als sexuelle Objekte für das Vergnügen männlicher Subjekte darstellt. Dieses Prinzip schließt soziale Regelungen aus, die Frauen verdinglichen und verunglimpfen – auch wenn diese Regelungen Armut und Ausbeutung verhindern und zudem die Gleichheit der Einkommen und der Freizeit herstellen. Es ist mit Sozialprogrammen unvereinbar, die die Tätigkeiten von Frauen herabsetzen und die Beiträge von Frauen ignorieren - also mit „Wohlfahrtsreformen" in den USA, die davon ausgehen, dass Bezieher von AFDC nicht „arbeiten".[21] Gleiche Achtung verlangt die Anerkennung der Persönlichkeit von Frauen und der Arbeit von Frauen.

Ein postindustrielles Wohlfahrtssystem sollte diese drei Dimensionen der Gleichheit fördern. Ein solches System wäre ein gewaltiger Fortschritt gegenüber den derzeit geltenden Regelungen, könnte aber unter Umständen nicht die volle Gleichheit der Geschlechter herstellen. Einige Formen der Anwendung dieser Gleichheitsprinzpien würden dem folgenden, vorletzten, Ziel nicht entsprechen.

4. *Bekämpfung der Marginalisierung:* Ein Wohlfahrtssystem könnte alle genannten Prinzipien respektieren und dennoch so funktionieren, dass Frauen marginalisiert werden. Indem

---

[18] Arlie Hochschild, *The Second Shift: Working Parents and the Revolution at Home*, New York 1989.
[19] Bradshaw/ Holmes, zitiert bei Lister, „Women, Economic Dependency, and Citizenship".
[20] Laura Balbo, „Crazy Quilts", in: Ann Showstack Sassoon (ed.), *Women and the State*, London 1987.
[21] Nancy Fraser, „Clintonism, Welfare, and the Antisocial Wage: The Emergence of a Neoliberal Political Imaginary", in: *Rethinking Marxism* 6. Nr. 1, 1993, S. 9-23. – Zu AFDC vgl. Anm. 3.

die staatliche Unterstützung beispielsweise auf großzügige „Mütterpensionen" beschränkt wird, könnte sie bewirken, dass Frauen zwar unabhängig, gut versorgt und geachtet, aber auf eine häusliche Sphäre verwiesen sind, die vom Leben der übrigen Gesellschaft abgeschnitten ist. Die Sozialpolitik sollte die volle, gleichberechtigte Teilnahme der Frauen an allen Bereichen des gesellschaftlichen Lebens fördern - im Arbeitsleben, in der Politik, im Gemeinschaftsleben der Zivilgesellschaft. Das Prinzip der Marginalisierungsbekämpfung erfordert die Schaffung der notwendigen Bedingungen für eine solche Teilnahme, wozu Kindertagesstätten, Betreuungseinrichtungen für alte Menschen und Möglichkeiten zum Stillen in der Öffentlichkeit gehören. Es erfordert auch den Abbau von männlich geprägten Arbeitskulturen und frauenfeindlichen politischen Umfeldern. Ein Wohlfahrtssystem, das diese Dinge bereitstellen würde, wäre eine große Verbesserung gegenüber den derzeit geltenden Regelungen, könnte aber unter Umständen nicht die volle Gleichheit der Geschlechter herstellen.

5. *Bekämpfung des Androzentrismus:* Wohlfahrtsstaatliche Regelungen, die viele der genannten Prinzipien respektieren würden, könnten dennoch einige abzulehnende Geschlechternormen verfestigen. Sie könnten sich an der Männer-zentrierten Auffassung orientieren, dass die derzeitigen Lebensmuster von Männern die menschliche Norm sind und dass die Frauen sich ihnen anpassen sollten.[22] Solche Regelungen sind nicht akzeptabel. Die Sozialpolitik sollte nicht verlangen, dass Frauen wie Männer werden oder sich in Institutionen einfügen, die auf Männer zugeschnitten sind, um ein vergleichbares Wohlbefinden zu erreichen. Statt dessen sollte es ein Ziel der Politik sein, die Männer-zentrierten Institutionen und Normen dahingehend zu verändern, dass sich menschliche Wesen in ihnen wohl fühlen, die gebären können, sich oft um Verwandte und Freunde kümmern und nicht als Ausnahmen, sondern als idealtypische Partner behandelt werden sollten. Das Prinzip der Bekämpfung des Androzentrismus impliziert eine zweifache Veränderung: die traditionellen Domänen der Männer müssen einladender für Frauen, die traditionellen Domänen der Frauen attraktiver für Männer werden. Das bedeutet, dass sich Männer und Frauen gleichermaßen verändern müssen.

Alle fünf Prinzipien sind wichtig für die Herstellung der vollen Gleichheit der Geschlechter. Aber die Beziehungen zwischen ihnen sind komplex. Einige verstärken sich normalerweise wechselseitig, andere können durchaus gegeneinander wirken. Alles hängt vom Gesamtkontext ab. Einige institutionelle Regelungen ermöglichen es, mehrere Prinzipien mit einem Minimum an gegenseitiger Interferenz zu verfolgen; andere Regelungen schaffen dagegen Null-Summen-Situationen, bei denen die Verfolgung eines Ziels mit der Verfolgung

---

[22] Das steckt wirklich hinter der feministischen Sorge in bezug auf die Gleichheit, die ich in Anmerkung 14 erwähnt habe.

eines anderen Ziels interferiert. Die Förderung der Geschlechtergleichheit nach der Ära des Familieneinkommens bedeutet folglich, potentiell konfligierende Ziele zu verfolgen. Es sollten Vorgehensweisen gefunden werden, die Kompromisse vermeiden und die Aussichten für die Verwirklichung aller - oder zumindest der meisten der - fünf Prinzipien maximieren.

Vor dem Hintergrund dieses Verständnisses der Geschlechtergleichheit wollen wir jetzt prüfen, welche Vision eines postindustriellen Wohlfahrtstaates am ehesten geeignet ist, sie zu realisieren.

II. Das Modell der allgemeinen Erwerbstätigkeit

Eine Vision der postindustriellen Gesellschaft ist die, dass das Zeitalter des Familieneinkommens vom Zeitalter der allgemeinen Erwerbstätigkeit abgelöst wird. Diese Vision bestimmt implizit die derzeitige politische Praxis der meisten Feministinnen und der Liberalen in den USA. (Sie war auch für die früheren staatssozialistischen Länder kennzeichnend.) Das Ziel ist, die Gleichheit der Geschlechter dadurch zu fördern, dass sie die Berufstätigkeit von Frauen fördert. Der entscheidende Punkt ist, dass Frauen befähigt werden, sich und ihre Familien durch ihren eigenen Verdienst zu ernähren. Die Rolle des Verdieners soll generalisiert werden, so dass auch Frauen den Status von arbeitenden Bürgern haben.

Dieses Modell ist eine sehr ehrgeizige postindustrielle Vision, die wichtige neue Programme und Maßnahmen erfordert. Ein entscheidendes Element ist die Schaffung von Einrichtungen, die die Berufstätigkeit von Frauen ermöglichen, wie Kindertagesstätten und Betreuungseinrichtungen für alte Menschen, und den Zweck haben, Frauen von unbezahlten häuslichen Verpflichtungen zu befreien, damit sie, genau wie Männer, ganztags arbeiten können. Ein anderes wesentliches Element sind arbeitsplatzbezogene Veränderungen, die darauf abzielen, die Hindernisse zu beseitigen, die der Chancengleichheit entgegenstehen, wie die Diskriminierung von Frauen und sexuelle Belästigungen. Diese Veränderungen erfordern allerdings auch kulturelle Veränderungen - die Beseitigung sexistischer Stereotypen und das Aufbrechen der kulturellen Vorstellung, die den Broterwerb mit dem Mann assoziiert. Ebenfalls erforderlich sind Maßnahmen, die zu einer Veränderung der Sozialisation beitragen, damit, erstens, die Bestrebungen von Frauen so umgelenkt werden, dass sie sich weg vom häuslichen Bereich hin zur Erwerbstätigkeit orientieren, und damit, zweitens, die Erwartungen von Männern so umgelenkt werden, dass sie die neue Rolle der Frauen akzeptieren. Dies alles würde freilich nicht ohne makroökonomische Maßnahmen zur Schaffung von gutbezahlten Vollzeit- und Dauerarbeitsplätzen für Frauen funktionieren.[23] Es müssten Arbeitsplätze sein, die den Lebensunterhalt einer Familie sicherstellen und mit dem vollen Anspruch auf die Leistungen der Sozialversicherung verbunden sind. Das Ziel ist, Frauen in einer Institution mit Männern gleichzustellen, die sie traditionell benachteiligt hat.

Wie würde dieses Modell die Betreuungsarbeit organisieren? Der größte Teil dieser Arbeit würde von der Familie auf den Markt und den Staat verlagert, wo sie von bezahlten Angestellten übernommen würde.[24] Wer sollen diese Angestellten sein? In vielen Ländern wird die institutionalisierte Pflege- und Betreuungsarbeit weitgehend von Frauen und Angehörigen rassischer Minderheiten ausgeübt[25], aber solche Regelungen sind diesem Modell zufolge ausgeschlossen. Wenn es dem Modell gelingen soll, *alle* Frauen zu einem vollen Broterwerb zu befähigen, muss es den Status und die Bezahlung von Betreuungs- und Pflegekräften verbessern, damit auch diese mit Normalverdienern gleichgestellt sind. Das Modell der allgemeinen Erwerbstätigkeit ist also einer Politik des „vergleichbaren Wertes" verpflichtet; es muss die weitverbreitete Unterbewertung der Fähigkeiten und Arbeitsplätze beseitigen, die heute als weiblich und/ oder „nicht-weiß" gelten, und es muss solche Arbeitsplätze mit einer lebensunterhaltssichernden Bezahlung ausstatten.

Das Modell der allgemeinen Erwerbstätigkeit würde viele Sozialversicherungsleistungen von dem Arbeitseinkommen abhängig machen. Und die Höhe dieser Leistungen würde mit dem Einkommen variieren. In dieser Hinsicht ähnelt das Modell dem industriellen Wohlfahrtstaat. Der Unterschied besteht darin, dass viel mehr Frauen auf der Basis ihrer eigenen Arbeitsleistung versichert sind und dass die Arbeitsleistung vieler Frauen wesentlich stärker der der Männer ähnelt. Aber nicht alle erwachsenen Personen können eine Arbeit haben. Manche werden aus gesundheitlichen Gründen dazu nicht in der Lage sein, einschließlich derer, die noch nie gearbeitet haben. Andere werden keine Arbeit finden. Und einige werden schließlich Betreuungsverpflichtungen haben, die sie nicht abgeben können oder wollen. Die

---

[23] Das wäre ein entscheidender Bruch, mit der amerikanischen Politik, die typischerweise davon ausgeht, daß Arbeitsplätze für Männer geschaffen werden: Bill Clintons vielgerühmte „industrielle" und „infrastrukturelle" Investitionen" stellen in dieser Hinsicht keine Ausnahme dar (Nancy Fraser, „Clintonism, Welfare, and the Antisocial Wage: The Emergence of a Neoliberal Political Imaginary").

[24] Dies könnte auf verschiedene Weise geschehen. Die Regierung könnte selbst Kindertagesstätten usw. in Form von öffentlichen Gütern bereitstellen, oder sie könnte die marktmäßige Bereitstellung durch ein System von Gutscheinen finanzieren. Die Alternative wäre, daß die Arbeitgeber gesetzlich verpflichtet werden, Einrichtungen zur Verfügung zu stellen, die die Erwerbstätigkeit von Frauen ermöglichen, und zwar entweder durch Gutscheine oder durch betriebsinterne Lösungen. Die Option für den Staat bedeutet natürlich höhere Steuern, kann aber dennoch die beste sein. Wird diese Verantwortung den Arbeitgebern übertragen, haben diese ein starkes Motiv, Arbeitnehmer ohne Kinder einzustellen, zum wahrscheinlichen Nachteil der Frauen.

[25] Evelyn Nakano Glenn, „From Servitude to Service Work: Historical Continuities in the Racial Division of Paid Reproductive Labor", in: *Signs: Journal of Women in Culture and Society* 18, Nr. 1, 1992, S. 1-43.

meisten von ihnen werden Frauen sein. Um diese Menschen zu versorgen, muss das Modell der allgemeinen Erwerbstätigkeit Sozialleistungen umfassen, die für nachweislich bedürftige Personen einen bedarfsdeckenden Lohnersatz darstellen.

Das Modell der allgemeinen Erwerbstätigkeit ist weit von der heutigen Realität entfernt. Es erfordert die Schaffung von vielen Arbeitsplätzen, die den Unterhalt einer Familie sicherstellen. Das läuft natürlich den aktuellen postindustriellen Tendenzen zuwider, die keine Arbeitsplätze für Menschen schaffen, die eine Familie zu ernähren haben, sondern für „Wegwerfarbeiter".[26] Nehmen wir jedoch im Rahmen dieses Gedankenexperiments an, dass die Bedingungen der Möglichkeit erfüllt werden könnten. Und fragen wir, ob das, was wir bekommen, das ist, was wir wollen.

1. *Bekämpfung der Armut*: Wir können ohne weiteres zugeben, dass dieses Modell viel zur Verhinderung von Armut beitragen würde. Eine Politik, die feste und lebensunterhaltssichernde Arbeitsplätze für alle arbeitsfähigen Frauen und Männer schaffen würde – und gleichzeitig die Einrichtungen bereitstellen würde, die es den Frauen ermöglichen, solche Stellen anzunehmen -, würde den meisten Familien Armut ersparen. Und großzügige Sozialhilferegelungen würden durch Transferleistungen den übrigen Menschen Armut ersparen.

2. *Bekämpfung der Ausbeutung*: Dem Modell dürfte es auch gelingen, für die meisten Frauen die Ausbeutung zu verringern. Frauen mit festen und lebensunterhaltssichernden Arbeitsplätzen können unbefriedigende Beziehungen mit Männern aufgeben. Und diejenigen, die einen solchen Arbeitsplatz nicht haben, aber wissen, dass sie ihn bekommen können, werden weniger leicht auszubeuten sein.

3a. *Gleiche Einkommen*: Was die Herstellung der Einkommensgleichheit betrifft, verspricht dieses Modell allerdings nur mäßigen Erfolg. Feste und lebensunterhaltssichernde Arbeitsplätze für Frauen - sowie die dafür notwendigen sozialen Einrichtungen - würden zwar das Einkommensgefälle zwischen den Geschlechtern verringern.[27] Geringere Einkommensunterschiede schlagen sich außerdem in geringen Unterschieden bei den Sozialversicherungsleistungen nieder. Und die Möglichkeit, aus einer Ehe auszusteigen, dürfte eine gerechtere Verteilung der finanziellen Mittel in der Ehe fördern. Aber ansonsten ist dieses Modell nicht egalitär ausgerichtet. Es enthält eine grundlegende soziale Trennungslinie zwischen

---

[26] Peter Kilborn, „New Jobs Lack the Old Security in Time of `Disposable Workers`", in: *The New York Times*, 15. März 1993, A1, A6.
[27] Wieviel davon noch übrigbleibt, hängt von dem Erfolg der Regierung ab, die Diskriminierung zu beseitigen und das Prinzip des vergleichbaren Wertes durchzusetzen.

Verdienern und Nicht-Verdienern, zum erheblichen Nachteil der letzteren - von denen die meisten Frauen sein würden.

3b. *Gleiche Freizeit*: Darüber hinaus schneidet das Modell schlecht ab, soweit es um gleiche Freizeit geht. Es geht davon aus, dass sämtliche häuslichen Verpflichtungen auf den Markt und/oder auf den Staat verlagert werden können. Aber diese Annahme ist unrealistisch. Einige Dinge, wie das Gebären von Kindern, wichtige familiäre Verpflichtungen und ein Großteil der elterlichen Aufgaben können nicht abgegeben werden - es sei denn, es gäbe einen umfassenden Ersatz und andere wahrscheinlich nicht wünschenswerte Regelungen. Andere Dinge, wie Kochen und (ein Teil der) Hausarbeit, könnten abgegeben werden - vorausgesetzt, dass wir bereit sind, kollektive Lebensformen oder ein hohes Maß an Kommerzialisierung zu akzeptieren. Selbst die Aufgaben, die abgegeben werden, verschwinden aber nicht spurlos, sondern haben neue beschwerliche Koordinationsaufgaben zur Folge. Also hängen die Freizeitmöglichkeiten der Frauen davon ab, ob die Männer dazu gebracht werden können, ihren gerechten Anteil an diesen Aufgaben zu übernehmen. In diesem Punkt stimmt das Modell nicht zuversichtlich. Es enthält für Männer keine Anreize, sich an diesen Aufgaben zu beteiligen; im Gegenteil, da es die bezahlte Arbeit sehr positiv bewertet, setzt es implizit die unbezahlte Arbeit herab, wodurch Männer weiterhin ermutigt werden, sich vor dieser Arbeit zu drücken.[28] Frauen ohne Partner wären in jedem Fall auf sich selbst gestellt. Und Haushalte mit einem niedrigen Einkommen wären weniger in der Lage, Ersatzdienste zu bezahlen.

3c. *Gleiche Achtung*: Was die Herstellung der gleichen Achtung betrifft, verspricht dieses Modell nur mäßigen Erfolg. Weil es für Männer und Frauen nur einen Status, nämlich den des arbeitenden Bürgers, vorsieht, kann es das Achtungsgefälle zwischen den Geschlechtern nur dadurch beseitigen, dass es Frauen die Möglichkeit gibt, den gleichen Status zu erreichen, den Männer haben. Dies ist jedoch unwahrscheinlich. Wahrscheinlicher ist, dass Frauen mit der häuslichen Sphäre und dem Reproduktionsbereich stärker verbunden bleiben als Männer und dadurch als verhinderte Verdiener erscheinen. Außerdem bringt dieses Modell wahrscheinlich ein anderes Achtungsgefälle hervor. Indem es dem Status des Verdieners einen hohen Stellenwert gibt, fordert es die Missachtung derer heraus, die einen anderen Status haben. Die Bezieher von Sozialhilfeleistungen können leicht stigmatisiert und ins Abseits gestellt werden, und die meisten von ihnen werden Frauen sein. Jedes Modell, das um die

---

[28] Dieses Modell basiert darauf, daß Männer dazu gebracht werden, ihren gerechten Anteil an der unbezahlten Arbeit zu übernehemen. Die Chancen, daß das funktioniert, wären besser, wenn es dem Modell gelingen würde, kulturelle Veränderungen zu fördern und der Stimme der Frauen in der Ehe mehr Gewicht zu geben. Aber es ist trotzdem zweifelhaft, ob dies ausreichen würde.

Erwerbstätigkeit zentriert ist, und sei es auch feministisch ausgerichtet, hat große Mühe, einen ehrenhaften Status für diejenigen zu konstruieren, die es als „Nicht-Arbeitende" definiert.

4. *Bekämpfung der Marginalisierung*: Was die Bekämpfung der Marginalisierung von Frauen betrifft, verspricht dieses Modell nur mäßigen Erfolg. Angenommen, dass es die Teilnahme der Frauen am Arbeitsleben fördert, so definiert es diese Teilnahme eng. Da es von allen arbeitsfähigen Menschen eine Vollzeitbeschäftigung erwartet, kann es die Teilnahme am politischen und gesellschaftlichen Leben verhindern. Es trägt nichts dazu bei, die Mitwirkung von Frauen in diesen Bereichen zu fördern. Es bekämpft also die Marginalisierung von Frauen auf eine einseitige, nur auf Arbeit bezogenen Weise.

5. *Bekämpfung des Androzentrismus*: Was schließlich die Überwindung des Androzentrismus betrifft, schneidet das Modell schlecht ab. Es bewertet die traditionelle männliche Sphäre - die Arbeit - sehr hoch und versucht schlicht, den Frauen zu helfen, sich in diese Sphäre einzupassen. Die traditionelle weibliche Haus- und Betreuungsarbeit wird dagegen instrumentell behandelt; man muss sich ihrer entledigen, um erwerbstätig zu werden. Ihr selbst wird kein sozialer Wert zuerkannt. Der idealtypische Bürger ist hier der Normalverdiener, der jetzt formell geschlechtsneutral ist. Aber inhaltlich ist dieser Status männlich geprägt; es ist die männliche Hälfte des alten Ernährer/Hausfrau-Paares, die jetzt generalisiert und von jedem gefordert wird. Die weibliche Hälfte des Paares ist einfach verschwunden. Von ihren spezifischen Vorzügen und Fähigkeiten ist nichts für die Frauen bewahrt, geschweige denn auf die Männer ausgedehnt worden. Das Modell ist Männerzentriert.

Es ist nicht überraschend, dass das Modell der allgemeinen Erwerbstätigkeit denjenigen Frauen am meisten zu bieten hat, deren Leben am stärksten der männlichen Hälfte des alten Idealpaares ähnelt. Es ist besonders gut für kinderlose Frauen und für Frauen ohne größere häuslichen Verpflichtungen, die nicht ohne weiteres an soziale Einrichtungen abgegeben werden können. Aber für diese und andere Frauen stellt es keineswegs die volle Gleichheit der Geschlechter her.

III. Das Modell der Gleichstellung der Betreuungsarbeit

Eine zweite Vision der postindustriellen Gesellschaft geht davon aus, dass die Ära des Familieneinkommens durch die Ära der Gleichstellung der Betreuungsarbeit abgelöst wird.

Diese Vorstellung bestimmt implizit die politische Praxis der meisten Feministinnen und der Sozialdemokraten in Westeuropa. Das Ziel ist, die Geschlechtergleichheit hauptsächlich dadurch zu fördern, dass die informelle Betreuungsarbeit unterstützt wird. Der entscheidende Punkt ist, dass Frauen mit umfangreichen häuslichen Verpflichtungen befähigt werden, sich selbst und ihre Familie entweder allein durch Betreuungsarbeit oder durch Betreuungsarbeit plus eine Teilzeitarbeit zu ernähren. (Frauen ohne umfangreiche häusliche Verpflichtungen würden sich vermutlich durch eine Erwerbsarbeit ernähren.) Das Ziel besteht nicht darin, das Leben der Frauen dem der Männer anzugleichen, sondern für eine „kostenfreie Differenz" zu sorgen.[29] So sollen das Gebären und Großziehen von Kindern sowie die informelle Hausarbeit mit der formellen Erwerbsarbeit gleichgestellt werden. Die Betreuungsarbeit soll auf die gleiche Stufe gestellt werden wie die Erwerbsarbeit - damit Frauen und Männer ein gleiches Maß an Würde und Wohlergehen erlangen können.

Die Gleichstellung der Betreuungsarbeit ist auch ein sehr ehrgeiziges Projekt. Ihm zufolge werden viele (wenngleich nicht alle) Frauen das tun, was heute in den USA die gängige Praxis ist: sie werden abwechselnd ganztags arbeiten, ganztags Betreuungsarbeit leisten und beides als Teilzeitarbeiten kombinieren. Das Ziel besteht darin, dass ein solches Lebensmuster nicht mit Kosten verbunden ist. Dafür sind mehrere ehrgeizige Programme und Maßnahmen notwendig. Dazu gehören einmal Unterstützungszahlungen zum Ausgleich für Schwangerschaft, Kindererziehung, Hausarbeit und andere sozial notwendige Arbeiten; die Zahlungen müssen für den Unterhalt einer Familie ausreichend sein - also einem normalen Arbeitseinkommen entsprechen. Außerdem sind arbeitsplatzbezogene Veränderungen erforderlich. Diese müssen die Möglichkeit erleichtern, staatlich unterstützte Betreuungsarbeit mit einer Teilzeitarbeit zu kombinieren und von einer Lebensphase in eine andere überzugehen. Hier ist der Dreh- und Angelpunkt die Flexibilität. Offensichtlich notwendig ist eine großzügige Regelung in bezug auf einen gesetzlich garantierten Schwangerschafts- und Erziehungsurlaub, damit Frauen ein Arbeitsverhältnis eingehen oder aufgeben können, ohne ihre soziale Absicherung oder Anrechnungszeiten zu verlieren. Darüber hinaus sind Umschulungen und Stellenvermittlungen für diejenigen Frauen nötig, die nicht an ihren alten Arbeitsplatz zurückkehren wollen. Wichtig ist auch eine gesetzlich garantierte flexible Arbeitszeit, damit Frauen ihre Arbeitszeit an ihre häuslichen Verpflichtungen anpassen können, wozu auch gehört, dass sie zwischen einer Voll- und einer Teilzeitarbeit wechseln können. Und schließlich muss diese Flexibilität mit Regelungen verbunden sein, die die Kontinuität aller grundle-

---

[29] Christine A. Littleton, „Reconstructing Sexual Equality", in: Katharine T. Bartlett/ Rosanne Kennedy (eds.), *Feminist Legal Theory: Readings in Law and Gender*, Boulder, Colorado 1991.

genden Versicherungsleistungen gewährleisten, einschließlich Kranken-, Arbeitslosen-, Erwerbsunfähigkeits- und Rentenversicherung.

Dieses Modell organisiert die Betreuungsarbeit ganz anders als das Modell der allgemeinen Erwerbstätigkeit. Während jener Ansatz die Betreuungsarbeit auf den Markt und den Staat verlagert, belässt dieser den größten Teil einer solchen Arbeit im Haushalt und unterstützt sie mit öffentlichen Mitteln.[30] Um den kontinuierlichen Versicherungsschutz für Menschen zu gewährleisten, die abwechselnd eine Betreuungsarbeit und eine Erwerbsarbeit ausüben, müssen die Versicherungsleistungen, die mit beiden verbunden sind, in einem System integriert werden. In diesem System müssen Teilzeitarbeit und staatlich unterstützte Betreuungsarbeit den gleichen Versicherungsschutz genießen wie Vollzeitarbeit. So hätte eine Frau, die eine staatlich unterstützte Betreuungsarbeit aufgibt, das gleiche Recht auf Arbeitslosenunterstützung wie ein entlassener Arbeitnehmer, wenn sie keine passende Stelle findet. Und eine Frau, die eine staatlich unterstützte Betreuungsarbeit geleistet hat und erwerbsunfähig wird, würde ebenso eine Erwerbsunfähigkeitsrente bekommen wie ein erwerbsunfähiger Arbeitnehmer. Die Jahre, in denen eine staatlich unterstützte Betreuungsarbeit geleistet wurde, würden bei der Rentenberechnung ebenso berücksichtigt wie die Jahre der Erwerbstätigkeit. Die Höhe der Leistungen würde so festgelegt, dass Betreuungsarbeit und Erwerbsarbeit gleich behandelt werden.

Die Gleichstellung der Betreuungsarbeit erfordert Sozialhilfeleistungen für die übrigen Menschen. Manche Erwachsene werden sowohl zur Betreuungsarbeit als auch zur Erwerbsarbeit unfähig sein, einschließlich derer, die noch nie eine dieser Tätigkeiten ausgeübt haben. Die meisten von ihnen werden wahrscheinlich Männer sein. Um diese Menschen zu versorgen, muss das Modell den nachweislich bedürftigen Personen Ersatzleistungen für Löhne und staatliche Zahlungen bieten. Bei dem Modell der Gleichstellung der Betreuungsarbeit dürfte der Kreis der Empfänger solcher Ersatzleistungen allerdings kleiner sein als bei dem Modell der allgemeinen Erwerbstätigkeit. Fast alle erwachsenen Personen sollten von dem integrierten Sozialversicherungssystem erfasst werden.

Auch die Gleichstellung der Betreuungsarbeit ist von den derzeit geltenden Regelungen weit entfernt. Sie erfordert umfangreiche öffentliche Mittel zur Finanzierung der staatlichen

---

[30] Susan Okin (1989) hat eine alternative Form der Finanzierung der Betreuungsarbeit vorgeschlagen. Ihrem Schema zufolge würden die finanziellen Mittel durch das aufgebracht, was heute als Verdienst des Mannes betrachtet wird. Ein Mann mit einer nichterwerbstätigen Ehefrau würde beispielsweise einen Scheck für eine Hälfte „seines" Gehaltes bekommen; die zweite, gleich hohe Hälfte würde der Arbeitgeber direkt an die Ehefrau zahlen. So interessant diese Idee auch ist, kann man sich dennoch fragen, ob dies wirklich der beste Weg ist, die Unabhängigkeit der Ehefrauen von den Ehemännern zu fördern, denn er bindet ihr Einkommen direkt an das seinige. Außerdem sieht dieser Vorschlag für Frauen ohne Partner keine Unterstützung der Betreuungsarbeit vor.

Unterstützungszahlungen, folglich eine größere Steuerreform und eine tiefgreifende Veränderung der politischen Kultur. Nehmen wir aber im Rahmen dieses Gedankenexperimentes an, dass die Bedingungen der Möglichkeit erfüllt werden könnten. Und sehen wir, ob das, was wir bekommen, das ist, was wir wollen.

1. *Bekämpfung der Armut*: Die Gleichstellung der Betreuungsarbeit würde viel dazu beitragen, Armut zu verhindern - auch für Frauen und Kinder, die heute am wenigsten geschützt sind. Sie würde den Familien alleinstehender Mütter Armut ersparen, wenn diese Frauen halbtags arbeiten oder arbeitslos sind. Da außerdem in beiden Fällen der grundlegende Sozialversicherungsschutz gewährleistet wäre, hätten Frauen mit „weiblichen" Arbeitsmustern eine beträchtliche Sicherheit.

2. *Bekämpfung der Ausbeutung*: Die Gleichstellung der Betreuungsarbeit dürfte es auch schaffen, für die meisten Frauen eine ausbeutbare Abhängigkeit zu verhindern, auch für die Frauen, die heute am schutzlosesten sind. Indem sie den Ehefrauen ein direktes Einkommen verschafft, verringert sie deren ökonomische Abhängigkeit von den Ehemännern. Sie bringt auch ökonomische Sicherheit für alleinstehende Frauen mit Kindern und verringert so ihre Ausbeutbarkeit durch Arbeitgeber.

3a. *Gleiche Einkommen*: Das Modell schneidet jedoch schlecht ab, soweit es um die Einkommensgleichheit geht. Obwohl die Kombination von staatlicher Unterstützung und Gehalt einem Mindestlohn entspricht, schafft sie auf dem Arbeitsmarkt eine „Mami- Schiene" - einen Markt mit flexiblen, nicht-dauerhaften Vollzeit- und /oder Teilzeitarbeitsplätzen. Die meisten dieser Tätigkeiten werden - auch als Vollzeittätigkeiten- erheblich schlechter bezahlt werden als vergleichbare Tätigkeiten von Normalverdienern. Für die Zwei-Partner-Familie wird der ökonomische Anreiz bestehen, dass ein Partner einen lebensunterhaltssichernden Vollzeitarbeitsplatz behält, anstatt dass sich die beiden Partner die Betreuungsarbeit teilen; und in Anbetracht der heutigen Bedingungen auf dem Arbeitsmarkt wird es für die meisten heterosexuellen Paare am vorteilhaftesten sein, wenn der Mann der Hauptverdiener ist. Angesichts der heutigen kulturellen Verhältnisse, der Sozialisationsbedingungen und der biologischen Gegebenheiten ist es außerdem generell unwahrscheinlich, dass Männer im gleichen Maße wie Frauen die „Mami-Schiene" wählen. Die beiden Beschäftigungsschienen werden also mit den traditionellen geschlechtsspezifischen Assoziationen verbunden sein. Diese Assoziationen führen ihrerseits wahrscheinlich dazu, dass Frauen als Normalverdiener diskriminiert werden. Die Gleichstellung der Betreuungsarbeit verringert zwar die Kosten der Differenz, beseitigt sie aber nicht.

3b. *Gleiche Freizeit*: Was die Herstellung der gleichen Freizeit betrifft, schneidet dieses Modell allerdings etwas besser ab. Es ermöglicht allen Frauen, die Doppelbelastung zu vermeiden, wenn sie sich in verschiedenen Lebensphasen entschließen, ganztags oder halbtags eine staatlich unterstützte Betreuungsarbeit zu leisten. (Heute steht diese Option in den USA nur einem kleinen Prozentsatz privilegierter Frauen zur Verfügung.) Wir haben allerdings gerade festgestellt, dass diese Entscheidung nicht wirklich kostenfrei ist. Manche Frauen mit Familien werden auf die Vorteile einer lebensunterhaltssichernden Vollzeitarbeit nicht verzichten wollen und werden versuchen, sie mit der Betreuungsarbeit zu verbinden. Diejenigen Frauen, die keinen Partner haben, der die Betreuungsarbeit übernimmt, werden in bezug auf die Freizeit und wahrscheinlich auch am Arbeitsplatz erheblich benachteiligt sein. Männer werden dagegen von diesem Dilemma weitgehend befreit sein. Was die Freizeit betrifft, verspricht dieses Modell also nur mäßigen Erfolg

3c. *Gleiche Achtung*: Auch was die Herstellung der gleichen Achtung betrifft, verspricht die Gleichstellung der Betreuungsarbeit nur mäßigen Erfolg. Im Gegensatz zum Modell der allgemeinen Erwerbstätigkeit bietet es zwei Wege an, die zu diesem Ziel führen sollen. Theoretisch haben die Bürger, die Erwerbsarbeit leisten, und diejenigen, die Betreuungsarbeit leisten, einen Status gleicher Würde. Aber stehen sie wirklich auf einer Stufe? Die Betreuungsarbeit wird in diesem Modell sicherlich respektvoller behandelt als in der gegenwärtigen nordamerikanischen Gesellschaft, aber sie bleibt mit Frauen assoziiert. Ebenso wie die Erwerbsarbeit mit Männern assoziiert bleibt. In Anbetracht dieser traditionellen geschlechtsspezifischen Assoziationen und der ökonomischen Differenz zwischen den beiden Lebensstilen ist es unwahrscheinlich, dass die Betreuungsarbeit wirklich mit der Erwerbsarbeit gleichgestellt wird. Es ist generell schwer vorstellbar, wie „getrennte, aber gleiche" Geschlechterrollen heute dazu führen könnten, dass Männer und Frauen die gleiche Achtung genießen.

4. *Bekämpfung der Marginalisierung*: Was die Verhinderung der Marginalisierung von Frauen betrifft, schneidet dieses Modell schlecht ab. Indem es die informelle Betreuungsarbeit von Frauen unterstützt, verstärkt es die Ansicht, dass eine solche Arbeit Frauenarbeit ist, und verfestigt die geschlechtsspezifische Aufteilung der Hausarbeit. Indem es außerdem duale Arbeitsmärkte für Normalverdiener und für Personen mit Betreuungsaufgaben zementiert, marginalisiert es zudem die Frauen auf dem Beschäftigungssektor. Indem es die Assoziation von Frauen und Betreuungsarbeit verstärkt, kann es auch die Mitwirkung von Frauen in anderen Lebensbereichen verhindern, beispielsweise in der Politik und in der Zivilgesellschaft.

5. *Bekämpfung des Androzentrismus*: Was die Bekämpfung des Androzentrismus betrifft, ist das Modell der Gleichstellung der Betreuungsarbeit besser als das Modell der all-

gemeinen Erwerbstätigkeit. Es behandelt die Betreuungsarbeit als an sich wertvoll und nicht nur als ein Hindernis, das der Lohnarbeit entgegensteht, und stellt so die Auffassung in Frage, dass nur die traditionellen männlichen Tätigkeiten dem Menschen wirklich angemessen sind. Es erkennt auch „weibliche" Lebensmuster an und lehnt somit die Forderung ab, dass sich Frauen an „männliche" Muster anpassen sollten. Aber das Modell lässt noch etwas zu wünschen übrig. Die Gleichstellung der Betreuungsarbeit erkennt nicht den universellen Wert der Tätigkeiten und Lebensmuster an, die mit Frauen assoziiert sind. Es bewertet die Betreuungsarbeit nicht hoch genug, um sie auch von Männern zu verlangen; es verlangt nicht, dass sich die Männer verändern. So stellt dieses Modell keine umfassende Infragestellung des Androzentrismus dar. Auch in dieser Hinsicht verspricht es nur mäßigen Erfolg. Generell kann man sagen, dass das Modell der Gleichstellung der Betreuungsarbeit den Frauen am meisten zu bieten hat, die umfangreiche häusliche Verpflichtungen haben. Aber für diese Frauen stellt es nicht die volle Gleichheit der Geschlechter her.

IV. Schluss: Ein Integrations-Modell

Sowohl das Modell der allgemeinen Erwerbstätigkeit als auch das Modell der Gleichstellung der Betreuungsarbeit sind äußerst ehrgeizige postindustrielle Visionen. Keines lässt sich ohne größere politisch-ökonomische Umstrukturierungen verwirklichen. Beide würden eine umfangreiche öffentliche Kontrolle über die Unternehmen erfordern, wozu die Durchführung von direkten Investitionen, die Schaffung von hochqualifizierten Dauerarbeitsplätzen und eine Besteuerung von Gewinnen und Vermögen gehört, die es ermöglicht, breitangelegte und hochwertige Sozialprogramme zu finanzieren.

Wenngleich beide Modelle utopisch sind, stellt keines die volle Gleichheit der Geschlechter her. Beide leisten sicherlich einen guten Beitrag zur Verhinderung von Armut und Ausbeutung, aber keines stellt die Gleichheit der Achtung her. Das Modell der allgemeinen Erwerbstätigkeit legt zwar an Frauen den gleichen Maßstab an wie an Männer, konstruiert aber Regelungen, die sie daran hindern, ihm voll gerecht zu werden. Das Modell der Gleichstellung der Betreuungsarbeit entwickelt dagegen einen doppelten Maßstab, um der Geschlechterdifferenz Rechnung zu tragen, während es eine Politik institutionalisiert, die es nicht vermag, „weiblichen" Tätigkeiten und Lebensmustern die gleiche Achtung zu verschaffen. Was die anderen Prinzipien betrifft, so divergieren die Stärken und Schwächen der beiden

Modelle. Während das Modell der allgemeinen Erwerbstätigkeit mehr dazu beiträgt, die Ungleichheit der Einkommen zu verringern und die Marginalisierung von Frauen zu verhindern, trägt das Modell der Gleichstellung der Betreuungsarbeit mehr dazu bei, die Ungleichheit der Freizeit zu verringern und den Androzentrismus zu bekämpfen. Aber keines der Modelle fördert die volle, gleichberechtigte Teilnahme der Frauen am politischen und zivilgesellschaftlichen Leben. Und keines dehnt die traditionell weiblichen Tätigkeiten auf die Männer aus; keines verlangt von den Männern, sich zu verändern.

Wären dies die einzigen Möglichkeiten, würden wir vor sehr schwierigen Kompromissen stehen. Nehmen wir jedoch an, dass wir diese schlechte Alternative ablehnen und versuchen, ein drittes - ebenfalls ehrgeiziges - Modell zu entwickeln, das die besten Elemente der beiden Modelle kombiniert und die schlechtesten eliminiert.

Bei dem dritten Modell ist der springende Punkt, dass die Männer dazu gebracht werden sollen, in einem stärkeren Maße so zu werden, wie die Frauen heute sind. Diese entscheidende Veränderung würde bei beiden Projekten Wunder wirken. Wenn Männer ihren gerechten Anteil an der informellen Betreuungsarbeit übernehmen würden, würde das Modell der allgemeinen Erwerbstätigkeit dem Ziel der Herstellung gleicher Freizeit und der Bekämpfung des Androzentrismus wesentlich näher kommen. Und wenn sie ihren gerechten Anteil an der staatlich unterstützten Betreuungsarbeit übernehmen würden, würde das Modell der Gleichstellung der Betreuungsarbeit dem Ziel der Herstellung gleicher Einkommen und der Verringerung der Marginalisierung der Frauen näher kommen. Und beide Modelle würden wesentlich mehr dazu beitragen, gleiche Achtung herzustellen.

Der Schlüssel zur Verwirklichung der vollen Gleichheit der Geschlechter in einem postindustriellen Wohlfahrtsstaat liegt also darin, dass die beiden Modelle integriert werden. Wir könnten das ein „Integrations"-Modell nennen. Im Gegensatz zum Modell der Gleichstellung der Betreuungsarbeit würde es den Beschäftigungssektor nicht in zwei verschiedene Teile spalten. Alle Arbeitsplätze würden für Arbeitnehmer zur Verfügung stehen, die auch Betreuungsaufgaben haben. Alle wären mit einer kürzeren Wochenarbeitszeit verbunden. Im Gegensatz zum Modell der allgemeinen Erwerbstätigkeit würde von den Arbeitnehmern jedoch nicht erwartet, dass sie die gesamte Betreuungsarbeit an soziale Dienste abgeben. Manche Teile der informellen Betreuungsarbeit würden staatlich unterstützt und wie die Erwerbsarbeit in ein einheitliches Sozialsystem integriert werden. Aber einige Teile dieser Arbeit würden in den Haushalten von Verwandten und Freunden geleistet werden. Wieder andere Teile der staatlich unterstützten Betreuungsarbeit würden auf die Zivilgesellschaft verlagert werden. In staatlich finanzierten, aber lokal organisierten Einrichtungen würden kinderlose Erwachsene, ältere Menschen und Menschen ohne verwandtschaftliche Verpflichtungen zusammen mit Eltern und anderen Personen Betreuungstätigkeiten auf einer demokratischen und selbstverwalteten Basis ausüben. Auf diese Weise würde das Integrations-Modell nicht nur dafür sorgen, dass Frauen gleiche Beschäftigungschancen haben; es würde auch dafür sorgen, dass Frauen und Männer in gleicher Weise am zivilgesellschaftlichen Leben teilnehmen.

Ein entscheidendes Element dieses Modells sind Maßnahmen, die Menschen davon abhalten, sich vor bestimmten Aufgaben zu drücken. Entgegen der konservativen Auffassung sind die wirklichen Drückeberger in dem heutigen System nicht die arbeitsscheuen, armen, alleinstehenden Mütter. Es sind vielmehr die Männer aller Schichten, die sich vor der Haus- und Betreuungsarbeit drücken, sowie die Unternehmen, die auf Kosten der unterbezahlten und unbezahlten Arbeit von Menschen leben. Die Vision des Integrations-Modells wurde am besten von dem schwedischen Arbeitsminister formuliert: „Damit es Männern und Frauen möglich ist, Elternschaft mit Erwerbstätigkeit zu verbinden, sind eine neue Auffassung von der männlichen Rolle und eine radikale Veränderung der Organisation des Arbeitslebens notwendig."[31] Es kommt darauf an, sich soziale Bürgerrechte für die Erwachsenen vorzustellen, die Erwerbsarbeit, Betreuungsarbeit, Aktivitäten für die Gemeinschaft, Mitwirkung am politischen Leben und Engagement in der Zivilgesellschaft miteinander verbinden – und noch Zeit für vergnügliche Dinge ermöglichen. Dies ist die einzige vorstellbare postindustrielle Welt, die die volle Gleichheit der Geschlechter verspricht. Und wenn wir uns nicht von dieser Vision leiten lassen, werden wir diesem Ziel niemals näher kommen.

Aus dem Englischen von Ilse Utz

---

[31] Zitiert bei Lister, „Women, Economic Dependency, and Citizenship".

Mary Langan/Ilona Ostner:

Geschlechterpolitik im Wohlfahrtsstaat: Aspekte im internationalen Vergleich[1]

I. Sozialpolitik als Geschlechterpolitik

In allen westlichen Ländern sind Sozialstaat und Sozialpolitik angetreten, um die Folgen ungleicher Verhandlungspositionen, wie sie für individualistische Erwerbsgesellschaften typisch sind, aufzufangen. Sie reagieren – sehr vereinfacht gesagt – darauf, dass nicht alle Menschen zu jeder Zeit, gleichermaßen und ohne Hilfe von anderen ihre Existenz sichern können[2]. Indem bestimmte Personengruppen bzw. Bedarfslagen früher oder später, mehr oder weniger vom Markt genommen, „dekommodifiziert"[3] werden, hilft Sozialpolitik, no-choice-Situationen und entsprechende Gefangenen-Dilemmata für die schwächere Verhandlungsseite gering zu halten oder zu vermeiden[4]. Sozialpolitik als Politik sozialer Sicherung und als Ehe- und Familienpolitik (Familiensicherung) eröffnet die Option des Ausstiegs aus dem Zwang, die Arbeitskraft unter welchen Bedingungen und in welchen Situationen auch immer anzubieten.

Indem Sozialstaat und Sozialpolitik Ungleichheiten, die aus ungleichen Verhandlungspositionen resultieren, auszugleichen versuchen, schaffen sie *neue* Ungleichheiten. Durch politische Maßnahmen, durch rechtliche Regulierungen usw. werden in allen westlichen Ländern eher Frauen als Männer vom Arbeitsmarkt ferngehalten. Sie sind in weitaus höherem Maß als Männer als unbezahlte Betreuer von Kindern und älteren Menschen sowie als Hausarbeitende vergesellschaftet[5]. Durch ihre im Vergleich zu den Männern diskontinuierlichere Erwerbsarbeit, durch die Übernahme von unbezahlten, privaten sowie erwerbsförmigen,

---

[1] Leicht veränderte und erweiterte deutsche Fassung eines Beitrags „Gender and welfare: Towards a comparative framework", in: Room, Graham (Ed.), 1991: European Developments in Social Policy, Bristol.
[2] Vgl. zu diesem Problem Wolff, Robert Paul, 1976: There's nobody here but us persons, in: Gould Carol/Wartofsky, Marx (Eds.): Women and Philosophy, Toronto, S. 128-144.
[3] Vgl. Esping-Andersen, Gøsta, 1990: The Three Worlds of Welfare Capitalism, Oxford: Polity Press; vgl. auch Offe, Claus, 1984: Contradictions of the Welfare State, London/Melbourne/Sydney: Hutchinson.
[4] Vgl. Goodin, Robert, E., 1988: Reasons For Welfare. The Political Theory of the Welfare State, Princeton:Princeton University Press.
[5] Dies gilt gerade auch für die ehenalige DDR: Familienpolitik war dort ausschließlich eine pronatalistische Mütterpolitik und eine Politik für weibliche (Teilzeit-) Hausarbeitende; die Ehemann- und Vaterfunktion hatte in der DDR-Gesellschaft bestenfalls eine individuell-private oder individuell-symboische Relevanz; in diesem Sinne kann man Winkler, Gunnar, 1989: Geschichte der Sozialpolitik der DDR 1945 – 1985, Berlin (Ost) lesen; vgl. auch Pfaff, Anita/Roloff, Juliane, 1990: Familienpolitik in der Bundesrepublik Deutschland: Gewinn oder Verlust für die neuen Bundesländer, in : Frauenfor-

bezahlten – häufig personenbezogenen – Dienstleistungen tragen Frauen dazu bei, dass Männer vergleichsweise kontinuierlich von Sorgearbeiten aller Art und für „ihre" Erwerbsarbeit freigesetzt werden[6]. Indem Sozialpolitik im umfassenden Sinn als Gesellschaftspolitik Ehe und Familie als Institution sachlicher und persönlicher Hilfeleistung neben dem Markt und dem Staat vorsieht, indem sie eine – auf den ersten Blick – geschlechtsneutrale Aufgabenteilung sowie ein entsprechendes „Personal" schafft[7], das diese Rolle übernimmt, produziert sie neue no-choice-Situationen und Gefangenen-Dilemmata insbesondere für die „Zuhausegebliebenen" oder für die Teilzeit-Hausarbeitenden und -Erwerbstätigen[8].

Auf alle westlichen Industrieländer trifft zu, dass tendenziell eher Frauen als Männer personengebundene Dienstleistungen übernehmen, um anderen – Männern wie auch Frauen – zu helfen, für den Arbeitsmarkt verfügbar zu sein. In allen westlichen Ländern hat dies zu Formen der Familiensicherung, ferner zu einer Segmentation des Arbeitsmarktes in Frauen- und Männerbereiche, folglich zu unterschiedlichen Erwerbs- und Lebenschancen geführt. Keiner der westlichen Wohlfahrtsstaaten zögert, Frauen als Ressourcen zur Lösung vielfältiger Probleme – als Mittel für fremdbestimmte, ihrem Konsens[9] teils entzogene Zwecke – zu funktionalisieren. So gelten sie als aktives Arbeitskräftepotential wie auch als „stille Arbeitsmarktreserve", als Erwerbstätige also; sie zählen unter „Fertilitäts"aspekten als Quelle zukünftiger Generationen, als Gebärerinnen also, sowie als Ursache des Pflegenotstands wie auch als eine Ressource im Kampf gegen diesen, also als un- oder gering bezahlte Betreuerinnen von Kindern und anderen Hilfsbedürftigen. Diese ihnen zugeschriebenen Funktionen können Optionen und Barrieren beinhalten, je nachdem wie die Antwort von Betrieben, Gewerkschaften, Regierungen und anderen Institutionen maskuliner Prägung auf weibliche Forderungen und Bedürfnisse ausfällt[10].

---

[6] Carole Pateman spricht hier vom „sexual contract"; dies, 1988a: The Sexual Contract, Oxford: Polity Press.
[7] Nancy Fraser weist ausführlich nach, wie sehr in der klassischen wie in der modernen politischen Philosophie die Rolle des worker und des citizen maskulin sind, vgl. Fraser, Nancy, 1987: What's Critical about Critical Theory? The Case of Habermas and Gender, in: Benhabib, Seyla/Cornell, Drucilla (Eds.): Feminism as Critique, Minneapolis: University of Minnesota Press, S. 31-55; dies.,1990: Struggle Over Needs: Outline of a Socialist-Feminist Critical Theory of Late-Capitalist Political Culture, in: Gordon, Linda (Ed.): Women, the State, and Welfare, Madison, S. 199-225; Pateman, Carole 1988b: The Patriarchal Welfare State, in: Gutmann, Amy (Ed.): Democracy and the Welfare State, Princeton: Princeton University Press, S. 231-260; dies., 1989: The Disorder of Women. Democracy, Feminism and Political Theory, Stanford Univ. Press.
[8] Vgl. Okin, Susan Moller, 1989: Justice, Gender and the Family, New York: Basic Books; Ott, Notburga, 1989: Familienbildung und familiale Entscheidungsfindung aus verhandlungstheoretischer Sicht, in: Wagner, Gert et al. (Hrsg.): Familienbildung und Erwerbstätigkeit im demographichen Wandel, Berlin/Heidelberg: Springer, S. 97-116.
[9] Vgl. Pateman (vgl. Fn. 7)
[10] Vgl. Jenson, et al. (Eds.), 1988: Feminization of the Labor Force. Paradoxes and Promises, New York: Oxford University Press.

Jenseits dieses generellen Merkmals westlicher Sozialpolitiken gibt es signifikante Unterschiede in den Wirkungen der verschiedenen nationalen Sozialstaatsregimes für Frauen. Sozialpolitiken sind kulturell gebunden. Westliche Industrieländer unterscheiden sich in Art, Ausmaß und Logik der geschlechterspezifischen Funktionszuweisung. Sie unterscheiden ich ferner in ihrem „welfare mix", d.h. im jeweiligen Gewicht von Markt, Staat und privaten Haushalten in der Versorgung mit Dienstleistungen und – damit verbunden – in Art und Ausmaß der Mobilisierung von Frauen für Erwerbsarbeit und für personengebundene Dienstleistungsproduktion. Manche Sozialstaatsregimes sind transfer-, andere dienstleistungsintensiv; in manchen Fällen steht das Arbeitsbürger-Individuum mit seinen Rechten und Pflichten im Zentrum der Sicherung (citizenship-Modell), in anderen unterschiedliche Statusgruppen je unterschiedlich, oder das Ausmaß der Arbeitsmarktintegration, oder unterschiedliche Haushalttypen, oder es gibt Mischformen. Immer sind Interessen, Lebenschancen und Handlungsmöglichkeiten von Frauen unterschiedlich betroffen. Die fortschreitende europäische Integration, die Transformationsprozesse in den Ländern Osteuropas, im kleineren Maßstab: die Vereinigung der so verschiedenen beiden deutschen Staaten einerseits, Diskussionen um den wie auch Politiken des Um- und Abbaus des Sozialstaats in den einzelnen westlichen Nationalstaaten andererseits verlangen mehr denn je einen Bezugsrahmen, der geeignet ist, *Ähnlichkeiten und Unterschiede zwischen den Sozialstaats"kulturen"*, der Bedarfs- und Bedürfnispolitik sowie den Systemen sozialer Sicherung zu diskutieren[11]. Nachfolgende Überlegungen sind ein sehr vorläufiger Beitrag zur Entwicklung solch eines Bezugsrahmens. Sie entstanden im Zusammenhang mit einer länder- bzw. kulturvergleichenden Untersuchung von Sozialpolitik als Geschlechterpolitik, deren Ausgangs- und Schwerpunkt zunächst der Vergleich des westdeutschen und des britischen Sozialstaatsregimes war. Folgende Fragen leiten unsere vergleichende Perspektive: Wie regulieren Sozialstaat und Sozialpolitik Geschlechterverhältnisse, Frauen- und Männerleben, das Zusammenspiel zwischen beiden, - aber auch das zwischen verschiedenen Gruppen und Generationen von Frauen? Welche Optionen, welche Restriktionen oder Risiken im Lebenslauf werden für Frauen und Männer durch Sozialpolitik institutionalisiert? Was sind frauenspezifische Erfahrungen im Umgang mit dem Sozialstaat in den einzelnen Ländern? Wer, welche Gruppen von Frauen erbringen für welche Personen in welcher Form, wie abgesichert, mit welcher Perspektive notwendige Dienste?

---

[11] Für eine historische Diskussion vgl. z. B. Center for European Studies, 1988: Gender and the Origins of the Welfare State. Conferences at the Center for European Studies 1987-88, Harvard University.

Um solche Fragen zu untersuchen, haben wir vorhandene komparative Ansätze[12] einer geschlechterpolitischen Perspektive unterzogen. Unsere Untersuchung verfährt *(ideal)typisierend, komparativ* und *feministisch* im kritischen Sinn. Die *idealtypische* Begriffsbildung eignet sich immer dann, wenn es darum geht, ein neues Feld begrifflich zu erschließen. Die begriffliche Vereinseitigung und Überspitzung, die den Idealtypus kennzeichnet, kann ein wenig Ordnung in die verwirrende Vielfalt der länderspezifischen Besonderheiten bringen. Der *komparative* Blick von außen nach innen (und zurück) schärft das Auge für die eigene nationale Besonderheit und ihre Geschichte. Wir folgen damit wenigstens zwei der vier von Antony Giddens[13] für die Analyse gesellschaftlicher Entwicklung aufgestellten Gebote: „Vermeide Überverallgemeinerungen auf der Grundlage einer einzigen Gesellschaft"; „Beachte den internationalen Kontext sozialer Strukturen und Prozesse". Diese Gebote betonen zugleich den vorläufigen Status der Analyse. In *feministisch-kritischer* Perspektive untersuchen wir die Selektivität oder gar Blindheit gegenüber dem Geschlechterverhältnis, die Begriffsbildungen und anderen Konstruktionen unterliegen[14]. Aufdeckende Fragen wären dann z.B.: Wie kommen Frauen im jeweiligen Typus, im welfare regime, vor, indem sie – wie so oft – nicht explizit vorkommen? Welches Verhältnis der Geschlechter, welches zwischen Frauen, welche Arbeitsteilungen werden jeweils vorausgesetzt, unterstellt oder unter der Hand anvisiert?

---

[12] Titmuss, Richard M., 1987: The Philosophy of Welfare. Selected Writings of Richard M. Titmuss. Edited by Brian Abel-Smith and Kay Titmuss. With an Introduction by S.M. Miller, London and Sydney: Allen & Unwin; Esping-Andersen, Gøsta, 1990: The Three Worlds of Welfare Capitalism, Oxford: Polity Press; Leibfried, Stephan, 1990a: Income Transfers and Poverty in EC Perspective. On Europe's Slipping into Anglo-American Welfare Models. Paper presented at the EC-Seminar „Poverty, Marginalization and Social Exclusion in the Europe of the 90s" (Alghero, Italy, April 1990, S. 23-25); ders., 1990b: Sozialstaat Europa? Integrationsperspektiven europäischer Armutsregimes, in: Nachrichtendienst des Deutschen Vereins für öffentliche und private Fürsorge (=NDV), vol.70, No. 9, September 1990, S. 296-305 (unpublished English draft version: Towards A European Welfare State? On Integrating Poverty Regimes In The European Community, Bremen, Centre for Social Policy Research, January 1991).
[13] Vgl. Giddens, Antony, 1983: Klassenspaltung, Klassenkonflikt und Bürgerrechte. Gesellschaft im Europa der 80er Jahre, in: Reinhard Kreckel (Hrsg.), Soziale Ungleichheiten, Sonderband 2 der Sozialen Welt, Göttingen, S. 3-33 (S. 15-16).
[14] Fraser, Nancy (Fn. 7) spricht hier vom „subtext", vom ungeschriebenen, nicht thematisierten, den Redeweisen unterlegten Geschlechtertext.

II. „Welfare regimes" in geschlechterpolitischer Perspektive

1. Neuere Typologien: Esping-Andersen „welfare regimes" und Leibfrieds Wohlfahrtsstaats-Typologie

Gøsta Esping-Andersen[15] unterscheidet (ideal)typisierend zwischen einem *liberalen*, einem *konservativen* und einem *sozialdemokratischen* Sozialstaatsregime. Die Zuordnung zu diesen Regimes erfolgt entlang der Frage, in welchem Ausmaß „Residualismus", „ständisch-korporativer Partikularismus" oder „Universalismus" im Hinblick auf Ansprüche und Rechte im Sozialstaat vorherrschen. Merkmale der Abgrenzung der Regimes sind für Esping-Andersen z.B. die Art der erwerbsförmigen Dienstleistung, die Qualifikation, das Geschlecht oder die ethnische Zugehörigkeit der Arbeitsplatzinhaber. Die Typen sind auch idealtypisch im Hinblick auf ihre normativen Gehalte. Diese werden in der Wirklichkeit nie so implementiert. Das *liberale* (residuale) Modell vereinseitigt und spitzt den amerikanischen Wohlfahrtstaat typisch zu, das *konservative* den deutschen und das *sozialdemokratische* den schwedischen.

Für eine kritische Anknüpfung an diese Regimes sei angemerkt, dass Esping-Andersen Sozialpolitik unter dem Gesichtspunkt ihrer „dekommodifizierenden" Wirkung diskutiert. Seine Argumentation vermischt dabei nicht nur Normatives mit Machbarem und schon Realisiertem. Denn anders als der Begriff »Dekommodifizierung« suggeriert, soll sozialstaatliche Intervention die Marktgesellschaft unterstützen, nicht abschaffen. Darüber hinaus verallgemeinert Esping-Andersen zugleich die männliche Perspektive: Kommodifizierung bzw. Dekommodifizierung wirkt geschlechterspezifisch verschieden und unterschiedlich je nach dem, ob Ausgangs- oder Schwerpunkt der Betrachtung „Familie" oder „Markt" ist. So hat z. B. die Expansion von Dienstleistungen, die Art ihres Angebotes usw. für Frauen und Männer sehr verschiedene – kommodifizierende oder dekommodifizierende – Wirkungen. Obwohl Esping-Andersen soziale Ungleichheit im Zusammenhang mit dem jeweils spezifischen Dienstleistungsprofil eines Wohlfahrtsstaatstypus diskutiert, behandelt er die Dienstleistung als zufällige Variable – ebenso wie das Geschlecht -, nicht als theoretisches Konstrukt. Deshalb auch spielen *haushaltsförmige* Dienstleistungen und die mit diesen verbundene, ungleichheitsrelevante Arbeitsteilung zwischen Frauen und Männern sowie zwischen Frauen in seinen Überlegungen keine Rolle. Dennoch ist seine Konstruktion sehr gut geeignet, um zu zeigen, welche aktuellen und möglichen Sackgassen, Engpässe und geschlechtsspezifischen Konflikte jedem Typus inhärent sind.

Kapitel 2: Feministische Perspektiven in der Sozialpolitikforschung

Stephan Leibfried, der zweite Autor, an den wir anknüpfen, erweitert, präsiziert und kritisiert Esping-Andersen welfare regimes, konzentriert sich dabei allerdings auf Armutsregimes, auf das Zusammenspiel von gesellschaftlicher Armut, sozialer Sicherung und Armutspolitik[16]. Er verfolgt eine europäische Perspektive, die auch die Mittelmeerländer – wenn auch nur ansatzweise – einbezieht. Stephan Leibfried berücksichtigt in seiner Modellkonstruktion sehr viel mehr als Esping-Andersen die konstitutive Rolle des Geschlechterverhältnisses. Die hohe Erwerbsbeteiligung von Frauen in Skandinavien ist für ihn Anlass, dieses Modell „modern" zu nennen. Andererseits geht ihm, weil er an Armutsregimes interessiert ist, der Geschlechteraspekt in den anderen Modellen – neben dem skandinavischen (dem modernen) dem Bismarckschen (dem institutionellen), dem angelsächsischen (dem residualen), dem lateinischen (dem rudimentären) – zunehmend verloren. Es fehlen auch Hinweise auf die inneren Widersprüche in den einzelnen Regimes.

2. Ansätze zu einer geschlechterspezifischen Typologie

Um einen Bezugsrahmen für eine komparative, kritisch-feministische Analyse unterschiedlicher welfare regimes zu entwickeln, ist es durchaus sinnvoll, an Leibfrieds Typologie anzusetzen und diese mit unserem – hier nur knapp zusammengefassten – empirischen Wissen über die ökonomische wie politische Stellung von Frauen im jeweils zuordbaren Land zu konfrontieren. Wir fragen u.a. nach der jeweiligen geschlechtsspezifischen Arbeitsteilung und der zwischen Frauen. Es folgt jeweils eine kurze Einschätzung, welche Vor- und Nachteile jedes Modell Frauen bietet.

---

[15] Vgl. Esping-Andersen (Fn.12). Es handelt sich hier um idealtypische Konstruktionen.
[16] Vgl. Leibfried, Stephan (Fn. 12). Vgl. auch Schulte, Bernd, 1990: Soziale Grundsicherung – Ausländische Regelmuster und Lösungsansätze, in : Vobruba, Georg (Hrsg.): Strukturwandel der Sozialpolitik, Frankfurt: Suhrkamp, S. 81-181. Leibfried greift Catherine Jones' (Types of Welfare Capitalism, in: Government and Opposition, vol. 20, No. 3, Summer 1985, S. 328-342) Unterscheidung zwischen einem welfare capitalist Modell, das Marktintegration und Beitragsprinzip – wie in den USA und der BRD – betont, und einem welfare capitalist Modell, das individuelle Bedarfs-/Notlagen und citizenship, d.h. universalisierte und egalitäre Ansprüche und Ausgleichsformen anerkennt – wie nach Jones in Schweden und in Großbritannien – auf. Er kritisiert diese Gegenüberstellung mit dem Verweis auf das ganz andere marktliche wie staatliche Dienstleistungsprofil der Bundesrepublik sowie im Hinblick auf die wesentlich geringere Mobilisierung weiblicher Arbeitskraft (im Vergleich zu den USA). Ferner diskutiert er das liberale Modell in der Titmuss'schen Kategorie des „Residualismus" (minimale Sicherung; ausgewählte Notlagen bzw. Zielgruppen). Hier stimmt er mit Esping-Andersen überein. Auch für ihn weist die Bundesrepublik – anders als die USA – sozialkonservative, ständisch-korporative Züge auf.

3. Das Skandinavische – oder »moderne« - Modell: eine staatlich gestützte, weibliche Dienstleistungsgesellschaft

Für den außenstehenden Betrachter scheinen die skandinavischen Länder[17] das aufgeklärte Konzept des Bürgers mit Ansprüchen und Rechten verwirklicht zu haben. Jene sind allerdings eng an die Integration in den Arbeitsmarkt gekoppelt, also keine Bürgerrechte sans phrase[18].

Im Prinzip werden Frauen im Modell wie ansatzweise in der Wirklichkeit als individuelle Erwerbstätige als den Männern gleich behandelt: Die Steuerpolitik zielt auf Individuen und fördert Zwei-Verdiener-Haushalte und – in Schweden – Teilzeitarbeit. Die rechtliche Regelung zum Elternurlaub anerkennt die Tatsache, dass beide, Frau *und* Mann Eltern und/oder von Zeit zu Zeit zuhause Betreuer sind. Die „Aus"-Zeiten wie auch die finanziellen Zuwendungen für diese Betreuungstätigkeit sind recht großzügig bemessen (90% des Einkommen für 9 Monate; bis zu 90 Tage Urlaub im Falle von Krankheit eines hilfsbedürftigen Familienmitglieds bei ebenfalls 90% Einkommensersatz). In Schweden sind diese Ansprüche jedoch eng an die Arbeitsintegration gebunden. Wer die vergleichsweise großzügige Regelung in Anspruch nehmen will, muss eine Erwerbstätigkeit nachweisen. Andernfalls werden nur sehr niedrige Pauschbeträge als Kompensation für Ausfallzeiten gezahlt. Deshalb ist es auch nicht weiter verwunderlich, dass dem skandinavischen Modell ein entwickelter Dienstleistungsstaat unterliegt. Dienstleistungen sollen die Arbeitsmarktintegration aller soweit wie jeweils möglich unterstützen. Deshalb geht ein großer Teil der durch eine hohe Steuerquote finanzierten Sozialausgaben in soziale Dienstleistungen – weniger in Geldtransfers[19]. Nicht

---

[17] Die skandinavischen Länder gibt es nicht. In der Literatur wird meist Schweden als Beispiel zitiert. EG-relevant it bislang nur Dänemark. Am weitestgehendsten genügt nur Finnland den positiven Implikationen des Modells. Norwegen ist konservativer als die Bezeichnung „modern" zuläßt. Dänemark gelingt es nicht, seinen Arbeitsmarkt in Ordnung zu halten. Von daher ist dort das Modell immer schon gefährdet. Schweden hat wie Finnland Inflation und Arbeitsmarkt im Griff, allerdings anders als dieses eine hohe weibliche Teilzeitquote mit dann auch entsprechenden geschlechtsspezifischen Folgen.
[18] Vgl. Bakker, Isabella, 1988: Women's Employment in Comparative Perspective, in: Jenson, Jane et al. (Fn. 10), S. 17-44; Becker, Uwe, 1989: Frauenerwerbstätigkeit – Eine vergleichende Bestandsaufnahme, in: Aus Politik und Zeitgeschichte. Beilage zur Wochenzeitung Das Parlament, B 28/29, S. 22-33; Hernes, Helga, 1987a: Welfare State and Women Power, Oslo and Oxford, Introduction, S. 9-30; dies., 1987b: Women and the Welfare State: The Transition from Private to Public Dependence, in: Sassoon, Anne Showstack (Ed.): Women and the State. The Shifting Boundaries of Public and Private, London: Unwin Hyman, S. 72-92; dies., 1988: The Welfare State Citizenship of Scandinavian Women, in: Jones, Kathleen B./Jónasdóttir, Anna G. (Eds.): The Political Interests of Gender, London: Sage, S. 187-213; Moen, Phyllis, 1989: Working Parents.Transformation in Gender Roles and Public Policies in Sweden, Madison: The University of Wisconsin Press and London: Adamantine Press; Ruggie, Mary, 1984: The State And Working Women. A Comparative Study of Britain and Sweden, Princeton: Princeton University Press; diess., 1988 Gender, Work and Social Progress. Some Consequences of Interest Aggregation in Sweden, in: Jenson, Jane et al. (Fn. 10), S. 173-188; Schulte, Bernd, 1990: Soziale Grundsicherung – Ausländische Regelungsmuster und Lösungsansätze, in: Vobruba, Georg (Fn. 16), S. 81-181.
[19] Vgl. Rein, Martin, 1985: Women in the Social Welfare Labor Market, IIM/IMP 85-18 discussion papers, Wissenschaftszentrum Berlin; Ruggie, Mary (Fn. 18); Scharpf, Fritz, W., 1986; Strukturen der potindustriellen

nur in einer feministischen Perspektive stellt sich nun die Frage, um welche Dienste für wen, erbracht von wem, es sich hierbei handelt. Auf den ersten Blick sieht es ganz so aus, als habe das skandinavische Modell Frauen aus ihrer ökonomischen Abhängigkeit vom Mann befreit, indem es ihnen - formal – uneingeschränkt Zugang zur Erwerbsarbeit, damit zum eigenen Einkommen ermöglicht und diesen Zugang geradezu forciert. Tatsächlich sind in den nordischen Ländern etwa 80% der erwerbsfähigen Frauen auch als solche registriert[20]. Das Ausmaß der Integration von Frauen in den Arbeitsmarkt gilt in allen westlichen Gesellschaften als ein wichtiger Indikator für den Stand der gesellschaftlichen Modernisierung wie auch der der verschiedenen Statusrollen. Eine Zunahme der Frauenerwerbstätigkeit bedeutet dann, dass die weibliche Statusrolle sich nun ebenfalls gleich der männlichen in verschiedene Aufgaben zu verschiedenen Zeiten und an verschiedenen Orten differenziert. Zu diesem gesellschaftlichen Wandel gehört auch, dass die Expansion der Frauenerwerbsarbeit nicht grundsätzlich auf Kosten der männlichen Erwerbsarbeit geht, sondern dass neue Arbeitsplätze geschaffen werden: Arbeitsplätze für Frauen. Deshalb ging in allen westlichen Ländern die Integration von Frauen in den Arbeitsmarkt Hand in Hand mit dessen Segregation in Frauen- und Männerbereiche[21]. Im skandinavischen Modell ist der Wohlfahrtsstaat zum Hauptbeschäftigten vor allem von Frauen geworden, um ihnen auf diese Weise ein gewisses Ausmaß an Vollbeschäftigung zu garantieren. Viele Frauen erbringen staatlich beschäftigt soziale Dienste. Sie betreuen die Kinder anderer Frauen, die dadurch wiederum in die Lage versetzt werden, erwerbsfähig zu sein. Der Vollbeschäftigungs-Imperativ verdeckt, dass außer in Finnland ungefähr die Hälfte aller beschäftigten Frauen weniger als 8 Stunden arbeitet. Aber jede Frau, die weniger als Vollzeit arbeitet, muss entweder zumindest teilweise auf das Einkommen eines Partners zurückgreifen oder mit einem im Vergleich zum männlichen Vollzeitarbeiter sehr viel niedrigeren Einkommen auskommen. Will man derartige empirische Evidenzen knapp auf den Punkt bringen, dann haben in diesem Modell Frauen ihre Abhängigkeit gewechselt – und dies in den nordischen Ländern auch nur ansatzweise: von der persönlichen Abhängigkeit zur öffentlichen, von der Abhängigkeit vom Ehemann zu der vom Staat[22].

Gesellschaft oder: verschwindet die Massenarbeitsloigkeit in der Dienstleistungs- und Informationsökonomie?, in: Soziale Welt, vol. 37, no. I, S. 3-24.
[20] „Aus-zeiten" werden als „In-zeiten" gerechnet, da der Logik zufolge Kompensationen für Betreuungszeiten ja die Integration in den Arbeitsmarkt voraussetzen.
[21] Vgl. Willms, Angelika, 1983: Grundzüge der Entwicklung der Frauenarbeit von 1880 bis 1980, in: Müller, Walter/Willms, Angelika/Handl, Johann: Strukturwandel der Frauenarbeit 1880 – 1980, Frankfurt: Campus, S. 25-54.
[22] Vgl. Moen, Phyllis (Fn. 18). In Schweden kann eine begründete 6stündige Teilzeitbeschäftigung als Vollzeitbeschäftigung in der Rentenversicherung geltend gemacht werden.

Was – vor allem in Leibfrieds Darstellung – als eine recht egalitäre Gesellschaft aussah, zeigt sich nun als eine im hohen Maße segregierte: Männer arbeiten in der Privatwirtschaft, Frauen im öffentlichen Dienst, dort vor allem in den sozialen Diensten. Zumindest für die Geschichte des schwedischen Wohlfahrtsstaat gilt, dass die männlichen Gewerkschaften einer steigenden Erwerbsbeteiligung von Frauen zugestimmt haben, soweit und weil diese nicht mit Männern konkurrier(t)en. Neuere Tendenzen eines Um- und Abbaus der Ausgaben für soziale Dienste und Dienstleistungsbeschäftigung in Schweden haben bereits Zweifel aufkommen lassen, ob dieser Konsens anhalten wird.

Wie bereits erwähnt weicht Finnland in einigen wesentlichen Punkten von den anderen nordischen Ländern ab. Diese Abweichung lässt sich teils historisch erklären. Die finnische Nation entwickelte ihre Identität vor allem durch eine fortgesetzte Abgrenzung gegenüber dem früheren »Herrn« Schweden sowie gegen die UdSSR. Modernisierung, forcierte Industrialisierung und Nationsbildung gingen Hand in Hand. Die Industrialisierung vollzog sich rapide nach dem Zweiten Weltkrieg. Die Ökonomie verwandelte sich dabei bruchlos von einer traditionalen, die auf Holz- und Landwirtschaft sowie auf einer hohen – nie in Zweifel gezogenen – Zahl traditionell landwirtschaftlich erwerbstätiger Frauen aufbaute, in eine moderne, auf high-tech-gestützter Industrie und verstärkter Dienstleistungsproduktion beruhende, - in der heute wenn, dann mehr Männer als Frauen eine Arbeit suchen und vor allem Dienstleistende knapp sind. Der Weg der Frauen in die außerhäusliche Erwerbsarbeit war im Prozess der finnischen Modernisierung eben nicht – aller Notwendigkeit zum Trotz wie in anderen Fällen – durch den bürgerlichen, polarisierenden Geschlechterrollen-Diskurs erschwert. Interessanterweise wird heute in Finnland eine Krise des Wohlfahrtsstaats sehr offen eher als eine der Männer, der männlichen Identität sowie unter dem Gesichtspunkt einer Knappheit weiblicher Dienstleistungen im Hause diskutiert.

Viele Wissenschaftlerinnen und Politikerinnen bezeichnen das skandinavische Modell als „frauenfreundlich (women friendly)" und wehren damit insbesondere amerikanische Zweifel darüber ab, ob die Verteidigung eines männerdominierten, rassistischen, „verrechtlichten-verwaltenden-therapeutischen" Staates gegen Versuche, ihn abzubauen oder erst gar nicht weiter aufzubauen[23], überhaupt uneingeschränkt feministisches Politikziel sein kann[24]. Helga Hernes behauptet gerade für die nordischen Demokratien, hier: für das unterlegte Modell, die Möglichkeit, ihre Gesellschaften in frauenfreundliche zu verwandeln. Kriterien des „frauen-

---

[23] Vgl. Fraser, Nancy, 1990: Struggle Over Needs: Outline of a Socialist-Feminist Critical Theory of Late-Capitalist Political Culture, in: Gordon, Linda (Ed.): Women, the State, and Welfare, Madison, S. 199-225; Hernes, Helga (Fn.18); Pateman, Carole 1988b (Fn.7).
[24] Vgl. in diesem Sinne Fraser (Fn. 23).

freundlich" sind ihr zufolge: dass solch eine Gesellschaft bzw. solch ein Staat Frauen ermöglicht, zu ihren Kindern, zu ihrer Arbeit, ihrem öffentlichen Leben eine selbstverständliche Beziehung zu haben; dass Frauen nicht vor härtere Alternativen gestellt werden als Männer; er, dieser Staat, würde auch keine andere, ungerechtfertigte geschlechterspezifische Ungleichbehandlung zulassen. Kurz gefasst, ein frauenfreundlicher Staat würde jede geschlechterspezifische Ungerechtigkeit soweit wie möglich beseitigen, ohne damit zugleich andere Formen unfairer Ungleichheit hervorzubringen – z.B. die zwischen verschiedenen Gruppen von Frauen[25]. Bei der nun folgenden, sehr knappen Evaluation dieses und dann auch der nachfolgenden Modelle soll an diesen Kriterien von Helga Hernes angeknüpft werden. Für alle Modelle kann dann gefragt werden, inwieweit Frauen in universalistischer Perspektive als Arbeitsbürger vergesellschaftet sind und inwieweit und auf welche Weise dabei die Besonderheit von Elternschaft berücksichtigt wird.

Tatsächlich haben die nordischen Länder eine Politik der Chancengleichheit entwickelt, die durchaus Besonderheiten und Unterschiede anerkennt. Alle gelten als potentielle Arbeitsbürger. Zugleich wird anerkannt, dass nicht alle zu jeder Zeit auch tatsächlich erwerbstätig sein können. Diese Politik vermittelt Gleichheit und Differenz. Das Modell verspricht daher auch, das bislang frauenfreundlichste zu sein. Die Vorteile, die Frauen im skandinavischen Wohlfahrtsstaat genießen, sind evident – was aber sind die Kosten? Es bietet tatsächlich gleiche Chancen, aber – wie Jane Lewis in einer privaten Kommunikation mit uns anmerkte – gleiche Ergebnisse waren nie beabsichtigt. Es forciert die geschlechterspezifische Segregation, nicht nur am Arbeitsmarkt, auch zuhause und auf der Ebene lokaler und öffentlicher (politischer) Beteiligung[26]. Ferner kann dieses Modell als „Universalisierung einer weiblichen sozialen Dienstleistungsökonomie" bezeichnet werden: Es sind Frauen, bezahlte Frauen, die anderen Frauen dienen, ihnen Dienstleistungen erbringen, damit diese wiederum erwerbstätig werden können, während Männer in den nordischen Ländern in einer auf Wachstum und high-tech begründeten Privatwirtschaft ohne größere weibliche Einmischung oder Konkurrenz unter sich bleiben. So hat sich zwar das Machtverhältnis zwischen Männern und Frauen durch die Integration von Frauen verändert, aber immer noch – wenn auch auf neue Weise – auf Kosten von Frauen. Zugleich sind die Frauenleben im Lebenslauf untereinander, nun auch innerhalb einer sozialen Schicht, ungleicher geworden. Das wird in Zukunft weibliche Solidarität schwächen.

---

[25] Vgl. Hernes, Helga 1987a (Fn. 18); S. 15.
[26] Rein (Fn.19), Moen (Fn. 18), Pateman 1988b (Fn. 7).

Weitere, wenn auch nachrangige Merkmale des skandinavischen Modells haben für Frauen wichtige Konsequenzen. Die Dezentralisierung der sozialen Dienste, wie sie z.B. für Schweden charakteristisch ist, entspricht nicht notwendigerweise den Interessen von Frauen. Sie kann vielmehr unter Umständen eine Art lokalen Partikularismus vorantreiben[27], der die alltägliche Durchsetzung universeller Rechte erschwert und zu neuen Spaltungen zwischen unterschiedlichen, unterschiedlich privilegierten Frauengruppen auf lokaler Ebene führen kann. Ungleichheiten, die aus der dezentralen Implementierung der Sozialpolitik resultieren, hängen daneben auch vom Ausmaß ab, in dem Frauen aus der Lokalpolitik ausgeschlossen sind. Betrachtet man ferner die schwedische Gesellschaft aus einer allgemeineren soziologischen Perspektive, dann hat die verstärkte Integration von Frauen in die Erwerbsarbeit und das nun verwirklichte Ausmaß ihrer Individualisierung den Prozess der Säkularisierung und Entritualisierung der Gesellschaft weiter vorangetrieben. Institutionalisierte Zeitmarken verschwinden zunehmend. Die Arbeitszeit ist über die gesamte 7-Tage-Woche verteilt, wodurch es – zumindest in größeren Städten – für die einzelnen Haushaltsmitglieder immer schwieriger wird, sich als Familie zu treffen. Die meisten skandinavischen Staaten sind bislang darüber hinaus in hohem Maße sozial, ethnisch und was die Religion betrifft homogen. Das hat den Aufbau der „Volksheime" Schweden, Finnland usw. erleichtert. Diese Homogenität mag auch bisher den tragenden sozialen Konsens ermöglicht haben; sie hat zugleich nicht nur den Einschluss von Emigranten und allen anderen, die von der kulturellen Norm abweichen, erschwert. Möglicherweise verhindert sie bis heute eine Diversität, die auch die Option, nur Hausfrau und Mutter zu sein, zulassen würde.

4. Ständisch-korporativ seit Bismarck? Das sozial »konservativ-institutionelle« Modell

Länder, die diesem Modell entsprechen, koppeln Ansprüche auf soziale Sicherung an soziale Status und verfolgen eine Politik der Absicherung unterschiedlicher Status (Besitzstandswahrung und Statuserhalt). Esping-Andersen zufolge sind diese Länder – er wie auch Leibfried zählen dazu: die Bundesrepublik, Österreich, ansatzweise Frankreich und Italien – durch einen traditionellen Korporatismus gekennzeichnet. Der Staat agiert paternalistisch-fürsorglich-kontrollierend, ebenso wie – stellvertretend – die Kirche. Beide, Kirche und Staat, sind nicht durchgängig getrennt. Ein großer Teil sozialer Leistungen bleibt den relativ mächtigen kirchlichen Verbänden, also „Tendenzbetrieben", aber auch freien Assoziationen (den

---

[27] Hernes, Helga 1988 (Fn. 18).

anderen Wohlfahrtsverbänden) sowie der Familie überantwortet. Dies gilt überwiegend für den Bereich der sozialen Dienste. Der Staat hält sich also als Anbieter sozialer Dienste zurück. Es gilt das Prinzip der (pluralen) Subsidiarität: Soziale Dienste sind zunächst Angelegenheit der Familie, in der die Betreuung alltäglicher wie außeralltäglicher Hilfsbedürftigkeit (von Kindern, Ehepartnern, Kranken, Behinderten, alten Menschen) auftritt. Alle anderen Hilfsangebote greifen erst nachrangig. Häufig unterstellt dieses Prinzip eine Arbeitsteilung, in der *eine* Person relativ kontinuierlich für diese familiale Betreuungsarbeit freigesetzt ist, die *andere* dann für diese und die anderen Familienangehörigen relativ kontinuierlich das Erwerbseinkommen erzielt und entsprechend sozial abgesichert ist. Deutschland bzw. die Bundesrepublik sind Esping-Andersen und Leibfried zufolge der Prototyp dieses Modells. Seine geschlechterspezifische Relevanz soll deshalb auch am Beispiel der Bundesrepublik skizziert werden.

Die Bundesrepublik ist eine soziale Marktwirtschaft, die weniger Individuen, sondern von oben nach unten (vom Beamten zum Arbeiter) bereits vorhandene Status (Stände im Sinne Max Webers) und eine entsprechende ständische Lebensführung absichert[28]. Nicht nur Kapital und Arbeit, Beamter, Angestellter, Arbeiter – auch Mann und Frau sind als je unterschiedlicher Stand begriffen. Männer sind Berufstätige und Ehemänner, Frauen Ehefrauen und Mütter. Deutsche Sozialpolitik ist also durch komplexe und komplizierte Politik der Differenzierung und Differenz – der Statussicherung und Besitzstandswahrung – gekennzeichnet. Sie steht damit im Gegensatz zum skandinavischen Modell der universalisierten Arbeitsbürgergesellschaft mit ihrer Differenzen berücksichtigenden Gleichheitsstrategie. Folglich produziert das deutsche Regime auch auf andere Weise seine Verlierer und Gewinner.

Arbeiten zum Verhältnis von Christentum und Sozialstaat, zum Einfluss christlicher Soziallehren und religiöser Bewegungen[29] zeigen, wie im deutschen welfare regime ein preußischer verbeamteter Protestantismus und eine auf dem Standesgedanken und dem Subsidiaritätsprinzip aufbauende katholische Soziallehre (vgl. Enzyklika „rerum novarum") zunächst geistig, dann in der Weimarer Republik unter dem Einfluss des katholischen Zentrums politisch praktisch eine Verbindung eingingen. Materiales Ergebnis dieser spezifisch deutschen

---

[28] Vgl. Leibfried, Stephan/Tennstedt, Florian (Hg.), 1985: Politik der Armut und die Spaltung des Sozialstaates, Frankfurt, S. 13-40 (Einleitung).
[29] Heidenheimer, Arnold, J. 1983: Secularization Patterns and the Westward Spread of the Welfare State, 1883-1983. Two dialogues about how and why Britain, the Netherlands, and the United States have differed, in: The Welfare State 1883-1983, Comparative Social Research vol. 6, S. 3-38. Mit Kommentaren von R.K. Fenn, J.T.S. Madeley, L.M. Mead, R.H. Salisbury und T.A. Tilton, ebda., S. 38-65; Kaufmann, Franz-Xaver 1989: Christentum und Wohlfahrtsstaat, in: ders., Religion und Modernität. Sozialwissenschaftliche Perspektiven, Tübingen: Moor (Paul Siebeck), S. 89-119; Kouri, E.I. 1984: Der deutsche Protestantismus und die soziale Frage 1870-1919, Berlin/New York.

Verbindung ist die oben skizzierte komplexe, differenzierende Gesellschaftspolitik und eine entsprechende Sozialstruktur. Stephan Leibfried versieht dieses Modell mit dem Kürzel „Bismarck". Diese wird u.E. der Komplexität diese Modells – gerade auch in geschlechterpolitischer Perspektive – sowie seiner kulturellen Besonderheit nicht gerecht.

Sozialpolitik in diesem Modell ist zweigeteilt, je nachdem ob sie Integrationsleistungen im System der auf Wachstum und hochentwickelter Technologien beruhenden, vorwiegend industriellen kapitalistischen Ökonomie erbringt oder ob sie der Lebenswelt Integrationshilfen anbietet. Im ersten Fall schützt sie relativ großzügig als handlungsleitende Normalität den männlichen, qualifizierten, kontinuierlich Erwerbstätigen gegen normale Risiken im Erwerbsverlauf. Sie sorgt, so Esping-Andersen, dafür, dass die Ökonomie kontinuierlich mit hochproduktiven Arbeitskräften rechnen kann, indem sie den Ausstieg der weniger und nicht mehr Produktiven durch ständisch orientierte Absicherungen, z.B. bei Berufs- und Arbeitsunfähigkeit, ermöglicht. Sie tut dies also überwiegend über Geldleistungen, indem sie eher Geld als Dienste zur Lösung von Problemen anbietet (anders als im skandinavischen Modell). Deshalb auch hat die Bundesrepublik eine im internationalen Vergleich relativ niedrige Erwerbsquote. Der „Normalarbeiter" ist im Modell zugleich Ehemann und Haushaltsvorstand. Deshalb gibt es vom Erwerbsstatus des normalerweise männlichen Haushaltsvorstands abgeleitete Sicherungselemente (Ehegattensplitting und Familiensicherung). Man kann diese als Anreize für den Mann zur bzw. als Entlastung des Mannes von den Folgen der Eheschließung interpretieren. Diese geschlechterspezifische Sozialpolitik behandelt also Frauen steuer-, bildungs- wie arbeitsmarktpolitisch als tendenziell abgeleitet – also *nicht* durch eigene Erwerbsarbeit kontinuierlich versorgte Ehefrauen, seit den 80er Jahren auch ansatzweise als Mütter -, folglich als in der Regel nur diskontinuierlich Erwerbstätige.

Die Bundesrepublik beansprucht, Ehe und Familie zu fördern. In ihr sind Männer und Frauen gleichberechtigt. Eheliche und nichteheliche Kinder (zunehmend auch Lebensformen) sollen möglichst gleich behandelt werden. Schließlich strebt sie eine Vereinbarkeit von Beruf und Familie an. Damit unterscheidet sie sich *programmatisch* wenig von anderen westlichen Ländern oder von der ehemaligen DDR. Wie aber sieht die praktische Ausgestaltung dieser Leitsätze aus[30]? Die Bundesrepublik betont die wirtschaftliche Förderung zunächst und zuerst der Ehe im Vergleich zu anderen Lebensformen, auch im Vergleich zur Förderung von Kindern. Sie fördert die Nichterwerbstätigkeit der verheirateten Frauen. Sie fördert wenn überhaupt dann die „sequentielle" Vereinbarkeit von Beruf und Familie und kaum die „simultane" („gleichzeitige" wie in Skandinavien oder Frankreich versus „zeitlich nachgeordnete"). Die simultane Vereinbarkeit wird, wie gesagt, qua Arbeits- und Steuerpolitik sogar eher benachteiligt. Die Bundesrepublik begünstigt zwar die (allerdings nicht sehr zahlreichen) kinderreichen Familien und qua Familienlastenausgleich die Bezieher niedriger Einkommen, - fördert allerdings, da die Leistungen indirekt und einkommensbezogen sind, im Hinblick auf absolute Beiträge die Gutverdienenden, vor allem die Ein-Verdiener-Ehepaare[31].

Relativ gut geht es den noch sehr zahlreichen Frauen, denen es gelingt und denen es genügt, eine (möglichst) glückliche Ehe mit einem kontinuierlich erwerbstätigen, qualifizierten Mann zu führen. Sie sind für ihre Existenzsicherung im Lebenslauf weder auf eigene Erwerbsarbeit (wie in Skandinavien) noch auf Kinder angewiesen (anders als in Frankreich z.B.). Erwerbsarbeit lohnt sich in diesem System nur auf Teilzeitbasis, - noch gibt es ja bestenfalls nur Halbtagskinderbetreuung außer Haus – sonst steigen die Opportunitätskosten für beides: für die weibliche Erwerbsarbeit wie für das Kinderhaben. Lohnend ist sonst nur der rare Fall der hochqualifizierten, gutbezahlten weiblichen Berufsarbeit. Dann wiederum sinken die Opportunitätskosten auch fürs Kinderhaben. Schlecht gestellt sind in diesem System Frauen *und* Männer, denen es nicht gelingt, kontinuierlich entweder in der Erwerbsarbeit oder in einer Ehe mit einem kontinuierlich erwerbstätigen Haushaltsvorstand Fuß zu fassen: den Langzeiterwerbslosen, aber auch – wegen des geteilten Arbeitsmarktes – den unverheirateten Frauen, erst recht den alleinerziehenden Müttern. Der Widerspruch für Frauen in diesem System besteht darin, dass ihnen – aller Rede von der weiblichen Individualisierung, dem Zuwachs an Entscheidungsautonomie, zum Trotz – die für unsere Gesellschaft so notwendige Arbeitsmarktindividualisierung und entsprechende strukturelle Voraussetzungen (wie z.B. in Skandinavien) vorenthalten werden.

Esping-Andersen „traditionell-korporatistisches" Modell ist traditionell, insofern es vorhandene, auch geschlechterspezifische Status absichert (Jedem das Seine, jeder das Ihre) und reproduziert. Es steht damit im strikten Gegensatz zum skandinavischen Modell der universalisierten Arbeits-Bürger-Gesellschaft mit ihrer Differenzen berücksichtigenden Gleichheits-

---

[30] Wir beziehen uns hier ausführlich auf Pfaff, Anita/Roloff, Juliane (vgl. Fn. 5).
[31] Vgl. ebd. Obwohl in den letzten Jahren politisch wie rechtlich Ehe und Familie zunehmend entkoppelt werden, damit auch Ehe als Form ökonomischer Sicherung für Frauen erodiert, gibt es auch heute noch keine aktive Politik der Integration von Frauen in ein dem männlichen vergleichbares Normalarbeitsverhältnis. Wenn überhaupt, dann existiert eine negative, Frauen vom Arbeitsmarkt aussteuernde Arbeitsmarktpolitik, z.B. die Maßnahmen rund um die Erziehungszeiten, oder Formen der Deregulierung, die insbesondere Frauen treffen. Die gestiegene, meist teilzeitige, immer aber frauenspezifische Erwerbsarbeit von Frauen wie auch die Familienpolitik der vier „E's" (Erziehungsgeld, Erziehungsurlaub, Anerkennung der Erziehungszeiten in der gesetzlichen Rentenversicherung sowie Wiedereingliederungserwerbsarbeit) können die entstehenden Versorgungsdefizite für Frauen nur wenig ausgleichen. In der Bundesrepublik ist deshalb für die Zukunft mit einer weiteren Feminisierung der Armut bzw. der Niedrigeinkommen vor allem bei den Frauen zu rechnen, die nicht oder nur diskontinuierlich verheiratet sind.

strategie. Traditionell ist auch die Arbeitsteilung zwischen Frauen. Unbezahlte oder gering bezahlte Frauen, häufig Mütter und Großmütter, helfen anderen Frauen bei ihrer un- oder gering, selten gut bezahlten Arbeit. Die Familiensolidarität ist hier vorwiegend eine unter Frauen, allerdings unter Frauen, die unterschiedlich in Familie oder Arbeitsmarkt oder in beides eingebunden sind. Die partielle Individualisierung von Frauen der letzten Jahre wird diese Ungleichheit zwischen Frauen erhöhen, damit aber auch möglicherweise die weibliche Solidarität gefährden.

5. Exkurs: Frankreich – „Arbeitende Familien als Bürger"

Folgt man Leibfrieds und Esping-Andersens Ausführungen zum konservativ-korporatistischen bzw. zum Bismarck-Modell, dann begründet der französische Weg durchaus ein Regime eigener Art[32].

Im Jahre 1913 gewann Emma Couriau, eine Arbeiterin im Buchdruckgewerbe, mit Hilfe ihrer Gewerksschaftsspitze (CGT) ihren Rechtsstreit gegen den lokalen Zweig ihrer Gewerkschaft in Lyon. Letztere hatte sich geweigert, Frau Couriau als Mitglied aufzunehmen und zugleich ihren Mann aus der Gewerkschaft ausgeschlossen, weil er sich dagegen wehrte, seiner Frau beides, die Erwerbstätigkeit und die Mitgliedschaft, zu verbieten. Diese Entscheidung hatte für den weiteren Ausbau des französischen welfare regimes weitreichende Folgen, und sie hilft, dessen Besonderheit zu erklären. U.E. erschöpft sich dieses Modell nicht nur im besonderen Gewicht, das Sozial- und Lohnpolitik der Familie verleihen, wie die meisten männlichen Autoren meinen. Für Jane Jenson, die diesen Fall zitiert[33], spiegelt diese Entscheidung, was sie selbst „representations of gender" in der Sozialpolitik der Dritten Republik nennt: politische Konstruktionen von Geschlechterrollen durch fortgesetzte Diskurse.

Wie in allen westlichen Ländern ging es auch in Frankreich um die Frage nach dem rechten Ort für Frauen und dem angemessensten Schutz ihrer Arbeits- und Gebärfähigkeit. In Frankreich wie in einigen Ländern mit noch starker agrarischer Tradition zählen Frauen wie selbstverständlich als beides: als Arbeitende *und* als Mütter. Man stimmte weitgehend darin überein, dass weibliche Arbeiter zwar nicht ganz gleich den männlichen, aber dennoch

---

[32] Vgl. Haupt, Heinz-Gerhard, 1989: Sozialgeschichte Frankreichs seit 1789, Frankfurt, S. 271 ff.; Schultheis, Franz, 1988: Sozialgeschichte der französischen Familienpolitik, Frankfurt, S. 381ff.
[33] Vgl. Jenson, Jane 1989: Paradigms and Political Discourse:Protective Legislation in France and the United States Before 1914, in: Canadian Journal of Political Science, vol. XXII, no. 2, June/juin, S. 235-258.

Arbeiter waren. Damit war der Weg zu einer zweigleisigen Sozialpolitik (wie im deutschen und anglo-amerikanischen Regime) bereits erschwert[34].

Jane Jenson zufolge hat beim Aufbau des französischen Modells zweierlei zusammengewirkt: die demographische „Katastrophe", die Ehe- und Kinderlosigkeit gerade der bürgerlichen Schichten, wie auch die auf Solidarität verpflichtende katholische Soziallehre. So vereinigt das Regime ständische Elemente gleich dem deutschen und eine die Differenzen berücksichtigende Gleichheitsstrategie ähnlich dem skandinavischen. Frauen sind Mütter und Arbeitende – heute gilt: besser Teilzeit- als gar nicht Erwerbstätige -, aber noch weniger individualisierte Bürger als die Männer. Immer noch fokussiert französische Gesellschaftspolitik auf die Familie. Frauen waren historisch zuerst und in erster Linie Anspruchsberechtigte gegenüber dem Arbeitsgesetz, so dass ihnen die Arbeitsintegration erleichtert[35], aber zugleich das Wahlrecht (damals) vorenthalten wurde. Als individuell Handelnde blieben Frauen teilweise bis heute unsichtbar in der Familie. In sozialpolitischer Perspektive gilt auch der Mann bis heute als Vater, als Familienmitglied und –oberhaupt und nur in diesem Status als Bürger. Deshalb auch ist Frankreich das einzige westliche Land, in dem durch Familienbildung das Haushaltseinkommen im Durchschnitt eher erhöht denn verringert wird. Der Preis auf der anderen Seite sind relativ niedrige Löhne, die dann auch auf die Aufbesserung durch Familienzulagen angewiesen sind, sowie insbesondere für Frauen, da die Lohnungleichheit auch in Frankreich nicht völlig abgeschafft ist, die Unmöglichkeit, ein Leben ohne normale Familienbildung (mit Ehemann) zu führen.

6. Das liberale oder residuale Regime oder: „Folgt England den Amerikanern?"

Dieses Regime unterstellt „Gleichheit" im Sinne des „Identischen" („sameness" im Unterschied zu „equality"): Gemeint ist *ein und dieselbe* (identische) Angewiesenheit aller auf eine marktförmige Existenzsicherung, also die identische Freiheit/Gleichheit von jedermann, zwischen Erwerbsarbeit oder einem Leben in Armut zu „wählen". Soweit vorhanden, sind Sozialpolitiker solange gerechtfertigt, wie sie diesen exklusiven Marktbezug nicht

---

[34] Die DDR ging den zweigleisigen Weg von geschlechterloser Werktätigen- und ebenso geschlechtsloser Mütterpolitik.
[35] Die besonderen Arbeitsgesetze Frankreichs haben seit der Gründung der EG immer wieder Anlaß gegeben, andere Mitgliedsstaaten, z.B. die Bundesrepublik, zur Berücksichtigung des Gebots der Gleichbehandlung der Arbeitskräfte aufzufordern. In diesem Zusammenhang darf auch nicht vergessen werden, daß die Bundesrepublik erst 1977 die Geschlechtsvormundschaft des Ehemannes in Fragen weiblicher Erwerbsarbeit weitestgehend abgeschafft hat, die DDR bereits 1950.

gefährden, sondern in Umfang, Art und Weise – z.B. als Prinzip privater Versicherung – dieses Marktmodell einer besitzindividualistischen Erwerbsgesellschaft stützen. Der Staat kompensiert die aus normalen Risiken resultierenden ungleichen Verhandlungspositionen der Lohnabhängigen erst und nur als letzte Instanz. Er ist also weder transfer- noch dienstleistungsintensiv. Derartige Leistungen sind kompromisslos auf bestimmte Zielgruppen, die am Arbeitsmarkt nicht unterkommen oder keine privaten Vorsorge treiben können, beschränkt, auf bestimmte ausgewählte Problemlagen zugeschnitten und strikt bedarfsgeprüft.

Diese liberalistische Ausdeutung des Sozialen, die in den USA, auch in Australien oder Neuseeland und zunehmend in Großbritannien vorherrscht, ist vom deutschen differenzierenden und ausgleichenden Statuserhaltsystem wie vom skandinavischen Modell einer universalisierten Arbeits*bürger*gesellschaft gleichermaßen entfernt. Im angelsächsischen wie im amerikanischen Modell sind Wohlfahrtsprogramme kontinuierlich dem Diktat des Marktprinzips unterworfen und zielen deshalb auch nur auf die „deserving poor": auf die ohne eigenes Verschulden in Armut Geratenen[36].

Jane Jenson zufolge baut das liberalistische, individualistische Modell auf den Dualismen „Markt" versus „politische Sphäre" und „Privatsphäre" (Familie z.B.) versus „staatliche Sphäre" auf. Diese Trennungen haben bislang z.B. jede direkte Politisierung von Elternschaft erschwert[37]. Es handelt sich hier um Entgegensetzungen aus der Perspektive der Fiktion eines immer schon erwachsenen, selbstständigen „vertragsfähigen" Individuums[38]. Deshalb (an)erkennt dieses Regime prinzipiell nur identische Individuen: Erwerbstätige, die sich gegen Risiken im Erwerbsverlauf privat (ver)sichern. Dass diese Frauen und Männer, Mütter und Väter sind, entzieht sich der Öffentlichkeit. Frauen werden – folglich auch als Mütter – als mit Männern Identische (als „sames") behandelt. Deshalb gibt es bis heute in den USA keine z.B. der deutschen vergleichbare Mutterschutzgesetzgebung für erwerbstätige Frauen: nicht einmal einen Anspruch auf unbezahlte Nichtarbeit vor und nach der Geburt. Solche

---

[36] Vgl. für England u.a. Langan, Mary 1988: Women under Thatcherism, in Alcock, P./Lee, P. (Eds.): Thatcherism and the Future of Welfare, Papers in Social and Urban Policy No. 1, Sheffield Polytechnic, S. 65-71; dies., 1989: Restructuring income maintenance, in: Social Policy and Social Welfare Review Supplement (D 355), The Open University; dies., 1990: Community Care in the 1990s: the community care White Paper: Caring for People, in: Critical Social Policy, Issue 29, Autumn 1990, S. 58-70; Taylor-Gooby, Peter, 1988: The Future of the British Welfare State: Public Attitudes, Citizenship and Social Policy under the Conservative Government of the 1980s, in: European Sociological Review, vol. 24, no.1, March, S. 1-19; Für die USA: u.a. Nelson, Barbara J., 1990: The Origins of the Two Channel Welfare State: Workmen's Compensation and Mothers` Aid, in: Gordon, Linda (Ed.): Women, the State and Welfare, S. 152-177.
[37] Der größte Teil der Gesetzgebungskompetenz liegt bei den einzelnen Bundesstaaten. Deshalb unterscheiden sich die Regelungen von Land zu Land. Immer aber gilt das Prinzip der Abstinenz des deshalb auch schwachen Staates gegenüber privaten Angelegenheiten.
[38] Vgl. Pateman, Carole und Fraser, Nancy (Fn.7).

Leistungen sind – wo vorhanden – firmen- und bundesstaatsspezifische Leistungen auf Versicherungsbasis[39].

Jenson und Nelson sprechen von einem „two-channel" welfare regime, das historisch erklärt werden kann. Der Liberalismus als handlungsleitende Norm der weißen, protestantischen Mittelschichten verhinderte den Aufbau eines paternalistischen Für- und Vorsorge-Staates; er förderte aber den bürgerlichen (ebenfalls protestantisch-weißen) Geschlechterdiskurs einer „weiblichen Kultur der Mütterlichkeit". Dieser nur rudimentär ausgebildete Staat wiederum bot der bürgerlichen Frauenbewegung ausreichend Aktionsraum für die Durchsetzung ihrer Ideen und Methoden des angemessenen Schutzes der Frau als nichterwerbstätige Mutter (z.B. „casework" als Methode der Familienfürsorge). „Gender did the work of class" in den USA: Freie Assoziationen von Frauen erkämpften sozusagen an Stelle der europäischen Arbeiterbewegung Hilfen für (weiße) Mütter in Not[40]. Als Folge bleiben Frauen als Mütter unsichtbar der Privatsphäre zugeordnet. Als Erwerbstätige wiederum sind sie identischen Prinzipien gleich den Männern unterworfen. Dies führt zu mehr Gleichheit der tüchtigen, mobilen Frau am Arbeitsmarkt. Dennoch: Frauen als mit Männern Identische zu behandeln ist das Gegenteil von Gleichbehandlung. So sind Verlierer in diesem System all jene, denen es nicht ausreichend gelingt, im Erwerbssystem Fuß zu fassen oder dem Wunsch nach wie die Notwendigkeit der Erwerbsarbeit mit Elternschaft zu vereinbaren. Letzteres gilt insbesondere für schwarze, häufig alleinerziehende Frauen. Sie sind auf weibliche Zwangssolidaritäten, auf derartige Netzwerke oder auf wechselseitige Ausbeutung angewiesen.

Gleich ob alleinerziehende Mütter als Identische oder als Verschiedene (Frau identisch mit Mutter) behandelt werden: Das Modell ist für alle Frauen riskant. Dies zeigen Tendenzen, dieses ohnehin residuale Regime weiter abzubauen. Es zwingt immer mehr Frauen, eben auch alleinerziehende Mütter, unter no-choice-Bedingungen zu arbeiten. In den USA wie in Großbritannien sind nichterwerbstätige Mütter ohne männlichen Haushaltsvorstand der sich weiter verschärfenden, u.a. therapeutischen Kontrolle des Staates, der für sie an Stelle des Ehemannes sorgt, unterworfen. Von daher ist es auch verständlich, dass Feministinnen die Abhängigkeit vom Staat in diesem Modell ausschließlich negativ diskutieren.

Seit den 80er Jahren versucht die britische Regierung, Einkommensersatz-Programme (income maintenance systems) zu „residualisieren" (runterzufahren). Zwei Verordnungen, die Social Security Reviews von 1984 und der Social Security Act von 1986, verdeutlichen

---

[39] Wir danken Christiane Lemke und Sonja Elison für diese Konkretisierungen des residualen Modells. Jane Lewis bemerkte in einem privaten Gespräch, daß das englische Regime heute schwankt, ob alleinerziehende, erwerbstätige Mütter als „same" oder als „verschieden" zu behandeln sind.

die Tendenz der Regierung, selektive, bedarfsgeprüfte Leistungen zum Kern des income maintenance system zu machen – mit erheblichen Folgen für Frauen. Die neuen Maßnahmen der Regierung betonen wieder ausdrücklich die tradionelle Unterscheidung zwischen den „verdienten" und den „unverdienten" Armen; die erste Kategorie schließt Familien, Kranke und chronisch Hilfsbedürftige sowie alte Menschen ein, die letzte die Erwerbslosen, junge alleinstehende Personen, Schwarze und ganz besonders *Frauen*. So verstärken die neuen Regulierungen die Rolle der Frauen als Erwerbstätige und vernachlässigen damit frauenspezifische Status, wie den der Mutter. Die „Verfügbarkeitsregeln" (availiability for work), die die Anspruchsberechtigten leiten, behandeln Frauen als mit Männern Identische – als ob sie keine besondere Verantwortung für die Betreuung von Kindern und für andere häusliche Aufgaben haben. Das neue staatliche Rentensystem diskriminiert diejenigen, wiederum besonders Frauen, die ihre Erwerbsarbeit unterbrechen, um für Kinder oder andere Hilfsbedürftige in der Familie zu sorgen. Weitere Maßnahmen der Deregulierung des Arbeitsmarktes haben die Ansprüche von Frauen auf spezielle Leistungen im Fall von Mutterschaft geschwächt. Universalisierte Zulagen für Kinder, die ansatzweise die Anerkennung der Kosten des Kinderhabens für Frauen anerkannten, wurden kontinuierlich reduziert[41].

Ging das britische System sozialer Sicherung der Nachkriegszeit noch von der Abhängigkeit der Frauen von einem männlichen Alleinernährer und Haushaltsvorstand aus, so verstärkt das neue System auf neue Weise den Abhängigenstatus von Frauen in der Familie. Zunehmend werden universelle Zulagen für Kinder und andere universelle Leistungen bedarfsgeprüft vom Einkommen der Familie abhängig gemacht[42]. Dieses bedarfsgeprüfte, familienorientierte Leistungssystem baut auf der Annahme auf, dass innerhalb der Familie eine gleiche Verteilung der Ressourcen stattfindet trotz wachsender Evidenz, dass das Gegenteil der Fall ist[43]. Während die alten Kinderzulagen, die direkt an Frauen gezahlt wurden, ihnen wenn auch minimal so doch ein gewisses Maß an Unabhängigkeit bescheinigten, machen Leistungen, die bedarfsgeprüft an Familien gezahlt werden, Frauen noch abhängiger von ihren männlichen Partnern. Damit hört das englische Regime tendenziell auf, zentrale Risiken im Lebensverlauf als universelle Ansprüche des citizen zu institutionalisieren. England wird amerikanischer.

---

[40] Vgl. Center for European Studies (Fn.11).
[41] Vgl. Langan, Mary (Fn.36).
[42] Vgl. Glendinning, Caroline, 1987:"Impoverishing Women", in Walker, A. and Walker, C. (Eds.): The Growing Divide: a Social Audit, CPAG, S. 50-60; Lister, Ruth, Autumn 1987: Future insecure: Women an income maintenance under a third Tory term, in: Feminist Review, No. 27, S. 7-16.
[43] Vgl. Pahl, Jan, 1989: Money and Marriage, London: Macmillan Education Ltd.

III. Ausblick

Frauen helfen Frauen, mehr oder weniger freiwillig, mehr oder weniger angemessen bezahlt, häufig unbezahlt. Manchmal helfen bezahlte Frauen anderen Frauen, einer bezahlten Arbeit nachzugehen; oft ist es umgekehrt. Wir beschreiben hier den allen welfare regimes unterlegten, impliziten „Geschlechtervertrag": Frauen sollen, können, dürfen erwerbstätig sein, soweit sie nach wie vor die alltäglichen Sorgearbeiten übernehmen und dadurch mit Männern nicht konkurrieren. Der männliche Konsens mit Veränderungen im Frauenleben setzt diese Aufgabenteilung voraus. Nur unter diesen Bedingungen wird einer aktiven Arbeitsmarktpolitik – und folglich Sozialpolitik – für Frauen z.B. in Skandinavien zugestimmt. Das liberale Modell wiederum gibt vor, diese Teilung überwunden und damit keinen Konsensbedarf zu haben. Um so schutzloser sind Frauen dann als erwerbstätige Mütter seinen Prinzipien ausgesetzt[44].

Der beschriebene Konsens ist – wo vorhanden – kontingent und damit jederzeit gefährdet. Dies lässt sich mit John Rawls' Konzept eines „veil of ignorance" gut erläutert: Weil Männer bzw. männliche Steuer-/Beitragszahler wissen, dass sie eben *Männer* und *nicht Frauen*, also niemals frauenspezifische Risiken ausgesetzt sind, ist für sie eine traditionale Arbeitsteilung u.U. ebenso vorteilhaft oder gar vorteilhafter als die Förderung gleicher Teilhabechancen von Frauen. Handlungsfähigkeit, ökonomische wie politische, ist deshalb – auch wo sie von Frauen für Frauen mühevoll erkämpft wurde – selten mehr als ein nützliches Zugeständnis an Frauen. Als solches kann es ihnen jedoch – bei abnehmender Nützlichkeit – auch wieder genommen werden.

---

[44] Stephan Leibfried nennt die Mittelmeerländer welfare regimes „in statu nascendi". In geschlechterspezifischer und hier: erst recht in vergleichender Perspektive sind sie noch so gut wie nicht erforscht. Deshalb wurde hier auf einen eigenen Punkt verzichtet. Aller Länder bauen noch auf einer starken Subsistenzökonomie auf, in der Frauenarbeit notwendig und daher selbstverständlich sowie soziale Sicherung haushaltsgebunden oder von kirchlicher Wohltätigkeit abhängig sind. Italien, für das ansatzweise Literatur vorliegt, vereinigt mindestens drei der genannten Modelle einschließlich der von Leibfried behaupteten »lateinischen« Rudimentarität entsprechend seiner Teilung in Nord-, Mittel- und Süditalien. Als katholisches, agrarisches Land anerkennt Italien Frauen als Mütter und Arbeitende, vergleichbar Frankreich, verfolgt allerdings eine Mütterpolitik vergleichbar der der BRD, dabei so gut wie keinen Schutz der Frauen, die oft „außertariflich" in der Untergrundwirtschaft arbeiten. Auch in Italien sind erwerbstätige Frauen auf weibliche, meist verwandschaftliche Zwangssolidaritäten angewiesen. Vgl. Boca, Daniela del, 1988: Women in a Changing Workplace: The Case of Italy, in: Jenson, Jane et al. (Fn. 10), S. 120-136; Saraceno, Chiara, 1987: Divison of family labour and gender identity, in: Sassoon, Anne Showstack (Fn. 18), S. 191-206.

Angelika von Wahl:

Gleichstellungsregime

1 Überlegungen zur Theoretisierung von Gleichstellungspolitik

Politik, die auf die Beendigung von Ungleichheit zwischen Klassen, den Geschlechtern oder verschiedenen ethnischen Gruppen im Erwerbsleben abzielt, wird gezwungenermaßen zentrale gesellschaftliche Fragen nach materieller und symbolischer Umverteilung, nach der Funktion und Bewertung von ‚Arbeit' und nach Gerechtigkeit stellen. ‚Arbeit' liegt oft im Zentrum theoretischer und praktischer Gleichheitsfragen. Hier steht insbesondere die Frage im Mittelpunkt, wie Gleichstellungspolitik theoretisch erfasst und international verglichen werden kann. Denn noch ist weitgehendst unbeantwortet, wie sich die divergente Entwicklung von Gleichstellungspolitik in unterschiedlichen Staaten erklären lässt. Bisher sind theoriegeleitete Vergleiche von Gleichstellungspolicies aus verschiedenen Gründen, die hier zunächst diskutiert werden, kaum unternommen worden. Im Anschluss an diese Überlegungen entwickle ich ein theoretisches Konzept, das den systematischen Vergleich von Gleichstellungspolitik ermöglichen und diesen Forschungsbereich als neues Politikfeld innerhalb der vergleichenden Public Policy Forschung etablieren soll. Als Beispiele dient mir die Policyentwicklung in der Bundesrepublik und den USA.

Bisher haben sich viele feministische Politikwissenschaftlerinnen gescheut, "zu den ‚Niederungen' der Gleichstellungspolitik hinabzusteigen".[1] Liegt dies daran, dass sie wenig Lust verspüren zum "Damenbeine-, Handlungskompetenzen-, Maßnahmen- und Budget-Zählen" oder ist Gleichstellungspolitik einfach "banal"?[2] Liegt es an dem "sprachlich erzeugten Missbehagen" der Quote?[3] Oder daran, dass in der deutschen feministischen Forschung staatliche Politik lange im "Deutungshorizont des Materialismus" vernachlässigt wurde?[4] Diese Begründungen scheinen mir für eine Erklärung des eklatanten "Mangel[s] an metatheoretischen, an forschungsstrategischen Überlegungen", ebensolchen Monographien und vergleichenden Studien jedoch noch nicht ausreichend.[5] Die Erforschung der Gleichstellungspolitik auf einem theoretisch und empirisch anspruchsvollen Niveau ist ein enorm schwieriges Unterfangen. Warum? Meines Erachtens ist das Problem – neben dem empiri-

---

[1] Biester, Elke, Forschungsstrategische Skizzen einer feministisch-politologischen Neubestimmung von Gleichstellungspolitik, in: dies. et al. (Hrsg.), 1994, Gleichstellungspolitik – Totem und Tabus, Eine feministische Revision, Frankfurt, New York, S. 175-187, zit. S. 181.
[2] Ibid., S. 179.
[3] Haug, Frigga, 1996, Frauen-Politiken, Berlin, Hamburg, zit. S. 31-32.
[4] Kulawik, Teresa/Sauer, Birgit, Staatstätigkeit und Geschlechterverhältnisse, Eine Einführung, in: dies. (Hrsg.), 1996, Der halbierte Staat, Grundlagen feministischer Politikwissenschaft, Frankfurt, New York, S. 9-44, zit. S. 17.
[5] Biester, Forschungsstrategische Skizzen, S. 175.

schen – auch ein politiktheoretisches. Ich möchte zunächst auf zwei Problemdimensionen eingehen – die alltagspolitische und die wissenschaftliche Dimension –, die die Konzeptionalisierung eines fruchtbaren Feldes ‚Gleichstellungspolitik' in der Policy-Forschung bisher erschweren. Es zeigt sich, dass dieses Forschungsfeld bisher *dichotomisiert* und *marginalisiert* worden ist.

1.1. Gleichstellungspolitik in Bruchstücken

Die ‚Arbeit' von Frauen liegt im Bereich von Produktion und Reproduktion, zwischen Privatheit und Öffentlichkeit. Berufliche Gleichstellungspolitik soll Frauen Zugang und Teilhabe am Erwerbsleben und den dort konzentrierten Privilegien ermöglichen. Sowohl die politische als auch die wissenschaftliche Debatte um die Gleichstellungspolitik befassen sich überwiegend mit dem öffentlich-produktiven Bereich. Dort geht es um Lehr- und Ausbildungsstellen, berufliche Integration, um den Zugang zu besser dotierten Posten, um Beförderung, Einkommensunterschiede und zukünftige Pensionsansprüche. Doch die ‚Arbeit' von Frauen ist nicht auf Erwerbsarbeit zu reduzieren. Denn es gibt noch den großen Bereich der unbezahlten Hausarbeit, der Familienarbeit, der Versorgung und Erziehung von Kindern und der Pflege gebrechlicher Anverwandter. Dies ist Arbeit, die meistens von Frauen übernommen wird. Eine Gleichstellungspolitik, die diese Realität weiblicher Lebenszusammenhänge ignoriert, reduziert ‚Gleichstellung' auf die ‚Angleichung' an ein männliches Arbeitnehmerideal. Berufliche Gleichstellung muss also die reproduktive Versorgungsverantwortung, die meistens bei Frauen liegt, konzeptionell berücksichtigen, d.h. sie muss in der Praxis gezielt Schwangerschafts- und Mutterschaftsurlaub, Arbeitsplatzgarantien, genügend Kindergärten und -horte, flexible Arbeitszeiten etc. einschließen. In der politischen Diskussion wird dies – außer von den Gleichstellungsbeauftragten selbst – nur selten getan. In der deutschen Politik gilt immer noch ein implizites ‚Entweder-oder', entschärft durch ein arbeitsmarktpolitisches ‚Phasenmodell' für Frauen, während in den USA z.B. tendenziell ein ‚sowohl als auch' gilt, das im Endeffekt zu einer extremen Doppelbelastung führt. Der *direkte und unteilbare Zusammenhang* zwischen familiärer Verantwortung und der Möglichkeit von Frauen, einer Erwerbsarbeit kontinuierlich und ganzzeitig nachzugehen, wird ausgeblendet. Die Dichotomie von Produktion und Reproduktion, von Öffentlichkeit und Privatsphäre charakterisiert also den tatsächlichen Problemhorizont, mit dem sich viele berufstätige Frauen konfrontiert sehen. Diese Realität ihrer Lebenszusammenhänge wird in der politischen Diskussion tendenziell ignoriert und dann reduziert: auf die ‚Alternativen' Hausfrauenexistenz mit Teilzeitarbeit oder ‚Möglichkeit zum Wiedereinstieg' einerseits oder aber auf das Modell der männlichen Erwerbsbiographie, also lebenslange Vollzeitarbeit. Sauer argumentiert in ihrem 1994 erschienenen Beitrag, dass "Gleichstellungspolitik ... also nicht in der Lage [ist], das Strukturprinzip moderner patriarchaler Vergesellschaftung, nämlich die Dichotomisierung von

Produktion und Reproduktion, von Öffentlichkeit und Privatheit, in Frage zu stellen".[6] Dem möchte ich einschränkend hinzufügen, dass sie dies *noch* nicht kann, weil der politische Diskurs bisher dahin tendiert, die berufliche Gleichstellung von Frauen konzeptionell auf einen der beiden Teilbereiche zu reduzieren statt das Gesamtbild weiblicher Lebenszusammenhänge im Auge zu behalten. Gleichstellungspolitik besitzt aber das *Potential,* diese Dichotomisierung grundlegend zu hinterfragen. Bisher wird der Nexus von Reproduktion und Produktion in der öffentlichen Diskussion zur Gleichstellungspolitik jedoch noch zu wenig reflektiert. Was Frauen benötigten, um beruflich erfolgreicher sein zu können als bisher, ist eine Sichtweise, die ihre Situation und Bedürfnisse ins Zentrum stellt. Von dort aus muss eine Rekonzeptionalisierung der Debatte stattfinden, die den pseudo-neutralen Entwurf des idealen Arbeitnehmers als einen männlichen entlarvt. Bis auf weiteres ist eine derartige diskursive Neukonzeption, eine Veränderung des dominanten Blickes auf Gleichstellung allerdings nicht zu erwarten.

1.2 Gleichstellungspolitik als marginalisierter Forschungsbereich

Die eben geschilderte Dichotomisierung der in sich kohärenten Bedürfnisse von erwerbswilligen Frauen in private und öffentliche spiegelt sich ebenfalls in Wissenschaft und Forschung wider. Sucht man nach Forschungsfeldern, die theoretische und empirische Einsichten in Genese, Funktionen und Institutionalisierung von Gleichstellungspolitik eröffnen, findet man sich schnell wieder am Anfang der Suche: Weder feministische Ansätze noch der ‚Mainstream' haben viel Erklärungspotential zu bieten, wenn es um konzeptionelle Fragen der Gleichstellungsforschung geht. 1994 muss die in der deutschen Politikwissenschaft ohnehin marginalisierte feministische Forschung eingestehen, dass "für konkrete empirisch-theoretische Untersuchungen [zu Gleichstellungspolitik, A.v.W.] das notwendige Analyseinstrumentarium erst noch entwickel[t] werden muss".[7] Die feministische Politikwissenschaft steht bei dieser Aufgabe erst am Anfang. Barbara Holland-Cunz charakterisiert die institutionelle Frauenpolitik noch 1996 als ein "recht unerschlossenes Terrain" mit einem "eklatanten Theoriedefizit".[8] Dem Theoriedefizit gegenüber steht eine fast ausufernde Literaturlage, bestehend aus Erfahrungsberichten und Selbstreflexionen von Gleichstellungsbeauftragten und praxisbezogenen Überlegungen. Generell kann man festhalten, dass die bisherigen Untersuchungen zur Gleichstellungspolitik in der Bundesrepublik überwiegend in zwei Gruppen auseinanderfallen: erstens in eher normativ-strategische oder politisch-theoretische Ansätze und zweitens in empirische Untersuchungen, die überwiegend deskriptiv sind. Die ersten Ansätze befassen

---

[6] Sauer, Birgit, Totem und Tabus, Zur Neubestimmung von Gleichstellungspolitik, Eine Einführung, in: Biester et al. (Hrsg.), 1994, Gleichstellungspolitik – Totem und Tabus, Eine feministische Revision, Frankfurt, New York , S. 7-35, zit. S. 24.
[7] Biester, Forschungsstrategische Skizzen, S. 183.
[8] Holland-Cunz, Barbara, Komplexe Netze, konfliktreiche Prozesse, Gleichstellungspolitik aus policy-analytischer Sicht, in: Kulawik, Teresa/Sauer, Birgit (Hrsg.), 1996, Der halbierte Staat, Grundlagen feministischer Politikwissenschaft, Frankfurt, New York, S. 158-174, zit. S. 164 und 165.

sich mit der Spannung zwischen ‚Gleichheit und Differenz' oder mit ‚Autonomie versus Institutionalisierung' oder neuerdings mit der kategorialen Verbindung von ‚Geschlecht, Klasse, und Ethnie'.⁹ Die zahlreichen empirischen Aufsätze und Sammelbände richten sich dagegen mehr auf die Arbeit und die Erfahrung von Frauenbeauftragten, auf ihre Arbeitsbedingungen in den Institutionen und ihre Erfolge bzw. Misserfolge.¹⁰ In der Forschung verbreitet sind empirische Studien, die den Ist-Zustand in Interviews abfragen.¹¹ Holland-Cunz merkt zu dieser Herangehensweise kritisch an, dass diese Studien "die frauenpolitische Praxis auf eine Momentaufnahme" einfrieren.¹² Der politische *Prozess* und das politische *Netzwerk* erschienen – außer in Ausnahmen – bisher nicht in der wissenschaftlichen Analyse.¹³ Ich stimme daher Holland-Cunz zu, wenn sie konstatiert: "Als ernstzunehmenden Untersuchungsgegenstand hat die etablierte Frauenforschung dagegen Gleichstellungspolitik offensichtlich noch nicht erkannt".¹⁴ Einen Weg aus dieser Misere und der theoretischen Isolation der Gleichstellungsforschung bildet wie Holland-Cunz vorgeschlagen hat, der Blick in die vergleichende Policy- und Sozialstaatsforschung. Doch auch von der Policy-Forschung wird Gleichstellungspolitik als neues Policyfeld bisher *ignoriert*.¹⁵ Obwohl sich unter den Policy-

---

⁹ Vgl. Gerhard, Ute/Jansen, Mechthild/Maihofer, Andrea/Schmid, Pia/Schultz, Irmgard (Hrsg.), 1990, Differenz und Gleichheit, Menschenrechte haben (k)ein Geschlecht, Frankfurt a.M.; Knäpper, Marie-Theres, 1984, Feminismus, Autonomie, Subjektivität, Tendenzen und Widersprüche in der Neuen Frauenbewegung, Bochum; Gerhard, Ute, 1992, Westdeutsche Frauenbewegung: Zwischen Autonomie und dem Recht auf Gleichheit, in: Feministische Studien, 10. Jahrg., November, Nr. 2, S. 35-55; Böttger, Barbara, 1990, Das Recht auf Gleichheit und Differenz, Elisabeth Selbert und der Kampf der Frauen um Art. 3, II GG, Münster; Thürmer-Rohr, Christina, Wir nicht Reisende ohne Gepäck, Fragen der letzten zwei Jahre an die weiße westliche Frauenbewegung, in: Hügel, Ika et al. (Hrsg.), 1993, Entfernte Verbindungen, Rassismus, Antisemitismus, Klassenunterdrückung, Berlin, S. 188-205; Ruf, Anja/Ruppert, Uta, Rassismus und internationale Ungleichheit, Überlegungen zu Leerstellen von Gleichstellungspolitik, in: Biester et al. (Hrsg.), 1994, Gleichstellungspolitik – Totem und Tabus, Eine feministische Revision, Frankfurt, New York, S. 158-174.
¹⁰ Haibach, Marita/Immenkötter, Mechthild/Rühmkorf, Eva, 1986, Frauen sind nicht zweite Klasse, Frauenpolitik für Gleichstellung, Hamburg; Steg, Elke/Jesinghaus, Inga, 1987, Die Zukunft der Stadt ist weiblich, Frauenpolitik in der Kommune, Bielefeld; Stein, Otti/Weg, Marianne (Hrsg.), 1988, Macht macht Frauen stark, Frauenpolitik für die 90er Jahre, Hamburg; siehe insbesondere Doris Richelmanns Auswahlbibliographie, dies., 1991, Gleichstellungsstellen, Frauenförderung, Quotierung, Entwicklung und Diskurs aktueller frauenpolitischer Ansätze, Bielefeld.
¹¹ Henjes, Birgit, Auf die Dauer ohne Power? Zum Selbstverständnis kommunaler Frauenbeauftragter, in: Biester et al. (Hrsg.), 1994, Gleichstellungspolitik – Totem und Tabus, Eine feministische Revision, Frankfurt, New York, S. 54-61; Goericke, Lisa-Lene, 1989, Kommunale Frauengleichstellungsstellen in der Bundesrepublik – der gebremste Fortschritt, Eine empirische Untersuchung der Handlungsmöglichkeiten und -grenzen kommunaler Frauengleichstellungsstellen und Frauenbüros, Oldenburg.
¹² Holland-Cunz, Komplexe Netze, S. 161.
¹³ Als die Ausnahmen führt Holland-Cunz diese zwei Untersuchungen an: Meuser, Michael, 1987, Gleichstellung auf dem Prüfstand, Frauenförderung in der Verwaltungspraxis, Pfaffenweiler; Wahl, Angelika von, 1994, Equal Employment Policies for Women in West Germany and the United States: A Comparative Study, XVIth World Congress of the International Political Science Association, Berlin, unveröff. Ms. Eine frühere veröffentlichte Version dieses Aufsatzes ist zugänglich: dies., Equal Employment Policies for Women in Germany and the United States from a Comparative Perspective, in: Adams, Willi Paul et al. (Hrsg.), 1993, Problems of Democracy in the United States, John F. Kennedy-Institut für Nordamerikastudien, Materialien 31, Berlin, S. 94-102.
¹⁴ Holland-Cunz, ibid., S. 158.
¹⁵ Von Schmidt als ‚Staatstätigkeit' übersetzt, äußert sich Policy in Gesetzgebung, Rechtsurteilen, finanziellen und administrativen Entscheidungen, Richtlinien, Absichtserklärungen oder Proklamationen, aber auch in absichtlichen Verzögerungen, Tatenlosigkeit und Widerstand. Schmidt, Manfred, 1988, Staatstätigkeit, International und historisch vergleichende Analysen, Opladen.

Ansätzen interessante Anregungen für die theoretische Entwicklung der Gleichstellungsforschung finden lassen, haben die (überwiegend männlichen) Politikwissenschaftler ihre Chance, in Sachen einer Politikfeldanalyse von Gleichstellungspolicy Neuland zu betreten, noch nicht genutzt. Hier ist noch immer die Äußerung von Krautkrämer-Wagner zur Gleichstellungspolitik als Forschungsgegenstand aktuell: "Während andere *Politikfelder* wie etwa Umweltpolitik einen Forschungsboom auslösten, nahmen sich die Politischen Wissenschaften, die sehr stark von Männern dominiert sind, des Themas nicht an".[16] Dies wird u.a. auf ein "androzentrisches Beharrungsvermögen" auf Seiten der Forschungstreibenden zurückgeführt.[17] Standardeinführungen in die vergleichende Policy-Forschung zeugen von dieser thematischen Lücke.[18] Intensiv untersucht werden in der Politikfeldanalyse die Bildungs-, Gesundheits-, Steuer-, Wirtschafts-, Wohnungsbau- und Stadtplanungspolitik und neuerdings eben auch die Umweltpolitik. Die Auslassungen der Policy-Forschung sind aber deutlich, wenn es sich um die Analyse der Gleichstellungspolitik handelt. Die Indifferenz gegenüber der Variable Geschlecht ist zunächst wenig verwunderlich, da Frauen historisch weder als politische Akteure noch im Staat an exponierter Stelle auftraten. Mittlerweile ist es aber zu einem "merkwürdigen Missverhältnis" zwischen dem quantitativen Erfolg der Policy und der vorhandenen Forschung gekommen.[19] Dieses Missverhältnis unterstreicht, dass es überfällig ist, Gleichstellungspolitik als eine Standardpolicy westlicher kapitalistischer Staaten in die Politikfeldanalyse einzuschließen.

Ein wichtiges Ziel der Policy-Forschung ist, diejenigen theoretischen Erklärungen zu forcieren, die konkrete Aussagen über die Beziehung zwischen Public Policy und politischen, sozialen, ökonomischen und kulturellen Einflussfaktoren zulassen. Als Frage formuliert, welche Faktoren determinieren das Staatshandeln und wer kann letztendlich seine Interessen in der Öffentlichkeit durchsetzen? Welche komparativen Ansätze sind fähig, Aussagen zu machen über die Beziehung von Staat, Frauenerwerbsarbeit und Gleichheit?

Von den unterschiedlichen Ansätzen der international vergleichenden Sozialstaatsforschung[20] hat sich insbesondere der von Gösta Esping-Andersen weiterentwickelte Machtressourcenansatz als ein fruchtbarer Anknüpfungspunkt der feministischen Forschung erwiesen. Die *Theorie der Machtressourcen organisierter Interessen* führt staatliches Handeln auf die Interessen und Konflikte sozialer Klassen und auf die Regulierung der resultierenden Verteilungskonflikte zurück. Dabei lässt sich eine neoliberale und eine marxistische Schule unter-

---

[16] Krautkrämer-Wagner, Uta, 1989, Die Verstaatlichung der Frauenfrage, Gleichstellungsinstitutionen der Bundesländer – Möglichkeiten und Grenzen staatlicher Frauenpolitik, Bielefeld, S. 9.
[17] Holland-Cunz, Komplexe Netze, S. 170.
[18] Heclo, Hugh/Heidenheimer, Arnold, 1990, Comparative Public Policy: The Politics of Social Choice in America, Europe and Japan, New York; als Ausnahme sei genannt der Band von Leichter, Howard/Rodgers, Harrell, 1984, American Public Policy in a Comparative Context, New York.
[19] Holland-Cunz, ibid., S. 158.
[20] Dazu siehe Schmidt, Manfred, Theorien der international vergleichenden Staatstätigkeitsforschung, in: Politische Vierteljahresschrift, 1993, Sonderheft "Policy-Analyse", 34. Jahrg., Nr. 24, S. 371-393.

scheiden. Die Strukturanalyse des Sozialstaats und die Rolle der Arbeiterbewegung sind hier inhaltlich wichtig. Der ‚political class struggle' oder ‚power-resource'-Ansatz geht davon aus, dass die Entwicklungsdynamik staatlicher Policies und Eingriffe im Konflikt zwischen Kapital und Arbeit bzw. zwischen ihren Repräsentanten begründet liegt.[21] Die aus diesem Konflikt entstehenden komplexen Macht- und Institutionenkonfigurationen mit ihren unterschiedlichen Koalitionsmöglichkeiten werden als Variablen herangezogen sowie die Rolle des Sozialstaats in seiner Verteilungsfunktion in innovativer Weise typologisiert.[22] Die Mobilisierung der Arbeiterbewegung und die Institutionalisierung dieses Konflikts werden als die wichtigsten Erklärungen für die Entwicklung des Sozialstaates herangezogen. Kritisch anzumerken wäre allerdings, dass außer der Arbeiterbewegung andere soziale Bewegungen als unabhängige Variablen nicht auftauchen, da die Konzentration auf die Kategorie ‚Klasse' andere Mobilisierungen weniger entscheidend werden lässt. Anders als rein strukturalistische Ansätze erlaubt der Machtressourcen-Ansatz aber immerhin die Wirksamkeit von Akteuren.

Als weiteres Argument für die Anwendung des Machtressourcen-Ansatzes spricht zu diesem Zeitpunkt, dass die Typologisierung und die aktuelle sozialwissenschaftliche Debatte um die 'Three Worlds of Welfare Capitalism' weit vorangeschritten ist. Ein entwickeltes Analyseinstrumentarium in diesem Bereich des internationalen Politikvergleichs eröffnet die Möglichkeit einer systematischen Analyse der Gleichstellungspolitik und kann diesen Bereich der Frauenforschung aus seiner theoretischen Isolation herausführen.

2 Regimetypologien des Mainstream

In einer umfassenden Studie habe ich die Entwicklung der Gleichstellungspolitik in den USA und der Bundesrepublik rekonstruiert und untersucht, inwieweit der 'power-resource'-Ansatz von Esping-Andersen auf die Gleichstellungspolitik anwendbar ist.[23] Ein Vorteil dieses Ansatzes ist, dass er die Verflechtung der Strukturen des Arbeitsmarktes mit dem Sozialstaatsregime sichtbar macht. Der Ansatz der Regimetypen kann also als Ausgangspunkt einer Analyse von beruflicher Gleichstellungsforschung erfolgreich verwandt werden, weil die Regimetypologie eine vorzügliche Brücke zwischen Arbeitsmarkts- und Sozialstaatsforschung schlägt. So führt auch Esping-Andersen aus: "... welfare-state regimes and employment regimes tend to coincide".[24] Schmid entwickelt eine Analyse für Arbeitsmarktpolitik, die

---

[21] Stephens, John, 1979, The Transition from Capitalism to Socialism, London; Offe, Claus, 1972, Strukturprobleme des kapitalistischen Staates, Frankfurt a.M.
[22] Titmus, Richard, 1974, Social Policy, London; Korpi, Walter, 1987, Class, power and state autonomy in welfare state development, Stockholm; Esping-Andersen, Gøsta, 1990, The Three Worlds of Welfare Capitalism, Princeton.
[23] Näher siehe Wahl, Angelika von, Gleichstellungsregime, Berufliche Gleichstellung von Frauen in der Bundesrepublik und den USA, Opladen 1999.
[24] Esping-Andersen, Three Worlds of Welfare Capitalism, S. 159.

an wohlfahrtsstaatlichen Konzepten ausgerichtet ist.[25] Weiterhin reduziert diese Sichtweise den Sozialstaat nicht mehr auf eine ganz enge Definition, die nur Transferleistungen quantifiziert, sondern entwickelt eine weite Definition *sozialer Bürgerrechte*, die einen äußerst geeigneten Ausgangspunkt feministischer Forschung und Kritik bildet.[26] Diese sozialen Bürgerrechte werden anhand von Dimensionen analysiert, deren Auswertung eine Regimetypologie ergibt. Ich argumentiere, dass eine geschlechtskritische Weiterentwicklung des Regimeansatzes der Gleichstellungsforschung als theoretischer Leitfaden dienen kann. Bei Gleichstellungspolitik handelt es sich aber nicht eindeutig um traditionelle Sozialstaatspolitik, sondern um das weiter gefasste Thema gesellschaftlicher und politischer Teilhaberechte. Die Entwicklung eines für politische *und* soziale Gleichheitsforderungen passenden Analyserasters wird daher unausweichlich. Dieses Raster nenne ich 'Gleichstellungsregime'.

Esping-Andersens mittlerweile bekannte Typologie soll hier nur in Kürze dargestellt werden. Esping-Andersen spricht von seinem Ansatz als dem sogenannten ‚three worlds of welfare capitalism': den liberalen (Anglo-Amerikanische Staaten), sozialdemokratischen (Skandinavische Staaten) und den konservativ-korporatistischen Staaten (Deutschland, Frankreich, Italien).[27] Diese drei Typen sind das Ergebnis bestimmter Staat-Markt Konfigurationen und korrelieren mit verschiedenen Arbeitsmarktregimen und den hinter ihnen stehenden Akteuren und politischen Koalitionen.[28] Zwei dieser drei Regime, das liberale und das konservativ-korporatistische Modell, habe ich an anderer Stelle im Detail untersucht. Die USA sind das Paradebeispiel des liberalen angelsächsischen Regimes: In diesem Typ greift der Staat wenig ein und besonders in bezug auf den Markt herrscht eine ausgeprägte Praxis des laissez-faire. Auch kulturell dominiert in den USA ein liberales Ideal, das Universalismus als Chancen- und Rechtsgleichheit versteht. Gleichheit wird in der Tradition protestantischer Arbeitsethik begriffen als Gleichheit auf dem Markt, auf dem jede/r ‚frei' ist, mit anderen zu konkurrieren, aber nicht als Gleichheit der Resultate. Bei dieser Form der Gleichheit wird die "identische Angewiesenheit aller auf eine marktförmige Existenzsicherung" deutlich.[29] Der liberale Sozialstaatstyp liefert nur sehr geringe sozialstaatliche Leistungen und überwiegend nur an Personen ohne jegliches oder nur sehr geringes Einkommen und an deren Abhängige (Kinder). Das liberale Regime tendiert dahin, die Geschlechterdifferenz zu ignorieren.[30] Es wird erwartet, dass Frauen auf dem Arbeitsmarkt unter gleichen Bedingungen mit Männern

---

[25] Schmid, Günter, 1992, Flexible Koordination: Instrumentarium erfolgreicher Beschäftigungspolitik aus internationaler Perspektive, in: Mitteilungen aus der Arbeitsmarkt- und Berufsforschung, 25, S. 323-350.
[26] Siehe auch Kulawik, Teresa, Modern bis maternalistisch: Theorien des Wohlfahrtsstaates, in: dies./Sauer (Hrsg.), 1996, S. 47-81, S. 64. Eine aktuelle Übersicht dieser Debatte aus geschlechtsspezifischer Sicht liefert Jet Bussemaker: Citizenship, welfare state regimes and breadwinner arrangements, Various backgrounds of equality policy, in: Gardiner, Frances (Hrsg.), 1997, Sex Equality Policy in Western Europe, New York, S. 180-196.
[27] Einige Alternativen wurden vorgeschlagen u.a. von Castles, Francis/Mitchell, Deborah, 1992, Three worlds of welfare capitalism or four?, in: Governance, 5 (1), S. 1-26; Leibfried, Stephan, 1990, Income Transfers and Poverty in EC Perspective, On Europe's slipping into Anglo-American Welfare Models, Paper des EC-Seminars ‚Poverty, Marginalization and Social Exclusion in the Europe of the 90's, Alghero, Italien.
[28] Esping-Andersen, Three Worlds of Welfare Capitalism.
[29] Langan/Ostner, Geschlechterpolitik im Wohlfahrtsstaat, S. 314.
[30] Langan/Ostner, Geschlechterpolitik im Wohlfahrtsstaat; Wahl, Equal Employment Policies.

konkurrieren – trotzdem oder vielleicht gerade deshalb – ist die Gleichstellungspolitik in den USA recht stark. Der Liberalismus hat nachhaltige Folgen für den Inhalt und die Form von Gleichstellungspolitik in den USA.

Zum zweiten Regimecluster gehören nach Esping-Andersen Deutschland, Italien, Österreich und Frankreich. Das Fundament dieses Regimetyps liegt in korporatistischen und Status-quo-orientierten Traditionen. In diesem konservativen Cluster ist der ‚freie' Marktes etwas stärker eingeschränkt. Hier dominiert nicht die liberale Orientierung auf Effektivität und ‚Kommodifizierung', sondern der Erhalt von Statusunterschieden. In dem konservativen Regimetyp besteht eine enge Anbindung von Rechten an Klasse und Status. Unterschiedlichste Berufsgruppen verfügen z.B. über eigene und klar abgegrenzte soziale Rentensysteme. Je mehr man in diese Programme einzahlt, desto mehr wird man auch erhalten. Deutschland wird als Prototyp dieses Regimetyps angesehen, weil hier ein kapitalistisches Marktsystem reproduziert wird *und* zugleich traditionelle Formen sozialer Dienste weiter bestehen durch den Rückgriff auf die Familie und Sozialarbeit der Kirchen. Die Betonung liegt hier also auf sozialer Stabilität in Sachen Geschlecht und Klasse. Das in der alten Bundesrepublik zentrale Sozialstaatsprinzip der Subsidiarität stammt aus der katholischen Soziallehre und empfiehlt, dass der Sozialstaat nur dann eingreift, wenn die Ressourcen der Familie verbraucht sind oder nicht existieren. In dem konservativen Regimetyp ist der Erhalt der traditionellen Familie konstitutiv, was z.T. die Wünschbarkeit einer geringen weiblichen Erwerbsarbeit erklärt. Der Prozentsatz vollzeitig erwerbstätiger Frauen ist hier am niedrigsten und korreliert mit einem starken Ernährermodell. Insofern werden Marktkräfte durch den Staat beschränkt, wenn sie die Orientierung am Status quo und die soziale Hierarchie durchbrechen.[31] Geschlechterdifferenz wird z.B. durch Mutterschutz in diesem Sozialstaatstyp nicht nur berücksichtigt, sondern sogar aktiv gefördert. Gleichzeitig muss hier aber auf die Widersprüchlichkeit politischer Strömungen in der deutschen Geschichte hingewiesen werden: Konterkariert wurde das konservativ katholische Element durch das sozial-demokratisch egalitäre. Gemeinsam ist beiden jedoch eine kollektive, korporative oder gemeinschaftsbezogene Ausrichtung. Dies wiederum hat weitreichende Folgen für die komplexe Entwicklung der deutschen Gleichstellungspolitik.

Esping-Andersen nennt spezifische historische, demographische und politische Faktoren, um die Komplexität von Policy-Outputs zu erklären. Sein Hauptargument ist, dass Sozialstaaten ein Befreiungspotential besitzen, welches daran gemessen werden kann, inwieweit es Bürgern sozialpolitisch ermöglicht wird, ein wirtschaftlich und sozial angemessenes Leben unabhängig vom Druck des Marktes zu führen. Analog fragt meine vergleichende Analyse von Gleichstellungspolitiken danach, inwieweit es Bürgerinnen (und ethnischen Minoritäten) ermöglicht wird, selbstbestimmt, gleichwertig und gleichberechtigt am wirtschaftlichen und

---

[31] Einen exzellenten Überblick über die Staus quo-orientierten Leitwerte in den christ-demokratischen Ländern gibt: Kersbergen, Kees van, 1995, Social Capitalism, A study of Christian democracy and the welfare state, London New York.

beruflichen Leben teilzunehmen. Ich analysiere Gleichstellungspolitik *analog* zu Sozialstaatsregimen, weil Gleichstellungspolitik an der Schnittstelle von Sozial- und Arbeitsmarktpolitik liegt. In der 'klassenlastigen' Regimetypologie von Esping-Andersen ist jedoch der wichtige Einfluss von neuen sozialen Bewegungen wie der Frauenbewegung ignoriert worden. O'Connor merkt in einem bemerkenswerten Aufsatz daher zum „power-resource'-Ansatz an:

"While not inherently gender-biased, an exclusive focus on the labour market and Mainstream political organizations largely excludes women and/or fails to recognize the consequences for participation of their possible multiple statuses vis-à-vis the welfare state, as needs-based clients, as rights bearing consumers of services and as political citizens ... An exclusive emphasis on powerlessness fails to recognize the still low, but increasing, participation by women in formal politics since the 1960s in most countries, and also fails to take into account the exercise of power through bureaucratic organizations, such as employment equality agencies ... participation in the political system occurs not only through traditional loci of power but also through bureaucracies, social movements and client representative groups".[32]

Das Argument einer ausschließlichen Machtlosigkeit von Frauen hat in den letzten zehn Jahren einer differenzierteren Sicht Platz gemacht, die die politische Teilnahme von Frauen in sozialen Bewegungen, Parteien, Gewerkschaften, Lobbies, ‚Think Tanks' und deren Einfluss auf Policyformulierung und -umsetzung berücksichtigt.[33] Auch meine Rekonstruktion der verschiedenen Gleichstellungsansätze zeigt die zentrale Stellung und Teilnahme von Feministinnen an der Policy-Formulierung und Implementierung.

3 Feministische Kritik der Regimetypologie

Für meinen theoretischen Entwurf ist von Bedeutung, dass Esping-Andersen in seiner Analyse zwar auch die Ungleichheiten zwischen Männern und Frauen in den unterschiedlichen Arbeitsmarkt- und Sozialstaatsregimen anspricht, ‚Geschlecht' bei ihm aber nicht *per se* als Kategorie auftaucht. Es ist dennoch nicht überraschend, dass sein Ansatz der Ausgangspunkt reichhaltiger feministischer Forschungen und Diskussionen ist.[34] Diese feministischen Studien untersuchen, inwiefern die sozialstaatliche Regimetypologie auf die Position von Frauen in unterschiedlichen postindustriellen westeuropäischen Staaten angewendet werden kann. Kritisch reflektiert werden allerdings Esping-Andersens drei zentrale Analysedimensio-

---

[32] O'Connor, Julia, 1996, From Women in the Welfare State to Gendering Welfare Regimes, in: Current Sociology, Vol. 44, Nr. 2, S.1-124, zit. S. 70-71.
[33] Dahlerup, Drude, Confusing Concepts – Confusing Reality: a Theoretical Discussion of the Patriarchal State, in: Sassoon, Anne Showstack (Hrsg.),1987, Women and the State, London 1987; Norris, Pippa, 1987, Politics and Sexual Equality, The Comparative Position of Women in Western Democracies, Brighton; Hernes, Helga, 1987, Welfare State and Woman Power, Essays in State Feminism, Oslo.
[34] Orloff, Ann, 1993, Gender and the Social Rights of Citizenship: The Comparative Analysis of Gender Relations and Welfare States, in: American Sociological Review, Vol 56, S. 303-28; O'Connor, Julia, 1993, Gender, Class and Citizenship in the Comparative Analysis of Welfare State Regimes: Theoretical and Methodological Issues, in: British Journal of Sociology, Vol 44, Nr. 3, September; Sainsbury, Diane (Hrsg.), 1994, Gendering Welfare States, London, Thousand Oaks, New Dehli.

nen des Vergleichs unterschiedlicher Regimetypen. Diese Kritik und ihre Vorschläge fließen in mein Konzept der Gleichstellungsregime ein.

3.1 Kommodifikation als Bedingung der Dekommodifizierung

Esping-Andersen erklärt, dass mit der Industrialisierung und der Abhängigkeit der Menschen von bezahlter Arbeit die Arbeiter ‚kommodifiziert' wurden. Der moderne Sozialstaat besitzt aber die Möglichkeit, diese Abhängigkeit gezielt zu verringern, d.h. den Arbeiter zu ‚dekommodifizieren'. Die Dekommodifizierung wird als soziales Recht verstanden. Dekommodifizierung, als erste Dimension des Regimes, tritt auf, "when a service is rendered as a matter of right, and when a person can maintain a livelihood without reliance on the market".[35]

Gemeinsam ist der feministischen Rezeption die Kritik an der Dimension der Dekommodifizierung, denn dieses Konzept beruht eindeutig auf dem Modell männlicher Erwerbsarbeit. Frauen sind weit weniger direkt dem Arbeitsmarkt ausgesetzt, d.h. weniger kommodifiziert. Ihre Abhängigkeit besteht dagegen in ihrer Position als Ehefrau, Mutter und Familienangehörige. Frauen sind somit eher indirekt Teil des Marktes und kommen so auch nicht in den Genus von Gleichstellungsmaßnahmen. Daher bedeutet Kommodifizierung potentiell etwas anderes für Frauen: sie kann als Fortschritt verstanden werden, als Befreiung von *familiärer* Abhängigkeit. Somit wirkt der Markt für Frauen möglicherweise in einem bestimmten Ausmaß gegenteilig zur Annahme Esping-Andersens, d.h. emanzipierend, denn die Abhängigkeit von Frauen liegt oft primär beim männlichen Ernährer der Familie. Teilnahme an Erwerbsarbeit – sprich Kommodifizierung – kann daher bei Frauen zu Unabhängigkeit führen.[36] Weiterhin wurde von feministischer Seite kritisiert, dass bestimmte sozialstaatliche Dienste unterschiedliche Wirkungen auf weibliche und männliche Erwerbsarbeit haben können. So hat ein Erziehungsurlaub, selbst wenn er rechtlich an Väter und Mütter gerichtet ist, in der Praxis eine zu vernachlässigende Wirkung auf die männliche Bereitschaft zum Erziehungsurlaub, während Frauen von dieser Regelung Gebrauch machen und ihre Erwerbsarbeit unterbrechen. Während das Konzept der Dekommodifizierung zentral bei der Analyse von sozialem Staatshandeln ist, zeigt die feministische Kritik deutlich, dass diese Dimension im Kontext von Geschlechterbeziehungen anders gesehen werden muss.

Weil verhinderter Zugang zum Arbeitsmarkt, z.B. durch Diskriminierung, für Frauen oft das Problem ist, schlägt Orloff vor, den *Zugang* zum Arbeitsmarkt als eine neue Dimension

---

[35] Esping-Andersen, Three Worlds of Welfare Capitalism, S. 22.
[36] Hobson, Barbara, 1991, Decommodification in Gender Terms: a Critical Analysis of Esping-Andersen's Social Policy Regimes and Women's Social Citizenship, Paper at the Conference on Gender, Citizenship and Social Policy, Social Science History Association, New Orleans; Langan/Ostner, Geschlechterpolitik im Wohlfahrtsstaat; O'Connor, Gender, Class and Citizenship; Orloff, Gender and the Social Rights of Citizenship; Daly, Mary, Comparing Welfare States: Towards a Gender Friendly Approach, in: Sainsbury, Diane (Hrsg.), 1994, Gendering Welfare States, London, S. 101-117.

des Regimes zu verstehen. Hier ergibt sich ein klarer Anknüpfungspunkt für meine Untersuchung, denn verschiedene Gleichstellungspolicies sind explizit darauf ausgerichtet, Frauen Zugang zum Arbeitsmarkt zu ermöglichen.[37] Der Einschluss der geschlechtsspezifisch relevanten Dimension *Zugang* ist zentraler Bestandteil der Analyse von Gleichstellungspolitik.

3.2 Feministische Kritik der Stratifikationsvariable

Die zweite Dimension des Sozialstaatsregimes ist sein Schichtungseffekt, d.h. Sozialstaaten sind nicht einfach die großen ‚Gleichmacher', sondern sie sind eigenständige Verteilungs- und Schichtungssysteme. Der Sozialstaat selbst stratifiziert: "The welfare state ... is, in it's own right, a system of stratification. It is an active force in the ordering of social relations".[38]

Die Erkenntnis, dass Sozialstaaten *an sich* stratifizierende Systeme sind, ist wichtig für die Ungleichheitsforschung und für feministische Analysen. Frühe Studien haben gezeigt, dass Sozialstaaten unterschiedlich auf Frauen und Männer einwirken, sie in unterschiedliche Leistungssysteme einordnen und dies meist zum materiellen und symbolischen Nachteil von Frauen. Letztere landen z.B. in den USA eher in den als Armutssektor begriffenen Sozialhilfeprogrammen, während Männer aufgrund ihrer Erwerbsarbeit durch die besser finanzierten Renten- und Versicherungsprogramme unterstützt werden.[39] Männer beanspruchen diese Leistungen aufgrund ihrer Erwerbstätigkeit, wohingegen Frauen diese oft in abgeleiteter Form beanspruchen, also aufgrund ihrer Zugehörigkeit zu einer Familie oder als Ehefrau. Allerdings nimmt die Zahl der erwerbstätigen Frauen zu, so dass sich hier eine langsame Verbesserung für einige Frauen andeutet. Die feministische Kritik der Stratifikationsvariable bezieht sich insbesondere auf die ausschließliche Fokussierung der ‚power-resource'-Schule auf

---

[37] Wahl, Angelika von, 1996, Placing Women in Employment: Public Policy in Two Regime Types, Paper auf der SASE Konferenz, Montreal.
  Den ersten entscheidenden Durchbruch zu einer systematischen Analyse von Gleichstellungspolitik ist Ronnie Steinberg Ratner zuzuschreiben, die 1980 in der Einleitung zu ihrem wichtigen Sammelband nicht nur eine Definition von Gleichstellungspolitik entwickelt, sondern auch das erste Forschungsraster erarbeitet. [Ratner, Ronnie Steinberg, The Policy and the Problem: Overview over Seven Countries, in: dies. (Hrsg.), 1980, Equal Employment Policy for Women: Strategies for Implementation in the United States, Canada, and Western, Philadelphia.] Der Umfang, die Zielsetzung und den strukturellen Rahmen beruflicher Gleichstellungspolicy haben im vergleichenden Kontext Steinberg und Cook sehr klar zusammengefaßt:
  „Equal employment opportunity policy for women encompasses policies and programs aimed at removing barriers that prevent the full integration of women into the labor market. Countries have focused on different barrries and the development of policies emphasized differnt sources of female labor market inequality. They have also selected different institutional channels through which to implement programs and enforce policy. The selection of policy instruments is a function of a coutry's social, legal, poitical, and economic features, such as the composition of interest groups on the labor market and their relative power position; the system of law; the character of women's organizations; and the labor relations system". [Steinberg, Ronnie/ Cook, Alice, Policies Affecting Women's Employment in Industrial Countries, in: Stromberg, Ann Helton/ Harkess, Shirley, 1988, Women Working, Theories and Facts in Perspective, Mountain View, California, S. 307-328, zit. S. 315.
[38] Esping-Andersen, Three Worlds of Welfare Capitalism, S. 23.
[39] Gordon, Linda (Hrsg.), 1990, Women, the State and Welfare, Madison; Nelson, Barbara, The Origins of the Two-Channel Welfare State: Workmen's Compensation and Mothers' Aid, in: Gordon, ibid., S. 123-151.

Klassenbeziehungen und die Vernachlässigung der Geschlechterbeziehungen. So findet man Frauen in allen westlichen Staaten in höherer Anzahl als Männer in niedrig entlohnten und schlecht abgesicherten Positionen. Bisher wurde also in der ‚Mainstream'-Forschung nicht berücksichtigt, dass Sozialstaatsregime auch geschlechtsspezifisch wirken.

Als analytisches Werkzeug haben O'Connor wie auch Orloff den Regimen neue Dimensionen hinzugefügt. O'Connor schlägt vor, eine Dimension der *personal autonomy'* einzuführen, die Aufschluss über den Grad weiblicher Un/abhängigkeit geben soll. Während also (männliche) Dekommodifizierung die Abhängigkeit vom Markt reduziere, solle die Analyse der *persönlichen Autonomie* die emanzipatorische Lage von Frauen erhellen.[40] Während Orloff betont, dass die Fähigkeit einen unabhängigen *Haushalt* zu etablieren und zu führen, als eine neue feministische Dimension integriert werden muss. Die wichtige feministische Frage hinsichtlich staatlicher Maßnahmen ist dann also, ob sie die individuelle Autonomie von Frauen erhöhen und ob sie Frauen bzw. ihren Haushalt von der ungewollten Abhängigkeit von öffentlicher oder privater Hilfe bzw. Gängelung befreien? Diese letztgenannten Dimensionen können m.E. auf die Analyse der Bereiche Bildung, Kinderversorgung etc. angewendet werden, die einen direkten Einfluss auf die Möglichkeit weibliche Erwerbsarbeit haben.

3.3 Feministische Kritik an der Staat-Markt Dimension

Bei der letzten Analysedimension geht es Esping-Andersen um die Frage, inwieweit materielle Bedürfnisse durch Sozialpolitik statt durch den Markt abgedeckt werden: "... how [are] state activities ... interlocked with the market's and the family's role in social provision".[41] Obwohl Esping-Andersen vorgibt eine Analyse der Staat-Markt-Familien Dimension zu entfalten, kritisieren Bussemaker und Kersbergen die deutliche Dominanz der ersten beiden Faktoren:

"Looking closely at the typology it becomes clear that in a comparative perspective a nation's welfare regime is not so much analytically identified by a specific *configuration* of market, state and family, but rather by the *dominance* of either the market or the state ... In our view it [the regime concept, A.v.W.] does not precisely do what it says it does: analyzing welfare states in terms of configurations of market, state *and* family. In this respect one may conclude that the regime concept could benefit from an incorporation of the gender perspective".[42]

Als Folge der bisher dargestellten feministischen Kritik gerieten auch einige Annahmen über die Parallelität von Arbeitsmarktregime und Sozialstaatsregime in Zweifel. Dazu Orloff:

---

[40] O'Connor, Gender, Class and Citizenship.
[41] Ibid., S. 21.
[42] Bussemaker, Jet/Kersbergen, Kees van, Gender and Welfare States: Some Theoretical Reflections, in: Sainsbury, Diane (Hrsg.), 1994, Gendering Welfare States, London, Thousand Oaks, New Dehli, S. 8-25, zit. S. 15.

"These analytic inadequacies are related to some of Esping-Andersen's premises, which neglect gender relations and feminist scholarship. He sees women as *choosing* between ‚work and household' ... Nowhere in the industrialized West can married women and mothers choose *not* to engage in caring and domestic labor (unless they are wealthy enough to purchase the services of others)".[43]

Um Erwerbsarbeitsmuster von Frauen (und Männern) zu verstehen, ist es also unabdingbar, die geschlechtsspezifische Arbeitsteilung in der Regimetypologie zu berücksichtigen. Der ‚power-resource'-Ansatz ignoriert also die Bedeutung des immensen Arbeitsaufwands, den Frauen in der Familie und im Haus unbezahlt leisten. Dies führt zu einem theoretischen ‚blind spot', denn die dritte wichtige Kraft neben Staat und Markt ist die *Familie*. Ziel der feministischen Kritik ist, hier das Kräfteverhältnis von Staat und Markt um die Dimension Familie zu erweitern und so ein Macht*dreieck* zu repräsentieren.

4 Das Konzept des 'Gleichstellungsregimes'

Gleichstellungspolitik ist ein neues und tendenziell marginalisiertes Forschungsfeld, das die dominante Dichotomisierung der Gesellschaft in einen privaten und einen öffentlichen Bereich potentiell herausfordert. International vergleichende Gleichstellungsforschung fragt nach den *Mustern* von dieser Policy, nach ihrem Inhalt, ihrer Umsetzung und besonders nach den beteiligten Akteuren, Koalitionen und Machtressourcen, um eine Logik staatlichen Handelns für diese Policy sichtbar zu machen. Ich stelle die These auf, dass Gleichstellungspolitik in den USA eher von einer liberalen Tendenz der Geschlechtsidentität beherrscht ist, während Gleichstellungspolitik in der Bundesrepublik eher von einem konservativen Differenz-Muster dominiert ist. Beide Gleichstellungsregime sind problematisch für Frauen. Ziel der vergleichenden Gleichstellungsforschung ist, durch die Beschreibung der verschiedenen Policy-Ansätze und die Analyse ihrer Entstehung, Reichweite und Ideologie einen konstruktiven Beitrag zur vergleichenden feministischen Policy-Forschung zu leisten, insbesondere möchte ich einerseits ein Raster und ein Analyseinstrumentarium für weitere Gleichstellungsforschung erarbeiten und zudem Gleichstellungspolitik auf die Landkarte der vergleichenden Politikfeldanalyse setzen. Ich führe den Begriff ‚Gleichstellungsregime' ein, der sich nicht allein auf Gleichstellungsstellen o.ä. bezieht, sondern auf die Geschlechtergerechtigkeit eines Staates. Diese äußert sich u.a. in der beruflichen Gleichstellungspolitik, beinhaltet aber das Netz der politischen und ökonomischen Strukturen und Prozesse, die eine breit definierte Gleichberechtigung von Männern und Frauen beeinflussen. Hernes hat den umfassenderen Begriff "gender equality policy" von einem eher begrenzten Verständnis einer "women's policy" unterschieden.[44] Während sich letztere auf eine frauenfreundliche Umverteilung von

---

[43] Orloff, Gender and the Social Rights of Citizenship, S. 313.
[44] Hernes, Welfare State and Woman Power.

Kapitel 2: Feministische Perspektiven in der Sozialpolitikforschung 249

Leistungen oder Diensten beschränkt, bezeichnet erstere auch die Umverteilung von Status und Macht. O'Connor führt dazu aus:

"These policies relate essentially to access to employment and decision-making at senior levels. This implies, for example, that the focus of policy is not just labour-market participation but the quality and conditions of participation. This approach to public policy implies that both inequality of condition and systematic discrimination are recognized in the policy formation process. It implies policies such as pay and employment equity. The objective is not just of equality of opportunity but the change of institutional structures that give rise to, and sustain, structured gender inequalities".[45]

Meine vergleichende Untersuchung der Gleichstellungspolitik in den USA und der Bundesrepublik geht von dieser breiteren Definition aus. So gesehen halte ich es für möglich, dass mit dem Konzept des Gleichstellungsregimes auch andere geschlechtsspezifische Policies analysiert werden können.

Als ein Analyseinstrument zeichnen sich Gleichstellungsregime dadurch aus, dass sie Regimetypologien in eine feministische Kritik integrieren. Das Gleichstellungsregime setzt sich aus folgenden sechs Dimensionen zusammen: 1.) Grad der geschlechtsspezifischen Dekommodifizierung und Kommodifizierung, 2.) die sozialstaatlichen Stratifikationseffekte, 3.) Staat-Markt-Familie Beziehungen, die zunächst im Hinblick auf ihre potentielle Relevanz für berufliche Gleichstellung untersucht werden müssen. 4.) Der Zugang von Frauen zur Erwerbsarbeit, 5.) ihre Möglichkeit einen unabhängigen Haushalt zu gründen und zu führen sowie 6.) persönliche Unabhängigkeit zu erreichen, müssen – soweit wie möglich – in der Analyse berücksichtigt werden.

Welche theoretischen Schlüsse lassen sich nach diesen Ausführungen für die vergleichende feministische Forschung in diesem neuen Politikfeld ziehen? Bisher kommen geschlechtsspezifische Analysen meist nur als Zusatz zur Arbeitsmarkt- oder Sozialpolitik vor. Dieser Einschluss ist wichtig, sollte aber am Anfang und nicht am Ende feministischer Theoriebildung stehen. Der Blick über den Zaun in die Mainstream-Forschung deutet nicht nur auf deren Schwächen hin, sondern erlaubt auch eine komplexere Analyse, weil auf bestehende Wissensstandards in der Komparatistik und Policyforschung aufgebaut werden kann. Die feministisch erweiterte Regimetypologie soll als interpretatorischer Leitfaden durch das wissenschaftliche Neuland der Gleichstellungsregime dienen.

Das Politikfeld Gleichstellung unterscheidet sich von der traditionellen Sozialstaatsforschung dadurch, dass es hier nicht nur um sozialstaatliche Transferleistungen geht, sondern auch um bürgerliche, politische und soziale Rechte. Verstehen kann man Gleichstellungsregime als ein theoretisches Konstrukt, das Frasers Vorschlag in der Gerechtigkeitsdebatte widerspiegelt. Fraser entwickelt die Idee, dass Gerechtigkeit expansiv verstanden werden

---

[45] O'Connor, From Women in the Welfare State, S. 66.

muss, d.h. nicht nur als ein redistributives Konzept, sondern als eines, dass ‚recognition' beinhaltet.[46] Die Analyse von Gleichstellungspolicies ergibt, dass Gleichstellungspolicies historisch mit relativ einfachen redistributiven Maßnahmen begannen, wie ‚gleicher Lohn für gleiche Arbeit'. Durch die Formierung neuer sozialer Bewegungen und postmoderner Identitäten sind diese Maßnahmen mittlerweile in das Feld der ‚An-erkennung' (recognition) subtilerer Unterschiede und Geschlechteridentitäten vorgerückt, die sich z.B. in Gleichstellungsmaßnahmen von Lesben und Schwulen äußern. Wenn wir Gleichstellung in dieser inklusiven Weise analysieren, stehen also weniger die Auseinandersetzungen um die Verteilung des Sozialetats im Mittelpunkt als politisch-ökonomische Kontroversen um geschlechtsspezifische Rechte und Machtverteilungen. Sozialstaatsregime, Geschlechterregime und Gleichstellungsregime sind daher voneinander zu unterscheiden.

Denn sozialstaatliche Regime und Geschlechterregime sind nicht identisch. So meint Bussemaker zum Thema Sozialstaats- und Geschlechterregime: "... welfare regimes and gender regimes do not necessarily correspond but ... gender regimes have an extensive impact on a nation's specific configuration of work, care and welfare".[47] Das sozialstaatliche Konzept des Geschlechterregimes versucht also, Wohlfahrtsstaaten aus der Perspektive des Geschlechterverhältnisses zu betrachten. Da sich mein Forschungsinteresse weniger auf sozialstaatliche Leistungen und mehr auf die Analyse egalitärer Policies auf dem Arbeitsmarkt konzentriert, muss man auch Geschlechterregime und Gleichstellungsregime unterscheiden. Im Zentrum der Analyse des Gleichstellungsregimes steht die Diskussion und Politik um die Geschlechtergerechtigkeit in den Bereichen des Erwerbslebens, in denen eine deutliche Diskrepanz zwischen Männern und Frauen besteht. Sozialstaatliche Leistungen sind nur *ein* Teil dieser Analyse.

Ich schlage vor, Gleichstellungspolitik in Zukunft nicht nur als Reflexion anderer sozialstaatlicher oder arbeitsmarktpolitischer Arrangements anzusehen, sondern umgekehrt Arbeitsmarkt- und Familienpolitik auch als Reflexion gesamtgesellschaftlicher Gleichstellungsregime zu analysieren. Bei der Analyse von Gleichstellungspolicies eröffnet diese Umkehrung das Ende von der Zweitrangigkeit der Kategorie Geschlecht. Dann kann in der Gleichstellungsforschung gefragt werden, inwieweit der Arbeitsmarkt oder die Familienpolitik das jeweilige liberale, konservative oder sozialdemokratische Gleichstellungsregime reflektiert. Das Konzept der Gleichstellungsregime ist ein Versuch, die feministische Theoriebildung in diese Richtung weiter zu entwickeln, indem die Analyse der geschlechtsspezifischen Verhältnisse auf dem Arbeitsmarkt, in der Familie und im Sozialstaat ins Zentrum gestellt wird. Gleichstellungsregime können daher einen theoretischen Ausgangspunkt für zukünftige vergleichende Studien bieten, um so den eklatanten Mangel im Bereich der feministischen Komparatistik zu beheben.

---

[46] Fraser, Nancy 1997. Jusice interruptus Critical Reflections on the „postsocialist" conditions. N.Y. Routledge.
[47] Bussemaker, Citizenship, S. 187-188.

Andere Wissenschaftlerinnen haben die Regimetypologie innovativ auf ganz neue Policybereiche ausgeweitet. So analysiert Shaver Körperrechte (‚body rights') und reproduktive (‚reproductive') Regime analog zu Esping-Andersens Ansatz.[48] Insbesondere stimme ich Gardiner zu, die auch versucht, die Forschungsfelder Gleichstellungspolitik und Sozialstaatsregime theoretisch zu verbinden:

> "... in terms of social policy, welfare frameworks cannot adequately accommodate sex equality policy due to their narrow base and gender-blindness. However, some of their classification categories may be adaptable to accommodate and explain aspects of equality policy variation and to share theoretical frameworks".[49]

Bussemaker arbeitet mit einer Regimetypologie in einem Vergleich zwischen England, Schweden, Deutschland und den Niederlanden hinsichtlich der Versorgung mit Kindergärten.[50] Gornick and Jacobs vergleichen die Erwerbsrate und das Einkommen von Frauen im öffentlichen Dienst in OECD-Ländern anhand Esping-Andersens Regimetypologie.[51] Sie stellen dar, dass trotz der feministischen Kritik an der impliziten Ausrichtung der Hypothesen am männlichen Arbeitnehmer verschiedene empirische Studien eine länger andauernde Relevanz dieses Erklärungsmodells ergeben haben, insbesondere wenn es sich um eine Analyse weiblicher Chancen am Arbeitsmarkt handelt. Gornick sieht den Vorteil der Regimeanalyse hierin:

> "Esping-Andersen's clusters enable us to draw on a developed body of knowledge that incorporates the histories of these countries. In short, our analysis of country clusters should enable us to identify commonalities and differences across regime types, even if we may not always be able to say definitely what it is about these countries that accounts for the variation observed".[52]

Gornick und Jacobs kommen dort zu dem Schluss, dass gerade eine geschlechtsspezifische Analyse der Einkommen im Bereich des öffentlichen Diensts die theoretische Relevanz internationaler Regime untermauert. Zusammenfassend lässt sich feststellen, dass durch die feministische Kritik das bisher vernachlässigte ‚gendering' der Dimensionen begonnen hat. Diese innovativen Weiterentwicklung der Regimetypologie sind als Ausgangsbasis für eine internationale Analyse der Gleichstellungspolitik besonders geeignet.

An anderer Stelle habe ich durch eine empirische Untersuchung herausgearbeitet, dass Gleichstellungspolitik in einem Staat als Muster analysiert werden kann.[53] Unterschiedliche

---

[48] Shaver, Sheila, 1993, Body Rights, Social Rights and the Liberal Welfare State, in: Critical Social Policy, Vol. 13, No. 39, S. 66-93, zit. S. 91-92.
[49] Gardiner, Frances, Introduction: Welfare and Sex Equality Policy Regimes, in: dies., 1997, Sex Equality Policy in Western Europe, New York, S. 2.
[50] Bussemaker, Jet, 1996, Recent Changes in European Welfare State Services: A Comparison of Child Care Politics in the United Kingdom, Sweden, Germany, and the Netherlands, Working Paper Series # 7.6, Minda de Gunzburg Center for European Studies, Cambridge.
[51] Gornick, Janet/Jacobs, Jerry, 1998, Gender, the Welfare State, and Public Employment: A Comparative Study of Seven Industrialized Countries, in: American Sociological Review, Vol. 63, Oktober, S. 688-710.
[52] Ibid., S. 693.
[53] Wahl, Angelika v., Gleichstellungsregime.

Staaten entwickeln unterschiedliche Muster. Durch den Vergleich der unterschiedlichen Gleichstellungspolitiken kristallisieren sich die jeweils dominanten Gleichstellungsmuster in den USA und der Bundesrepublik heraus, die sich in spezifische Gleichstellungsregime gruppieren lassen. Es wird z.B. deutlich, dass arbeitende Frauen im liberalen amerikanischen Regime tendenziell ‚entbiologisiert' werden (die arbeitende Frau als erwerbstätiger Quasi-Mann ohne Reproduktionsverantwortung), während im konservativen Regime der Bundesrepublik das Gegenteil geschieht (die arbeitende Frau als Mutter und Hausfrau). Beide Konzeptionen dieser praktizierten Gleichstellungspolitik spiegeln eine *spezifische* patriarchale Definitionsmacht der Regime wider und haben weitreichende Konsequenzen für Frauen.

Allerdings haben meine Studien auch ergeben, dass man innerhalb des dominanten Musters auch mit Ausnahmen rechnen muss. Dies ist nicht verwunderlich, denn keine Theorie erklärt jeden Tatbestand. Beide der von mir untersuchten Staaten haben auch Policies hervorgebracht, die dem jeweiligen Regimetyp *widersprechen*. Wie kann die Abweichung erklärt werden? Dazu gibt es bisher zwei vorläufige Antworten und ich möchte eine dritte hinzufügen. Erstens, so folgt aus Esping-Andersens Ansatz, sind Veränderungen und daher Widersprüchlichkeiten *Teil* der Entwicklung der Regimetypen. Allerdings geschehen diese Veränderungen über einen langen Zeitraum hinweg. Regime verändern sich Esping-Andersen zufolge langsam, so dass seine Theorie besser Stabilität und Kontinuität erklären kann. Auch in Krisenzeiten existiert demnach eine gewisse Pfadabhängigkeit. Diese relativ statische Natur der Typologie ist schon von anderen kritisiert worden.[54] Wir sollten also Entwicklungen, die nur kurzzeitig und schnell auftreten, nur mit äußerster Vorsicht innerhalb des Rahmens der Regimetypologie interpretieren. Bussemaker argumentiert für den Einschluss von ‚short-term political factors' und gibt damit die zweite noch sehr vorläufige Antwort zur Frage des Verständnisses von Veränderungen in Regimetypen.[55] Es ist mir allerdings unklar, wo diese Kurzzeitfaktoren konzeptionell anzusiedeln sind. Meine Antwort deutet hier auf die Begrenztheit der Regimetypologie. Ich glaube, dass der nützliche Ansatz der sozialstaatlichen Regimetypologie in dieser Frage eine Grenze findet. Ich denke dagegen, dass Widersprüche und Brüche auftreten, weil Gleichstellungspolitik auch das Ergebnis von sich relativ schnell verändernden Interessenskonstellationen und ‚neuen' Themen und Identitäten sein kann.[56] Das in einem Staat dominierende Gleichstellungsmuster *muss* also nicht immer hundertprozentig dominieren. Das Gleichstellungsmuster kann ‚gestört' werden durch die Mobilisierung neuer sozialer Einflüsse, sprich radikaler sozialer Bewegungen und Interessengruppen. Diese Einflüsse passen nicht unbedingt in die historisch entwickelten Machtkonstellationen und Strukturen, sondern intervenieren, bringen diese durcheinander und durchkreuzen die politische Achse, die sich um die traditionelle Auseinandersetzung zwischen den Klassen entwickelt hat. Dieses kreative ‚Störpotential' tritt auch beim Thema Gleichstellung auf, insbeson-

---

[54] Vgl. Taylor-Gooby, Peter, 1996, Eurosclerosis in European Welfare States: Regime Theory and the Dynamics of Change, in: Policy and Politics, 24, 2, S. 109-23.
[55] Bussemaker, Recent Changes.
[56] Unter neuen Themen verstehe ich z.B. sexuelle Belästigung oder AIDS.

dere von Seiten der schwarzen Bürgerrechts-, der neuen Frauen- und der Lesbenbewegung. Allerdings ist der Einfluss dieser Bewegungen auf den Prozess der Policyformierung schwer zu messen. So stellt O'Connor in ihrem herausragenden Text zum ‚gendering' von Sozialstaaten fest: "There are no simple indicators reflecting gender differences, or the input of the feminist movement, in the policy process".[57] Dasselbe gilt auch für den Einfluss der Schwarzen in den USA. Nach O'Connor ist die Repräsentation von Frauen im Parlament oder in Parteien kein eindeutiges Indiz für eine Politik der Geschlechtergerechtigkeit; noch stellen diese Zahlen feministische Mobilisierung ausreichend dar, weil sich diese oft außerhalb traditioneller politischer Institutionen abspielt. Soziale Bewegungen, die weitreichende Rechte oder radikales Umdenken fordern, haben unter besonderen Umständen die Chance, Einfluss auf den politischen Diskurs und die Policyformulierung zu nehmen.

---

[57] O'Connor, From Women in the Welfare State, S. 71.

Kapitel 3: Feministische Partizipationsforschung

Gesine Fuchs

Einführung

Die herkömmliche politikwissenschaftliche Partizipationsforschung beachtet Frauen vor allem nur deshalb, weil sie angeblich etwas nicht haben oder sind: Sie beteiligen sich vermeintlich seltener an Politik. Nach repräsentativen quantitativen Umfragen interessieren sie sich scheinbar weniger für Politik als Männer. Sie sind eine Minderheit in Parlamenten und Regierungen. Sie haben also kaum politische Macht. Ihnen fehlen angeblich Kompetenz, Seilschaften, Abkömmlichkeit, Aufstiegsorientierung und Interesse für eine politische Laufbahn. Man sagt ihnen nach, seltener und konservativer als Männer zu wählen. Frauen sind also nach traditionellem Politikverständnis in der öffentlichen Sphäre "Defizitwesen", die sich an die Männer angleichen müssten. Diese gängigen Ansichten werden von der Geschlechterforschung kritisch hinterfragt.

Die feministische Partizipationsforschung ist bestrebt, die Einfluss- und Bestimmungsfaktoren für weibliche politische Beteiligung zu verstehen, zu erklären und Veränderungsmöglichkeiten aufzuzeigen, denn geringerer Einfluss von Frauen und weniger politische Macht ist immer auch ein Defizit an Demokratie. Darum hat diese Forschungsrichtung Begriffe und Vorannahmen der vorgefundenen Partizipationsforschung hinterfragt. Seit den siebziger Jahren entstand Wissen über politisch engagierte Frauen und weibliches politisches Verhalten, etwa bei Wahlen, zur Präsenz in Parteien, Parlamenten und sozialen Bewegungen[1], zur politischen Sozialisation und, auch historisch orientiert, zum Kampf der Frauenbewegungen um das Wahlrecht. Der Anstoß für die universitäre Forschung kam aus der erstarkenden Frauenbewegung, wobei die personellen Verbindungen anfangs sehr eng waren. Diese Bestandsaufnahmen waren der erste Schritt, *"reading women in"*, der Frauen in der Politik überhaupt erst sichtbar machte. In einem zweiten Schritt setzte die feministische Diskussion über die Definitionen von Politik und die Gründe für den Quasi-Ausschluss von Frauen aus politischen Machtpositionen ein. Inspiriert wurde die Diskussion durch Frauen- und Geschlechterforschung in Geschichte und Soziologie: Feministische Ansätze wurden in der

Politikwissenschaft nämlich relativ spät entwickelt. Der "genuine Gegenstand" der Politikwissenschaft, die öffentliche Sphäre, war historisch als rein männliche Angelegenheit definiert und geformt worden. Wozu also Frauenforschung, wenn Frauen im Gegenstandsbereich der Disziplin kaum vorkamen? Das Kernproblem in bezug auf die Geschlechterverhältnisse, nämlich die Verknüpfung von öffentlicher und privater Sphäre und deren wechselseitige Beeinflussung, blieb ausgeblendet. In dieser zweiten Phase konnten einige Defizithypothesen über "Frauen und Politik" in das "Reich der Mythenbildung" (Hoecker) verwiesen werden und es konnte gezeigt werden, dass sie auf sexistischen Vorannahmen beruhen wie verengten Politikbegriffen und Themenhierarchien (dazu weiter unten). Weitere Forschungsthemen waren darum formelle und strukturelle Hindernisse vor politischem Engagement und in dessen Vorfeld. Das Augenmerk richtete sich ebenfalls auf definitorische und informelle Ausschlussmechanismen von Frauen aus der politischen Sphäre.

Partizpationsbegriff

Eine heute geläufige Definition politischer Beteiligung lautet: *"Partizipation in der Politik bedeutet alle Handlungen, die Bürger einzeln oder in Gruppen freiwillig mit dem Ziel unternehmen, Entscheidungen auf den verschiedenen Ebenen des politischen Systems (Gemeinde, Land, Bund, evtl. supranationale Einheiten) zu beeinflussen und/oder diese selbst zu treffen."* (Kaase 1994: 442).

Diese Begriffsbestimmung ist bereits eine Erweiterung des klassischen, nur auf Institutionen gerichteten Partizipationsverständnisses, denn mit dem Aufkommen neuer politischer Protestbewegungen seit den sechziger Jahren war auch die Forschung herausgefordert, diese neuen Formen politischer Beteiligung zu untersuchen. Dies mündete in eine erweiterte Taxonomie politischer Partizipation (vgl. Hoecker 1995: 18). Nicht nur "konventionelle Partizipation" (Wahlbeteiligung, Mitarbeit in einer Partei), sondern auch sog. unkonventionelle bzw. unverfasste Partizipation (Bürgerinitiativen, Demonstrationen, Unterschriften sammeln) sowie häufig als illegal geltende Protestformen (wilde Streiks, Besetzungen, Gewalt gegen Sachen oder Personen) sind heute in den Begriff eingeschlossen. Die Grenzen zwischen konventionell und unkonventionell sind verschiebbar, denn eine unkonventionelle Form der Beteiligung, oft genug angewendet, wird Teil eines konventionellen Handlungsrepertoires.

---

[1] Für die Bundesrepublik z. B. Hoecker 1998a. Für Skandinavien Haavio-Mannila (Hrsg.) 1985 und Karvonen/Selle (Hrsg.) 1995. Ein Überblick über den Forschungsstand zu den USA findet sich bei Meyer 1996. Weitere Angaben für Europa in den Länderberichten bei Hoecker (Hg.) 1998.

Dennoch gelten im bundesrepublikanischen Mainstream häufig auch heute Handlungen, die nicht auf die politische Entscheidungsebene gerichtet sind, nicht als politische Partizipation. Aktionen, die lediglich symbolischen Charakter haben, nur in ihren Konsequenzen politisch sind oder sich an Akteure der Zivilgesellschaft richten, gelten nicht als politisch. Forschung über politische Partizipation ist heute vorrangig quantitative individualisierte Umfrageforschung. Tatsächliches politisches Handeln wird weniger untersucht. Befragt man in solchen Umfragen Frauen und Männern nach "politischem Interesse", zeigt sich regelmäßig eine sog. "gender-gap", eine Lücke zwischen Frauen und Männern: 1996 sagten 59% der deutschen Männer, aber nur 43% der Frauen, sie interessierten sich für Politik (vgl. BMFSFJ 1996: 86). Nun lässt sich zeigen, dass diese Frage nach politischem Interesse, das Interesse an herkömmlichen politischen Institutionen wie Parteien, Parlamenten und Regierungen misst, dem ein medienvermitteltes Politikbild zugrunde liegt. Die ersten 10 Minuten der "Tagesschau" und die ersten 50 Seiten des "Spiegel" zeigen idealtypisch dieses Bild, das geprägt ist von Parteienstreit, Verlautbarungen organisierter Interessen, Regierungs- und Verwaltungshandeln und sich auf Innen- und Außenpolitik sowie Finanz- und Wirtschaftspolitik konzentriert. Wird die Frage anders gestellt, etwa nach "Interesse an wichtigen sozialen Problemen" gefragt wird, vermindert sich die "gender-gap" (vgl. Lovenduski 1986:119 und 124). Susan Bourque und Jean Grossholtz (1984:118f., zuerst 1974) konnten zeigen, dass den damaligen us-amerikanischen Partizipationsstudien sexistische Vorannahmen zugrunde lagen. So wurde Interesse an Krieg und Kontroverse als politische Einstellung gewertet, aber nicht Interesse an menschlichen Grundbedürfnissen. Teilweise wurde das Festhalten an moralischen Anforderungen an die Politik, besonders von Frauen geäußert, sogar als unreif klassifiziert. Darüber hinaus erscheint es paradox, dass trotz einer solchen großen gemessenen Lücke im politischen Interesse sich die Wahlbeteiligung von Frauen und Männern sehr viel weniger voneinander unterscheidet, ebenso übrigens wie die sog. unkonventionelle Partizipation in Bewegungen und Initiativen: Bei ehrenamtlichen Tätigkeiten sind Frauen nämlich besonders stark vertreten (Ballhausen 1986). Dieses Paradox zeigte die Notwendigkeit, einen breiteren Politik- und Partizipationsbegriff zu formulieren. Robert A. Dahl bezeichnet zum Beispiel als politisches System jedes andauernde Muster menschlicher Beziehungen, das zu einem beträchtlichen Teil Kontrolle, Einfluss, Macht oder Autorität beinhaltet (Dahl 1991: 9-11). Damit haben alle Lebensbereiche zumindest politische Elemente und man kann in ihnen politisch partizipieren. *"Aus individueller Sicht betrifft Politik alle diejenigen Lebensbereiche, die der Einzelne nur durch gesellschaftliche Übereinkunft verändern kann"* (Reichart-Dreyer 1993: 114). Die

Kapitel 3: Feministische Partizipationsforschung

feministische Partizipationsforschung vertritt einen solchen breiten Politik- und Partizpationsbegriff, weil damit politisches Handeln, das Frauen betrifft, sichtbar gemacht wird. Frauen sind Macht, Kontrolle und Autorität gerade in privaten Lebensbereichen unterworfen, etwa bei Themen wie Gewalt, Sicherheit, reproduktiven Rechten, Gesundheit und Grundbedürfnissen. Frauen, die sich in politischen Institutionen oder sozialen Bewegungen und Initiativen mit anderen zusammenschließen, um diese Bedingungen zu verändern, sind politisch aktiv. Ein gutes Beispiel für diese Definition ist das Gemeinschaftswerk "Women and Politics Worldwide" (1994), dessen Einleitung in diesem Band im Abschnitt "Internationale Beziehungen" zu finden ist.

Nun führt Betroffenheit nicht automatisch zu politischem Handeln. Politische Partizipation hängt von verschiedenen Faktoren ab: etwa von situativen Elementen (konkrete Ereignisse), von subjektiven Einstellungen und Werten, von politischer Sozialisation (z. B. im Unterricht), von der politischen Kultur eines Landes, von institutionellen Gegebenheiten und auf der individuellen Ebene von der jeweiligen Ressourcenausstattung - je mehr Geld, Zeit, Bildung, Selbstvertrauen und Status jemand hat, desto eher partizipiert die Person. Dieses sog. sozioökonomische Standardmodell liefert eine plausible Hypothese zur Unterrepräsentierung von Frauen in der konventionellen politischen Partizipation.

Die folgenden Abschnitte befassen sich mit wesentlichen Terrains der Partizipationsforschung, nämlich der Bedeutung von Wahlen, der Beteiligung in institutioneller Politik und schließlich mit dem Engagement in sozialen Bewegungen.

Die Bedeutung von Wahlen und Wahlbeteiligung

Unter historischer Perspektive ist das Erkämpfen des Frauenwahlrechts zentral, denn Wahlfragen sind Machtfragen: Demokratie und Wahlen sind untrennbar miteinander verknüpft. Freie, geheime, gleiche und periodisch wiederholte Wahlen sind das wichtigste Verfahren zur Legitimierung politischer Herrschaft. Die Teilnahme an Wahlen und Abstimmungen ist auch die allgemeinste, am weitesten verbreitete und einfachste Form politischer Beteiligung. Ohne aktives und passives Wahlrecht können Frauen in politischen Institutionen keinen Einfluss nehmen. Dieses Recht mussten sie sich in westlichen Ländern erkämpfen, bezog sich doch der aufklärerische Gleichheitsbegriff nicht auf sie. Historische und zeitgeschichtliche Studien zum Kampf um das Frauenwahlrecht belegen eine lange Tradition politischer Organisierung und analysieren Strategien, Argumentationslinien und Ressourcenmobilisierung von bürgerlichen und proletarischen Frauenstimmrechtsbewegungen, zunehmend auch unter vergleichenden Aspekten (für Deutschland vgl. Gerhard 1990, Nave-Herz 1997, auch Banaszak 1996). Nur wenige Länder, etwa in Skandinavien, führten das allgemeine Männer- und Frauenstimmrecht gleichzeitig ein. In Europa wurde das Frauenstimmrecht vornehmlich in zwei Schüben nach dem ersten und dem zweiten Weltkrieg in meist revidierte Verfassungen eingeführt (vgl. Seager 1998: 88f.). Soziale Umbrüche, revolutionäre Bewegungen oder ein Einstellen der Proteste zugunsten der "Vaterlandsverteidigung" der Suffragetten in Großbritannien ebneten zusammen mit der Frauenbewegung den Weg zum Wahlrecht.

Wahlbeteiligung und Wahlverhalten: Die Wahlsoziologie, die den Einfluss von Motiven, Werten, sozialer Lage und Verhaltensmustern auf die individuelle Stimmabgabe untersucht ("Wer wählte wen warum?"), ist eine sehr gut entwickelte politologische Teildisziplin (Schultze 1993: 574-579). Auch unterschiedliches Wahlverhalten von Frauen und Männern ist ein wichtiges Forschungsfeld: denn in westlichen Demokratien zeigte sich eine höhere Wahlabstinenz der Frauen, ein konservativeres Wahlverhalten und eine stärkere Ablehnung extremer Parteien, wobei die beiden ersten Tendenzen sich in der Nachkriegszeit deutlich verringerten. Erneute Quellenstudien von feministischen Forscherinnen stellten tradierte Annahmen über "Frauen und Politik" in Frage. Beschäftigten sie sich etwa mit dem Problem (steigender) weiblicher Wahlenthaltung in der Bundesrepublik, zeigte sich eine Inkonsistenz zwischen tatsächlicher Wahlbeteiligung und dem in Umfragen erfassten "politischen Interesse" dieser Gruppe.[2]

Wahlsysteme: Anlässlich weiterhin niedriger Frauenanteile in den Legislativen - der Durchschnitt der Welt lag Ende Juli 1999 bei 12.7%[3] - hat Wilma Rule über lange Jahre den Einfluss verschiedener Wahlsysteme auf die weibliche Repräsentation untersucht (Rule 1994). Als günstig erwiesen sich in der vergleichenden empirischen Überprüfung das Proporzwahlrecht, größere Wahlkreise (ab 7 Mandaten), ein breit abgestütztes Nominationsverfahren für Kandidierende und ein System von Präferenzstimmen. Das gilt übrigens auch für die Präsenz von Minderheiten. In den achtziger Jahren wurde auch die Existenz parteiinterner Quoten für die Frauenpräsenz wichtiger. Wilma Rule konnte aber nur etwa ein Viertel der Abweichungen in den Frauenanteilen nationaler Parlamente auf das Wahlsystem zurückführen. Als signifikante Kontextvariablen erwiesen sich Bildungsstand, Erwerbsquote und Zeitpunkt der Einführung des Frauenwahlrechts. Wie Erfahrungen mit

---

[2] Vgl. Molitor 1992 und Hoecker 1995: 47-57 mit weiteren Literaturhinweisen.
[3] Vgl. die Zahlen der Interparlamentary Union unter http://www.ipu.org/wmn-e/world, verfügbar am 17. August 1999.

Präferenzstimmen zeigen, füllen sich diese für Repräsentation des Willens der Wähler und Wählerinnen günstigen institutionellen Arrangements genau mit deren Willen. Wo die Wählerschaft mehrheitlich traditionalistisch denkt, werden weniger Frauen gewählt. In der Schweiz beispielsweise, die auf allen politischen Ebenen diese Präferenzstimmen kennt, werden sie mittlerweile als Mittel zur Frauenförderung nüchterner beurteilt.

Beteiligung in der institutionellen Politik

Was aber bestimmt vor und nach dem Wahlvotum die Partizipation von Frauen in institutioneller Politik? Seit den siebziger Jahren entstanden Untersuchungen zu Frauen in der institutionellen Politik, die einerseits überhaupt erst einmal Wissen über diese Frauen bereitstellten und andererseits Ursachen über die Unterrepräsentierung suchten. Pippa Norris, eine britische Politologin, die in Harvard an der Kennedy School of Government lehrt, hat den hier vorliegende Text "Comparing Legislative Recruitment" verfasst. Er ist das Resümee des Sammelbandes "Gender and Party Politics" (1993) und ein Beispiel für einen gelungenen politikwissenschaftlichen Vergleich, da Informationen über Frauen in den jeweiligen Ländern umfassend und systematisch Eingang in die Schlussfolgerungen fanden. Das Resümee zeigt auch, dass seit Anfang der neunziger Jahre schon so viel Wissen über Frauen in der Politik erarbeitet ist, dass in der Wissenschaft nun makroanalytische, vergleichende hypothesenprüfende Untersuchungen möglich sind. Aufgrund von Länderberichten wird ein Drei-Ebenen-Modell der Bestimmungsfaktoren weiblicher Partizipation in Parteien und Parlamenten entwickelt – es sind das politische System, der Parteikontext sowie der Rekrutierungsprozess mit Angebot und Nachfrage.

Politisches System: Neben dem Wahlsystem, das hier schon oben besprochen wurde, weist Pippa Norris in ihrem Text auf die Bedeutung des Partei- und Regierungssystems hin. Günstig für Frauen sind Mehrparteiensystemen mit lokalen, pluralistischen Karrierekanälen. Zentral für Frauen in der Politik ist zudem die herrschende politische Kultur. Sie wird als "subjektive Dimension der Politik" bezeichnet und ist die Gesamtheit aller relevanten Einstellungen und Werte, sanktionierter Verhaltensmuster, die über die politische Sozialisation weitergegeben werden. Wo traditionale Werte und Einstellungen über den Platz von Frauen in der Gesellschaft dominieren, gibt es erwartungsgemäß weniger Frauen in Parteien und Parlamenten, während in egalitärer geprägten Ländern, wie etwa Skandinavien, Frauen zahlreicher vertreten sind. Einen abweichenden Fall bildet die Bundesrepublik, wo traditionale Geschlechterrollenstereotypen noch lange weit verbreitet waren (vgl. Morgan/Wilcox 1992), der Bundestag weltweit dennoch auf Platz 7 beim Frauenanteil im nationalen Parlament liegt. Das zeigt, dass neben der politischen Kultur auch institutionelle Faktoren unterstützend wirken können.

Besonders in den achtziger Jahren entstanden in der Bundesrepublik Porträts und Studien über Politikerinnen, ihre Laufbahnen und ihre Erfahrungen in männlich geprägten Institutionen. Auch feministische Listen in Landesparlamenten wurden untersucht. Zwei Arbeiten über informelle Einflussfaktoren sind hervorzuheben: Aus den Ergebnissen ihrer empirischen Arbeit (qualitative Tiefeninterviews mit Politikerinnen) folgerte Bärbel Schöler-Macher (1991), dass sich Politikerinnen als Neuankömmlinge in der Politik als "Fremde" fühlten, da sie eine andere Sozialisation und einen anderen Lebenszusammenhang als die Mehrheit der Männer erfahren hätten. Demgegenüber hat Eva Kreisky, inspiriert von historischen und ethnologischen Arbeiten zu Männerbünden, darauf hingewiesen, dass in der Politik noch formelle und informelle Strukturen eines solches Bundes bestehen, geprägt durch Vorstellungen von Führung und Gefolgschaft, von Brüderlichkeit unter Männern und dem Ausschluss von Frauen. Eine weitgehend informelle Karrierekultur sei immer noch von männerbündischen Symbolen und Ritualen bestimmt: Beziehungsnetze, Seilschaften, Stammtische als Informationsbörsen, garniert mit Alkohol und sexistischen Witzen, würden Ressourcen für eine Karriere in Politik und Bürokratie bilden, in der Frauen bestenfalls als Eindringlinge wahrgenommen würden (Kreisky 1995). Aus der Vielzahl der entstandenen Arbeiten versuchte Birgit Meyer die Ergebnisse und Vermutungen über ein anderes, weibliches Politikverständnis zu systematisieren. Es zeichne sich etwa aus durch ein kommunikatives Machtverständnis, Betroffenheit, Personenbezogenheit sowie Sach- und Kompetenzorientierung (vgl. Meyer 1992: 9f.). Dieses "weibliche Politikverständnis", ließe sich allerdings nicht schlüssig nachweisen. Wurden Frauen und Männer verglichen (z. B. Rebenstorf 1990, Fuchs 1996), zeigten sich sowohl zwischen den Parteien, zwischen rechts und links, als auch zwischen Frauen und Männern charakteristische Unterschiede. Häufig von Frauen formulierte Kritik am Politikbetrieb deckte sich häufig mit linker und grüner Kritik.

Parteien: Die zweite Ebene im vorliegenden Text von Norris bilden die Parteien. Sie sind wichtige Institutionen politischer Willensbildung und fungieren als die entscheidenden "gate-keeper" bei möglichen Kandidierenden für die Legislative. Der Parteikontext, die Parteiideologie und parteiinterne Regelungen sind darum von entscheidender Bedeutung für Frauenpräsenz in der institutionellen Politik.

Rekrutierungsprozess: Schließlich bestimmt das Rekrutierungsverfahren für Kandidaturen in der Partei an sich, Angebot und Nachfrage: Die dritte Ebene der Bestimmungsfaktoren im vorliegenden Text stellt das Rekrutierungsverfahren für Kandidaturen in der Partei an sich dar. Aufgrund der Länderberichte werden die Nominationsverfahren typologisiert, wobei sich ein lokal-formelles Verfahren als am günstigsten für eine dauerhafte Frauenpräsenz erwiesen hat. Andererseits sind es individuelle Faktoren der Kandidierenden selbst, ihre Motivation, ihre Ressourcen an Zeit und Geld, ihre Unterstützungsnetze, Erfahrungen und Fähigkeiten, die eine Nomination wesentlich beeinflussen. Das Anforderungsprofil - das Anciennitätsprinzip ("Ochsentour" in der Partei) oder ununterbrochene Erwerbstätigkeit in einem politiknahen Beruf orientiert sich häufig an männlichen Lebensentwürfen. In diesem Zusammenhang spielt die Diskussion um parteiinterne Frauenförderung eine zentrale Rolle. Dabei lassen sich drei Kategorien unterscheiden, die sich nicht gegenseitig ausschließen. Bei *rhetorischen Strategien* wird beabsichtigt, das Parteiethos zu verändern, indem die Wichtigkeit parteiinterner Frauenförderung erwähnt wird, wenn es z. B. in Statuten heißt, Frauen seien bei der Kandidatenauswahl "zu berücksichtigen". Darüber hinausgehend hat ein *positiver Maßnahmenkatalog* mehr Gewicht. Das kann eine Frauenförderung als Mitgliederförderung beinhalten: Aufbau und Nutzung von Wissensdateien weiblicher Parteimitglieder, ein Mentorensystem für Frauen, die Parteiämter anstreben oder Regelungen zur Vereinbarkeit von Partei- und Familienarbeit. Dabei kann eine parteiinterne Frauenorganisation als pressure-group für mehr Frauenpräsenz in Ämtern und politischen Inhalten sorgen, jedoch nur, wenn sie in die Entscheidungsprozesse eingebunden ist, etwa durch Sitze im Vorstand sowie Antrags-, Rede- und evtl. Vetorecht auf Parteiversammlungen. Empfehlungen oder Soll-Bestimmungen zur Nomination von Frauen gehören ebenfalls dazu. Der Unterschied zwischen solchen Empfehlungen und positiver Diskriminierung in Form verpflichtender Quoten ist häufig unklar. Die *positive Diskriminierung* wird besonders kontrovers diskutiert: sind sie gerecht, verfassungskonform und zweckmäßig? Eine Ergebnisquote bedeutet, dass für ein Amt oder Mandat ein bestimmter Anteil Frauen nominiert werden muss (u.U. auch auf den oberen Listenplätzen). Eine Entscheidungsquote bedeutet, dass Frauen bei gleicher Qualifikation so lange zu bevorzugen sind, bis sie nicht mehr unterrepräsentiert sind. Quoten können starr ("50%") oder flexibel sein ("Jedes Geschlecht ist mit mindestens 40% vertreten."). In der Bundesrepublik sind Quoten mittlerweile in der Satzung von Grünen, der PDS und der SPD verankert. Studien haben übereinstimmend ergeben, dass Quoten das schnellste und zuverlässigste Instrument sind, den Frauenanteil in Gremien zu erhöhen. Ihre Wirkung wird aber unterschiedlich beurteilt: gibt es eine tatsächliche, konkrete Machtverschiebung zugunsten von Frauen (Hoecker 1998a: 131)? Ist nicht ein für Frauen unattraktiver Bürokratisierungsschub in Parteien die Folge einer Quotenregelung (Kolinsky 1991:70)? Spätestens die Erfahrung mit der deutschen

Regierungsbildung 1998 hat gezeigt, dass eine numerische Präsenz alleine nicht ausreicht, um das Kräfteverhältnis zu verschieben. Vielmehr wurden Befürchtungen genährt, dass (Personal)-Entscheidungen seltener in gewählten, quotierten Gremien getroffen werden, sondern eher in informellen, männerbündischen Netzen, die nach wie vor intakt sind[4]. Einigkeit besteht aber darüber, dass politisch interessierte Frauen spezielles Wissen benötigen, etwa über Verfahren und Institutionen sowie spezielle Fähigkeiten wie die Sitzungsleitungen. In den letzten Jahren gibt es vermehrt Publikationen, die sich mit der Vermittlung dieser Fähigkeiten an Frauen beschäftigen (im deutschsprachigen Raum etwa Parkett 1995). Die beteiligten Wissenschaftlerinnen aus einem Forschungsprojekt über Politikerinnen an der TU Berlin zog aus den Ergebnissen praktische Konsequenzen und gründeten 1999 die "Europäische Akademie für Frauen in Politik und Wirtschaft Berlin e. V."[5]. Ein größerer Anteil von Frauen mit politischer Macht und frauenfreundlichere Politik entstehen nicht aus sich selbst heraus. Gesellschaftlicher Bewusstseinswandel geht dem voraus oder doch mit ihnen Hand in Hand. Darum sind soziale Bewegungen außerordentlich wichtig.

Frauenbewegungen

Frauenbewegungen nehmen beim Thema weiblicher politischer Partizipation eine Schlüsselstellung ein, weil sie Forderungen nach Teilhabe an politischen Entscheidungsprozessen und nach neuen gesellschaftlichen Werten erheben und auf diese Weise grundlegenden sozialen Wandel einfordern. Die seit den späten sechziger Jahren entstandene Frauenbewegung wird häufig als Neue Soziale Bewegung (NSB) bezeichnet. Als neu an diesen sozialen Bewegungen gilt eine Abkehr von Verteilungs-, Macht- und Herrschaftsfragen wie etwa bei der "alten" Arbeiterbewegung und eine gesellschaftskritische Hinwendung zur sozio-kulturellen Sphäre, die mit Forderungen nach neuen Identitäten, Lebensformen und -stilen verknüpft ist: Zu den *"politics of redistribution"* gesellt sich nun eine *"politics of recognition"*. Ob die Frauenbewegung damit eine sog. Neue Soziale Bewegung ist, wird unterschiedlich beurteilt. Die Frankfurter Soziologin Ute Gerhard weist in ihrem vorliegenden Text "Atempause: Die aktuelle Bedeutung der Frauenbewegung für eine zivile Gesellschaft" darauf hin, dass gerade die neuen Frauenbewegungen unter dem Motto "Das Private ist politisch" die Lebensweise dem öffentlichen Diskurs unterziehen sowie Inhalt und Form des Politischen in Frage stellen würden (Gerhard 1996: 5). Damit erfüllt sie ein wesentliches Merkmal einer

---

[4] In den Heften der "Schweizerischen Zeitschrift für Politikwissenschaft" fand zwischen 2/1998 und 1/1999 eine internationale Diskussion über Frauenquoten in der Politik statt.
[5] Nähere Informationen finden sich unter http://www.eaf-berlin.de/.

"neuen" gegenüber einer "alten" sozialen Bewegung. Dagegen führt zum Beispiel Regina Dackweiler an, der Begriff „Neue Soziale Bewegung" griffe für die Frauenbewegung zu kurz, denn sie fechte *"an der Schnittstelle von kapitalistischer und patriarchalischer Herrschaft"* schon auf den ersten Blick materielle Verteilungskämpfe aus und richte sich mit vielen Forderungen wie der Strafbarkeit ehelicher Vergewaltigung oder Quotierung direkt an den Staat (Dackweiler 1997: 384). Einen sinnvollen Zugang zur Auflösung dieses Gegensatzes könnte die "duale Logik sozialer Bewegungen" (vgl. Cohen/Arato 1994: 548-555) sein. Dieses Konzept besagt in der Konsequenz, dass nur mit der Neudefinition kultureller Normen, individueller und kollektiver Identitäten, Interpretationsmodi, Form und Inhalt von Diskursen (mit den "politics of identity") erfolgreich a) die Anerkennung neuer politischer Akteure/innen ("politics of inclusion") in die politische Gesellschaft und b) die Einflussnahme auf das "Universum des politischen Diskurses" ("politics of influence") gelingen wird. Nur wenn sich also die Vorstellungen von Frauenrollen und –identität veränderten, wenn ein feministisches Bewusstsein geschaffen werde, sei ein Kampf gegen Diskriminierung legitim, führen die amerikanischen SozialwissenschaftlerInnen Jean Cohen und Andrew Arato aus und belegen ihre These mit der Geschichte der us-amerikanischen Frauenbewegung.

Wie erfolgreich die Frauenbewegung war und ist, ist umstritten. Ute Gerhard nimmt eine kritisch-positive Bewertung vor. Sie weist in ihrem Aufsatz auf die historischen Wurzeln der heutigen "neuen" in der "alten" Frauenbewegung des 19. Jahrhundert hin. Eine Sicht auf die "langen Wellen" zeige die Weiterführung der Themen in allen Lebensbereichen, von Recht und Ehe/Familie bis zu (Erwerbs)-Arbeit. Es entsteht eine widersprüchliche Bilanz aus Erfolgen und unerledigten Anliegen: rechtliche Fortschritte hin zu mehr formaler Gleichheit und Bildungsexpansion stehen z. B. der strukturellen Diskriminierung von Frauen in der Sozial- und Erwerbspolitik bei unbewegter geschlechtsspezifischer Arbeitsteilung gegenüber (vgl. dazu Angelika von Wahl in diesem Band). Die Veränderung in der Lebenswelt, in den Lebensentwürfen junger Frauen, seien auf keinen Fall gering zu schätzen. Nach einer Beurteilung der spezifischen Bedeutung der Frauenbewegung in der bürgerlichen Gesellschaft der Jahrhundertwende und im Wohlfahrtsstaat fragt die Autorin, welchen Beitrag das Konzept der Zivilgesellschaft, das sich im Ostblock als so machtvoll und delegitimierend erwiesen hat, für die Weiterentwicklung der Strategien der Frauenbewegung leisten kann. Sie stellt die These auf, dass dieses Konzept die Auseinandersetzungen innerhalb der Gesellschaft und auch der Familie ermögliche und darum die Frauenbewegung besonders gut dort Ungleichheit und Hierarchien bekämpfen könne. Gleichzeitig solle sie auf den politischen Diskurs Einfluss nehmen, etwa durch rechtsstaatliche Instrumente. Die Diskussion um Differenz unter Frauen aufnehmend, tritt sie für die Anerkennung verschiedener Formen der Selbstbestimmung ein und für die Bildung von Koalitionen und Bündnissen.

Ähnlich den Forschungen zu weiblicher Partizipation in der institutionellen Politik entstehen auch über Frauenbewegungen vergleichende Forschungsarbeiten, die auf vorher geleisteten Einzelstudien aufbauen können. Joyce Gelb (1990) hat bei ihrem Vergleich der us-amerikanischen, der britischen und der schwedischen Frauenbewegung herausgearbeitet, welchen Einfluss unterschiedliche politische Systeme und *political opportunity structures* auf Entwicklung, Struktur und Ziele nationaler Frauenbewegungen haben. Im relativ offenen pluralistischen System der USA entstand ein "interest-group feminism", der seine Ziele der Rechtsgleichheit mit Vernetzung, Inklusivität und Reformismus betreibt. In Großbritannien mit seinem relativ geschlossenen politischen System entstand ein fragmentierter, aber häufig enthusiastischer "ideological or left-wing feminism" in dezentralisierten, lokalen Gruppen mit einem Fokus auf Bewusstseinsveränderungen und einer begrenzten Zusammenarbeit mit bestehenden politischen Institutionen. Im korporatistisch geprägten politischen System Schwedens schließlich sei ein "state-equality feminism" entstanden: mit dem egalitären Grundkonsens in der Politik würden zwar Forderungen im Rahmen von "Gleichheit" und "Familie" formuliert und vom Staat aufgenommen, manchmal sogar vorausgesehen. Es sei aber keine einflussreiche Frauenbewegung außerhalb etablierter Institutionen sichtbar und damit sei Geschlecht für Themen wie patriarchalische Strukturen oder Männergewalt nicht legitim thematisierbar.

Ein weiteres wichtiges Thema stellt weibliche politische Partizipation in osteuropäischen Transformationsgesellschaften dar. Tatsächlich war dort nach der Wende zu demokratischen politischen Systemen ein Backlash zu beobachten. Die politische Repräsentation von Frauen in Parteien und Parlamenten sank. Ihre ökonomische, soziale und rechtliche Situation verschlechterte sich, eine offensive politische Gegenbewegung blieb aber zunächst aus. Welche Erklärungsansätze gibt es dafür? Viele Autorinnen führten eine Tradition kollektiver vor individueller Interessen in Osteuropa an (z. B. Marody 1993), andere postulierten, im Realsozialismus hätte es keinen objektiven Interessensgegensätze zwischen Frauen und Männern gegeben (z. B. Watson 1995). Außerdem wurde als zentraler Punkt auf die fehlende Traditionen unabhängiger Frauenbewegungen hingewiesen, auf die verkürzte sozialistische Emanzipationsideologie und auf die Konservierung alter Rollenstereotypen, verknüpft mit antifeministischen Auffassungen, verwiesen. Ein essentielles Phänomen zum Verständnis der Geschlechterverhältnisse in Osteuropa ist das des "Paternalistischen Staatssozialismus", der das Patriarchat zementiert hat (Dölling 1991, Verdery 1994): Im "Paternalistischen Staatssozialismus" wurde die Gesellschaft als Familie konstruiert, dessen Oberhaupt eine "weise" Partei war, die paternalistisch alle Entscheidungen traf: wer was zu produzieren hatte und wer was als Belohnung erhalten sollte. So wurde Emanzipation mit Erwerbstätigkeit gleichgesetzt, die Politik dazu folgte allerdings ökonomischen Erfordernissen. Frauen wurden von Erziehungsaufgaben entlastet, sie blieben aber ihr Aufgabenbereich. Bildungsexpansion und eigenes Geld erhöhte die weibliche Autonomie und unterminierte die männliche Autorität in der Familie. Der Rückzug in informelle Netze, die den Individuen Schutz, Freiheit und Versorgung boten, erweiterten bei konservativem Rollenverständnis den Stellenwert von Frauen als Hüterinnen des Heims. Andererseits gab es nur neue Frauenbilder, keine neuen Männerrollen. Frauen konnten nirgendwo formulieren, was sie wollten, denn der paternalistische Staat gab ihnen doch, was gut für sie war: Erziehungsurlaub, einen Haushaltstag, Freistellung für kranke Kinder. Unabhängig vom Ehemann, blieben Frauen abhängig von Vater Staat. Geschlecht blieb für die Zuweisung von Machtpositionen entscheidend, sei es nun im Politbüro oder an der Spitze eines Kombinats. Diese entmündigende Praxis wirkt heute noch nach: erst vor zehn Jahren konnten Frauen in der Region überhaupt beginnen, sich zusammen zu schließen und zu diskutieren, welche Interessen sie haben, ob sie diskriminiert werden oder wie sie dagegen vorgehen: erst 1989 wurden essentielle zivile Rechte garantiert. Mit der Meinungs-, Versammlungs- und Organisationsfreiheit wurde überhaupt die Grundlage geschaffen: So lässt sich denn auch im Verlauf der neunziger Jahre in Ostmitteleuropa eine organisatorische und inhaltliche Ausdifferenzierung von Frauenorganisationen beobachten. In der Region ist ein langsamer Anstieg der weiblichen Präsenz in Parlamenten zu beobachten. Zwar kann nicht von einer kohärenten Frauenbewegung gesprochen werden, aber doch von einem Milieu von Frauenorganisationen. Es sind auch regionale Netzwerke entstanden, womit Ostmitteleuropa den Anschluss an neue Frauenbewegungen gefunden hat (vgl. Fuchs 1999).

Die Neuen Frauenbewegungen haben sich im Verlauf ihrer Entwicklung zunehmend international vernetzt. Es haben sich thematische Koalitionen und vielfältige Verflechtungen und gemeinsame Aktionen herausgebildet, so dass von international ausgerichteten Frauenbewegung gesprochen werden kann[6]. Die weltweite, aber unterschiedlich geformte Unterdrückung von Frauen und die gegenseitige Anerkennung der Unterschiede und Differenzen ist

---

[6] Vgl. dazu die Beiträge in Klingebiel/Randeria (Hg.) 1998 und für den transformatorischen Beitrag der Frauenbewegung und feministischer Forschung auf die Internationalen Beziehungen den Beitrag von Lemke in diesem Band.

die Grundlage für einen Prozess einer solidarischen Zusammenarbeit[7]. Das lässt sich an den Erfolgen von Frauenorganisationen in den neunziger Jahren anlässlich von UNO-Konferenzen zeigen, da hier die Strategie, Lobbying für die Universalität von Frauenrechten als Menschenrechten zu betreiben, besonders wirksam war. Nicht nur auf internationaler Ebene wird diese Strategie des Mainstreaming betrieben, sondern sie wird von Frauenorganisationen auch in nationale politische Auseinandersetzungen eingebracht.

Literatur

Banaszak, Lee Ann (1996): "Why movements succeed of fail. Opportunity, culture and the struggle for woman suffrage", Princeton N. J.

BMFSFJ [Bundesministerium für Familie, Senioren, Frauen und Jugend] (Hrsg.) (1996): „Gleichberechtigung von Frauen und Männern: Wirklichkeit und Einstellung in der Bevölkerung", Stuttgart: Kohlhammer.

Bourque, Susan; Grossholtz, Jean (1984): "Politics as unnatural practice: political science looks at female participation", – London.

Chowdhury, Najma; Nelson, Barbara (Hrsg.) (1994): "Women and Politics Worldwide", Yale University Press.

Cohen, Jean L.; Arato, Andrew (1992): "Civil Society and Political Theory", Cambridge, Mass.; London: MIT Press.

Dackweiler, Regina (1997): „Die Frauenbewegungen im Blickfeld feministischer Politikwissenschaft," in: Kreisky, Eva; Sauer, Birgit (Hrsg.): Geschlechterverhältnisse im Kontext politischer Transformation, PVS-Sonderheft 28, Opladen: 378-397.

Dahl, Robert A.(1991): "Modern Political Analysis", Prentice Hall: Englewood Cliffs.

Dölling, Irene (1991): „Über den Patriarchalismus staatssozialistischer Gesellschaften und die Geschlechterfrage im gesellschaftlichen Umbruch", in: Utopie kreativ No. 7, 25-32.

Foster, Helga; Lukoschat, Helga; Schaeffer-Hegel, Barbara (Hrsg.) (1998): „Die ganze Demokratie: Zur Professionalisierung von Frauen für die Politik", Pfaffenweiler: Centaurus.

Fuchs, Gesine (1996): „Frauen im Parlament - eine vergleichende Untersuchung über die Partizipation von Politikerinnen im Landrat des Kantons Basel-Landschaft", Liestal.

Fuchs, Gesine (1999): „Strategien polnischer Frauenorganisationen", in: Berliner Osteuropa-Info Nr. 12/, 10-14.

---

[7] Zahlreiche Internet-Ressourcen und Homepages informieren laufend über Aktivitäten der internationalen Frauen-NGOs und ermöglichen ebenso einen engen Kontakt der Aktivistinnen untereinander (siehe auch "Frauenspezifische Recherche im Internet" in diesem Band).

Gelb, Joyce (1990): "Feminism and political action", in: Dalton, Russell D.; Kuechler, Manfred (Hrsg.): Challenging the political order. New social movements in western democracies, New York: 137-155.

Gerhard, Ute (1996): „Atempause: Die aktuelle Bedeutung der Frauenbewegung für eine zivile Gesellschaft", in: Aus Politik und Zeitgeschichte No. B 21-22/96, 3-14.

Guggenberger, Bernd (1995): „Demokratie/Demokratietheorie", in: Nohlen, Dieter (Hrsg.): Lexikon der Politik, Band 1. Beck: München; 36-49.

Haavio-Mannila, E. (1985): "Unfinished Democracy: Women in Nordic Politics", Oxford: Pergamon Press.

Hoecker, Beate (Hrsg.) (1998): „Handbuch politische Partizipation von Frauen in Europa", Opladen: Leske + Budrich.

Hoecker, Beate (1987): „Frauen in der Politik", Opladen: Westdeutscher Verlag.

Hoecker, Beate (1998a): „Frauen, Männer und die Politik. Lern- und Arbeitsbuch", Bonn: Dietz.

Hoecker, Beate (1995): „Politische Partizipation von Frauen. Ein einführendes Studienbuch", Opladen: Leske und Budrich,.

Kaase, Max (1994): „Partizipation", in: Holtmann, Everhard (Hrsg.): Politik-Lexikon, München: Oldenbourg, 442-445.

Karvonen, Lauri; Selle, Per (Hrsg.) (1995): "Women in Nordic Politics. Closing the Gap", Aldershot.

Klingebiel, Ruth / Randeria, Shalini (Hrsg.) (1998): „Globalisierung aus Frauensicht. Bilanzen und Visionen", Bonn: Dietz.

Kolinsky, Eva (1991): "Political participation and parliamentary careers: Women's quotas in West Germany", in: West-European Politics 14, 56-72.

Kreisky, Eva (1995): „Der Stoff, aus dem die Staaten sind. Zur männerbündischen Fundierung politischer Ordnung", in: Becker-Schmidt, Regina; Knapp, Gudrun-Axeli (Hrsg.): Geschlechterverhältnisse als Gegenstand der Sozialwissenschaften, Frankfurt/Main; New York: Campus, 85-114.

Lang, Regina (1989): „Frauenquoten. Der einen Freud, des anderen Leid", Bonn: Dietz.

Lemke, Christiane; Penrose, Virginia; Ruppert, Uta (Hrsg.) (1996): „Frauenbewegung und Frauenpolitik in Osteuropa"" Frankfurt/M.: Campus.

Lovenduski, Joni (1986): "Women and European politics", Sussex.

Lovenduski, Joni; Norris, Pippa (Hrsg.) (1996): "Women in Politics", Oxford University Press.

Lovenduski, Joni; Norris, Pippa (1993): "Gender and Party Politics", London; New Delhi: Thousand Oaks; Sage.

Marody, Mira (1993): "Why I am not a feminist: some remarks on the problem of gender identity in the United States and Poland", in: Social Research 60, No. 4, 853-864.

Meyer, Birgit (1996): „Amerika, hast Du es besser? Zur politischen Partizipation von Frauen in den USA", in: Aus Politik und Zeitgeschichte No. B 21-22, 35-45.

Meyer, Birgit (1992): „Die "unpolitische" Frau - Politische Partizipation von Frauen oder: Haben Frauen ein anderes Verständnis von Politik?", in: Aus Politik und Zeitgeschichte No. 25-26, 3-16.

Molitor, Ute (1992): „Wählen Frauen anders? Zur Soziologie eines frauenspezifischen politischen Verhaltens in der BRD", Baden-Baden: Nomos.

Morgan, April/Wilcox, Clyde (1992): "Anti-Feminism in Western Europe, 1975-1987", in: West European Politics 15, No. 4, 151-169.

Parkett (1995): „Frauen auf dem öffentlichen Parkett. Ein Handbuch für Frauen, die politischen Einfluss nehmen wollen." Hrsg. vom Eidgenössischen Büro für Gleichstellung von Frau und Mann, Bern: EfEf.

Pfarr, Heide (1988): „Quoten und Grundgesetz", Baden-Baden: Nomos.

Rebenstorf, Hilke (1990): „Frauen im Bundestag - anders als die Männer?" in: Der Bürger im Staat 1, 17-24.

Reichart-Dreyer, Ingrid (1993): « Où est la (très) petite différence? Gibt es geschlechtsspezifisches Wahlverhalten?", in: Gabriel, Oskar W. / Troitzsch, Klaus G. (Hg.): Wahlen in Zeiten des Umbruchs, Frankfurt/Main u.a.: Peter Lang

Rössler, Beate (Hrsg.) (1993): „Quotierung und Gerechtigkeit. Eine moralphilosophische Kontroverse", Frankfurt/New York: Campus.

Rule, Wilma (1994): "Parliaments of, by and for the people: except for women?", in: Dies./Zimmerman, Joseph F.: Electoral Systems in Comparative Perspective. Their Impact on Women and Minorities, Greenwood Press: Westport, 15-30.

Schöler-Macher, Barbara (1991): „Fremd(körper) in der Politik. Die Normalität des politischen Alltags in Parteien und Parlamenten aus der Sicht von Frauen", in: Zeitschrift für Frauenforschung No. 1-2, 98-116.

Schultze, Rainer-Olaf (1995): „Partizipation", in: Nohlen, Dieter (Hrsg.): Lexikon der Politik, Band 1, München: Beck, 396-406.

Seager, Joni (1998): „Der Frauenatlas", Reinbek: Rowohlt.

Verdery, Katherine (1994): "From Parent-State to Family Patriarchs: Gender and Nation in Contemporary Eastern Europe", in: East European Politics and Societies 8, No. 2, 225-255.

Watson, Peggy (1995): „Zivilgesellschaft und Geschlechterverhältnisse in Osteuropa", in: Das Argument 37, No. 5 / 211, 721-730.

Pippa Norris:

Schlussfolgerung: Ein Vergleich parlamentarischer Rekrutierung

Als eine der Hauptverbindungen zwischen Bürgern und Regierung haben politische Parteien entscheidende Funktion: Sie strukturieren die Wahlmöglichkeiten, sie rekrutieren Kandidaten für das Parlament und als Regierungspartei machen sie Vorgaben für die legislative Agenda. Parteien bieten Frauen eine Reihe von Möglichkeiten um am politischen Leben teilzunehmen, angefangen von der Wahlurne bis hin zu Kommunalversammlungen, der Programmdiskussion, dem Parlament und dem Kabinett. Die Ergebnisse dieses Buches deuten darauf hin, dass sich der Unterschied zwischen den Geschlechtern bezüglich der Basisarbeit innerhalb der Parteien in den letzten Jahren in Frankreich, Deutschland und Schweden verringert hat, so dass Frauen jetzt eine vergleichbare Rolle als Mitglieder, Aktivistinnen und kommunale Parteifunktionäre spielen.[1] Jedoch bleiben Frauen in vielen Ländern, wie Tabelle 13.1 verdeutlicht, an der Spitze der parteilichen Machtstruktur und als gewählte Mitglieder in den nationalen Parlamenten weiterhin unterrepräsentiert.

Unter den Ländern, die in diesem Buch verglichen werden, weisen Schweden, Norwegen, die Niederlande und Deutschland den stärksten Anstieg weiblicher Parlamentsmitglieder auf. In den jeweiligen Ländern ist dieser Wandel zwar ein sehr neues Phänomen, das sich auf Mitte der 1970er Jahre datieren lässt, aber dennoch eine Entwicklung von erheblicher Bedeutung ist und die vermutlich unumkehrbar ist. In den letzten Jahren gab es moderate Verbesserungen in Kanada, Irland, Italien, den Vereinigten Staaten und Großbritannien, während sowohl Australien als auch Frankreich keinen beständigen Fortschritt verbuchen konnten.

Außer in den Vereinigten Staaten mit ihren staatlich kontrollierten Vorwahlen (*primaries*), sind Parteien die wesentlichen *Gatekeepers* für Wahlämter.[2] Abgesehen von einigen Ausnahmen, haben Bürger in einem Land einen rechtlichen Anspruch darauf, sich als unab-

---

[1] Unglücklicherweise sind die Informationen über Trends in der Parteimitgliedschaft in vielen Ländern nicht sehr verlässlich, da die Parteien keine genauen Daten über die Gesamtzahl oder das Geschlecht ihrer Mitglieder haben.
[2] Es sollte an dieser Stelle erwähnt werden, dass andere politische Systeme, wie Norwegen, Kanada und Israel, Vorwahlen (*primaries*) benutzen, aber dass dies Wahlen sind in denen Parteimitglieder wahlberechtigt sind. Diese werden hier als Mitgliedsprimaries bezeichnet. In den Vereinigten Staaten ist parteiliche „Mitgliedschaft" ein relativ loser Begriff und „offene" Vorwahlen erlauben es jedem Wähler, gleich seiner Parteizugehörigkeit, sich daran zu beteiligen.

hängige Kandidaten und Kandidatinnen aufstellen zu lassen.[3] Aber in den meisten Ländern werden Unabhängige nur selten gewählt. Obwohl es andere *Gatekeepers* bezüglich der Nominierungen und Wahlen geben kann — angegliederte Gruppen, wie organisierte Arbeiter, die Kirche, Geldgeber, Interessensgruppen oder kommunale „Honoratioren" — zählen Parteimitglieder, Parteifunktionäre und Parteiführer in der Regel zu den Hauptakteuren. Deshalb stellt sich die Frage, welche Rolle die Parteien bei der Veränderung oder der Festschreibung des Musters weiblicher Unterrepräsentation spielen?

Tabelle 13.1 *Die Repräsentation von Frauen im Parlament*

	Jahr	Kandidaten/Kandidatinnen %	Parlamentsmitglieder %
Schweden	1988	41.0	38.1
Norwegen	1989	41.0	35.8
Niederlande	1989		21.3
Deutschland	1990		20.4
Kanada	1988	19.2	13.2
Italien	1987	16.1	12.8
USA	1992	12.4	10.8
Großbrit.	1992	18.3	9.2
Irland	1989	14.3	7.8
Australien	1990	17.8	6.7
Frankreich	1988	11.9	5.7
Gesamt		21.3	16.5

Quelle: Inter-Parlamentarische Union, 1991

Der Zweck dieses Kapitels besteht nicht darin, die von den einzelnen Autoren bereits dargestellte spezifische und komplexe Geschichte der internen Parteientwicklungen in jedem Land wiederzugeben. Es ist auch nicht die Absicht, die Strategien zu beschreiben, durch die Frauen versucht haben, die politische Agenda und die parteiliche Organisationsstruktur zu verändern oder die Forderungen zu diskutieren, die Frauen an einzelne Parteien gestellt haben und die Joni Lovenduski in der Einleitung analysiert hat. Statt dessen liegt die Absicht darin, auf die Repräsentation von Frauen in nationalen Parlamenten — den symbolträchtigsten Indi-

---

[3] Gesetzliche Berechtigungsvorschriften legen im allgemeinen Staatsangehörigkeit- und Alterskriterien fest und können explizit Ausländer, Mitglieder bestimmter Gruppen (der Beamtenschaft, des Militärs, der Kirche) oder Personen eines bestimmen gesetzlichen Status (Bankrotteure oder Kriminelle) ausschließen.

kator politischer Gleichberechtigung — zu fokussieren und zwar mit Rückgriff auf die in den einzelnen Kapiteln angeführten Belege, einige der gemeinsamen Trends in den Ländern aufzuzeigen und Bezüge zwischen den einzelnen in diesem Buch erwähnten Themen, herzustellen.

Die Repräsentation von Frauen und das politische System

Vergleichende Untersuchungen über die Kandidatenrekrutierung konzentrierte sich im wesentlichen auf Unterschiede zwischen den Ländern, die Hauptfaktoren, die die Rekrutierung in einem Land beeinflussen, und die unterschiedlichen Auswirkungen verschiedener Kandidatenauswahlverfahren (siehe Czudnowski 1975: 219-29; Duverger 1955: 353-64; Epstein 1980: 201-32; Gallagher und Marsh 1988; Loewenberg und Patterson 1979; Loewenberg et al. 1985; Mezey 1979; Norris et al. 1990; Ranney 1981). Unglücklicherweise wurden zu viele Generalisierungen anhand einer nur begrenzten Anzahl von Staaten gemacht (häufig Großbritannien und die USA) und es gab nur wenige Versuche, diese Literatur mit den besonderen Faktoren, die die Repräsentation von Frauen beeinflussen, in Verbindung zu bringen. Aufbauend auf diese Arbeit können wir ein systemisches Modell entwickeln, um die gemeinsamen Faktoren des Rekrutierungsprozesses in den verschiedenen Ländern zu vergleichen. Das Modell soll dazu dienen, unser Verständnis des Prozesses zu strukturieren, Einflussfaktoren der Rekrutierung in verschiedenen Systemen zu identifizieren, und dadurch Wege für die weitere Forschung aufzuzeigen.

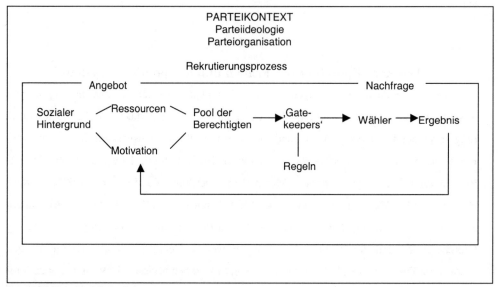

Schaubild 13.1: Modell des Rekrutierungsprozesses

Das Modell unterscheidet drei analytische Dimensionen. Erstens gibt es Faktoren, die den allgemeinen Kontext innerhalb eines jeden Landes konstituieren – das Wahlsystem, die politische Kultur, das Parteiensystem und der parlamentarische Wettbewerb. Zweitens gibt es Faktoren, die den Kontext innerhalb jeder politischen Partei bestimmen – wichtig sind hier die Parteiideologie und die Parteiorganisation. Schließlich gibt es Faktoren, die die Rekrutierung einzelner Kandidaten und Kandidatinnen im Auswahlprozess am unmittelbarsten beeinflussen — hier sind die Ressourcen und die Motivation der Kandidaten und Kandidatinnen, sowie die Einstellung der *Gatekeepers* wichtig. Dieses Modell beginnt deshalb mit dem allgemeinen politischen System, geht über zu Parteiorganisationen, und reicht hinunter bis zu den spezifischen Faktoren, die die Entscheidungen des Einzelnen zu kandidieren beeinflussen.

Der Kontext des Politischen Systems

Die systembezogenen Variablen sind am weitesten von den Entscheidungen innerhalb des Rekrutierungsprozesses entfernt. Wenn es keine bedeutende Veränderung gibt, wie beispielsweise eine Reform des Wahlsystems, finden diese Faktoren in Studien, die sich mit der

Entwicklung von Parteien in verschiedenen Ländern beschäftigen, keine Berücksichtigung. Aber es kann behauptet werden, dass der systembezogene Kontext von erheblicher Bedeutung ist, denn er legt die allgemeinen „Spielregeln (*rules of the game*)" fest. Zu den wichtigsten Faktoren zählen das Wahlsystem, das Parteiensystem, die politische Kultur und der parlamentarische Wettbewerb. Die Bedeutung dieser Regeln wird in einem Vergleich deutlich. Erst wenn diese explizit gemacht werden — indem wir uns auf eine andere Ebene der Analyse begeben — können diese Regeln zum Bestandteil der politischen Debatte werden, die „ausgeschlossene Gruppen" (*out-groups*) zu verändern suchen. Wie beeinflussen diese Variablen die Repräsentation von Frauen?

Politische Kultur

Unter „politischer Kultur" verstehen wir auch die dominanten Werte und Einstellungen bezüglich der Rolle der Frau sowohl in der Gesellschaft als auch im politischen Leben. Wo traditionelle Einstellungen vorherrschen, könnte man erwarten, dass Frauen zögern, eine politische Karriere zu verfolgen, dass Auswahlkomitees sie nur widerwillig als Kandidatinnen wählen und Parteien nicht bereit sind, wirksame Gleichberechtigungspolitiken einzuführen. Im Gegensatz dazu würden wir in egalitären Kulturen erwarten, dass das Ziel der Gleichberechtigung von allen Parteien des politischen Spektrums gleichermaßen geteilt wird. Im Rahmen dieser kurzen Übersicht ist es schwer, kulturell bedingte Einstellungen bezüglich der Beziehungen zwischen den Geschlechtern systematisch zu vergleichen (siehe jedoch hierzu Bystydzienski 1992; Klein 1987; Wilcox 1991). Aber was die Repräsentation von Frauen betrifft, so unterstreichen die in diesem Buch gelieferten Belege den starken Kontrast zwischen den egalitären skandinavischen Ländern und anderen, sich ähnelnden, demokratischen Systemen (Tabelle 13.1).

Das Wahlsystem

Einer der in sehr hohem Maße anerkannten Faktoren, der die Unterschiede in der Repräsentation von Frauen zwischen verschiedenen Kulturen erklären kann, ist das Wahlsystem (siehe Norris 1985a; Rule 1981 und 1987; Rule und Zimmerman 1992). Wahlsysteme unterscheiden sich erheblich in verschiedenen Ländern, aber die Hauptverfahren sind: einfaches Mehrheitswahlrecht (*first past the post*); Alternativwahlrecht (*alternative vote*); absolutes

Mehrheitswahlrecht mit zweitem Wahlgang (*the second ballot*); System der Übertragbarkeit einzelner Stimmen (*single transferable vote, STV*); System der Überhangmandatc (*additional member, AMS*) und Parteilistenwahl (für eine Übersicht siehe Bogdanor und Butler 1983).

Welchen Unterschied würden diese Systeme für Frauen machen? Vergleichende Studien verweisen auf die drei, nach ihrer Bedeutung geordneten, Faktoren im Wahlsystem, die die Repräsentation von Frauen beeinflussen: die Art der Wahl (ob Parteiliste oder einzelne Kandidaten und Kandidatinnen), die Größe des Wahlbezirks (die Zahl der zu vergebenen Sitze) und der Grad der Proportionalität (die Anzahl der Stimmen, die auf die Sitze entfallen) (siehe Norris 1985a; Rule 1981, 1987; Rule and Zimmerman 1992). Wenn alle anderen Faktoren gleich gehalten werden, schneiden Frauen tendenziell am Besten in Mehr-Kandidatenwahlsystemen mit einer hohen Anzahl bezirksanteiliger Sitze ab. Daraus folgt, dass Systeme mit nationalen bzw. bundesweiten Parteilisten Frauen am meisten begünstigen. Das System der Übertragbarkeit einzelner Stimmen liegt je nach Anzahl der Repräsentanten und Repräsentantinnen in den einzelnen Bezirken irgendwo dazwischen. Im Gegensatz dazu sind einfache und absolute Mehrheitswahlsysteme — *first past the post, second ballot* und *alternative vote* — für die Repräsentation von Frauen am ungünstigsten. Welche Belege gibt es dafür?

Australien hat ein alternatives Mehrheitswahlsystem mit Einzelkandidaten/-kandidatinnen für das Repräsentantenhaus und ein Mehrkandidaten/-kandidatinnensystem in einzelstaatlichen Wahlkreisen mit proportionalen Quoten für den Senat. In den allgemeinen Wahlen 1990 machten Frauen sieben Prozent der Mitglieder des Repräsentantenhauses aus und 25 Prozent im Senat. Der klassische Fall, der dieses Argument bestätigt, ist Deutschland, wo in den Bundestagswahlen die Hälfte der Sitze durch Direktwahlkandidaten/-kandidatinnen und der Rest durch proportionale Landeslisten verteilt wurden. 1990 wurden 80 Prozent der weiblichen Bundestagsabgeordneten über die Landesliste gewählt. Folglich schneiden Frauen im gleichen Land und in gleichzeitig abgehaltenen Wahlen wesentlich besser mit dem System der Parteilisten ab.

Belege dafür stammen auch aus Ländern, die ihr Wahlsystem im Laufe der Zeit verändert haben, wie beispielsweise Frankreich. In der Zeit zwischen 1945 und 1956, und wiederum 1986, hatten die Franzosen eine proportionale Repräsentation mit *departement*-Parteilisten ohne Präferenzwahl (*preference voting*) in der Nationalversammlung. Obwohl es proportional aufgebaut war, konnten 1986 durch das angewandte System in Frankreich nur wenige Sitze pro *Departement* vergeben werden. Im Gegensatz dazu wurde das System in den nationalen Wahlen zwischen 1958 und 1981, und wiederum 1988 so verändert, dass Kandidaten und Kandidatinnen durch eine absolute Mehrheitswahl im ersten Wahlgang (*single-*

Kapitel 3: Feministische Partizipationsforschung

member first ballot majority system) und eine einfache Mehrheit im zweiten Wahlgang (*second runoff plurality ballot*) gewählt wurden. Als Ergebnis wurden mit Ausnahme der Wahlen von 1981 und 1988 in jeder Periode mehr Frauen durch proportionale Repräsentation in die Nationalversammlung gewählt als in jede andere Versammlung durch das Mehrheitssystem.

Schließlich können wir die Länder in diesem Buch in Tabelle 13.2 vergleichen. Die Länder, in denen Frauen mehr als zwanzig Prozent der Parlamentsmitglieder ausmachen, verfügen über Parteilisten auf der Bundes- oder der Länderebene, mit der Variante der Überhangmandate in Deutschland. Im Gegensatz dazu, haben die Länder am Ende der Tabelle Mehrheits- oder Pluralitätswahlsysteme, mit der Ausnahme von Irland, welches die übertragbare Einzelstimme in kleinen Wahlkreisen mit mehreren Kandidaten und Kandidatinnen hat.

Tabelle 13.2 *Die Repräsentation von Frauen und Wahlsysteme*

	Jahr	MPs %	Wahlsystem
Schweden	1988	38.1	Parteiliste
Norwegen	1989	35.8	Parteiliste
Niederlande	1989	21.3	Parteiliste
Deutschland	1990	20.4	Zusätzliche Mitglieder
Kanada	1988	13.2	FPTP
Italien	1987	12.8	Parteiliste
USA	1992	10.8	FPTP
Großbritannien	1992	9.2	FPTP
Irland	1989	7.8	STV
Australien	1990	6.7	AV
Frankreich	1988	5.7	Zweite Wahl
Gesamt		16.5	

FPTP, first past the post; STV, single transferable vote; AV, alternative vote ;
Quelle: Inter-Parlamentarische Union, 1991

Im mittleren Bereich gibt es kein einheitliches Muster, wie am Beispiel Kanadas deutlich wird, das mit einem *einfachen Mehrheitswahlrechtsystem* die gleiche Anzahl an weiblichen Parlamentsmitgliedern aufweist wie Italien mit einer Parteiliste.

Obwohl wir daraus schließen können, dass Wahlsysteme mit einer hohen Zahl an Sitzen in Wahlkreisen mit mehreren Kandidaten und Kandidatinnen Frauen den Einzug ins Parlament erleichtern, wäre es aber irreführend, diesen Faktor unabhängig von kulturellem und politischem Milieu zu betrachten. Das Parteilistensystem ist wohl eine notwendige, aber keine ausreichende Bedingung für ein hohes Maß weiblicher Präsenz. Wie Sainsbury behauptet, ist das Wahlsystem in Schweden für die Repräsentation von Frauen förderlich, aber alleine betrachtet kann es die Veränderung im Laufe der Zeit nicht erklären. Wir müssen die Interaktion der Faktoren innerhalb des politischen Systems in einem umfassenden Modell betrachten, anstatt uns auf vereinfachte, deterministische und monokausale Erklärungen zu verlassen.

Warum sind Parteilisten dem Einzug von Frauen ins Parlament förderlich? Es gibt drei wesentliche Gründe. In Wahlkreisen mit nur einem Kandidaten wählen kommunale Parteien einen Hauptrepräsentanten. Deshalb scheuen sich Auswahlkomitees vielleicht davor, eine Frau als Kandidatin aufzustellen, wenn Frauen als ein Wahlrisiko betrachtet werden. Im Gegensatz dazu liegt dem proportionalen System, indem Wähler/-innen eine Liste von Kandidaten und Kandidatinnen jeder Partei erhalten, eine andere Auswahllogik zugrunde. Hier haben Parteien einen rationalen Anreiz, eine „ausgewogene Liste" zu erstellen. Mit einer Liste von Namen ist es unwahrscheinlich, dass Stimmen durch die Präsenz von Frauen auf der Liste verloren gehen. Und ihre Abwesenheit mag Grund zur Kritik sein, da dies parteiliche Vorurteile verdeutlicht und dadurch die Attraktivität der Partei verringern könnte. Zweitens gibt es ein strategisches Argument. Wenn Parteien Frauen durch fördernde Aktionsprogramme (*affirmative action programmes*), Auswahlquoten, positive Trainingsmechanismen oder finanzielle Unterstützung helfen möchten, ist es am einfachsten dort, wo es Kandidatenlisten auf der nationalen bzw. Bundesebene oder der regionalen bzw. Länderebene gibt. Schließlich gibt es das Argument, dass größere Proportionalität die Anzahl der zu vergebenden Sitze und den parteilichen Wettbewerb erhöht. Dies verbessert den Zugang für Gruppen, die augenblicklich im Parlament unterrepräsentiert sind, einschließlich der Frauen.

Parlamentarischer Wettbewerb

Unter „parlamentarischem Wettbewerb" verstehen wir die Zahl der für die Nominierung und Wahl bereitstehenden Bewerber und Bewerberinnen. Die Konkurrenz um die Sitze wird durch eine Reihe von Vor- und Nachteile beeinflusst: den Status, die Macht und die Vorzüge eines Parlamentspostens im Vergleich zu anderen politischen Posten, die Anzahl der durch die Wahl zu vergebenden Ämter, die Funktion des Parlaments, die geographische Lage der

Hauptstadt, die voll- oder teilzeitlichen Anforderungen des Parlaments, die Möglichkeit, eine parlamentarische Laufbahn mit einer anderweitigen Beschäftigung zu verbinden, das Einkommen, die zusätzlichen Leistungen und den mit dem Posten verbundenen Einfluss der Patronage, die Anzahl der konkurrierenden Parteien, das mit der Kandidatur verbundene Risiko und insbesondere das Ausscheiden von Amtsinhabern (*turnover of incumbents*) (für eine Diskussion siehe Matthews 1985).

Es gibt nur eine begrenzte Zahl systematischer Studien, die den parlamentarischen Wettbewerb verschiedener Länder vergleichen, und die vorhandenen Studien deuten auf große Unterschiede hin, was das Einkommen und die Anzahl der Amtsinhaber betrifft (siehe Loewenberg und Patterson 1979: 106-8; Mezey 1979: 224-35). Es wird angenommen, dass bei geringem parlamentarischem Wettbewerb, „außenstehende Gruppen (*out-groups*)" eine bessere Chance haben, gewählt zu werden. Wo der parlamentarische Wettbewerb hingegen stark ist, treffen „außenstehende Gruppen" auf größere Schwierigkeiten, den Status Quo zu verändern. Daraus können wir zwar folgern, dass der parlamentarische Wettbewerb eine wichtige Rolle spielt, um die Unterschiede bezüglich der Rekrutierung in den verschiedenen Ländern zu erklären, aber dennoch muss diese Hypothese erst noch durch weitere empirische Beweise untermauert werden.

Viele der beteiligten Autorinnen in diesem Buch nennen die niedrigen Raten des Amtsinhaberwechsels, gemessen an der Prozentzahl der neu gewählten Mitglieder, als eine erhebliche Barriere für Veränderung. Im US-Repräsentantenhaus und im britischen Unterhaus kehren normalerweise über 90 Prozent der Amtsinhaber zurück, entschlossen wieder zu kandidieren (Norris et al. 1992). Freiwillige Rente und Nachwahl aufgrund von Krankheit oder Tod lassen die Zahl freier Sitze ansteigen.

Weil die meisten Studien über Amtsinhaberwechsel auf die Vereinigten Staaten begrenzt sind, fehlt es uns an neueren vergleichbaren Daten (für einen Überblick siehe Matthews 1985: 38-42). Dennoch zeigt eine Studie, dass die Fluktuationsraten angefangen von den 1950er bis Mitte der 1970er in den USA, Italien und Großbritannien ungefähr gleich waren und sich um die 17-19 Prozentmarke bewegten, während die Raten in Irland, Frankreich und Westdeutschland etwas höher waren (Ragsdale 1985). Amtsinhaber bedeuten dort einen Engpass für Veränderung, wo die Zahl der Frauen mit politischer Erfahrung auf der Ebene der Länder und Kommunen schneller zunimmt als die Möglichkeit für aussichtsreiche parlamentarische Sitze.

Der verfassungsrechtliche Rahmen kann die Rekrutierung beeinflussen. In unitarischen Staaten wie Großbritannien ist der Weg zur politischen Laufbahn schmal: ein Parlamentssitz ist eine essentielle Voraussetzung für ein Ministeramt und die Zentralisierung der Macht in Westminster bedeutet, dass es nur wenige alternative Wege für gewählte ambitionierte Politiker gibt. Parlamentarische Ämter sind nicht gerade lukrativ für Hinterbänkler (*backbenchers*) — lange Arbeitszeiten, unzureichende Arbeitsbedingungen, die Bezahlung nicht gerade reichlich, begrenzte Möglichkeiten für unabhängige parlamentarische Initiativen und ein nur beschränktes Maß an Ansehen und Einfluss, das Hinterbänkler genießen — aber dennoch ist es in der britischen Politik der einzige Weg in die Regierung. In föderalen Staaten wie Deutschland und Australien bieten mächtige Landesregierungen einen anderen Weg in das politische Amt, jedoch bleibt eine Laufbahn im nationalen Parlament eine wichtige Voraussetzung für einen Regierungsposten.

Im Gegensatz dazu stehen die Vereinigten Staaten, wo Föderalismus und der Charakter des öffentlichen Dienstes dazu beitragen, dass Politiker häufig mehrere Laufbahnen verfolgen. Politiker können sich vom Kongress in ein Gouverneursamt bewegen, vom Abgeordnetenhaus in den Senat, vom Parlament in die Exekutive, von der Universität in staatliche Ministerien, von einem ernannten Amt auf einen Lobbyposten, vom öffentlichen Leben in die Judikative. Laufbahnen sind nicht eindimensional: Mitglieder des Kongresses müssen zwar ihr Amt niederlegen, bevor sie in die Regierung gehen, aber dennoch gibt es eine Reihe von Einstiegsmöglichkeiten in das politische Leben. In der Praxis werden die Möglichkeiten für ein Amt im Kongress zu kandidieren durch die ungeheure Macht der Amtsinhaber und zusätzliche Vorschriften über die Wohnsitzpflicht (*residency requirements*) effektiv eingeschränkt. In Frankreich besetzten Politiker bislang mehrere Ämter gleichzeitig, doch dies wurde kürzlich auf zwei beschränkt, häufig einem Sitz in der Nationalversammlung zusammen mit einem Bürgermeisteramt.

Wo der Wettbewerb um Sitze geringer ist, könnte man vermuten, vorausgesetzt alle anderen Faktoren bleiben konstant, dass Frauen in der Regel besser abschneiden. In Kanada zum Beispiel stellte Lynda Erickson fest, dass eine Frau erfolgreicher zu sein scheint, wenn sie offiziell nominiert wurde: Eine weibliche Kandidatin wurde in Dreiviertel der Fälle gewählt. Der Grund dafür war, dass eine Kandidatur häufig durch Akklamation erworben wurde, da es keine Konkurrenz gab. Im Gegensatz dazu ziehen in Großbritannien gute freie Sitze der Konservativen bis zu 200-300 Bewerber an und selbst hoffnungslose Sitze ziehen viele an, die Wahlkampferfahrungen sammeln möchten. Wir sollten uns zwar davor hüten, feste und schnelle Schlüsse aus diesen gegenwärtig vorhandenen, aber sehr beschränkten

Beweisen zu ziehen, doch es scheint lohnenswert, die Auswirkungen des parlamentarischen Wettbewerbs auf die Möglichkeiten für die Partizipation von Frauen weiter zu erforschen.

Parteienkonkurrenz

Die Möglichkeiten, für ein Amt zu kandidieren, werden weiter durch das „Parteiensystem" beeinflusst, d.h. der Struktur der Parteienkonkurrenz innerhalb des Parlaments. Die Zahl der Parteien, die um ein Amt konkurrieren, zusammen mit der Anzahl der Parlamentssitze, bestimmen die Gesamtzahl der Möglichkeiten kandidieren zu können. Aber es ist die Parteienkonkurrenz innerhalb des Parlaments, die die Möglichkeiten bestimmt als Mitglied gewählt zu werden. Die Parteipolitik ändert sich ständig, aber das Parteiensystem weist relativ konstante Eigenschaften auf, die sich über eine Reihe von Wahlen hinweg nicht verändern. Parteienkonkurrenz hat zwei prinzipielle Dimensionen: die Stärke der Parteien, die in der Regel durch die Zahl der parlamentarischen Sitze bestimmt wird, und die Position der Partei entlang des ideologischen Spektrums. Die verschiedenen Möglichkeiten lassen sich als Idealtypen im Schaubild 13.2 darstellen.

	Wenige Parteien	**Viele Parteien**
„Volksparteien (catch-all)"	Irland USA Kanada	
Ideologisch Polarisiert	Großbritannien Australien	Schweden Italien Niederlande Frankreich Norwegen Deutschland

Schaubild 13.2 *Parteienkonkurrenz*

In Parteiensystemen, wie dem von Irland, den USA und Kanada sind nur wenige der großen Parteien im nationalen Parlament vertreten und diese sind häufig „Volksparteien (*catch-all*)," die ein breites ideologisches und soziales Wählerspektrum anziehen. In Kanada, stellt Erickson fest, dominieren zwar die progressiven Konservativen, Liberalen und neuen Demokraten (NDP) das Unterhaus, sie erfahren aber Konkurrenz in zwei Provinzen von dem „Block Quebecois" und der Reformpartei. Obwohl die ideologische Polarisierung in den vergangen zehn Jahren zugenommen hat, warben die großen Parteien während eines großen Teils der Nachkriegsgeschichte mit ihrer Führung und ihrer Kompetenz anstatt mit ihren unterschiedlichen Positionen. Obwohl Gallagher feststellt, dass die Konkurrenz mit den Labour- und Arbeiterparteien auf der Linken und den progressiven Demokraten auf der Rechten seit 1980 zugenommen hat, wird der eigentliche Wahlkampf in Irland zwischen der „Fianna Fail" und „Fine Gael," beide Zentrumsparteien, ausgetragen. In den Vereinigten Staaten ist die Parteienkonkurrenz im großen und ganzen auf die lose organisierten und ideologisch unterschiedlich ausgerichteten Demokraten und Republikaner beschränkt, obwohl gelegentlich Kandidaten von Drittparteien wie John Anderson und Ross Perot von Zeit zu Zeit das System herausfordern.

Im Gegensatz dazu wird das australische und britische Parlament von zwei großen Parteien der Rechten und der Linken dominiert, wobei kleinere Parteien über nur wenige Sitze verfügen. Hinsichtlich der Wählerschaft ist das britische System ein wesentlich fragmentierteres Mehrparteiensystem mit starker, wenn auch unregelmäßiger Unterstützung von den liberalen Demokraten, schottischen Nationalisten und „Plaid Cymru" auf dem Festland, zusammen mit den separatistischen Parteien Nordirlands. Trotz dieser Entwicklungen beanspruchen Labour und die Konservativen über 90 Prozent aller Sitze im Parlament und die Regierungen der Nachkriegszeit waren, bis auf die Ausnahme, des Lib-Lab Pakts Mitte der siebziger Jahre, alle Mehrheitsregierungen. Das australische System wird von Labor und den Liberalen dominiert, zusammen mit der Nationalpartei und den australischen Demokraten.

Schließlich haben Italien, Norwegen, die Niederlande und Frankreich fragmentierte Parteisysteme, mit einer Vielzahl im Parlament vertretener Parteien, die erhebliche Spaltungen entlang des ideologischen Spektrums aufweisen. Das wiedervereinigte Deutschland fällt ebenfalls in diese Kategorie, obwohl die Einordnung aufgrund der neueren Entwicklungen nicht einfach ist. In der Zeit zwischen 1958 und den frühen 1980er wurde Deutschland als ein klassisches „zweieinhalb Parteiensystem" mit breiten (*middle-of-the-road*) Volksparteien betrachtet. Zwischen 1983 und 1990 wurde es durch das Entstehen der Grünen zu einem Vier-Parteiensystem. Mit der Wiedervereinigung, der relativ breiten Unterstützung der PDS (die reformierte kommunistische Partei) in Ostdeutschland, gekoppelt mit dem Wiederaufleben rechtsextremistischer Parteien (die Republikaner und die Deutsche Volksunion, DVU, Liste-D) und deren sporadischen Erfolgen in einigen Landtagswahlen, verspricht Deutschland ein fragmentierteres und ideologisch polarisierteres Mehrparteiensystem zu werden (von Beyme 1991; Irving und Paterson 1991; Pulzer 1991; Roberts 1992).

Das Entstehen neuer Parteien im System kann die Möglichkeiten für weibliche Kandidatinnen beeinflussen, obwohl dies teilweise von deren ideologischer Ausrichtung abhängig ist. Viele Länder wurden Zeugen der Neuentstehung von Parteien, wie der Grünen in den meisten europäischen Ländern, der extremen Rechten in Frankreich, Belgien und Deutschland, und neuen und wiederbelebten regionalen Parteien wie des „Blocks Quebecois" in Kanada, der schottischen Nationalisten und der Lega Nord in Italien, die zu fragmentierteren Systemen beigetragen haben. Bis 1988 konnte Schweden mit den seit 1932 regierenden Sozialdemokraten und den fünf Parteien im Riksdag als ein „dominantes Einparteiensystem" bezeichnet werden. In den Wahlen neueren Datums ist das Parteiensystem jedoch vielfältiger geworden mit Herausforderungen von Seiten der Grünen, der Christdemokraten und der Neuen Demokratie und sieben im Parlament vertretenen Parteien. Bis vor kurzem konnte Italien mit seinen sieben bis neun im Parlament vertretenen Parteien noch als ein Mehrparteiensystem bezeichnet werden oder aber, aufgrund einer Reihe von den Christdemokraten geführten Koalitionsregierungen, als ein „dominantes Einparteiensystem." Mangelnde Unterstützung für die Christdemokraten bei den durch die Lega Nord provozierten Parlamentswahlen 1992, hat zu einer Krise in der Regierungsfähigkeit und zu weiterer Fragmentierung geführt.

Beeinflusst die Art der Parteienkonkurrenz die Repräsentation von Frauen gleichermaßen? Die von Sainsbury vertretene These, dass zunehmende Konkurrenz zusammen mit dem Entstehen neuer Parteien weiblichen Kandidatinnen mehr Möglichkeiten bietet, erscheint zwar plausibel (siehe Kapitel 11), aber es gibt keine eindeutigen Belege dafür, ist die Anzahl systematischer Studien begrenzt und müssen wir die komplexen Verbindungen zwischen politischer Kultur, dem Parteiensystem und dem Wahlsystem berücksichtigen. Es scheint nicht der Fall, dass Mehrparteiensysteme, die den Kandidaten und Kandidatinnen mehr Möglichkeiten bieten, sich für eine Reihe von Parteien aufstellen zu lassen, eine höhere Zahl an Frauen in politischen Ämtern aufweisen als Systeme mit weniger Parteien, unabhängig davon, ob diese Volksparteien oder ideologisch entlang der links-rechts Dimension polarisiert sind. Aber das Muster ist nicht eindeutig: Frankreich, welches als das klassische fragmentierte Mehrparteiensystem betrachtet wird, weist die geringste Anzahl an Frauen in politischen Ämtern unter den verglichenen Ländern auf. Wir können daraus folgern, dass dies ein fruchtbares Forschungsgebiet für ein systematisches Fallbeispiel wäre, aber wir müssen uns über vereinfachte Klassifikationen der Parteienkonkurrenz hinausbewegen, um zu sehen welche Rolle die Parteiideologie und Parteiorganisation spielt.

Der Parteikontext

Nach der Beschäftigung mit den systemischen Faktoren, die alle Parteien beeinflussen, müssen wir uns Faktoren zuwenden, die die Frauenförderung durch die einzelnen Parteien beeinflussen. In der Einleitung stellte Joni Lovenduski fest, dass Parteien drei Arten von Politiken verfolgt haben, um die Präsenz von Frauen in gewählten Ämtern zu verbessern. Rhetorische Strategien zielen darauf ab, den Parteiethos zu verändern, indem sie die Notwendigkeit der Frauenförderung in Reden der Parteiführung, in öffentlichen Kundgebungen und Parteiprogrammen hervorheben. Ein positiver Maßnahmenkatalog (*positive action programmes*) zielt darauf ab, Frauen zur Kandidatur zu ermutigen indem er Training, Empfehlungen zu Geschlechterrichtlinien (*advisory gender targets*), Sonderkonferenzen, finanzielle Unterstützung und System zur Überprüfung der Umsetzung solcher Maßnahmen (*gender monitoring*) vorgibt. Positive Diskriminierung setzt verpflichtende Geschlechterquoten auf einer gewissen Ebene fest — ob 20, 40, oder 50 Prozent — die auf die Parteien intern, die *short lists* (Kurzliste, Auswahlliste) der Bewerber oder Kandidatenlisten angewandt werden. Der Unterschied zwischen empfohlenen Richtlinien und verpflichtenden Quoten ist in der Praxis häufig unklar, besonders dann, wenn die Quotenregelung nicht eingehalten wird. Der Begriff „Quoten" wird häufig sehr freizügig benutzt und seine Bedeutung kann sich je nach Kultur unterscheiden. Aber dies entwertet nicht die grundlegende Unterscheidung zwischen einer formalen Regelung und informellen Richtlinien.

Parteiideologie

Eine der grundlegenden Fragen ist, warum einige Parteien eine Strategie der Frauenförderung gegenüber einer anderen bevorzugt haben. Eine Antwort, die sich aus diesem Buch ergibt, ist die Rolle der Parteiideologie: Sozialdemokratische und grüne Parteien neigen eher zu dem Glauben, dass Interventionen in den Rekrutierungsprozess notwendig und angemessen sind und deshalb positive Diskriminierung gerechtfertigt ist, um eine kurzfristige Veränderung herbeizuführen. Parteien, die dem rechten Flügel und der Mitte angehören, neigen wesentlich häufiger dazu, sich auf rhetorische Strategien und möglicherweise positive Maßnahmen zu verlassen, in dem Glauben, dass Frauen dazu ermutigt werden müssen zu kandidieren und Parteimitglieder ermutigt werden müssen, sie zu wählen, aber dass der Rekrutierungsprozess selbst ein „fairer" und offener Wettbewerb bleiben muss. Dieses Muster einer verstärkten Intervention in den Rekrutierungsprozess in linken Parteien mit Hilfe verschiedener Mechanismen zeigt sich in der Anwendung positiver Diskriminierung durch die Sozialisten in Frankreich (20% - Quoten), Labour in Großbritannien (nur für *short lists*), die sozialistische Linke und Labour in Norwegen (40% - Quoten), Labour (PvdA) in den Niederlanden (25% - Quoten), und den Sozialdemokraten in Deutschland (40% - Quoten). Genauso wie Parteien des rechten Flügels eine minimale Einmischung des Staates in die freie Marktwirtschaft bevorzugen, genauso neigen sie zur Nichteinmischung in den Rekrutierungsprozess der Kandidaten und Kandidatinnen oder sind gegen dessen Regulierung.

Diese Verallgemeinerung bedarf einer wesentlichen Einschränkung: Wenn positive Diskriminierung erfolgreich von den linken und grünen Parteien eingesetzt wurde, werden vielleicht andere im politischen System folgen. Dort wo dies der Fall war, haben linke Parteien und die Grünen normalerweise das Tempo des Wandels bestimmt. Wie Sainsbury behauptet, gehörten die Sozialdemokraten in Schweden zu den Ersten, die die Wahl von Frauen in den späten 1960er unterstützt haben, indem sie Richtlinien empfahlen, wonach jedes Geschlecht mit 40 Prozent vertreten sein sollte. Ihre dominante Rolle habe andere Parteien dazu veranlasst, mit den Sozialdemokraten als Befürworterin der Gleichheit zu konkurrieren und sie sogar zu übertreffen. Das Ergebnis waren sich angleichende Trends zwischen den Parteien in ganz Schweden. In Norwegen stellt Skjeie jedoch fest, dass die konservativen und die christlichen Volksparteien den Geschlechterquoten der Linken und der Mitte bis jetzt noch nicht gefolgt sind.

Parteiorganisation

Ob Parteien rhetorische Strategien, positive Maßnahmen oder positive Diskriminierung anwenden, hängt nicht nur von der politischen Ideologie, sondern auch von der Art der inneren Organisation ab. Hier müssen wir eine vereinfachte Klassifizierung einführen, die vier Hauptarten des Rekrutierungsprozesses nach dem Grad der Zentralisierung und der Institutionalisierung unterscheidet (siehe Schaubild 13.3).

Dies sind Idealtypen, aber sie erlauben uns dennoch, die wesentlichen Unterschiede zwischen den Parteien zu fokussieren. In dieser Klassifizierung ist das erste Kriterium die Institutionalisierung des Prozesses. In formalen Systemen wird der Bewerbungsprozess durch interne Parteiregeln definiert, die von Parteifunktionären spezifiziert, expliziert, standardisiert und implementiert und durch Parteidokumente bestätigt werden.

	Zentralisiert	**Lokalisiert**
Informell	Italien DC, PSI Französische UDF	US-Demokraten Kanadische Liberale
Formal	Niederländische VVD Französische PC Italienische PCI NZ Labour Österreichische Sozialisten SPÖ	Britische Labour, Konservative Deutsche SPD, CDU/CSU Schwedische SDP, Konservative

Schaubild 13.3 *Exemplarische Formen der Parteiorganisation und der Rekrutierungsprozesse*

Die einzelnen Abschnitte im Bewerbungs- und Entscheidungsprozeß und dem Wahlverfahren sowie die relative Bedeutung der verschiedenen Parteien in der Auswahl der Kandidaten und Kandidatinnen, sind für einen außenstehenden Beobachter relativ klar ersichtlich. Dort wo Kandidaten und Kandidatinnen einen Regelverstoß verfolgen möchten, gibt es formale Einspruchsverfahren. Die Bedeutung der Regeln für die innerparteiliche Machtverteilung liegt darin, dass vorgeschlagene Veränderungen zu einer heißen Debatte führen können.

Im Gegensatz dazu ist das Nominierungsverfahren in informellen Systemen relativ undurchsichtig, so dass die einzelnen Schritte des Bewerbungsprozesses zwar den Teilnehmern bekannt sind, aber selten explizit und öffentlich bekannt gemacht werden, so dass sich das Verfahren von einer Auswahl zur nächsten ändern kann. Falls die Richtlinien in den offiziellen Parteiregeln oder Satzungen veröffentlicht werden, ist deren Einfluss mehr *de jure* als *de facto*. Da formale Regeln selten implementiert werden, gibt es auch wenige effektive Instanzen, vor denen man sie einklagen kann. Der Prozess ist weitaus unbürokratischer und der persönlichen Patronage durch „bedeutende Parteihonoratioren" gegenüber relativ offen.

Die zweite Dimension dieser Typologie beschäftigt sich mit der Zentralisierung des Entscheidungsprozesses. In zentralisierten Systemen sind die Hauptakteure die Hauptverantwortlichen in der Partei. Diese Kategorie umfasst die nationale Exekutive und gewählte oder ernannte Partei- und Fraktionsführer sowohl auf der nationalen bzw. Bundesebene als auch auf der regionalen bzw. der Länderebene. In dezentralisierten Systemen befinden sich andererseits die Hauptakteure auf der Ebene des Wahlbezirks und diese Kategorie umfasst die kommunalen Parteiführer, Wahlbezirkssprecher, örtlichen Fraktionen, Basismitglieder und Wähler auf Bezirks- und Ländertreffen, Konferenzen oder Versammlungen. Die Frage, wer zu den Hauptakteuren gehört, ist sehr komplex, denn Einfluss auf den Auswahlprozess wird von vielen interagierenden Stellen ausgeübt. Stark zentralisierte Systeme und stark dezentralisierte Systeme bilden eher die gegenüberliegenden Endpunkte eines Kontinuums, als dass sie als abgeschlossene Kategorien zu begreifen wären. Der Auswahlprozess wird sowohl von denen beeinflusst, die die Spielregeln festlegen, implementieren und über sie entscheiden, als auch von denjenigen, die in den verschiedenen Phasen der Kandidatennominierung direkt beteiligt sind. Dennoch lässt sich aus den Kapiteln in diesem Band ersehen, dass wir bestimmen können, ob die Hauptakteure in den einzelnen Parteien vorrangig zentralisiert oder dezentralisiert sind (siehe auch Gallagher und Marsh 1988: 12-15 und 236-65).

Informell zentralisierte Rekrutierung

Die Unterschiede zwischen den Systemen können verdeutlicht werden, indem man anhand von Beispielen für jeden Typus den Prozessverlauf beschreibt. In informell zentralisierten Rekrutierungssystemen, wie beispielsweise der Christdemokraten (DC) und der Sozialistischen Partei (PS) in Italien, übt eine zentrale Elite erhebliche Kontrolle auf die Auswahl der Kandidaten und Kandidatinnen aus. In diesen fragmentierten Parteien wird die Auswahl durch einen Verhandlungsprozess der Führungsspitze zwischen konkurrierenden internen Parteifraktionen entschieden. Obwohl kommunale Parteiführer versuchen, ihre Interessen in den Prozess einzubringen, spielen jedoch Fraktionseliten die Hauptrolle in der Rekrutierung.

In Frankreich wird die UDF als eine „*caucus-cadre*"-Organisation bezeichnet, ein loses Netzwerk gleichgesinnter Anhänger, die sich um Honoratioren auf der kommunalen und der nationalen Ebene sammeln. In solchen Parteien sind die eigentlichen *Gatekeepers* der Partei häufig Parteiführer auf der nationalen Ebene oder Honoratioren auf der Länderebene, die, unter Berücksichtigung der Vorschläge der Bezirksorganisationen, ihren bevorzugten Kandidaten auf gute Positionen „setzen" können. Ohne eine Tradition innerparteilicher Demokratie spielen die Parteimitglieder kaum eine Rolle in diesem Prozess (Thiébault 1988: 73). Die französische Sozialistische Partei (PS), die eine organisiertere Massenbasis entwickelt hat, stellt ein schwächeres Beispiel dieses Typus dar. Mit einer kommunalen Wählerschaft, die ihre eigenen Kandidaten und Kandidatinnen durch geheime Mitgliedswahlen ermittelt, ist die Kandidatenauswahl der PS im Prinzip zwar dezentralisiert, aber dennoch hat die Parteiorganisation auf der nationalen Ebene in der Praxis eine bedeutende Kontrollmacht, die sie in der letzten Phase der Bestätigung von Kandidaten und Kandidatinnen nutzt, um zu intervenieren und die Nominierung zu ändern. Die Partei hat zwar eine Quotenregelung für die Auswahl der Kandidaten und Kandidatinnen Mitte der 1970er eingeführt, aber wie Appleton und Mazur betonen, wurde diese, mit Ausnahme der Wahl für das Europäische Parlament, nicht auf die Rekrutierung angewandt. Die Quotenregelung der Sozialdemokraten hat sich als eher rhetorische Geste denn als effektive Regelung erwiesen. In der Praxis unterscheidet sich der Anteil an Frauen unter den Parteimitgliedern, Führern, Kandidaten und gewählten Beauftragten in der Sozialistischen Partei kaum von dem im „Rassemblement pour la République" (RPR), der über keine solche Regeln verfügt.

In informell zentralisierten Rekrutierungssystemen haben Parteiführer, die gegenüber der Geschlechtergleichheit aufgeschlossen sind und beispielsweise weibliche Wählerinnen anziehen möchten, einen erheblichen Einfluss, um diesbezüglich etwas zu tun. Durch ihre Patronage können Parteiführer die Stellung von Frauen auf der Parteiliste verbessern bzw. sie in guten Wahlbezirken einsetzen. Ein Ergebnis dieses Systems der „wohlwollenden Autokratie" ist, dass Frauen relativ schnell befördert werden, aber da sie keine institutionelle Absicherung haben, können ihre Gewinne auch äußerst schnell wieder rückgängig gemacht werden. Eine weitere Gefahr dieses Systems besteht darin, dass eine Führungsriege, die den status quo, i.e. das „alte Männernetzwerk" (*old boy network*) erhalten möchte, Frauen den Weg blockieren kann. In diesem System wird sich positive Diskriminierung wahrscheinlich als nicht effektiv erweisen, da nicht jede Regel oder Richtlinie unbedingt umgesetzt wird. Da der Prozess nicht durch Regeln bestimmt wird, kann eine Änderung in den Regeln auch nicht das Ergebnis verändern.

Informell dezentralisierte Rekrutierung

In informell dezentralisierten Systemen ist es für die zentrale Parteiführung nicht schwer, eine bedeutende Rolle — gleich ob positiv oder negativ — im Rekrutierungsprozess zu spielen. Eines der extremsten Beispiele dieses Typus sind die Vereinigten Staaten. Traditionell gleichen amerikanische Parteiorganisationen sehr schwachen *„caucus-cadre"* anstatt „breiten Massenorganisationen." Die aufgrund der zunehmenden Vorwahlen (*primaries*) schwindende Macht der Parteibosse, die Kandidaten und Kandidatinnen in den sprichwörtlichen raucherfüllten Räumen zu nominieren, hat unternehmerische (*entrepreneurial*) Kandidaten und Kandidatinnen hervorgebracht, die über ihre eigenen unabhängigen Geldquellen, Organisationen und Wahlkampagnen verfügen. Im Vergleich mit anderen Ländern sind amerikanische Parteien die einzigen, die die Nominierung der Kandidaten und Kandidatinnen den

Wählern überlassen. Abgesehen von einigen Ausnahmen gibt es keine anderen Parteien, die von direkten Vorwahlen Gebrauch machen (für Ausnahmen siehe Gallagher und Marsh 1988: 238-9). In den Vereinigten Staaten wird der Prozess durch staatliche Gesetze an Stelle interner Parteigesetze geregelt. Jeder Kandidat und jede Kandidatin, der/die möchte, kann sich für die Vorwahlen aufstellen lassen, vorausgesetzt, er/sie erfüllt die minimalen gesetzlichen Anforderungen. Dies hat viele Beobachter dazu veranlasst zu behaupten, dass „Selbst-Rekrutierung" zur Norm geworden sei.

Zutreffend ist diese Behauptung für Kandidaten und Kandidatinnen, die Gelder von politischen Aktionskomitees (*Political Action Committees, PACs*) ablehnen. Dabei wird die Art und Weise übersehen, wie Partei-Auswahlkomitees für alle, bis auf selbstfinanzierte Kandidaten und Kandidatinnen, durch andere einflussreiche *Gatekeepers*, nämlich *PACs*, ersetzt wurden, die die Kandidaten und Kandidatinnen einer sorgfältigen Kontrolle unterziehen, bevor sie sich entschließen, sie finanziell zu unterstützen. Kandidaten und Kandidatinnen können von *PACs* in einem informellen Prozess befragt werden oder müssen vielleicht Dokumente liefern, die ihre Bewerbung unterstützen. Zu den anderen Akteuren, die eine *Gatekeeper*-Rolle spielen, wenn auch eine sehr unterschiedliche, kompetitivere und offenere, gehören die lokalen Medien, einzelne Sponsoren, Kampagnemanager und Freiwillige auf der kommunalen Ebene. Solange Einzelne nicht als starke und glaubwürdige Kandidaten und Kandidatinnen von diesen *Gatekeeper* anerkannt werden, wird es ihnen wahrscheinlich nicht gelingen, eine wirksame Kampagne auf die Beine zu stellen. Gleichermaßen können, wie Burrell folgert, Parteiorganisationen in den Vereinigten Staaten weibliche Kandidatinnen nicht mehr länger blockieren, was als ein positiver Schritt bewertet werden kann. Aber sie können ihre Nominierung ebenso wenig fördern.

Ein weiteres Beispiel für den informell dezentralisierten Prozess liefert Kanada, wo kommunale Parteimitglieder in liberalen und konservativen Wählervereinigungen die meisten ihrer eigenen Regeln und Praktiken für die Wahl ihres Kandidaten und ihrer Kandidatin bestimmen. Ein Ergebnis ist, dass manche Wählerparteien den Auswahlprozess für die gesamte Mitgliedschaft zugänglich machen, während andere Parteien gewählten Parteifunktionären eine größere Rolle zukommen lassen. Relativ unabhängig vom übergeordneten Parteiapparat treffen dann Wählervereinigungen die endgültige Entscheidung. Parteiführer auf der nationalen bzw. Bundesebene verfügen zwar über ein formales Veto, was die endgültige Auswahl der Kandidaten und Kandidatinnen betrifft, aber in den letzten zwei Jahrzehnten haben die zwei größten Parteien davon nur zweimal Gebrauch gemacht. Die Führer der großen Parteien haben Frauen dazu ermutigt zu kandidieren, Bezirken (*ridings*), die interessierte

Kandidaten und Kandidatinnen suchen, Hilfe geleistet und Trainingskonferenzen organisiert, aber wie Erickson folgert, waren ihnen die Hände durch das dezentralisierte Wesen des Prozesses gebunden.

Dennoch können wir daraus folgern, dass in informell dezentralisierten Systemen die Chancen von Kandidatinnen nicht durch eine zentrale Parteiführerschaft eingeschränkt sind. Gleichzeitig kann man sich nur schwerlich vorstellen, welche anderen Schritte diese Parteien über rhetorische Ermutigungen oder positive Maßnahmen hinaus unternehmen könnten, um die Repräsentation von Frauen zu verbessern. Wenn die endgültige Entscheidung in den Händen der kommunalen Wählerpartei ruht und es keine standardisierten parteiinternen Regeln für den Nominierungsprozess oder eine Überprüfung der zur Verfügung stehenden Parteikandidatenliste gibt, dann scheint dies die Möglichkeit eines positiven Maßnahmenkataloges für Kandidatinnen oder Bewerbungsrichtlinien für *short lists* auszuschließen.

Formal dezentralisierte Rekrutierung

Das bekannteste System in westeuropäischen Parteien ist wahrscheinlich das der „formal dezentralisierten" Rekrutierung, in der explizite bürokratische Regeln aufgestellt und angewandt werden, um den Auswahlprozess in der gesamten Parteiorganisation sowohl auf der nationalen bzw. der Bundesebene als auch auf der regionalen bzw. der Länderebene zu vereinheitlichen. In diesem Rahmen werden Entscheidungen über die Auswahl der Personen hauptsächlich auf der Wahlbezirksebene getroffen, obwohl regionale Institutionen eine Rolle spielen können.

Die großen Parteien in Großbritannien, Schweden, Irland und Deutschland sind Beispiele für diesen Typus. In der britischen Labour–Partei und bei den Konservativen werden die wichtigsten Entscheidungen über Nominierung, *short lists* und Auswahl von verschiedenen Institutionen auf der Wahlbezirksebene getroffen. Parteiführer auf der nationalen Ebene besitzen Vetomacht in bezug auf die Kandidaten und Kandidatinnen. Das Zentralbüro der Konservativen stellt „modellhafte Regeln" auf und überprüft potentielle Bewerber/-innen zu Beginn des Prozesses, bevor Namen auf die angenommene Liste (*approved list*) gesetzt werden. Die nationale Exekutive der Labour-Partei stellt detaillierte Regeln auf, überwacht den Prozess und billigt formell Nominierungen in der letzten Phase. Ein aktiveres Eingreifen in die Auswahl der Kandidaten und Kandidatinnen kommt aber selten vor, es sei denn die kommunalen Parteien bitten um Rat oder die Auswahl birgt in sich die Gefahr eines parteiinternen Streits.

Bei den schwedischen Sozialdemokraten, den Konservativen und den Liberalen verläuft der Prozess in drei Phasen: das Vorschlagen von Namen, die Bewertung der Nominierten und die Annahme der Liste. Die mittlere Phase ist die wichtigste. Hier verlassen sich nicht-sozialistische Parteien häufig auf Versammlungen aktiver Mitglieder auf der Kommunal- und der Bezirksebene. In der sozialdemokratischen Partei spielen die kommunalen Nominierungskomitees und die Wahlkreisleiter eine entscheidende Rolle. Die Parteilisten beruhen auf großen Wahlkreisen mit mehreren Sitzen. Durch die Platzierung der Kandidaten und Kandidatinnen auf der Parteiliste versucht die Partei, eine ausgewogene Liste zu erzielen. Um sicherzustellen, dass Frauen nominiert und auf erfolgversprechende Positionen gesetzt werden, gibt es in der sozialdemokratischen Partei die Empfehlung, dass mindestens 40 Prozent der Kandidaten Frauen sein sollen und jeder zweite Platz auf der Parteiliste einem anderen Geschlecht zukommen sollte. Obwohl dies nicht immer genau eingehalten wird, ist es doch zur normalen Erwartung in der kommunalen Wählerschaft geworden.

In Irland werden die Kandidaten und Kandidatinnen für „Fianna Fail" und „Fine Gael" auf der Bezirksebene durch Selektionskonferenzen oder Versammlungen der Parteimitglieder gewählt. In Wahlkreisen mit mehreren Sitzen wird auf diesen Treffen eine Parteiliste mit drei bis zu fünf Kandidaten und Kandidatinnen gewählt. Während die eigentlichen Entscheidungen auf der kommunalen Ebene getroffen werden, können Parteiführer zusätzliche Kandidaten und Kandidatinnen aufzwingen. Von dieser Befugnis wird zwar nur selten Gebrauch gemacht, aber gelegentlich wird sie dazu benutzt, um weitere Kandidaten und Kandidatinnen zu bestimmen und damit die Parteiliste mit Blick auf die regionale Herkunft, das Alter, die Wähleranziehungskraft und das Geschlecht auszugleichen.

Schließlich stellt Deutschland ein schwächeres Beispiel dieses Typus dar; es hat ein formales Parteiensystem, das auf einer breiten Massenorganisation beruht. Der Prozess der Kandidatenauswahl im Wahlbezirk wird durch das Wahlgesetz bestimmt. Entweder wird eine Versammlung in einem Bezirk abgehalten, bei dem alle Parteimitglieder wählen können oder Parteimitglieder wählen Delegierte, welche dann Kandidaten und Kandidatinnen wählen. Die kommunalen Parteiorganisationen spielen eine wesentliche Rolle in der Rekrutierung für die Parlamentswahlen, aber Parteien auf der Länderebene beeinflussen den Prozess, insbesondere die Nominierung von Kandidaten und Kandidatinnen für die Länderlisten. Kolinsky stellt fest, dass die Parteiführer auf nationalen bzw. der Bundesebene und auf der regionalen bzw. der Länderebene eine wesentliche Rolle dabei gespielt haben, Wahlbezirke davon zu überzeugen, mehr Frauen zu akzeptieren. Die Namen der Nominierten für den Wahlkreis und Länderlisten werden durch die Führung auf der Bezirks- und Länderebene ermittelt und dann an Parteien auf kommunaler Ebene zur Bestätigung durch die Parteimitglieder weitergereicht. Geschlechterquoten innerhalb der SPD und den Grünen regulieren die Zusammensetzung der Parteilisten, während in anderen Parteien besondere Spitzenpositionen auf der Liste für Frauen vorgemerkt werden.

Formal zentralisierte Rekrutierung

Der Niedergang dessen, was Duverger die „*caucus-cadre*" und „militante Zell-Parteiorganisationen" nannte, bedeutet, dass heute nur noch wenige Parteien der in diesem Buch verglichenen Länder einen formal zentralisierten Rekrutierungsprozess aufweisen. In formal zentralisierten Systemen haben Parteiführer, Führungskräfte oder Fraktionsführer auf der nationalen bzw. der Bundesebene satzungsgemäß das Recht zu entscheiden, welche Kandidaten und Kandidatinnen sie auf die Parteiliste setzen wollen. Daher können diese ihre Wahl den lokalen Parteiorganisationen aufoktroyieren. In der Vergangenheit entsprach dieses System am deutlichsten den traditionellen kommunistischen Parteien, die nach dem Prinzip des Demokratischen Zentralismus organisiert waren, wie beispielsweise die PCF in Frankreich. In Italien stellt Guadagnini für die alte kommunistische Partei, die PCI, fest, dass es eine geschlossene Führungselite gab, welche die Kandidaten und Kandidatinnen für die Parteiliste bestimmte. In den Niederlanden variierte der Grad der Zentralisierung unter den Parteien, aber die Führung auf der Bundesebene spielte eine wichtige Rolle in der Volkspartei für Freiheit und Demokratie und der liberalen Partei (VVD). Eine weitere umfassende Übersicht über die Tatbestände in anderen Ländern stellt dar, dass die Führung oder die Exekutive auf der Bundesebene hauptsächlich für die Auswahl der Kandidaten und Kandidatinnen zuständig ist, wie in der österreichischen sozialistischen Partei, in vielen israelischen Parteien vor 1977, in der neuseeländischen Labour-Partei, in der PASOK und den neuen demokratischen Parteien in Griechenland, in der japanischen liberal-demokratischen Partei und in einigen afrikanischen Einparteienstaaten (Gallagher und Marsh 1988: 243-5). Dennoch bedeuten der Druck auf die innerparteiliche Demokratie und die Wichtigkeit des Aufrechterhaltens einer Verbindung zwischen Repräsentanten und Repräsentantinnen einerseits und kommunalen Parteiorganisationen andererseits, dass es gegenwärtig fast keine eindeutigen Fälle von Parteien in den in diesem Buch aufgeführten Ländern gibt, die eine formal zentralisierte Rekrutierung aufweisen.

Was sind die Implikationen dieser Typologie? Die Klassifikation versucht die Gemeinsamkeiten aufzuzeigen, wie die Rekrutierung in einer Reihe von verschiedenen Ländern funktioniert und welche Strategien deshalb wirksam sein könnten, um diesen Prozess in verschiedenen Systemen zu verändern. Die Typologisierung legt den Schluss nahe, dass jeder Parteientyp rhetorische und positive Aktionsstrategien einsetzen kann, dass aber positive Diskriminierung am effektivsten in formal dezentralisierten Systemen ist. Es ist nicht sinnvoll, positive Diskriminierung in den großen Parteien der Vereinigten Staaten oder Kanadas einzusetzen. Und selbst wenn eine Regelung verabschiedet wird, ist es unwahrscheinlich, dass sie von der französischen UDF oder den italienischen Christdemokraten angewandt wird.

Dementsprechend werden positive Diskrimierungsquoten in einer an Regeln gebundenen und bürokratischen Kultur ernst genommen, wo die Entscheidungen der verschiedenen Institutionen innerhalb einer Organisation standardisiert werden müssen. Innerhalb der deutschen SPD wird die Nominationsentscheidung darüber, wer nominiert wird, auf der kommunalen Ebene und innerhalb eines Rahmens positiver Diskriminierung getroffen, was sowohl zu einer Verbesserung des Anteils weiblicher Kandidatinnen als auch deren Position auf den Parteilisten beigetragen hat. In Schweden waren positive Maßnahmen in den meisten Parteien gleichermaßen wirksam. Aus diesem Grund scheint es interessant die Art der parteilichen Organisation weiter zu untersuchen, um die Strategien zu verstehen, die Frauen einsetzen können um ihre Präsenz zu verbessern.

Literatur

Beyme, Klaus von (1991): Electoral Unification: the first German elections in Dec 1990, in: Government and Opposition (26).

Bystydzienski, Jill M. (1992): Women Transforming Politics. Bloomington.

Czudnowski, Moshe M. (1975): Political Recruitment, in: Greenstein, Fred, and Polsby, Nelson W. (eds.): Handbook of Political Science, Vol. 2: Micropolitical Theory. Reading.

Duverger, Maurice (1955): La participation des femmes a la vie politique (Die politische Rolle von Frauen). Paris.

Epstein, Leon (1980): Political Parties in Western Democracies. New Brunswick.

Gallagher, Michael, and Marsh, Michael (eds.), (1988): Candidate Selection in Compartative Perspective. London.

Inter-Parliamentary Union (1991): Distribution of Seats Between Men and Women in national Parliaments, statistical Data from 1945 to 30 th June 1991, Rapports et Documents, 18. Geneva

Irving, Ronnie, and Paterson, W.E. (1991): The 1990 German Election, in: Parliamentary Affairs (44), pp. 353-72.

Klein, E. (1987): The Diffusion of Consciousness in the United States and Western Europe, in: Katzenstein, M.F., and Mueller, C.M. (eds.): The Women's Movements of the United States and Western Europe. Philadelphia.

Loewenberg, Gerhard, and Patterson, Samuel C. (1979): Comparing Legislatures. Boston.

Loewenberg, Gerhard, Patterson, Samuel C., and Jewell, Malcom (eds.), (1985): Handbook of Legislative Research. Cambridge.

Matthews, Donald R. (1985): Legislative Recruitment and Legislative Careers, in: Loewenberg et al.

Mezey, Michael L. (1979): Comparative Legislatures. 223-254. Durham.

Norris, Pippa (1985a): Women's Legislative Participation in Western Europe, in: West European Politics (8), pp. 90-101.

Norris, Pippa, and Lovenduski, Joni (1992): Paper Presented to the American Political Science Association Annual Meeting, August.

Norris, Pippa, Carty, R. K., Erickson, Lynda, Lovenduski, Joni, and Simms, Marian (1990): Party Selectorates in Australia, Britain and Canada: Prolegomena for Research in the 1990s, in: The Journal of Commonwealth and Comparative Politics (XXVIII), pp. 219-45.

Pulzer, Peter (1991): The German Federal Election of 1990, in: Electoral Studies (10), pp. 145-54.

Ragsdale, Lynn (1985): Legislative Elections, in: Loewenberg et al.

Ranney, Austin (1976): Curing the Mischiefs of Faction. Berkeley.

Rule, Wilma (1981): Why Women don't Run: The Critical Contextual Factors in Women's Legislative Recruitment, in: Western Political Quarterly (34), pp. 60-77.

Rule, Wilma (1987): Electoral Systems, Contextual Factors and Women's Opportunity for Election to Parliament in twenty-three Democracies, in: Western Political Quarterly (40), pp. 477-86.

Rule, Wilma, and Zimmerman, Joseph F. (eds.), (1992): U.S. Electoral Systems: Their Impact on Minorities and Women. Westport.

Wilcox, Clyde (1991): The Causes and Consequences of Feminist Consciousness among Western European Women, in: Comparative Political Studies (23), pp. 519-45.

Roberts, Geoffrey (1992): The Growth of the Far Right, in: Parliamentary Affairs (July).

Thiebault, Jean-Louis (1988): France, the Impact of Electoral System Change, in: Gallagher and Marsh, pp. 72-93.

[aus dem Amerikanischen: Jutta Joachim]

Ute Gerhard

Atempause: Die aktuelle Bedeutung der Frauenbewegung für eine zivile Gesellschaft

I. Geschichte und Begrifflichkeit der Frauenbewegung

Keine weiß heute so recht, ob es sie eigentlich noch gibt, „die" Frauenbewegung. Je nach politischem, aber auch geographischem Standort, aber auch nach Geschlecht und Alter wird die Antwort unterschiedlich ausfallen. Auffällig ist, dass gerade ihre Gegner die Frauenbewegung vermeintlich im nachhinein zu einem „Wesen" oder monströsen Faktum stilisieren, dessen Ableben nun endlich erwiesen sei. Aber auch Aktivistinnen der neuen Frauenbewegung neigen heute vielfach dazu, ihre Enttäuschung über Nicht-Erreichtes zum Maßstab ihres Misserfolgs zu machen und damit – wie Christel Eckart in der von den Medien breit unterstützten Diskussion über einen „Backlash", Rückschlag, der Frauenbewegung auch in der Bundesrepublik Deutschland kritisch anmerkte – eben die Maßstäbe zur Beurteilung des Politischen anzulegen, die „die feministische Bewegung gründlich zu kritisieren angetreten war"[1]. Das hieße aber, nach wie vor nur das Handeln als politisch bedeutsam und effizient anzuerkennen, das im Bereich institutionalisierter Politik oder auf dem formellen Arbeitsmarkt repräsentiert ist und damit den herkömmlichen Bewertungen von öffentlichen und privaten Interessen folgt. Was die Frauenbewegung jedoch allein seit den siebziger Jahren an Veränderungen im Geschlechterverhältnis, zumindest im Hinblick auf die Orientierungen und Lebensentwürfe von Frauen, bewirkt hat, ist an scheinbaren Selbstverständlichkeiten abzulesen, nicht zuletzt an der Selbstsicherheit, mit der eine jüngere Frauengeneration inzwischen meint, „den" Feminismus hinter sich lassen zu können, und sich selbst à la mode als postfeministisch versteht.

In einem anderen Zusammenhang habe ich zur Beschreibung des gegenwärtigen Zustandes das Bild der „Flaute" verwendet, in Anlehnung an eine amerikanische Studie über die Frauenbewegung in der Zeit nach dem Zweiten Weltkrieg[2]. Doch inzwischen habe ich gelernt, dass dieses Bild aus der Seemannssprache vorwiegend negativ besetzt ist. Ich meine

---

[1] Christel Eckart, Politik gegen institutionelles Vergessen, in: Feministische Studien, 13 (1995) 1, S. 83; vgl. auch Mechtild M. Jansen/Sigrid Baringhorst/Martina Ritter (Hrsg.), Frauen in der Defensive? Zur backlash-Debatte in Deutschland, Münster 1995
[2] Vgl. Leila Rupp/Verta Taylor, Survival in the Doldrums. The American Women's Right Movement, 1945 to the 1960s, New York 1990; Ute Gerhard, Frauenbewegung in der Flaute? Zur Rolle sozialer Bewegungen in einem veränderten Europa, in: Transit, (1995) 10, S. 117 – 135.

jedoch einen Schwebezustand, „Flaute" verstanden als „Windstille", die nicht unbedingt das Ende einer Bootspartie bedeutet oder gar den Untergang ankündigt, im Gegenteil: Was fehlt ist ein neuer Aufwind, der das Schiff und seine Besatzung in den richtigen Hafen einfahren lässt. Dabei bietet dieser Zustand Gelegenheit zu neuer Ausrüstung der Schiffstakelage und damit zum Atemholen, Kraftschöpfen und zu neuer Orientierung.

Die Zuflucht zu diesen Metaphern und Vergleichen steht für den Versuch, ein wenig Distanz zu politischer Kleinmütigkeit oder Kurzatmigkeit zu gewinnen, und zwar sowohl aus einer historischen als auch sozialwissenschaftlichen Perspektive. Dabei hilft *einerseits* das Wissen um die ereignisreiche und dramatische Geschichte der Frauenbewegungen seit der Mitte des vorigen Jahrhunderts in fast allen Ländern Europas und anderswo mit ihren vielfältigen Initiativen, Hoch-Zeiten der Mobilisierung und wiederholten Rückschlägen bzw. Stillständen, die oft genug mit einem völligen Geschichtsverlust verbunden waren. Ohne die unterschiedlichen Initiativen und Mobilisierungsschübe vereinheitlichen oder die verschiedenen gesellschaftlichen Kontexte vernachlässigen zu wollen, begegnen uns in der modernen Geschichte bisher nicht verwirklichter Gleichberechtigung und Emanzipation der Frauen viele strukturelle Gemeinsamkeiten und systematische Widerstände. Deshalb ist es m.E. gerade angesichts gegenwärtiger Ratlosigkeit aufschlussreich, die historischen Phasen nicht nur als ‚alte' und ‚neue' Frauenbewegung zu denken, sondern – wie im englischen Sprachgebrauch mit „first wave" und „second wave feminism" angedeutet – die Frauenbewegungen über die historischen Epochen hinweg in ihrem Auf und Ab und damit in „langen Wellen" zu betrachten[3].

Andererseits eröffnet die soziologische Betrachtung der Frauenbewegung als sozialer Bewegung die Möglichkeiten zum Vergleich mit anderen sozialen Bewegungen. Die sozialwissenschaftliche Bewegungsforschung hat inzwischen ein breites Spektrum von Forschungsfragen „mittlerer Reichweite" entwickelt und bearbeitet, die Auskunft geben über die gesellschaftlichen und sozialstrukturellen Entstehungsbedingungen einer sozialen Bewegung, die Trägerinnen, Kommunikationsstrukturen und Aktionsformen, die mobilisierenden Ideen und

---

[3] Ute Gerhard, Die „langen Wellen" der Frauenbewegung – Traditionslinien und unerledigte Anliegen, in: Regina Becker-Schmidt/Gudrun-Axeli Knapp (Hrsg.), Das Geschlechterverhältnis als Gegenstand der Sozialwissenschaften, Frankfurt/M. – New York 1995, S. 247 ff.

Netzwerke, die Verlaufsformen oder „cycles of protest"[4], und damit auch die historischen Traditionslinien bzw. die Brüche zwischen den verschiedenen Phasen untersucht. In dieser Perspektive aber ist die Institutionalisierung von Projekten oder die politische Partizipation der Akteure nicht unbedingt mit dem Ende der Bewegung gleichzusetzen, sondern schafft möglicherweise die Voraussetzungen und mit Verzögerung auch die Ressourcen für andere oder spätere Formen sozialen oder politischen Protests[5].

Neben der historischen Betrachtung und der eher mikrosoziologischen Analyse aber bedarf es zur Beurteilung der Bedeutung sozialer Bewegungen wie auch der Frauenbewegung eines gesellschaftspolitischen und –theoretischen Bezugsrahmens. Ich habe hierzu im Folgenden das Konzept der Zivilgesellschaft gewählt, das m.E. im gegenwärtigen Transformationsprozess ost- wie westeuropäischer Gesellschaften einen gemeinsamen Bezugsrahmen bildet, auch wenn die bisherigen historischen und politischen Erfahrungen kaum zu Optimismus Anlass geben. Zudem ist die Begrifflichkeit in dieser international geführten Diskussion verwirrend, da im Deutschen immer erst zu klären ist, ob Zivilgesellschaft, in der Übersetzung des englische Terminus ‚civil society', mit der ‚bürgerlichen Gesellschaft' des 19. und beginnenden 20. Jahrhunderts oder mit der modernen Gegenwartsgesellschaft identisch ist oder ob es sich lediglich um ein politisches Programm für eine demokratische und gerechte Gesellschaft in der Zukunft handelt.

Doch mich interessiert, welche Bedeutung die Frauenbewegungen in einem Prozess der Demokratisierung und Zivilisierung der gesellschaftlichen Verhältnisse haben können. Dazu möchte ich nach einer kurzen Erläuterung des Begriffs ‚soziale Bewegungen' das Verhältnis der Frauenbewegungen zum Staat in den uns bekannten Formen der bürgerlichen bzw. zivilen Gesellschaften charakterisieren und dabei auch die Veränderungen durch den Wohlfahrtsstaat westlicher Prägung wie durch den osteuropäischen Transformationsprozess skizzieren. Dahinter steht das aktuelle Interesse, zu klären, welche Rolle die Frauenbewegungen in Ost und West spielen könnten und inwieweit es in der neuerlich viel diskutierten Zivilgesellschaft

---

[4] Vgl. Sydney Tarrow, Kollektives Handeln und politische Gelegenheitsstruktur in Mobilisierungswellen: Theoretische Perspektiven, in: Kölner Zeitschrift für Soziologie und Sozialpsychologie, 43 (1991) 4, S. 647 – 670.
[5] Auch im Folgenden beziehe ich mich auf die breite Literatur zur Bewegungsforschung, die hier nur beispielhaft genannt werden kann. Vgl. u.a. Joachim Raschke, Soziale Bewegungen. Ein historisch-systematischer Grundriss, Frankfurt/M.: - New York 1985; Roland Roth/Dieter Rucht (Hrsg.), Neue soziale Bewegungen in der Bundesrepublik Deutschland, Mary F. Katzenstein/Carol MacClurg Mueller (Hrsg.), The Woman's Movement of the United States and Western Europe, Philadelphia 1987; Dieter Rucht, Modernisierung und neue soziale Bewegungen, Frankfurt/M. – New York 1994.

gelingen könnte, bisherige Fehler zu vermeiden, um den Ausschluss der Frauen von gleichberechtigter Staatsbürgerschaft nicht nur in der politischen Theorie, sondern auch in der gesellschaftlichen Praxis zu überwinden.

II. Zur gesellschaftlichen Bedeutung sozialer Bewegungen und der Frauenbewegung

Grundlegend für meine Überlegungen ist ein soziologischer Begriff von sozialen Bewegungen. Soziale Bewegungen sind in ihrer allgemeinsten Definition sowohl Anlass als auch Ergebnis, vor allem aber Träger und Motoren sozialen Wandels. Ihre Akteure sind zunächst informelle Gruppen, unabhängige, autonome Zusammenschlüsse und Vereinigungen, die erst zur Bewegung werden, wenn das Netzwerk der Beteiligten zur Mobilisierung weiterer Netzwerke führt[6]. Mit ihrem Protest, ihren Streitfragen und Forderungen, aber auch neuen kulturellen Orientierungen greifen sie gesellschaftliche Widersprüche und soziale Konflikte auf, sie thematisieren Unrechtserfahrungen und Ungerechtigkeit; d.h. sie versuchen, durch die Veröffentlichung und damit Politisierung der vorher als privat behandelten Anliegen ihre Forderungen als allgemein bedeutsame gegenüber dem Staat und seinen Institutionen bzw. den herrschenden Eliten durchzusetzen. Im günstigsten Fall verändern sich mit solchen Mobilisierungen und den neuen Formen der Partizipation nicht nur die Werthaltungen, die politischen und kulturellen Orientierungen der Beteiligten, sondern auch die politischen und gesellschaftlichen Rahmenbedingungen, nehmen die Bewegung oder Bewegungsorganisationen Einfluss auf die politischen und gesellschaftlichen Institutionen, d.h., sie verändern die bestehenden Verhältnisse selbst.

In den historischen sozialen Bewegungen wie in den osteuropäischen Protest- und Bürgerrechtsbewegungen ging es vor allem um den Kampf um liberale Freiheitsrechte, um soziale Gerechtigkeit und um politische Partizipation und damit um Demokratisierung und Reformierung der gesellschaftlichen Verhältnisse. Die neuen sozialen Bewegungen – das gilt als das spezifisch Neue an ihnen – haben vorrangig Probleme der Lebensweise und Lebenswelt, die Bedingungen individueller Selbstbestimmung und angesichts der atomaren Bedrohung oder ökologischer Probleme die irreversible Gefährdung der Lebensgrundlagen auf die politische Agenda gebracht.

---

[6] Vgl. Friedhelm Neidhardt, Einige Ideen zu einer allgemeinen Theorie sozialer Bewegungen, in: Stefan Hradil (Hrsg.), Sozialstruktur im Umbruch, Opladen 1985.

In der politischen Theorie und in der Bewegungsforschung galt die Arbeiterbewegung bis zu ihrer Etablierung und Institutionalisierung im Wohlfahrtsstaat als Prototyp einer sozialen Bewegung. An ihrem Beispiel, dem Auftreten „des Proletariats", hatte Lorenz von Stein in seiner „Geschichte der sozialen Bewegungen in Frankreich" die aus dem Widerspruch zwischen Lohnarbeit und Kapital hervorgebrachten gesellschaftlichen Bewegungen gegenüber den „Kräften des Beharrens" als die treibende Kraft in der Geschichte gekennzeichnet und zugleich den „allgemeinsten Grund" für eine soziale Bewegung in der Moderne benannt. In seiner Definition war es der „fortwährende Widerspruch", den „eine Gesellschaft der Ungleichen ... mit dem Begriffe des Menschen bildet"[7].

Lange Zeit war die soziologische Analyse von Bewegungen durch Theorien kollektiven Verhaltens[8] verdeckt, die die Phänomene unter dem Vorzeichen und Vorurteil der Massenpsychologie, des abweichenden Verhaltens oder der Destabilisierung von Systemen behandelten. Darüber hinaus war der Begriff „Bewegung" in der Soziologie im Blick auf konservative Bewegungen[9], vor allem aber durch die Konnotierung mit der Rede von der nationalsozialistischen Bewegung, diskreditiert. Erst im Zuge der neuen sozialen Bewegungen hat sich sehr allmählich, doch inzwischen international, ein breites Feld der Bewegungsforschung etabliert, das die Bedeutung von Bewegungen als kritische Instanzen im Wohlfahrts-/Sozialstaat, insbesondere als Promotoren eines „neuen politischen Paradigmas"[10] versteht, die gegenüber Aktionsformen, Werten und Konfliktthemen einer alten und etablierten Form der Politik Neues thematisiert und praktiziert und damit den Begriff wie auch den Raum des Politischen verändert und erweitert haben. Das gilt in ganz besonderem Maße – ohne in den Theorien sozialer Bewegungen entsprechend berücksichtigt zu sein – auch für die neuen Frauenbewegungen, die mit der Thematisierung der Geschlechterprobleme unter dem Motto auch „das Private ist politisch" die Inhalte und Formen des Politischen in Frage stellen und die Grenzziehungen verschoben haben.

---

[7] Lorenz von Stein, Schriften zum Sozialismus 1848, 1852, 1854, hrsg. Von Eckart Pankoke, Darmstadt 1974, S. 3 u. 5.
[8] Vgl. Neil J. Smelser, Theorie des kollektiven Verhaltens, Köln 1972.
[9] Vgl. Ottheim Rammstedt, Soziale Bewegung, Frankfurt/M. 1978.
[10] Claus Offe, New Social Movements: Challenging the boundaries of Institutional Politics, in: Social Research, 52 (1985) 4, S. 817 ff.

Ohne in diesem Rahmen auf die sehr unterschiedlichen Theorien sozialer Bewegungen eingehen zu können, kommt es mir auf die hiermit eröffneten Fragestellungen an, die eine Plattform für die sehr unterschiedlichen Erfahrungen und Bewegungen in Ost und West bieten. Denn in der „wiederentdeckten" Zivilgesellschaft[11] als dem möglichen gemeinsamen gesellschaftstheoretischen und politischen Bezugspunkt sowohl für die westlichen Demokratien als auch die östlichen Transformationsgesellschaften spielen die verschiedenen Bürgerrechts-, Emanzipations-, Friedens- und Ökologiebewegungen eine herausragende Rolle. Sie haben gezielt und bewusst unterhalb und außerhalb, ja, gegen die vorhandenen politischen Strukturen und staatlichen Institutionen eine politische Öffentlichkeit hergestellt und damit Einfluss genommen auf Staat und Politik. Über ihren Einfluss auf die öffentliche Meinung haben sie schließlich zur Delegitimierung von Macht, aber auch zur Demokratisierung der gesellschaftlichen Beziehungen beigetragen.

Ohne die etablierten und bewährten Formen demokratischer Willensbildung (z.B. in den Parteien) oder der Gewaltenteilung ersetzen zu wollen, behandeln Jean Cohen und Andrew Arato daher soziale Bewegungen als „Schlüsselfiguren", „a key feature of a vital, modern civil society and an important form of citizen participation in public life"[12]. In ihrer Theorie einer Zivilgesellschaft wird gerade die Frauenbewegung als zentrale und beispielhafte soziale Bewegung behandelt, weil sie die geltenden „Standards der Gerechtigkeit" für alle Sphären der Zivilgesellschaft, gerade auch für die Familie, reklamiert und damit wesentlich zu „Enttraditionalisierung und Demokratisierung sozialer Beziehungen" beigetragen habe[13]. Die ausdrückliche Einbeziehung der Familie in die Agenda der zivilen Sphäre ist – wie wir sehen werden – für meine Fragestellung von Bedeutung.

Bemerkenswert ist jedoch, wie lange die Frauenbewegungen von der politischen Theorie im allgemeinen und in der deutschen Bewegungsforschung im besonderen unterschätzt bzw. gesellschaftstheoretisch nicht ernsthaft berücksichtigt wurden. Das gilt sowohl für die Einschätzung der historischen Frauenbewegung[14] als auch für die neue Frauenbewegung, die allzu lange in ihrer gesellschaftlichen Bedeutung politisch und theoretisch heruntergespielt bzw. in der Bewegungsforschung „umstandslos" unter die anderen neuen sozialen Bewegungen „subsumiert" wurde, ohne die strukturellen Konflikte im Geschlechterverhältnis als patri-

---

[11] John Keane (Hrsg.), Civil Society and the State. New European Perspectives, London – New York 1988, S. 1.
[12] Jean L. Cohen/Andrew Arato, Civil Society and Political Theory, Cambridge/Mass. 1992, S. 19.
[13] Ebd., S. 554 u. 526.
[14] Vgl. J. Raschke (Anm. 5), S. 38f.

archalische und fundamentale zu benennen[15]. Beispielhaft für diese Unterschätzung, die zögerlichen Zugeständnisse, aber auch den gleichbleibend paternalistischen Gestus ist die Karriere, die das Thema Frauenbewegung in den Gesellschaftsanalysen von Jürgen Habermas erfahren hat, von der vielzitierten bloßen Fußnote 15 in den „Stichworten zur ‚Geistigen Situation der Zeit'", in der der Frauenbewegung ein „eigentümlicher Konkretismus, das Festkrallen an natürlichen, askriptiven Merkmalen wie ... Geschlecht" attestiert wird[16], zu einem „Feminismus", dem „in der Tradition der bürgerlich-sozialistischen Befreiungsbewegungen" und im Gegensatz zu allen übrigen (neuen) Bewegungen doch die „Schubkraft einer offensiven Bewegung" zugesprochen wird, „freilich" mit einem „partikularistischen Kern"[17]. Ja, noch in seiner Diskurstheorie des Rechts[18] geht der Autor – vor dem Hintergrund einer mehr als 150jährigen Geschichte der Frauenbewegung und ihrer Kämpfe um Recht – davon aus, dass die „Hinsichten" der Geschlechterdifferenz und die entsprechenden Rechtsforderungen von Frauen „erst in öffentlichen Diskussionen geklärt" werden müssten, bevor sie als allgemeine zu verhandeln sind[19].

Nun besteht ein wesentlicher Unterschied zwischen der Frauenbewegung und den anderen neuen sozialen Bewegungen gerade darin, dass die Frauenbewegung schon eine ebenso ‚alte' Bewegung wie die Arbeiterbewegung ist bzw. historische Vorläufer hat, ohne deren Kämpfe die heutigen kaum denkbar sind. Andererseits ist die neue Frauenbewegung als Reaktion auf und auch als Teil der neuen Bürgerrechts- und Alternativbewegungen entstanden, d.h., sie sind personell und politisch mit deren Anliegen auf vielfache Weise verbunden und vernetzt. Doch im historischen Vergleich zwischen alter und neuer Frauenbewegung und in der Berücksichtigung der Zwischenzeiten und Flauten sind nicht nur die Kontinuitäten und die gleichen Anliegen wiederzuerkennen, sondern es werden auch die Unterschiede in der Organisationsweise und im Selbstverständnis sowie die veränderten gesellschaftlichen Rahmenbedingungen offensichtlich, spielen vor allem die gesellschaftlichen Umbrüche eine große Rolle. Das gilt auch für die osteuropäischen Frauenbewegungen, die ja nicht nur eine

---

[15] Vgl. Silvia Kontos, Modernisierung in der Subsumptionspolitik? Die Frauenbewegung in den Theorien neuer sozialer Bewegungen, in: Feministische Studien, (1986) 2, S. 34 ff.
[16] Jürgen Habermas, Einleitung, Stichworte zur „Geistigen Situation der Zeit", Bd. 1, Frankfurt/M. 1979.
[17] Ders., Theorie des Kommunikativen Handelns, Bd. 2, Frankfurt/M. 1982, S. 578 f.
[18] Vgl. ders., Faktizität und Geltung. Beiträge zur Diskurstheorie des Rechts und des demokratischen Rechtsstaates, Frankfurt/M. 1992.
[19] Ebd., S. 513.

realsozialistische Vorgeschichte haben, sondern an kulturelle Traditionen und in der Regel auch an eine Frauenbewegungsgeschichte vor 1917 anknüpfen können[20].

Das beinhaltete um 1900 sowohl für die bürgerlichen als auch für die proletarischen Frauenbewegungen und ihre verschiedenen Ableger und Richtungen eine internationale, auch europäische Orientierung, die sich bereits vor dem Ersten Weltkrieg in zahlreichen Organisationen, Medien und Konferenzen eine politische Öffentlichkeit schuf (vgl. z.B. die Geschichte des „International Council of Women", gegründet 1888, oder die „International Alliance of Women for Suffrage and Equal Citizenship", gegründet 1904).

Die von den Frauenbewegungen in den verschiedenen Phasen bezeichneten Streitpunkte und alternativen Zielsetzungen sollen im Folgenden als Wegmarken dienen, um die Spezifik der Frauenprobleme im jeweiligen gesellschaftlichen Zusammenhang und die Konfliktlinien im Geschlechterverhältnis zu skizzieren. Denn in der Thematisierung und Verständigung über Problemlagen und der Herstellung eines öffentlichen Raumes für kollektive Lernprozesse steckt m.E. die politische Sprengkraft gerade dieser sozialen Bewegung.

III. Frauenbewegung in der bürgerlichen Gesellschaft

Die Geschichte der neuzeitlichen Frauenbewegungen beginnt mit der Französischen Revolution, also mit der Inanspruchnahme von Freiheit und Gleichheit und der allgemeinen Menschenrechte auch durch Frauen. Gerade weil die Französinnen trotz ihrer entscheidenden Mitwirkung beim Sturz des Ancien régime von der Französischen Nationalversammlung ausgeschlossen blieben und kein Wahl- oder Bürgerrecht erhielten, also, wie sie selbst feststellten, um die Früchte der Revolution betrogen wurden, verweist schon die „Erklärung der Rechte der Frau und Bürgerin" von Olympe de Gouges aus dem Jahr 1791 auf die gleichbleibenden und zentralen Widersprüche und Schwachstellen der bürgerlichen Rechts- und Staatsverfassungen. Denn mit der anscheinend „partikularistischen" Forderung nach Selbstbestimmung im Hinblick auf die Mutterschaft der Frau (ausgedrückt in Artikel 11 über die Meinungsfreiheit und dem Recht, die Vaterschaft der Väter in Anspruch zu nehmen) in Verbindung und unter ausdrücklicher Betonung ihrer Rechte als Staatsbürgerin (z.B. in Art. 3, 6, 16)

---

[20] Vgl. hierzu das „Handbuch der Frauenbewegung", Berlin 1901, hrsg. v. Helene Lange/Gertrud Bäumer, das in seinem ersten Teil „Die Geschichte der Frauenbewegung in den Kulturländern" neben den süd- und westeuro-

hat de Gouges bereits den Widerspruch zwischen dem öffentlichen Versprechen der Gleichheit für alle Menschen und der privaten Willkür und Gewalt im Geschlechterverhältnis und im sog. rechtsfreien Raum der Familie bloßgelegt. In einem neben der Rechte-Erklärung veröffentlichten Entwurf zu einem „Gesellschaftsvertrag" zwischen Mann und Frau, der an die Stelle des üblichen Ehevertrages treten sollte, hat sie zugleich den systematischen Stellenwert der ehelichen Beziehungen als nicht nur private, sondern politische, d.h. als im öffentlichen Interesse gerecht und gleichberechtigt zu ordnende, aufgedeckt[21].

Für alle nachfolgenden Frauenbewegungen war die Inanspruchnahme der allgemeinen Menschenrechte der Bezugspunkt für die Thematisierung von typischen Unrechtserfahrungen von Frauen und zugleich die Basis ihrer Kämpfe um gleiches Recht, so auch in den demokratischen oder Befreiungsbewegungen um die Revolution von 1848 in Europa und in den USA (vgl. die amerikanische ‚Declaration of Sentiments' 1848 in Seneca Falls). Zum Auftakt der Stimmrechtsbewegung im Jahr 1895 in Deutschland zum Beispiel, des von da an gezielten und organisierten Kampfes um gleiche Wahl- und Bürgerrechte als Grundvoraussetzung aller weiteren Rechtsforderungen, fasste Lily Braun die Zielsetzung emphatisch so zusammen: „So verlangen wir denn freie Bahn für unsere Entwicklung um unserer selbst und der leidenden Menschheit willen ... Wir verlangen Anwendung der Prinzipien des modernen Staates – der allgemeinen Menschenrechte – auch auf die andere Hälfte der Menschheit, die Frauen."[22]

Der Kampf um Rechte hatte viele Facetten, berührte alle Lebensbereiche und traf auf unerbittliche Widerstände. Vorrangige Ziele waren das Recht auf Bildung, Ausbildung und Erwerb, auf Zugang zu öffentlichen Ämtern, zu qualifizierten Berufen und Universitäten und vor allen anderen Rechtsgleichheit auch in der Ehe: Rechte also, die für alle Richtungen der Frauenbewegung, nicht nur für die der bürgerlichen Frauen, im privaten wie im öffentlichen Leben existentiell waren. Jedoch stand das Recht auf Arbeit für die Proletarierinnen kaum in Frage, für sie ging es neben den Ehe- und Mutterrechten vor allem um den Schutz vor unmenschlichen Arbeitsbedingungen und um gleichen Lohn. Die Abwertung all dieser Grundforderungen für ein menschenwürdiges Leben als Nur-Rechte-Bewegung[23] wird der Tragweite und Bedeutung dieser Kämpfe auch für die Gegenwart nicht gerecht.

---

päischen Ländern auch Überblicksdarstellungen über Polen, Russland und Finnland enthält.
[21] Vgl. Ute Gerhard, Gleichheit ohne Angleichung. Frauen im Recht, München 1990, S. 49ff.
[22] Lily Braun, Die Bürgerpflicht der Frau, Berlin 1895, S. 23.
[23] Vgl. Gerda Lerner, The majority finds its past. Placing women in history, Oxford – New York 1979, S. 48 f.

Denn es ging nicht ‚nur' um formale Gleichberechtigung im ‚engen Rechtshorizont' einer bürgerlichen Eigentumswohnung, auch nicht um „Angleichung an die Mannesstellung" oder „sameness", sondern um Befreiung aus persönlicher Abhängigkeit, vor allem um Mündigkeit und Entscheidungsrechte auch in Ehe und Familie, gerade weil dieser Bereich den Frauen in der bürgerlichen Gesellschaft als ureigenste und unentbehrliche Aufgabe übertragen war. Daher wäre es auch ein Missverständnis, die Position dieser frühen Frauenbewegung als ehe- und familienfeindliche zu charakterisieren, im Gegenteil. Allerdings war die Verständigung über die Erfahrungen von Ungerechtigkeit, Gewalt und Bevormundung (legitimiert in dem Rechtsinstitut der Geschlechtsvormundschaft bzw. -eheherrlichen Gewalt noch im BGB[24]) gerade in diesem Bereich, die Kritik des familialen Patriarchalismus, für alle Frauenbewegungen des 19. Jahrhunderts ein entscheidendes mobilisierendes Moment.

Bezeichnend ist, dass diese ersten Frauenbewegungen trotz ihrer massenhaften Proteste und Petitionen und einer um die Jahrhundertwende sogar international gut organisierten Gegenöffentlichkeit mit ihren Forderungen nach Reform des Ehe- und Familienrechts am wenigsten Erfolg hatten, und zwar auch noch nach Erlangen des Frauenwahlrechts in verschiedenen Ländern vor allem nach dem Ersten Weltkrieg. Auf diese Weise wurde die neue staatsbürgerliche Gleichberechtigung durch das unveränderte Privatrecht konterkariert. Familiale Bevormundung und strukturelle ökonomische Benachteiligungen unterliefen so von vornherein die Möglichkeit politischer Partizipation. Und bis in die Gegenwart hinein zeigt sich, dass die Umsetzung der Gleichberechtigung in diesem Bereich auf hartnäckige Widerstände stößt.

Historische Frauenforschung und feministische Gesellschaftstheorien haben diese Widerstände inzwischen in den vielfältigen gesellschaftlichen Ausprägungen und Hinsichten untersucht und kritisiert. In diesen Studien wurden die tradierten Geschlechterrollen sowie geschlechtsspezifischen Strukturen in allen gesellschaftlichen Bereichen, in der Familie, auf dem Arbeitsmarkt, in den Institutionen von Staat und Gesellschaft, einer kritischen Analyse unterzogen. Dabei zeigte sich, dass der Familie in den Rechts- und Staatstheorien der bürgerlichen Gesellschaft nicht zufällig eine staatstragende Bedeutung zugeschrieben wird, sei es als „Kinderstube des Menschengeschlechts"[25] und ‚Keimzelle des Staates' und immer wieder als

---

[24] Vgl. U. Gerhardt (Anm. 21), S. 142f.
[25] Manfred Erle, Die Ehe im Naturrecht des 17. Jahrhunderts, Göttingen 1952.

staatlich zu schützende und geschützte Institution oder als „Gemütsgemeinschaft" und Gegenwelt zur Rationalität des kapitalistischen Marktes oder Wirtschaftsbetriebes[26]. Der Ausschluss der Frauen aus dem Bereich bürgerlicher Öffentlichkeit und ihr Einschluss im Privaten, im Bereich der Familie durch den Ehevertrag oder „sexual contract"[27], mit einer ganz bestimmten, genau normierten „Ordnung der Geschlechter", war somit nicht lediglich Überhang aus feudaler Vergangenheit, sondern konstitutiv für die Funktionsweise der bürgerlichen Gesellschaft und bildete – wie zu zeigen ist – auch noch die Voraussetzung für das Funktionieren und die Struktur der modernen Wohlfahrtsstaaten.

Für die Stellung der Frauen in dieser Gesellschaft rechtlich und praktisch bedeutsam ist somit die Zweistufigkeit von Gesellschafts- und Ehevertrag, die mit einer geschlechtsspezifischen Platzanweisung korrespondiert. D.h., die bürgerliche (auch die zivile?) Gesellschaft, die sich doch in ihren Proklamationen und Prinzipien auf die Freiheit und Gleichheit *aller* Menschen verpflichtete, bewahrte die Ungleichheit der Frauen, und zwar vor allem der Frauen in der Familie, als immanenten Widerspruch, quasi in einem Gesellschaftsvertrag mit doppeltem Boden. Der systematische Ausschluss gründet sich damit nicht nur auf die für den Liberalismus konstitutive Trennung in Staat und Gesellschaft, sondern auf eine Dreistufigkeit, in der sich die Gesellschaft, die ökonomische und politische Sphäre „der bürgerlichen Öffentlichkeit", noch einmal in eine öffentliche und eine private Sphäre unterteilt[28].

Hier nun wird deutlich, welche weitreichende und grundsätzliche Bedeutung die Einbeziehung der Familie in die kommunikative und diskursive Struktur der zivilgesellschaftlichen Sphäre hätte. In der politischen Theorie von Cohen/Arato folgt daraus, dass auch die Familie, obwohl sie nicht einfach eine freiwillige Assoziation wie andere Vereinigungen ist, entsprechend den egalitären Prinzipien der Zivilgesellschaft von ihren patriarchalischen Herrschaftsformen zu befreien ist, ja , dass darüber hinaus gerade die Rechte in der Privatsphäre in den Katalog verfassungsmäßig garantierter Freiheiten aufzunehmen seien[29].

---

[26] Vgl. Heidi Rosenbaum, Familie als Gegenstruktur zur Gesellschaft. Kritik grundlegender theoretischer Ansätze der westdeutschen Soziologie, Stuttgart 1974.
[27] Carole Pateman, The Sexual Contract, Cambridge 1988: dies., The Fraternal Social Contract, in: dies., The Disorder of Women, Stanford 1989, S. 43 f.
[28] Vgl. Georg W. F. Hegel, Grundlinien der Philosophie des Rechts, Frankfurt/M. u.a. 1972, §§ 238/239; vgl. hierzu ausführlich J. L. Cohen/A. Arato (Anm. 12), S. 91 f., dort leider nur in der Fußnote 48.
[29] Vgl. J. L. Cohen/A. Arato /Anm. 12), S. 82 f. und 455.

IV. Frauenbewegung im Wohlfahrtsstaat

Nicht nur im Hinblick auf die private Rechtsstellung, insbesondere im Eherecht, sondern auch auf dem Gebiet der Sozialpolitik haben die ersten Frauenbewegungen nach dem Ersten Weltkrieg in den sich neu konstituierenden Wohlfahrtsstaaten eine entscheidende Niederlage einstecken müssen. Dabei hatten die Frauenorganisationen wie die Arbeiterbewegung mit ihren vielfältigen Initiativen für eine soziale Reform, mit ihren Vereinen zur Selbsthilfe, zur Ausbildung und zum Schutz von Frauen (z.B. der Einrichtung von Arbeitsvermittlungs- und Rechtsschutzstellen usw.), schließlich mit ihren Berufsorganisationen und insbesondere der Entwicklung und Professionalisierung der Sozialarbeit als Frauenberuf entscheidend zur Humanisierung und Reform der kapitalistischen Verhältnisse beigetragen. Die nationalen Frauenverbände haben auch im Ersten Weltkrieg, in der Erprobungsphase staatlich organisierter Sozialpolitik, in allen Bereichen der Kriegswirtschaft und Fürsorge ihre Unentbehrlichkeit vielfach unter Beweis gestellt. Doch als Sozialpartner im neuen gesellschaftlichen Kompromiss zwischen Lohnarbeit und Kapital waren sie offensichtlich nicht gefragt[30].

In der Zeit nach dem Ersten Weltkrieg wird deshalb in beinahe allen westlichen Industrieländern eine sozialpolitische Weichenstellung vorgenommen, die auch den sog. Keynesianischen Kompromiss kennzeichnet: Seine Zielsetzung und Prämisse hieß Vollbeschäftigung, doch meinte dies im Hinblick auf Frauen von Anbeginn nur eine Erwerbsbeteiligung von etwa 30 Prozent, weil gleichzeitig die Familienarbeit/Hausarbeit der Frauen gewährleistet und garantiert sein sollte. Das Prinzip der Familiensubsidiarität und die Absicherung des männlichen Lohnarbeiters durch einen Familienlohn waren die Instrumente, mit denen die geschlechtsspezifische Arbeitsteilung nun aufs neue auch sozialpolitisch abgestützt wurde.

Trotz der im internationalen Vergleich durchaus unterschiedlichen sozialen Sicherungssysteme zeigt sich daher ein im Hinblick auf die Stellung der Frauen im Sozialstaat ziemlich einheitlicher Befund: Auch die amerikanischen Frauenforscherinnen sprechen vom „doppelten Standard" wohlfahrtsstaatlicher Unterstützung für Männer und Frauen, der Sozialversicherung für den weißen Industriearbeiter auf der einen Seite und einem schlecht abgesicherten Hilfsprogramm für alleinstehende Mütter mit Kindern andererseits. Beide Transferleistungen beruhen auf ganz verschiedenen Ideologien, Berechtigungen und bürokratischen Verfahrensweisen und verstärken die geschlechtsspezifische, rassistische und klassenspezifische Organisation des amerikanischen Wohlfahrtsstaates[31].

Ebenso hat Hilary Land für England die weichenstellende Debatte in den zwanziger Jahren über den Familienlohn kritisiert, für den sich die Gewerkschaften gegen die ausdrücklichen Interessen der Vertreterinnen der Frauenbewegung eingesetzt haben, um den Mann als Brotverdiener und damit die geschlechtsspezifische Arbeitsteilung abzusichern[32]. Lediglich der skandinavische Wohlfahrtsstaat, der von Anbeginn die sozialpolitischen Sicherungen nicht an die Lohnarbeiterinnen-, sondern die Staatsbürgerinnenrolle geknüpft hat, schuf damit für Frauen die Voraussetzungen zu gleicher politischer und gesellschaftlicher Partizipation, „a transition from being powerless to having little power"[33].

Grundsätzlich setzte sich damit bei allen sozialstaatlichen Transferleistungen die für die bürgerliche Gesellschaft konstitutive Trennung zwischen privater und öffentlicher Sphäre in der systematischen Zweiteilung der sozialen Sicherungssysteme in eine Arbeiter- und Armutspolitik[34] fort, weil die Unterscheidung zwischen Lohn- und Familienarbeit auch das soziale Berechtigungssystem bestimmt. D.h., auch die sozialen Sicherungssysteme haben einen ‚doppelten Boden', bei dem sich im oberen Netz vorwiegend männliche Lohnarbeiter, kontinuierlich Versicherte, wiederfinden mit gesicherten Rechtsansprüchen, während im unteren die Nicht-Lohnarbeiter und Benachteiligten, überwiegend Frauen nur bei Bedürftigkeit, nach bürokratischer Prüfung des Einzelfalles aufgefangen werden[35].

Und doch ist nicht nur eine negative Bilanz zu ziehen, wenn die Dialektik des Rechts und von Rechtsansprüchen berücksichtigt wird. Denn so sehr dieser Wohlfahrtsstaat auf der einen Seite zu erneuter Diskriminierung und stärkerer Kontrolle, zu einer problematischen

---

[30] Vgl. Ute Gerhard, Sozialstaat auf Kosten der Frauen. Einleitung, in: dies./Alice Schwarzer/Vera Slupik (Hrsg.), Auf Kosten der Frauen. Frauenrechte im Sozialstaat, Weinheim – Basel 1988.
[31] Vgl. Linda Gordon (Hrsg.), Women, the State, and Welfare, Madison – London 1990, S. 11; Barbara Nelson, The Origins of the Two-Channel Welfare State: Workmen's Compensation and Mother's Aid, in: ebd. S. 123ff.
[32] Vgl. Hilary Land, The Family Wage, in: Feminist Review, (1980) 6.
[33] Helga Hernes, Die zweigeteilte Sozialpolitik, eine Polemik, in: Karin Hausen/Helga Nowotny (Hrsg.), Wie männlich ist die Wissenschaft?, Frankfurt/M. 1986, s. 167.
[34] Vgl. Stefan Leibfried/Florian Tennstedt, Politik der Armut und die Spaltung des Sozialstaates, Frankfurt/M. 1985.
[35] Vgl. Ute Gerhard, Sozialstaat auf Kosten der Frauen. Einleitung, in: dies./A. Schwarzer/V. Slupik (Hrsg.) (Anm. 30).

„Verrechtlichung" der soziale Beziehungen geführt hat, hat er doch auch Berechtigungen und z.B. mit der Garantie eines Existenzminimums die Voraussetzung auch für die Unabhängigkeit vom Familienernährer geschaffen. Feministinnen haben deshalb provozierend gefragt, ob „diese Abhängigkeit vom Staat nicht der Abhängigkeit vom Ehemann vorzuziehen sei; denn Frauen ‚leben nicht mit dem Staat zusammen' wie mit dem Ehemann, weshalb es möglich ist, in kollektiven Aktionen um ihre Rechte zu kämpfen"[36].

Schließlich waren die Rechtsfortschritte und Rechtsansprüche auf Bildung, beruflichen Wiedereinstieg, sehr allmähliche Verbesserungen existentieller Sicherung und ein neuer Standard gleicher Rechte auch die Voraussetzung für die Kämpfe der neuen Frauenbewegungen. Auf der Basis einer wenigstens formalen Rechtsgleichheit auch im Privaten, höherer Bildung und zeitweise verbesserter Erwerbschancen hat die neue Frauenbewegung im Westen die Diskrepanz zwischen Rechtsnorm und Rechtswirklichkeit thematisiert und damit die nach wie vor wunden Punkte im Geschlechterverhältnis sehr viel deutlicher und selbstbewusster als die Frauen früherer Generationen zur Sprache bringen können. Ihre zentralen Forderungen waren nun nicht mehr Gleichberechtigung, sondern Autonomie in privater wie politischer Hinsicht. Dazu gehörte insbesondere die Selbstbestimmung über den eigenen Körper und die Skandalisierung der im Privaten verborgenen und als Privatsphäre geschützten Gewalt gegen Frauen.

Das in der neuen Frauenbewegung gängige Motto „Das Private ist politisch" bezeichnet somit nach wie vor den Kern der Herausforderung, mit der die neue Frauenbewegung die herkömmlichen Werte und Orientierungen, aber auch die Formen des Politischen als Verkehrsform öffentlicher Angelegenheiten in Frage gestellt und zu beeinflussen versucht hat. Die Neudefinition des Politischen rührt an die Grundfesten der bürgerlichen Gesellschaft und der bestehenden politischen Ordnung, die – wie wir sahen – auf einem Gesellschaftsvertrag mit doppeltem Boden beruht; m.E. hat sie mit dieser Form der Politisierung ihrer Anliegen bereits die traditionelle Trennlinie zwischen Privatem und Öffentlichkeit verschoben und den Wertewandel entscheidend beeinflusst.

Die Frage, die sich heute bei der Beurteilung der westlichen Gegenwartsgesellschaft stellt, ist lediglich, inwiefern wir den heute noch in einer bürgerlichen Gesellschaft leben bzw.

---

[36] Vgl. L. Gordon (Hrsg.) (Anm. 31), S. 23

inwiefern die Mutation zum Wohlfahrtsstaat berechtigt, von einer zivilen Gesellschaft zu reden. Sozialer Wandel gerade in bezug auf die Form der Familie, die sogenannte Pluralisierung der Lebensformen und Prozesse der Individualisierung sowie insbesondere die Erosion der traditionellen Geschlechterrollen gelten als Anzeichen einer nachbürgerlichen oder postmodernen Gesellschaft. Die Beantwortung dieser Frage hängt davon ab, wie wir die oben genannten Merkmale und Konstitutionsbedingungen der bürgerlichen Gesellschaft beurteilen: Wenn die spezifisch bürgerliche Ordnung der Geschlechter, befestigt in der Familie und einer nach wie vor geschlechtshierarchischen Arbeitsteilung, wie oben behauptet, tatsächlich unentbehrliche Grundlage und Rahmenbedingung und also konstitutiv ist für die bürgerliche wie zivile Gesellschaft, können Feministinnen ihr Projekt nur als postmodern verstehen. Es gibt aber auch eine andere Möglichkeit der Interpretation: Meines Erachtens bleibt das Versprechen der Freiheit und Gleichheit auch der Frauen das eigentliche, verhinderte Ziel einer wirklich demokratischen und zivilen Gesellschaft. Damit aber stünde die Vollendung der bürgerlich-zivilen Gesellschaft noch aus, wäre alle bisherige Bürgerlichkeit nur als Vorgeschichte des Projekts „Zivilgesellschaft" zu deuten.

V. Frauenfrage und Frauenpolitik in den osteuropäischen Transformationsgesellschaften

Spätestens mit dem Blick nach Osteuropa wird deutlich, wie verwirrend die Terminologie ist und wie unterschiedlich das Konzept „Bürgerliche Gesellschaft" bzw. „Zivilgesellschaft" verwendet wird. Doch die Verwirrung ist nicht nur in einer unzulänglichen Systematik, sondern in der „schillernden" Begrifflichkeit beider Termini selbst begründet, zu der die unterschiedlichen theoretischen und politischen Prämissen in Osteuropa und im Westen, nicht zuletzt die unterschiedlichen Sprachen und Übersetzungen (civil society – bürgerliche Gesellschaft – bourgeois society) beigetragen haben. Auffällig ist, dass im Deutschen im Kontext der Demokratisierungsprozesse in Osteuropa vorwiegend von Zivilgesellschaft (oft sogar im englischen Terminus) gesprochen wird, offenbar weil der Begriff bürgerliche Gesellschaft ein historischer bzw. weil sie durch ihre Kennzeichnung als Klassengesellschaft belastet ist.

Gleichzeitig wird vielfältig auf die „Renaissance" und auf die notwendige „Rekonstruktion" und Reinterpretation des Begriffs und seiner politischen Bedeutung hingewiesen[37].

„In Osteuropa" – versucht man zu erklären – „wird bürgerliche Gesellschaft im Gegensatz zu Staat begriffen und drückt die Überzeugung aus, dass die Gesellschaft nicht auf staatliche Strukturen reduzierbar ist. Gegenüber einem kommunistischen Staat, einem Staat, der alle Bereiche des Gemeinwesens unter seine Kontrolle zu bringen versucht(e), wird der Begriff ‚bürgerliche Gesellschaft' zum Maß der Widerstandsfähigkeit der Gesellschaft gegen den Totalitätsanspruch des Staates und gleichzeitig zu einer politischen Handlungsmaxime: Die bürgerliche Gesellschaft ist der vom Staat nicht beherrschte Rest des gesellschaftlichen Lebens, den es zu erweitern gilt"[38].

Die bedeutende Rolle der osteuropäischen Oppositions- und Bürgerrechtsbewegungen im gesellschaftlichen Transformationsprozess wird immer wieder hervorgehoben, weil sie, quasi als Counterpart der westeuropäischen neuen sozialen Bewegungen, bewusst außerhalb der vorhandenen politischen Strukturen und im Spannungsverhältnis zwischen Staat und Gesellschaft neue Räume politischer Willensbildung und Kontrolle, aber auch der Selbstbestimmung eröffnet und damit Einfluss auf die öffentliche Meinung genommen haben. Sie werden beschrieben als „ein Netz selbständiger, vom Staat unabhängiger Vereinigungen, ... die nicht von der Staatsmacht bevormundet werden, ... doch durch ihre bloße Existenz oder Aktivität Auswirkungen auf die Politik haben können"[39]. Insbesondere wird betont, dass diese Vereinigungen, Basisorganisationen und Gruppierungen, die einen neuen Raum des Gesellschaftlichen und Politischen eröffnet haben, nur als demokratische, gleichberechtigte und solidarische denkbar sind.

Doch die entscheidende, meine Überlegungen antreibende Frage, die vor dem Hintergrund feministischer Gesellschaftskritik zu stellen ist, bleibt, wie sich diese im ost- und mitteleuropäischen Kontext konzipierte Zivilgesellschaft zu dem Problem der Exklusion der Frau aus politischer Mitverantwortung und ihrer Inklusion in die Familie, dem konstitutiven

---

[37] Vgl. J. L. Cohen/A. Arato (Anm. 12), S. 29 f; J. Keane (Hrsg.) (Anm. 11); Charles Taylor, Die Beschwörung der Civil Society, in: Krzysztof Michalski (Hrsg.), Europa und die Civil Society, Stuttgart 1991, S. 52ff.; Jürgen Kocka (Hrsg.), Bürgertum im 19. Jahrhundert. Deutschland im europäischen Vergleich, Eine Auswahl, 3 Bde., Göttingen 1995.
[38] Krystof Michalski, Vorwort, in: ders. (Hrsg.), (Anm. 37), S. 8.

Widerspruch der bürgerlichen Gesellschaft, verhält? Hierzu findet sich in der breiten Literatur herzlich wenig, in der Regel „only a passing reference"[40]. Eine Ausnahme bildet der schon mehrfach erwähnte theoretische Ansatz von Cohen/Arato.

Aus westlichen Blickwinkeln fällt zumindest auf, dass Frauen in allen Bürgerrechts- und Demokratiebewegungen in Osteuropa wohl in hohem Maße beteiligt waren, die Probleme im Geschlechterverhältnis jedoch offenbar ausgespart blieben. Auch in den Ansätzen und Formulierungen einer Strategie einer „anti-political politics"[41], die ihren Ausgangspunkt von ihren Erfahrungen und der Widerständigkeit in der „Lebenswelt" nimmt und damit verblüffend nah an das von westlichen Feministinnen formulierte Politikverständnis herankommt, bleiben die Texte im Hinblick auf die Geschlechterverhältnisse bzw. den weiblichen Lebenszusammenhang bemerkenswert stumm. Das lag in der Vergangenheit ohne Zweifel daran, dass die Frauenfrage in den staatssozialistischen Gesellschaften *einerseits* einen hohen politischen Stellenwert hatte und von Staats wegen, als Emanzipation ‚von oben', beantwortet schien. Die gleichberechtigte Einbeziehung der Frauen in den Arbeitsmarkt, die Absicherung der vollen Berufstätigkeit durch ein ganzes Bündel sozialpolitischer Maßnahmen, die die Vereinbarkeit von Familien- und Berufsarbeit (nur) der Frauen garantieren sollte, entsprach insoweit dem historisch-materialistischen Versprechen, als die Emanzipation des Menschen, und das meinte auch die Frauen, automatisch aus der Aufhebung der Klassengegensätze und ökonomischen Ungleichheit folge.

Ohne hier auf die bereits hinreichend kritisierte sozialistische Frauenemanzipationstheorie wie auch ihre Umsetzung in den sog. realsozialistischen Gesellschaften eingehen zu können, ist anzuerkennen, dass die in den sozialistischen Ländern verordnete Frauenpolitik mit einer Frauenerwerbsquote von ca. 90 Prozent ohne Zweifel eine Veränderung der traditionellen Frauenrolle bewirkt und insbesondere die ökonomische Selbständigkeit der Frauen gefördert hat. Trotzdem – das wird von allen Beteiligten heute in der Rückschau betont – hat diese Form der Gleichberechtigung keineswegs die geschlechtsspezifischen Strukturen der Ungleichheit in Staat und Gesellschaft beseitigt, insbesondere nicht die Zuständigkeit der Frauen für die Familienarbeit aufgehoben. Das Recht und der Zwang zur Erwerbstätigkeit

---

[39] Charles Taylor, Die Beschwörung der Civil Society, in: ebd., S. 52 u. 57.
[40] Claire Wallace, A Western Feminist goes East, in: Transit, (1995) 9; vgl. Nanette Funk, Introduction, in: dies./Magda Mueller (Hrsg.), Gender Politics and Post-Communism, New York – London 1993, S. 12 f.
[41] Václav Havel, Anti-Political Politics, in: J. Keane (Hrsg.) (Anm. 11), S. 381 ff.

hatte deshalb mit der Doppel- und Dreifach-Belastung von Frauen einen hohen Preis: „‚Emanzipation' bedeutete für Frauen, die auf eine billige Arbeitsressource reduziert waren, in den letzten vierzig Jahren den Verlust ihrer Würde... bedeutete den Verlust ihrer Frauenidentität, weil Frauen sich an die vorgegebenen Strukturen anzupassen hatten ... Sie hatten keine Möglichkeit, sich ihrer selbst bewusst zu werden und selbst zu entscheiden, was es bedeutete, eine Frau zu sein, um dies in ihrer Lebensweise, ihren Rollen und persönlichen Erwartungen auszudrücken."[42]

Andererseits – und diese unterschiedlichen Erfahrungen spielen nun auch für die Verständigung über das, was Zivilgesellschaft im Transformationsprozess seit 1989 heißen könnte, eine beachtliche Rolle – war die Privatsphäre in den sozialistischen und totalitären Staaten Osteuropas zunächst und lange Zeit der einzige Raum, der „die Entwicklung individueller Initiative und Autonomie" ermöglichte. „Family and friends filled the space where civil society could not exist."[43] „Der Raum der Freiheit war eher das Private als das Öffentliche", versichert Hanna Havelkova und fügt hinzu, dass der gegenwärtige Transformationsprozess „die ökonomische und psychische Funktion der Familie nicht beseitigt, sondern (sogar noch) verstärkt" habe. Familie war in diesem Kontext also gerade nicht der Bereich, in dem Unrechtserfahrungen gemacht oder zumindest thematisierbar wurden.

Vielleicht war die Familie wegen der oppositionellen und politischen Bedeutung dieses Privatbereichs auch in besonderer Weise gefeit gegen geschlechtsspezifische Benachteiligung. Erst mit dem Wegfall der staatlichen Repression wurde sie wieder frei in einem doppelten Sinn, d. h. auch für eine geschlechtshierarchische Funktionalisierung und Arbeitsteilung. Allerdings gab es eine besondere Verwundbarkeit der Frauen durch sexuelle Gewalt, die als Faktum nun im Zuge der Liberalisierung zutage tritt, auch unter realsozialistischen Bedingungen. Sie lag – so drückte es eine Diskussionsteilnehmerin bei einer Vortragsveranstaltung 1995 in Bratislava aus – in der „Sexualisierung auch der gesellschaftlichen Beziehungen", gemeint waren sexuelle Belästigungen und Verfügbarkeit von Frauen in den Arbeitsbeziehungen – eine Bemerkung, die unter den Beteiligten eine heftige Diskussion auslöste.

---

[42] Zuzana Kiczková/Eteja Farkasová, The Emancipation of Woman: A Concept that Failed, in: N. Funk/M. Mueller (Hrsg.) (Anm. 40), S. 87 (Übers. v. U. G.).
[43] Barbara Einhorn, Cinderella goes to Market. Citizenship, Gender and Women's Movements in East Central Europe, London – New York 1993, S. 6.

Heute nun erleben die Frauen in den osteuropäischen Staaten in der Transformation ihrer Gesellschaft in die liberale Marktökonomie – in sehr unterschiedlicher Weise – ganz neue Formen der Diskriminierung, der Zurücksetzung und Bevormundung und des Ausschlusses aus dem Bereich gesellschaftlicher Produktion, wird doch z.B. in Ostdeutschland ganz offen und gezielt auf die „Normalisierung" der Frauenerwerbsquote von einst über 90 Prozent auf westdeutschen Standard (um 55 Prozent) hingearbeitet, werden auch in den anderen osteuropäischen Staaten die sozialpolitischen Errungenschaften zurückgefahren, die das Vereinbarkeitsproblem von Beruf und Familie vergesellschaftet und damit unsichtbar gemacht hatten. Gleichzeitig ist mit dem Verlust des Rechts auf Arbeit und sozial abgesicherter Arbeitsplätze in allen osteuropäischen Ländern ein wesentlicher Rückgang der Partizipation von Frauen in allen politischen Gremien und Parteien zu verzeichnen, der nicht nur mit dem Wegfall staatlich verordneter Quotierungen zu tun hat, sondern auf neue Ausschlussmechanismen hindeutet.

Aber auch insofern sind Verallgemeinerungen offensichtlich voreilig, als nun doch auch die sehr unterschiedlichen kulturellen Traditionen und politischen Konstellationen in den verschiedenen Ländern Ost- und Mitteleuropas zum Tragen kommen, es also Einschätzungen gibt, die diese Fakten anders deuten. Danach ist der Rückzug der Frauen aus institutionalisierter Politik kein Indikator für ein Desinteresse an Politik, im Gegenteil, so Julia Szalai über die Situation in Ungarn: „Das politische Leben jenseits der offiziellen politischen Sphäre ist dominiert von einer großen Zahl weiblicher Akteure: Tausende von neu gegründeten Vereinigungen, lokalen Komitees und Nichtregierungsorganisationen stützen sich wesentlich auf ihre Mitwirkung, abgesehen von den nicht parteigebundenen Ämtern in verschiedenen kommunalen Vertretungen."[44]

Inwieweit die neuen politischen und neoliberalen Marktbedingungen, aber auch die neuartigen Unrechtserfahrungen der Frauen in Osteuropa Auslöser einer Mobilisierung ‚von unten' und einer neuen, selbstbewussten Frauenpolitik sein können, vermag ich nicht zu beurteilen. Gegenwärtig zeichnen die Expertinnen zumindest ein eher düsteres Bild: „Inzwischen werden Frauen in den neuen konservativen Diskursen als vorrangig für die Familie verantwortlich behandelt, vorrangig als Mütter, nicht als Erwerbstätige. Damit wird die Trennung

---

[44] Julia Szalai, Women and Democratization: some Notes on Recent Changes in Hungary, Prague (unpublished paper) 1995, S. 24 (Übers. v. U.G.).

zwischen Öffentlichkeit und Privatsphäre erneut fixiert und zeigt eine Rückkehr vom öffentlichen (wohlfahrtsstaatlichen) Patriarchalismus zu privatem Patriarchat (der Abhängigkeit vom männlichen Familienernährer) an."[45]

VI. Versuch eines Resümees

Die Frage stellt sich, inwieweit diese unterschiedlichen Erfahrungen und Bedingungen überhaupt in einer sozialen Bewegung wie der Frauenbewegung zu einer gemeinsamen politischen Strategie zusammengeführt werden können und was dies für das Konzept der Zivilgesellschaft bedeutet. Denn zu beobachten ist ein gegenläufiger Prozess: Während ostdeutsche Frauen einerseits in die politische und ökonomische Freiheit entlassen werden – und doch gleichzeitig einen Prozess der ‚Domestizierung' und erneuten Festlegung auf ihre Familienrolle erfahren -, ist der Emanzipationsprozess auch in Westdeutschland in Anbetracht der ökonomischen sozialpolitischen Engführungen deutlich gebremst. Aus diesem Grund nützt es nichts, etwa besserwisserisch abzuwarten, bis auch die Osteuropäerinnen mit einer zunehmenden Verbürgerlichung/Zivilisierung (in der ganzen Doppeldeutigkeit des Begriffs) der gesellschaftlichen und politischen Beziehungen so weit sind, unsere westlichen Unrechtserfahrungen zu machen. Aus diesem Grund sind die unterschiedlichen Erfahrungen und Erwartungen von Frauen aus Ost- und Westdeutschland bei den ersten Verständigungsversuchen so heftig aufeinandergeprallt, dass bisher daraus keine gemeinsame Stärke oder neue Bewegung geworden ist.

M.E. kommen gerade auch die westlichen Feministinnen zur Zeit nicht umhin, ihre Konzepte und politischen Strategien zu überprüfen. Dazu gehört vor allem anderen aber ein grundsätzlich anderes Verständnis von Radikalität. Die TheoretikerInnen des Projekts „Zivilgesellschaft" sprechen daher von einem notwendig „sich selbst beschränkenden Radikalismus". Damit ist die „Aufgabe revolutionärer Träume zugunsten radikaler Reformen" gemeint, und sie beinhaltet eine dualistische Strategie sozialer Bewegungen[46]. Habermas beschreibt sie als „höchst innovative Kombination von Macht und intelligenter Selbstbeschränkung"[47]. Diese doppelte Strategie zielt einerseits auf politische Einflussnahme, um die Institutionalisie-

---

[45] Barbara Einhorn, Ironies of History: Citizenship Issues in the New Market Economies of East Central Europe, in: Barbara Einhorn/E. Janes Yeo (Hrsg.), Women and Market Societies: Crisis and Opportunity, Aldershot 1995, S. 224 (Übers. v. U. G.).
[46] J. L. Cohen/A. Arato (Anm. 12), S. 493.
[47] Jürgen Habermas, Die neue Unübersichtlichkeit, Frankfurt/M. 1985, S. 156.

rung der Bewegungsziele und die Veränderung der politischen Entscheidungsstrukturen zu erreichen. Diese Reform des Politischen, der Demokratisierung von gesellschaftlicher und ökonomischer Sphäre bedient sich also unserer rechtsstaatlichen Verfassung und der Rechte der einzelnen und überwindet damit die lähmende Grenzziehung zwischen revolutionärem Fundamentalismus und gesellschaftlicher Reform, wie auch die falsche Alternative zwischen autonomer und institutioneller Politik.

Gleichzeitig ist der kollektive Lernprozess fortzusetzen, der – wie die Frauenbewegung durch die Form ihrer Mobilisierung, die Bildung von Selbsterfahrungsgruppen, autonomen Projekten und Netzwerken gezeigt hat – die Werthaltungen und den politischen Diskurs verändern kann, und zwar nicht nur unter Frauen. Das Aktionsfeld dieser Politik ist der Bereich der Zivilgesellschaft, der sich zwischen den staatlichen Institutionen und der Privatsphäre des/der Einzelnen auftut und Bewegungen, Vereinigungen und Verbände, aber – wie wir aus den osteuropäischen Erfahrungen und eigenen Unrechtserfahrungen lernen konnten – auch den Bereich der Familie oder der anderen Lebensformen umfassen muss, um auch hier gleichberechtigte Kommunikation, Selbstbestimmung und politische Repräsentation zu garantieren.

Nach allem, was wir inzwischen über die Differenzen und unterschiedlichen Interessen von Frauen als der ‚einen Hälfte der Menschheit' gelernt haben, ist es sinnlos, erneut eine falsche Gemeinsamkeit zu beschwören. Erst recht auf der Grundlage so unterschiedlicher Erfahrungen im vereinigten Deutschland kann eine dualistische Strategie die unterschiedlichen gesellschaftlichen Zusammenhänge berücksichtigen und helfen, Missverständnisse zu vermeiden. Denn die Zivilgesellschaft in Ost und West kann nur ihrer Verwirklichung näherkommen, wenn sie nicht auf Vereinheitlichung und Zentralisierung, sondern auf die Gleichberechtigung und Anerkennung gerade von Verschiedenem und die Vielfalt möglicher Formen der Selbstbestimmung setzt. Allerdings wissen wir angesichts der wiederauflebenden nationalen Diskurse und zur Zeit todbringenden ethnischen Konflikte auch, welch gefährlicher Zeitzünder das Beharren auf kulturellen Differenzen ist.

Die besondere Bedeutung des Feminismus für die Demokratie[48] und die Aufgabe sozialer Bewegungen, auch der Frauenbewegungen, in diesem Prozess der Verwirklichung der Zivilgesellschaft als Modell für eine demokratische, gerechte und verantwortungsvoll freie Gesellschaft steht außer Frage, allerdings ist dieses Projekt nicht von Frauen allein zu organisieren. Gönnen wir uns also eine Atempause zur Mobilisierung unserer Kräfte, gewinnen wir Verbündete, ohne die eigenen Erfahrungen und Zielsetzungen und die Notwendigkeit autonomer Frauenpolitik zu verleugnen, insistieren wir auf einer Verständigung auch mit dem ‚anderen Geschlecht' über eine soziale und gerechte Politik und damit über den „Traum, den die Welt längst von (dieser) Sache besitzt"[49].

---

[48] Vgl. Birgit Meyer, Über das schwierige, aber notwendige Verhältnis von Feminismus und Demokratie, in: Elke Biester/Brigitte Geißel/Sabine Lang/Birgit Sauer/Petra Schäfter/Brigitte Young (Hrsg.), Staat aus feministischer Sicht, Dokumentation der DPWV, Berlin 1992, S. 63 ff.

[49] Karl Marx, Briefe aus den „Deutsch-Französischen Jahrbüchern", in: Marx Engels Werke, Vol. 1, Berlin 1972, S. 346.

Kapitel 4: Internationale Beziehungen aus der Sicht der Frauen- und Geschlechterforschung

Christiane Lemke

Die Entwicklung feministischer Ansätze im Bereich der internationalen Politik erfolgte als Kritik auf die „Geschlechtsblindheit" herkömmlicher Theorien der internationalen Beziehungen. In den dominanten Denkschulen der internationalen Politik, wie dem Realismus und Neo-Realismus, den pluralistischen Ansätzen des liberalen Internationalismus sowie den marxistisch geprägten Weltsystemtheorien, blieb das Problem der Geschlechterhierarchien unberücksichtigt. Implizit wurde davon ausgegangen, dass die politischen Akteure auf der Weltbühne Männer sind, womit zwar die Realität der internationalen Politik mit den durch Männer beherrschten politischen Aktionen in Außenpolitik, Diplomatie und Militär abgebildet wird, die historische, soziale und kulturelle Genese von Machtverhältnissen jedoch nur unzureichend reflektiert wird. Internationale Politik aus der Perspektive von Frauen zu analysieren, galt zunächst als unwissenschaftlich und ungehörig, da hierdurch nicht nur herkömmliche Theorien und Paradigmen in der Politikwissenschaft, sondern auch real existierende politische Herrschaftsverhältnisse in Frage gestellt wurden.

Mit der Entwicklung geschlechtersensibler Ansätze in angrenzenden Fächern veränderte sich auch die Herangehensweise in der Politikwissenschaft. Mitte der achtziger Jahre entstanden zuerst im angelsächsischen Raum erste feministische Forschungsarbeiten zum Thema „gender and international relations", die sich als kritisches Korrektiv zu herkömmlichen Theorien und Konzepten der Analyse von internationaler Politik verstanden. Einen Wendepunkt bildete die Veröffentlichung des Sonderhefts der englischsprachigen Zeitschrift „Millennium" im Jahr 1988, in dem die Diskussion in der Disziplin der internationalen Beziehungen erstmals umfassend dokumentiert wurde. Schon bald erschienen mehrere wichtige Publikationen, die diesen Ansatz vertraten (vgl. z. B. Enloe 1993; Tickner 1992; Sylvester 1992; Whitworth 1994). Heute stellen die feministischen Ansätze einen eigenständigen, kritischen Diskurs in der angelsächsischen Disziplin der internationalen Beziehungen dar. In einem neueren englischsprachigen Lehrbuch wird den feministischen Analysen internationaler Beziehungen sogar eine recht optimistische Entwicklungsperspektive eingeräumt: "The future for feminist international relations looks especially bright as gender analysis is extended to new and existing areas of international studies. What is now the 'sub-field' of feminist IR is growing in interest and research at a rapid rate. "(True 1996: 243) [1] Dabei ist die englischsprachige Rezeption deutlicher in die Diskussion des "mainstream" eingebunden, d. h. sie konstituiert einen kritischen Diskurs *innerhalb* der Disziplin der internationalen Beziehungen, wobei sie hier vor allem vom liberalen Internationalismus aufgenommen wird, während sie in der deutschsprachigen Diskussion zunächst weitgehend *außerhalb* des traditionellen Lehr- und Forschungsgebiets der internationalen Beziehungen und der Außenpolitik angesiedelt blieb. Breitere Aufmerksamkeit fanden *gender*-Ansätze in der deutschsprachigen Forschung über internationale Politik erst mit einer Artikelserie in der „Zeitschrift für internationale Beziehungen" (vgl. Krell 1996; Locher 1996). Selbst in der weiter fortgeschrittenen angelsächsischen Forschung wird allerdings die zögerliche Öffnung des Feldes kritisiert (vgl. Tickner 1997).

Theoretische Positionierung der *gender*-Ansätze

Vor dem Hintergrund der sich immer breiter auffächernden politikwissenschaftlichen Frauen- und Geschlechterforschung wird im folgenden eine einführende, kritische Bestandsaufnahme feministischer Arbeiten zur Analyse der internationalen Beziehungen vorgelegt. Dabei bezeichnet der Begriff „Feminismus" hier Theorien, die nach der Strukturiertheit von Geschlechterbeziehungen fragen und diesen Ansatz für die Analyse internationaler Politik fruchtbar machen. Erkenntnisleitend ist in diesen Theorien der Anspruch, hierarchische Machtverhältnisse offenzulegen sowie politische Perspektiven zur Beseitigung der weltweiten Diskriminierung von Frauen aufzuzeigen. Der Anspruch, internationale Beziehungen aus der geschlechtersensiblen Perspektive mit einem *gender*-Ansatz zu betrachten, bedeutet in diesen Arbeiten, Ergebnisse der Frauen- und Geschlechterforschung aufzunehmen und in das Forschungsfeld einzubringen. Birgit Locher, deren Beitrag wir im folgenden dokumentieren, beschreibt diesen Ansatz folgendermaßen:

---

[1] Dagegen wird in deutschsprachigen feministischen Arbeiten über die Randständigkeit dieses kritischen Forschungsansatzes geklagt. Zugespitzt schreibt eine österreichische Autorin: "Das politikwissenschaftliche Teilgebiet Außenpolitik/Internationale Beziehungen schottet sich gegenüber feministischem Wissen und Kritik ab. Wir haben es mit einer Disziplin zu tun, die anscheinend nichts von Kenntnissen, die auf der Kategorie Geschlecht als grundlegendes soziales und gesellschaftliches Gestaltungs- und Verteilungsprinzip basieren, profitieren will. " (Rosenberger 1998:169) Tatsächlich nimmt von den deutschsprachigen Lehrbüchern lediglich

„Eine solche These geht davon aus, dass *gender* nicht nur individuelle Geschlechtsidentität bestimmt, sondern als strukturelles Konzept in alle Bereiche gesellschaftlichen, politischen und damit auch internationalen Handelns hineinwirkt " (1997:1). Kritisch lässt sich jedoch festhalten, dass die Entwicklung geschlechtersensibler Forschungsansätze in vielen Bereichen der internationalen Politik ein noch einzulösendes Forschungsprogramm umschreibt, obwohl die Diskussion inzwischen recht breit entfaltet ist. Eine geschlossene feministische Theorie internationaler Beziehungen liegt jedenfalls (noch) nicht vor. Ihr theoretischer Ansatzpunkt bleibt auch unter Feministinnen umstritten.

Ein erster Streitpunkt ergibt sich aus der Positionierung der Geschlechterverhältnisse in der Matrix der Machtverhältnisse im Rahmen der internationalen Politik. Soll die Geschlechterperspektive als kritische Korrektur herkömmlicher Theorien begriffen werden, d. h. ist die Geschlechterforschung ein integraler Bestandteil der internationalen Beziehungen, oder soll *gender* als primäre Ausgangs- und Strukturkategorie gelten, die das gesamte Feld der internationalen Beziehungen neu strukturieren würde? Dieser Anspruch ist weitreichender, als der Ansatz, *gender* als kritische Korrektur in herkömmliche Theorien einzuarbeiten; die Konturen einer solchen grundlegenden Neustrukturierung des Feldes sind bislang allerdings noch unscharf.

Ein weiterer Streitpunkt besteht in der Frage, wie feministische Theoretikerinnen zu anderen herrschaftskritischen Theorien, insbesondere zu dekonstruktivistischen und postmodernen Ansätzen, stehen (vgl. True 1996: 241f). Diese Frage wird bislang vor allem in der englischsprachigen Literatur diskutiert. Soll feministische Theorie in der postmodernen Kritik aufgehen, die, ähnlich wie der Feminismus, ihre Kritik an herrschenden Strukturen aus der Position der Marginalisierung heraus entwickelt und die, wie feministische Ansätze, von einer Vielzahl sozialer Differenzen ausgeht? Sind Postmoderne und Feminismus „natürliche Partnerinnen" oder wird mit der Verknüpfung feministischer und postmoderner Ansätze der aktive, gesellschaftsverändernde Anspruch, Herrschaftsverhältnisse im Interessen von *Frauen* abzubauen, in der internationalen Politik aufgegeben? Diese Fragen verdeutlichen, dass die Auseinandersetzungen im Feld der internationalen Beziehungen in der breit gefächerten

---

eine neuere Einführung in die internationale Politik die Geschlechterforschung ausführlicher auf (Vgl. Albrecht 1999:97).

feministischen Theoriebildung verwurzelt sind und von diesen allgemeineren Theoriediskussionen beeinflusst werden. [2]

Als herrschaftskritischer Ansatz erhebt der *gender*-Ansatz den Anspruch, die erkenntnistheoretischen und methodologischen Voraussetzungen wissenschaftlicher Erkenntnis zu reflektieren. Die britische Wissenschaftlerin Lara Stancich (1998) hat die epistemologische Situation mit folgender Analogie beschrieben: Fünf Forscher entdecken einen Elefanten; jeder von ihnen sieht nur einen Teilausschnitt, so dass er zu einem unvollständigen, aber teilweise "korrekten" Bild des Elefanten gelangt. Derjenige, der von seinem Standpunkt aus den Rüssel wahrnimmt, hält ihn für eine Schlange, derjenige der das Bein entdeckt, nimmt an, er habe einen Baum vor sich. Die kritische Geschlechterforschung kann nun als Analyse der inneren Organe des Elefanten gedacht werden, denn erstens befasst sie sich mit den "verborgenen", inneren Teilen des Organismus und zum anderen betrachtet sie die inneren Organe als integralen Bestandteil des Gesamtkörpers. Darin unterscheiden sich feministische Analysen von herkömmlichen Theorieansätzen, denn sie verstehen die "große" Politik der internationalen Beziehungen nicht jenseits der Geschlechterordnung, sondern durch sie konstituiert. In der feministischen Forschung wird daher ein enger Zusammenhang gesehen zwischen dem Gegenstand, der analysiert wird, den Methoden seiner Erforschung und der Betrachtungsperspektive internationaler Politik.

Eine erste zentrale Schlussfolgerung aus dieser Erkenntnis bestand zunächst darin, die Perspektive von Frauen sowie die weibliche Erfahrungswelt sichtbar werden zu lassen. "To read women in", Frauen in die internationalen Beziehungen einzulesen, stellte einen wichtigen konzeptionellen Schritt in den feministischen Arbeiten dar, durch den das Ausblenden von Frauen in den herkömmlichen Theorien und Modellen internationaler Beziehungen problematisiert wurde. Die Perspektiv-Verschiebung führte dazu, die traditionelle Unterscheidung im Fach zwischen „high politics" (Sicherheits- und Wirtschaftspolitik) und „low politics" (Sozial- und Kulturpolitik) in Frage zu stellen. Cynthia Enloe zeigt beispielsweise in ihrem viel beachteten Buch "Bananas, Beaches, Bases" (1989) auf, wie die Männerwelt der „großen Politik" abhängig ist von weiblicher Zuarbeit, wie der Mitarbeit der Diplomaten-Gattinnen in der „stillen Diplomatie", der Arbeit von Landarbeiterinnen auf den Bananen-Plantagen internationaler Konzerne und der Tätigkeit von Prostituierten in den Militärbasen. Dabei legt sie Wert auf einen Zugang, der sich von den

---

[2] Der „Streit um Differenz" und die Auseinandersetzung des Feminismus mit der Postmoderne setzt bereits Mitte der achtziger Jahre ein. Vgl. zur neueren Diskussion z. B. Knapp (1998).

herkömmlichen Theorien internationaler Beziehungen abhebt; Enloe fokussiert das gewöhnliche Leben der Frauen "von unten", d. h. sie analysiert internationale Politik aus der Perspektive der trivialen Lebenssphären und der „low politics". Enloe nimmt damit eine Fokus-Verschiebung im Feld der internationaler Beziehungen vor, indem sie explizit vom Lebensalltag von Frauen ausgeht und dadurch die sich alltäglich reproduzierenden Geschlechterhierarchien aufzeigt, die sich direkt aus und in der internationalen Politik ergeben.

Indem Frauen und ihre - oft unwürdigen - Lebensverhältnisse thematisiert und sichtbar gemacht werden, wird zugleich eine wichtige, epistemologische Folgefrage gestellt. Wie ist es zu erklären, dass die Frauensituation in den gängigen Theorien internationaler Beziehungen so lange ignoriert wurde? Welche theoretischen Vorannahmen begünstigen und befördern den Ausschluss von Frauen aus diesem Feld? Das Ausblenden der Lebensrealität von Frauen und der hierarchischen Geschlechterverhältnisse ist nach dem feministischen Verständnis nicht nur durch die verschwindend geringe Zahl von Forscherinnen in diesem Feld zu erklären. Vielmehr wird davon ausgegangen, dass durch die Definition des Gegenstandsbereichs bereits eine "Bereinigung" und Ausgrenzung vorgenommen wird. Durch die Unterscheidung von "high politics" und "low politics" wird bereits eine Vorentscheidung getroffen, indem der Sicherheits- und Verteidigungspolitik ein „höherer" Rang zugewiesen wird, als den globalen sozialen oder ökologischen Problemen. Rebecca Grant und Kathleen Newland (1991) beobachten beispielsweise, dass sich Theorien internationalen Beziehungen zu stark auf die „Anarchie" in der internationalen Politik konzentrieren und solche politisch-strategischen Entscheidungen in den Mittelpunkt ihrer Überlegungen stellen, die auf Konkurrenz-Modellen basieren oder die – wie in der Sicherheitspolitik - permanente Furcht hypostasieren. [3] Die Lebenszusammenhänge, die vor allem Frauen (und deren Kinder) betreffen, werden in der internationalen Politik dagegen nur marginal behandelt oder gänzlich ausgeblendet, so dass die hierarchischen Beziehungen zwischen den Geschlechtern in der Theorie reproduziert werden.

Die *gender*-Analyse internationaler Beziehungen knüpft theoretisch an die feministische Kritik der in der westlichen Welt vorherrschende Unterscheidung binärer Gegensätze wie öffentlich-privat, rational-emotional, Selbst-Anderer, Vernunft-Gefühl an, die in unseren Gesellschaften kulturell als männlich oder weiblich kodiert sind. Diese Gegensätze werden als *soziale Konstrukte* verstanden, die dazu beitragen, dass Geschlechterunterschiede aufrechterhalten und Ungleichheiten verfestigt werden. Dagegen legen *gender*-Ansätze Wert darauf, dass diese Begriffe und Konzepte kritisch hinterfragt und dekonstruiert werden. Dekonstruktion meint, "das 'unsichtbare' *Gender* zu enthüllen sowie die Falschheiten, welche der androzentrische Bias erzeugt hat, zu identifizieren und zu 'korrigieren' " (Peterson 1992). Manche Autoren sprechen daher davon, dass die feministische Forschung eine „ideologiekritische Funktion" einnimmt (Krell 1996). In der Analyse internationaler Beziehungen werden Grundkonzepte wie das staatliche Machtstreben, der Souveränitätsbegriff oder das System der internationalen Herrschaft daher als "männliche Konstrukte" verstanden und auf implizite Vorannahmen hin untersucht und kritisch hinterfragt. Dabei wird auch ihr historischer und wissenssoziologischer Kontext aufgezeigt, um vermeintlich „objektive" Grundannahmen zu überprüfen. Ziel ist, die hierarchischen Geschlechterarrangements, die mit diesen Konzepten verbunden sind, offenzulegen.

Macht versus *Empowerment:* Der Machtbegriff in der internationalen Politik

Der Machtbegriff steht dabei in vielen Arbeiten im Mittelpunkt der feministischen Kritik. Eine erste, bahnbrechende Studie stellt die Veröffentlichung der amerikanischen Politikwissenschaftlerin J. Ann Tickner „Gender in International Relations" (1992) dar, aus der wir im folgenden ein Kapitel dokumentieren. J. Ann Tickner zeigt auf, dass wichtige Grundbegriffe internationaler Politik wie Macht, Souveränität von Staaten und Sicherheit im Kern "männliche Konstrukte" darstellen, die die historisch entstandenen, überlieferten Machtverhältnisse reproduzieren. In ihrer Kritik am neo-realistischen Machtbegriff argumentiert sie, dass dieser Begriff traditionelle männliche Attribute des rationalen, strategischen Kalküls, des Machtstrebens und der Konkurrenz, wie sie von Hobbes und Machiavelli begründet wurden, auf Staaten projiziert. Die Annahme, dass Staaten in der anarchischen Welt Sicherheit erhöhen können, ist irreführend, da sie zum einen nach innen die Gewalt, die in einem Staat stattfindet, wie häusliche Gewalt gegen Frauen oder Vergewaltigung, ignoriert. Zum anderen folgt aus diesem Machtbegriff in der Analyse der Außenbeziehungen von Staaten, d. h. der Außenpolitik, ein zu eng gefasster Sicherheits-

---

[3] Theorien internationaler Beziehungen seien "excessively focused on conflict and anarchy and a way of practicing statecraft and formulating strategy that is excessively focused on competition and fear". (Grant/ Newland 1991:5)

begriff; Realisten und Neorealisten sind nach Tickner nahezu ausschließlich auf militärische und wirtschaftliche Probleme fixiert, während andere wichtige Bereiche, wie Umweltprobleme, soziale Marginalisierung bzw. Weltarmut ausgeklammert werden. Weltpolitisch bedrohliche Konflikte können nach Tickner jedoch nicht bewältigt werden, wenn soziale Hierarchien bestehen bleiben, die auf der herkömmlichen Geschlechterordnung basieren. Der androzentrische "bias" des herkömmlichen, neorealistischen Machtbegriffs perpetuiert hierarchische Machtverhältnisse, anstatt sie zugunsten eines redistributiven Machtverständnisses aufzulösen, so dass eine Neuverteilung von Macht – auch zwischen den Geschlechtern – ausgeschlossen wird.

Auf der Basis eines kritisch-feministischen Machtbegriffs, der Macht als soziale Beziehungsgröße fasst und weibliche Erfahrungen und Denkmodelle aufnimmt, entwickelt Tickner einen erweiterten Sicherheitsbegriff, der den Schutz vor äußerer Bedrohung mit innerer Sicherheit zusammenführt, denn Tickner bezweifelt, dass internationale Politik langfristig friedlich gestaltet werden kann, ohne die hierarchischen Beziehungen, die auf geschlechtlich bedingter Über- und Unterordnung basieren, abzubauen. Der erweiterte Sicherheitsbegriff ist zugleich an globalen Zielen der Friedenserhaltung und der gerechteren, ökologisch verträglichen Weltordnung orientiert („shared power" im Gegensatz zu „assertive power"). Konzeptionell schließt er neben kollektiven Systemen der Sicherheit wirtschaftliche und ökologische Sicherheit mit ein, die auf einer größeren Gerechtigkeit zwischen den Geschlechtern basiert (Tickner 1992); allerdings bleibt dieses zukunftsweisende Konzept noch recht abstrakt.

Mit der Kritik am Grundparadigma der Macht wird das Feld für eine Reihe weiterer Nachfragen an die Theoriebildung geöffnet. Dazu gehört vor allem die kritische Auseinandersetzung mit dem Begriff des Staates. Souveräne, starke Staaten bilden ein Grundparadigma herkömmlicher Theorien internationaler Beziehungen. Die Souveränität, die der moderne Staat nach außen verkörpert, d. h. in seiner Außenpolitik, beruht historisch auf der Ausgrenzung von Frauen. J. Ann Tickner erinnert in einem neueren Aufsatz über staatliche Identität und Außenpolitik daran, dass der „Souverän" ursprünglich der kaiserliche oder königliche Herrscher war; eine breitere Beteiligung an außen- und machtpolitischen Entscheidungsprozessen war nicht vorgesehen; selbst mit der Einführung der „Volkssouveränität" als konstitutionalistischem Konzept und der Einrichtung moderner Republiken war zunächst nicht das Frauenwahlrecht gegeben (Tickner 1996). Der Ausschluss von Frauen aus Kernbereichen der Macht ist bis heute spürbar, denn noch immer stellen

Frauen in den westlichen Demokratien eine verschwindend kleine Gruppe unter den außenpolitischen Eliten dar; in den Vereinigten Staaten waren nach Angaben von Tickner im Jahr 1987 beispielsweise weniger als fünf Prozent der im auswärtigen Dienst Beschäftigten Frauen, im Verteidigungsministerium weniger als vier Prozent (Tickner 1996 und 1992: 1) und auch in anderen westlichen Ländern ist der Frauenanteil im außenpolitischen Entscheidungsprozess kaum höher.

Aus der Perspektive der Frauen- und Geschlechterforschung wird das Paradigma des Nationalstaates als zentralem Akteur in den internationalen Beziehungen daher in Frage gestellt, denn Staaten sind in historischer und machtpolitischer Perspektive Sitz patriarchaler Herrschaft. Die feministische Analyse hat sich daher am weitesten von der herkömmlichen Betrachtung der Staaten als zentralen Akteuren in den internationalen Beziehungen entfernt. "Through a feminist lens, the traditional generic actors and units of analysis in IR (International Relations- C.L.), statesmen and national states in the context of an international system are revealed as gendered social constructions which take specifically masculine ways of being and knowing in the world as universal." (True 1996: 227)

Globale *gender*-Themen

Während sich Wissenschaftlerinnen wie J. Ann Tickner vor allem mit den theoretisch-konzeptionellen Problemen der internationalen Politik befassen, geht es für andere Forscherinnen darum, zentrale *Problemfelder* der internationalen Politik auf Basis eines geschlechtersensiblen Forschungsansatzes zu untersuchen. Ein erstes zentrales Problemfeld, bildete die Auseinandersetzung mit *Krieg und Gewalt* (vgl. Sylvester 1992). Bereits in den frühen achtziger Jahren wurde der Zusammenhang zwischen der Befestigung von Geschlechterhierarchien und der Militarisierung von Gesellschaften problematisiert und die Konstruktion und Verfestigung von Männlichkeitsstereotypen durch Krieg und Militär untersucht. Die neuere *gender*-Forschung geht davon aus, dass sich kriegerische oder gewaltförmige Konflikte aus multiplen Ursachenverknüpfungen ergeben. Systematisch vorgehende Studien versuchen, das „System des Unfriedens", das durch den Geschlechterdualismus hervorgerufen wird, zu erklären, indem sie das Konzept der „strukturellen Gewalt" des Friedensforschers Johann Galtung aufnehmen und weiterentwickeln (Batscheider 1993). Andere Analysen wenden die *gender*-Ansätze auf die

Problematik der ethno-nationalistischen Konflikte an (Rumpf 1995). [4] Die Ebene der Mikropolitik wird in der geschlechtersensiblen Forschung angesichts neuer Formen von gewaltförmigen Konflikten immer wichtiger.

Ein weiteres analytisches Themenfeld bildet die Auseinandersetzung mit der *Nord-Süd-Problematik*. Wie problematisch die Situation von Frauen global betrachtet ist, verdeutlichen Angaben der Vereinten Nationen. Danach leisten Frauen weltweit zwei Drittel der Arbeit, verdienen jedoch insgesamt lediglich ein Zehntel des globalen Einkommens und besitzen nur ein Prozent des Grund und Bodens. Unter den Flüchtlingen sowie den Armen und Analphabeten sind Frauen weltweit eine Mehrheit. Trotz dieser Benachteiligungen übernehmen sie die zentrale Funktion für das Überleben von abhängigen Familienmitgliedern (vgl. True 1996:217). Eine verfehlte Entwicklungspolitik, aber auch ungünstige strukturelle, politisch-administrative und kulturelle Voraussetzungen in den vom Weltmarkt dominierten, abhängigen Ländern werden als Ursache für die global sehr ungleichen Lebenschancen für Frauen betrachtet. Zentral ist die Kritik an den von westlichen Länder verfolgten Modernisierungsstrategien, die die Stellung von Frauen in vielen Ländern des Südens und ihre Lebenschancen dadurch untergraben haben, indem sie deren meist hauswirtschaftlich organisierten Tätigkeiten abgewertet und demgegenüber marktgebundene, meist männlich dominierte Arbeit aufgewertet haben. Aufgrund der strukturellen Anpassungsprogramme der Weltbank, die mit Reduzierungen in den Sozialausgaben (Gesundheit, Bildung) einhergehen, verschlechterte sich die Lage für Frauen in vielen verschuldeten, armen Ländern der Erde (vgl. Nelson/Chowdhury 1994: 6). [5]

Besonders wichtig sind in der neueren Forschung die Prozesse der Globalisierung der Märkte und deren Auswirkungen auf die Geschlechterarrangements (vgl. z. B. Klinge-

---

[4] Besonders die Vergewaltigungen von Frauen im ehemaligen Jugoslawien als Kriegsstrategie werden in einen direkten Zusammenhang mit der Militarisierung und Brutalisierung von Gesellschaften gestellt. „Die grenzenlose sexuelle Gewalt ist ein strategisches Mittel in diesem Krieg: Der Frauenkörper wird unmittelbar stellvertretend für den jeweils ‚feindlichen' Volkskörper zum ‚Schlachtfeld' des Sieges und der Ehre um eine - von Männern - konstruierte nationale Identität und Souveränität. Denn mit der Verletzung des weiblichen Körpers, der Würde der Frau, soll zugleich die Integrität der anderen, feindlichen Kultur getroffen werden." (Rumpf 1995:226).

[5] Seit der Weltfrauenkonferenz in Nairobi Mitte der achtziger Jahre versuchen Frauengruppen verstärkt, ihre Interessen in internationalen Organisationen wie der UNO selbst zu vertreten. Als kleiner Erfolg mag gelten, dass die Vereinten Nationen inzwischen einen sogenannten "gender development index" (GDI) veröffentlichen, der die Situation von Frauen weltweit messen soll. Als Kriterien für den Index werden die Lebenserwartung bei der Geburt, der Bildungsstand bzw. die Analphabetenrate unter Frauen, das Einkommen und die Berufschancen gemessen. Der Index kann auch als Geschlechter-Diskriminierungs-Index gelesen werden.

biel/Randeria.1998; Whitworth 1994). Durch die zunehmende Verflechtung nationaler Wirtschaftssysteme über den Weltmarkt setzen sich im internationalen Maßstab geschlechtstypische Arbeitsteilungsprozesse und Segmentierungen durch, die auf regionaler Ebene unterschiedliche Ausformungen finden. Brigitte Young, deren Beitrag wir hier dokumentieren, spricht von sogenannten *"gender regimes"*, die durch die globale Verflechtung der Ökonomien hervorgerufen werden (vgl. Young 1998). Die neuen *Gender-*Regime greifen weit in die soziale Kompositionen und die kulturelle Kodierungen in den Gesellschaften ein, d. h. sie bleiben nicht auf den ökonomischen Bereich beschränkt. Zu den wichtigsten Entwicklungstendenzen gehören nach Young zum einen die Unterminierung des Familienernährermodells, da die Löhne der Männer in den neuen Informationsindustrien teilweise sinken. Veränderungen treten auch auf, da Frauen in vielen Regionen erstmals einen eigenen Lohn erwerben. Zum zweiten werden die Sphären von Privatheit und Öffentlichkeit, Produktion und Reproduktion durch die neuen Technologien verändert; die Heimarbeit am Bildschirm wird eine gängige Arbeitsform und häufig werden Frauen in den Billiglohnindustrien in Ermangelung von Kinderbetreuungsmöglichkeiten gezwungen, ihre Kinder am Arbeitsplatz zu verwahren. Die Globalisierung verstärkt darüber hinaus ohnehin schon vorhandene Ungleichheiten *zwischen* Frauen in einem Land. Global betrachtet sei eine neue, geschlechtsspezifische Gesellschaftsspaltung eine Folge der Verflechtung von Märkten. Während die männliche Arbeit zunehmend global agiert, z. B. auf den Finanzmärkten oder im weltweiten Handel, entspricht es der weiblichen Arbeitskraft, eher ortsgebunden, regional fixiert zu bleiben.

Ein drittes, zentrales Problemfeld der geschlechtersensiblen Forschung stellt die globale *Menschenrechtsproblematik* dar (vgl. Bunch 1990). Während Menschenrechte historisch eng mit der Entstehung moderner Verfassungen bzw. der Entwicklung von Rechtsstaatlichkeit verknüpft sind, hat sich die Herrschaft des Rechts in den internationalen Beziehungen nur fragmentarisch durchsetzen können. *Gender-*Ansätze problematisieren die globale Frauen-Diskriminierung und betrachten Frauenrechte als Menschenrechte. Weltweit besitzen Frauen immer noch einen minderen Rechtsstatus als Männer; Verletzungen elementarer Menschenrechte gegenüber Frauen sind aus der Perspektive der „doppelten Diskriminierung" daher besonders scharf zu umreissen. Die geschlechtersensible Analyse verortet diese Rechtsungleichheiten im jeweiligen gesellschafts- und machtpolitischen Kontext und verknüpft dabei binnenstaatliche und internationale Politik. Gerade in diesem Feld greift das Paradigma der starken, souveränen Staaten im übrigen nicht, sondern internationale Akteure –

sowohl internationale Organisationen als auch nicht-staatliche internationale Organisationen - sind für die Durchsetzung von Menschenrechten weltweit von größter Bedeutung. [6]

Internationale Frauengruppen sowie Nicht-Regierungsorganisationen (NRO) treten dafür ein, die Rechtsstellung von Frauen und Mädchen durch international gültige, universale Rechte für Frauen zu stärken. Ein Beispiel betrifft die Ausweitung des Asylrechts bzw. die Neuformulierung des Flüchtlings-Verständnisses, das von den internationalen Frauen- und Menschrechtsgruppen eingefordert wird. Bislang erkennen nur wenige Länder sexuelle Gewalt gegen Frauen, wie die systematische Vergewaltigung als Teil von Folter und Verhören, bzw. geschlechtsspezifisch begründete Verfolgung als Grund an, politisches Asyl zu gewähren. Die Genfer Flüchtlingskonvention benennt zwar politische, religiöse oder rassische Verfolgung als Grund, jemanden als Flüchtling anzuerkennen, nicht aber geschlechtsspezifisch begründete Verfolgung bzw. sexuelle Gewalt. Erst neuerdings wird hier eine Veränderung der Rechtspraxis vorgenommen. So erkennt beispielsweise die amerikanische Rechtssprechung "*gender persecution*", also geschlechtsspezifische Verfolgung, wie die systematische Vergewaltigung und die Bedrohung bzw. Rechtseinschränkung von Frauen, inzwischen als Asylgrund an. Als politischer Teilerfolg der Frauenbewegung ist auch zu werten, dass die Massenvergewaltigungen im ehemaligen Jugoslawien vom Internationalen Gerichtshof als Kriegsverbrechen verfolgt werden.

Während die Unverletzlichkeit des Körpers zu den elementaren, zivilen Rechten zählt, wird dieses Recht weltweit nicht eingehalten. Praktiken, die die körperliche Integrität von Frauen verletzen, wie die genitale Verstümmelung durch Klitorisbeschneidung, die in einigen afrikanischen Kulturen praktiziert wird, stellen ebenso eine Menschenrechtsverletzung dar, wie Zwangssterilisationen und Zwangsabtreibungen bzw. "pränatale Selektion" (Tötung von Mädchen bzw. weiblichen Föten), die aus Indien, China, Korea und Teilen Lateinamerikas bekannt geworden sind. Als der Ökonom und spätere Nobelpreisträger (1998), Amartya Sen, Anfang der neunziger Jahre darauf hinwies, dass die Weltbevölkerung ein krasses, nicht durch natürliche Faktoren erklärbares Missverhältnis zwischen männlicher und weiblicher

---

[6] Die amerikanische Politikwissenschaftlerin Saskia Sassen spitzt den Zusammenhang zwischen der Globalisierung und den Menschenrechten als zentralem Politikbereich für Frauen so zu: "Neben der vom Nationalstaat repräsentierten, eher traditionellen normativen Ordnung gibt es inzwischen zwei neue Stätten der Normenbildung: Der globale Finanzmarkt und das internationale Menschenrechtssystem. Obwohl die internationalen Menschenrechte ursprünglich in den Gründungsurkunden von Nationalstaaten verwurzelt sind, besitzen sie heute die Kraft, die ausschließliche Autorität des Staates über seine BürgerInnen zu untergraben, und können dadurch zur Veränderung des zwischenstaatlichen Systems und der internationalen Rechtsordnung beitragen. Sowohl in Westeuropa als auch in den Vereinigten Staaten war es vor allem die Situation von

Bevölkerung aufweist, wurde dies noch als „demographisches" Problem betrachtet. Sen stellte einen engen Zusammenhang zwischen sozio-ökonomischer Entwicklung, kulturellen Wertmustern und der „Vernachlässigung" von Mädchen und Frauen in bestimmten Regionen der Welt her, die ihre Lebenschancen drastisch reduzierten (Sen 1990). Heute wird dieses Problem von Frauengruppen nicht mehr als demographisches, sondern als Menschenrechtsproblem betrachtet.[7] Obwohl die genauen Zahlen der Tötung von weiblichem Nachwuchs nicht bekannt sind, werden die Praktiken der „Selektion" von Vertretern der Vereinten Nationen und Frauengruppen scharf kritisiert, ohne dass sie diesem Problem bislang wirksam entgegen treten können.

Ein weiteres zentrales Thema der Frauenrechte in der internationalen Politik ist die - politisch immer noch umstrittene - Forderung von Frauengruppen nach der Selbstbestimmung von Frauen über Geburt und Schwangerschaft. Auf der Weltbevölkerungskonferenz in Kairo 1994 wurde im Rahmen der internationalen UN-Konferenz von Frauengruppen zuerst auf internationaler Ebene das Recht gefordert, "die eigene Fruchtbarkeit zu kontrollieren" und „reproduktive Rechte" ("*reproductive rights*") weltweit zu garantieren. Aus der Sicht von Frauengruppen ist die Forderung nach reproduktiven Rechten zugleich weiter gefasst. Sie schließt sexuelle Aufklärung, den Zugang zu Informationen über Empfängnisverhütung und die gesundheitliche Betreuung von schwangeren Frauen und jungen Müttern ein, denn wie das gravierende Problem der Mütter- und Säuglingssterblichkeit zeigt, fehlen gerade in den bevölkerungsreichen Ländern des Südens angemessene Gesundheitsdienste. Für die internationale Frauenbewegung ist die Auseinandersetzung um reproduktive Rechte dabei zugleich eine Auseinandersetzung um die Rechte von Frauen, sich repressiven staatlichen Regulierungen widersetzen zu können.

Bislang hat es sich als ausgesprochen schwierig erwiesen, globale Menschenrechte für Frauen durchzusetzen. Nicht nur "offizielle" Positionen von Staaten, die ihre bestehenden

---

ImmigrantInnen und Flüchtlingen, die zu einer wichtigen Triebkraft bei der Ausweitung des Menschenrechtssystems wurde."(Sassen 1998:211)

[7] Nach Schätzungen des Bevölkerungs- und Entwicklungsberichts der Vereinten Nationen „fehlen" heute in China rund 30,5 Millionen Frauen, in Indien 22,8 Millionen, in Pakistan 3,1 Millionen, in Südkorea 200.000 Frauen in der Bevölkerung. Die Schätzungen beruhen auf Hochrechnungen, die sich auf ein natürliches Geschlechterverhältnis bei der Geburt beziehen, also 101 bis 107 Jungen auf 100 Mädchen. Die tatsächlichen Zahlen sind unter Bevölkerungswissenschaftlern umstritten. In den armen Ländern wie Indien, Bangladesch und Pakistan werden zwar fast gleich viele Jungen und Mädchen geboren, die Mädchen sterben aber im Säuglings- und Kindesalter an Vernachlässigung; in ländlichen Gebieten Indiens ist der Mord an weiblichen Neugeborenen noch Tradition. In China werden unerwünschte Töchter angesichts einer rigiden Bevölkerungspolitik oft schon im Mutterleib beseitigt. Im technologisch fortgeschrittenen, reicheren Südkorea ist die Abtreibung von Föten, die durch Ultraschall als weiblich identifiziert wurden, offenbar auch in gebildeten Schichten der Bevölkerung weit verbreitet. (Vgl. Luyken 1998)

Herrschaftsverhältnisse aufrechterhalten wollen und auf ihrer Souveränität beharren, sondern auch unterschiedliche kulturelle Traditionen setzen dem Gedanken einer universellen Frauen- und Menschenrechtspolitik Grenzen. Innerhalb der betroffenen Länder selbst gibt es keine einheitliche Kultur, wie schon die Auseinandersetzung im westlichen Feminismus über Gleichheit und Differenz dokumentiert. Einige Feministinnen, die die kulturellen Differenzen unter Frauen betonen, lehnen zudem allgemeine Menschenrechtsgrundsätze ab, die sie als „Überstülpen" eines westlich geprägten Rechtsverständnisses verstehen; sie stehen dem Konzept universaler Rechte für Frauen daher kritisch bis ablehnend gegenüber. So werden bei der Praxis der genitalen Verstümmelung durch Klitorisbeschneidungen nicht selten kulturelle Besonderheiten und Traditionen geltend gemacht; diese Position erweist sich jedoch angesichts der oft traumatischen psychischen und körperlichen Folgewirkungen, bis hin zum Tod von jungen Mädchen und Frauen als unhaltbar. Dagegen ist es in der Tradition des liberalen Feminismus selbstverständlich, die Rechtsgleichheit von Frauen und Männern einzufordern; allerdings erfordert der feministische Zugang zu den Menschenrechtsproblemen zugleich eine Evolution des klassischen (männlich kodierten) liberalen Rechtsverständnisses (Okin 1994). Damit treffen in der Menschenrechtsproblematik konzeptionell zwei unterschiedliche Ansätze aufeinander, ein feministisch-liberaler, der die universale Gültigkeit von Rechten behauptet, und ein differenzorientierter Ansatz, der von einem kulturell formierten Rechtsverständnis ausgeht. Konkret muss bei den Menschenrechtsproblemen geklärt werden, ob eine grobe Verletzung von Menschenrechten vorliegt, die von der internationalen Gemeinschaft anerkannte Grundrechte, wie das Recht auf körperliche Integrität, missachtet oder ob es sich um herrschaftssichernde, traditionalistische Praktiken handelt, die Frauen- und Menschenrechte untergraben. Kulturelle Differenzen zwischen Ländern (oder religiösen und sozialen Gruppen im jeweiligen Land) können nicht dazu führen, dass grundlegende zivile Rechte von Frauen verletzt werden. Angesichts der weltweiten Diskriminierung von Frauen wird der Gedanke des Universalismus von Rechten daher eine Richtschnur internationaler Politik bilden müssen.

Internationale Organisationen als Forschungsfeld

Eine positive Entwicklung in der internationalen Politik ist darin zu sehen, dass sich verschiedene internationale Organisationen, vor allem die Vereinten Nationen und ihre Unterorganisationen, sowie internationale Nicht-Regierungsorganisationen heute vermehrt der

Problematik von Frauenrechten widmen. [8] Wie neuere Forschungsarbeiten zeigen, bieten die Konferenzen der Vereinten Nationen ein internationales Forum für Frauen und nehmen eine wichtige Koordinierungsfunktion für deren Aktivitäten ein. Die Vereinten Nationen sind daher eine der wichtigsten politischen Ressourcen für die ansonsten politisch schwach vertretene Gruppe der Frauen im internationalen System (Joachim 1997).

Die Aktivitäten im Rahmen der Vereinten Nationen haben dazu geführt, dass die bestehenden Ungleichheiten der Lebenschancen von Frauen im Vergleich zu denen der Männer auf breiterer Basis thematisiert wurden. Bedingungen für die politische Durchsetzung von Frauenrechten ist allerdings das eigene Engagement von Frauen. Besonders eindrücklich wird dies in der jüngsten Transformation der post-kommunistischen Länder Ost- und Ostmitteleuropas deutlich, in der sich Frauen unter gründlich veränderten Bedingungen zunächst neu orientieren und organisieren mussten und in den neuen Demokratien teilweise politisch marginalisiert wurden (vgl. Lemke u. a. 1996).

Eine erste, systematisch vergleichende internationale Studie über das *politische Engagement* von Frauen weltweit stellt die von Barbara Nelson, einer amerikanischen Politikwissenschaftlerin, und Najma Chowdhury, einer Wissenschaftlerin aus Bangladesh, im Rahmen der UN-Frauenkonferenz in Nairobi 1985 initiierte Veröffentlichung dar, die bis heute als Musterstudie angesehen werden kann, und die wir hier in Auszügen dokumentieren (Nelson/Chowdhury 1994). Die 43 Länder, die in diese Untersuchung einbezogen wurden, repräsentieren alle Regionen der Welt, so dass erstmals eine Bestandsaufnahme über die globalen Lebensverhältnisse von Frauen sowie ihr eigenes politisches Engagement vorgelegt wurde, die aus einer geschlechtersensiblen Perspektive und unter Beteiligung von Frauen aus den entsprechenden Ländern verfasst wurde. Die Herausgeberinnen verorten die Frauensituation in einer komplexen sozialen Hierarchie, die durch mehrere Faktoren gebildet wird. Ihre Studie zeigt, dass Frauen in keinem Land der Erde die gleichen Rechte wie Männer besitzen. Darüber hinaus ergab sich, dass Probleme, wie die ökonomische Schlechterstellung von Frauen in jeder Region der Welt auftreten; vor allem das Problem der Gewalt gegen Frauen wurde in vielen Ländern von den Frauenforscherinnen angeführt, unabhängig davon, welche politische Staatsform (demokratisch, autoritär, Militärdiktatur) das Land jeweils aufwies.

---

[8] Im Jahr 1975 riefen die Vereinten Nationen erstmals eine Dekade zum Thema „Gleichheit-Entwicklung-Frieden" aus, die 1985 mit einer großen Frauenkonferenz in Nairobi beendet wurde. 1987 wurde die UNIFEM, eine UN-Frauenorganisation, gebildet. Die internationale UN-Frauenkonferenz in Peking 1995 fand schließlich weltweit Beachtung (vgl. z. B. Ruf 1996; Wichterich 1995).

Global betrachtet, haben die politische Organisierung von Frauen und die weltweite Vernetzung von Frauengruppen in den vergangenen zwanzig Jahren deutlich zugenommen. Ob und inwieweit dadurch langfristig eine Zivilisierung der internationalen Politik verwirklicht werden kann, ist heute noch eine offene Frage. Allerdings kann die Auflösung herkömmlicher Geschlechter-Hierarchien, auch und gerade in der internationalen Politik dazu beitragen, die Zivilisierung der internationalen Gemeinschaft ein Stück voranzubringen.

Die Analyse internationaler Beziehungen „aus der Geschlechterperspektive", d. h. auf Basis eines *gender*-Ansatzes, stellt herkömmliche Denkweisen über internationale Politik grundsätzlich in Frage; sie gehört daher zu den kritischen Wissenschaftskonzepten. Im Unterschied zum englischsprachigen Diskurs steht die deutsche Diskussion noch am Anfang einer gründlicheren Rezeption dieser neueren Ansätze, so dass sich hier ein wichtiges Forschungsfeld für die geschlechtersensible Analyse bietet.

Literatur:

Albrecht, Ulrich (1999): Internationale Politik. Einführung in das System internationaler Herrschaft, 5. Aufl., München.

Batscheider, Tordis (1993): Friedensforschung und Geschlechterverhältnis. Zur Begründung feministischer Fragestellungen in der kritischen Friedensforschung, Marburg.

Bunch, Charlotte (1990): „Women´s Rights as Human Rights. Toward a Re-Vision of Human Rights", in: Human Rights Quarterly, Vol. 12, No. 4 , S. 486-500.

Enloe, Cynthia (1993): "Gender and Politics", in: The Oxford Companion to Politics of the World, hg. v. Joel Krieger, Oxford, S. 335-341.

Joachim, Jutta (1997): „Wie NROs die UNO beeinflussen: Die internationale Chancenstruktur beim Thema Gewalt gegen Frauen in der UNO", in: Hanne-Margret Birckenbach/Uli Jäger/Christian Wellmann (Hg.): Jahrbuch Frieden 1997, München, S. 98-111.

Knapp, Axeli (Hg.) (1998): Kurskorrekturen. Feminismus zwischen Kritischen Theorie und Postmoderne, Frankfurt a. M. .

Klingebiel, Ruth/ Shalini Randeria (Hg.) (1998): Globalisierung aus Frauensicht. Bilanzen und Visionen, Bonn: Dietz Verlag.

Krell, Gert (1996): „Feminismus und internationale Beziehungen. Zwischen Dekonstruktion und Essentialismus", in: Zeitschrift für internationale Beziehungen, H.1, S. 149-181.

Lemke, Christiane, Virginia Penrose, Uta Ruppert (Hg.) (1996): Frauenbewegung und Frauenpolitik in Osteuropa, Frankfurt a. M./New York.

Locher, Birgit (1996): „Feminismus ist mehr als 'political correctness'", in: Zeitschrift für internationale Beziehungen, H.2, S. 381-398.

Locher, Birgit (1997): „Internationale Beziehungen aus der Geschlechterperspektive", in: Internationale Politik und Gesellschaft, hrsg. v. Friedrich-Ebert Stiftung, H. 1, S. 86-95.

Nelson, Barbara/Najma Chowdhury (Hg.) (1994): Women and Politics World Wide, Yale University Press.

Moller Okin, Susan (1994): "Gender Inequality and Cultural Differences", in: Political Theory, H. 1, S. 5-24.

Rosenberger, Sieglinde (1998): "Das Geschlecht der Internationalen Beziehungen. Feministische Kritik politikwissenschaftlichen Denkens", in: Kreisky/Sauer (Hg.): Geschlecht und Eigensinn, Wien, S. 168-179.

Ruf, Anja (1996): Weltwärts Schwestern! Von der Weltfrauenkonferenz in die globale Zukunft, Bonn.

Rumpf, Mechthild (1995): „Staatsgewalt, Nationalismus und Krieg. Ihre Bedeutung für das Geschlechterverhältnis", in: Eva Kreisky, Birgit Sauer (Hg.): Feministische Standpunkte in der Politikwissenschaft, Frankfurt a. M./New York, S. 223-254.

Sassen, Saskia (1998): „Überlegungen zu einer feministischen Analyse der globalen Wirtschaft", in: PROKLA 111, S. 199-216.

Sen, Amartya (1990).„More than 100 Million Women are Missing", in: The New York Review of Books, December 20, S. 61-64.

Stancich, Lara (1998):"Discovering Elephants and a Feminist Theory of International Relations", in: Global Society, Vol. 12, No. 1, S. 125-140.

Steans, Jill (1998): Gender and International Relations. An Introduction, New Brunswick.

Sylvester, Christine (1992): "Feminist Theory and Gender Studies in International Relations", in: International Studies, No. 1, (Fall/Winter), S. 32-38.

True, Jacqui (1998): "Feminism", in: Scott Burchill/Andrew Linklater (Hg.): Theories of International Relations, New York, S. 210-251.

Tickner, J. Ann (1992): Gender in International Relations. Feminist Perspectives on Achieving Global Security, New York.

Tickner, J. Ann (1996): „Identity in International Relations Theory: Feminist Perspectives", in: Josef Lapid/Friedrich Kratochwil (Hg.): The Return of Culture and Identity in IR Theory, Boulder Col./London, S. 147-162.

Tickner, J. Ann (1997): „You Just Don´t Understand: Troubled Engagements Between Feminists and IR Theorists", in: International Studies Quarterly, Vol 14, No.4.

United Nations (1996): The World's Women 1995. Trends and Statistics, New York: United Nations.

Whitworth, Sandra (1994): Feminism and International Relations. Towards a Political Economy of Gender in Interstate and Non-Governmental Institutions, Basingstoke.

Wichterich, Christa (1995): Frauen der Welt. Vom Fortschritt der Ungleichheit, Göttingen.

Young, Brigitte (1998): "Genderregime und Staat in der globalen Netzwerk-Ökonomie", in: Globalisierung und Gender, PROKLA 111, S. 175-199.

Zalewski, Marysia/Jane Parpart (Hg.) (1998): The "Man" Question in International Relations, Boulder Col..

Birgit Locher:

Internationale Beziehungen aus der Geschlechterperspektive*

Geschlechterverhältnisse und Internationale Beziehungen? Was das eine mit dem anderen zu tun haben soll, mag rätselhaft erscheinen, präsentieren sich die Internationalen Beziehungen[1] doch nicht nur als geschlechtsneutral, sondern gar als geschlechtsfrei: Subjekte, also Männer und Frauen, sind staatlichen und nicht-staatlichen Akteuren, internationalen Institutionen, Regimen, multinationalen Unternehmen und Strukturen untergeordnet bzw. scheinen gar keine Rolle zu spielen. Seit dem Aufkommen der Neuen Frauenbewegung vor über 25 Jahren wurde in nahezu allen traditionellen akademischen Disziplinen die „Frauenfrage" gestellt. Während Psychologie, Soziologie und andere Sozialwissenschaften zumindest am Rande Fragen nach der Geschlechterdifferenz und deren Auswirkungen auf wissenschaftliche Forschung Beachtung schenkten, hielt sich in den Internationalen Beziehungen (IB) lange die Ansicht, dass das Geschlechterverhältnis einen Aspekt darstellt, der für die Analyse internationaler Phänomene nicht nur irrelevant, sondern sogar völlig unangebracht sei (vgl. Grant/Newland 1991: 3; Zalewski 1993: 115).

Von feministischer Seite wird jedoch mehr und mehr darauf bestanden, dass Ansätze aus der Frauen- und Geschlechterforschung auch in den Internationalen Beziehungen von großer Bedeutung sind – in der anglo-amerikanischen Debatte seit den späten achtziger, im deutschsprachigen Diskurs seit den frühen neunziger Jahren. Eine solche These geht davon aus, dass *gender*[2] nicht nur individuelle Geschlechtsidentität bestimmt, sondern als strukturelles Konzept in alle Bereiche gesellschaftlichen, politischen und damit auch internationalen Handelns hineinwirkt. Allein Forderungen aufzustellen, genügt jedoch nicht. Ausgehend von dem derzeitigen Stand feministischer Forschung in den Internationalen Beziehungen besteht ihre vorrangige Aufgabe nicht allein in der Legitimierung ihres wissenschaftlichen Anspruchs, sondern vor allem in der Darlegung ihrer inneren

---

* Für wertvolle Hinweise und Anregungen zu diesem Aufsatz danke ich Hans-Peter Schmitz.
[1] Die Großschreibung und das Kürzel „IB" markieren die politologische Teildisziplin, Referenz zu den real existierenden internationalen Beziehungen indiziert die Kleinschreibung mit der Abkürzung „iB".
[2] Eine detaillierte Bestimmung des Begriffs folgt unter der Überschrift „Von *woman* zu *gender*".

Tragfähigkeit.[3] Dazu gehört eine Klärung der Frage, welchen Beitrag die verschiedenen Ansätze für die Internationalen Beziehungen erbringen können.

Dieser Aufsatz ist bemüht, die Leistungsfähigkeit feministischer Forschung für die internationalen Beziehungen aufzuzeigen. Dies soll in drei Schritten geschehen, die sich mit der Theorie, der Empirie und der Praxis der internationalen Beziehungen befassen. Zunächst wird dabei den unterschiedlichen Entstehungszusammenhängen von Feminismus und IB Beachtung geschenkt, die Hinweise darauf geben, warum die Entwicklung feministischer Ansätze in den Internationalen Beziehungen vergleichsweise spät und zögerlich erfolgte. Im Anschluss daran werden verschiedene theoretische Ansätze diskutiert, die aus feministischen Reihen für eine Analyse internationaler Politik vorgeschlagen wurden. Dabei wird besonders auf den Perspektivenwechsel von der Frauen- zur Geschlechterforschung eingegangen sowie auf dessen Konsequenzen für die Internationalen Beziehungen. Dass der Zusammenhang von Feminismus und internationalen Beziehungen nicht nur theoretisch expliziert werden kann, sondern bereits in konkreten Policy-Feldern Anerkennung und Anwendung gefunden hat, soll auf der empirischen Ebene anhand der Bereiche Entwicklungspolitik, internationale Wirtschaftspolitik und internationale Menschen- und Frauenrechte demonstriert werden. Jene Gebiete können durch eine *gender*-sensitive Analyse so perspektiviert werden, dass sich das Geschlechterverhältnis als zentrales Organisationsmerkmal herauskristallisiert. An konkreten Policy-Maßnahmen, wie zum Beispiel den WID-Programmen (*Women in Development*), kann gezeigt werden, welche politischen Antworten auf diese Erkenntnis gefunden wurden. Abschließend sollen Überlegungen angestellt werden, welche Maßnahmen sich auf der Ebene der politischen Praxis anbieten, um internationale Politik von hierarchischen Geschlechterrollen zu befreien bzw. der Emanzipation von Frauen zuträglich werden zu lassen.

Feminismus und Internationale Beziehungen: „two different stories"?

Feministische Zugangsweisen zu IB entstammen einem ausdifferenzierten Bestand an feministischer Wissenschaft und Theoriebildung, dessen politische Wurzeln bis in die Frauenbewegung des 19. Jahrhunderts reichen und in dem Aufbegehren von Frauen gegen ihre gesellschaftliche, politische und private Unterdrückung begründet liegen. Die

---

[3] Vgl. dazu Batscheider (1993: 12), die gleichlautende Forderung an die feministische Friedensforschung stellt.

Frauenemanzipationsbewegung der sechziger Jahre knüpfte an diese Tradition des organisierten Feminismus an und konzentrierte sich zunächst ebenfalls auf politische Maßnahmen zur Gleichberechtigung der Geschlechter. Im Zuge jener politischen Aktivität entwickelten sich zugleich theoretische Fragen, die sich kritisch mit Wissenschaft als Institution auseinander setzten (Batscheider 1993: 87). Feministinnen stellten Überlegungen an, welche Konsequenzen sich aus der Dominanz von Männern in Universitäten und Forschungsinstitutionen für Inhalte und Fragestellungen sowie Methoden und Verfahren in den verschiedenen Disziplinen ergeben.

Eine feministische Herangehensweise an etablierte Disziplinen entstand also nicht innerhalb des universitären Kontext, sondern wurden von außen durch den Feminismus als politische Bewegung angestoßen (Batscheider 1993: 87). Dieser enge Zusammenhang von politischem Feminismus und akademischer Frauen- bzw. Geschlechterforschung prägt nachhaltig den Charakter feministischer Wissenschaft: So bleibt sie explizit einem normativ-emanzipatorischen Interesse verbunden mit dem Ziel der Überwindung jenes hierarchisch gefassten Geschlechterverhältnisses. Dies soll erreicht werden, indem zunächst auf Parteilichkeiten in der traditionellen Forschung hingewiesen wird, die durch den Ausschluss von Frauen und die Dominanz männlicher Betrachtungsweisen entstanden sind. Im Gegenzug insistiert feministische Forschung auf der Bedeutung der Kategorie „Geschlecht" und der Einbeziehung von „weiblichen Lebenszusammenhängen"[4] für eine adäquatere Beschreibung gesellschaftlicher Realität (vgl. Batscheider 1993: 86 f.).

Durch seine Entstehung aus einer Protestbewegung visierte der Feminismus von Anfang an Ziele an, welche kaum Korrespondenzen mit denen in IB fanden. Die institutionalisierte Forschung in den Internationalen Beziehungen entstand zwischen den beiden Weltkriegen aus dem Bedürfnis heraus, konkrete Politikempfehlungen zu formulieren, was für lange Zeit zu einer inhaltlichen Festlegung auf Krieg, Frieden und Sicherheit führte (Whitworth 1994: 1). Dieser Bereich der „*high-politics*" war jedoch schon immer eine männlich dominierte Sphäre von Soldaten, Diplomaten und Strategen, in der Frauen keinen Platz hatten (Tickner 1991: 27). In älteren Vorstellungen von IB wurde zudem strikt zwischen Außen- und Innenpolitik unterschieden, was mit einer sehr eingeschränkten Auffassung internationaler Politik als Außenverhalten von Staaten einherging. Eine solche enge Definition bot jedoch kaum eine Möglichkeit, die Bedeutung des Geschlechterverhältnisses für die internationalen Beziehungen zu thematisieren. Darüber hinaus hat sich die Disziplin von IB nie von der klassischen Vorstellung der Trennung von öffentlicher und privater Sphäre befreit. Die traditionelle Identifizierung des Privaten als weibliche Domäne legitimierte den Ausschluss von Frauen von der „männlichen" öffentlichen Sphäre und damit auch von der internationalen Politik (vgl. Peterson 1992 a: 18).

Ein anderer Grund für die lange Abwesenheit feministischer Ansätze in IB geht auf die Tatsache zurück, dass die internationalen Beziehungen ein in personeller Hinsicht männlich dominiertes Gebiet waren und noch immer sind – und zwar sowohl in der politischen Praxis als auch in der akademischen Forschung. Mit einem geringen Frauenanteil im universitären Bereich gibt es weniger Möglichkeiten, feministische Analysen in die Disziplin einzubringen, da feministische Forschung bislang in der Regel von Frauen betrieben wird (Whitworth 1994: IX). Hinzu kommt die Unterrepräsentation von Frauen in Positionen der internationalen Politik, die nach wie vor in ihren traditionellen Bereichen eine männliche Domäne ist: Diplomaten, Generäle, Staatsmänner, Generalsekretäre und internationale Manager sind durchwegs männlich konnotierte (und meist auch männlich besetzte) Positionen.[5]

Seit den achtziger Jahren hat in der Disziplin der Internationalen Beziehungen ein dramatischer Wandel stattgefunden – nicht zuletzt ausgelöst durch das Ende des Kalten Krieges und die Debatte um den Niedergang der amerikanischen Hegemonie (Lapid 1989: 239). Der neue Trend zur Domestizierung der internationalen Beziehungen sowie die generelle Tendenz hin zu einer theoretischen und methodischen Offenheit hat die Formulierung feministischer Positionen in den internationalen Beziehungen begünstigt. In dieser allgemeinen Phase der Umstrukturierung ist es dem Feminismus eher möglich, sich in die Stimmen der Kritiker einzureihen und Aufmerksamkeit auf seinen spezifischen Beitrag zu lenken (vgl. Whitworth 1994: 115; Sylvester 1994: 8 f.).

Feministische Ansätze für die Disziplin der Internationalen Beziehungen

Durch ihr explizit emanzipatorisches Grundanliegen unterscheiden sich feministische Theorien von anderen Zugangsweisen zu den internationalen Beziehungen. Allerdings hat

---

[4] Der Begriff „Lebenszusammenhang" wurde von Prokop (1976) eingeführt.
[5] Zum Beispiel amtierten 1994 weltweit nur zehn Staatschefinnen. Der Anteil von Frauen in nationalen Parlamenten liegt heute im Durchschnitt bei etwa zehn Prozent. Von den 187 ständigen Vertretungen bei den Vereinten Nationen - werden weniger als zehn von Frauen geleitet (UN-Kommission zur Rechtsstellung von Frauen 1995).

innerhalb des akademischen Feminismus inzwischen eine derartige Ausdifferenzierung theoretischer Ansätze stattgefunden, dass es nicht mehr nur eine feministische Herangehensweise an die internationalen Beziehungen gibt, sondern vielmehr eine ganze Reihe verschiedener feministischer Ansätze geltend gemacht werden (vgl. Rössler 1996: 268). So zeichnet sich feministische Theoriebildung geradezu durch ihren heterogenen Charakter aus, welcher die Debatte zwischen den Theorien, die im folgenden kurz vorgestellt werden sollen, enorm belebt hat. Die bisher für die internationalen Beziehungen vorgeschlagenen Zugangsweisen bilden zugleich in ihrer chronologischen Folge die verschiedenen Phasen in der feministischen Diskussion ab (vgl. Batscheider 1993: 89).[6] Der nachfolgende Abschnitt stellt jene Ansätze dar und evaluiert kritisch deren Implikationen für die internationalen Beziehungen.

Liberaler Feminismus: Egalität der Geschlechter

Der historisch älteste Ansatz feministischer Theoriebildung, der liberale Feminismus, konzentrierte sich zunächst auf die Emanzipation von Frauen mit dem Ziel einer Egalität der Geschlechter. Liberale Feministinnen haben es sich zur Aufgabe gemacht, gesellschaftliche Praktiken anzuprangern, die dem Ziel der grundsätzlichen Gleichheit zwischen Mann und Frau zuwiderlaufen. In männerdominierten Gesellschaften – so das liberale Argument – würden Frauen grundlegende Rechte und Möglichkeiten gesellschaftlicher Partizipation verweigert. Frauen bliebe der Zugang zu den Basiswerten des Liberalismus verwehrt, die mit Freiheit, Gleichheit und Gerechtigkeit beschrieben werden (Jaggar 1983: 175 f.). Für liberale Feministinnen liegt der Grund weiblicher Diskriminierung in einer misogynen Sichtweise der Gesellschaft. Sie weisen auf den Ausschluss von Frauen aus den Bereichen des öffentlichen Lebens hin und zielen im Gegensatz darauf ab, Frauen „in the mainstream of contemporary life" zu integrieren (Jaggar 1983: 181).

Für den Bereich der internationalen Beziehungen haben liberale Feministinnen zwei Forschungsrichtungen formuliert (Whitworth 1994: 12): Die erste besteht darin, auf die eklatante Unterrepräsentation von Frauen in den klassischen Domänen der internationalen Beziehungen wie Militär und Staatsführung hinzuweisen. Geleitet von dem Ziel der gleichberechtigten

---

[6] Folgende Darstellung konzentriert sich auf eine idealtypische Beschreibung derjenigen Ansätze, die meines Erachtens am bedeutungsvollsten für die Internationalen Beziehungen sind. Sozialistisch und marxistisch inspirierte feministische Betrachtungsweisen werden – genauso wie postmoderne Herangehensweisen – aufgrund ihrer eher marginalen Bedeutung für die Internationalen Beziehungen bewusst vernachlässigt.

Repräsentation der Geschlechter entwickelten liberale Feministinnen Strategien, um Frauen vermehrt in die klassischen Bereiche der internationalen Politik zu integrieren. Eine zweite Richtung will aufzeigen, dass Frauen in der internationalen Politik bereits eine Rolle gespielt haben und noch immer spielen, welche allerdings aufgrund des androzentrischen Blickwinkels von der traditionellen IB-Disziplin nicht wahrgenommen worden sei. Dabei wird auf den Beitrag von Frauen in konventionellen Bereichen von IB verwiesen wie zum Beispiel in Lazaretten, in der Rüstungsindustrie oder sogar in militärischen Einheiten. Der explizite Hinwies auf jene weiblichen Aktivitäten ist zugleich eine Kritik an der etablierten Forschung in IB, welche den Beitrag von Frauen an und in der internationalen Politik bislang nahezu völlig ignoriert hat. Mit dem Ziel, Frauen in den internationalen Beziehungen sichtbar zu machen, untersuchten D`Amico/Beckman (1995) den Aufstieg führender Politikerinnen wie Corazon Aquino, Benazir Bhutto oder Margaret Thatcher, ihren spezifischen Führungsstil und die Schwerpunkte ihrer Politik. Peterson/Runyan (1993) bieten eine Zusammenstellung historisch-politischer Frauenfiguren – angefangen von Kleopatra bis Golda Meir -, um aufzuzeigen, dass auch Frauen (vereinzelt) schon immer in Schlüsselpositionen der internationalen Politik zu finden waren. Andere Studien betonen die Rolle von Frauen in internationalen Institutionen und internationalen Nicht-Regierungsorganisationen (INGOs) unter Verweis auf spezifisch weibliche Lobbyaktivitäten (z.B. Galey 1994; Stienstra 1994).

Der liberal-feministische Ansatz erweist sich jedoch in verschiedener Hinsicht als fragwürdig. Ein kritischer Punkt seiner ersten Zielsetzung, Frauen in die internationalen Beziehungen integrieren zu wollen, besteht in der Annahme, dass Frauen bislang dort nur eine untergeordnete Rolle gespielt haben (Brown 1988: 462). Liberale Feministinnen übernehmen demzufolge unreflektiert die Definition dessen, was im konventionellen Verständnis von IB als der adäquate Bereich der internationalen Politik angesehen wird. Dies bedeutet jedoch zugleich, dass nicht nur die traditionelle Trennung von öffentlichem und privatem Bereich erhalten bleibt, sondern auch die traditionelle Ansicht darüber, was als politisch und was als unpolitisch zu gelten hat. Mit der Konservierung jener vorgefertigter Schemata wird jedoch der Beitrag, den Frauen in der vermeintlich privaten Sphäre leisten, als irrelevant ausgeklammert sowie die Trennung der Bereiche weiterhin intakt gehalten (vgl. Whitworth 1994: 13 f.).

Abgesehen von dem Problem weiblicher Unterrepräsentation in der internationalen Politik sehen liberale Feministinnen keine Notwendigkeit, die gegebenen internationalen Strukturen und Verhältnisse als solche kritisch zu betrachten (Brown 1987: 462).

Gleichberechtigung wird in liberal-feministischer Sicht auf die zahlenmäßig gleiche Besetzung von öffentlichen Ämtern durch beide Geschlechter reduziert (vgl. Whitworth 1994: 14). Dies bedeutet, dass mit der Repräsentanz von Frauen in Gremien und Positionen der internationalen Politik sowie in der IB-Forschung alle geschlechtsspezifische Problematik als überwunden betrachtet wird. Der liberale Feminismus konzentriert sich allein auf das weibliche Geschlecht, auf die Kategorie „Frau", die als ausschließlicher Ansatzpunkt betrachtet wird, um die Egalität der Geschlechter zu erreichen. Aufgrund einer solch eingeschränkten Perspektive ist der liberale Feminismus jedoch nicht in der Lage, die Komplexität des Geschlechterverhältnisses als Ganzes für die internationalen Beziehungen zu beleuchten (vgl. Peterson/Runyan 1991: 76; Whitworth 1994: 14).

Zudem wird deutlich, dass der liberale Ansatz von Frauen fordert, sich dem männlichen Standard anzupassen, um vollständig in das öffentliche, politische und „internationale" Leben integriert zu werden, ohne dass jedoch diese männliche Norm einer kritischen Evaluierung unterzogen würde (vgl. Tong 1989: 13). Wenngleich die Demonstration der Unterrepräsentation von Frauen in der traditionellen öffentlichen und damit auch internationalen Sphäre von zentraler Bedeutung ist, so ist der liberale Feminismus in seiner Reichweite doch zu beschränkt, um die notwendige fundamentalere Kritik zu formulieren, die männlich dominierte internationale Strukturen sowie männlich definierte Kategorien, Konzepte und Standards in IB erschüttern bzw. den traditionellen Gegenstandsbereich von IB aus feministischer Sicht in Frage stellen könnte.

Radikaler Feminismus: Differenz der Geschlechter

Dem liberal-feministischen Egalitätsansatz folgte in einer Oppositionsreaktion die Betonung der Differenz von Frauen und Männern, was in bezug auf die internationalen Beziehungen vor allem für die Thematik Krieg und Frieden seine Virulenz entfaltete. Unter die Bezeichnung „radikaler Feminismus" werden eine Vielzahl sehr heterogener Ansätze subsumiert, deren Gemeinsamkeit in der theoretischen Zentralität des Begriffs „Patriarchat"[7] liegt (vgl. Batscheider 1993: 91). So werden männliche Kontrolle und Dominanz als universale Phänomene begriffen, die in alle Lebensbereiche hineinwirken. Die Welt wird als

---

[7] Lerner definiert Patriarchat als Manifestierung und Institutionalisierung von männlicher Dominanz in der Familie und in der Gesellschaft allgemein (Lerner 1986: 239).

hierarchisch zweigeteilt wahrgenommen, wobei Frauen auf allen Ebenen die untergeordneten Positionen zugewiesen werden (vgl. Daly 1978).

Der vom radikalen Feminismus betriebene Prozess der Bewusstseinsbildung bei Frauen und die daraus resultierenden Einsichten in die Funktionsweise des Patriarchats führten zu einer gegenläufigen Entwicklung im feministischen Diskurs (vgl. Batscheider 1993: 91 f.). Der Orientierung an der Egalitätsmaxime, wie sie der liberale Feminismus postulierte, folgte nun eine vehemente Betonung der Differenzen zwischen Männern und Frauen. Die kritische Evaluierung der sozialen Konstruktion von Geschlechterrollen, von Männlichkeit und Weiblichkeit, wurde zugunsten einer Wiederbelebung von dualistischen Vorstellungen aufgegeben. Spezifikum dieser neuen theoretischen Kehrtwende ist jedoch die Umdrehung der mit dem jeweiligen Geschlecht verknüpften Bewertungen: So präsentiert der radikale Feminismus weiblich konnotierte Werte und Eigenschaften (wie z.B. Friedfertigkeit, Gefühlsbetontheit und Empathie) als grundsätzlich besser und moralisch überlegen gegenüber männlichen Attributen (wie Dominanz, Rationalität und Durchsetzungsvermögen). Ausgehend von einer solch dualistischen Konzeptualisierung kritisierten Feministinnen des radikalen Lagers die vorherrschenden politischen und gesellschaftlichen Verhältnisse als männliche Konstrukte und setzten ihnen weibliche Visionen entgegen.

Eine spezifische Richtung des radikalen Feminismus hat ihren Ausgangspunkt in der Hervorhebung der Bedeutung von Mutterschaft. Die damit assoziierten Autorinnen, die sich selbst als „radical maternalists" bezeichnen, betonen die spezifische Fähigkeit von Frauen zu „preservative love" (Ruddick 1983: 479), welche in öffentliche Friedfertigkeit verwandelt werden könne und in die positiven Werte von Fürsorge, menschlicher Nähe und Gemeinschaft. Sarah Ruddick (1980, 1983) gründet ihre Argumentation auf den Begriff von „care", welcher ein frauenspezifischer Wert sei, der aus der besonderen reproduktiven Arbeit von Frauen erwachse. Führten „männliche" Attribute und Charakteristika zu Krieg, so entstammten „weibliche" Attribute geschlechtsspezifischen Erfahrungen, die für die ganze Gesellschaft relevant seien und die die Fähigkeit besäßen, ein friedliches Zusammenleben zu ermöglichen (vgl. Whitworth 1994: 18).

Aus radikal-feministischer Perspektive sind die internationalen Beziehungen ein Phänomen und Produkt männlicher Weltsicht. Es ist daher nicht verwunderlich, dass viele der Arbeiten, die aus jener theoretischen Perspektive stammen, sich mit dem Bereich Militarismus und Krieg beschäftigen, der aus radikal-feministischer Sicht die deutlichste Explikation der perversen und lebensbedrohenden Züge männlicher Dominanz darstellt. Radikale

Feministinnen sind in ihrer Reformulierung internationaler Politik vornehmlich daran interessiert, jene vorherrschenden männlichen Modelle mit weiblichen Sichtweisen zu konfrontieren, um die unterschiedliche Haltung von Frauen zu Krieg und Frieden aufzuzeigen. Die radikal-feministische Argumentation lautet, dass Frauen aufgrund ihrer immanenten Eigenschaften nicht nur ein ganz anderes, sondern vor allem auch ein ethisch überlegendes Verständnis der internationalen Politik besäßen. Radikale Feministinnen erheben die gleiche Forderung wie liberale Feministinnen, Frauen an politischen Entscheidungsprozessen zu beteiligen, allerdings um pazifistische weibliche Ansichten einzubringen und damit internationale Politik zum Positiven zu verändern (Whitworth 1994: 18). Anders als der liberale Feminismus akzeptiert die radikale Richtung nicht die traditionelle Definition von IB in ihrer Beschränkung auf den „high-politics"-Bereich und die Trennung von öffentlicher und privater Sphäre[8], sondern sucht gerade durch die Aufwertung weiblicher Werte, die dem privatem Bereich entstammen, die Interdependenz der Sphären zu betonen.

Die dualistische Sicht der Geschlechter fand auch auf theoretischer Ebene seinen Niederschlag in der Kritik traditioneller IB-Konzepte, die radikale Feministinnen durch weibliche Betrachtungsweisen zu ersetzen suchten. Ein Beispiel dafür ist Ann Tickners (1992) feministische Reformulierung des Terminus` „Sicherheit". Ticker argumentiert, dass Frauen grundsätzlich ein multidimensionales Konzept von Sicherheit hätten, welches über die gängige, männlich geprägte Definition weit hinausreiche und zum Beispiel Aspekte wie körperliche Integrität miteinschlösse. Werde Sicherheit aus männlicher Sicht vornehmlich in militärischen Kategorien beschrieben, so zeichne sich eine weibliche Perspektive durch spezifische Erfahrungen im gesellschaftlichen und privaten Bereich aus (wie z.B. strukturelle oder sexuelle Gewalt), die ein ganz anderes Verständnis des Konzepts erforderlich machten. Macht sei – so Tickner – aus weiblicher Sicht im Arendt`schen Sinne „power to act in concert", also die Fähigkeit, kollektiv zu handeln im Gegensatz zum männlichen Konzept von Macht im Sinne von Dominanz und Herrschaft, welches bisher die Theorien der Internationalen Beziehungen bestimme. Tickner konfrontiert dabei das autonome, atomistische Individuum (bzw. einen analog beschriebenen Staat) männlicher Konzeption mit ihrem weiblichen Gegenmodell eines empathischen Individuums, welches in ein Netz sozialer Beziehungen eingebettet sei und sich zuallererst über seine soziale Situiertheit definiere.

---

[8] Der bekannte Slogan „das Persönliche ist politisch" wurde von der radikal-feministischen Theorierichtung geprägt.

Der Differenz-Ansatz birgt jedoch sowohl politische als auch theoretische Probleme in sich. Als politisch problematisch wird besonders die Instrumentalisierung radikalfeministischer Konzepte für konservative Zwecke gesehen. Gerade in einer wirtschaftlich angespannten Lage werden Differenzgedanken aufgegriffen, um Frauen wieder vom öffentlichen in den privaten, familiären Bereich zu verweisen (Batscheider 1993: 93). Die theoretische Kritik an der radikal-feministischen Position argumentiert, dass die Aufrechterhaltung und Bestärkung eines dualistischen Geschlechtermodells trotz Aufwertung des Weiblichen das ursprüngliche Problem ungleicher Geschlechterbeziehungen nicht lösen. Dass etwa weibliche Friedfertigkeit und Gefühlsbetontheit nun als überlegene Eigenschaften gefeiert werden, lässt keine Reflexionen zu über deren zunächst patriarchalischen Ursprung und deren Funktionalität innerhalb einer spezifischen Geschlechterordnung (vgl. Krüger 1987: 76). Feministinnen übernehmen im Grunde patriarchalische Zuschreibungen, um sie dann lediglich einer positiven Umwertung zu unterziehen.

Hinzu kommt, dass die Vorstellung einer universellen, ubiquitär gültigen Definition von „Frau" und die entsprechende Festschreibung weiblicher Attribute wie Friedfertigkeit, Fürsorge und Aufopferungsbereitschaft essentielle, wenn nicht sogar biologistische Züge aufweist.[9] Ein solch starres Konzept trägt in keinster Weise den Differenzen Rechnung, wie sie auch zwischen Personen des gleichen Geschlechts herrschen.[10] Unterschiedliche kulturelle und gesellschaftliche Einbindungen beeinflussen in fundamentaler Weise die Vorstellung dessen, was als weiblich bzw. männlich gilt. Auf der anderen Seite werden Differenzen zwischen den Geschlechtern festgeschrieben und in ein unüberbrückbares Oppositionsverhältnis zueinander gesetzt, was keinen Raum für Veränderungen lässt und damit emanzipatorischen Wandel letzten Endes unterläuft (vgl. Whitworth 1994: 19).

Die vom radikalen Feminismus verfolgte Strategie ist damit für die internationalen Beziehungen wenig fruchtbar: zum einen aufgrund ihrer ahistorischen, stereotypen Sichtweise der Kategorie „Frau", zum anderen aufgrund ihrer gleichzeitigen Unfähigkeit, die Geschlechterbeziehungen als Ganzes zu fassen. Eine feministische Herangehensweise an die internationalen Beziehungen kann sich darüber hinaus nicht in einer bloßen Konfrontation vermeintlich männlicher Konzepte mit weiblichen Alternativen erschöpfen.

---

[9] Dies ist um so fragwürdiger angesichts der nachgewiesenen Beteiligung von Frauen im Militarismus oder Kolonialismus bzw. der Zu- und Mitarbeit von Frauen im Nationalsozialismus (vgl. Krell 1996: 156)
[10] Frauen, die nicht in jene stereotype Zeichnung passten, indem sie etwa selbst zu den Waffen griffen und gleiche Partizipationschancen im Militär forderten, wurden als Repräsentantinnen „negativer" oder „in authentischer" weiblicher Werte verurteilt.

Sowohl beim liberalen als auch beim radikalen Feminismus handelt es sich um frauenzentrierte Ansätze in dem Sinne, dass beide die Kategorie „Frau" zum Ausgangspunkt und Zentrum ihrer Betrachtungen machen. Während der erste Ansatz auf eine Transformation der traditionell mit Frauen verbundenen Attribute zielt, sucht der zweite gerade diese konventionellen Zuschreibungen zu bestärken und sie als moralisch überlegen aufzuwerten. Diese Strategien können im einen Fall mit „Egalitäts-Route", im anderen Fall mit „Differenz-Route" paraphrasiert werden. Egalität weist auf die Zielsetzung hin, Frauen in allen öffentlichen Sphären Gleichberechtigung gegenüber Männern zu verschaffen mit der Folge, dass die Norm und das anzustrebende Ideal einen männlichen Standard verkörpert, der als solcher nicht in Frage gestellt wird. Differenz impliziert, dass Frauen ihr „Anderssein" positiv bewerten und die historisch-traditionell mit ihnen verbundenen Charakteristika bestärken bei gleichzeitiger Ablehnung der als männlich konnotierten Attribute.

Die Konfrontation dieser Ansätze weist auf eine der größten Debatten im Feminismus hin: den Differenz-Egalitäts-Disput. Die daraus resultierenden Optionen – Partizipation mit dem Preis der Anpassung oder aber das Insistieren auf dem weiblichen Anderssein mit dem Preis der Marginalisierung – machen das Dilemma deutlich, das aus der Opposition der Strategien hervorgeht. Diese Gegenüberstellung von weiblicher Differenz und männlich definierter Gleichheit kreiert jedoch nicht nur eine theoretische Patt-Situation, sondern verfehlt auch – wie Rössler (1996: 271) betont – ihr praktisches Ziel, das eben gerade in der „Überschreitung simpler Oppositionen" in Richtung „diversifizierter Geschlechtsidentitäten" besteht.

Kritischer Feminismus: „gender"

Aus dem Bedürfnis, dieser Situation zu entkommen, entwickelte sich in neuerer Zeit ein dritter Strang feministischer Theorie, deren Fokus nicht mehr auf Differenz oder Egalität liegt, sondern auf der Frage, wie Differenzen innerhalb und zwischen den Geschlechtern theoretisch gefasst werden können, ohne die Maxime der Gleichberechtigung von Mann und Frau preisgeben zu müssen (vgl. Rössler 1996: 271). Eine grundlegende Wende erfolgte dabei in der Abkehr einer allein auf die Kategorie „Frau" verengten Perspektive, wie sie noch den liberalen und radikalen Feminismus kennzeichnet. An ihre Stelle trat das ungleich umfassendere und weitreichendere Konzept von *gender*, das zugleich den Beginn einer neuen theoretischen Richtung markiert, welche die Geschlechterbeziehungen als Ganzes zu thematisieren sucht. Gegenstand einer *gender*-Perspektive sind nun nicht mehr allein Frauen, sondern auch Männer sowie das Verhältnis der Geschlechter zueinander. Damit visiert die Geschlechterforschung im Gegensatz zur Frauenforschung ein von Grund auf revidiertes Gesamtbild der traditionellen Bereiche an. Anstatt lediglich die vergessene Kategorie „Frau" in additiver Weise dem gängigen Bild hinzuzufügen, erfordert *gender* eine profunde Rekonzeptualisierung traditioneller Disziplinen (vgl. Frevert 1995:10).

In den Internationalen Beziehungen hat ein solcher Perspektivenwechsel erst vor einigen Jahren begonnen. Im Gegensatz zu einer frauenzentrierten Perspektive in der Tradition des liberalen und radikalen Feminismus geht es nun um eine provokante Ausweitung des Blickwinkels. Die Einführung der Kategorie *„gender"* beansprucht ein neues Verständnis der Internationalen Beziehungen zu erschließen. Dies hat allerdings Konsequenzen, die von der Ebene theoretischer Konzeptualisierungen über die Interpretation empirischer Phänomene bis hin zur Formulierung praktischer Politikempfehlungen reichen. Im Vergleich zur Frauenforschung stellt die Geschlechterforschung somit einen sehr viel radikaleren Anspruch.

Von „woman " zu „gender"

Die Ausdifferenzierung des Bedeutungsgehalts der Kategorie Geschlecht markiert eine der bedeutungsvollsten Fortentwicklungen feministischer Theorie. War Geschlecht einst allein als fixes biologisch-physisches Merkmal wahrgenommen worden, so erfuhr die Kategorie eine dramatische Ausweitung durch die Einbeziehung einer sozialkonstruktivistischen Komponente. Dieser Spezifizierung wird durch die Unterscheidung der Begriffe *„sex"* und *„gender"* Rechnung getragen: *sex* bezeichnet demzufolge das biologische Körpergeschlecht, während *gender* auf die soziale Konstruktion von Geschlechtsidentität referiert (Batscheider 1993: 123). *Gender* als soziales Geschlecht verweist damit auf gesellschaftlich konstruierte Vorstellungen von Männlichkeit und Weiblichkeit, die auf individueller Ebene Geschlechtsidentitäten konstituieren und männlich bzw. weiblich konnotierte Attribute und Charakteristika festlegen. Dies schließt zugleich gesellschaftlich festgelegte Wertungen von Männlichkeit und Weiblichkeit ein, wobei die Dominanz und Höherbewertung männlicher Eigenschaften ein nahezu interkulturell durchgängiges Phänomen ist (vgl. MacKinnon 1987: 234).

Der Terminus „*gender*" bezieht sich auch auf die Geschlechterbeziehung als Ganzem (und besitzt damit relationalen Charakter) sowie ihre jeweiligen Ausprägungen in verschiedenen sozialen, kulturellen und historischen Kontexten. Dies impliziert, dass der Bedeutungsgehalt von *gender* nicht statisch fixiert ist, sondern durch die Aktivitäten und Dynamiken sozialer Interaktion in einem jeweils spezifischen gesellschaftlichen Rahmen seine Ausprägung erfährt (vgl. Whitworth 1994: 41-66; Peterson 1992 a: 9 f.). Damit ist die Möglichkeit gegeben, dass *gender* zu ein und demselben Zeitpunkt unterschiedlichste Zuschreibungen erfahren kann und somit in der Lage ist, auch den Differenzen innerhalb der Kategorien Mann und Frau theoretisch gerecht zu werden. Dass Weiblichkeit und Männlichkeit in Burundi anders verstanden werden als vielleicht in China oder Mexiko ist damit theoretisch ebenso fassbar wie die Tatsache, dass Geschlechterrollen am Ende des 20. Jahrhunderts sich von jenen im Mittelalter unterscheiden.

Im Mittelpunkt der feministischen Geschlechterforschung steht also die Kategorie *gender*, die sowohl Ausgangsperspektive als auch Fragerichtung vorgibt. Dies bedeutet, dass ein so verstandener Ansatz etablierte Geschlechterordnungen auf ihre „Entstehungsbedingungen und Reproduktionsmuster" zu befragen hat (Batscheider 1993: 125). Damit wird zum einen die bestehende Geschlechterhierarchie kritisch beleuchtet und zugleich der normative Anspruch feministischer Forschung mit dem Ziel der Gleichberechtigung der Geschlechter anvisiert.

Implikationen von „gender" für die Internationalen Beziehungen

Für die internationale Politik bzw. die Disziplin von den IB legt dies nahe, dass mit der Einführung der Kategorie *gender* sämtliche Ansprüche auf Geschlechtsneutralität oder gar Geschlechtsfreiheit verworfen werden und im Gegensatz argumentiert wird, dass sich die Auswirkungen hierarchischer Geschlechterverhältnisse auch auf die Theorie und die Praxis der internationalen Beziehungen erstrecken. Wie Peterson (1992 b: 206) bemerkt: „Taking feminism seriously requires that we examine both how international relations has systemic gender-differentiated effects and how gender biased categories, identities, practices and frameworks affect the conduct and study of international relations."

Eine solche Programmatik führt jedoch weit über die Forderungen liberaler und radikaler Ansätze hinaus. Anstatt allein auf die Integration von Frauen in die internationale

Politik zu zielen, ist ein *gender*-Ansatz vornehmlich daran interessiert, gesellschaftliche Praktiken und Vorstellungen aufzudecken, die einem spezifischen (ungleichen) Geschlechterarrangement zugrundeliegen (Whitworth 1994: 24). Damit eröffnet der *gender*-Ansatz im Gegensatz zu einer frauenzentrierten Perspektive die Möglichkeit, die Bedeutungszuschreibungen von männlich und weiblich kritisch zu beleuchten und deren Funktionalität für die internationale Politik zu analysieren. Eine *gender*-sensitive Betrachtungsweise holt daher viel weiter aus, indem sie jene Normen und Ideen, auf denen das Geschlechterverhältnis beruht, in ihr Zentrum zu rücken sucht, um sie in Zusammenhang mit den Handlungen gesellschaftlicher, politischer und internationaler Akteure zu bringen. Sie macht es sich zum Ziel zu verfolgen und zu erklären, wie diese Ideen auch durch internationale Politik und internationale Praxis entstehen und erhalten werden. Vice versa sind auch die gegenwärtigen internationalen Strukturen und Machtbeziehungen – so die These Enloes (1989: 4) – abhängig von dem Erhalt spezifischer Definitionen von männlich und weiblich sowie von einem bestimmten Verständnis, welches den Geschlechterrollen von Mann und Frau zugrunde liegt. Das Ziel eines feministischen Ansatzes in IB besteht darin, jene bislang missachteten Zusammenhänge und Funktionalitäten zwischen *gender* und internationaler Politik aufzuspüren.

Feministische Reformulierungen

Wenn die Geschlechterdifferenz alle Bereiche des gesellschaftlichen und damit auch internationalen Lebens durchdringt, das Geschlechterverhältnis in IB bisher jedoch unberücksichtigt blieb, so muss eine *gender*-Perspektive notwendigerweise auf einer grundsätzlichen Ebene traditionelle Konzepte, Kategorien und Definitionen von IB überdenken – und entsprechend reformulieren.

Ausgangsbasis für eine solche feministische Reformulierung ist zunächst der Gegenstandsbereich der Internationalen Beziehungen. Damit *gender* thematisiert werden kann, muss als erstes die Grenze zwischen Außen- und Innenpolitik aufgehoben werden. Dass die internationalen Beziehungen mehr sind als die Summe nationaler Außenpolitiken und zwischenstaatlicher Interaktionen wurde jedoch auch bereits innerhalb der Disziplin erkannt. Hinzu kommt, dass der Staat nicht mehr die einzig relevante Untersuchungseinheit für IB darstellt, sondern eine Vielzahl von neuen Akteuren wie z.B. transnationale Frauengruppen und internationale Organisationen einbezogen werden muss. Eine Berücksichtigung des Geschlechterverhältnisses legt zudem nahe, dass der Zusammenhang zwischen Staat und Gesellschaft thematisiert und darüber hinaus den Auswirkungen internationaler Prozesse auf Staaten und ihre gesellschaftlichen Umfelder besondere Beachtung geschenkt werden muss (vgl. Murphy 1996: 532 f.).[11] Damit sind zunächst die elementarsten Prämissen für die Thematisierung des Geschlechterverhältnisses benannt, auf denen weiterführende Reformulierungen basieren.

Eine feministische Herangehensweise an die internationalen Beziehungen hinterfragt kritisch die Trennung von öffentlich und privat. Die Konstruktion eines vorpolitischen Raumes, der von der öffentlichen Sphäre losgelöst sein soll, scheint aus feministischer Sicht fragwürdig: zum einen, weil öffentliche Regelungen ständig die Privatsphäre betreffen, zum anderen weil, wie etwa im Falle häuslicher Gewalt, auch umgekehrt nicht genügend dem privaten Bereich Rechnung getragen wird (vgl. Rössler 1996: 276). Eine Grenzziehung wie sie in den Internationalen Beziehungen zwischen den Sphären vorgenommen wird, erscheint daher als Artefakt, welches darüber hinaus zur Legitimierung des Ausschlusses von Frauen durch ihre traditionelle Abdrängung in die Privatheit dient. Enloe sieht das Ziel einer feministischen Herangehensweise gerade darin, jene Wechselbeziehungen von öffentlich und privat aufzudecken. Für die internationalen Beziehungen gilt es nachzuweisen, wie Staaten auf spezifische Konstruktionen im privaten Bereich angewiesen sind, um Beziehungen im öffentlichen und internationalen Bereich auf spezielle Weise unterhalten zu können (Enloe 1989: 196 f.).

Eine *gender*-Perspektive erfordert auch die Aufhebung der strikten Trennung von individueller, innenpolitischer und internationaler Ebene[12], die aus feministischer Sicht nur in ihrer Interdependenz wahrgenommen werden können. Was damit konkret gemeint ist, kann an Enloes (1989: 67-92) Beispiel der Militärbasen im Ausland demonstriert werden. So setzt die Einrichtung eines solchen militärischen Stützpunkts zugleich spezifische Arrangements mit lokalen Behörden voraus, um den sexuellen Bedürfnissen der im Ausland stationierten Soldaten gerecht zu werden: Militärbasen, militarisierte Männlichkeit und Prostitution gehören zusammen – so Enloe (1989:81) -, aber es bedarf einer genau abgestimmten Politik,

---

[11] Eine solche Forderung wurde auch von der Transnationalismusforschung und von Studien aus dem Gebiet der internationalen politischen Ökonomie erhoben.

[12] Diese Unterteilung geht zurück auf den Neorealismus im Waltzschen (1959) Sinne, der in seiner klassischen Dreiteilung zwischen individueller, staatlicher und systemisch-interstaatlicher (internationaler) Ebene unterscheidet.

um jene Symbiose intakt zu halten. Als ein berühmtes Beispiel nennt Enloe die (heute geschlossene) Subic Bay Marinebasis der Amerikaner auf den Philippinen. Durch die ökonomischen Probleme in den späten achtziger Jahren und der darauf folgenden Rezession wurden mehr und mehr philippinische Frauen in die Prostitution gedrängt. So waren nach Schätzungen der Regierung Aquinos 1987 zwischen 6.000 und 9.000 Frauen in der „Unterhaltungsbranche" in Olongapo City registriert, unabhängige Forscher schätzten ihre Zahl jedoch auf 20.000 (Enloe 1989: 86 f.).[13] Die zunehmende Ausbreitung von Geschlechtskrankheiten sowie das Aufkommen von AIDS führte zu Spannungen zwischen der amerikanischen Regierung und den philippinischen Behörden, denen die Gewährleistung regelmäßiger medizinischer Untersuchungen der Prostituierten überantwortet wurde, während Tests für die amerikanischen Soldaten nicht vorgesehen waren. Dieses Beispiel macht deutlich, was mit Ebenenverschränkung gemeint ist: Internationale Sicherheitspolitik beruht auf spezifische Absprachen zwischen nationalen Regierungen und setzt wiederum auf einer individuellen Ebene Geschlechterbeziehungen voraus, die dem privaten, sexuellen Wohlergehen der Soldaten zuträglich sind und zugleich der Rückversicherung militarisierter Männlichkeit dienen. Das Beispiel zeigt auch, dass die Inhalte der verschiedenen Ebenen aus feministischer Sicht eine Einbeziehung der privaten Sphäre und ihrer durchschnittlichen Menschen erfordern.

Eine feministische Theorie der internationalen Beziehungen ist auch durch neue ontologische Ausgangspunkte charakterisiert. Dabei geht es darum, sich aus ungewöhnlichen Perspektiven, nämlich denjenigen von Frauen in ihren verschiedenen Lebenszusammenhängen, den internationalen Beziehungen zu nähern, so ist Enloes Palette von Frauen eine bunt gemischte, die von Carmen Miranda als Symbol amerikanisch-lateinamerikanischer Freundschaft und United Fruit Logo, über die westliche Touristin in Jamaica, die Devisen bringt und den Berufsstand der einheimischen Zimmermädchen in eine zentrale Beschäftigungssparte verwandelt, bis zu den Ehefrauen von Diplomaten reicht, die in ihren Privathäusern für das nötige informelle Klima sorgen, das der internationalen Diplomatie so zuträglich ist (vgl. Enloe 1989, 1993). Jene aus einer solchen Perspektivierung gewonnenen Einsichten in die Funktionsweise internationaler Politik schrecken nicht vor den Abgrenzungen zurück, mit deren Hilfe die Disziplin Relevantes von Irrelevantem zu trennen sucht. Bei einer feministischen Betrachtungsweise der internationalen Politik geht es bevorzugt darum, in jene Bereiche vorzudringen, die aus traditioneller Sicht nicht zu den

---

[13] Diese Schätzung schließt die Zahl illegal arbeitender Prostituierter mit ein.

internationalen Beziehungen gehören. Das Überschreiten jenes eng definierten Bereiches bietet zugleich die Möglichkeit, auf bisher unerkannte Zusammenhänge zu stoßen (vgl. Zalewski 1994: 412). Dies bedeutet nicht, dass Rüstungsverhandlungen, Krisenmanagement und andere „high-politics"-Themen unbedeutend würden, ein feministischer Ansatz hinterfragt jedoch kritisch „ (...) belief of what gets counted as the most useful starting points for figuring out exactly how politics works" (Enloe 1993: 162).

Es wird deutlich, dass eine so verstandene feministische Herangehensweise an IB sich nicht allein in der Addition von *gender* als zusätzliche Variable erschöpfen kann, sondern ein profunderes Umdenken dahingehend nach sich zieht, was überhaupt den adäquaten Bereich der internationalen Beziehungen bezeichnet. Dafür ist es jedoch nötig, theoretische Gemeinplätze in der Disziplin von IB kritisch zu hinterfragen. Eine feministische Reformulierung theoretischer Konzepte und Kategorien zielt darauf ab, die Lebenswirklichkeiten von Frauen zu thematisieren und damit gleichzeitig parteiliche Betrachtungsweisen zu überwinden. Dass das Geschlechterverhältnis bisher kaum beachtet wurde, geht nämlich auch auf ein traditionelles Kategoriensystem zurück, welches wiederum die Wahrnehmung internationaler Realität bestimmt.[14]

„Gender" und Internationale Beziehungen: Empirische Konsequenzen

Obige Ausführungen verweisen auf zwei empirische Bereiche: Zunächst geht es um das Sichtbarmachen von Frauen in der internationalen Politik in einer Weise, die über die traditionellen „high-politics"-Plätze hinausgeht. Es geht darum, weibliche Partizipationsorte zu lokalisieren, auch jene, die abseits liegen, um Frauen als aktiv Handelnde in einem internationalen Kontext verorten zu können. Eine weitere Aufgabe besteht in der Herausarbeitung geschlechtsspezifischer Auswirkungen von internationalen Prozessen und Politikprogrammen. Da Männern und Frauen verschiedene gesellschaftliche Rollen zufallen, liegt die Vermutung nahe, dass internationale Entwicklungen sie unterschiedlich betreffen bzw. Geschlechtsstereotype als funktional vorausgesetzt werden. An dieser Stelle geht es also um Frauen als passiv Betroffene, wobei die beiden Rollen nicht immer klar voneinander getrennt werden können. Beide Aspekte sind in einen Kontext eingebettet, der auf die Geschlechterbeziehungen als Ganzes gerichtet ist. Die Beispiele Entwicklungspolitik, internationale Wirtschaftspolitik und Menschenrechte als Frauenrechte veranschaulichen die vorausgegangenen Reflexionen zu *gender* und IB und zeigen, wie in jenen Bereichen eine feministische Perspektive das traditionelle Bild der internationalen Beziehungen verändert. Darüber hinaus kann in Teilbereichen verdeutlicht werden, welche politischen Implikationen aus einer solchen Sichtweise erwachsen.

Entwicklungspolitik: „Women in Development"

In traditionellen Vorstellungen wurden unter „Entwicklung" bzw. „Entwicklungspolitik" Bemühungen verstanden, welche auf eine Industrialisierung der Länder des Südens zielten.[15] Der angestrebte ökonomische Fortschritt wurde als Voraussetzung für das Langziel von Entwicklung betrachtet, das in der Integration der Länder des Südens in die Weltwirtschaft bestand. Eine solche Auffassung von Entwicklung wurde zudem als förderlich für die Emanzipation von Frauen betrachtet, versprachen die durch den wirtschaftlichen Aufschwung entstandenen Arbeitsplätze doch zugleich ökonomische Unabhängigkeit. Darüber hinaus sah man in dem Entstehen der neuen demokratischen Systeme gesteigerte Chancen für die politische Partizipation von Frauen. Die Erwartungen erwiesen sich jedoch als zu optimistisch. So wurde bereits zu Beginn der siebziger Jahre mehr und mehr deutlich, dass sich die Situation der Frauen in den Ländern des Südens nicht verbessert hatte, sondern im Gegenteil sogar schwieriger geworden war – trotz jahrelanger Entwicklungshilfe. Eine der Hauptursachen für jenen paradoxen Befund kann laut Kardam (1994: 143) darin gesehen werden, dass entwicklungspolitische Maßnahmen Frauen primär in ihrer reproduktiven Funktion wahrnehmen, ohne jedoch ihrer Rolle im Wirtschaftsleben adäquat Rechnung zu tragen. Eine solche Betrachtungsweise führte dazu, dass ihnen der Zugang zu finanziellen und technologischen Ressourcen im Rahmen von Projekten verwehrt wurde – selbst in Bereichen, die ursprünglich weiblich dominiert waren (vgl. Bosterup 1970). Wie Kardam (1994: 143) berichtet, wurden bei der Einführung von Traktoren in Indien allein Männer in deren Bedienung unterwiesen mit der Folge, dass Frauen aus bestimmten angestammten Bereichen in der Landwirtschaft verdrängt wurden. In einem Projekt der Weltbank in Bolivien wurden Männer über Viehhaltung unterrichtet, obwohl diese schon immer eine Domäne der Frauen

---

[14] Batscheider zieht ähnliche Schlussfolgerungen in ihrer an die Friedensforschung (vgl. Batscheider 1993: 188).
[15] Diese Darstellung lehnt sich an Kardam (1994: 141-153) an.

war. Im Rahmen eines anderen Entwicklungshilfeprojekts der Weltbank in Mexiko wurden moderne Wäschereien gebaut, deren Organisation und Verwaltung man in die Hände von Männern legte. Bislang waren es jedoch Frauen gewesen, die in Auftragsarbeit Wäsche von Hand gewaschen hatten. Durch die Existenz jener Wäschereien verloren sie ihre Einkommensquelle. Häufig waren solch kurzsichtige, auf (westlichen) stereotypen Geschlechterrollen basierenden Entwicklungsprogramme daran schuld, dass Frauen aus ihren traditionellen Erwerbstätigkeiten gestoßen wurden.[16]

Die Entkolonialisierungswelle führte zu einer veränderten Konstellation innerhalb der Vereinten Nationen, was zugleich neue Impulse für die Entwicklungspolitik brachte. Durch die neue Mehrheit der Länder der südlichen Hemisphäre avancierte die Entwicklungsproblematik in den siebziger Jahren zum vorrangigsten Anliegen der internationalen Organisation. In dieser neuen Phase wurde jedoch nicht nur die zentrale Bedeutung von Entwicklung hervorgehoben, sondern zugleich deren traditionelle Definition, wie sie die fünfziger und sechziger Jahre bestimmt hatte, kritisch hinterfragt. Reflexionen inhaltlicher Art ergaben sich aus der zunehmend deutlicher werdenden Erkenntnis, dass der schwächste Teil der Bevölkerung, darunter besonders Frauen und Kinder, kaum von den bisherigen Entwicklungsmaßnahmen in ihrer vornehmlich ökonomischen Ausrichtung profitiert hatten. Entwicklung wurde auf eine Weise redefiniert, dass Gerechtigkeit zu einem neuen Schwerpunkt wurde und die Problematik der Armut in den Vordergrund trat. Im Zuge jener Umorientierung wurde auch deutlich, dass das Bruttosozialprodukt, das bislang als Indikator für den Entwicklungsstand eines Landes gedient hatte, einen nur unzureichenden Maßstab darstellt. Man versucht daher neue, umfassendere Maßeinheiten einzuführen, um nicht nur ökonomisches Wachstum, sondern auch Verbesserungen in den Bereichen Gesundheit und Bildung messbar zu machen und in die Bewertung des Entwicklungstandes eines Landes einfließen zu lassen (Kardam 1994: 143).

Die generelle Schwerpunktverschiebung in den siebziger Jahren ging zeitlich mit dem Aufkommen zahlreicher nicht-staatlicher Akteure einher, die sich an dem inhaltlichen Umstrukturierungsprozess der UN-Entwicklungsagenda zu beteiligen suchten. Dieser generelle Trend begünstigte auch die Einflussnahme von Frauengruppen, die geschlechterpolitische Aspekte in Zusammenhang mit entwicklungspolitischen Fragen brachten. Unter den aktivsten Gruppen befand sich dabei das Frauenkomitee des Washingtoner Büros der *Society for International Development*. Ihm gelang es durch massive

---

[16] Alle drei Beispiele finden sich in Kardam (1994:143).

Lobbyaktivität, die Programmatik der staatlichen US-Entwicklungsorganisation zu beeinflussen und Aufmerksamkeit auf die Rolle von Frauen bei entwicklungspolitischen Maßnahmen zu lenken. Auf dieses Frauenkomitee geht auch der Terminus „Women in Development" (WID) zurück, der heute als feststehender Begriff für speziell auf Frauen abgestimmte Entwicklungsprogramme verwendet wird (Kardam 1994: 144). Auch im Rahmen der UN wurden WID-Programme maßgeblich durch den Einfluss von Nicht-Regierungsorganisationen (NGOs), so vor allem durch transnationale und internationale Frauengruppen, ins Leben gerufen (vgl. Stienstra 1994: 118-144). Weibliche Lobbyarbeit trug wesentlich dazu bei, dass Organisationen auf die Rolle von Frauen in der sozialen und ökonomischen Entwicklung aufmerksam wurden. Zeichen dieser zunehmenden Wahrnehmung sind die zahlreichen internationalen Konferenzen der siebziger Jahre, die sich mit dem Thema Frauen und Entwicklung befassten (vgl. Kardam 1994: 144). Die Anerkennung der Bedeutung von WID schlug sich auch nach 1975, dem Jahr der Frau, in der Etablierung neuer Institutionen nieder (Galey 1994: 135). Eine davon war der UN *Development Fund for Women* (UNIFEM), der unabhängig von der allgemeinen UN-Entwicklungsbehörde (UNDP) speziell auf Frauen ausgerichtete Entwicklungsprogramme durchführt. Als weitere autonome UN-Behörde wurde das *Institute for Training and Research for the Advancement of Women* (INSTRAW) geschaffen, dessen Hauptaufgabe darin besteht, Frauen in internationalen Zusammenhängen sichtbar zu machen, so zum Beispiel durch seine statistischen Erhebungen zur weltweiten Situation von Frauen oder durch die Entwicklung von Verfahren, die die Auswirkungen von Entwicklungsprogrammen auf Frauen messbar machen. Ein anderer Schwerpunkt der Organisation liegt auf der Ausbildung von Personen, die in entwicklungspolitischen Zusammenhängen tätig sind (Galey 1994: 136; vgl. Stienstra 1994: 136).

Der Weltfrauenkonferenz in Mexiko (1975) folgte die Dekade der Frauen, die mit der Konferenz von Nairobi endete. Das dort verabschiedete Dokument (*Nairobi Forward Strategies for the Advancement of Women*) forderte, dass entwicklungspolitische Maßnahmen aller Geberorganisationen die Rolle von Frauen in der Entwicklung berücksichtigen sollten. Dabei wurde besonders die Bedeutung von *gender*-sensitiven Maßnahmen in den Gebieten Gesundheit, Bildung, Ernährung, Landwirtschaft und Umwelt betont sowie entsprechende Empfehlungen bezüglich ihrer Implementation für Geberstaaten und internationale Institutionen formuliert (Kardam 1994: 145). Diese verstärkte Sensibilisierung für Frauenthemen fiel zusammen mit einer generellen Tendenz in der Entwicklungshilfe, anstelle von staatlichen Organisationen lokale NGOs und Basisgruppen zu unterstützen mit dem Ziel, durch aktive Einbeziehung der Betroffenen („Partizipation") Mittel bedürfnisgerechter und effektiver einzusetzen.

In den achtziger Jahren stellte sich den entwicklungspolitischen WID-Ansätzen, die Effizienz und Armutsbekämpfung als vornehmliche Anliegen betrachteten, der „empowerment"-Ansatz zur Seite, der die Geschlechtsrollen als solche kritisch hinterfragte. Anvisiertes Ziel ist ein selbstbestimmtes Leben von Frauen durch eine Lösung des Konflikts zwischen reproduktiver und produktiver weiblicher Rolle: „Issues in need of resolution are child care, men´s share in the maintenance of the family, and women´s participation overall in the redefinition of gender relations and the meaning of development itself" (Kardam 1994: 148).

Das Gebiet der Entwicklungspolitik war eines der ersten, welches die Bedeutung von *gender* erkannt hat. Diese frühe Sensibilisierung ist nicht zuletzt auf den Einfluss der internationalen Frauenbewegung zurückzuführen, der es durch gezielte Lobbyaktivitäten gelang, Aufmerksamkeit auf den Zusammenhang von Entwicklungspolitik und Geschlechterfragen zu lenken.

Globalisierung der Wirtschaft

Eine feministische Betrachtungsweise der internationalen Wirtschaft macht es sich zum Ziel, die Auswirkungen globaler ökonomischer Entwicklungen auf Frauen darzustellen. Im Mittelpunkt eines solchen Ansatzes steht dabei besonders die geschlechtsspezifische Struktur der Erwerbsarbeit, die Männern und Frauen unterschiedliche, auf Geschlechterstereotypen beruhende Rollen in der Weltwirtschaft zuweist. Aus feministischen Reihen wurde dabei insbesondere die Sichtbarmachung von Frauen in wirtschaftspolitischen Zusammenhängen angestrebt, so zum Beispiel als Arbeitskräfte in den weltweiten Produktionsstätten multinationaler Konzerne, in der Landwirtschaft und im internationalen Dienstleistungsbereich.[17]

Im Zeitalter globaler arbeitsteiliger Produktion und expansiver Handelspolitik verstärkt sich immer mehr der Trend hin zu Errichtung von Freihandels- und Exportproduktionszonen in den Ländern des Südens. Geleitet von dem Ziel, Profite und Arbeitseinsatz zu optimieren,

---

[17] Maßgeblich für diese Zusammenfassung ist Chowdhry (1994: 155-171) und Enloe (1989).

zeichnet sich die Beschäftigungspolitik multinationaler Konzerne zunehmend durch ihren Bedarf nach billigen Arbeitskräften aus. Jene Billiglohnstrategie in den Ländern des Südens beruht jedoch auf einer ihr zuträglichen Rassen- und Geschlechterpolitik. Eine spezifische soziale Konstruktion der Geschlechter wird aus feministischer Perspektive als Hauptgrund dafür gesehen, dass weibliche Arbeitskräfte auf dem Vormarsch sind bzw. bestimmte Branchen der Leichtindustrie, die wesentlich geringere Löhne bieten als die männlich dominierte Schwerindustrie, feminisiert werden (Chowdhry 1994: 160). Stereotype Vorstellungen von Männlichkeit und Weiblichkeit werden instrumentalisiert, um bestimmte Arbeitsfelder als besonders geeignet für das eine oder andere Geschlecht zu präsentieren. Wie Lim (1979: 7) berichtet, preist eine Broschüre der Malaysischen Regierung die „orientalische weibliche Geschicklichkeit" an, um ausländische Investoren, vor allem aus der Textil- und Elektronikbranche anzuwerben. Weibliche Arbeitskräfte sind nicht nur am billigsten, sondern stellen in der Regel auch den fügsamen, gewerkschaftlich nicht organisierten Teil der Arbeiterschaft dar. Frauen werden in den Produktionsprozess integriert, weil die Stereotypisierung ihrer Geschlechterrolle und ihrer Geschlechtsattribute äußerst funktional für eine spezifische Wirtschaftspolitik ist und hervorragend mit den Bedürfnissen multinationaler Konzerne korrelieren (Chowdhry 1994: 161).

Auch im landwirtschaftlichen Sektor fördert eine feministische Perspektive die Rolle von Frauen zutage (vgl. Chowdhry 1994: 162 ff.). Viele Studien und Programme, die für entwicklungspolitische Maßnahmen im Agrarbereich entworfen wurden, gingen einfach davon aus, dass Männern die Hauptrolle in der landwirtschaftlichen Produktion zufällt. Dabei handelte es sich jedoch um eine gravierende Fehleinschätzung, die dazu führte, dass Frauen in ihrer traditionellen Rolle in der Agrarwirtschaft der Länder des Südens erst gar nicht wahrgenommen wurden. Frauen sind jedoch in großem, wenn nicht sogar überwiegenden Maße im Agrarbereich tätig, so besonders in den ländlichen Gebieten Afrikas, aber auch in Lateinamerika und Asien.[18] Die fortdauernde Missachtung der Rolle von Frauen in der Landwirtschaft beschränkte ihren Zugang zu Land, Saatgut, Dünger und Krediten, die im Rahmen agrarpolitischer Entwicklungsmaßnahmen zur Verfügung gestellt wurden. Dies wiederum hatte folgenschwere Konsequenzen für die landwirtschaftliche Entwicklung in den Ländern des Südens und beschnitt gravierend die Chancen für eine Steigerung und Verbesserung der Nahrungsmittelproduktion. Hinzu kommt, dass die Strukturanpassungsmaßnahmen internationaler Organisationen wie Weltbank und

---

[18] Ester Boserups Studie *Women´s Role in Economic Development* (1970) wies als erste auf diese Tatsache hin.

Internationalem Währungsfond zu Lasten der armen Bevölkerungsschichten gehen (vgl. Kardam 1991). Jene rigiden Maßnahmen, die auf den wirtschaftlichen Aufbau und die Förderung der ökonomischen Konkurrenzfähigkeit der Länder des Südens zielen, schließen in der Regel Währungsabwertung und eine Kürzung öffentlicher Ausgaben ein, was in den betroffenen Staaten gravierende Beschneidungen im sozialen Bereich zur Folge hat. Die innenpolitischen und sozialen Konsequenzen jener Strukturanpassungsmaßnahmen treffen daher vor allem sozial schwache Bevölkerungsgruppen, bevorzugt Frauen, und wirken sich besonders negativ auf ländliche Gebiete aus (vgl. Chowdhry 1994: 163).

Ein weiterer Bereich geschlechtsspezifisch zugeteilter Erwerbstätigkeit stellt der Dienstleistungssektor dar mit seinen Massagesalons, Bars, Clubs, Discos und Bordellen, in denen Frauen ihre Dienste meist ausländischen, finanziell potenten Kunden feilbieten. Diese feminisierte „Unterhaltungsbranche", wie sie für vor allem in den ärmeren Ländern Asiens mehr und mehr an wirtschaftlicher Bedeutung gewinnt, korreliert auf interessante Weise mit deren zunehmender Attraktivität als Reiseorte. In vielen südostasiatischen Staaten ist der Faktor „(Sex-)Tourismus" inzwischen zum bedeutendsten Wirtschaftszweig geworden. Angesichts der ökonomischen Rentabilität des weiblichen Dienstleistungssektors wird die Existenz einschlägiger Etablissements von vielen Regierungen nicht nur geduldet, sondern aktiv unterstützt, tragen sie doch zur Beschaffung ausländischer Zahlungsmittel bei und dienen damit zugleich dem Abbau der internationalen Verschuldung (Chowdhry 1994: 163). Mitte der achtziger Jahre wurde der Tourismus in vielen Ländern zum Devisenbeschaffer Nummer eins: so zum Beispiel in der Dominikanischen Republik, wo Zucker auf Rang zwei fiel. In Jamaica übertraf der Tourismus die Gewinne aus dem Bauxitexport, in Thailand diejenigen aus dem Handel mit Reis (Enloe 1989: 31 f.). Auch Länder wie Puerto Rico, Haiti, Nepal, Gambia und Mexiko sehen ihre Hauptquelle für wirtschaftliche Entwicklung im Tourismus (Enloe 1989: 32).

Auch der von Enloe (1989: 177-194) beschriebene internationale Hausmädchensektor stellt eine Form des feminisierten Dienstleistungsbereiches dar. Unter den sozialen Auswirkungen der internationalen Schuldenpolitik sehen sich viele Frauen aus ärmeren Ländern gezwungen, als Migrantinnen im Ausland nach Arbeit zu suchen, um die Versorgung ihrer Familie sicherzustellen. Während so ihre eigenen Kinder von Verwandten aufgezogen werden, kümmern sie sich als billige Arbeitskräfte in den sozial gut situierten Haushalten im Westen, in Singapur und Kuwait, um die Kinder ihrer Geschlechtsgenossinnen, die sich so eine eigene berufliche Karriere leisten können. Wiederum wird die Institutionalisierung des

Hausmädchensektors aktiv von den Regierungen ärmerer Länder unterstützt, erwirtschaften Frauen durch ihre Tätigkeit im Ausland einen nicht unbeträchtlichen Teil der wertvollen Devisen. Um zum Beispiel eine Ausreisegenehmigung aus den Philippinen zu erhalten, musste man sich verpflichten, einen bestimmten Prozentteil des im Ausland verdienten Geldes nach Hause zu schicken (Enloe 1989: 187 f.). In ihrer Beschreibung des Golfkrieges zeigt Enloe (1992) wiederum die komplexen Zusammenhänge internationaler Politik auf, indem sie dessen Auswirkungen auf die südasiatischen Hausmädchen in Kuwait schildert, die sich plötzlich in Flüchtlingslagern wiederfanden.

UN: „Frauenrechte sind Menschenrechte"

Die Vereinten Nationen wurden mit dem Ziel gegründet, ein friedliches Zusammenleben der Völker zu ermöglichen, wirtschaftlichen und sozialen Fortschritt voranzutreiben sowie jene menschlichen Grundrechte, die in den Jahren des Zweiten Weltkriegs so eklatant missachtet wurden, vertraglich abzusichern.[19] Engagierte Frauengruppen waren bereits bei der Gründung der Vereinten Nationen darauf bedacht, dass jene Grundrechte in einer Weise festgeschrieben wurden, die auch die Interessen von Frauen berücksichtigte. Der sogenannte Gleichheitsparagraph der UN-Charta von 1945 mit dem Ziel „to promote and protect the fundamental freedoms and human rights of peoples and individuals without distinction as to race, sex, nationality, or religion" (Galey 1994: 132) reflektiert den Erfolg dieses Anliegens. Zugleich stellte er die legale Basis dar für die bereits im Jahr darauf erfolgte Etablierung der Kommission für die Rechtsstellung der Frau. Diese Kommission hat die Aufgabe dem Wirtschafts- und Sozialrat (ECOSOC) der Vereinten Nationen Vorschläge zur Verbesserung der Situation von Frauen zu unterbreiten, was je nach Sachthema in vorheriger Absprache mit verschiedenen NGOs erfolgt. ECOSOC wiederum leitete diese Empfehlungen weiter an die UN-Generalversammlung und ihr Drittes Komitee für Soziale und Humanitäre Angelegenheiten, welches sich schwerpunktmäßig mit Frauenfragen befasst (Galey 1994: 132).

Wie Galey (1994:133) betont, hat die Kommission für die Rechtsstellung von Frauen im Laufe der Jahrzehnte verschiedene Akzentuierungen durchlaufen. Aus dem zunächst

---

[19] Das Beispiel „Menschenrechte sind Frauenrechte" greift vor allem auf Galey (1994: 131-140) und Schöpp-Schilling (1993: 60-62) zurück.

anvisierten Ziel der Gleichheit der Geschlechter – so zum Beispiel im Hinblick auf das Wahlrecht, die Besetzung von öffentlichen Ämtern und gleiche Bezahlung – entwickelte sich in den sechziger und frühen siebziger Jahren ein neuer inhaltlicher Schwerpunkt, der vor allem den Beitrag von Frauen an und in der ökonomischen und sozialen Entwicklung betonte. Die Rolle von Frauen im Rahmen von Frieden und Sicherheit war ein Thema, das Ende der siebziger und zu Beginn der achtziger Jahre prominent wurde. Es war im Rahmen jener Fragestellung, dass die Thematik der Menschenrechte als Frauenrechte aufgegriffen wurde (Galey 1994: 137).

In den Texten der allgemeinen Menschenrechtsabkommen wird nicht zwischen Frauen und Männern unterschieden. Zur Zeit der Ausarbeitung jener ersten Vertragswerke geschah dies in der Überzeugung, dass die Menschenrechte für Männer und Frauen gleichermaßen gelten; die Möglichkeit oder Notwendigkeit einer geschlechtsspezifischen Differenzierung wurde damals nicht in Betracht gezogen. Hinzu kommt – so Schöpp-Schilling (1993: 62) -, dass in erster Linie Männer in Entscheidungspositionen der UN bzw. als Gutachter oder Sonderberichterstatter bei Menschenrechtsfragen tätig waren mit der Folge, dass geschlechtsspezifische Menschenrechtsverletzungen zunächst kaum als solche wahrgenommen wurden und daher keine Thematisierung erfuhren. Frauen sind jedoch neben allgemeinen Menschenrechtsverletzungen wie Vertreibung, Folterung, politischer, sozialer, kultureller und wirtschaftlicher Diskriminierung auch geschlechtsspezifischen Menschenrechtsverletzungen ausgesetzt wie genitaler Verstümmelung, Mitgiftmorden, Witwenverbrennung, Vergewaltigung und Frauenhandel (Schöpp-Schilling 1993: 60). Sexuelle Gewalt gehört zu den häufigsten Menschenrechtsverletzungen, die Frauen erfahren müssen. Trotz ihrer frappierenden Ausmaße, wird sie kaum geahndet und gehört in Kriegszeiten geradezu zum Alltagsgeschehen. Ein aktuelles Beispiel ist Jugoslawien, wo von allen kriegsführenden Parteien Vergewaltigungen an Frauen der gegnerischen Seite verübt wurden. Bisher wurden jene sexuellen Misshandlungen von Frauen so gut wie nicht verfolgt – und so ist auch dem Dokumentationszentrum des kroatischen Gesundheitsministeriums noch kein Fall einer rechtmäßigen Bestrafung gemeldet worden (Hirsch 1993: 54).

Neben systematischen Vergewaltigungen von Frauen in Kriegszeiten geschehen im Alltag die meisten Menschenrechtsverletzungen an Frauen in der Sphäre des Privaten. So wird das Recht auf körperliche Integrität oft durch die Männer im familiären Umkreis verletzt, nicht zuletzt durch Väter und Ehemänner. Statistisch gesehen gehört körperliche Gewalt gegen Frauen in Form von Schlägen und Prügeln zu den häufigsten Gewaltakten im privaten Bereich. Zahlen aus den USA sprechen dazu eine deutliche Sprache. So werden dort jährlich etwa 1,8 Millionen Frauen von ihren (Ehe-)Männern geschlagen (Krell 1996:164). Gewalt zwischen Mann und Frau bzw. im familiären Bereich wird häufig als Privatsache oder – wie im Falle genitaler Verstümmelung – zur kulturellen Eigenart erklärt und damit dem öffentlichen/internationalen Einflussbereich entzogen. Hinzu kommt, dass die Gesetzgebung vieler Staaten kaum eine Möglichkeit zur Verfolgung derartiger Menschenrechtsverletzungen bietet und Druck von außen als illegitime Einmischung in „innere Angelegenheiten" deklariert wird (Schöpp-Schilling 1993: 62). Mit dem Slogan „women´s rights are human rights" fordern Frauen mehr und mehr eine *gender*-sensitive Perspektive gegenüber der Institutionalisierung der Menschenrechte, die nicht vor dem Bereich des vermeintlich Privaten Halt machen darf. Allerdings ist es nötig, an die universale Menschen- bzw. Frauenrechtsidee eine kultur-sensitive Strategie anzubinden, die den Frauen des Südens die Möglichkeit zur Selbstdefinition der Frauenrechte gibt. Gegenüber einer Oktroyierung westlicher Ansichten hat sich im Süden gerade bei den Menschenrechten mehr und mehr Widerstand gebildet, so dass eine Sensibilisierung für spezifische kulturelle Eigenheiten höchste Dringlichkeit besitzt.

Die Kommission für die Rechtsstellung der Frau versuchte auf die Menschenrechtsdebatte Einfluss zu nehmen, um eine Sensibilisierung für deren geschlechtsspezifische Dimension zu erreichen (vgl. Schöpp-Schilling 1993: 60 ff.). Ein wichtiger Meilenstein wurde dabei mit der Ausarbeitung des Übereinkommens zur Beseitigung jeder Form der Diskriminierung von Frauen erreicht. Aufbauend auf den früheren Abkommen und Regelungen im Bereich der Menschenrechte stellt dieses 1979 verabschiedete Vertragswerk insofern ein Novum dar, als es eine bis dahin unerreicht umfassende und detaillierte Definition geschlechtsspezifischer Diskriminierung enthält, die sowohl den öffentlich-gesellschaftlichen als auch den privaten Bereich umfasst. Auf der Ebene der Implementation zwingt das Vertragswerk die Unterzeichnerstaaten zur regelmäßigen Berichterstattung, um die Einhaltung der vertraglich zugesicherten Nicht-Diskriminierung von Frauen zu gewährleisten. Trotz der erfolgreichen Verabschiedung des Übereinkommens – so Schöpp-Schilling (1993: 60) – kann jedoch nicht über die Tatsache hinweggesehen werden, dass das frauenspezifische Vertragswerk sowie sein Ausschuss im Vergleich zu den anderen Menschenrechtsinstrumentarien der UN eine wesentlich schwächere Stellung einnehmen. Gravierendster Mangel ist dabei die Abwesenheit einer Klagemöglichkeit für Individuen, wie sie für etliche Verträge eingerichtet wurde. Hinzu kommen administrative und finanzielle Beschränkungen, die die Arbeit des Ausschusses schwieriger machen. Trotz jener praktischen

Einschränkungen gewinnt der Ausschuss zur Aufhebung jeder Form der Diskriminierung der Frau zunehmend an Bedeutung und trägt wiederum zur Sensibilisierung für eine *gender*-Perspektive bei den Menschenrechten bei (vgl. Schöpp-Schilling 1993: 62).

Die drei Politikbereiche dienten zur exemplarischen Verdeutlichung dessen, was mit veränderter Gegenstandsauffassung mit Verschränkung der Analyseebenen, mit Aufhebung der Trennung von öffentlich und privat und mit dem Austausch ontologischer Prämissen gemeint ist. Es geht um die Rolle, die Frauen in der internationalen Politik zufallen – jene, die in einem konventionellen Bild der internationalen Beziehungen ausgeblendet sind. Diese internationalen Rollen von Frauen sind trotz all ihrer Variabilität nicht unabhängig von privaten Geschlechterarrangements. So schafft die Entschuldungs- und Strukturanpassungspolitik internationaler Institutionen nur den strukturellen, ökonomischen Rahmen: Dass Frauen und Mädchen zur Prostitution gezwungen werden, hängt wiederum auch mit ihrer untergeordneten gesellschaftlichen und familiären Stellung zusammen, denn oft sind es gerade dominante Väter und Ehemänner, die weibliche Familienmitglieder in die Bars und Bordelle schicken. Individuelle und internationale Ebene sind interdependent. Deutlich zeigt sich diese Ebenenverschränkung und die Bezüglichkeit von öffentlich und privat auch bei den Menschenrechten als Frauenrechten. Private, oft sexuelle Gewalt gegen Frauen hängt mit patriarchalischen Geschlechterbeziehungen zusammen. Lange tabuisiert, wird diese häusliche (sexuelle) Gewalt erst allmählich zum internationalen Thema und als Bestandteil der Menschenrechte wahrgenommen. Auch die These von der Funktionalität herrschender Geschlechterstrukturen für die internationale Politik wird anschaulicher: Internationale Wirtschaftspolitik setzt die ihr zuträglichen Geschlechterarrangements voraus, der „Entwicklungsfaktor" (Sex-)Tourismus beruht auf spezifischen Vorstellungen von (orientalisch-asiatischer) Weiblichkeit und bedingt Frauen in ökonomisch benachteiligten Situationen. Die Zusammenhänge sind komplex und könnten in Enloe'scher Manier endlos so weitergesponnen werden.

Doch sollten die Beispiele bereits zwei Dinge deutlich gemacht haben: Zum einen bietet eine feministische Herangehensweise zunächst einmal ein vollständigeres Bild der internationalen Beziehungen und damit eine tatsächliche Einlösung des postulierten Allgemeinheitsanspruchs traditioneller IB-Theorien. Wenn der Beitrag von Frauen existentiell ist für internationale Politik und internationale Prozesse und Politikprogramme geschlechtsspezifische Wirkungen entfalten, dann ist auch eine feministische *gender*-Perspektive eine wichtige Erweiterung des Bildes der internationalen Beziehungen gewonnen.

Zum anderen stellt eine solche Perspektive kausale Zusammenhänge her, die in einer traditionellen Betrachtung der internationalen Politik ignoriert werden bzw. mit konventionellen Kategorien und Konzepten gar nicht fassbar sind. Einmal in eine feministische Richtung vorgestoßen, wird die Ontologie der internationalen Beziehungen eine ungleich reichere und verweist auf Aspekte und Facetten, die bisher nicht als Bestandteil internationaler Politik vermutet werden.

Praxis der internationalen Beziehungen: „Ungendering" world politics?

Es wurde argumentiert, dass die internationalen Beziehungen maßgeblich von der Geschlechterdifferenz bestimmt werden. Internationale Politik setzt dabei zum einen stereotype Geschlechtervorstellungen voraus, zum anderen werden diese Stereotype kontinuierlich durch internationale Praxis bestärkt und perpetuiert. Es stellt sich daher die Frage, welche Möglichkeiten es gibt, den Geschlechterimpetus in der internationalen Politik, der immer hierarchisch gefasst ist, abzumildern. Dies kann natürlich nicht anhand von Handlungsanleitungen erfolgen, deren Erfolg unmittelbar messbar ist. Vielmehr geht es darum Strategien zu entwickeln, die das Potential für langfristigen Wandel besitzen. Denn eines hat sich im Laufe der Geschichte immer wieder gezeigt – sublime gesellschaftliche Veränderungen können auf lange Sicht hin nachhaltige Wirkung entfalten.

Weibliche Partizipation an internationaler Politik

Ein praxisorientierter Weg könnte in einer vermehrten Partizipation von Frauen in Schlüsselpositionen der internationalen Politik bestehen. Diese Überlegung geht aber nicht in eine liberale oder radikale Richtung – weibliche Ämterbesetzung als „Alibigleichheit" bzw. um eine überlegene weibliche Moral und weibliche Friedfertigkeit in die internationale Politik einfließen zu lassen -, sondern hat vielmehr das Ziel vor Augen, durch die Integration weiblicher Lebenszusammenhänge in all ihrer Verschiedenheit adäquater der Pluralität menschlicher (und nicht nur männlicher) Lebenspraxis Rechnung zu tragen.

Empirische Forschungen über den *„gender gap"*, welche Differenzen zwischen den Geschlechtern in außenpolitischen Fragen mit anderen Variablen korrelieren, sprechen eigentlich zunächst gegen ein solches Vorhaben. Meinungsumfragen zeigen lediglich eine signifikante Geschlechtervarianz bei Fragen zu Krieg und Frieden. Konkret drückt sich dies vor allem in der Bereitwilligkeit zum Einsatz militärischer Gewalt aus, die bei Männern höher ist als bei Frauen. Jener generelle Befund bestätigte sich in Untersuchungen zur Einstellung von Männern und Frauen im Hinblick auf den Militäreinsatz im Golfkrieg (Krell 1996: 173; vgl. Wilcox et al. 1996). Untersuchungen über weibliche Führungskräfte im amerikanischen *State* und *Defense Department* kommen zu dem Ergebnis, dass es keine spezifisch weibliche Sichtweise von tagespolitischen internationalen Ereignissen gibt oder spezifisch weibliche Ansichten über den Prozess der Außenpolitik als solchen (McGlen/Sarkees 1993: 302). Andere Studien stellen jedoch auch bei politischen Führungskräften fest, dass Frauen grundsätzlich zögerlicher sind, wenn es um militärische Einsätze und gewaltsame Lösungen von Konflikten geht (Holsti/Rosenau 1995: 134ff.). Generell muss allerdings angemerkt werden, dass die jeweiligen Untersuchungseinheiten und methodischen Vorgehensweisen einzelner Studien genauso wie ihre Ergebnisse stark divergieren. Auch gibt es bislang keine Theorie, die den *„gender gap"* wie er bei einigen wenigen Fragen auftaucht, befriedigend erklären könnte (vgl. Krell 1996: 174).

Die Existenz eher minimaler geschlechtsspezifischer Differenzen bedeutet aber nicht, dass Frauen in Positionen der internationalen Politik nicht spezifisch Einfluss nehmen könnten. Die empirische Untersuchung zum *„gender gap"* beziehen sich in der Regel auf allgemeine Einstellungen zu Themen der internationalen Politik. Die Beispiele Menschenrechte und Entwicklungspolitik zeigen jedoch, wie durch weibliche Lobbyaktivität und Druck von Frauengruppen Themen auf die Agenda internationaler Institutionen gesetzt werden konnte, die vorher kaum beachtet bzw. als irrelevant wurden. Die Einsicht, dass Frauenrechte spezifische Menschenrechte sind und daher genauso durch internationale Verträge geschützt werden müssen, geht auf den massiven Einsatz von Frauen zurück. Dass Entwicklungspolitik Frauen spezifisch betrifft und daher *gender*-Sensibilität zutage legen muss, wurde wiederum von Frauen-NGOs angestoßen, prägten sie doch auch den Terminus und die Programmatik von „WID". Die oben beschriebene historische Entwicklung der beiden Bereiche legt nahe, dass die Initiativen von Frauen bedeutend waren. Im Gegensatz zu einer radikal-feministischen Deutung, die auf eine inhärente „Weiblichkeit" abzielt, scheint es sinnvoll, von „weiblichen Lebenszusammenhängen" auszugehen. Die spezifischen

Lebenssituationen von Frauen in all ihrer Verschiedenheit lassen Themen wie Frauenrechte eher erkennen und als zentral für internationale Politik bewerten. Partizipation von Frauen an der internationalen Politik bedeutet also nicht, dass aufgrund weiblicher Friedfertigkeit plötzlich Kriege nicht mehr existieren, sondern zielt vielmehr darauf ab, einem breiteren Spektrum an Lebenszusammenhängen Raum und Ausdruck zu verleihen: „Policy wouldn´t be different, but a better cross-section would give a wider range of opinions, lead to more diversity" (Mc Glen/Sarkees 1993: 303).

Solange jedoch die strukturellen Bedingungen sich nicht ändern, sind Schlüsselpositionen in der internationalen Politik für Frauen kaum attraktiv. Wenn der Geschlechterdualismus Frauen nach wie vor die Pflichten für Kinder und Haushalt alleine aufbürdet, ist eine Karriere in der internationalen Politik kaum mit der weiblichen Biographie vereinbar. Inselpositionen in männlich dominierten Bereichen sind zudem mit wesentlich höherer Anfechtung und Anforderung für Frauen verbunden.

Transformation privater Geschlechterbeziehungen

Ausgehend von dem feministischen Postulat, dass das Persönliche politisch bzw. – wie Enloe (1989) betont – international ist, lassen sich Reflexionen anstellen, inwieweit über eine Transformation der Geschlechterbeziehungen in der Privatsphäre die männlich dominierte *gender*-Struktur der internationalen Beziehungen abgebaut werden könnte. Obige Beispiele haben verdeutlicht, wie eine spezifische Politik, so zum Beispiel Wirtschaftspolitik unter dem Zeichen von Globalisierung, hierarchische Geschlechterbeziehungen auf der individuellen, privaten Ebene voraussetzt. Dass Mädchen in Entwicklungsländern von ihren Familien eher in Fabriken als in Schulen und Universitäten geschickt werden, hat neben ökonomischer Notwendigkeit auch mit einer Sichtweise zu tun, die Frauen vornehmlich eheliche und reproduktive Pflichten zukommen lässt und daher eine schulische und berufliche Ausbildung als weniger lohnenswert erscheinen lässt. Dass der Sextourismus zum Entwicklungsfaktor Nummer eins für viele Länder des Südens geworden ist, hängt auch von der Kontrolle und Dominanz über Frauen im privaten Bereich ab. Durch den Zusammenhang von privater und internationaler Ebene sowie deren gegenseitiger Konstituiertheit und Interdependenz kann spekuliert werden, inwieweit durch die Beeinflussung eines Bereiches der andere betroffen wird. Die Transformation privater Beziehungen in Richtung einer größeren Gleichheit von

Frauen und Männern etwa in Bereichen von Bildung, Berufswahl, individueller und ökonomischer Freiheit sowie geteilter Haushalts- und Familienpflichten könnte auch eine Veränderung internationaler Politik bewirken. Gerade durch die postulierte Verschränktheit der Sphären wäre eine Art Rückkopplungseffekt denkbar. Wenn internationale Politik spezifische Geschlechterarrangements auf der privaten Ebene erfordert, so muss die Aufweichung persönlicher Dominanzstrukturen zwangsläufig dysfunktionale Effekte für die internationale Politik besitzen.

Entscheidend für die Entwicklung transformatorischer Impulse ist dabei jedoch das Ausmaß jener Störungen. Eine Emanzipation von Frauen im privaten Bereich zieht zwangsweise auch eine Umorientierung der Männer nach sich. Damit steigt die Chance, eine „kritische Masse" zu mobilisieren, die über den Bereich privater Geschlechterbeziehungen hinaus auch andere gesellschaftliche Bereiche mit ihren emanzipatorischen Ideen erreicht. Dass Impulse von „unten" Wirkung entfalten können, zeigt die Geschichte sozialer Bewegungen, nicht zuletzt der Frauenbewegung selbst. Gerade aus der Position von „unten" kann mittels subversiver Strategien die Transformation staatlicher und internationaler Strukturen auf lange Sicht hin gelingen. Wie Enloe resümiert: „Women´s capacity to challenge the men in their families, their communities or their political movements, will be a key to remaking the world" (Enloe 1989: 17).

Ausblick

Dieser Aufsatz hat sich die Aufgabe gestellt, die Reichweite feministischer Einmischungen in den internationalen Beziehungen auszuloten. Im Zentrum stand dabei der Nachweis der theoretisch-empirischen Leistungsfähigkeit des *gender*-Ansatzes und dessen Konsequenzen für die internationale Politik und Praxis. Die Eingangsfrage nach dem Zusammenhang von Geschlechterverhältnis und internationalen Beziehungen dürfte damit ein Stück weit beantwortet worden sein.

Neueste Veröffentlichungen zeigen, dass die Thematik „*gender* und IB" mehr und mehr Beachtung findet. Der deutschsprachige Raum hinkt zwar einmal mehr der anglo-amerikanischen Entwicklung hinterher, doch mehren sich auch hier die Zeichen, dass das Potential einer feministischen Herangehensweise an die internationalen Beziehungen allmählich erkannt wird. Für die IB-Forschung könnte dies in Zukunft zu einer vermehrten selbstkritischen Reflexion ererbter Konzepte und Kategorien führen sowie zu einer Inspektion inhärenter Parteilichkeiten. Im Gegenzug wird vermehrt nach den Voraussetzungen zu fragen sein, die eine Einbeziehung der Beteiligung und Betroffenheit von Frauen im Rahmen internationaler Politik sowie eine Thematisierung des Geschlechterverhältnisses erlauben. Auf empirisch-praktischem Gebiet könnten kritische Analysen der internationalen Beziehungen sowie entsprechender Politikprogramme auch in anderen Sachgebieten zu einer *gender-sensitiven* Sichtweise führen mit einer analogen Reformulierung von Policy-Maßnahmen.

Zweifelsohne stellt die Verschränkung von Theorie, Empirie und Praxis auch bei einer feministischen Herangehensweise an die internationalen Beziehungen eine der größten Herausforderungen dar. Sollte eine solche Übersetzung in Zukunft vermehrt gelingen – und die bisherige Entwicklung gibt Grund zu einer solchen Hoffnung – dann wäre nicht nur die Basis geschaffen für eine adäquatere Beschreibung sozialer und internationaler Realität, sondern auch für die Emanzipation der Geschlechter mit dem Zukunftsziel der Gleichberechtigung von Mann und Frau.

Literatur

Batscheider, Tordis (1993): *Friedensforschung und Geschlechterverhältnis. Zur Begründung feministischer Fragestellungen in der kritischen Friedensforschung*, (Marburg: BdWI-Verlag).

Boserup, Ester (1970): *Women´s Role in the Economic Development*, (New York: St. Martin´s Press).

Brown, Sarah (1988): „Feminism, International Theory and International Relations of Gender Inequality", in: *Millenium*, Vol.17, No. 3, 461-475.

Chowdhry, Geeta (1994): „Women and the International Political Economy", in: D`Amico, Francine / Beckman Peter R. (Hg.), s.d., 155-171

Daly, Mary (1978): *Gyn/Ecology: The Metaethics of Radical Feminism*, (Boston: Beacon Press).

D`Amico, Francine / Beckman, Peter R. (Hg.), (1994): *Women, Gender and World Politics, Perspectives, Policies and Prospects*, (Westport: Bergin & Garvey).

D'Amico, Francine / Beckman, Peter R. (Hg.), (1995): *Women in World Politics: An Introduction*, (Westport: Bergin & Garvey).

Enloe, Cynthia (1989): *Bananas, Beaches & Bases. Making Feminist Sense of International Politics*, (London et al.: Pandora Press).

Enloe, Cynthia (1992): „The Gendered Gulf", in: Peters, Cynthia (Hg.), *Collateral Damage. The New World Order at Home and Abroad*, (Boston: South End Press), 93-110.

Enloe, Cynthia (1993): *The Morning After: Sexual Politics at the End of the Cold War*, (Berkeley: University of California Press).

Frevert, Ute (1995): *„Mann und Weib, und Weib und Mann": Geschlechterdifferenzen in der Moderne*, (München: C.H. Beck).

Galey, Margaret E. (1994): „The United Nations and Women´s Issues", in: D`Amico, Francine / Beckman, Peter R. (Hg.), s.d., 131-140.

Grant, Rebecca / Newland, Kathleen (Hg.), (1991): *Gender and International Relations*, (Bloomington: Indiana University Press).

Hirsch, Helga (1993): „Siegesparaden der Überlegenen", in: *Zeitpunkt*, Nr. 2, 53-55.

Holsti, Ole R. / Rosenau, James N. (1995): „Gender and the Political Beliefs of American Opinion Leaders", in: D`Amico, Francine / Beckman, Peter R. (Hg.), s.d., 113-141.

Jaggar, Alison M. (1983): *Feminist Politics and Human Nature*, (Sussex: The Harvester Press Limited; Totowa: Rowman & Allanheld).

Kardam, Nüket (1991): *Bringing Women In: Women´s Issues in International Development Programs*, (Boulder: Lynne Rienner Publishers).

Kardam, Nüket (1994): „Women and Development", in: D`Amico, Francine / Beckman, Peter R. (Hg.); s.d., 141-153.

Krell, Gerd (1996): „Feminismus und Internationale Beziehungen. Zwischen Dekonstruktion und Essentialisierung", in: *Zeitschrift für Internationale Beziehungen*, 3. Jg., Nr. 1, 149-181.

Krüger, Marlies (1987): „Überlegungen und Thesen zu einer feministischen (Sozial)Wissenschaft", in: Beer, Ursula (Hg.), *Klasse Geschlecht. Feministische Gesellschaftsanalyse und Wissenschaftskritik*, (Bielefeld: AJZ-Verlag), 67-94.

Lapid, Yosef (1989): „The Third Debate: On the Prospects of International Theory in a Post-Positivist Era", in: *International Studies Quarterly*, Vol. 33, No. 3, 235-254.

Lerner, Gerda (1986): *The Creation of Patriarchy*, (New York: Oxford University Press).

Lim, Linda, Y.C. (1979): *Women Workers in Multinational Corporations*, (East Lansing: Michigan State University Press).

MacKinnon, Catherine A. (1987): *Feminism Unmodified: Discourses on Life and Law*, (Cambridge: Harvard University Press).

McGlen, Nancy E. / Sarkees, Meredith R. (1993): *Women in Foreign Policy. The Insiders*, (London, New York: Routledge).

Murphy, Craig N. (1996): „Seeing Women, Recognizing Gender, Recasting International Relations", in: *International Organization*, Vol. 50, No. 3, 513-538

Peterson, Spike (Hg.) (1992 a): *Gendered States: Feminist (Re)Vision of International Relations Theory,* (Boulder: Lynne Rienner).

Peterson, Spike (1992 b): „Transgressing Boundaries: Theories of Knowledge, Gender and International Relations", in: *Millenium*, Vol. 21, No. 2, 183-206.

Peterson, Spike / Runyan, Anne Sisson (1991): „The Radical Future of Realism: Feminist Subversions of International Relations Theory", in: *Alternatives,* Vol. 16, No. 1, 67-106.

Peterson, Spike / Runyan, Anne Sisson (1993): *Global Gender Issues*, (Boulder: Westview Press).

Prokop, Ulrike (1976): *Weiblicher Lebenszusammenhang. Von der Beschränktheit der Strategien und der Unangemessenheit der Wünsche*, (Frankfurt a. M.: Suhrkamp).

Rössler, Beate (1996): „Feministische Theorie der Politik", in: von Beyme, Klaus / Offe, Claus (Hrsg.): *Politische Theorien in der Ära der Transformation*, (Opladen: Westdeutscher Verlag), 267-291.

Ruddick, Sara (1980): *Maternal Thinking: Toward a Politics of Peace*, (Boston: Beacon Press).

Ruddick, Sara (1983): „Pacifying the Forces: Drafting Women in the Interests of Peace", in: *Signs,* Vol. 8, No. 3, 471-489.

Schöpp-Schilling, Hanna Beate (1993): „Frauenrechte sind Menschenrechte", in: *Zeitpunkte*, Nr. 2, 60-62.

Stienstra, Deborah (1994): *Women´s Movements and International Organizations*, (Houndmills et al.: MacMillan Press; New York: St. Martin´s Press).

Sylvester,Christine (1994): *Feminist Theory and International Relations in a Postmodern Era*, (Cambridge: Cambridge University Press).

Tickner, Ann J. (1991): „Hans Morgenthau´s Principles of Political Realism: A Feminist Reformulation", in: Grant Rebecca / Newland, Kathleen, (Hg.), *Gender and International Relations*, (Bloomington: Indiana University Press), 27-40.

Tickner, Ann J: (1992): *Gender in International Relations: Feminist Perspectives on Achieving Global Security*, (New York: Columbia University Press).

Tong, Rosemary (1989): *Feminist Thought: A Comprehensive Introduction*, (Boulder: Westview Press).

UN-Kommission zur Rechtsstellung von Frauen (1995): Programming and Coordinating Matters Related to the United Nations and the United Nations System: Improvement of the Status of Women in the Secretariat. Bericht des Generalsekretärs zur 93. Sitzung der Kommission in New York vom 15. März bis zum 4. April 1995, Dokument Nr. E/CN. 6/1995/7, 21. Februar 1995.

Waltz, Kenneth N. (1959): *Man, the State and War. A Theoretical Analysis* (New York: Columbia University Press).

Whitworth, Sandra (1994): *Feminism and International Relations, Towards a Political Economy of Gender in Interstate and Non-Governmental Institutions,* (London et al.: MacMillan Press).

Wilcox, Clyde / Hewitt, Lara / Allsop, Dee (1996): „The Gender Gap in Attitudes Toward the Gulf War: A Cross-National Perspective", in: *Journal of Peace Research*, Vol. 33, No. 1, 67-82.

Zalewski, Marysia (1993): „Feminist Theory and International Relations", in: Bowker, Mike/Brown, Robin (Hg.), *From Cold War to Collapse: Theory and World Politics in the 1980s* (Cambridge: Cambridge University Press), 115-144.

Zalewski, Marysia (1994): „The Woman/ „Woman" Question in International Relations", in: *Millenium*, Vol. 23, No. 2, 407-423.

J. Ann Tickner:
Vergeschlechtlichte Unsicherheiten: Feministische Perspektiven der Internationalen Beziehungen

> Too often the great decisions are originated
> and given form in bodies made up wholly of men, or so
> completely dominated by them that whatever of
> special value women have to offer is shunted aside
> without expression.
> -- ELEANOR ROOSEVELT[1]

> Representation of the world, like the world itself, is
> the work of men; they describe it from their own
> point of view, which they confuse with
> absolute truth.
> -- SIMONE DE BEAUVOIR[2]

Geschlechterverhältnisse (*Gender*) in den Internationalen Beziehungen

Obwohl es die Absicht dieses Buches ist, *Gender* als eine Kategorie in die Analyse der Disziplin Internationale Beziehungen einzuführen, vermittelt die Marginalisierung von Frauen in der Arena der Außenpolitik durch die Art von Geschlechterstereotypisierung, wie ich sie beschrieben habe, doch den Eindruck, dass internationale Politik im modernen Staatensystem schon immer eine von Geschlechterverhältnissen beeinflusste Tätigkeit war. Weil Außen- und Verteidigungspolitik im großen und ganzen schon immer von Männern gemacht wurde, ist es nicht verwunderlich, dass die Disziplin, die diese Tätigkeiten analysiert, auch in erster Linie von Männern und Maskulinität handelt. Uns selber wird jedoch nur selten bewusst, dass wir auch in solchen Kategorien denken; denn in den meisten Wissenschaften haben wir uns daran gewöhnt, das Menschliche mit dem Männlichen gleichzusetzen. Das gilt besonders für die Internationalen Beziehungen, eine Disziplin, die sich zwar größtenteils gegen die Einführung

---

[1] Roosevelt Epigraph aus einer Rede vor der Generalversammlung der Vereinten Nationen 1952, zit. n. Crapol (1987).

von *Gender* in ihren Diskurs gewehrt hat, aber deren Annahmen und Erklärungen sich jedoch fast ausschließlich auf die Aktivitäten und Erfahrungen von Männern beziehen. Jeder Versuch eine explizitere Geschlechteranalyse in diesem Feld einzuführen, muss daher mit einer Diskussion über Maskulinität beginnen.

Maskulinität und Politik haben eine lange und sehr enge Beziehung. Eigenschaften, die mit „Männlichkeit" assoziiert werden, wie beispielsweise Härte, Mut, Macht, Unabhängigkeit und selbst körperliche Stärke, sind Merkmale, die im Laufe der Geschichte in der Ausübung von Politik, vor allem von internationaler Politik, am meisten geschätzt wurden. So werden häufig auch Gewalt und der Einsatz von Waffengewalt mit Männlichkeit assoziiert, Verhaltensweisen, die im Bereich der internationalen Politik besonders geschätzt und im Namen der Verteidigung des eigenen Landes unterstützt werden.

Diese Wertschätzung männlicher Macht und vor allem die Glorifizierung des männlichen Kriegers führt zu einer stärkeren Geschlechterdichotomisierung als sie in Wirklichkeit existiert; wie bereits R.W. Connell schon bemerkte, ist diese stereotype Beschreibung von Maskulinität für die meisten Männer unzutreffend. Connell schlägt deshalb vor, dass das, was er „hegemoniale Maskulinität" nennt, eine Art kulturell überlegene Maskulinität ist, die er von anderen, untergeordneten Maskulinitäten unterscheidet und die ein sozial konstruiertes kulturelles Ideal darstellt, welches, wenn es auch nicht mit der Persönlichkeit der meisten Männer übereinstimmt, dennoch eine patriarchale Autorität aufrechterhält und eine patriarchale und soziale Ordnung legitimiert (Connell 1987: Kapitel 8).[3] Hegemoniale Maskulinität erhält sich durch die Entgegensetzung zu anderen, untergeordneten und geringer bewerteten Männlichkeitsmustern, wie beispielsweise Homosexualität, aber vor allem durch ihr Verhältnis zur herabgesetzten Weiblichkeit. Sozial konstruierte Geschlechtsunterschiede basieren auf gesellschaftlich sanktionierten, ungleichen Beziehungen zwischen Männern und Frauen, die die Unterwerfung unter die, von Männern beanspruchten, Überlegenheiten verstärken. In keinem anderen öffentlichen Bereich werden diese stereotypen Geschlechtervorstellungen deutlicher als im Bereich der internationalen Politik, wo Eigenschaften, die mit hegemonialer Maskulinität assoziiert werden, auf das Verhalten von Staaten projiziert werden, deren Erfolg als internationale Akteure an ihren Machtpotentialen, ihren Fähigkeiten zur Selbsthilfe und ihrer Autonomie gemessen wird.

---

[2] Epigraph aus Beauvoir (1952).
[3] Charakteristika, die Connell mit hegemonialer Maskulinität assoziiert, sind auch unter Frauen wiederzufinden. Das Beispiel der früheren Premierministerin Margaret Thatcher wäre hier erwähnenswert; ihre "Macho"-Eigenschaften, die vor allem im Falkland/Malvina Krieg deutlich wurden, verstärkten ihr Aussehen als Premierministerin und verhalfen ihr zu noch mehr Popularität unter der britischen Wählerschaft.

Die Definition hegemonialer Maskulinität von Connell beruht auf ihrer Entgegensetzung und ihrer hierarchischen Relationen zu verschiedenen, untergeordneten Formen der Weiblichkeit. Viele zeitgenössische Feministinnen beziehen sich in ihrer Definition der Geschlechterdifferenzierung auf ähnlich gesellschaftlich konstruierte oder vergeschlechtlichte Relationen. Früher wurden die Unterschiede zwischen Männern und Frauen generell der Biologie zugeschrieben. Wenn heute Feministinnen den Begriff *Gender* anwenden, so beziehen sie sich nicht auf die biologischen Unterschiede zwischen Männern und Frauen, sondern auf eine Reihe von kulturell geprägten und definierten Charakteristika, die eine Zuschreibung von Maskulinität und Feminität beinhalten. Diese Charakteristika variieren in der Regel in Zeit und Raum. So gesehen kann zwar die Biologie das menschliche Verhalten einschränken, aber sie sollte niemals dazu benutzt werden, Gewohnheiten, Institutionen oder Wahlmöglichkeiten als „determinierend" oder „natürlich" zu rechtfertigen, wenn diese anders sein könnten als sie sind. Obwohl das, was es bedeutet ein Mann oder eine Frau zu sein, sich je nach dem kulturellen und historischen Kontext verändert, beinhalten Unterschiede zwischen den Geschlechtern dennoch in den meisten Kulturen eine Beziehung der Ungleichheit und der Herrschaft von Männern über Frauen.

Ebenso charakterisiert Joan Scott *Gender* als „ein konstituierendes Element sozialer Beziehungen, die auf Vorstellungen von Geschlechterunterschieden beruhen... und vor allem Machtverhältnisse darstellen" (Scott 1988: 42).[4] In der Tat könnte man einen Großteil der zeitgenössischen feministischen Forschung so charakterisieren, dass sie auf der zweifachen Überzeugung beruht, dass die Unterschiede zwischen den Geschlechtern in weiten Teilen in der Menschheitsgeschichte eine wichtige und essentielle Rolle in der Strukturierung sozialer Ungleichheit gespielt haben und dass die daraus resultierenden Unterschiede bezüglich der eigenen Identität, des menschlichen Selbstverständnisses, des sozialen Status und der Machtverhältnisse nicht gerechtfertigt sind.

Scott behauptet, dass die Art und Weise, wie unser Verständnis von *Gender* Machtverhältnisse kennzeichnet, auf einer Reihe von normativen Konzepten beruht, die Interpretationen über die Bedeutung von Symbolen zum Ausdruck bringen. In der westlichen Kultur nehmen diese Konzepte die Form von feststehenden binären Oppositionen an, welche die Bedeutung von maskulin und feminin kategorisch geltend machen und aufgrund dessen eine Reihe von ungleichen gesellschaftlichen Beziehungen legitimieren wird (ebd.: 43). Scott und

---

[4] Scotts zweites Kapitel "Gender: A Useful Category of Historical Analysis," auf welches sich meine Geschlechteranalyse bezieht, wurde ursprünglich in der *American Historical Review* (December 1986), 91 (5): 1053-1075 veröffentlicht.

andere zeitgenössische Feministinnen behaupten, dass wir durch den Gebrauch unserer Sprache die Welt in diesen binären Gegensätzen wahrnehmen. Unser westliches Verständnis von *Gender* basiert auf einer Reihe von kulturell bestimmten Gegensätzen wie öffentlich versus privat, objektiv versus subjektiv, Selbst versus andere, Verstand versus Gefühl, Autonomie versus Abhängigkeit und Kultur versus Natur; der erste Begriff in jedem dieser Gegensatzpaare charakterisiert das, was als typisch männlich verstanden wird, und der zweite was als weiblich (Broverman et al. 1972).[5] Scott behauptet, dass die hierarchische Konstruktion dieser Gegensätze eine derart feste und permanente Form annimmt, dass sie die Unterdrückung von Frauen aufrechterhält. Deshalb müsse diese binäre Konstruktion in Frage gestellt werden. Um dies zu tun, müssen wir die Art und Weise analysieren, wie sich diese binären Gegensätze in unterschiedliche Kontexten verhalten und, anstatt sie als unveränderlich zu akzeptieren, müssen wir versuchen, ihre hierarchische Konstruktion zu ersetzen (Scott 1988: 43). Erst wenn viele dieser Unterschiede zwischen Frauen und Männern nicht mehr länger als natürlich und unveränderlich betrachtet werden, können wir erforschen, wie die Ungleichheit zwischen den Geschlechtern in verschiedenen Bereichen des öffentlichen und des privaten Lebens konstruiert und aufrechterhalten wird. Indem sich der zeitgenössische Feminismus verpflichtet, *Gender* als eine analytische Kategorie zu betrachten, verpflichtet er sich auch dem gesellschaftlichen Ziel der Gleichheit zwischen den Geschlechtern.

Wenn wir Scotts Herausforderung auf den Bereich der Internationalen Beziehungen ausdehnen, können wir sofort eine Reihe ähnlicher hierarchisch-binärer Gegensätze erkennen. Trotz der ziemlich eindeutigen Assoziation der internationalen Politik mit den bereits oben erwähnten maskulinen Charakteristika ist die Disziplin Internationale Beziehungen dennoch eine der letzten Bereiche der Sozialwissenschaften, die von einer Geschlechteranalyse bisher unberührt blieben.[6] Der Grund dafür liegt, so glaube ich, nicht darin, dass die Disziplin geschlechtsneutral ist, d.h. dass die Einführung von *Gender*, wie viele Wissenschaftler glauben, irrelevant für den Gegenstandsbereich ist, sondern dass sie derart tiefgreifend maskulinisiert ist, dass die Auswirkungen dieser hierarchischen Geschlechterbeziehungen nicht sichtbar sind.

---

[5] Obwohl die Studie erstmals 1972 veröffentlicht wurde, hat eine darauffolgende Untersuchung in den achtziger Jahren bestätigt, dass diese Auffassungen noch immer in den USA Gültigkeit haben.
[6] Eine Untersuchung hat gezeigt, dass bis 1986 noch keine der führenden einschlägigen amerikanischen Zeitschriften einen Artikel veröffentlicht hatte, der *Gender* als eine analytische Kategorie verwendete (siehe Steuernagel and Quinn 1986). Abgesehen von der Sonderausgabe der britischen Zeitschrift *Millennium,* haben führende Zeitschriften im Bereich der Internationalen Beziehungen *Gender* bisher sehr wenig Aufmerksamkeit geschenkt.

Die Disziplin Internationale Beziehungen geht von ähnlichen hierarchisch-binären Beziehungen aus, wenn sie von einer anarchischen Welt „außerhalb" spricht, gegen die man sich durch die Anhäufung und den rationalen Gebrauch von Macht verteidigen muss. Im politischen Diskurs wird diese Forderung mit stereotypen Vorstellungen über diejenigen verbunden, die von der Gesellschaft ausgegrenzt werden. Darunter sind Frauen oder auch Ausländer, die häufig als „Andere" dargestellt werden. Nicht-Weiße sowie Menschen aus südlichen Ländern werden häufig als irrational, emotional und instabil bezeichnet, Charakteristika, die auch Frauen zugeschrieben werden. Die Konstruktion dieses Diskurses und die Art, wie wir gelernt haben, über internationale Politik zu denken, verlaufen fast parallel zu der Art, wie wir gelernt haben, die Unterschiede zwischen den Geschlechtern zu verstehen. Diese hierarchischen Konstruktionen und ihre Bedeutung in Bezug auf Macht zu ignorieren, birgt die Gefahr, das Verhältnis von Herrschaft und Unterordnung aufrechtzuerhalten. Bevor ich jedoch damit beginne zu beschreiben, wie die Disziplin Internationale Beziehungen aussehen würde, wenn *Gender* als eine zentrale analytische Kategorie einbezogen würde, möchte ich einen kurzen historischen Überblick darüber geben, wie die Disziplin traditionell konstruiert wurde.

Theorie Internationaler Beziehungen während der Ära des Kalten Krieges
Realismus

Wie der Historiker E. H. Carr am Vorabend des Zweiten Weltkrieges feststellte, waren es die zerstörerischen Ereignisse des Ersten Weltkrieges, die zur Entstehung der Disziplin Internationale Beziehungen führten. Bis 1914 waren internationale Beziehungen im großen und ganzen die Angelegenheit von professionellen Praktikern. Aber die enormen Zerstörungen durch den Ersten Weltkrieg und die Suche nach Wegen, die verhindern würden, dass so etwas noch einmal passiert, waren der Grund für die Forderung nach einer Demokratisierung, sowohl der Theorie als auch der Praxis internationaler Beziehungen (Carr 1964: Kapitel 1 und 2). Nach Ansicht von Carr war der anfängliche Kurs dieser neuen akademischen Disziplin vom leidenschaftlichen Wunsch bestimmt, einen weiteren Krieg zu verhindern. In den Jahren zwischen den zwei Weltkriegen konzentrierte sie sich auf internationales Recht und kollektive Sicherheit (*collective security*), verkörpert im Völkerbund als Mechanismen, um zukünftige Kriege zu verhindern. Als jedoch die Unzulänglichkeiten des Völkerbundes und seiner kollektiven Sicherheitskonzeption für den Ausbruch des zweiten Weltkrieges mitverantwortlich gemacht wurden, wandte sich die Disziplin dem zu, was Befürworter als politischen Realismus bezeichnet haben.

So kam es, dass die Disziplin Internationale Beziehungen anfänglich ein Fach war, das sich damit beschäftigte, den scheinbaren Teufelskreis von internationalen Kriegen zu durchbrechen. Als es jedoch 1939 zum Ausbruch eines weiteren Krieges mit noch verheerenderen Folgen kam, veranlasste die Desillusionierung über das, was man als falschen Idealismus betrachtete - verkörpert in den pazifistischen Politiken demokratischer Staaten während der dreißiger Jahre - Wissenschaftler dazu, sich einem Ansatz zuzuwenden, den sie als „realistischer" bezeichneten. Vertreter des Realismus und Praktiker, wie George Kennan und Henry Kissinger, die auf die Gefahren einer leidenschaftlichen Masse und den Einfluss von nicht-informierten Bürgern auf die Außenpolitik aufmerksam machten, sprachen sich für eine Außenpolitik aus, die von Eliten mit einem distanzierten und objektiven Blick formuliert wird, und die vor den Gefahren des Moralismus und des Legalismus geschützt sind, die für die frühere amerikanische Außenpolitik solche schwerwiegenden Folgen hatten.[7] Realisten behaupteten, dass Konflikte unvermeidlich seien: Der beste Weg, die Sicherheit von Staaten zu garantieren, sei deshalb, sich auf Kriege vorzubereiten.

Weil sich viele zeitgenössische Wissenschaftler in den Internationalen Beziehungen auf historische Werke der griechischen Klassiker sowie der frühen modernen westlichen politischen Theoretiker wie Machiavelli, Hobbes und Rousseau bezogen, besteht das zentrale Anliegen des Realismus bzw. das dominante Paradigma Internationaler Beziehungen seit 1945 in Themen wie Krieg und nationale Sicherheit im internationalen System der Nachkriegszeit.[8] Unter dem starken Einfluss der Ereignisse während der dreißiger und vierziger Jahre in Europa, aus dem viele der ersten Wissenschaftler kamen, hat sich der politische Realismus in erster Linie mit der Erklärungen von Kriegen sowie mit dem Aufstieg und Zerfall von Staaten beschäftigt. Im allgemeinen anglo-amerikanisch in ihrer Orientierung haben sich die Realisten, die von einem Autor als „Väter der klassischen Tradition" bezeichnet wurden (Holsti 1985: 146),[9] in ihren Untersuchungen auf die mit der „Herstellung des Mächtegleichgewichts verbundenen Aktivitäten" der Großmächte konzentriert.

---

[7] Eine Diskussion über Kennans Ansichten zu diesem Thema ist bei Hunt (1987) S. 5-8 zu finden.
[8] Der meist zitierte Text in der klassischen realistischen Tradition des zwanzigsten Jahrhunderts ist der von Hans Morgenthau (1973). Meine Beschreibung der klassischen realistischen Tradition bezieht sich hauptsächlich auf seine Werke. Dem 1948 erstmals publizierten Buch folgten sechs weitere Auflagen, von denen die letzte 1985 nach Morgenthaus Tod veröffentlicht wurde. Wissenschaftler, die internationale Politik studiert haben und in die Politik gegangen sind, wie Henry Kissinger und George Kennan, kommen in der Regel aus der klassischen realistischen Tradition.
[9] Holsti würde sich sehr schwer damit tun, "Gründungsmütter" in einer Wissenschaft zu finden, die so stark von weißen Männern bevölkert wird.

Als eine Reaktion auf das Versagen der Theorieansätze, die Realisten als „idealistische" Tradition des frühen zwanzigsten Jahrhunderts bezeichneten, gehen sie von der grundlegenden Annahme einer gefährlichen Welt aus, in der es keine übergeordnete Autorität gibt, die den Frieden wahren könnte. In dieser „anarchischen" Welt empfehlen Realisten die Akkumulation von Macht und militärischer Stärke, um das Überleben des Staates, den Schutz eines geordneten „inneren" Bereichs und die Verfolgung legitimer nationaler Interessen über die eigenen territorialen Grenzen hinaus zu gewährleisten. Der Kalte Krieg während der zweiten Hälfte des zwanzigsten Jahrhunderts hat viele Wissenschaftler dazu veranlasst, sich auf die sowjetisch-amerikanischen Beziehungen und den Rüstungswettlauf zu konzentrieren, ein Vorgehen, das die Vorherrschaft einer realistischen Erklärung und Vorhersage für das Verhalten von Staaten im internationalen System absicherte.

Aufgrund der Tatsache, dass viele der frühen Autoren in der klassischen realistischen Tradition Männer europäischer Herkunft waren, deren Leben durch die Ideologien totalitärer Regime während der dreißiger Jahre gezeichnet war, strebte der Realismus nach einer objektiven Methode, welche aufgrund der Entdeckung generalisierbarer Gesetze allgemein gültige und von Zeit und Ort unabhängige Erklärungen für das Verhalten von Staaten liefern konnte. Mit der Behauptung, dass Ideologie lediglich ein Deckmantel für realpolitisches Handeln sei, setzte man sich die vermehrte Kontrolle über einen unberechenbaren internationalen Raum zum Ziel. In der harten Welt der internationalen Politik ist Moral für Realisten ein problematisches Thema; in der Tat kann die Übung in moralischer Zurückhaltung, wie sie die Politik des britischen Premierministers Neville Chamberlain in den Jahren zwischen den zwei Weltkriegen verkörperte, ein Vorbote für eine Katastrophe sein. In den Vereinigten Staaten geriet der klassische Realismus während der sechziger Jahre jedoch ins Kreuzfeuer der Kritik; nicht so sehr für seine grundlegenden Behauptungen und Ziele, sondern vielmehr für seine Methodik, welche die Kritiker als den Maßstäben positivistischer Wissenschaft nicht entsprechend verwarfen. Diese ersten Kritiker des Realismus bemängelten seine Ungenauigkeit und den Mangel an wissenschaftlicher Rigorosität. In dem Versuch, wissenschaftlich exakte Methoden in den Internationalen Beziehungen einzuführen und so eine größere Präzision zu gewährleisten, plädierten Kritiker des klassischen Realismus für das Sammeln und die Analyse von Daten über Kriege und andere internationale Ereignisse (siehe z. B. Small und Singer 1982; Deutsch 1954).

Als Antwort auf diese Kritiker versuchten Neorealisten eine positivistische Methode zu entwickeln, um eine wahrhaft objektive „Wissenschaft" der internationalen Beziehungen aufzubauen. Neorealisten haben dabei Modelle der Ökonomie, der Biologie und der Physik verwendet, von denen sie behaupten, dass sie universelle Erklärungen für das Verhalten von Staaten im internationalen System bieten können (siehe z. B. Waltz 1979). Die Entpersonifizierung der Disziplin, die aus der Anwendung von Methoden der Naturwissenschaften und der Statistik resultiert, wurde in den Studien über nationale Sicherheit (*national security*) bis ins Extreme geführt, ein Teilgebiet, das anhand von Operationsforschung und spieltheoretischen Modellen versucht hat, Strategien der nuklearen Abschreckung und des Nuklearkriegs „rational" zu analysieren (siehe z. B. Schelling 1960).

Die Herausforderung des Realismus

Das Versprechen, eine große Theorie der Internationalen Beziehungen zu entwerfen, hat sich als illusorisch erwiesen. Die Konstruktion von Wissen in dieser Disziplin wurde durch reale weltpolitische Ereignisse bestimmt und Realismus schien am zutreffendsten das politische Verhalten der Großmächte in Zeiten starker politischer Spannungen zu beschreiben. In den frühen 70er Jahren geriet der Realismus ins Kreuzfeuer der Kritik, zu einer Zeit nämlich, als die sich verringernde Intensität des Kalten Krieges und der dramatische Anstieg der Ölpreise andere Themen als Krieg und Frieden und die sowjetisch-amerikanischen Beziehungen an die oberste Stelle der außenpolitischen Agenda katapultierten. Die als Herausforderung der nationalen Sicherheit angesehenen Aktivitäten des OPEC-Kartells veranlassten einige Wissenschaftler dazu, vorzuschlagen, dass sich das Fach Internationale Beziehungen mehr mit Themen beschäftigen müsste, die in Verbindung mit wirtschaftlicher Interdependenz und den Aktivitäten von nicht-staatlichen Akteuren stehen. Diese „Interdependenz"-Schule stellte auch den ausschließlich auf politischen Konflikt und Machtpolitik im internationalen System gerichteten Blickwinkel des Realismus in Frage, indem sie auf die Beziehungen zwischen Staaten aufmerksam machte, in denen nicht mit einem Krieg zu rechnen war, wie die Beziehung zwischen den Vereinigten Staaten und Kanada oder Westeuropa. Interdependenzforscher behaupteten, dass sich der traditionelle Ansatz als besonders ungeeignet erwies, um wirtschaftliche Konflikte zwischen hochentwickelten kapitalistischen Staaten zu erklären (siehe z. B. Keohane und Nye 1989).

Eine noch tiefgreifendere Herausforderung des Realismus kam von Wissenschaftlern, die unter dem Einfluss der marxistischen Tradition standen. Motiviert von einer anderen Agenda, die Themen wie Gleichheit und Gerechtigkeit anstatt Ordnung und Kontrolle betonte, versuchten diese Wissenschaftler unter Anwendung einer Reihe von radikaleren Ansätzen, die Disziplin von ihrer exzessiv westlichen Sichtweise abzubringen und dahin zu bewegen, den marginalisierten Gebieten des Weltsystems, die Teil der westlichen Kolonialisierung waren, mehr Beachtung zu schenken. Als in den siebziger Jahren deutlich wurde, dass sich das Versprechen von Reichtum und Eliminierung der Armut in den neuen unabhängigen Staaten nicht bewahrheitete, richteten diese Wissenschaftler ihre Aufmerksamkeit auf die Weltwirtschaft, die, wie sie glaubten, dem Erhalt der ungleichen Entwicklung dienen, sowohl international als auch binnenstaatlich. Viele von ihnen behaupteten, dass strukturelle Bedingungen, die weitläufig als Abhängigkeit bekannt sind, die Staaten in der Peripherie des Weltsystems in eine für sie schädliche Beziehung mit den Zentren der politischen und wirtschaftlichen Macht presste, die ihnen die Möglichkeit einer eigenständigen Entwicklung versperrte (Wallerstein 1974; Cardoso und Faletto 1979). Marxisten betonten die im Weltmarkt bestehenden und in ihm verwurzelten sozialen Klassenunterschiede, welche über staatliche Grenzen hinausreichen. Friedensforscher begannen den Begriff *strukturelle Gewalt* zu benutzen, um damit einen Zustand zu beschreiben, in dem diejenigen, die sich am Rande des internationalen Systems bewegten aufgrund der ungleichen Verteilung der Ressourcen des globalen Kapitalismus zu einer kürzeren Lebenserwartung verdammt waren (Galtung 1971).

Die Entwicklung unterschiedlicher Theorien und Ansätze und die Einführung neuer Themen und Akteure in das Gebiet der Internationalen Beziehungen waren von einer Richtungsänderung hin zu einem mehr normativen Ansatz bezüglich der Disziplin begleitet. Zum Beispiel fragte die Weltordnungsperspektive, wie die Menschheit die Wahrscheinlichkeit internationaler Gewalt deutlich verringern und zugleich akzeptable Minimalbedingungen für ein weltweites wirtschaftliches Wohlergehen, soziale Gerechtigkeit, ökologische Stabilität und demokratische Mitbestimmung in Entscheidungsprozessen schaffen könnte (Falk 1977: 179). Vertreter der Weltordnungsperspektive stellten in Frage, ob der Staat ein adäquates Instrument dafür sei, um die vielfältigen Probleme auf der internationalen Agenda zu lösen. Militarisierte Staaten können eine Gefahr für die Sicherheit der eigenen Bevölkerung sein; wirtschaftliche Ungleichheit, Armut und mangelnde Ressourcen wurden als Resultat eines global wirkenden Kapitalismus und deshalb als außerhalb der Kontrolle einzelner Staaten liegend angesehen. Staatliche Grenzen können nicht vor Umweltverschmutzung schützen, ein Problem, das nur durch internationale Zusammenarbeit gelöst werden kann. Vertreter der Weltordnungsperspektive lehnten den realistischen Anspruch auf Objektivität und die positivistischen Konzeptionen in der Disziplin Internationale Beziehungen ab; von einer spezifisch normativen Haltung ausgehend, postulierten sie verschiedene alternative Zukunftsvisionen, welche Gleichheit und Gerechtigkeit versprachen und untersuchten, wie diese Zukunftsvisionen erreicht werden könnten (Falk et al. 1980).

Im wissenschaftlichen Konzept des Realismus sowie seinem Anspruch auf eine exakte wissenschaftliche Methodik können wir eine Orientierung erkennen, die mit den maskulinverbundenen Eigenschaften, wie ich sie bereits beschrieben habe, übereinstimmt, wie beispielsweise in der Betonung von Macht und Autonomie und dem Anspruch auf Objektivität und Rationalität. Doch selbst die Kritiker des Realismus haben *Gender* als analytischer Kategorie wahrhaftig keine Aufmerksamkeit geschenkt. Wissenschaftler, die sich mit struktureller Gewalt beschäftigen, haben weder der Frage Aufmerksamkeit geschenkt, wie Frauen von globaler Politik und den Auswirkungen der Weltwirtschaft betroffen sind, noch sich mit der Tatsache beschäftigt, dass die von ihnen thematisierten Formen der Unterdrückung mit hierarchischen Geschlechterverhältnissen verknüpft sind.[10] Da ich eine Perspektive der internationalen Beziehungen entwickele, welche die Auswirkungen dieser Geschlechterhierarchien thematisiert, werde ich mich auf feministische Theorien aus anderen Disziplinen beziehen, um zu sehen, was sie zu unserem Verständnis von *Gender* in den Internationalen Beziehungen beitragen können.

Zeitgenössische Feministische Theorien

So wie es eine Anzahl von Ansätzen in der Disziplin Internationale Beziehungen gibt, so gibt es auch eine Vielzahl von Ansätzen in der zeitgenössischen feministischen Theorie, die ihren Ursprung in unterschiedlichen Traditionen und Paradigmen haben. Wenn es auch offensichtlich ist, dass nicht alle Frauen Feministinnen sind, so sind doch feministische Theorien durch die Erfahrungen von Frauen aus vielen unterschiedlichen Bereichen entwickelt worden, Erfahrungen, die in den meisten wissenschaftlichen Disziplinen unsichtbar gemacht wurden.

Die meisten feministischen Perspektiven verstehen sich als eine Reaktion auf den traditionellen liberalen Feminismus, der in seiner klassischen Definition in den Werken von Mary Wollstonecraft und John Stuart Mill versucht hat, auf die rechtlichen Barrieren, die Frauen den Zugang zur vollen Teilnahme am öffentlichen Leben verwehren, aufmerksam zu machen und sie zu eliminieren (Tong 1989: 2).[11] Außer den liberalen Feministinnen behaupten die

---

[10]Betty Reardon (1985) erwähnt in Kapitel 4, dass Weltordnungsforscher und Friedensforscher fast alle Männer sind. Obwohl diese Wissenschaftler *Gender* nur geringe Beachtung geschenkt haben, behauptet sie, dass alle Herrschaftssysteme, mit denen sich Weltordnungsforscher, Friedensforscher, und Feministinnen beschäftigen strukturell verknüpft sind. Bezüglich einer Kritik über Reardons Position, siehe Christine Sylvester (1987).
[11]Meine Beschreibung der unterschiedlichen, zeitgenössischen, feministischen Denkweisen bezieht sich sehr stark auf ihr Kapitel 1.

meisten zeitgenössischen feministischen Wissenschaftler/-innen, dass die Ursachen weiblicher Diskriminierung viel tiefer liegen als nur die gesetzlichen Barrieren: Sie sind mit den wirtschaftlichen, kulturellen und sozialen Strukturen der Gesellschaft verstrickt und Diskriminierung endet deshalb nicht mit der Beseitigung der rechtlichen Barrieren. Fast alle feministischen Perspektiven sind von einem gemeinsamen Ziel bewegt, sie versuchen die Ursachen der Ungleichheit zwischen den Geschlechtern zu beschreiben und zu erklären, also die Unterdrückung von Frauen zu thematisieren und Strategien zu suchen, um sie zu beenden.

Feministinnen behaupten, dass Frauen auf vielfältige Art und Weise unterdrückt werden, abhängig von Kultur, Klassenzugehörigkeit und Rasse als auch vom Geschlecht. Rosemary Tong geht davon aus, dass wir die verschiedenen zeitgenössischen feministischen Theorien danach kategorisieren können, was sie als Ursachen weiblicher Unterdrückung betrachten. Während marxistische Feministinnen glauben, dass der Kapitalismus der Grund für die Unterdrückung von Frauen ist, behaupten radikale Feministinnen, dass Frauen vom patriarchalen System, das unter jeder Art von Produktionsverhältnis existiert hat, unterdrückt werden. Das Patriarchat wird sowohl durch gesetzliche und wirtschaftliche, als auch durch soziale und kulturelle Institutionen institutionalisiert. Manche radikale Feministinnen behaupten, dass der geringe Wert der zugeschriebenen weiblichen Charakteristika, wie ich sie bereits dargestellt habe, auch zur Unterdrückung von Frauen beiträgt. Feministinnen, die aus der psychoanalytischen Tradition kommen, suchen in der Tiefenpsychologie nach den Ursachen für die Unterdrückung von Frauen, und zwar in den Verhältnissen zwischen den Geschlechtern, in die wir von Geburt an hineinsozialisiert werden.

Sozialistische Feministinnen haben versucht, diese unterschiedlichen Ansätze zu einer umfassenderen Erklärung für weibliche Unterdrückung zu verknüpfen. Sozialistische Feministinnen behaupten, dass die gesellschaftliche Stellung der Frau sowohl durch die Produktionsstrukturen in der Wirtschaft, als auch die Produktionsstrukturen im Haushalt bestimmt ist, Strukturen, die durch die frühe Sozialisation von Kindern in die jeweiligen Geschlechterrollen verstärkt werden. Der untergeordnete Status der Frau in all diesen Strukturen muss beseitigt werden, um volle Gleichberechtigung zu erzielen. Sozialistischer Feminismus versucht daher, die Position von Frauen in ihren multiplen Rollen zu verstehen, um einen gemeinsamen Standpunkt von Frauen zu finden, von dem aus ihre Situation zu erklären ist. Unter der Anwendung von Standpunkttheorien, wie sie bereits Marxisten verwendet haben, behaupten diese Theoretiker/-innen, dass diejenigen, die unterdrückt werden, ein besseres Verständnis über die Ursachen ihrer Unterdrückung haben als ihre Unterdrücker. „Ein Standpunkt ist eine teilnehmende Weltansicht, die im Gegensatz zu dominanten Denkweisen steht und diesen überlegen ist" (Ruddick 1989: 129; siehe auch Hartsock 1983: Kapitel 10).

Die Annahme eines Standpunktes wurde stark von post-modernen Feministinnen kritisiert, die behaupten, dass eine einheitliche Repräsentation von Frauen, über soziale Klassen-, Rassen-, und Kulturgrenzen hinweg, eine Unmöglichkeit ist. So wie Feministinnen allgemein das existierende Wissen kritisiert haben, das auf den Erfahrungen von weißen, westlichen Männern beruht, so behaupten Postmodernistinnen, dass Feministinnen sich der Gefahr aussetzen die Bedeutung von „Frau" zu essentialisieren, wenn sie sich ausschließlich auf die Erfahrungen von weißen westlichen Frauen beziehen: Solch ein Ansatz beinhaltet zusätzlich das Risiko, die gleichen dualisierenden Unterschiede des patriarchalen Diskurses zu reproduzieren, gegen die Feministinnen Einwände erheben (Runyan und Peterson 1991: 7). Postmodernistinnen glauben, dass die Multiplizität der Stimmen von Frauen gehört werden muss, damit der Feminismus nicht selbst zu einem weiteren hierarchischen System der Wissenskonstruktion wird.

Jeglicher Versuch eine feministische Perspektive der Internationalen Beziehungen zu konstruieren, muss das Anliegen von Postmodernistinnen ernst nehmen; wie bereits beschrieben, waren die dominanten Ansätze in den Internationalen Beziehungen stark westlich zentriert und sie haben sich in ihren theoretischen Untersuchungen auf die Aktivitäten der Großmächte konzentriert. Es ist ein wichtiges Ziel vieler Feministinnen, für die Marginalisierten und Unterdrückten zu sprechen: Ein Großteil des zeitgenössischen Feminismus hat auch die Notwendigkeit einer Sensibilität gegenüber den multiplen Stimmen von Frauen und den unterschiedlichen Umständen erkannt, aus denen heraus sie sprechen. Entstehende Perspektiven, die dazu beitragen können die Geschlechterhierarchien, die zur weltweiten Unterdrückung von Frauen beitragen, aufzudecken, müssen deshalb gegen die Gefahr gewappnet sein einen westlich zentrierten Ansatz zu konstruieren. Viele westliche Feministinnen befürchten verständlicherweise, dass sie die Wissensinhalte von Männern reproduzieren, wenn sie die Erfahrungen von weißen westlichen Frauen generalisieren. Jedoch nicht für Frauen sprechen zu können, verstärkt nur die Stimmen derjenigen, welche die Ansätze in den Internationalen Beziehungen aufgrund der Erfahrungen von Männern konstruiert haben.

„[Feministinnen] brauchen ein Zuhause, indem jeder/jede einen Raum für sich hat, aber in dem die Wände dünn genug sind, so dass eine Konversation möglich ist" (Tong 1989: 7). Nirgendwo sonst hat sich dies so bewahrheitet wie in den frühen Versuchen, feministische Perspektiven in die internationale Politik einzubringen, ein Bereich, der sowohl in der Theorie als auch in der Praxis gespalten ist. Da ich nun multi-paradigmatische und multi-perspektivische Beschreibungen beider Disziplinen aufgezeigt habe, werde ich versuchen eine Geschlechteranalyse zu einigen der zentralen Erklärungsansätze der Internationalen Beziehungen zu entwickeln, indem ich mich auf eine Reihe von feministischen Perspektiven beziehe und sie synthetisiere.

Feministische Theorien und Internationale Beziehungen

Wenn die Welt der internationalen Politik so eine maskuline Domäne ist wie ich behaupte, wie könnten feministische Perspektiven irgend etwas Neues zu diesem akademischen Diskurs beitragen? Viele männliche Wissenschaftler haben bereits erwähnt, dass wir aufgrund unserer gegenwärtig existierenden Zerstörungstechnologie und des hohen Maßes wirtschaftlicher Ungleichheit sowie der Umweltzerstörung dringend Veränderungen in der Form der Weltpolitik brauchen; viele von ihnen versuchen solche Veränderungen vorzuschlagen. Zum Großteil haben diese Kritiker aber dabei das Ausmaß außer acht gelassen, in dem die Werte und Annahmen, die das gegenwärtige internationale System bestimmen, grundsätzlich mit maskulinen Konzepten verbunden sind; diese Werte zu privilegieren, schränkt die Möglichkeiten ein, die den Staaten und Politikern zur Verfügung stehen. Alles Wissen ist deshalb partiell und beruht auf den Erfahrungen des Einzelnen. Da das Wissen über das Verhalten von Staaten im internationalen System an Annahmen gebunden ist, die aus den Erfahrungen von Männer stammen, ignoriert es einen großen Teil menschlicher Erfahrungen, die das Potential besitzen, das Spektrum der Handlungsmöglichkeiten zu vergrößern und neue Denkweisen über zwischenstaatliche Praktiken zu eröffnen. Theoretische Perspektiven, die auf einer Bandbreite menschlicher Erfahrungen basieren, sind gleichzeitig für Frauen und Männer wichtig, die auf der Suche nach neuem Denken über unsere gegenwärtigen Dilemmata sind.

Konventionelle Theorien Internationaler Beziehungen haben sich auf die Aktivitäten der Großmächte im Zentrum des Systems konzentriert. Feministische Theorien, die von den unterschiedlichen Erfahrungen von Frauen sprechen - die sich im allgemeinen am Rande der Gesellschaft und der zwischenstaatlichen Politik ereignen - können uns neue Einsichten über das Verhalten von Staaten und die Bedürfnisse einzelner Menschen, besonders derjenigen an der Peripherie des internationalen Systems, vermitteln. Feministische Perspektiven, konstruiert aus den Erfahrungen von Frauen, können unserem Verständnis über die Weltwirtschaft eine neue Dimension eröffnen; da Frauen in Zeiten wirtschaftlicher Krisen häufig zu den ersten Betroffenen gehören, können wir vielleicht auch neue Einsichten über die Beziehung zwischen Militarismus und struktureller Gewalt gewinnen.

Feministische Theorien müssen jedoch darüber hinaus gehen, Erfahrungen von Frauen in die verschiedenen Disziplinen einzufügen, sondern sie müssen versuchen, die zentralen Konzepte der Disziplinen selbst in Frage zu stellen. Zentrale Konzepte der internationalen Beziehungstheorie und -praxis, wie Macht, Souveränität, und Sicherheit, wurden durch Begriffe definiert, die wir mit Maskulinität assoziieren. Die Bezugnahme auf feministische Theorien, um mit ihrer Hilfe die Bedeutung dieser und anderer grundlegender Begriffe in der internationalen Politik zu untersuchen und zu kritisieren, könnte uns helfen, diese Konzepte in einer Form neu zu formulieren, die uns andere Perspektiven eröffnet, um unsere gegenwärtigen Sicherheitsprobleme zu lösen. Mit der Behauptung, dass das Persönliche politisch ist, haben uns feministische Wissenschaftler/-innen auf die Unterscheidung zwischen öffentlich und privat in der Innenpolitik aufmerksam gemacht: Diese künstliche Grenzunterscheidung auch in der Innenpolitik zu untersuchen, könnte ein neues Licht auf Unterscheidungen in der internationalen Politik werfen, wie die zwischen Anarchie und Ordnung, die ein wesentlicher Bestandteil des konzeptionellen Ansatzes des realistischen Diskurses sind.

Die meisten feministischen Perspektiven machen die Ungleichheit zwischen den Geschlechtern, wie ich sie bereits beschrieben habe, zu ihrer Grundannahme. Feministinnen in verschiedenen Disziplinen behaupten, dass feministische Theorien das Potential besitzen, um disziplinäre Paradigmen zu transformieren, indem sie diese Geschlechterhierarchien sichtbar machen und in Frage stellen. Indem ich *Gender* in die Disziplin Internationale Beziehungen einführe, hoffe ich die Form, in der dieses Fach traditionell konstruiert wurde, in Frage zu stellen, und zu untersuchen in welchem Ausmaß die Praktiken der internationalen Politik auf diesen Ungleichheiten zwischen den Geschlechtern basieren. Die Konstruktion von hierarchischen binären Gegensätzen bildete einen zentralen Bestandteil des Theoretisierens über Internationale Beziehungen (Runyan und Peterson 1991: 3). Die Unterscheidungen zwischen einheimisch und fremd, innen und außen, Ordnung und Anarchie, Zentrum und Peripherie haben als eine wichtige Annahme in der Theoriebildung und als ein Ordnungsprinzip für unsere Weltanschauung gedient. So wie Realisten die hierarchischen Beziehungen zwischen Staaten zum Mittelpunkt ihrer Erklärungen machen und Marxisten die Ungleichheit zwischen den sozialen Klassen, so können Feministinnen Geschlechterhierarchien, die in den Theorien und Praktiken der Weltpolitik verwurzelt sind, deutlich machen und es uns ermöglichen zu sehen, in welchem Maße all diese Herrschaftssysteme miteinander verbunden sind.

Wie Sarah Brown behauptet, ist eine feministische Theorie Internationaler Beziehungen ein Akt politischer Verpflichtung die Welt aus der Perspcktive der sozial Benachteiligten heraus zu verstehen. „Es besteht die Notwendigkeit, die bis jetzt noch undefinierte Beziehung zwischen der Konstruktion von Macht und der Konstruktion von Gender in den Internationalen Beziehungen zu identifizieren" (Brown 1988: 469). Ausgehend von der These, welche die meisten feministischen Theorien vertreten, dass diese Hierarchien sozial konstruiert sind, wird es uns auch möglich, uns die Bedingungen vorzustellen, die zur ihrer Überwindung notwendig sind.

Feministische Perspektiven zu Internationalen Beziehungen in der heutigen Welt

Die dramatischen Ereignisse der späten achtziger und frühen neunziger Jahre brachten viele Schwachpunkte in realistischen Erklärungen ans Licht, auf die Kritiker bereits seit einiger Zeit hingewiesen hatten. Während es in den Weltkriegen in der ersten Hälfte des zwanzigsten Jahrhunderts um die Überschreitung internationaler Grenzen durch die Großmächte ging, so fanden viele der Konflikte in der zweiten Hälfte innerhalb der Grenzen schwacher Staaten statt. Obwohl sie oft mindestens eine der Großmächte involvierten, ging es in vielen dieser Konflikte nicht um den Schutz internationaler Grenzen, sondern um ethnische oder religiöse Probleme oder Probleme nationaler Identität bzw. nationaler Befreiung. Die Militarisierung des Südens durch den Verkauf von oder die Versorgung mit Waffen aus dem Norden mündete in einer Situation, in der der Staat häufig nicht als Beschützer gegen Gefahren von außerhalb auftritt, sondern als die eigentliche Gefahr für die Sicherheit der Zivilbevölkerung. Der prekäre bewaffnete Frieden, der die Beziehung zwischen den zwei Supermächten während des Kalten Krieges charakterisierte, verdankte sein Maß an erreichter Stabilität nicht der militärischen Stärke, sondern der Drohung mit der Vernichtung sowohl der Sieger als auch der Verlierer: Nukleare Waffen und andere moderne Militärtechnologie stellen noch immer die Gefahr der Massenvernichtung dar.

Diese neuen Bedrohungen gegenüber der Sicherheit verlangen neue Lösungen, die stark im Widerspruch zu den Vorhersagen der Machtpolitik der traditionellen Internationalen Beziehungstheorie stehen. In Anbetracht der Prognose, dass im Jahr 2000 achtzig Prozent der Weltbevölkerung im Süden leben wird, können wir, die im Westen leben, es uns nicht mehr erlauben, eine Wissenschaftstradition zu privilegieren, die sich auf die Anliegen und Ambitionen der Großmächte konzentriert. In Anbetracht einer aufgrund des unterschiedlichen Lebensstandards starren Kluft zwischen Reichen und Armen, von der manche Beobachter bezweifeln, dass sie überwunden werden kann, sind realistische Rezepte zur Selbsthilfe unangebracht; die Gesundheit der Weltwirtschaft hängt von der Gesundheit all ihrer Mitglieder ab. Umweltzerstörung, die ein relativ neues Thema auf der Agenda der Internationalen Beziehungen ist, bedroht sowohl Reiche als auch Arme und erscheint staatlich fixierten Lösungen gegenüber intransigent. Zusammen mit traditionellen Themen wie Krieg und Frieden ist die Disziplin Internationale Beziehungen zunehmend gefordert, die Realitäten der wirtschaftlichen und ökologischen Interdependenz zu analysieren und neue Wege zu finden, um deren negative Konsequenzen zu mildern. Wir müssen uns auch mit der Tatsache vertraut machen, dass diese zusätzlichen Sicherheitsprobleme, die das Überleben der Erde und ihrer Bewohner gefährden, schnell von der Agenda verschwinden, sobald es zur Eskalation militärischer Krisen kommt.

Aufgrund der Konfrontation mit einer Welt, die auf dem Kopf steht, musste sich die konventionelle Disziplin Internationale Beziehungen jüngst einer wesentlich fundamentaleren Herausforderung bezüglich ihrer theoretischen Grundlagen stellen. Einige Wissenschaftler beteiligen sich an einer sogenannten „dritten Debatte", die das empirische und positivistische Fundament des Faches in Frage stellt.[12] Post-positivistische Ansätze bezweifeln, was sie als ahistorische Versuche des Realismus ansehen, nämlich eine universelle Wahrheit über das internationale System und das Verhalten von seinen Mitgliedsstaaten zu postulieren. Wie viele zeitgenössische Feministinnen behaupten diese Wissenschaftler, dass jegliches Wissen sozial konstruiert und vom Zeitraum, Ort und sozialem Umfeld des Untersuchenden abhängig ist. Indem sie sich auf den Umgang mit Sprache konzentrieren, behaupten viele dieser Autoren, dass uns unser Wissen über das internationale System durch Berichte überliefert wird, die von denjenigen geschrieben sind, die über eine Machtposition verfügen und ihr Wissen dazu nutzen, Kontrolle auszuüben und ihre eigenen Interessen zu verfolgen.[13] Diese Wissenschaftler stellen die These auf, dass, obgleich sich Realismus als eine objektive Darstellung der Realität präsentiert, die von sich behauptet, das Wirken der gegenwärtigen internationalen Ordnung zu erklären, diese Auffassung auch gleichzeitig eine Ideologie ist, die dazu dient diese Ordnung zu legitimieren und zu erhalten (Walker 1988: 314). Weil viele der bereits erwähnten früheren Kritiker des Realismus noch immer von großen entpersonifizierten

---

[12] Für eine Zusammenfassung dieser Debatten siehe Lapid (1989).

Strukturen sprechen - wie das internationale System der Staaten oder die kapitalistische Weltwirtschaft - versuchen viele dieser post-strukturalistischen Autoren, für die Entmächtigten am Rande des internationalen Systems zu sprechen. Außer ihren Zweifeln an der Fähigkeit des Staates oder des globalen Kapitalismus gegenwärtige Probleme zu lösen, formulieren sie grundlegendere Fragen bezüglich der Konstruktion des Staates als politischer Raum und Identitätsquelle.

Diese zeitgenössischen Kritiken bringen den internationalen Beziehungsdiskurs einigen der bereits oben beschriebenen feministischen Perspektiven näher: Jedoch wurden Themen wie *Gender* nur am Rande erwähnt. In den folgenden Kapiteln werde ich *Gender* mehr ins Zentrum der disziplinären Debatten stellen. Ich werde einige der bereits in diesem Kapitel vorgestellten theoretischen Ansätze untersuchen, um zu sehen, inwieweit ihre Annahmen und Erklärungen auf einem historischen Verständnis über Maskulinität und Feminität und den Erfahrungen von Männern basieren. Ich werde dann fragen, inwieweit es das theoretische Gerüst der verschiedenen Ansätze infrage stellen würde, wenn die Geschlechterhierarchien explizit gemacht und die Erfahrungen von Frauen auch Berücksichtigung fänden. Ich werde auch untersuchen, welche Folgen feministische Perspektiven für die Form der zentralen Begriffsdefinition im Fach haben.

Die anschließenden drei Kapitel werden sich mit den folgenden drei Themen beschäftigen: nationale Sicherheit, politische Ökonomie und die natürliche Umwelt. Abgesehen davon, dass sie ein zentraler Bestandteil der Agenda sind, mit der sich Internationale Beziehungswissenschaftler heute befassen, bilden diese Themen den Rahmen, in dem sich gegenwärtig ein wichtiges Umdefinieren der Bedeutung von Sicherheit vollzieht. Das Herstellen von Sicherheit hat immer eine zentrale Rolle in den normativen Anliegen von Internationalen Beziehungswissenschaftlern gespielt. Aufgrund ihrer Unzufriedenheit mit den traditionellen Modellen nationaler Sicherheit haben einige der Wissenschaftler damit begonnen, den Begriff *gemeinsame Sicherheit* (*common security*) zu benutzen, die eine Art von Sicherheit anstrebt, die global und multidimensional ist und in der politische, wirtschaftliche und ökologische Aspekte eine ebenso wichtige Rolle spielen wie ihre militärische Dimension. Die Sicherheit von einzelnen Personen und deren natürliche Umgebung wird genauso berücksichtigt wie die Sicherheit des Staates. Einzelne Friedensforscher beginnen damit, Sicherheit im Sinne der Eliminierung physischer, struktureller und ökologischer Gewalt zu definieren (Wallensteen

---

[13]Bezüglich eines Samples dieser Verfasser siehe *International Studies Quarterly(1990):* Sonderausgabe,"Speaking the Language of Exile and Dissidence in International Studies."

1988).[14] Ein Verständnis von Gewalt, das über den Bezug auf physische Gewalt hinausführt, erlaubt es uns, sich über vereinfachte Dichotomien wie Krieg und Frieden hinwegzusetzen und die Bedingungen für einen gerechten Frieden zu betrachten, der breiter definiert ist als lediglich durch die Abwesenheit von Krieg.

Die Definition von Sicherheit als Eliminierung von physischer, struktureller und ökologischer Gewalt ist durchaus kompatibel mit feministischen Theorien, die sich schon lange mit diesen Problemen beschäftigt haben.[15] Eine multidimensionale Vorstellung von Sicherheit macht es möglich, uns von der Bevorzugung militärischer Probleme zu distanzieren, Probleme, die zwar ein zentraler Bestandteil der Agenda herkömmlicher Internationaler Beziehungen sind, die aber von den Erfahrungen von Frauen am weitesten entfernt sind. Viele der Werte, die Protagonisten der gemeinsamen Sicherheit befürworten, sind den Eigenschaften ähnlich, die in unserer Kultur mit Weiblichkeit assoziiert werden. Jedoch hat keine dieser neuen Denkweisen Sicherheit aus einer Geschlechterperspektive heraus betrachtet. Jede Kritikerin aus feministischer Perspektive würde behaupten, dass eine wahrhaft umfassende Sicherheit nicht erreicht werden kann, solange die Geschlechterverhältnisse, bestehend aus Herrschaft und Unterordnung, nicht beseitigt werden.

Literatur

Azar, Edward, Chung-in Moon (1984): Third World National Security: Toward a New Conceptual Framework, in: International Interactions (11), pp. 103-135.

Beauvoir, Simone de (1952): The Second Sex. New York.

Boulding, Elise (1991): Women in Peace Studies, in: Kramarae, Cheris, Dale Spender (eds.): The Knowledge Explosion. Elmsford.

Broverman, Inge K. et al. (1972). Sex-Role Stereotypes. A Current Appraisal, in: Journal of Social Issues (28), pp. 59-78.

---

[14] Für Beispiele dieser neuen Denkweisen über Sicherheit siehe Ullman (1983), Buzan (1991), Independent Commission on Disarmament and Security Issues (1982), Stockholm International Peace Research Institute (1985), Azar und Moon (1984) und Mathews (1989). Diese neue westliche Denkweise über Sicherheit verläuft parallel zu Mikhail Gorbachevs "neuem Denken," wie er es in seinem politischen Bericht zum siebenundzwanzigsten Parteikongress ausgeführt hat, der in der *Prawda* vom 26. Februar, 1986 erschienen ist.
[15] Es ist vielleicht interessant zu erwähnen, dass Frauen auch zu den Pionieren gehörten, die internationale Sicherheit neu definiert haben. Boulding (1991) behauptet z. B., dass neue Ideen häufig solange keine wesentliche Beachtung in einer Disziplin finden, bis sie von Männern aufgegriffen werden. Sie vertritt auch die Position, dass die Disziplin Friedensforschung genauso von Männern dominiert wurde wie das Fach Internationale Beziehungen.

Brown, Sarah (1988): Feminism, International Theory, and International Relations of Gender Inequality, in: Millennium: Journal of International Studies (17), pp. 461-475.

Buzan, Barry (1991): People, States, and Fear, 2d ed. Boulder.

Cardoso, Fernando, Enzo Faletto (1979): Dependency and Development in Latin America. Berkeley.

Carr, E. H. (1964): The Twenty Years' Crisis, 1919-1939. An Introduction to the Study of International Relations. New York.

Connell, R. W. (1987): Gender and Power. Society, the Person and Sexual Politics. Stanford.

Crapol, Edward P. (ed.) (1987): Women and American Foreign Policy. Lobbyists, Critics, and Insiders. New York.

Deutsch, Karl W. (1954): Nationalism and Social Communication. Cambridge.

Falk, Richard A. (1977): Contending Approaches to World Order, in: Journal of International Affairs (31), pp. 171-198.

Falk, Richard A. et al. (eds.) (1980): Toward a Just World Order. Boulder.

Galtung, Johan (1971): A Structural Theory of Imperialism, in: Journal of Peace Research (8), pp. 81-117.

Hartsock, Nancy C. M. (1983): Money, Sex and Power. Toward a Feminist Historical Materialism. Boston.

Holsti, K. J. (1985): The Dividing Discipline: Hegemony and Diversity in International Theory. Boston.

Hunt, Michael H. (1987): Ideology and U.S. Foreign Policy. New Haven.

Independent Commission on Disarmament and Security Issues (1982): Common Security. A Blueprint for Survival. New York.

International Studies Quarterly (1990): Special Issue, Speaking the Language of Exile and Dissidence in International Studies (34).

Keohane, Robert O., Joseph S. Nye (1989): Power and Interdependence, 2d ed. Glennview.

Lapid, Yosef (1989): The Third Debate. On the Prospects of International Theory in a Post-Positivist Era, in: International Studies Quarterly (33), pp. 235-254.

Mathews, Jessica Tuchman (1989): Redefining Security, in: Foreign Affairs (68), pp. 162-177.

Morgenthau, Hans J. (1973): Politics Among Nations. The Struggle for Power and Peace, 5th ed. New York.

Reardon, Betty A. (1985): Sexism and the War System. New York.

Ruddick, Sara (1989): Maternal Thinking. Toward a Politics of Peace. New York.

Runyan, Anne Sisson, V. Spike Peterson (1991): The Radical Future of Realism: Feminist Subversions of IR Theory, in: Alternatives (16), pp. 67-106.

Schelling, Thomas C. (1960): The Strategy of Conflict. Cambridge.

Scott, Joan W. (1988): Gender and the Politics of History. New York.

Small, Melvin, J. David Singer (1982): Resort to Arms: International and Civil Wars, 1816-1980. Beverly Hills.

Steuernagel, Gertrude A., Laurel U. Quinn (1986): Is Anyone Listening? Political Science and the Response to the Feminist Challenge. Unpublished paper.

Sylvester, Christine (1987): Some Dangers in Merging Feminist and Peace Projects, in: Alternatives (12), pp. 493-509.

Tong, Rosemarie (1989): Feminist Thought. A Comprehensive Introduction. Boulder.

Ullman, Richard H. (1983): Redefining Security, in: International Security (8), pp. 129-153.

Walker, R. B. J. (1988): Contemporary Militarism and the Discourse of Dissent, in: Walker, R. B. J. (ed.): Culture, Ideology, and World Order. Boulder.

Wallensteen, Peter (1988): The Origins of Peace Research, in: Wallensteen, Peter (ed.): Peace Research. Achievements and Challenges. Boulder.

Wallerstein, Immanuel (1974): The Modern World System. New York.

Waltz, Kenneth N. (1979): Theory of International Politics. Boston.

[aus dem Amerikanischen: Jutta Joachim]

Brigitte Young:
Genderregime und Staat in der globalen Netzwerk-Ökonomie

1. Staat und Genderforschung

Es ist in vielfacher Hinsicht paradox, dass just in dem Moment, in dem die feministische Forschung und Praxis den Staat nicht mehr als Hochburg des Patriarchats ablehnt[1] und sogar den patriarchalen Wohlfahrtsstaat verteidigt, der Staat seine Souveränität nach innen und außen zunehmend verliert (Strange 1996; Mayntz 1997). Die feministische Annäherung an den Staat in den 80er Jahren einerseits und die Unterminierung staatlicher Steuerungsfähigkeit andererseits sind mit der von Margaret Thatcher und Ronald Reagan eingeleiteten ideologischen „Wende vom Keynesianismus zum Neoliberalismus" verbunden. Die Entwicklung in Richtung einer reinen und perfekten Marktwirtschaft – der „neoliberalen Utopie" (Bourdieu 1998) – verbunden mit einer Abwertung aller kollektiven Solidaritäts- und Zugehörigkeitsgefühle[2] hat – wenn nicht zu einer allgemeinen Politisierung der Frauenbewegung – jedoch zu einer zunehmenden Unsicherheit in ihren Reihen – beigetragen. Dieser neo-liberale „backlash" (Faludi 1991) gegen die durchaus noch dürftigen Errungenschaften von politischer und ökonomischer Gleichstellung der Geschlechter in westlich-kapitalistischen Ländern hat die feministische Forschung zunehmend auf die Transformation von Staatlichkeit im Kontext der ökonomischen Globalisierung gelenkt.

Im internationalen feministischen Diskurs lassen sich zwei wichtige Strömungen unterscheiden: einerseits der weitverbreitete anglo-amerikanische und skandinavische „Staatsfeminismus" (state feminism)[3] (vgl. dazu Stetson/Mazur 1995; Eisenstein 1990; Sassoon 1987) und andererseits die im deutschsprachigen Raum vorherrschende Diskussion über das „Männerbündische" im Staat (Kreisky/Sauer 1997; Kulawik/Sauer 1996; Kerchner/Wilde 1996). Ziel dieser Strategie ist es, den männlichen Staat zu „entgeschlechtlichen" und dann durch feministische Intervention zu „vergeschlechtlichen". Obwohl die Diskurse, Praktiken und

---

[1] Die feministische Ablehnung des Staates wird keineswegs von allen Wissenschaftlerinnen geteilt. Die Distanzierung vom Staat ist ein besonderes Merkmal der deutschen autonomen Frauenbewegung, die erst Mitte der 80er Jahre eine vorsichtige Annäherung an den Staat vollzogen hat (vgl. Lang 1997; Kontos 1990; Kulawik 1991/92). Skandinavierinnen, Australierinnen und auch ein Teil der US-Amerikanischen liberalen Frauenbewegung waren im Vergleich immer schon „staatsfreundlicher" und haben gezielt den „Marsch durch die Institutionen gewählt" (state feminism), um die gesellschaftliche Situation der Frauen politisch zu verändern (Stetson and Mazur 1995).

[2] Baroness Thatcher erklärte, dass es für sie keine Gesellschaft gäbe, sondern nur Individuen.

Strategien dieser feministischen staatstheoretischen Diskurse, Praktiken und Strategien dieser feministischen staatstheoretischen Diskussionen sich erheblich voneinander unterscheiden, bleiben beide Ansätze der Konzeption des klassischen National- und Wohlfahrtsstaates verhaftet (vgl. Young 1997; Demirovic/Pühl 1997).

Die nationalstaatliche Fokussierung der feministischen Staatstheorie muss einerseits als Resultat der von vielen Frauen wahrgenommenen Privatisierung öffentlicher Dienstleistungen und der zunehmenden Reduzierung der öffentlichen Ausgaben verstanden werden. Andererseits ist die demokratische Einflussnahme und Partizipation noch immer auf den nationalstaatlich begrenzten Raum beschränkt. Somit verspricht die im Fordismus zur Blüte gereifte „nationale Schicksalsgemeinschaft" (Held 1991) weiterhin die Vereinbarkeit der bisher in westlichen Demokratien ungleichen Prinzipien von Markt und Demokratie. Diese formaldemokratische Ordnung westlicher Prägung hat durchaus die ökonomische Ungleichheit zwischen (männlichen) *Bourgeois* und *Proletariern* durch die Gleichheit der *Citoyens* abgemildert und soziale Gleichheit durch wohlfahrtsstaatliche Mindeststandards korrigiert (vgl. Altvater 1997; kritisch dazu Pateman 1988; Nelson 1990; Gordon 1990; Fraser 1990; Ostner 1994). Somit ist das feministische Festhalten an der „nationalen Schicksalsgemeinschaft" durchaus verständlich, doch steht die Grundannahme in Frage, ob diese nationalstaatliche Fokussierung in Zeiten der Globalisierung und der zunehmenden Entgrenzung von Politik nicht zum Anachronismus wird.

Es stellt sich nun die Frage nach der Vereinbarkeit vom grenzenlosen Markt und dem begrenzten Ort der Demokratie und danach wie sich neue Genderregime und -ordnungen in den Netzwerkstrukturen zwischen Markt und Staat konstituieren.

2. Exkurs: Genderregime im Fordismus

Im folgenden wird davon ausgegangen, dass die Transformation historisch spezifischer Akkumulationsmodelle mit der Rekonfiguration von Geschlechterregimen und -ordnungen in Zusammenhang steht. Mit dem Begriff „gender" soll zwischen der gesellschaftlichen Konstruiertheit des Geschlechts (soziales Geschlecht) und des biologischen Geschlechts (sex) unterschieden werden. Linda Gordon definiert gender als eine Reihe von Bedeutungssystemen, die in bezug auf sexuelle Unterschiede und im Kontext eines männlichen Herrschaftssystems gesellschaftlich konstruiert werden (Gordon 1993). Gender bezeichnet somit ein

---

[3] Hester Eisenstein spricht von den „femocrats" in staatlichen Bürokratien und Institutionen, die von „innen" eine politische Veränderung zur Gleichstellung der Geschlechter anstreben (Eisenstein 1990).

gesamtgesellschaftliches Netzwerk hierarchisch geregelter gesellschaftlicher Beziehungen, die entlang einer geschlechtlichen Trennlinie sozial verortet sind (vgl. Kreisky/Sauer 1995). Genderregime sind somit als institutionalisierte Geschlechterpraktiken und Formen zu verstehen, die als ein Geflecht von Normen, Regelungen und Prinzipien in den Strukturen gesellschaftlicher Praktiken verankert sind. Genderordnungen sind dann die Verkörperung einer Reihe von diesen institutionalisierten Praktiken, die zusammen eine „macro-politics of gender" ergeben. Nach Connell wird die Genderordnung als ein dynamischer Prozess – als der gegebene Bezugsrahmen in dieser Makropolitik – definiert (Connell 1987: 139, 141). Somit sind Genderregime und Genderordnungen keine statischen Konstellationen, sondern stehen in einem „reflexiven Verhältnis" (Giddens 1984) zu den gegebenen Machtverhältnissen der Geschlechter, die sich durch die gesellschaftlichen Interessenkonflikte, die Formierung und Auflösung von akzeptierten Kategorien und die Neuordnung von institutionellen Verhältnissen konstituieren (Connell 1987: 139). Genderregime repräsentieren einerseits eine symbolische Genderordnung und andererseits verkörpern sie eine Arena der Macht, in der die Definition der Geschlechterverhältnisse immer wieder neu erkämpft werden muss. Genderregime implizieren weder die Existenz einer einzigen historischen „Männlichkeit" noch einer unveränderten „Weiblichkeit", sondern weisen auf den historischen Prozess der geschlechtsspezifischen Identitätsbildung und asymmetrischen Machtverteilung zwischen den Geschlechtern innerhalb des jeweiligen gesellschaftlichen Kontexts hin.

Mit den Konzepten Genderregime und -ordnung sollen im folgenden die komplexen Zusammenhänge zwischen der Transformation des fordistischen Akkumulationsregimes und der damit verbundenen Restrukturierung der Geschlechterverhältnisse untersucht werden. In diesem Zusammenhang wird auf Einsichten der Regulationsschule zurückgegriffen, die die kapitalistische Produktionsweise als eine – keineswegs zielgerichtete – Abfolge von verschiedenen Akkumulationsmodellen und Regulationsweisen analysiert. Es stellt sich nun die Frage, wie die Transformation des fordistischen Akkumulationsmodells zu einem flexiblen globalen Akkumulationsregime mit der Konstituierung von geschlechtsspezifischen Herrschaftssystemen verbunden ist.[4]

Der Fordismus ist nicht auf ein ökonomisches Modell reduzierbar, sondern muss als ein gesamtgesellschaftliches System verstanden werden (Aglietta 1979). Nach 1945 war der For-

---

[4] Die Frage, wie kapitalistische und geschlechtsspezifische Herrschaftssysteme verbunden sind und aufeinander einwirken, ist auch unter Feministinnen weitgehend offen. Eine abschließende Antwort kann auch im Rahmen dieses Aufsatzes nicht gegeben werden.

dismus durch die Verkopplung tayloristischer Massenproduktion mit Massenkonsumtion gekennzeichnet. Die Voraussetzungen für das gleichgewichtige Wachstum von Arbeitsproduktivität und realen Lohneinkommen der (männlichen) Arbeiter, die zu dem erfolgreichen ökonomischen Wachstum nach 1945 in den westlichen Industrieländern führten, waren die national-territorialen institutionellen Regulationsweisen der Lohn- und Geldverhältnisse. Die Kopplung der Reallöhne an die Produktivität und die nationalstaatliche antizyklische Geld- und Wirtschaftspolitik bildeten die Voraussetzung für die Stabilisierung des wirtschaftlichen Aufschwungs. Historische Phasen eines solchen „virtuous circle" können nur dann stabil sein, wenn die Kompatibilität zwischen Akkumulation und Nachfrage durch entsprechend regulierende staatliche und gesellschaftliche Institutionen die Dynamik des Akkumulationsprozesses ausbalancieren. Eine wichtige Funktion des Keynesianischen Wohlfahrtsstaates war es, vor allem die Nachfrage zu regeln und die sozialen Rechte über neue Normen des Massenkonsums auszuweiten (Jessop 1994). Diese Phase (1950-1973) wird aus dem heutigen Blickwinkel nostalgisch als das „Goldene Zeitalter des Kapitalismus" gesehen.

Die fordistische Industrialisierung ging einher mit der Transformation der extensiven Akkumulation des Agrarkapitalismus und der existierenden Genderregime. Im Zentrum des fordistischen Produktionsmodells stand der weiße Mann sowohl als Manager in den sich herausbildenden neuen vertikalen Organisationsformen von multinationalen Firmen (Chandler 1977) und als Industriearbeiter in der Massenproduktion. Es waren auf den männlichen Arbeiter zugeschnittene Arbeitsplätze und „sein" Familienlohn, den die Tarifverhandlungen zwischen Gewerkschaften und Arbeitgebern bestimmten. Die Löhne und Arbeitsbedingungen wurden in dem von Männern dominierten und vom Staat wenn nicht geschaffenen, so doch anerkannten hierarchischen System der Tarifrunden unter einer begrenzten Anzahl von Interessenverbänden ausgehandelt, welche mit einem beratenden und repräsentativen Monopol für den Prozess der Entwicklung und Durchführung von Entscheidungen ausgestattet waren (Schmitter 1979).

Diese organisatorischen Strukturen haben einen deutlich geschlechtsspezifischen Charakter. Frauen sind in der Gewerkschaftsführung kaum vertreten, in den Arbeitgeberverbänden, den korporatistischen Verhandlungen, den staatlichen Ministerien und Verwaltungsstrukturen und den „thinktanks" der Wirtschaft kommen Frauen faktisch nicht vor. In diesen Wirtschafts- und Interessenverbänden werden zentrale ökonomische Entscheidungen von gesamtgesellschaftlichem Interesse getroffen. Die Entscheidungen orientieren sich an einem Produktionssystem, das am männlichen Industriearbeiter ausgerichtet ist. In diesem geschlechtsspezifischen Arrangement sind sich Arbeit und Kapital durchaus einig. Während sie sich einerseits als Klassengegner im kapitalistischen System gegenüberstehen, teilen sie doch andererseits eine gemeinsame Auffassung über die geschlechtsspezifische gesellschaftliche Genderordnung. Die in diesen korporatistischen Machtstrukturen eingeschriebenen asymmetrischen Geschlechterverhältnisse sind die Reflektion der im gesamten Akkumulationsregime vorfindbaren Geschlechterhierarchien.

Das fordistische Akkumulationssystem ist aber nicht nur exklusiv, sondern auch inklusiv gegenüber Frauen. Diejenigen, die in diesem „selektiven Korporatismus" (Esser/Fach 1981) eingeschlossen waren, erlangten materielle Zugeständnisse und ökonomische Sicherheit. Frauen waren zwar nicht aus diesem Kompromiss ausgeschlossen, aber eingeschlossen waren sie nur in ihrem Status als von ihren Ehemännern abhängige „Karrierehausfrauen". Dass heißt nicht, dass sie auf dem Arbeitsmarkt gar nicht präsent waren. Die Integration der Frauen in den Arbeitsmarkt war durchaus funktional für die Erhöhung des Konsums. Das fordistische Modell beruhte ja gerade auf dem Zugang zur Massenkonsumtion. Die Integration war aber mit der Expansion des Keynesianischen Sozialstaats verbunden und Frauen übten traditionelle soziale Aufgaben aus wie z.B. Altenfürsorge, Kinderbetreuung, Krankenpflege im öffentlichen Dienst und gleichzeitig besetzten sie die niedrigqualifizierten Stellen in den Sozial- und Fürsorgeämtern als Sozialarbeiterinnen. Frauen waren somit in dreifacher Weise mit dem Sozialstaat verbunden: als Angestellte, Klientinnen und als Konsumentinnen der öffentlichen Dienstleistungen. Fast in allen westlichen Industrieländern expandierte der öffentliche Dienstleistungssektor und es waren vor allem Frauen, die in diesem Bereich zu finden waren. Die neugeschaffenen sozialstaatlichen Positionen waren aber keineswegs gleichzusetzen mit der männlichen Karriere eines Facharbeiters. Frauen waren am untersten Ende der beruflichen Hierarchie zu finden, waren meistens schlecht bezahlt und besaßen häufig nur eine niedrige Qualifikation.

Zur selben Zeit öffnete sich für Frauen zunehmend der Einstieg in die unteren Ebenen der Produktionsarbeit. Diese Öffnung war vor allem mit der allgemeinen Dequalifizierung des männlichen Facharbeiters im fordistischen Modell verbunden. Qualifizierte und hochbezahlte Fachkräfte wurden bei der Rationalisierung des Arbeitsprozesses weitgehend überflüssig und Frauen wurden für die niedrigqualifizierten Arbeiten am automatisierten Fließband eingestellt. Dass ihnen der Einzug in die Hallen der männlichen Fabriken gelang,[5] bedeutete aber nicht, dass der Zugang zu gutbezahlten Industriearbeitsplätzen für sie offen war. Der

---

[5] Frauen waren seit dem Beginn der Industrialisierung in Fabriken als Arbeiterinnen zu finden. Sie füllten auch im Zweiten Weltkrieg die von den Männern freigewordenen Arbeitsplätze. Mit dem Beginn des Fordismus und der Betonung des männlichen Ernährermodells wurden Frauen immer mehr aus dem Zentrum der Industriearbeit ausgeschlossen und nur selektiv oder temporär integriert.

Arbeitsmarkt blieb geschlechtsspezifisch segregiert. Arbeiterinnen waren in marginalisierten und meist schlecht bezahlten Positionen zu finden, die die geschlechtlich konstruierte gesellschaftliche Arbeitsteilung reproduzierte. Frauen waren somit in niedrigbezahlten und -qualifizierten Jobs segregiert, die von ihnen Geschicklichkeit und Geduld verlangten. Diese geschlechtsspezifische Segregation, die das Genderregime des fordistischen Akkumulationsmodells kennzeichnete, war sowohl in „konservativen" wie in „progressiven" Ländern wie Schweden und Dänemark zu finden. Sie ist Ausdruck einer gesellschaftlichen Ordnung, die auf einer starken Trennung und geschlechtsspezifischen Zuordnung öffentlicher und privater Sphären beruht. Dadurch wurde nicht nur die unbezahlte Hausarbeit entwertet; Frauen wurden trotz ihrer zunehmenden Erwerbstätigkeit dem männlichen Ernährer untergeordnet und ihre Tätigkeit weitgehend als Zusatzverdienst für zusätzliche Konsumbedürfnisse verstanden (Hagen/Jenson 1988; Kurz-Scherf 1996; Young 1998).

Dieses im Fordismus konsolidierte Genderregime kann auf drei zentrale Elemente reduziert werden. Erstens wurde die Rolle der Frau in westlichen Industrieländern – trotz Integration in die Erwerbstätigkeit – weitgehend auf den Reproduktionsbereich zentriert. Zweitens korrespondierte die weibliche Rolle mit der männlichen Rollenzuschreibung als Familienernährer und drittens entstand die geschlechtsspezifische Trennung in Privatheit und Öffentlichkeit als das zentrale Element dieses Genderregimes. In der Geometrie zwischen Klasse und Geschlecht waren Männer direkt dem Markt unterworfen, während Frauen ihren Männern in den Familien und somit nur indirekt dem Markt unterstellt waren.

Die durch die Globalisierung eingeleitete Restrukturierung des Akkumulationsregimes und der damit verbundenen Regulationsweisen stellt die Grenzen der fordistischen Genderordnung erneut zur Disposition. Gleichzeitig zeigt die national-territoriale Eingliederung in die globale Ökonomie, wie ich noch zeigen werde, die zunehmende Schwächung des männlichen Ernährermodells und die damit verbundene geschlechtsspezifische Neu-Stratifizierung der Genderregime.

3. Das Neue an der Globalisierung

„Globalisierung" ist ein offener und widersprüchlicher Prozess der Umstrukturierung des nationalstaatlich begrenzten fordistischen Akkumulationsregimes und des Keynesianischen Steuerungssystems. Es handelt sich um einen Prozess der Entgrenzung nationaler politischer und ökonomischer Räume. Globalisierung ist aber keineswegs mit einem erreichbaren Ziel (der Globalität) gleichzusetzen genauso wie Modernität als Zustand nicht erreichbar ist (Altvater/Mahnkopf 1996). „Globalität" würde bedeuten, dass wir bereits in einer Weltgesellschaft leben, und zwar in dem Sinne, dass es keine Möglichkeit der Abgrenzung oder Schließung zwischen Staaten, ethnischen Gruppen, Kulturen und Lebensmodellen gäbe. Dieser Zustand einer homogenen Weltgesellschaft würde keine lokalen, regionalen oder nationalen Gesellschaften oder Gemeinschaften mehr kennen (Beck 1997). Globalisierung meint demgegenüber den widersprüchlichen Prozess der Herauslösung (Entbettung) ökonomischer und finanzieller Mechanismen aus national-staatlichen sozialen und politischen Bindungen einerseits und der Entstehung von neuen globalen horizontal-netzwerkförmigen Steuerungssystemen andererseits.

Demnach ist Globalisierung nicht auf einen quantitativen Vergleich von internationalen Handels- und Finanzströmen reduzierbar wie die Kritiker des Globalisierungskonzepts meinen, die die Exportquoten und Direktinvestitionen zwischen 1870-1913 zitieren, um die gegenwärtigen globalen Größenordnungen mit dem durchaus vergleichbaren Exportvolumen des imperialen Zeitalters zu relativieren (Hirst/Thompson 1996). Die Internationalisierung vor dem ersten Weltkrieg war eine Austauschbeziehung zwischen Nationalstaaten und geht von Nationen als strategischen Akteuren aus (Strange 1996). Der entscheidende Unterschied zwischen Internationalisierung und Globalisierung ist, dass die ökonomischen und politischen nationalstaatlichen Akteure jetzt der Handlungslogik und den Wettbewerbsbedingungen der globalen Konkurrenz ausgesetzt sind. Der Nationalstaat ist nach wie vor von spezifischer Bedeutung, aber er unterliegt zunehmend der ökonomischen Logik einer globalen Wettbewerbskonkurrenz. Der Nationalstaat wandelt sich zum „Wettbewerbsstaat" (Hirsch 1995). Er wird in erster Linie Akteur der Geoökonomie und erst in zweiter Linie Akteur innerhalb des Systems internationaler Politik (Altvater/Mahnkopf 1996).

Die globale Ökonomie kann zum ersten Mal in der Geschichte als eine Einheit in realer Zeit „on a planetary scale" agieren (Castells 1996: 92). Während die Raum-Zeit-Verhältnisse in der Moderne durch die Trennung der Zeit vom Raum geprägt waren – es war die Erfindung der mechanischen Uhr, die eine einheitliche Dimension „leerer" Zeit zum Ausdruck brachte und die erst eine präzise Einteilung in Raum- und Zeitzonen ermöglichte -, beziehen sich die Raum-Zeit-Verhältnisse in der Globalisierung auf einen „Dehnungsvorgang", und zwar insoweit, „als die Verbindungsweisen zwischen verschiedenen gesellschaftlichen Kontexten oder Regionen über die Erdoberfläche als Ganze hinweg vernetzt werden" (Giddens 1995:85). Die vielen Zeiten in unterschiedlichen Kontinenten werden zu einer einzigen Weltzeit zusammengezogen. Dieser Prozess der Herstellung einer zeitlichen Einheit trotz ungleichzeitiger Ereignisse erzeugt einen artifiziellen „Weltrhythmus", der das Virtuelle und das Reale nicht mehr trennbar macht. In dieser virtuellen Realität, die Jean Baudrillard als „Hyperrealität" bezeichnet, leben die Bewohner der ersten Welt in der „Zeit". Andererseits sind diese Bewohner, die durch die Telekommunikation und die Computertechnik den Globus nur mehr als Dorf wahrnehmen, der räumlichen Dimension enthoben. Bewohner der dritten Welt erfahren die Raum-Zeit-Dimension im umgekehrten Verhältnis zu den Bewohnern der ersten Welt. Sie leben in einem „Raum" der „schwer, unverwüstlich, unberührbar (ist) und der die Zeit festbindet und sich der Kontrolle der Bewohner entzieht" (Baumann 1996:661).

In dieser „Hyperrealität", in der die raumzeitlichen Abstandsvergrößerungen zwischen örtlichen und entfernten Ereignissen „gedehnt" werden, entsteht eine komplexe Beziehung zwischen „lokalen Beteiligungsweisen" (der Situation gleichzeitiger Anwesenheit) und der „Interaktion über Entfernung" (den Verbindungen zwischen Abwesenheit und Anwesenheit (Giddens 1995: 85). Mit der Globalisierung tritt demnach eine Intensivierung weltweiter sozialer Beziehungen zwischen lokalen, örtlichen und entfernten sozialen Ereignissen in Kraft. Daraus ergibt sich auch der Widerspruch, „dass sich mit der Wirtschaft auch alles andere globalisiert, und auch das, was gar nicht in der kapitalistischen Form globalisierbar ist" (Altvater/Mahnkopf 1996: 13). Dem Globalisierungsprozess sind auch immer wieder Schranken gesetzt. Nicht alles, was den Globalisierungstendenzen ausgesetzt ist, kann globalisiert werden. Globalisierung beschränkt sich daher nicht nur auf die Dehnungen und Durchbrechungen von politischen, ökonomischen, sozialen und ökologischen Grenzen, es geht auch um die Gegentendenzen, jene der Begrenzung der Globalisierung.

4. „Informationeller Kapitalismus"[6] und die Herausbildung von Netzwerkstrukturen

Die Globalisierungsliteratur reduziert vielfach die neue Produktionsweise auf eine Transformation von der industriellen Produktion hin zu einer Tertiarisierung der Ökonomie. Das Zahlenmaterial lässt diese Interpretation durchaus zu. Nicht nur in den USA nimmt der Anteil des Dienstleistungssektors am Bruttoinlandsprodukt bereits über 70% ein. Auch in anderen Industrieländern steigt der Anteil der Dienstleistungen während derjenige der industriellen Produktion abnimmt (Thurow 1997). Daraus wird eine lineare Abfolge von histori-

---

[6] Castells führt den Begriff „informational capitalism" ein, um damit das neue technoökonomische Modell vom „industrial capitalism" zu unterscheiden.

schen Akkumulationsregimen abstrahiert: Agrarwirtschaft bis zum 19. Jahrhundert, gefolgt vom Industriekapitalismus und die derzeitige Transformation zum Informationskapitalismus. Mit diesen unterschiedlichen Akkumulationsregimen hängt eine grundlegende Transformation der Wertschöpfung zusammen. Im Agrarkapitalismus resultierte der Mehrwert aus der extensiven Nutzung von Land und Arbeitskraft im Produktionsprozess. Das Neue an der Industrialisierung war die Transformation zur intensiven Nutzung von Technologie und Arbeitskraft, was aber erst durch die fossile Energierevolution möglich gemacht wurde. Nicht nur wurde mit einem geringen Energie-Input eine hohe Energieeffizienz erzeugt, mit diesen Überschüssen wurden auch die sozialen, politischen, kulturellen und ökonomischen Evolutionsprozesse vorangetrieben (Altvater/Mahnkopf 1996). In der gerade ablaufenden Transformation zum Informationskapitalismus ist nicht die Steigerung der Energieeffizienz die Basis für den Mehrwert, sondern die quantitative und qualitative Intensivierung der elektronischen Informations- und Kommunikationsprozesse (Castells 1996).

In der neuen globalen Informationsproduktion liegt, wie Castells betont, die Produktivität in der Wissensproduktion, in der Informationsverfertigung und der symbolischen Kommunikation. Das Besondere ist hier die Anwendung des Wissens auf das Wissen selbst als dem wesentlichen Kern der Produktivität. Es gibt hier einen „virtuous circle" zwischen der Wissenserzeugung, die zu einer verbesserten Informationstechnologie führt, und deren Anwendung zur Verbesserung der Wissensproduktion und Informationsverfertigung (ebd. 1996: 37). Während die Maximierung des Outputs das Ziel des Industriekapitalismus war, verfolgt der Informationskapitalismus das Ziel die Akkumulation von Wissen voranzutreiben und eine höhere Komplexität in der Informationsverfertigung zu erreichen. Diese Wissensproduktion findet aber nicht im abstrakten Raum statt, sie ist eingebettet in die materielle Produktion. Das bedeutet, dass weder die Industrie- noch die Agrarproduktion ihre ökonomische Wichtigkeit – ungeachtet der immer weiter sinkenden Beschäftigungszahlen in diesen Sektoren – in der neuen globalen Ökonomie verlieren. Ganz im Gegenteil, durch die neuen Informationstechnologien wie z.B. die Gentechnologie, eröffnen sich dem Agrarsektor und dem medizinisch/pharmazeutischen Sektor bisher verschlossene Gebiete. Die Erschließung, Manipulierung, Entkodifizierung von menschlichem, tierischem und pflanzlichem Leben und die zukünftige Reprogrammierung des Informationsschlüssels von lebender Materie öffnet – wie auch immer von ethischer Perspektive diese Forschung bewertet wird – neue Tore, die wir im Moment überhaupt noch nicht in ihrem gesamten Zugriff auf Mensch und Natur fassen können (Haraway 1997; Wichterich 1998). Um noch einmal mit Castells zu sprechen:

„Das Besondere der gegenwärtigen technologischen Revolution ist nicht die Zentralität von Wissen und Information, sondern es ist die Anwendung dieses Wissens und dieser Information auf die Wissensproduktion und die Vorrichtung zur Erlangung von Information und der Herstellung von Kommunikation, die auf einem kumulativen Feedback zwischen den Innovationen und den Anwendungen dieser Innovation beruht." (Castells 1996: 32).

Die gängige Interpretation der Entwicklung als Abfolge vom Agrar- zum Industriekapitalismus und nun zur Dienstleistungsökonomie ist dagegen eine Simplifizierung dieser äußerst komplexen Verzahnung von Produktionsentwicklungen.

Der technologische Paradigmenwechsel zur Informationstechnologie geht einher mit einem neuen Organisations- und Steuerungsmodus, der aus einer Kombination von Elementen der grundlegenden Ordnungsmuster ‚Markt' und ‚Hierarchie' besteht: „Einerseits der für Märkte charakteristischen Existenz einer Vielzahl autonomer Akteure, andererseits der für Hierarchien typischen Fähigkeit (oder zumindest Funktion), gewählte Ziele durch koordiniertes Handeln anzusteuern" (Messner 1997: 57). Die Vielfältigkeit von interorganisatorischen Beziehungsgeflechten bezeichnet Manuel Castells (1996: 171) als eine „Netzwerkgesellschaft", die durch globale strategisch entscheidende ökonomische Aktivitäten entstanden ist. Er definiert Netzwerke als eine spezifische Form von Organisation, die sich durch steigende Autonomie der Teilsysteme bei gleichzeitig wachsender Durchdringung der Teilsysteme sowie durch Überschneidungen mit anderen Netzwerken auszeichnen. Netzwerke sind demnach nicht nur isolierte Phänomene, sondern Ausdruck von qualitativ neuen Organisations- und Steuerungstypen, die die steigende Autonomie zwischen gesellschaftlichen Teilsystemen und der gleichzeitig zunehmenden Interdependenz von Problemlagen zu artikulieren vermögen (Messner 1997: 42; Mayntz 1997). Nicht mehr die vertikale Organisationsform und der entsprechende Steuerungstypus – was von Alfred Chandler als die Form der multinationalen Ära beschrieben wird – sondern die „horizontalen Unternehmen" sind heute die Organisationsform der neuen globalen Akteure. Es bestimmen auch nicht mehr die national-territorialen Unternehmen das Wachstum der nationalen Ökonomie, denn diese ist zunehmend von Unternehmen abhängig, die auf die globale Konkurrenz und auf globale Interessen reagieren. Die Unternehmen sind Teil eines globalen Netzwerks finanzieller und industrieller Konzerne, die über unterschiedliche, für den kollektiven Output bedeutende Ressourcen verfügen und die nicht länger an die nationalen Volkswirtschaften gebunden sind (vgl. Messner 1997; Die Gruppe von Lissabon 1995).

Die Transformation von vertikalen Strukturen zu horizontalen Netzwerken hat die geschlechtsspezifische fordistische Arbeitsteilung zwischen einerseits hochbezahlten männlichen Fachkräften und weiblichen „Zusatzverdienerinnen" grundsätzlich verändert. Die Globalisierung der Produktion ist mit einer substantiellen Erweiterung der ökonomischen Informalisierung verbunden und basiert auf „Subunternehmen", deren Arbeitsarrangements außerhalb staatlicher Regulation liegen. Harvey (1989) bezeichnete diesen Prozess als „flexible Akkumulation". Die exportorientierten transnationalen Konzerne stützen sich auf die billigen, unorganisierten jungen weiblichen Arbeitskräfte, die in den Freihandelszonen die bevorzugten Arbeitskräfte in der Elektronikproduktion, der Bekleidungs- und der Schuhindustrie stellen. Frauen fungieren nicht mehr als Zusatzverdienerinnen zum männlichen Familienernährer, sondern sie subventionieren durch ihre Dauerbeschäftigung vielfach die Saisonarbeit der männlichen Arbeiter oder sind als alleinerziehende Mütter auf Lohnarbeit angewiesen (Ward/Pyle 1995).

Die Entwicklung der neuen Arbeitsorganisation geht somit einher mit einer neuen Spaltung zwischen hochqualifizierten und nicht ortsgebundenen „Wissensträgern" – meist weiß und männlich – und den gering qualifizierten räumlich gebundenen Arbeitskräften – Frauen aller Hautfarbe sowie jungen, unqualifizierten Männern. Saskia Sassen kritisiert in ihren Studien über die „global cities", dass sich die Globalisierungsdebatte auf die in der formellen Ökonomie hochbezahlten „Wissensträger" der neuen ortsunabhängigen wissensintensiven Forschungs-, Informations- und Serviceabteilungen konzentriert, während die ortsgebundene Arbeit von unqualifizierten Frauen und Männern im prekären, sozialstaatlich und gewerkschaftlich unabgesicherten „informellen Sektor" kaum berücksichtigt wird (vgl. Sassen in diesem Heft). Durch die einseitige Fokussierung auf nicht ortsgebundene Arbeitsprozesse werden die global agierenden Unternehmen aufgewertet und die lokale Arbeit erfährt gleichzeitig eine Abwertung. Diese „unsichtbaren" Arbeiterinnen sind aber die „Träger" der ortsgebundenen materiellen Produktionsprozesse, die die datentechnisch ortsunabhängige Informationsindustrie erst möglich machen. Wenn man die prekären Tätigkeiten von Frauen und Immigranten als einen Teil des globalen Prozesses versteht, der die globale Produktion auch immer wieder lokalisiert, dann sind Frauen und Immigranten neben der Internationalisierung von Kapital ein wichtiger Teil des Globalisierungsprozesses. Die Kehrseite der „wissensgestützten entterritorialisierten Dienstleistungsgesellschaft" ist somit die Ausdehnung des „informellen Sektors"[7] mit einer starken Zunahme von prekären, ungeschützten und risikorei-

---

[7] Der informelle Sektor umfasst ein breites Band von legalen bis hin zu illegalen Tätigkeiten, wie die neue „Heimarbeit", Arbeit in den neugegründeten Freien Produktionszonen, in Sweatshops oder Arbeit als Straßenverkäufer, Dienstboten, illegale Arbeit in der Landwirtschaft, illegale Prostitution etc. – alles Tätigkeiten, die sozialstaatlich und tarifvertraglich nicht geregelt sind (Mahnkopf 1997; Ward/Pyle 1995).

chen Beschäftigungsformen (Mahnkopf 1997; Ward/Pyle 1995; Ward 1990; Rowbotham/Mitter 1994).

Der informelle Sektor beschäftigt weltweit weit mehr Frauen als der formelle Sektor.[8] Die tragenden Säulen des informellen Sektors sind Subunternehmen, die für die großen und meist transnationalen Konzerne der formellen Ökonomie produzieren. Besonders in den Freien Produktionszonen, die in Mittelamerika, Teilen von Afrika und Ost-Asien zu finden sind, hat die Dezentralisierungsstrategie transnationaler Unternehmen die neuen exportorientierten „Weltmarktfabriken" hervorgerufen. Vor allem junge und verheiratete Frauen sind gefragt, die unter dem Minimallohn arbeiten und sich nur selten gewerkschaftlich organisieren. An der Grenze zwischen den USA und Mexiko arbeiten diese „Weltmarktfabriken" auf Vertragsbasis für amerikanische transnationaler Konzerne wie J.C. Penney, Sears & Roebuck, Walmart und Montgomery Ward. Die „maquila businesses" profitieren von der hohen Arbeitslosigkeit und der Bereitschaft der Frauen und Männer zu niedrigen Löhnen ihre Existenz zu sichern.[9] Diese Produktionszonen genießen einen extraterritorialen Status: Importe wie Exporte spielen sich innerhalb der Freien Produktionszonen ab, die vom nationalen Territorium abgeschnitten sind; sie bieten keinen Wohnraum für die ArbeiterInnen; Gebäude und Einrichtungen sind von Steuern befreit, die Konzerne entrichten weder Gemeindeabgaben noch Boden- oder Einkommenssteuer, zudem sind Importe wie Exporte vom Zoll befreit; die Aufnahmeländer stellen die Infrastruktur, bauen Straßen und Hafenanlagen, und bieten zu günstigen Preisen Telefon, Wasser und Energie (Lemoine 1998).

Die Produktion in transnationalen Konzernen ist zunehmend verbunden mit lokalen informellen exportorientierten Tätigkeiten und den ausgelagerten Heim- und Hinterhoftätigkeiten. Transnationale Unternehmen in Indonesien, Taiwan und Südkorea verlagern Teile der Produktion zunehmend in ländliche Gebiete. Die Konzerne verschaffen sich durch die noch weitgehend bestehenden Haushaltsökonomien einen Vorteil, da sie Frauen unter dem Subsistenzminimum entlohnen können. Somit entlastet die Subsistenzarbeit der Frauen im Haushalt die Kosten der transnationalen Konzerne. Die Suche vieler dieser Unternehmen nach immer neuen Billiglohnländern bedeutet andererseits, dass Firmen in kürzester Zeit entweder die Produktion in Hinterland-, Hinterhof- und Straßenrandökonomien auslagern oder automatisieren (Ward/Pyle 1995).

---

[8] Diese Information erhielt ich in einem Interview mit Dr. Nilufer Cagatay, Ökonomin im United Nations Planning Department (UNDP), in New York am 11. März 1998.
[9] Frauen stellen in den „maquila business" überall die Mehrheit: 58% in Mexiko (1995), 60 bis 62% in Costa Rica, 70 bis 75% in Honduras, 78% in Guatemala (1993) und 60% in der Dominikanischen Republik (1992) (Lemoine 1998).

Im Unterschied zur fordistischen Produktion handelt es sich bei den neuen „Weltmarktfabriken" nicht um große Werkshallen mit einer zentralisierten Massenproduktion. Diese Zulieferbetriebe sind netzwerkförmig auf dem Globus verteilt. Die in Hinterland-, Hinterhof- und Straßenrandökonomien konzentrierten, niedrigbezahlten und arbeitsintensiven Tätigkeiten erscheinen nicht nur in Entwicklungsländern. Auch in Mittel- und Osteuropa sowie in den westlichen Industrieländern hat das Zusammenwirken von Globalisierung, Informalisierung und Transnationalisierung zu zunehmender Flexibilisierung der Beschäftigungsformen und zu einer geschlechtsspezifischen Verfestigung von Niedriglohnarbeit geführt (Wichterich 1998; Mahnkopf 1997). Transnationale Konzerne sind in der Semiperipherie von Europa wie z.B. Griechenland, Spanien und Irland genauso zu finden wie in den Vereinigten Staaten. Viele der europäischen Textil- und Kleidungsindustrie, wie der italienische Erzeuger *Benetton*, sind Marketing-Unternehmen, die die Subunternehmen, die auf häuslicher (weiblicher) Produktion und auf „sweatshops" beruhen, global koordinieren (Harvey 1989). In den USA findet man die transnationalen Konzerne in denselben Industrien (z.B. Elektronik- und Bekleidungsindustrie) wie in den Billiglohnländern der sogenannten Dritten Welt. Im Gegensatz zu der weitverbreiteten Annahme, dass die niedrigqualifizierten und arbeitsintensiven Industriesektoren in Billiglohnländer abgewandert sind, zeigt das US-amerikanische Beispiel gerade das Gegenteil. Die Konsumelektronik- und die Textilindustrie sind keine schrumpfenden Industriezweige. Allein die Zahl der Beschäftigten in der Bekleidungsindustrie ist größer als diejenige in der Auto-, Stahl- und Elektronikindustrie zusammen (Fernández Kelly 1989).

Trotz gravierender Differenzen gibt es Gemeinsamkeiten zwischen den osteuropäischen Transformationsgesellschaften, Teilen der in die Weltwirtschaft (partiell) integrierten „Dritten Welt" und den Industrieländern: Es entstehen überall „Niedriglohnzonen" (Mahnkopf 1997). Diese „Enklaven der Informalität" sind zum dauerhaften Bestandteil der formellen Ökonomie geworden. Somit ist die Informalisierung von Beschäftigungsverhältnissen weder eine Randerscheinung noch ein Übergangsphänomen. Sie ist ein immanenter Teil der ökonomischen Globalisierung. Zunehmend entstehen im Norden neue Süden, wie die Gruppe von Lissabon (1995: 79) bemerkt, und im Süden entstehen neue Norden. In diesen prekären und flexiblen Arbeitsstrukturen entwickeln sich neue geschlechtsspezifische und ethnische Hierarchien. Zum Beispiel sind in der Textilindustrie von Miami die Hersteller vorwiegend jüdische Männer, die „subcontractors" bestehen zu 90% aus kubanischen Männern und in den sweatshops findet man zu 95% kubanische Frauen (Fernández Kelly/Garcia 1992). Im informellen Sektor entstehen somit neue Geschlechterdifferenzen und –hierarchien, die vor allem durch klassenspezifische sowie ethnische und nationale Zugehörigkeiten noch einmal gravierend verschärft werden. Männer kontrollieren weitgehend den unregulierten Bereich des subcontracting, während zunehmend mehr Frauen (vor allem Immigrantinnen) als Arbeiterinnen in sweatshops zu finden sind (Fernández Kelly/Sassen 1995).

5. Die neuen Genderregime und –ordnungen

Was kann nun als vorläufige Bilanz in Bezug auf geschlechtsspezifisch segregierte Arbeitsmärkte und –kulturen und geschlechtsspezifische Formen der Macht und des „empowerment" in den neuen Genderregimen ausgesagt werden? Hier wird davon ausgegangen, dass sich die drei Säulen der fordistischen Genderregime und –ordnungen: 1) das männliche Familienernährermodell; 2) dass Frauen mit dem Reproduktionsbereich in der privaten Sphäre assoziiert werden; 3) die Trennung von geschlechtsspezifischer Privatheit und Öffentlichkeit, durch die Globalisierung einer grundlegenden Veränderung unterworfen sind. Die Neu-Konfiguration, die sich erst in schwachen Konturen ausmachen lässt, findet auf vielen Ebenen statt. Erstens ist das fordistische Modell des männlichen Familienernährers zunehmend ein Phänomen der Vergangenheit. Zweitens ist die fordistische geschlechtsspezifische Trennung von Privatheit und Öffentlichkeit und der mit ihr assoziierten Teilung in Produktions- und Reproduktionsarbeit nicht mehr haltbar. Drittens zeigt sich bei zunehmender Gleichheit zwischen Frauen und Männern der Mittelschicht eine zunehmende Ungleichheit und Ausdifferenzierung zwischen Frauen nach schichtspezifischer, ethnischer und nationaler Zugehörigkeit (Friese 1995). Viertens entsteht eine geschlechtsspezifische Gesellschaftsspaltung zwischen einerseits der meist männlichen entterritorialisierten Geldgesellschaft und der an den Nationalstaat geknüpften (meist weiblichen) Arbeitsgesellschaft. Diese Veränderungen sind nicht nur einseitig negativ zu deuten. Sie führen auch zur Schwächung und Auflösung von lokalen, patriarchal geprägten Kulturen und Herrschaftssystemen.

a) Die Unterminierung des fordistischen Familienernährermodells

Durch die Globalisierung erodierte zu einem erheblichen Teil das materielle Fundament, auf dem das Konstrukt des männlichen Ernährers und seiner abhängigen Frau entstanden ist. Die seit den 70er Jahren steigende Anzahl der Doppelverdiener ist ein Nebenprodukt dieser Entwicklung. Doppelverdienerhaushalte können in zwei Gruppen aufgeteilt werden: Einerseits finden sich die verhältnismäßig wohlhabenden „professionals", die in der formellen Ökonomie eingebettet sind. Eine größere Gruppe befindet sich auf der mittleren und unteren Ebene der Ökonomie, die auf den „Zusatzlohn" von Frauen angewiesen ist, um einen gewissen Lebensstandard entweder zu halten oder zu verbessern. Außerdem hat die Zahl der Alleinerziehenden (meist weiblich) drastisch zugenommen. Im Jahre 1988 waren in den USA 67% der alleinstehenden Mütter, 53% von Müttern mit Kindern unter drei Jahren in Lohnarbeit zu finden und von den Doppelverdienerhaushalten hatten 53% Kinder (Fernández Kelly/Sassen 1995; Ward/Pyle 1995). Der Unterschied zur fordistischen männlichen Beschäftigungsnorm ist, dass die derzeitige Informalisierung der Beschäftigten, die durch die „Feminisierung der Beschäftigung" gekennzeichnet ist, den Anspruch auf einen Familienlohn nicht mehr erfüllt und daher keine ökonomische Sicherheit gewährleisten kann.

Die zunehmende Integration von Frauen in den Arbeitsmarkt hat zu neuen Genderdefinitionen und Werteverschiebungen in den Genderrollen beigetragen. Die fordistische Wertvorstellung von der Frau als vom männlichen Ernährer abhängig wird durch die zunehmende Individualisierung der Frau unterminiert. Frauen aus Mexiko, die in den USA leben, schildern diese neue Wertewanderung folgendermaßen:

„Früher, wenn eine Frau außerhalb des Haushalts arbeitete, wussten alle, dass dies getan wurde, um dem Mann zu helfen; aber es war seine Pflicht die Familie zu ernähren. Jetzt ist es unsere Pflicht; von Frauen wird erwartet, außerhalb des Haushalts zu arbeiten, ob sie es wollen oder nicht" (Fernández Kelly/Sassen 1995: 112/113).

b) Die Neudefinition von Privatheit/Öffentlichkeit und von Produktion/Reproduktion

Die von Produktion/Reproduktion von Privatheit/Öffentlichkeit, die zentral für das mit dem Fordismus einhergehende Genderregime war, wird durch die Globalisierung weitgehend aufgehoben. Erstens spielen sich die Prozesse der Produktion und Reproduktion (auch der sozialen Reproduktion) zunehmend in einem breiten Band von informellen, formellen und Haushaltsökonomien ab.[10] Die begriffliche Unterscheidung zwischen Privatheit und Öffentlichkeit berücksichtigt nicht, dass die tägliche Arbeit von vielen Frauen in einer „triple shift" (Hossfeld 1990) zwischen formeller, informeller und Familien- oder Subsistenzarbeit stattfindet.[11] Ob diese „triple-shift" von Frauen in der Karibik, in Asien oder in Silicon Valley verrichtet wird, sie hat gemein, dass Frauenarbeit eine Kombination von Beschäftigung in der formellen transnationalen Produktion, in informellen Bereichen und in der Subsistenzwirtschaft darstellt. Die Grenzen dieser „triple shift" sind äußerst offen für Frauen und relativ

---

[10] Diese Beschäftigungsveränderungen sind tendenziell noch immer auf die Schwellen- und Transformationsländer begrenzt, aber diese Form verbreitet sich – wie das US-amerikanische Beispiel zeigt – auch zunehmend in den westlichen Industrieländern.
[11] Formelle Arbeit bezieht sich auf geschützte und regulierte Lohnarbeit, informelle auf flexible und ungeschützte Arbeit und Familienarbeit ist weder reguliert noch monetär vergütet (Ward/Pyle 1995).

rigide für Männer. Um ihr ökonomisches Überleben zu sichern, verbringen Frauen bis zu 16 Tagesstunden in dieser „triple-shift". Männer sind im Vergleich dazu kaum in der Haushaltsökonomie involviert und arbeiten entweder in der formellen oder in der informellen Ökonomie (Ward/Pyle 1995). Bereits in den 70er Jahren wiesen Feministinnen darauf hin, dass die Gegenüberstellung von Markt einerseits und Familie andererseits und die geschlechtsspezifische Besetzung dieser Sphären eine Eindeutigkeit ausdrückt, die in sich durchaus widersprüchlich ist. Regina Becker-Schmidt meinte,

> „Was uns gemeinhin als öffentlich gilt, z.B. die soziale Marktwirtschaft, hat als kapitalistische sehr wohl privateigentümlichen Charakter, und umgekehrt das scheinbar Allerprivateste, die Familie, erfüllt durchaus Aufgaben im Dienste der Öffentlichkeit – Erziehung, Regeneration von Arbeitskraft, Altenversorgung." (Becker-Schmidt 1992:219)

Die feministische Erweiterung des Begriffs „Arbeit" auf monetär nicht vergütete Arbeiten im Reproduktionsbereich bleibt m.E. der konventionellen Konzeption von zwei komplementären Sphären von Produktion und Reproduktion verhaftet. In dem Maße, wie die männliche Ernährerrolle immer mehr in den Hintergrund tritt, werden Frauen zunehmend gezwungen, ihre Existenz in einer Mischung von privatem und öffentlichem Bereich zu sichern. Sie verrichten auf Abruf bezahlte Tele- und Heimarbeit in der privaten Sphäre (Haushalt), oder sie sind in sweatshops (weder privat noch öffentlich reguliert) zu finden und haben vielfach ihre Babies auf den Rücken geschnallt.[12] Dies bedeutet, unter anderem, dass der Begriff einer regulären, statistisch abgrenzbaren Arbeitszeit, den man aus der formellen Ökonomie kennt, in den Transformations- und in den Entwicklungsländern nicht mehr greift, um die neuen Beschäftigungsformen einzuordnen.[13] Zunehmend ist Frauenarbeit eine Kombination von bezahlter Beschäftigung in transnationalen Konzernen, im informellen exportorientierten Bereich und unbezahlter Haus- und Subsistenzarbeit. Joan Smith und Immanuel Wallerstein haben bereits in den 70er Jahren eine Rekonzeptualisierung der Sphären von Familie, Arbeitsplatz und Staat vorgeschlagen. Anstatt des Begriffs „Familie" und der Trennung zwischen monetärer Produktion und nichtmonetärer Reproduktion, benutzen sie den Begriff „Haushalt". „Haushalte" sind demnach Gruppen von Familienmitgliedern, Mitbewohnern oder auch Nachbargemeinschaften, die ihre Einkommen und Ressourcen bündeln. Mit diesem Begriff wird zwischen monetärer und nichtmonetärer Arbeit und zwischen Familienmitgliedern, Freunden und Nachbarn nicht mehr differenziert. Der Begriff „Einkommen" wird auf nichtmonetäre Bereiche wie die Subsistenzproduktion und die Nachbarschaftshilfe ausgedehnt (Smith/Wallerstein 1992: 6-9).

---

[12] Siehe das Titelbild von K. Ward *Women Workers and Global Restructuring* (1990).

In diesen neuen Beschäftigungsformen, die besonders in den Billiglohnländern zu erkennen sind, wird auch die Genderidentität neu konstruiert. Während im fordistischen Modell die Frau dem Reproduktionsbereich zugerechnet wurde (Frau & Kinder), spielt in der globalen Ökonomie nur mehr die „Frau" als Individuum eine Rolle. Das ökonomische Interesse im informellen Sektor bezieht sich auf „ihre" Arbeitskraft, und die Vereinbarkeit von Reproduktion und Produktion wird gänzlich in die Privatsphäre abgeschoben. Nicht nur wird von einem ökonomischen Standpunkt die Reproduktion „unsichtbar", mit der Informalisierung der Ökonomie wird auch jeglicher Anspruch auf Kinderversorgung oder andere soziale Leistungen nicht mehr anerkannt. Ob Frau durch kranke Kinder an der Arbeit in den Freihandelszonen verhindert wird, ist nicht einmal mehr Gegenstand einer öffentlichen Diskussion. Ihr Platz wird von anderen eingenommen (Lemoine 1998). Frau ist durch Abstraktion von ihren Reproduktionsleistungen in der globalen Ökonomie nun dem männlichen Individuum als verfügbare Arbeitskraft „gleichgesetzt". Die weibliche Reproduktionsarbeit, die im fordistischen Modell trotz ihrer „Verbannung" in die private Sphäre gesellschaftlich – jedoch nicht monetär – anerkannt wurde, wird durch die derzeitige Informalisierung „ausgeblendet". Somit wird der Bereich der Reproduktion als eine ökonomische „Externalität" definiert und das dialektische Verhältnis zwischen Markt und nicht-marktförmigen Aktivitäten verschwindet aus dem neoliberalen Diskurs (vgl. Elson 1994; Mann 1994).

c) Die zunehmende Ungleichheit zwischen Frauen

Die steigende Integration der Frauen in den Arbeitsmarkt führt zu immer größeren Differenzierungen zwischen Frauen unterschiedlicher Ethnien, Schichtzugehörigkeit und Nationalitäten. Obwohl die Mitglieder der reichen „Clubgesellschaft" meistens die „new boys" sind, wie Wendy Larner (1996) die neuen „Macher" des neoliberalen Neuseeland-Modells bezeichnet, sind gut ausgebildete Mittelschichtsfrauen in den mittleren wissens- und informationsintensiven Wirtschaftssektoren keine Seltenheit mehr. Linda McDowell (1997) porträtiert die durchaus vorsichtige, aber doch zunehmende Öffnung der Londoner „City", bisher eine männliche Finanzhochburg, für die neuen weiblichen „professionals". Durch den expandierenden internationalen Dienstleistungssektor ist es jungen hochgebildeten und weiblichen „professionals" durchaus – trotz aller Widersprüchlichkeit – gelungen, in den oberen Etagen der Finanz- und Geschäftswelt in den Global Cities Einzug zu halten.

Diese Arbeitsmarktsegmentierung in eine hochbezahlte „postmoderne Informationsökonomie" einerseits und den expandierenden informellen Sektor der „laboring poor" andere-

---

[13] Diese unregulären Beschäftigungsformen gehören zunehmend zum US-amerikanischen Alltag.

seits führt zu immer mehr Ungleichheiten zwischen Frauen. Die niedrigqualifizierten Dienstleistungstätigkeiten sind nicht nur ein wichtiger Bestandteil der Infrastruktur der formellen Ökonomie. Sie ermöglichen vor allem sozial privilegierten Frauen in Europa, Nordamerika und anderswo den Einstieg in eine berufliche Karriere. Solange Frauen, unabhängig von ihrer sozialen Schichtzugehörigkeit für die Reproduktionsarbeiten weiterhin verantwortlich bleiben, sind die Rahmenbedingungen zum Einstieg in die „männliche" Berufswelt geschlechtsspezifisch bestimmt. Weiße sozial privilegierte Frauen können aber immerhin auf billige, meist zugewanderte – teils illegale – Migrantinnen für die Reproduktionsarbeit zurückgreifen. Ohne diese aus den Entwicklungs- und Transformationsländern zugewanderten Frauen und ohne adäquate staatliche Kinderversorgung ist den hochqualifizierten Frauen mit Kindern der Einstieg in Positionen verwehrt, die Mobilität erfordern und wenig familienfreundliche Arbeitszeiten voraussetzen. Ob diese Tätigkeiten von (meist überqualifizierten) Polinnen in Deutschland oder von schwarzen Frauen und lateinamerikanischen Immigrantinnen in den USA verrichtet werden, sie führen zu einer neuen internationalen Arbeitsteilung zwischen der „Herrin" einerseits und der meist aus einer anderen Ethnie und Klasse stammenden „Dienstbotin" andererseits. Somit ist eine berufliche Frauenkarriere der europäischen und nordamerikanischen Mittel- oder Oberschichten nur in den Grenzen von Ethnizität, Klasse und Geschlecht zu realisieren (vgl. Friese 1995; Mahnkopf 1997).

d) Geschlechtsspezifische Gesellschaftsspaltungen

Globalisierung führt zu Gesellschaftsspaltungen zwischen der Arbeitsgesellschaft, die bislang unauflöslich an den Nationalstaat geknüpft ist, und der Gesellschaft, die mit der Deregulierung der Finanzmärkte nicht mehr an den Nationalstaat gebunden ist. Dieser Gegensatz zwischen einer globalen Geldgesellschaft einerseits und einer an den Nationalstaat geknüpften Arbeitsgesellschaft andererseits ist durch die Herauslösung (Entbettung) der monetären Sphäre aus realen ökonomischen Prozessen entstanden (Altvater/Mahnkopf 1996). Der durch die Globalisierung eingeleitete Gegensatz zwischen Geldgesellschaft und Arbeitsgesellschaft erweist sich als einer der wichtigsten Gründe für die Krise des Wohlfahrtsstaats. Die Mehrzahl der Frauen und Männer bleibt aber auf die nationale „Solidaritäts- und Schicksalsgemeinschaft" für ihre soziale Sicherung angewiesen. Es war ein Verdienst des Sozialstaates, die arbeitenden Klassen als politische Staatsbürger in den Staat zu integrieren. Der Nationalstaat steckte somit den Horizont der Arbeitsgesellschaft ab. Innerhalb der Grenzen des nationalstaatlichen Raumes wurde die keynesianische, geschlechtsspezifische Vollbeschäftigungsgarantie zum ökonomischen Stabilitätsfaktor und zum Vehikel der Identitätsbildung der BürgerInnen, auch wenn diese bürgerlichen Rechte, wie Carole Pateman (1994) betont, politische Rechte sind, die eine spezifisch moderne Form von Patriarchat etabliert hat.

Die Mitglieder der Geldgesellschaft, zumeist weiß und männlich, sind aber nicht mehr auf den territorial begrenzten Raum angewiesen. Die Subjekte der Geldgesellschaft, so Altvater und Mahnkopf, sind Mitglieder einer globalen „Clubgesellschaft", wo nur die Codes des Mediums Geld verstanden werden. Sie sind nicht mehr auf den Wahlzettel der Stimmbürger angewiesen und verwenden ihn selbst nur, um jegliche Steuererhöhung oder soziale Umverteilung an der Wahlurne zu stoppen. Die Geldvermögensbesitzer gehören zwar pro forma einer Nationalität an, sie sind aber nicht mehr gebunden an die national-begrenzte „Schicksals- und Solidaritätsgemeinschaft". Die Gestalt der freien StaatsbürgerInnen bleibt formal erhalten, aber die sozialen Rechte und die ökonomische Basis für die politische Gleichheit werden mit der Globalisierung tendenziell zurückgenommen. Die Ansprüche der Arbeitsgesellschaft auf gesellschaftliche Umverteilung werden unter den Bedingungen des weltweiten „single price" ausgehöhlt. Somit kollidieren die „Sachzwänge" der nationalen Wettbewerbsfähigkeit mit der Logik des sozialen Konsens.

Frauen sind aber durch ihre dreifache Verknüpfung mit dem Sozialstaat – als Angestellte, Klientinnen und Konsumenten – noch einmal besonders von der Sozialkrise betroffen. Sie werden durch die öffentlichen Sparmaßnahmen in zweifacher Weise in Mitleidenschaft gezogen: Es verringern sich nicht nur die staatlich unterstützten Betreuungsangebote für Kinder. Im Alten-, Pflege-, Gesundheits- und Bildungsbereich zu kürzen heißt, diese Arbeiten wieder unbezahlt von Frauen haushalts- und familienintern bewältigen zu lassen. Diese sich gegenwärtig vollziehende Privatisierung von öffentlichen Dienstleistungen zerstört die notwendigen Voraussetzungen für die Berufstätigkeit insbesondere von weniger qualifizierten Frauen, gleichzeitig entfallen die staatlichen „Frauen"-Arbeitsplätze, die im Keynesianischen Wohlfahrtsstaat eine wichtige Integrationsrolle für die Erwerbsbeteiligung von Frauen hatten (Jensen/Hagen/Reddy 1988).

Der gegenwärtige neoliberale Diskurs, der auf die Reprivatisierung der sozialen Leistungen abzielt, impliziert, dass die soziale Reproduktion in steigendem Maße wieder in die private Sphäre verlagert werden soll. Dabei spielt die traditionelle hetero-patriarchale Familie eine zentrale Rolle. Die Pflegeleistungen familienintern wieder bewältigen zu lassen, bedeutet aber nicht, dass diese Arbeiten auf „alle" Familienmitglieder gleich verteilt werden. Nicht der Familie wird diese Verantwortung aufgebürdet sondern der Frau. Die Forderung soziale Leistungen zu re-privatisieren setzt aber gewisse Genderregime voraus, die heute immer mehr in Frage gestellt werden. Die ökonomischen und strukturellen Bedingungen, die das fordistische Genderregime untermauert haben, sind größtenteils nicht mehr vorhanden. Zur heutigen Realität gehört, dass Frauen in absehbarer Zeit nicht mehr in die Privatsphäre zurückkehren können oder wollen. Wie die Reproduktionsfrage in diesen durch die Globalisierung ausgelösten Veränderungen der Genderregime gesellschaftlich gelöst werden wird oder soll, ist derzeit eine offene Frage.

Durch die globale Konkurrenz wird, wie bereits erwähnt, der Staat immer mehr zum Wettbewerbsstaat. Dies bedeutet, dass im Staat einzelne Institutionen oder Abteilungen aufgewertet und andere abgewertet werden. Im allgemeinen findet eine Aufwertung der ökonomischen gegenüber den politischen Interessen des Staates statt. Dies impliziert aber nicht, wie vielfach angenommen wird, dass die Globalisierung den Nationalstaat einfach nur schwächt, aushöhlt oder marginalisiert. Die einseitige Fokussierung auf den Abbau des Sozialstaats als Folge der Globalisierung versperrt m.E. den Blick auf die Verlagerung und Entstehung von neuen Machtzentren, die eng mit den Finanz- und Wirtschaftsabteilungen innerhalb des Staates, verbunden sind. Diese Prozesse beinhalten auch neue Konflikte innerhalb des Staatsapparates. Die mit dem Sozialstaat verbundenen institutionalisierten Mehrheiten haben ihre „Macht" gegenüber den ökonomischen und den Finanzinteressen verloren. Analysiert man den Zugang zum Staat als eine „strategische Selektivität" (Jessop 1990)[14], dann wird durchaus verständlich, warum die mit dem Sozialstaat verbundenen gesellschaftlichen Kräfte in der Globalisierung erstmals ihren Zugang zur staatlichen Machtzentrale größtenteils eingebüßt haben.

6. Fazit

Feministische Wissenschaftlerinnen stehen nun vor neuen Herausforderungen. Es stellt sich nicht „nur" die Frage, ob der Nationalstaat in seiner Struktur vergeschlechtlicht ist oder ob der Staat in einer vergeschlechtlichten Gesellschaft existiert, Feministinnen stehen vor der Aufgabe, die strukturellen und strategischen Ungleichheiten in den neuen horizontalen Netzwerkstrukturen aufzuspüren. Die globalen Akteure sind heute transnationale Firmen, Banken, Versicherungs-, Informations- und Ratingagenturen; internationale Institutionen wie z.B. die Welthandelsorganisation, die Weltbank, der Internationale Währungsfonds; nicht-staatliche Organisationen wie z.B. Amnesty International, die Olympische Sportorganisation oder transnationale Verbände von Ärzten und Ökonomen und schließlich auch die Mafia und internationale Finanzspekulanten (Strange 1996). Die expandierende Zunahme und Verflechtung zwischen staatlichen und nichtstaatlichen Akteuren kann mit den Begriffen „vergesellschafteter Staat" oder „verstaatlichte Gesellschaft" nicht mehr angemessen beschrieben werden (vgl. Messner 1997). Die neuen Netzwerkstrukturen signalisieren eine Transformation der „institutionellen Hülle des Nationalstaates" innerhalb eines national begrenzten Territoriums. Nicht territoriale Eroberungen erzwingen eine Machtverschiebung auf staatlicher Ebene, wie dies im imperialen Zeitalter der Fall war, es entsteht vielmehr eine neue transnationale „Geographie der Macht" (Sassen 1996), deren Ausgangspunkt die Grenzen von Staat und Markt sind. Für die feministische Forschung bedeutet dies, die institutionelle Materialität des Staates in diesen Netzwerkstrukturen zu analysieren und zu untersuchen, wie diese Materialität transformiert und reorganisiert wird. Feministinnen sind somit gefordert, „global zu denken und lokal zu handeln."

Die Globalisierung darf aber nicht nur negativ für die existierenden Genderverhältnisse betrachtet werden. Es ist unumstritten, dass die Informalisierung der Ökonomie die Arbeitsmarktintegration von Frauen drastisch erhöht hat. Studien zeigen, dass die globalen exportorientierten „Weltmarktfabriken" eindeutig Arbeiterinnen präferieren. Diese „Feminisierung der Beschäftigung" geht deutlich mit der Verbreitung flexibler Arbeitsstrukturen einher, welche die lebenslange, existenzsichernde fordistische (männliche) Vollbeschäftigung zunehmend verdrängen. Aber trotz niedriger Löhne bieten transnationale Konzerne im Vergleich zur heimischen Industrie bessere Arbeitsbedingungen und höhere Löhne (Lemoine 1998; Ward/Pyle 1995).[15] Für weibliche Arbeitskräfte ist die Beschäftigung in diesen „Weltmarktfabriken" zwar oft die einzige Möglichkeit einer Erwerbsarbeit, aber sie kann zu mehr Unabhängigkeit von ihren Familien und Männern führen. Außerdem zeigen neuere Studien, dass Frauen keineswegs nur passiv ihre Unterdrückung dulden. Es sind zunehmend Frauen, die zu den aktiven Gewerkschaftsmitgliedern in Süd-Korea, den Philippinen und Südafrika gehören und gegen Dequalifizierung, Lohndrückerei und andere Taktiken der transnationalen Konzerne kämpfen (Ward/Pyle 1995). Somit ist das Bild der „passiven" Arbeiterin nicht nur eine ideologische Karikatur; es zeigt vor allem die widersprüchlichen Prozesse der Globalisierung. Frauen werden von transnationalen Firmen in den Weltmarktfabriken bevorzugt eingesetzt, weil sie als passiv und gewerkschaftlich schwer organisierbar eingestuft werden. Aber gerade die Arbeitsmarkterfahrung zwingt Frauen erste Ansätze des Widerstands zu formulieren, die

---

[14] Das Konzept einer „strategischen Selektivität" basiert auf der Annahme, dass ein bestimmter Staat oder ein bestimmtes politisches Regime spezifischen Interessengruppen eher zugänglich ist als anderen, sowohl hinsichtlich politischer Strategien als auch der Interessenvertretung (Jessop 1990).

auf die neue Situation zugeschnitten sind. Diese Arbeitskämpfe verändern die Situation auf der lokalen Ebene jedoch oft nur kurzfristig und bewirken keine strukturellen Veränderungen in den transnationalen Strategien (Ward/Pyle 1995).

Es ist auch nicht zu leugnen, dass die Ausbeutung auf dem globalen Markt von einer Auflösung und Schwächung der lokalen, patriarchal geprägten Kulturen begleitet ist, was für die Frauen durchaus positiv ist: Sie können sich der männlichen Unterwerfung durch ihre Einbindung in den globalen Markt entziehen. Andererseits verlieren Frauen aber auch den Schutz, den die lokalen patriarchalen Kulturen bieten. Dieser Verlust von Frauenrechten auf nationalstaatlicher Ebene wird aber durch internationale Konventionen wie z.B. der Vierten Weltkonferenz in Beijing von 1995 und der offiziellen „Beijing Declaration"[16] – wenn auch nur marginal – relativiert. Wir sind Zeugen, so Saskia Sassen (1996), einer zunehmenden Verlegung von wichtigen Aspekten der staatlichen Souveränität auf supranationale, nichtstaatliche oder private Institutionen. Dies bringt eine potentielle Stärkung alternativer Subjekte des internationalen Völkerrechts mit sich wie z.B. der NGOs und der Minoritäten in internationalen Foren. Diese neuen Organisationsstrukturen jenseits des Staates haben auch Implikationen für die Konzeption von „Bürgerschaft". Beides könnte dazu beitragen, Frauen – entweder als Individuen oder als Kollektiv – innerhalb des Völkerrechts als Subjekte anzuerkennen. Menschenrechtsorganisationen sowie Feministinnen fordern seit geraumer Zeit, die anarchistische Konzeption der internationalen Staatensysteme aufzuheben und internationale Gremien aufzufordern, innenpolitisch zu intervenieren, wenn die Gefahr der Menschenrechtsverletzung besteht. Mit dem Slogan, „Frauenrechte sind auch Menschenrechte" haben Frauen einen völkerrechtlich einklagbaren Grundsatz gefordert. Skeptikern, die diese Forderung als einen „Tiger ohne Krallen" betrachten, sollten an die Helsinki-Beschlüsse von 1975 erinnert werden, die durch die „Charta 77" einen großen Impuls auf die Oppositionsbewegungen in Osteuropa hatten.

Globalisierung ist nicht nur ein Schreckensszenario. Es ist m.E. weder theoretisch hilfreich, noch macht es handlungsfähig, wenn Frauen in den Zustand eines erstarrten Kaninchens geraten, sobald sie mit der Schlange Globalisierung konfrontiert werden. Es ist nicht zu leugnen, dass die voranschreitende Globalisierung den Spielraum nationaler Staaten und politischer AkteurInnen verengt hat. Es muss aber auch daran erinnert werden, dass die Auflösung der nationalstaatlich begrenzten fordistischen Genderregime und –ordnungen durchaus eine

---

[15] In Honduras beträgt der Mindestlohn in den *maquilas* im Schnitt 40 Lempiras pro Tag (5,60 DM), gegenüber 30 Lempiras in der restlichen Industrie (Lemoine 1998).
[16] Siehe *Platform for Action and the Beijing Declaration*, Fourth World Conference on Women, Beijing, China, 4-15 September, 1995.

Chance bietet, neue feministische Konzepte und Strategien zu entwickeln, die Frauen global endlich zu gleichberechtigten Bürgerinnen werden lässt.

Literatur

Aglietta, M., 1979: A Theory of Capitalist Regulation, London.

Altvater, E., 1997: Markt und Demokratie in Zeiten von Globalisierung und ökologischer Krise, in: Altvater, E., Brunnengräber, A., Haake, M., Walk, H., Vernetzt und verstrickt. Münster, S. 241-256.

Altvater, E., Mahnkopf, B., 1996: Grenzen der Globalisierung, Münster.

Baumann, Z., 1996: Glokalisierung oder: Was für die einen Globalisierung, ist für die anderen Lokalisierung, in: Das Argument, S. 653-664.

Beck, U., 1997: Heraus aus dem nationalen Politikbiotop, in: Die Tageszeitung. 13. Juni.

Becker-Schmidt, R., 1993: Geschlechterdifferenz – Geschlechterverhältnis: soziale Dimensionen des Begriffs ‚Geschlecht', in: Zeitschrift für Frauenforschung, Nr.1/2, S. 37-46.

Bourdieu, P., 1998: Die Sachzwänge des Neoliberalismus, in: Le Monde Diplomatique, März.

Castells, M., 1996: The Rise of the Network Society: The Information Age: Economy, Society and Culture, Volume I, Oxford.

Chandler, A., 1977: The Visible Hand: The Managerial Revolution in American Business. Cambridge.

Connell, R.W., 1987: Gender and Power. Society, the Person and Sexual Politics. Stanford.

Eisenstein, Hester, 1990: Femocrats, Official Feminism and the Uses of Power, in: Sophie Watson (Hrsg.), Playing the State. Australian Feminist Intervention. London.

Demirovic, A., Pühl, K. 1997: Identitätspolitik und die Transformation von Staatlichkeit: Geschlechterverhältnisse und Staat als komplexe materielle Relation, in: Politische Vierteljahresschrift, Sonderheft, Kreisky, E., Sauer, B., (Hrsg.), Geschlechterverhältnisse im Kontext politischer Transformation, 28: 220-240.

Die Gruppe von Lissabon, 1997: Grenzen des Wettbewerbs, Luchterhand.

Elson, D., 1994: Micro, Meso, Macro: Gender and Economic Analysis in the Context of Policy Reform, in: Bakker, I., Strategic Silence. Gender and Economic Policy, Ottawa, Kanada.

Enloe, C., 1989: Bananas, Beaches, and Bases: Making Feminist Sense of International Politics, Berkeley, Kalifornien.

Esser, J., Fach, W., 1981: Korporatistische Krisenregulierung im MODELL DEUTSCHLAND, in: Alemann von, U., (Hrsg.), Neokorporatismus, Frankfurt/Main.

Faludi, S., 1991: Backlash, New York.

Fernández Kelly, M.P., 1989: Broadening the Scope: Gender and International Economic Development, in: Sociological Forum, Nr. 4, 11-35.

Fernández Kelly, M.P., Garcia, A., 1992: Power Surrendered, Power Restored: The Politics of Home and Work among Hispanic Women in Southern California and Southern Florida, in: Louise Tilly and Patricia Guerin, (Hrsg.), Women and Politics in America, New York.

Fernández Kelly, M.P., Sassen, S., 1995: Recasting Women in the Global Economy: Internationalisation and Changing Definition of Gender, in: Bose, Ch. E., and Acosta-Belén, E., Women in the Latin American Development Process, Philadelphia.

Fraser, N., 1990: Struggle Over Needs: Outline of a Socialist-Feminist Critical Theory of Late-Capitalist Political Culture, in: Gordon, L., Women, the State, and Welfare, Wisconsin.

Friese, M., 1995: Modernisierungsfallen im historischen Prozess. Zur Entwicklung der Frauenarbeit im gewandelten Europa, in: Berliner Journal für Soziologie, H. 2, S. 149-162.

Giddens, A., 1995: Konsequenzen der Moderne, Frankfurt/Main.

Giddens, A., 1984: The Constitution of Society, Cambridge.

Gordon, L. (Hrsg.), 1990: Women, the State, and Welfare, Wisconsin.

Gorden, L., 1993: Gender, State and Society: A Debate with Theda Skocpol, in: Contention, Vol. 2, No. 3, Spring, 139-155.

Hagen, E., Jenson, J., 1988: Paradoxes and Promises. Work and politics in the postwar years, in: Jenson, J., Hagen, Reddy, C., (Hrsg), Feminization of the Labor Force, New York.

Harvey, D., 1989: The Condition of Post-Modernity, Oxford.

Haraway, D., 1997:
Modest_Witness@Second_Millenium.FemaleMan(C)_Meets_OncoMouseTM New York.

Held, D., 1991: Democracy, the Nation State and the Global System, in: Economy and Society, Vol. 20, No. 2: 138-172.

Hirsch, J., 1995: Der nationale Wettbewerbsstaat, Berlin-Amsterdam.

Hirst, P., Thompson, G., 1996: Globalization in Question, Oxford.

Hossfeld, K., 1990: "Their Logic against Them": Contradictions in Sex, Race, and Class in Silicon Valley, in: Ward, K., (ed.)., Women Workers and Global Restructuring, Cornell, Ithaca.

Kerchner, B., Wilde, G., (Hrsg.), 1997: Staat und Privatheit, Opladen.

Kontos. S., 1990: Zum Verhältnis von Autonomie und Partizipation in der Politik der neuen Frauenbewegung, in: Schaeffer-Hegel, B., (Hrsg), Vater Staat und Seine Frauen, Pfaffenweiler.

Kreisky, E., Sauer, B., (Hrsg.), 1997: Das geheime Glossar der Politikwissenschaft, Frankfurt/M.

- (Hrsg.), 1995: Feministische Standpunkte in der Politikwissenschaft, Frankfurt/M.

Kulawik, T., 1991/92: Autonomous Mothers? West Geman Feminism Reconsidered, in: German Politics and Society, Issue 24/25: 67-86.

Kulawik, T., Sauer, B., 1996: Der halbierte Staat, Frankfurt/New York.

Kurz-Scherf, I., 1996: Krise der Arbeit – Krise der Gewerkschaften, in: Weibblick, Nr. 25, S. 20-29.

Jessop, B., 1997: Nationalstaat, Globalisierung, Gender, in: Politische Vierteljahresschrift, Sonderheft, Kreisky, E., Sauer, B., (Hrsg), Geschlechterverhältnisse im Kontext politischer Transformation, 28: 262-292.

-1994: Veränderte Staatlichkeit, in: Grimm, D., (Hrsg), Staatsaufgaben, Baden-Baden.

-1990: State Theory, Oxford.

Lang, S., 1997: The NGOization of Feminism, in: Scott, J.W., Kaplan, C., Keates, D. (eds.), Transitions, Environments, Translations, New York and London.

Larner, W., 1996: The ,New Boys': Restructuring in New Zealand, 1984-94, in: Social Politics. Jg. 3, Nr. 1, S. 32-56.

Lemoine, M., 1998: Die Arbeiter Zentralamerikas als Geiseln der ,maquilas', in: Le Monde Diplomatique, Die Tageszeitung, März: 14-15.

Lewis, J., Ostner, I., 1994: Gender and the Evolution of European Social Policies, ZeS-Arbeitspapier Nr. 4/94, Centre for Social Policy Research, Bremen.

Mahnkopf, B., 1997: Die ,Feminisierung der Beschäftigung' – in Europa und Anderswo, in: Weibblick, H. 718, S. 22-31.

Mann, P.S., 1994: Micro-Politics: Agency in a Postfeminist Era, Minnesota.

Mayntz, R., 1997: Soziale Dynamik und politische Steuerung, Frankfurt a.M.

McDowell, L., 1997: Capital Culture. Gender At Work in the City, Oxford.

McGrew, G., Lewis, P., 1992: Globalization and the Nation State, Cambridge.

Messner, Dirk, 1997: Netzwerktheorien. Die Suche nach Ursachen und Auswegen aus der Krise staatlicher Steuerungsunfähigkeit, in: Altvater, E., Brunngräber, A., Haake, M., Walk, H., Vernetzt und verstrickt, Münster, S. 7-64.

Pateman, C., 1988; The Sexual Contract, Stanford.

Polanyi, K., 1957: The Great Transformation, Boston.

Rowbotham, S., Mitter, S., 1994: Dignity and Daily Bread, New York.

Sassen, S., 1996: Toward a Feminist Analytics of the Global Economy, in: Indiana Journal of Global Legal Studies, Vol. 4 (Fall): S. 7-41.

Sassoon, A.S., 1987: Women and the State, London and New York.

Schmitter, P.C., 1979: Still the Century of Corporatism? In: Schmitter, P., Lehmbruch, G., (Hrsg.), Trends Toward Corporatist Intermediation, Beverly Hills, California.

Smith, J., Wallerstein, I., 1992: Creating and Transforming Households. The Constraints of the World-Economy, Cambridge.

Stetson, D.M., Mazur, A., (eds.), 1995: Comparative State Feminism, Thousand Oaks.

Strange, S., 1996: The Retreat of the State, Cambridge.

Thurow, L.S., 1997: The Future of Capitalism, New York.

Ward, K., (ed.) 1990: Women Workers and Global Restructuring, Ithaca.

Ward, K., Pyle, J.L., 1995: Gender, Industrialization, Transnational Corporations, and Development: An Overview of Trends and Patterns, in: Bose, C.E., Acosta-Belen, E., Women in the Latin American Development Process, Philadelphia.

Wichterich, Ch., 1998: Die globalisierte Frau, Hamburg.

Young, B., 1998: Triumph of the Fatherland: German Unification and the Marginalization of Women, Michigan.

-1997: Politik und Ökonomie im Kontext von Globalisierung, in: Politische Vierteljahresschrift, Sonderheft, (Hrsg.), Kreisky, E., Sauer, B., Geschlechterverhältnisse im Kontext politischer Transformation. 28, S. 137-151.

Najma Chowdhury und Barbara J. Nelson zusammen mit Kathryn A. Carver, Nancy J. Johnson, und Paula L. O'Loughlin
Die Redefinition der Politik: Politische Aktivitätsmuster von Frauen aus globaler Perspektive

Allgemein formuliert sind die wesentlichen Ergebnisse dieses Buches keine Überraschung: In keinem Land ist der politische Status von Frauen, deren Zugang zu oder deren Einfluss auf politische Institutionen mit dem von Männern vergleichbar. Die Bandbreite der politischen Benachteiligung von Frauen umfasst die unterschiedlichsten Kulturen, wirtschaftlichen Verhältnisse und Regime, in denen sie leben.

Wir behaupten nicht, dass Frauen niemals über politische Macht verfügen oder niemals Männern politisch gleichgestellt sind. In vielen Bereichen und auf besondere Art und Weise üben Frauen durchaus politische Macht aus, ohne dafür angegriffen zu werden. Vielmehr behaupten wir, dass diese Situationen in einer gewissen Art und Weise immer außergewöhnlich sein werden. Damit meinen wir nicht, dass alle Frauen ihren untergeordneten politischen Status in der gleichen Weise erfahren oder dass alle Gruppen von Frauen in gleicher Art und Weise allen Gruppen von Männern untergeordnet sind. In den meisten Kulturen entspricht politische Macht einer komplexen Matrix, die sich aus vielen gesellschaftlichen Hierarchien zusammensetzt, von denen *Gender* eine der Komponenten ist. Dennoch ist es für Männer jeder Gruppierung eher möglich, politisch aktiv zu sein als für Frauen dieser Gruppierungen.

Die Allgegenwärtigkeit der politischen Zweitrangigkeit von Frauen macht deutlich, wie Politik mit anderen Lebensaspekten verknüpft ist. Wir sehen Politik, Wirtschaft, Kultur, Religion und Recht als sich gegenseitig konstituierend, jedes kreiert sich selbst und zugleich die anderen. Der zweitrangige Status von Frauen in jedem dieser Bereiche wird von der gesamten Palette männlicher Privilegien verstärkt. Jedoch hat auch jede dieser gesellschaftlichen Sphären ihre eigenen Formen von geschlechtlicher Ungleichheit und bietet Möglichkeiten für Widerstand, Innovation, und Transformation.

Diese und viele andere Schlussfolgerungen dieses Buchs beruhen auf einer Studie über das politische Engagement von Frauen in 43 Ländern. Die Länder wurden systematisch ausgewählt, um eine Vielzahl von politischen Systemen, Grade wirtschaftlicher Entwicklung und

Regionen zu erfassen; zusammen umfassen sie ein Viertel der politischen Einheiten in der Welt und ein Dreiviertel ihrer Bevölkerung. Die Herausgeberinnen und die Gruppe der Autorinnen, der einzelnen Länderkapitel entwarfen das Forschungsprotokoll. Jedes der Länderkapitel untersucht, wie Frauen in ihrer Vielfalt politische Belange zum Ausdruck bringen und welche Lösungen sie in ihren Gemeinden finden oder ihren Regierungen abgewinnen können. Die meisten der Länderkapitel verfolgen die Geschichte von drei politischen Problemen oder Politikfeld-Themen (policy issues), welche von Frauen in diesem Land heute von Bedeutung sind.

Die Idee für diese Studie entstand 1985 in einem Seminar mit dem Titel „Ausbildung für Frauen für die politische Partizipation weltweit," welches von Najma Chowdhury und Barbara Nelson während des Nicht-Regierungs Forums der UNO Frauenkonferenz in Nairobi organisiert wurde.

Internationale Situation: der Historische Moment

Obwohl die Länderkapitel ein Bild über das politische Engagement von Frauen auf der nationalen und sub-nationalen Ebene vermitteln, ist es wichtig, die einzelnen Kapitel im größeren Rahmen des internationalen Systems und dessen Veränderungen zu betrachten. Die Faktoren, die das politische Engagement von Frauen beeinflussen, befinden sich nicht ausschließlich innerhalb der Nationalstaaten, unabhängig, wie etabliert oder stark sie sind. Eine Untersuchung der internationalen Prozesse und historischen Momente während diese Länderstudien durchgeführt wurden, erweitert den Kontext und trägt zu einem besseren Verständnis der geschichtlichen Wurzeln des politischen Aktivismus von Frauen und ihren Erfolgen bei.

Die meisten der Kapitel beziehen sich auf die Zeit zwischen den frühen 1960ern und den frühen 1990er Jahren. Der spezifische Rahmen hängt davon ab, zu welchem Zeitpunkt die gegenwärtige Welle der Frauenbewegung in dem jeweiligen Land entstand. Während dieser Jahre wurde das politische Engagement von Frauen von fundamentalen Veränderungen in den internationalen Wirtschaftsbeziehungen, der verringerten Fähigkeit Probleme zu lösen, bemerkenswerten Veränderungen in politischen Regimen und dem Aufstieg des religiösen Fundamentalismus, sowie dem Wachstum der internationalen Komponente der Frauenbewegung beeinflusst. Diese internationalen Veränderungen waren häufig der Grund für die sich unterschiedlich entfaltenden nationalen Geschichten.

Das Entstehen eines Internationalen Feminismus

Der zunehmende Einfluss des Nationalismus und des Fundamentalismus verlief parallel zu ähnlichen lokalen und internationalen Trends der politischen Organisation von Frauen. Im Verlauf der letzten Jahrzehnte sind Frauenbewegungen - oder, wo Bewegungen noch nicht existierten, der Aktivismus von Frauen - stärker und vielfältiger geworden und genießen mehr Akzeptanz als einheimische (*indigenous*) Ausdrucksformen weiblicher Interessen. Zu Beginn dieser Organisationswelle haben Nationalisten in Entwicklungsländern und Marxisten in der ganzen Welt Frauenbewegungen häufig entweder als imperialistisch oder als bourgeois diskreditiert. Sie haben sich besorgt über die Akzeptanz von feministischen Ideen geäußert, die in Westeuropa und Nordamerika ihren Ursprung haben. Diese Äußerungen sollten die Attraktivität und die Legitimität der Organisation von Frauen verringern und damit die Bandbreite ihres politischen Aktivismus eindämmen. Mit der Zeit entwickelten Frauen in diesen Gesellschaften ihr eigenes Verständnis über Männerherrschaft und dessen relevante kulturelle Formen. Als Folge dessen, gelingt es heute seltener, durch nationalistische und marxistische Einwände Diskussionen einzudämmen oder das Organisieren von Frauen zu verhindern. In den meisten Ländern erfinden Anhängerinnen von Frauengruppen mit energischer Kraft neue Wege, um auf die Unterdrückung von Frauen zu reagieren.

Das wachsende Ansehen der vielen nationalen und gemeinde-gebundenen Formen des Aktivismus von Frauen und die grundsätzliche Vielfalt, wie Frauen ihre Probleme verstehen, war begleitet von einer Zunahme in internationaler Kommunikation, Auseinandersetzungen und Zusammenarbeit zwischen Frauen.[1] Die Hauptform dieser Interaktionen bildeten Netzwerke, Komitees und Versammlungen anstatt Organisationen (obwohl auch wichtige permanente Organisationen gegründet wurden). Diese Gruppen, die aus dem gleichen Interesse und einem Mangel an Ressourcen heraus entstanden, erhielten internationale Bemühungen aufrecht, um den Platz von Frauen in der wirtschaftlichen Entwicklung zu verbessern, um Widerstand gegen Gewalt gegen Frauen zu mobilisieren, um Wissenschaftlerinnen zur Zusammenarbeit zu ermutigen und um hunderte andere Aktionen zu ermöglichen, die von Frauen als wichtig für Frauen und die Welt definiert wurden (Bernard 1987: 156-166).

Das von der UNO deklarierte Internationale Jahr der Frauen (1975) und die Dekade für Frauen (1976-85) haben die internationalen Verbindungen zwischen Frauen auf unzählige, große und kleine Art und Weise genährt. Ob sie es geplant hatten oder nicht - ob sie es wollten oder nicht - die Vereinten Nationen waren vielleicht die wichtigste Quelle, die eine ressourcenarme soziale Bewegung haben konnte. In der gleichen Art und Weise, wie nationale soziale Bewegungen unter dem Schutz von etablierten Organisationen entstehen, so haben die Vereinten Nationen die Entwicklung des internationalen Feminismus und der Frauenbewegungen gefördert, indem sie nationale und internationale Aktionsforen geschaffen haben (siehe Knoke 1989; Walker 1983). Indem sie die Aufmerksamkeit der internationalen Öffentlichkeit auf Frauen gelenkt, den Anstoß gaben, Daten über Frauen zu sammeln und zu vergleichen, es Frauengruppen ermöglichten ihre Regierungen verantwortlich zu halten und die Gelegenheit boten internationale Koalitionen zu bilden, haben die drei UNO Frauenkonferenzen (in Mexiko City, Kopenhagen und Nairobi) die internationalen Verbindungen zwischen Frauen auf ein qualitativ anderes Niveau katapultiert (Tinker und Jaquette 1987).

Die Netzwerke und andere Gruppen, deren Entstehung durch die UNO-Dekade für Frauen angeregt wurden, machte es Frauen möglich mit neuen Formen zu experimentieren, um mit der Komplexität ihrer gleichzeitigen Ähnlichkeit und Unterschiede untereinander besser umgehen zu können. Das feministische Theoretisieren über die Unterschiede zwischen Frauen und die internationalen Erfahrungen über die Teilnahme in Netzwerken müssen in vieler Hinsicht noch eine gemeinsame Ebene finden. Feministische Theorien über Unterschiede haben aufgrund der Religion, Rassenzugehörigkeit, ethnischen Herkunft, Nationalität, sexuellen Orientierung und ihrer wirtschaftlichen Lage der Mitglieder bis vor kurzem die unterschiedlichen Identitäten und Geschichten von Frauengruppen betont.[2] Diese Unterschiede sind nicht nur isoliert betrachtet wichtig, sondern auch deshalb, weil sie hierarchisch konstruiert sind und durch Gewalt geltend gemacht werden. Für feministisches Denken sind Theorien über Unterschiede von zentraler Bedeutung, denn sie erforschen die vielfältige Art und Weise, wie soziale Kluften (*cleavages*) miteinander verknüpft sind und wie sie das Leben von Frauen beeinflussen. Theorien über Unterschiede haben auch die Funktion eines Korrektivs für die ersten westlichen feministischen Studien, welche *Gender*, gegenüber anderen sozialen Kategorien, den Vorrang gaben und die Erfahrungen von weißen Mittelklasse Frauen als Norm betrachteten. Ein ausschließliches Interesse für Unterschiede birgt jedoch die Gefahr eines Fatalismus der unüberwindlichen Unterschiede zwischen Frauen in sich. Ein zu eng

---

[1] Zu den unterschiedlichen Wurzeln des Feminismus und des Aktivismus von Frauen siehe Jane Mansbridge and Susan Moller Okin (im Erscheinen 1993).
[2] Zu der Bedeutung von Identität und den Spaltungen zwischen Frauen siehe Maria C. Lugones und Elizabeth V. Spelman (1983) sowie Spelman (1988).

gefasster Ansatz über Unterschiede zehrt an der Wirkungskraft von Frauen und verunglimpft ihre Bemühungen, ihr Leben in etwas anderes als nur homogene Gruppen zu verwandeln.[3]

Netzwerke, Komitees und Versammlungen waren Riffe, die die Experimente in welchen Frauen unterschiedlicher Herkunft zusammenarbeiteten, beschützten. Wie Riffe, so konnten diese Gruppen von dem um sie herum tobenden Meer oder ihrer eigenen Unachtsamkeit gegenüber ihrem fragilen internen Klima, zerstört werden. Die Gruppen waren sehr wertvolle Erfindungen aus drei verwandten Gründen. Erstens, sie waren handlungsorientiert, so dass Diskussionen über eine effektive und richtige Art zu handeln im gleichen Umfeld stattfanden, wie das eigentliche Handeln, was dem Theoretisieren über Unterschiede den notwendigen Bezug zur Praxis gab. Zweitens, diese Gruppen wurden nicht nur sehr häufig mit der Absicht gegründet, Frauen unterschiedlicher Herkunft und Orientierung ein Forum zu bieten, sondern auch eine Umgebung zu schaffen, in der Unterschiede zu einer potentiellen Quelle für wertvolle Lösungsansätze wurden. Drittens, Frauen, die an diesen Netzwerken beteiligt waren, kamen zu der Einsicht, dass sie von wesentlich homogeneren Gruppen in einer Art und Weise unterstützt wurden, wie sie es wahrscheinlich nicht in internationalen Netzwerken erfahren würden. Die Basisgruppen waren für die Teilnehmerinnen sehr wichtig, denn herauszufinden, wie man zusammenarbeiten und seine Aufgabe bewältigen kann, war oft schwierig, konfliktreich und erschöpfend. Die Erfahrungen dieser internationalen Netzwerke, Komitees und Versammlungen finden in der Literatur über Frauenbewegungen nur vereinzelt Erwähnung, aber sie sind es wert, dass man sich mit ihnen ernsthafter beschäftigt (siehe z. B. Sternbach et al. 1992).[4] Bernice Johnson Reagon erfasst die Bedeutung von strategischen Koalitionen - eine kurzfristige Art von Zusammenarbeit - und den damit verbundenen Schwierigkeiten, wenn sie sagt, dass „du in einer Koalition geben musst, und dass es anders ist als dein Zuhause. Du kannst dort nicht immer bleiben" (Reagon 1983: 356-357).

Was wollen Frauen? Frauenthemen im globalen Überblick

In einer Welt, die durch soviel Verschiedenheit und so viele Veränderung definiert ist, ist einer der ersten Fragen, die man stellen muss, welche Themen mobilisieren Frauen, politisch aktiv zu werden? Der Begriff „Frauenthemen" wurde kürzlich auf zweierlei Art und

---

[3] Zu den Grenzen des Identitätsfeminismus und dem Aufruf zu politischen Koalitionen und Aktionen, siehe Linda Gordon (1991) und Shane Phelan (1989). Zu Verbindungen zwischen kommunalen und politischen sozialen Bewegungen siehe Claus Offe (1985).
[4] In dem Kapitel über networking zeigt Jessie Bernard dass viele der Quellen, die uns helfen würden Netzwerke besser zu verstehen, unveröffentlicht bleiben.

Weise definiert. Eine Definition beginnt mit der Unterscheidung zwischen *Gender* und dem Geschlecht (*sex*). *Gender* wird als eine soziale Konstruktion der Beziehung zwischen Mann und Frau und zwischen verschiedenen Gruppen von Frauen und Männern definiert. Geschlecht (*sex*) wird mit den biologischen Ähnlichkeiten und Unterschieden zwischen und unter Frauen und Männern definiert (siehe Nelson 1989).[5] Die erste Definition von Frauenthemen schließt die Themen ein, die normalerweise mit Frauen durch die traditionelle geschlechtsspezifische Arbeitsteilung in Verbindung gebracht werden: die Gesundheit von Mutter und Kind, Kinderbetreuung, Lebensunterhalt, Unterstützung für Mütter und Bildung. Frauen haben in einer bedeutenden Weise dazu beigetragen, ihre eigenen, die ihrer Kinder und die Belange der Gesellschaft in diesen Bereichen zu artikulieren, die oft für Männer von zweitrangiger Bedeutung sind. In der Tat waren einige Männer darüber besorgt, dass ein Interesse an solchen Themen sie „feminisieren" würde, sie politisch weniger einflussreich wären und sie von anderen Männern deshalb nicht ernst genommen werden.[6]

Die zweite Bedeutung, die mit der Diskussion von Frauenthemen in Verbindung gebracht wird, umfasst jedes Thema, das von einer multikulturellen *Gender*-Perspektive aus analysiert werden kann. Dies beruht auf die Annahme, dass das praktische und theoretische Wissen von Frauen über ihre gesonderte Stellung in sozialen Institutionen, die sehr stark von *Gender* geprägt sind, ein Verständnis vermittelt, aufgrund dessen sie nicht nur ihre eigenen Bedürfnisse, sondern auch all diejenigen, die, die Gesellschaft betreffen, einschätzen können. Wenn Frauen beispielsweise die einzigen in einer bestimmten Kultur sind, die Wasser sammeln, und wenn sie viele Meilen laufen müssen, um das Wasser zu bekommen, dann hat der Bau eines Dorfbrunnens -- sicherlich auf den ersten Blick kein „typisches" Frauenthema — vor allem Folgen für Frauen (Jaegger 1984: 6-9).

Die Analyse der in den Länderkapiteln erwähnten Themen erfordert besondere Aufmerksamkeit bezüglich der Forschungsmethodik. Wie wir in Kapitel 2 im Detail diskutieren werden, wurden die beitragenden Autoren gebeten, drei Themen auszuwählen, die für Frauen von Bedeutung sind, um die Vielfalt und Bedeutung der Interessensartikulation und Aggregation in ihren Ländern zu analysieren. Es ist wichtig anzumerken, dass die Abwesenheit eines Themas in der Landesanalyse nicht heißt, dass das Thema für Frauen dort nicht von Bedeutung ist. Die Analysen in diesem Buch dienen also nicht dazu, eine Rangliste der dringendsten

---

[5] Diese Anwendung stammt von Gayle Rubin's (1975) klassischem Aufsatz.
[6] Für ein historisches Beispiel aus den Vereinigten Staaten, wie Themen in der Entwicklung von nationalen Bürokratien sex-typisiert werden, siehe Cindy Sondik Aron (1987). Für eine zeitgenössische Analyse wie dieser Prozess in Organisationen der Entwicklungshilfe (*development agencies*) funktioniert, siehe Nuket Kardam(1991), Sue Ellen M. Charlton (1984) und Kathleen Staudt (1983).

Probleme, die Frauen in der Welt betreffen, zu erstellen. Solche Ranglisten wären selbst dann fragwürdig, wenn die Themen, die in jedem Kapitel diskutiert werden, aufgrund von Daten über soziale Indikatoren, Meinungsumfragen über die Probleme, die Frauen betreffen, oder eine dafür eigens zusammengestellte, unabhängige Gruppe von Experten ermittelt wären.[7] Statt dessen, sind unsere Interpretationen über das, was Frauen wollen, mehr qualitativ und hinterfragend und dazu bestimmt, die mosaikartige Bedeutung, die aus der Vielfalt und der Spontaneität der Bemühungen von Frauen politisch zu handeln hervorgeht, stückchenweise zusammenzufügen.

Drei Erkenntnisse bezüglich der Themen, denen Frauen gegenwärtig politische Aufmerksamkeit schenken, standen in einer globalen Untersuchung deutlich im Vordergrund. Erstens, unter Anwendung beider Definitionen wählen Frauen Themen, die für sie selbst von Bedeutung sind. Sie betrachten die Themen, die normalerweise durch die geschlechterspezifische Arbeitsteilung mit Frauen in Verbindung gebracht werden, als besonders wichtig, aber sie betrachten auch eine ganze Reihe politischer und sozialer Probleme als ihre Belange. Zweitens, die Themen können überall relevant sein. Wie es von den Länderkapiteln vermittelt wird, ist kein Thema ausschließlich an einen bestimmten politischen Kontext oder wirtschaftliche Bedingungen gebunden, jedoch beeinflussen der jeweilige Kontext und die jeweiligen Bedingungen die Art und Weise, wie diese Themen wahrgenommen werden. Drittens, die politischen Probleme, die Frauen betreffen und aus den Kapiteln hervorgehen, gruppieren sich um vier Themen: die Gewährleistung des persönlichen Schutzes, der Sicherheit und Autonomie; die Einrichtung von Programmen bezüglich Abtreibung, Reproduktionsrechten und der Gesundheit von Mutter und Kind; die Angleichung des Zugriffs sowohl auf öffentliche und kommunale Ressourcen als auch die der Privatwirtschaft zum Zwecke der Problemlösung und des Empowerments; und die Erneuerung der politischen und rechtlichen Spielregeln.

Eine der beeindruckendsten Erkenntnisse, die aus den Länderkapiteln hervorgeht, ist das Ausmaß in dem jedes beliebige Thema für Frauen überall von Bedeutung sein kann. Zum Beispiel sind Gewalt gegen Frauen und die Möglichkeit für Frauen auf volle Mitbeteiligung in der Wirtschaft zwei Themen, die als dringende Probleme von Frauen sowohl in reichen als auch armen Ländern, in demokratischen Nationen als auch in staatlich-sozialistisch oder autoritären Regimen bezeichnet wurden. Keine Region und keine Kultur ist immun. Natürlich sind Frauen Grenzen gesetzt, inwieweit sie diese Themen definieren können und wie viel sie selbst diesbezüglich in ihren Gemeinden oder durch das Handeln ihrer Regierungen verändern kön-

---

[7] Zu den Grenzen von öffentlichen Meinungsumfragen, um diese Art von Klassifizierung zu bestimmen, siehe Shanto Iyengar und Donald R. Kinder (1987).

nen - Grenzen, die durch die spezifischen Charakteren eines jeden Landes gesetzt werden.[8] Aufgrund der Tatsache, dass Themen jeglicher Art überall relevant sein können, kann man von einer Koexistenz wichtiger politischer Gemeinsamkeiten und deutlicher sozialer Unterschiede sprechen (Snow et al. 1986).

Die geographische Spannbreite der Themen ist aus zwei Gründen ein wichtiger Befund. Erstens, er verdeutlicht die grundlegende Schwierigkeit aller Gesellschaften ihre reproduktiven, häuslichen, produktiven, gemeinschaftlichen, und politischen Aktivitäten in einer, für beide Geschlechter fairen Art und Weise, zu organisieren. Überall begründen Frauen ihr politisches Interesse damit, dass sie versuchen mit den gestellten Anforderungen fertig zu werden oder sie zu verändern, und dass sie so viel zur Reproduktion und häuslichen Aktivitäten beitragen, dass sie in den anderen Lebensbereichen keine richtigen, geschätzten und selbstbestimmten Entscheidungen treffen können. In China zum Beispiel haben Arbeiter einen Ruhetag in der Woche. An diesem Tag – Sonntag - erledigen die Erwachsenen ihre Hausarbeit. Frauen tragen im Durchschnitt zwischen acht und neun Stunden zur häuslichen Arbeiten bei, Männer im Vergleich nur zwischen sechs und acht. Wie Yue Daiyun und Li Jin berichten, führt dies zu „angespannten Samstagen, streitenden Sonntagen und erschöpften Montagen."[9]

Zweitens, die Möglichkeit, dass ein Thema von Frauen in einem beliebigen Land aufgegriffen wird, zeugt von dem Einfluss der Erfahrungen von Frauen als Mobilisierungskraft. Selbst in der Gegenwart einflussreicher Ideologien, die entweder behaupten, dass Frauen keine erwähnenswerte Probleme haben, oder dass bestehende Lösungen zur Linderung beitragen, wirken die Erfahrungen von Frauen als ein Katalysator für das politische Engagement. Marxistische Ideologien behaupten, dass im Vergleich zur Umstrukturierung der wirtschaftlichen Verhältnisse die Probleme von Frauen von zweitrangiger Bedeutung sind. Liberale Ideologien sagen Frauen, dass die Regierungsmechanismen in Wirklichkeit geschlechtsneutral sind. Autoritäre Ideologien beteuern Frauen, dass sich ihre Führer mit väterlicher Fürsorge um ihre Belange kümmern. Wenn ihnen eine Chance gegeben wird, entlarven Frauen selbst dann die Unfähigkeit dieser Ideologien, die Probleme aus der Perspektive von Frauen zu lösen, wenn sie mit anderen Aspekten dieser Glaubensmuster übereinstimmen.

---

[8] Die Veränderung von Gesetzen, um Gewalt gegen Frauen zu bekämpfen ohne die sozialen Verhältnisse die Gewalt fördern zu verändern, oder einer Verstärkung der spezifischen Maßnahmen, mit denen sich Frauen gegen Gewalt verteidigen können, ist ungenügend. Für eine ernüchternde Darstellung der Grenzen gesetzlicher Reformen im Bereich Gewalt gegen Frauen in Indien siehe Flavia Agnes (1992).
[9] Siehe CHINA.

Gewalt, Schutz und Sicherheit

An den Themen, für die sich Frauen heute politisch engagieren, lässt sich erkennen, dass Frauen und Männer nicht gleichermaßen alle Themen als allgemein-„menschliche" Themen wahrnehmen und dass Frauen ihr politisches Engagement nicht ausschließlich darauf verwenden, sich für Belange einzusetzen, die mit der Hausfrauenrolle kompatibel sind. Die Themen von Frauen beruhen auf die Partikularität ihrer Erfahrungen in Anbetracht der falschen Universalität männlicher Erfahrungen. Nirgendwo sonst wird dies so deutlich, wie bei Themen des Schutzes und der Sicherheit. Frauen nehmen das Risiko sexuell belästigt zu werden gewöhnlich in einer Art und Weise wahr, für die es keine unmittelbaren Parallelen zu Männern gibt. Die Anliegen von Frauen im Bezug auf den Schutz und die Sicherheit ihrer Körper werden in nahezu einem Viertel der Länder, die in diesem Buch untersucht wurden, diskutiert - in Nationen, die so unterschiedlich in ihrer sozialen Organisation sind, wie Bangladesch, Großbritannien, Mexiko, und Australien. Die Verletzlichkeit und Machtlosigkeit von Frauen, aufgrund ihres Geschlechts und ihrer Unfähigkeit sich selbst vollkommen zu schützen, machen Frauen zum Subjekt von Gewalt, Aggression, körperlicher Misshandlung und Ausbeutung. Frauenorganisationen in diesen Ländern haben durch Strategien, die von sozialen Diensten bis hin zur Politisierung des Geschlechts reichen, gegen Brutalität, Prügel und sexuellen Missbrauch mobil gemacht. Sie versuchen den Staat dafür zu gewinnen, den Täter zu bestrafen und den Opfern zu helfen.

Die Autorinnen der einzelnen Kapitel geben auch einen Einblick in eine andere Form der Gewalt – Staatsmilitarismus - und deren Folgen für eine wehrlose Bevölkerung. Argentinien, Uruguay, Südafrika, Ghana, Nigeria und die Philippinen waren bis vor Kurzem staatlicher Gewalt ausgesetzt. Frauen erfahren die Auswirkungen dieser Form von Gewalt auf eine besondere Art und Weise. Die Masseninhaftierungen und das Verschwinden einer großen Anzahl von Menschen in Argentinien während des Regimes von Gen. Jorge Rafael Videla und seinen Nachfolgern hat Frauen mobilisiert, als Mütter ihrer vermissten Kinder zu sprechen, und hat damit einen parteilosen Maternalismus als Gegenpol zu einer autoritären Herrschaft geschaffen, wenngleich andere Formen des öffentlichen Engagements verboten waren (Feijoo und Gogna 1990). Sexuelle Folterung und Vergewaltigung durch die Polizei und das Militär, die auf den Philippinen während des von Ferdinand Marcos ausgerufenen Ausnahmezustandes regelmäßig benutzt wurden, sind auch Formen militärischer Gewalt, die eine besondere Bedeutung für Frauen als Individuen und als Symbole der Familie und der kulturellen Reinheit haben. (Friesen 1989: 677; Craver und Nelson 1989).

Das Gewicht der staatlichen Gewalt hat noch andere, zwar wesentlich verbreitete, aber weitaus zermürbendere Folgen für Frauen. Frauen, die den kalten Winter des Militarismus überlebt haben, sprechen von der Notwendigkeit das alltägliche Leben, dessen Praktiken als logische Konsequenz der Militärherrschaft noch patriarchalischer wurden, zu demokratisieren. Gabriela Sapriza beschreibt die Folgen, die der Militarismus und der Staatsterror für das Familienleben in Uruguay hatte, in folgender Art und Weise: „Zusammengenommen haben der Anschlag auf Institutionen und das Verbot politischer Parteien und Gewerkschaften die politische Partizipation von Frauen auf die Familie und die Nachbarschaft beschränkt. Auch das öffentliche Leben der Männer verschwand; das Heim wurde zu dem Ort, wo Männer Macht ausüben konnten -- als Väter, Ehemänner und Brüder. Dies zeugt von der Macht des patriarchalen Systems, welches nicht mehr an Legitimität besitzt als das der Geschlechterhierarchie."[10]

Reproduktive Rechte, Abtreibung und die Gesundheit von Müttern und Kindern

Reproduktive Rechte und Abtreibung sind Themen, mit denen sich Frauen in ungefähr einem Viertel der Länder auseinandersetzen. In Europa und Nordamerika wird die rechtliche Anerkennung der für Frauen bestehenden Möglichkeit, eine Abtreibung zu Beginn ihrer Schwangerschaft vornehmen zu lassen, nicht nur als ein Frauenrecht sondern auch als ein Menschenrecht artikuliert. Zugrunde liegt die Möglichkeit von Frauen, sich ein Stück ihrer Kontrolle über die Bedingungen der Zeugung und der Mutterschaft in einer Welt zu erhalten, in der Geschlechtsverkehr nicht immer eine glückliche Angelegenheit ist oder frei gewählt wurde. Selbst wenn Geschlechtsverkehr liebevoll erfahren wird, so kann die Folge noch immer eine Schwangerschaft sein, die die Gesundheit und das Wohlergehen einer Frau gefährdet. Die häufig herbeigesehnte Schwangerschaft ist auch der Nexus, mit der die zweitrangige wirtschaftliche und politische Stellung von Frauen konstruiert wird (Brown 1983; Zaretsky 1982). Gerade deshalb behaupten Befürworterinnen der legalen Abtreibung, dass alle Menschenrechte der Frauen davon abhängig sind, eine Stimme in der Entscheidung über den Ausgang einer ungewollten Schwangerschaft zu behalten.

Als Reaktion auf diese Position haben Abtreibungsgegner und konservative Kräfte gegen die bis jetzt verbuchten Gewinne mobilisiert. Für einige der Abtreibungsgegner dreht es

---

[10] Siehe URUGUAY.

sich bei diesem Thema um religiöse Überzeugungen, für welche Menschsein mit dem Augenblick der Zeugung beginnt. Andere Abtreibungsgegner sehen ihre Bemühungen als einen wichtigen Beitrag, einem männlich-definierten, besitzergreifenden Individualismus oder einer staatlich-gestützten Missachtung menschlicher Beziehungen zu widerstehen, welche sie beide als eine Gefahr für die Gesellschaft, aber insbesondere Frauen, ansehen. Der sich in Polen neu entwickelnde Widerstand gegen die Abtreibung beinhaltet beide dieser Einwände: „Ein politisch machtvoller Katholizismus beschuldigt den Feminismus gleichzeitig zu links und zu rechts zu sein, zu sehr den Überresten des polnischen Kommunismus (der Frauen nominal Gleichheit bewilligte und ihnen das Recht auf Abtreibung garantierte) verhaftet zu sein, wie auch an der Spitze eines selbst-interessierten Kapitalismus zu stehen" (Hauser et al. im Erscheinen 1993).

In den weniger entwickelten Regionen der Welt, haben Reproduktionsfreiheit und Abtreibungsrechte noch ein zusätzliches Merkmal: Die Politik des Staates in Hinblick auf die Bevölkerungsgröße. In China, der Türkei und Brasilien wird entsprechend eine Abtreibung regelrecht erwartet, ist legal möglich in den ersten zehn Wochen und wird gesellschaftlich toleriert, weil die Regierung glaubt, dass Wirtschaftswachstumsraten von einem kontrollierten Bevölkerungswachstum abhängig sind. Familien und einzelne Frauen in diesen Ländern und auf der ganzen Welt treffen ihre Entscheidung über eine Abtreibung, so dass das Haushaltsgeld noch für die Mäuler, die sie füttern müssen, ausreicht.

Die Gesundheit und das Überleben von schwangeren Frauen und kleinen Kindern ist für Frauen von ebenso wichtiger Bedeutung. In armen Ländern, in denen eine ausreichende Ernährung und ärztliche Versorgung oft unzureichend sind, organisieren sich Frauen selbst, um diese Dienstleistungen zur Verfügung zu stellen und fordern, dass Regierungen und ausländische Geldgeber die Gesundheit von Müttern und Kindern zu einer ihrer Prioritäten machen. Dieses Anliegen wird in den meisten Kapiteln über weniger industrialisierte Länder angesprochen, aber es wird besonders in den Diskussionen über den Sudan, Nigeria, Ghana, Kenia und Südafrika deutlich. Krieg und Umweltkatastrophen tragen zu den Schwierigkeiten bei, denen Frauen in der Versorgung ihrer Kinder begegnen. Trockenheit, Hungersnot und interne Kriege haben den Sudan zu einem Flüchtlingsmeer gemacht. Frauen in den Flüchtlingslagern des Sudan bangen um ihre Kinder, die der erdrückenden Armut des Camplebens ausgesetzt sind. Hawa, eine 20-Jahre alte, verheiratete Frau mit einem Kind, beschreibt, wie prekär das Leben im Abu Zeid Flüchtlingslager ist: „Die Regierung versorgt uns nicht mit dem Notwendigsten, wie Zucker, Tee, Milch, Mehl, und so weiter. Für zwei Jahre waren wir auf die Unterstützung durch Hilfsorganisationen angewiesen, aber jetzt haben auch diese die

Versorgung eingestellt. Wir haben die von uns nicht bekannten Lebensmittel der Hilfsorganisationen gegen Zucker, Tee, alte Kleider und andere solche Dinge eingetauscht. Letztes Jahr wurden viele Kinder vergiftet, weil sie pulverisierte Seife gegessen hatten, von der ihre Mütter meinten, dass es Babynahrung sei."[11]

Strategien der Chancengleichheit

Frauen konzentrieren ihre politischen Bemühungen auch auf das, was man als Strategien der Chancengleichheit bezeichnen könnte, welche Versuche darstellen, den Zugang von Frauen zu der bereits vorhandenen Bildung, der Beschäftigung, dem Gesundheitssystem, Krediten und anderen Ressourcen zu verbessern und diese Ressourcen letztendlich so zu gestalten, dass sie den Bedürfnissen von Frauen mehr entsprechen. Die Autorinnen der Länderkapitel erfassen sowohl die potentielle transformative Natur dieser Angleichung als auch die daraus resultierende und häufig starke Opposition. Aus diesem Grund versuchen sie, den Status von Frauen durch eine Reihe verschiedener Strategien zu verbessern: gleiche und vergleichbare Behandlung, gleiche und vergleichbare Resultate; und getrennte oder gesonderte Maßnahmen. Das Interesse an Strategien der Chancengleichheit geht weit darüber hinaus, Frauen lediglich Zugang zu den Institutionen und den Möglichkeiten zu verschaffen, die von den Bedürfnissen und den Lebenszyklen der Männer bestimmt sind.

Der Inhalt der Strategien der Chancengleichheit variiert mit dem Grad der wirtschaftlichen Entwicklung. In Japan haben sich Frauen organisiert, um den Zugang zum Bildungssystem zu verbessern und die Stereotypisierung im Curriculum zu verringern. Feministinnen in den Vereinigten Staaten möchten an den Policy-Diskussionen über die Einführung einer allgemein erhältlichen Krankenversicherung teilnehmen. Im Gegensatz dazu experimentieren Frauen in Nepal damit, die Autonomie von Frauen und ihre wirtschaftliche Produktivität dadurch zu erhöhen, indem sie Frauen Kredite zur Verfügung stellen. In Kenia möchten Frauen Mitspracherecht in der Regierung und in Familienentscheidungen über eine geplante Veränderung weg von Subsistenzproduktion und hin zum Export von Agrargütern und sie möchten eine Garantie, dass sie selbst und nicht die Männer in ihrer Familie für ihre eigene Arbeit bezahlt werden.

In ihren Forderungen nach mehr Zugang zu den Ressourcen und substantieller Gleichheit in deren Verteilung stellen Frauen die fundamentale Frage nach distributiver Gerechtig-

---

[11] Siehe SUDAN.

keit: Kann es in einer Gesellschaft Gleichheit, ja sogar Chancengleichheit, geben ohne ein soziales Versprechen auf distributive Gerechtigkeit, welches sich der geschlechtsspezifischen Organisation des Lebens bewusst ist? Zusammen laden die Länderkapitel den Gerechtigkeitsphilosophen John Rawls dazu ein, als Frau eines armen Mannes in einem Dorf, Slum oder einer Stadt in einem der Länder zu leben. Die Vorstellung Rawls von einer gerechten Gesellschaft umfasst gleiche grundlegende Freiheiten, faire Chancengleichheit und substantive Gleichheit, die auf dem Prinzip beruhen, dass eine unterschiedliche Behandlung von Menschen nur dann zulässig ist, wenn diese Unterschiede den sozial Schwächsten in der Gesellschaft helfen. In dieser gerechten Welt muss der Vorstand eines jeden Haushaltes ohne Kenntnis „seiner" Position in der möglichen Verteilung der individuellen und sozialen Attribute (Rawls Schleier der Ignoranz) der Gesellschaftsordnung zustimmen. Susan Moller Okin verdeutlicht die Unzulänglichkeit dieser Formulierung für Frauen. Sie argumentiert, dass Rawls Analyse zwar dazu verwandt werden könnte die Unterordnung von Frauen zu beseitigen, sein Verständnis über den haushältlichen Vorstand als die Basis des sozialen Vertrages und seine Unachtsamkeit gegenüber der geschlechtsspezifischen Konstruktion der Gesellschaft aber bedeutet, dass Frauen sowohl in seiner Gerechtigkeitstheorie als auch in anderen ignoriert werden. Rawls Theorie lässt die Tatsache außer acht, dass nach seinen Kriterien die Familie und das gesamte *Gender*-System ungerechte Institutionen sind.[12] Sein Versagen beruht auf seiner Unfähigkeit, das Besondere der Männer in seiner Theorie über Individuen zu erkennen und sein mangelndes Wissen darüber, wie die Frauen dieser Welt leben - insbesondere wie der Status von Frauen in der Familie mit ihrem Status in anderen gesellschaftlichen Bereichen verknüpft ist.

Politik und Gesetz

Die politischen und gesetzlichen Spielregeln, definiert durch den Zugang zu politischen Institutionen und Regeln von Systemen und Prozessen, finden in fast der Hälfte der Länderkapitel Erwähnung, einschließlich derer über Argentinien, Bangladesch, Ägypten, Ghana, Großbritannien, Indien, Nepal, Peru, der ehemaligen Sowjetunion, dem Sudan und den Vereinigten Staaten. Bedenken bezüglich der politischen Repräsentation und der Wahlbeteiligung beruhen auf die beschränkte Teilnahme von Frauen an der formalen Politik, ihrer geringen Präsenz in Parlamenten und der Legislativen und ihrer wahrhaften

---

[12] Rawls offeriert eine essentielle liberale Gerechtigkeitstheorie, aber eine die offen ist für öffentlichen und privaten Besitz von Eigentum; als solche hat sie einen ungeheuren Einfluss auf Gerechtigkeitstheorien, die in anderen politischen Traditionen verhaftet sind (siehe Rawls 1971; Moller Okin 1989).

Abwesenheit in den obersten Rängen politischer Parteien, Kabinetten und Bürokratien. Als eine bemerkenswerte Veränderung im Vergleich zum vorigen Jahrzehnt berichten die Autorinnen der einzelnen Kapitel über einen vermehrten Pragmatismus unter Feministinnen in demokratischen Regimen, die sich gleichwohl bedenklich über den kooptierenden Charakter der Arbeit innerhalb von Parteien und Regierungen zeigen, aber dennoch nicht bereit sind, dem Staat als eine Arena ihrer Aktivität den Rücken zu kehren.

Für Frauen, die unter korrupten oder brutalen Regimen leben, oder in Ländern, in denen sie keine wirkliche Repräsentation haben, ist die Wahl wesentlich schwieriger. Aktiver Widerstand, Nicht-Kooperieren und sich von der öffentlichen Politik zu distanzieren sind oft notwendige Strategien. Jedoch auch hier verschieben Frauen ihre Vorstellung von einer Welt, in der ihre politische Partizipation als weibliche Bürger anerkannt wird, anstatt sie ganz aufzugeben.

Die Autorinnen der Länderkapitel erwähnen auch Veränderungen in der Art, wie sich Frauen selbst organisieren. Dort wo sie existierten, lebten ältere, unabhängige frauenpolitische Organisationen, von denen viele ihren Ursprung in der Wahlrechtskampagne zu Beginn dieses Jahrhunderts hatten, aufgrund des zunehmenden Interesses an Frauenthemen, wieder auf. Neue Arten von Organisationen entstanden. Die nicht-hierarchischen Gruppen, die für den radikalen Feminismus in Nordamerika und Westeuropa während der 1960er und 1970er charakteristisch waren, waren für großflächige Aktionen relativ ungeeignet (Freeman 1974; Adler Hellman 1987). Diese Form der Organisation, welche eine Bewegung weg von establishment-orientierten, männer-dominierten Organisationen darstellte, war nützlich um Bewusstsein zu schaffen und hinterließ den feministischen Organisationen dieses Jahrhunderts eine Ära geteilter politischer Führung.

Weltweit hat die politische Organisation von Frauen einen weiteren zentralen Beitrag geleistet, wie Politik gemacht wird und was sie bedeutet. Die Aktivität von Frauen hat verdeutlicht, dass die Annahme, dass mehr Spieler lediglich den politischen Kuchen in kleinere Stücke schneiden, falsch ist. Viel häufiger verändert eine Zunahme in der Anzahl und der Vielfalt von politischen Spielern die Art der Politik und stellt zusätzliche politische Ressourcen zur Verfügung. Die Milchglas Komitees in Peru, deren Aktivismus den öffentlichen Sektor gestärkt hat, haben den politischen Zugang erweitert und die politischen Ressourcen erhöht. Mehr als 9,000 Komitees, mit einer Gesamtmitgliedschaft von 300.000 Frauen, bereiten jeden Tag ein Glas Milch zu und verteilen es an Kinder. Virginia Vargas Valente und Victoria Villanueva beschreiben das Programm als „eines der best organisiertesten Aktionsgruppen [in Peru] mit einer enormen Mobilisierungskapazität. Es hat nicht nur politischen

Druck ausgeübt, um die Milchspenden zu sichern, sondern auch um zu verhindern, dass der Staat und die politischen Parteien die Komitees für ihre eigenen Zwecke nutzen."[13]

Die Politik des Alltags

Die reichhaltigste, vielfältigste und typischste Arena für das politische Engagement von Frauen befindet sich in der Politik des Alltags. Dieser Bereich der Aktivität ist das Terrain zwischen Staat und Familie, welches in konventionellen Politikanalysen normalerweise ignoriert wird.[14] Global gesehen ist die Vielfalt der gesellschaftlichen Aktivitäten erstaunlich, obwohl es gewaltige Unterschiede zwischen den Ländern gibt, was die Form und das Ausmaß des öffentlichen Lebens und den Platz von Frauen darin betrifft.

Geschlechterideologien und Aktionspotentiale

Wir stellen ein Modell der Mobilisierung von Frauen hin zu frauen-definierten Aktivitäten vor, das auf der Beziehung zwischen Geschlechterideologien und Aktionspotentialen beruht. In ihrem Kern beschreiben Geschlechterideologien bestehende und bevorzugte Beziehungen zwischen Männern und Frauen und zwischen den Angehörigen des gleichen Geschlechts. Sie beinhalten persönliche Theorien über Macht und sie bewerten die Möglichkeiten für individuelle oder soziale Veränderung. Sie sind komplex, offen für Veränderung aufgrund von Erfahrungen, und reich an Verbindungen zu anderen Wertemustern. Als solche sind Geschlechterideologien mit Ideologien über bestehende und bevorzugte Beziehungen zwischen sozialen Gruppen, wie Klassen und Rassen, verknüpft.

Geschlechterideologien haben zum Inhalt die Bewertung zweier Ordnungsprinzipien: Dominanz und Unterschied. Geschlechterideologien müssen die generelle Männerherrschaft über Frauen ansprechen und die Frage, wie Frauen sie vermeiden oder rückgängig machen können. Die prinzipielle Art und Weise, durch die die Männerherrschaft geregelt wird, sind verschiedene Ansichten darüber, was die Unterschiede zwischen Frauen und Männern bedeuten. In seiner minimalsten Form kann die Beziehung zwischen Dominanz und Unterschied als eine Matrix verstanden werden, die durch zwei Dimensionen definiert ist. Auf der

---

[13] Siehe PERU.
[14] *The Civic Culture* ist eine erwähnenswerte Ausnahme. Almond und Verba (1963) haben Partizipation in freiwilligen Organisationen gemessen, als sie untersuchten, wie sich das politische Leben erhält. Ihr Ansatz zu der Partizipation von Frauen in freiwilligen Organisationen ist ein Vorreiter und weist die gleichen Unzulänglichkeiten auf, wie Diskussionen über die republikanische Mutter, in denen die Partizipation von Frauen als

ersten unterstützen Individuen die Männerherrschaft oder leisten ihr Widerstand. Auf der zweiten akzeptieren sie die Bedeutung von großen oder markanten Unterschieden zwischen Frauen und Männern oder lehnen sie ab.[15]

Wie die Tabelle zeigt, betont die Geschlechterideologie unterschiedliche Verpflichtungen für Frauen und Männer, wenn die Männerherrschaft nicht in Frage gestellt wird und die Unterschiede zwischen den Geschlechtern als erheblich und bedeutend betrachtet werden. Wenn die Männerherrschaft nicht in Frage gestellt wird, Unterschiede zwischen den Geschlechtern aber als geringfügig und unbedeutend angesehen werden, dann betont die Geschlechterideologie die **uneingeschränkten** Privilegien von Männern, und es gibt kaum andere Begründungen für die männlichen Vorteile.

Schaubild 1: Geschlechterideologien

Bedeutung der Sex-*Gender* Unterschiede	Reaktion auf Männerherrschaft	
	Akzeptanz	Ablehnung
Akzeptanz	Ideologie der unterschiedlichen Verpflichtungen	Ideologie der getrennten Sphären
Ablehnung	Ideologie der männlichen Privilegien	Ideologie der Veränderung von Geschlechterverhältnissen

Im Gegensatz, wenn Männerherrschaft abgelehnt wird, und Unterschiede zwischen den Geschlechtern als erheblich und bedeutend verstanden werden, dann betont die Geschlechterideologie *getrennte Aktivitätsbereiche*. Wenn die Männerherrschaft abgelehnt wird und Unterschiede zwischen den Geschlechtern als geringfügig und unbedeutend angesehen werden, dann betont die Geschlechterideologie eine *Veränderung* hin zur gleichen oder vergleichbaren Behandlung. Da die sich von der Art der Herrschaft und der Bedeutung der Sex-*Gender* Unterschiede mit der betroffenen Art der Tätigkeit oder den Beziehungen verändern

---

ein Beitrag zur demokratischen Erziehung von Kindern gepriesen wird, aber in denen die strukturellen Barrieren für die Partizipation von Frauen in der formalen Politik nicht problematisiert werden.
[15] Wir sind uns bewusst, dass es eine Reihe von Werten in jeder Dimension gibt, insbesondere, dass es viele Positionen zwischen Unterstützung und Widerstand gegenüber einer Männerherrschaft, und zwischen Akzeptanz oder Ablehnung erheblicher und bedeutender Unterschiede bezüglich von Frauen und Männern gibt.

kann, kann eine Person verschiedene Geschlechterideologien für verschieden Lebensbereiche haben.

Geschlechterideologien halten Frauen als Individuen und als Gruppe von Natur aus für bestimmte Aktivitäten bestimmt. Die Ideologien bezüglich unterschiedlicher Verpflichtungen und getrennter Bereiche veranlassen Frauen ihre eigenen Kräfte zu schützen, um ihre geschlechtsspezifischen Aufgaben erfolgreich erfüllen zu können. Zu Beginn des Aktivismus würde eine Geschlechterideologie, die auf unterschiedliche Verpflichtungen basiert, Frauen veranlassen sich nicht in einer Art politisch zu engagieren, die die Männerherrschaft in Frage stellt. Das mag vielleicht die Ideologie von femininen Gruppen in Lateinamerika gewesen sein als sie ihren Aktivismus begannen, jedoch hat sich die Ideologie von vielen Frauen in diesen Gruppen aufgrund ihrer Erfahrungen verändert. Eine, auf unterschiedliche Verpflichtungen basierende Geschlechterideologie, die die Männerherrschaft durch gesellschaftlichen Aktivismus im Namen von Sex-*Gender* Unterschieden aufrechterhält, ist auch charakteristisch für den konservativen gesellschaftlichen Aktivismus in vielen anderen Ländern. Sie unterscheidet sich von der weitaus bekannteren, und auf getrennte Bereiche, beruhenden Ideologie, welche Frauen zu einem gesellschaftlichen Haushaltsaktivismus veranlassen, der ihre besonderen Eigenschaften im Bezug auf soziale und gesellschaftliche Probleme zum Ausdruck bringt. Hier werden Sex-*Gender* Unterschiede akzeptiert, aber die Dominanz von Männern in der Politik nicht. Eine auf Änderung basierende Geschlechterideologie veranlasst Frauen sich für das Ende der Männerherrschaft und zunehmend gleicher Behandlung von oder gleichen Resultaten zwischen Frauen und Männern einzusetzen. Frauen, die an Geschlechterideologien unwiderruflich festhalten, die Männer bevorzugen, fühlen sich nicht veranlasst politisch im Namen von Frauen aktiv zu werden.

Die Entscheidung einer Frau, wann und wo aufgrund ihrer eigenen Stellung als Frau politisch aktiv zu werden, beruht nicht nur auf die von Geschlechterideologien festgelegte Prädispositionen, sondern auch auf die Wahl von Zielen, der Evaluierung des Aktionsrepertoires, und der Einschätzung der Chancenstrukturen. Diese Wahl schafft Aktionspotentiale, welche sich durch Erfahrung und den Kontext verändern können. Neue Geschicklichkeiten werden entwickelt, die Probleme einzelner werden aufgrund von Unterhaltungen mit Personen, die ähnliche Erfahrungen gemacht haben, als kollektiv verstanden; Möglichkeiten kommen und gehen; Regime reagieren mit mehr oder weniger Repression; Familienmitglieder zeigen sich mehr oder weniger unterstützend. Mit Blick auf die Geschlechterideologien und die Aktionspotentiale treffen Personen und Gruppen taktische Entscheidungen darüber, ob sie kurzfristige oder langfristige Probleme in Angriff nehmen oder ob sie existierende Sex-*Gender* Beziehungssysteme herausfordern oder akzeptieren sollen.

Frauen, die in Gesellschaften leben, in denen die Formierung von Gruppen möglich ist, errichten Institutionen im Zivilsektor, die bestimmte Ziele verfolgen. Die Spezialisierung und Erfahrung der Organisation versprechen das Überleben dieser Ziele. Der politische Aktivismus von Frauen muss sich mit dem Erhalt der Organisation, der Ausdauer und dem Veränderungspotential von organisatorischen Kapazitäten auseinandersetzen. Überall in den Länderkapiteln wird deutlich, dass Frauen der jetzigen Welle des internationalen Aktivismus sich erschrocken über die Komplexität und die Instandhaltungskosten der von ihnen gegründeten Institutionen zeigten, insbesondere wenn man Kindererziehung, Haushaltsarbeit, bezahlte Arbeit, und andere Tätigkeiten in der Gemeinde, und manchmal sogar der formalen Politik, hinzuaddierte. In Norwegen und Australien, zum Beispiel, waren die feministischen Beratungsstellen für vergewaltigte Frauen mit der Frage konfrontiert, ob sie Regierungsgelder annehmen. Feministinnen hatten nicht nur Angst die Kontrolle über ihre Dienste zu verlieren, sondern sie mussten traurigerweise auch feststellen, wie schwierig es ist soziale Dienste als eine freiwillige politische Aktivität aufrechtzuerhalten.

Zusammenfassend lässt sich sagen, dass die Zukunft des politischen Engagements von Frauen - in der formalen Politik und in der Politik des Alltags - von der Geschlechterkonstruktion der Familie, der Zivilgesellschaft, der Wirtschaft, und öffentlicher politischer Institutionen abhängt. Wenn formale Institutionen nicht für die von Frauen selbstbestimmte Themen zugänglich sind, dann wird die Zivilgesellschaft zur Hauptarena für den Aktivismus von Frauen. Wenn die Zivilgesellschaft schwach ist oder von polarisierten Geschlechterideologien gezeichnet ist, dann haben Frauen weniger Möglichkeiten für Experimente, deren Erfolge helfen die Institutionen, in denen sie leben, zu transformieren. Und wenn es den ganzen Tag in Anspruch nimmt um sich zu versorgen, oder wenn die Angst von einem Polizisten geschlagen zu werden die ganze Nacht andauert, dann ist der Aktivismus von Frauen noch mehr eingeschränkt. Das Fazit dieser Kapitel ist dann, dass sich Frauen trotz großer Hindernisse politisch engagieren. Wenn sie erfolgreich sind, finden sie es angenehm, schwierig, überraschend, und lohnend, und das alles zur gleichen Zeit.

Literatur

Agnes, Flavia (1992): Protecting Women Against Violence. A Review of a Decade of Legislation, 1980-89, in: Economic and Political Wcckly (April 25), pp. WS-19-WS-33.

Almond, Gabriel A., Sidney Verba (1963): The Civic Culture. Political Attitudes and Democracy in Five Nations. Princeton.

Aron, Cindy Sondik (1987): Ladies and Gentlemen of the Civil Service. Middle Class Workers in Victorian America. New York.

Bernard, Jessie (1987): The Female World from a Global Perspective. Bloomington.

Brown, Wendy (1983): Reproductive Freedom and the Right of Privacy. A Paradox for Feminists, in: Diamond, Irene (ed.) Families, Politics, and Public Policy: A Feminist Dialogue on Women and the State. New York, pp. 322-338.

Carver, Kathryn, Barbara J. Nelson (1989): Personal interviews with women working with survivors of military rape, Manila, June 27-28.

Charlton, Sue Ellen M. (1984): Women in Third World Development. Boulder.

Feijoo, Maria del Carmen, Monica Gogna (1990): Women in the Transition to Democracy, in: Jelin, Elizabeth (ed.) Women and Social Change in Latin America. London, pp. 79-114.

Freeman, Jo (1974): The Tyranny of Leaderlessness, in: Jaquette, Jane (ed.) Women in Politics. New York, pp. 202-214.

Friesen, Dorothy (1989): The Women's Movement in the Philippines, in: NWSA Journal (4).

Gordon, Linda (1991): On Difference, in: Genders (10), pp. 91-111.

Hauser, Eva et al. (forthcoming 1993): Feminism in the Interstices of Politics and Culture. Poland in Transition, in: Funk, Nanette, Magda Mueller (eds.) Gender Politics and Post-Communism. New York.

Hellman, Judith Adler (1987): Journeys Among Women. Feminism in Five Italian Cities. New York.

Iyengar, Shanto, Donald R. Kinder (1987): News That Matters. Television and American Public Opininon. Chicago.

Jaegger, Alison (1984): Teaching Sedition. Some Dilemmas of Feminist Pedagogy, in: Report from the Center on Philosophy and Public Policy (4).

Kardam, Nuket (1991): Bringing Women In. Women's Issues in International Development Programs. Boulder.

Knoke, David (1989): Resource Acquisition and Allocation in U.S. National Associations, in: Klandermans, Burt David et al. (eds.) Organizing for Change: International Social Movements Research, vol. 2. Greenwich, pp. 129-154.

Lugones, Maria C., Elizabeth V. Spelman (1983) : Have We Got a Theory for You! Feminist Theory, Cultural Imperialism, and the Demand for 'The Women's Voice', in: Women's Studies International Forum (6) , pp. 573-581.

Mansbridge, Jane, Susan Moller Okin (forthcoming 1993): Feminism, in: Goodin, Robert E. , Philip Petit (eds): A Companion to Contemporary Political Philosophy. Oxford.

Moller Okin, Susan (1989): Justice, Gender, and the Family. New York.

Nelson, Barbara J. (1989): Women and Knowledge in Political Science. Texts, Histories, and Epistemologies, in: Women & Politics (9), pp. 1-25.

Offe, Claus (1985): New Social Movements. Challenging the Boundaries of Institutional Politics, in Social Research (52), pp. 823-858.

Phelan, Shane (1989): Identity Politics. Lesbian Feminism and the Limits of Community. Philadelphia.

Rawls, John (1971): A Theory of Justice. Cambridge.

Reagon, Bernice Johnson (1983): Coalition Politics. Turning the Century, in: Smith, Barbara (ed.) Home Girls. A Black Feminist Anthology. New York.

Rubin, Gayle (1975): The Traffic in Women. Notes on the 'Political Economy' of Sex, in: Reiter, Rayna R. (ed.) Toward an Anthropology of Women. New York, pp. 157-210.

Snow, David et al. (1986): Frame Alignment Processes, Micromobilization, and Movement Politics, in: American Sociological Review (51), pp. 464-481.

Spelman, Elizabeth V. (1988): Inessential Woman. Boston.

Staudt, Kathleen (1983): Women, Foreign Assistance and Advocacy Administration. New York.

Sternbach, Nancy Saporta et al. (1992): Feminism in Latin America. From Bogota to San Bernardo, in: Signs (17) . pp. 397-411.

Tinker, Irene, Jane Jaquette (1987): U.N. Decade for Women: Its Impact and Legacy, in: World Development (15) , pp. 419-427.

Walker, Jack (1983): The Origins and Maintenance of Interest Groups in America, in: American Political Science Review (77), pp. 390-406.

Zaretsky, Eli (1982): The Place of the Family in the Origins of the Welfare State, in: Thorne, Barrie, with Marilyn Yalom (eds.) Rethinking the Family. Some Feminist Questions. New York, pp. 188-224.

[aus dem Amerikanischen: Jutta Joachim]

Studienpraktische Hinweise

Frauenspezifische Recherche im Internet

Gesine Fuchs

Einführung

Das Internet hat sich in den vergangenen Jahren rasant entwickelt und ist in Studium und Forschung als Arbeitsinstrument unentbehrlich geworden. Was aber bringt diese Technologie der Geschlechterforschung? Für die virtuelle Realität gilt grundsätzlich, was auch für das richtige Leben Gültigkeit hat. Und so ist das Internet ebenso wie unsere alltägliche Umgebung vergeschlechtlicht. Zwänge, ungleiche Verteilung von Ressourcen, Informationsasymmetrien und Stereotypen treten hier wie dort auf.

Damit Frauen sich das Internet aneignen, sich darin ausbreiten und es für ihre eigenen Ziele und Zwecke nutzen können, ist es wichtig, sich die spezifischen Vor- und Nachteile bewusst zu machen und sich das Medium selbst anzueignen - mit Entdeckungslust und kritischer Distanz (wer Ermutigung braucht: *http://books.cybergrrl.com//book.html:* A Woman's Guide to the WWW). Im vorliegenden Beitrag möchte ich im Anschluss an "Möglichkeiten und Grenzen" generelle Suchstrategien und eine Hand voll gute frauenspezifische Einstiegspunkte vorstellen sowie einige Bemerkungen zu Suchmaschinen anschließen. Dieser Text möchte neugierig machen. Er kann keine Internetschulung ersetzen[1].

Möglichkeiten und Grenzen

Die ursprüngliche, aus der militärischen Forschung geborene Idee, ein Netz aus Rechnern zu bilden, die alle untereinander verbunden sind und bei dem es keinen Zentralrechner gibt, scheint wunderbar demokratisch: Technisch sind alle Server gleich. Der Ausfall eines Rechners bringt das System nicht zum Absturz; auch können Computer unterschiedlicher Betriebssysteme miteinander kommunizieren. Weil ein Zentrum fehlt, fehlt auch eine hierarchische Kontrollinstanz, die bestimmen könnte, wer was wann wohin schickt. Das Internet ist

---

[1] Eine gute Einführung und ein gutes Nachschlagewerk ist *Regionales Rechenzentrum für Niedersachsen/Universität Hannover (Hrsg.): Internet. Eine Einführung in die Nutzung der Internet-Dienste, Hannover 1997.* Das Rechenzentrum hat schon vielen anderen Unis und Fachhochschulen diese Publikation zugänglich gemacht. Nähere Infos finden sich unter *http://www.rrzn.uni-hannover.de/*

schlecht zu kontrollieren und schlecht zu zensieren. Darin liegt seine große Macht: E-Mails mit Berichten zur Menschenrechtssituation sind wichtige Instrumente im Kampf von Nicht-Regierungs-Organisationen, die in repressiven Gesellschaften arbeiten. Selbst in einer Bürgerkriegssituation wie im ehemaligen Jugoslawien, entdeckten Frauengruppen in der Region E-Mail als eine unkomplizierte und billige Möglichkeit, sich untereinander zu verständigen. Als die Telefonverbindungen zwischen Belgrad, Zagreb und Sarajevo längst nicht mehr funktionierten, konnten sich Gruppen wie die electronic witches über das Internet Nachrichten zukommen lassen und auch die Welt über die systematischen Vergewaltigungen informieren[2]. Mittlerweile sind Frauenorganisationen aus der Region auch mit eigenen Seiten im Netz vertreten.[3]

Das Internet ist ein im Vergleich schnelles und günstiges Medium zum Informationsaustausch. Auch kleine Organisationen mit wenig Ressourcen können durch eine Seite im World Wide Web ihre Ziele und Informationen vielen zugänglich machen, während sie bei herkömmlichen Mitteln (Broschüren, Briefe, Plakate) ein Vielfaches aufwenden müssten. Das Internet hat also einen egalisierenden Effekt. Mit Verweisen, sog. hyperlinks zu anderen Organisationen oder Informationsressourcen bildet sich schnell ein Netz, das in der realen Welt nicht zustande käme[4]. Homepages im WWW von Organisationen dienen dazu, die Ziele darzustellen und Informationen zum Thema zu liefern, Mitglieder und neue Interessierte anzusprechen und sie zum Handeln aufzufordern. Dem 1986 in Kalifornien gegründeten Institute for Global Communication liegt besonders daran, "alternative" Informationsquellen zugänglich zu machen. Auf der Subseite des Womensnet (http://www.igc.org/igc/gateway/wnindex) finden sich sog. "Action Alerts", Eilaktionen. Im Januar 1999 wurden die BesucherInnen informiert, dass Zarghina Waziri vor dem Global Tribunal for Women über die katastrophalen Menschenrechtsverletzungen von Frauen in Afghanistan ausgesagt hat. So bringt mich beispielsweise ein Mausklick zu einer E-Mail an UN-Beauftragte, in der die UNO auffordere, alles zur Beendigung der Geschlechter-Apartheid in Afghanistan zu tun. Noch ein weiterer Mausklick und ich werde laufend über das Thema informiert, bin also fast schon als Aktivistin gewonnen. Action Alerts sind wichtige Instrumente, um politischen Druck auszuüben und den Verantwortlichen zu zeigen, dass unweigerlich Öffentlichkeit besteht, wo sie vielleicht nicht gern gesehen wird. Amnesty International *(http://www.amnesty.org/)* hat sie ebenso wie die rechtskonservative Christian Coalition in den USA *(http://www.cc.org/)*, die nicht gerade

---

[2] Über die electronic witches ist zu lesen unter *http://www.geekgirl.net/geekgirl/002manga/witches.html*. Einen guten Eindruck vom Nutzen des Internets für NGOs vermitteln die Seiten *http://www.igc.apc.org/*.
[3] Etwa die Zagreber Initiative BaBe - Be active, be emancipated unter http://www.interlog.com/~moyra
[4] Vgl. dazu auch die empirische Untersuchung von Hill/Hughes 1998.

progressive Ziele verfolgt. Andere Homepages von Frauenorganisationen sind in erster Linie Informationsdrehscheibe. Die Women's Environment and Development Organisation WEDO *(http://www.wedo.org/)* überwacht die Umsetzung von Aktionsplattformen frauenrelevanter UNO-Konferenzen wie der Bevölkerungskonferenz 1994 in Kairo oder der Weltfrauenkonferenz 1995 in Beijing. Gesammelte Länderberichte von nationalen Nicht-Regierungs-Organisationen liefern die Grundlage.

In Diskussionsforen finden sich an bestimmten, auch sehr speziellen Themen interessierte Menschen zusammen, um sich auszutauschen. Anders als in einer üblichen Gesprächssituation, in der Frauen oft genug den Mund halten, ist es in einer Diskussionsliste möglich, sich in Ruhe sein Votum zu überlegen und sich so ohne Druck zu äußern. Genau das kann für Frauen ein großer Vorteil sein.

Für die USA kam eine repräsentative Umfrage zum Ergebnis, dass immerhin gut 40% der NutzerInnen weiblich sind[5], aber nur 28% sich aktiv im Internet äußern, etwa in Chatrooms oder in Diskussionsgruppen. Eine repräsentative Internet-Umfrage in der Schweiz, im Kanton Zürich, kam 1997 zum Ergebnis, dass knapp ein Viertel der NutzerInnen weiblich war[6]. Vermutlich nutzen Frauen das Internet anders als Männer.

Suchen und finden

Auch im Internet ist die Suche nach frauenspezifischen Informationen schwierig. Was nicht gesammelt und aufbereitet wird, kann auch nicht gefunden werden. Dazu zwei Beispiele aus meinem Arbeitsbereich: für ein Seminar suchte ich in Bibliothek und Internet nach dem Frauenanteil unter den Erwerbslosen in der Slowakei - vergeblich. Auf dem Server des zuständigen statistischen Amtes der Slowakei fand sich eigentlich überhaupt gar keine Zahl, sondern nur viele Absichtserklärungen. Für die gleiche Veranstaltung wollte ich Biographien osteuropäischer Sozialwissenschaftlerinnen sammeln und auch hier suchte ich in Bibliotheken und im Internet. Alle "Who's Who" erwiesen sich als extrem sexistisch und nachdem ich zwei sowjetische Raumfahrtforscherinnen und drei schon sehr berühmte Sozialwissenschaftlerinnen gefunden hatte, gab ich auf.

---

[5] Hill/Hughes 1998: 29.
[6] Vgl. *http://door.ch/Internet-Survey.ZH96/*, verfügbar am 7. Februar 1997.

Nicht immer ist eine Suche so frustrierend. Frauenspezifische Informationen gibt es im Internet und viele Frauenseiten im World Wide Web entwickeln sich so rasant, dass frau zugucken kann. Für die Suche im World Wide Web gibt es grundsätzlich zwei Möglichkeiten: entweder frau sucht systematisch, wobei sie an einem bestimmten, vorher bekannten Punkt einsteigt und sich dann durch die zusammengestellte Verweise auf den Seiten hindurchklickt. Das kann dann besonders sinnvoll sein, wenn noch nichts Näheres zu einem Thema bekannt ist bzw. frau sehr allgemein sucht. Die zweite Möglichkeit, die über sog. Suchmaschinen, produzieren auch bei relativ genauen Suchaufträgen einen riesengroßen Output, mit dem dann schwer umzugehen ist. Um etwas über Frauenstudiengänge an englischsprachigen Universitäten zu erfahren, ist eine systematische Suche über einen guten Einstiegspunkt sinnvoller als über eine Suchmaschine. Möchte ich hingegen auf die Homepage einer namentlich bekannten Organisation, etwa "Terre des femmes" (*http://www.terre-des-femmes.de/*) oder "National Organization of Women" (*http://www.now.org/*), bringt mich eine Suchmaschine schnell und ohne viel Sucherei ans Ziel.

Ich gebe im folgenden bewusst nur sehr sparsam einige gute Einstiegspunkte an, die sich bewährt haben und eine gewisse Kontinuität und Betreuung aufweisen.

Literatur und Bibliotheken

Eine der wichtigsten und zeitsparendsten Funktionen des Internets beim täglichen Lernen ist die Möglichkeit, auswärtige Bibliothekskataloge abzufragen. Frau kann sogar damit bibliographieren; die Library of Congress hat z. B. einen der größten Bestände weltweit, in dem sich auch manches frauenspezifische Juwel findet[7]. Für den deutschsprachigen Raum ist der sog. Karlsruher Virtuelle Gesamtkatalog eine der schönsten Einrichtungen (*http://www.ubka.uni-karlsruhe.de/kvk.html*). Eine einmal eingegebene Suchanfrage wird gleichzeitig an verschiedene Katalogverbünde weitergeleitet und deren Antworten kommen auf den eigenen Schirm getröpfelt. Viele Bibliotheken haben auf ihren Homepages auch Querverweise zu anderen Online-Bibliothekskatalogen gelegt (z.B. *http://www.ub.unibas.ch/lib/extern/*).

---

[7] Die Suche geschieht entweder direkt über das WWW oder über eine andere Internetanwendung, Telnet. Telnet funktioniert oft schneller und zuverlässiger als das WWW, ist aber auch kryptischer, weil jeweils katalogspezifische Befehle eingegeben werden müssen. Telnet tut so, als sei der eigene Bildschirm ein Bildschirm des entfernten Rechners.

Universitäten der Welt

Wer etwas über eine bestimmte Universität oder ein Land wissen will, kann anfangen im Verzeichnis von *http://www.braintrack.com/* zu suchen. Regional untergliedert sind hier Querverweise zu weltweit allen Universitäten mit Internetanschluss gelegt. Von den Hauptseiten der Universitäten kommt frau dann auch zu frauenspezifischen Ressourcen oder Instituten in dieser Universität und zu den Frauenbeauftragten (diese sind meist unter "Zentrale Einrichtungen" zu finden). Meistens gibt es schon Suchmaschinen eigens nur für die Seiten der jeweiligen Universität. Außerdem gibt es auf den Hauptseiten der Universitäten eigentlich immer einen Verweis auf die Internetseiten der Stadt und des Landes.

Frauenseiten

In vielen Ländern etablieren sich zentrale Homepages von und für Frauen, die nicht immer nur Feministisches zusammenbringen. Meiner Erfahrung nach entwickeln sich diese Seiten sehr schnell und erfüllen ihre Funktion als nationale und internationale Verteilerin sehr gut. Für die Schweiz ist das zur Zeit *http://www.frauen.ch/*, für Deutschland *http://www.woman.de/*, für Österreich *http://www.ceiberweiber.com/* und für die USA *http://www.feminist.org/* von der Feminist Majority Foundation. Durch eigene Recherchen können die Betreuerinnen dieser Seite Listen mit Verweisen zu anderen Frauenseiten anbieten. Diese Listen sind ein wichtiger Ausgangspunkt, denn hier hat ein kluger Kopf für die Suchende schon eine Vorauswahl getroffen. Wer sich informieren will, ob und wo in anderen Ländern ebenfalls Frauenseiten existieren, kann über die Rubrik "Regional" im Verzeichnis der Suchmaschinen bei Yahoo (*http://www.yahoo.com/Computers_and_Internet/ World_Wide_Web/Searching_the_Web/Regional/*) die interessierenden Länder aufsuchen. Von dort gelangt frau zu nationalen "Leitseiten", von denen es über Polen z. B. schon ein halbes Dutzend gibt. Diese Leitseiten verzeichnen dann auch nationale Frauenseiten.

Seiten von Frauenorganisationen und Datenbanken mit frauenspezifischen Inhalten

Das Fraueninfonetz an der Universität Bielefeld (*http://www.uni-bielefeld.de/IFF/fraueninfonetz/index.htm*) verzeichnet unter anderem eine sachlich und geographisch geordnete Liste zu Institutionen und Ressourcen der Frauenforschung. Diese Seiten werden, anders als andere, relativ regelmäßig aktualisiert.

Um sich über Aktivitäten von Frauenorganisationen zu informieren, sei auf das schon erwähnte Women's Net hingewiesen *(http://www.igc.org/igc/gateway/wnindex)* Ariadne ist eine im Aufbau befindliche frauenspezifische Datenbank bei der österreichischen Nationalbibliothek *(http://www.onb.ac.at/ariadne/ariadne.htm)*, die auch sog. Graue Literatur[8] nachweist, die für viele feministische Fragestellungen unverzichtbar ist. Unter *http://www.db-decision.de* kann eine Datenbank zur politischen Repräsentation von Frauen in der Europäischen Union abgefragt werden. Die Zahlen sind aktuell und umfassen auch Angaben zur regionalen Politik: schnell und unkompliziert sind hier Informationen zugänglich, für die frau sonst in abgelegenen Bibliotheken recherchieren müsste. An der Universität Sussex wird eine Datenbank zum Thema Frauen und Entwicklung geführt, die ebenfalls Graue Literatur verzeichnet *(http://www.ids.ac.uk/ids/research/bridge/* "Briefings on Development and Gender").

Frauenspezifische Diskussionsgruppen

Das Prinzip von Diskussionsgruppen im Internet beruht darauf, dass sich an einem Thema Interessierte zusammentun und Diskussionsbeiträge als E-Mails an eine zentrale Adresse schicken; der oder die Supervisorin verschickt diese E-Mails dann an alle, die sich für die betreffende Gruppe eingetragen haben. Ob frau dabei selbst aktiv wird oder nur liest, ist ihr selbst überlassen. Um die E-Mails zu bekommen, muss frau sich bei der jeweiligen Diskussionsliste eintragen lassen. Für die Teilnahme und die Diskussionsbeiträge gilt eine sog. Netiquette, also Regeln für gutes Benehmen im Netz. So sollen Beiträge nicht zu lang sein, Beiträge anderer nicht in Gänze zitiert werden und der Ton soll niemals beleidigend sein.

Eine geordnete Liste mit gender-bezogenen Diskussionsforen findet sich unter *http://www-unix.umbc.edu/~korenman/wmst/forums.html*. Diese Liste wird alle paar Tage aktualisiert und ist damit der beste Ausgangspunkt.

Die sogenannten Newsgroups funktionieren nach dem gleichen Prinzip. Allerdings ist es nicht erforderlich, sich vorher eintragen zu lassen. Jeder Provider und jede Universität besitzt einen Newsserver. Es genügt, im Browser diesen Newsserver in den Optionen anzugeben

---

[8] Graue Literatur ist vereinfacht gesagt alles, was keine ISBN hat, also vervielfältigte Berichte, Untersuchungen, Broschüren, Arbeitspapiere von Körperschaften u. ä.

(und vorher natürlich den Namen des Newsservers zu erfragen). Bei Netscape kann frau dann im Menü Windows "Netscape News" wählen und es erscheinen alle Newsgroups, die vom jeweiligen Newsserver geliefert werden. Ohne Probleme kann frau selbst eine interessante Newsgroup für sich hinzufügen. Allerdings wird immer nur eine bestimmte Anzahl von E-Mails dort bereit gehalten - einige hundert etwa. Dadurch lassen sich Diskussionen manchmal nur wenige Tage zurückverfolgen.

Eine Seite im WWW, um Newsgroups zu einem bestimmten Thema zu finden, heisst *http://www.ii.com/internet/messaging/newsgroups*.

Suchmaschinen[9]

Per Hand erstellte Listen reichen nicht aus, um alle wichtigen Daten im Internet zu finden. Darum gibt es Suchmaschinen, die nach Vorgaben der Suchenden automatisch die von ihr indexierten Seiten im Netz absuchen. Jede einzelne Suchmaschine indexiert aber nur einen Bruchteil des gesamten Angebots im WWW. Dazu ein Beispiel: Ich fragte im September 1999 verschiedene Suchmaschinen nach "Alice Schwarzer":

Suchmaschine	Adresse	Ergebnisseiten
Alta Vista	http://www.altavista.com	522
Alta Vista deutschsprachiger Raum	http://www.altavista.de	354
Euroseek	http://www.euroseek.net	126
Fireball	http://www.fireball.de	625
Lycos Deutschland	http://www.de.lycos.de	72
Northern Light	http://www.nlsearch.com	504
Yahoo	http://www.yahoo.com	346
Yahoo Deutschland	http://de.yahoo.com	299
HotBot	http://hotbot.lycos.com	170
Infoseek	http://infoseek.go.com	215
Google	http://www.google.com	327

Altavista ist eine der Suchmaschinen mit dem größten Abdeckungsgrad. Euroseek ist auf Europa, Lycos Deutschland und Fireball auf Deutschland bzw. den deutschsprachigen Raum spezialisiert. Ein Schwesterndienst von Fireball ist übrigens Paperball (*http://www.paperball.de/*): hier kann in der aktuellen Ausgabe aller deutschsprachigen Tages-Zeitungen auf dem Netz nach einem beliebigen Begriff gesucht werden! Northern Light

---

[9] Vgl. dazu auch im Folgenden: Sander-Beuermann, Wolfgang: Schatzsucher: Die Internet-Suchmaschinen der Zukunft, in: c't 13/1998, S. 178ff.

ist eine Suchmaschine, die sich u. a. auf Dokumente im Netz spezialisiert hat. Sie liefert gefundene Seiten in einem Verzeichnis mit mehreren Unterverzeichnissen. Ausserdem bietet sie in ihrer Special Collection (kostenpflichtig) publizierte wissenschaftliche Aufsätze zum gesuchten Begriff. Übrigens steht häufig die betreffende Zeitschrift "in echt" übrigens in der nächsten Bibliothek. Einen interessanten Ansatz verfolgt Google, eine in Stanford entwickelte Suchmaschine. Eine gefundene Seite bewertet sie danach, wie viele Links zu ihr hinführen, in der Annahme, dass eine Seite, die von vielen als Referenz angeführt wird, mehr Gewicht hat. Diese gewichtigen Seiten präsentiert Google zuerst. Sie liefert damit tatsächlich eine sehr gute Orientierungsleistung!

Mittlerweile gibt es über 1000 Suchmaschinen auf dem Netz[10]. Auch das überfordert die Suchende! Nun schlägt die Stunde des sog. Meta-Suchmaschinen. Diese suchen mehrere Suchmaschinen parallel ab und bereiten die Ergebnisse auf. Tests haben ergeben, dass das Rechercheergebnis so wesentlich verbessert werden kann. Das gilt weniger für Namen als für eine thematische Suche, die sachlich relevantere Treffer liefern. Die beiden amerikanischen Meta-Suchmaschinen (*http://www.metacrawler.com/; www.highway61.com/*) fragen hauptsächlich ebensolche Suchdienste ab. MetaGer (*http://meta.rrzn.uni-hannover.de/*) ist ein an der Universität Hannover entwickeltes Projekt, das neben bewährten internationalen Suchdiensten auch kleinere, fokussierte Suchmaschinen für den deutschen Sprachraum aufgenommen hat.

Die bestehenden frauenspezifischen Suchmaschinen (*http://www.wwwomen.com/, http://www.femail.com/, http://www.femina.com/*) empfehlen sich für die Recherche zu amerikanischen Frauenthemen. Die Suchmaschine auf *http://www.woman.de/suche/index.html* durchsucht Frauenseiten im deutschsprachigen Web.

Wie nun am besten mit einer Suchmaschine suchen? Zuerst empfiehlt es sich, die Gebrauchsanleitung (Hilfe, Such-Tipps o. ä.) zu lesen. Dann ist zu überlegen, welche Worte das Gesuchte am besten beschreiben. Was muss unbedingt im Text enthalten sein (UND-Verknüpfung), was kann enthalten sein (ODER-Verknüpfung) und was darf nicht auftauchen (NICHT-Verknüpfung). Auch die Trunkierung eines Wortes (frau*, polit* usw.) kann sinnvoll sein. Dabei sollte frau bei einer Meta-Suchmaschine beginnen. Wenn die Ergebnisse unbefriedigend sind, kann frau bei einer konventionellen Suchmaschine ihr Glück versuchen. Dort sind mehr Suchoptionen als bei den Meta-Maschinen möglich. Eine gute deutsch-

---

[10] Eine Zusammenstellung findet sich unter der Adresse *http://www.yahoo.com/ Computers_and_Internet/World_Wide_Web/Searching_the_Web/*.

sprachige Hilfe beim Suchen mit Suchmaschinen findet sich unter der Adresse *http://www.Klug-suchen.de/*, wo Suchmaschinen sachlich geordnet sind.

Einen anderen Ansatz verfolgen sog. Web-Rings (der größte unter ihnen findet sich unter *http://www.webring.org/*): mehrere Webseiten, d. h. deren Betreuer/innen, schliessen sich zu einem Ring zusammen. Wer auf eine Ring-Seite stößt, kann sich dann innerhalb des Rings vor oder zurück bewegen; thematisch ähnliche Seiten sind also nur einen Mausklick voneinander entfernt. Zur Zeit gibt es bei "Webring" etwa 60.000 Ringe; im deutschsprachigen Raum haben sich z. B. HistorikerInnen, qualitative SozialforscherInnen oder auch Senioren zu Ringen zusammengeschlossen. Einen "Gender-Studies-Ring" gibt es zur Zeit noch nicht, aber das kann sich ja schnell ändern...

Zitieren von Internetdokumenten

Wer sich für eine wissenschaftliche Arbeit mit Informationen aus dem Internet versorgt hat, steht bald vor der Frage, wie diese zitiert werden können. Die Modern Language Association (MLA) hat dafür Zitierrichtlinien veröffentlicht, die im Netz zugänglich sind[11]. Wesentlich beim Zitieren von Online-Dokumenten ist es, die Adresse des Dokumentes und das Datum seiner Verfügbarkeit anzugeben.

---

[11] http://www.mla.org/main_stl-nf.htm, verfügbar am 19. Januar 1999.

Politikwissenschaftlich relevante feministische Zeitschriften

Zusammengestellt von den Herausgeberinnen unter Mitarbeit von Wiebke Schumacher

Im folgenden finden sich Kurzporträts feministischer Zeitschriften, die vornehmlich politikwissenschaftliche Themen aufgreifen. Die Liste wurde bewusst kurz gehalten. Selbstverständlich sind zur Bearbeitung von Fragen der politikwissenschaftlichen Geschlechterforschung auch Aufsätze aus Zeitschriften benachbarter Disziplinen wichtig.

Beiträge zur feministischen Theorie und Praxis
2x/Jahr (ein einfaches und ein Doppelheft), Vol. 1 1978, ISSN 0722-0189
Hrsg. vom Verein Sozialwissenschaftliche Forschung und Praxis e. V., Köln
Die "Beiträge" sind die älteste wissenschaftliche feministische Zeitschrift in Deutschland. Sie wurde aus der Frauenbewegung heraus gegründet mit dem Ziel, sich "mehr theoretische Klarheit" zu verschaffen. So haben die Schwerpunkthefte zu sozialwissenschaftlichen Themen aus Soziologie, Politik, Pädagogik oder Kunst häufig die Praxis der Frauenbewegung begleitet sowie Debatten und Kontroversen ausgelöst, etwa zu Antirassismus und Krieg, Frauenstreik, Globalisierung oder "Mamalogie". Wenn auch die Verbindung zur "Frauenbewegung" schwächer geworden ist, so sind die Diskussionsbeiträge doch eine wichtige Orientierung zum Stand der feministischen Debatte in Deutschland.

European Journal of Women´s Studies – EJWS
4x/Jahr - Vol. 1 1994
Sage Publications London/Thousand Oaks/New Delhi ISSN 1350-5068
Mit Unterstützung von WISE - The European Women´s Studies Association
Das EJWS publiziert Aufsätze und Diskussionsbeiträge aus dem Bereich der sozialwissenschaftlichen Geschlechterforschung hauptsächlich über Europa. Schwerpunkte sind frauenpolitische Aktivitäten und geschlechterrelevante policies in einzelnen Ländern oder im gesamteuropäischen Rahmen. Dazu gehören auch eher kulturwissenschaftliche Studien. Regelmäßige Berichte über den Stand der Disziplin Women´s Studies. In einem kleineren Rezensionsteil werden regelmäßig auch nicht-englische Bücher besprochen. Editorial Board aus ganz Europa.
Web-Seite: http://www.sagepub.co.uk/journals

Femina politica
2x/Jahr - Vol. 1 1992
Selbstverlag femina politica e. V., Berlin – ISSN 1433-6359
Die "Zeitschrift für feministische Politikwissenschaft" ist aus dem "Politologinnen-Rundbrief" des Arbeitskreises Politik und Geschlecht in der Deutschen Vereinigung für Politische Wissenschaft hervorgegangen. Seit 1997 macht sie einen beeindruckenden Wandel vom Newsletter zur Fachzeitschrift durch. Neben Schwerpunktthemen – wie etwa 50 Jahre Bundesrepublik, Europäischer Integration oder Methoden finden sich darum unverzichtbare Informationen für Politologinnen: Nachrichten aus dem Arbeitskreis Politik und Geschlecht, "Aus Forschung und Lehre", Tagungsberichte und Rezensionen.
Web-Seite: http://www.femina-politica.de/

Feminist studies
3x/Jahr - Vol. 1 1972
University of Maryland Press, College Park (Ma) – ISSN 0046-3663
Die Feminist Studies greifen soziologische und politikwissenschaftliche Themen auf, wobei der Schwerpunkt auf den USA liegt, etwa zu Affirmative Action oder dem Wohlfahrtsstaat. Häufig werden aber auch Themen eines Heftes, aus einem interkulturellen Blickwinkel betrachtet, so etwa Reproduktion. Charakteristisch für die Feminist Studies ist außerdem eine historisch orientierte Behandlung der Schwerpunktthemen. Es gibt keine Einzelrezensionen, sondern ein bis zwei Rezensions-Essays zu jeweils einem Thema. Auch die musische Seite wird berücksichtigt, es finden sich in jeder Nummer Bilder, Gedichte und Kurzgeschichten von Frauen zwischen den Aufsätzen.
Web-Seite: http://www.inform.umd.edu/EdRes/ReadingRoom/Newsletters/FemStud/

Feminist Theory
3x/Jahr - Vol. 1 2000
Sage Publications London – ISSN 1464-7001
Im April 2000 erscheint das erste Heft dieser neuen interdisziplinären Zeitschrift, die sich zum Ziel gesetzt hat, die mittlerweile sehr breite feministische theoretische Debatte aus unterschiedlichen Perspektiven zu führen und ihr ein eigenes Forum zu geben. Es werden Aufsätze, Einzel- und Sammelbesprechungen sowie kürzere "Denkstücke" zu vorhergegangenen Artikeln erscheinen.
Web-Seite: http://www.sagepub.co.uk/journals/

Feministische Studien
2x/Jahr – Vol. 1 1982
Deutscher Studienverlag, Weinheim – ISSN 0723-5186
Zweimal im Jahr erscheinen die Feministischen Studien mit einem Schwerpunktthema von "Mädchen" bis "Multimedia". Haus- und Erwerbsarbeit, Frauenforschung und -bewegung, Frauen in der Politik und Gewalt sind immer wieder aufgegriffene Inhalte. Dabei werden sie multidisziplinär aus dem Winkel von Soziologie, Geschichte, Psychologie und Politischer Wissenschaft beleuchtet. Etwa die Hälfte der Beiträge bezieht sich auf Deutschland. Abgerundet wird die Zeitschrift durch regelmäßige Berichte zur Entwicklung von Gender-Studies an europäischen Hochschulen, durch Tagungsberichte, aktuelle Informationen und einige Rezensionen.
Web-Seite: http://www.rz.uni-frankfurt.de/~wischerm

International Feminist Journal of Politics
3x/Jahr - Vol. 1 1999
Routledge London – ISSN 1461-6742
Noch 1999 erscheint die erste Ausgabe dieser neuen Zeitschrift, die sich den Schnittpunkten von internationalen Beziehungen, politischen Prozessen und Geschlechterforschung widmet. Neben Aufsätzen und Rezensionen werden in der Rubrik "conversations" Interviews mit führenden Köpfen aus Wissenschaft und Praxis sowie Konferenzberichte erscheinen.
Web-Seite: http://journals.routledge.com/

Olympe - feministische Arbeitshefte zur Politik
2x/Jahr - Vol. 1 1994
Autorinnen-Verlag München/Zürich ISSN 1420-0393
Die Redaktion von Olympe setzt sich zum großen Teil aus freischaffenden Sozialwissenschaftlerinnen zusammen und zum kleineren Teil aus universitären Lehrpersonen. Die Arbeitshefte widmen sich jeweils einem Schwerpunktthema, etwa Sozialpolitik, Frauenarbeit in der Deregulierung, Frauen im Staat oder Makroökonomie. Überwiegend werden aktuelle schweizerische Debatten aufgegriffen, wobei auch Politikerinnen und Frauen aus der Praxis zu Wort kommen. Ein Drittel der Artikel beschäftigen sich mit theoretischen oder länderübergreifenden Fragen. Es gibt Kurzrezensionen von neueren Büchern zum jeweiligen Schwerpunktthema. Tagungsberichte und gelegentliche Porträts wichtiger feministischer Zeitschriften runden das Heft ab. Einzelne Beiträge in Französisch, vereinzelt Italienisch.

Signs - Journal of women in culture and society
4x/Jahr - Vol. 1 1975
University of Chicago Press – ISSN 0097-9740
"Signs" ist eine der wichtigsten und ältesten US-amerikanischen feministischen Zeitschriften mit kultur-. und sozialwissenschaftlichem Schwerpunkt. Neben neuen theoretischen Ansätzen und feministischen Forschungsfeldern behandeln die Beiträge Themen der Frauenbewegungen aus verschiedenen Ländern. Ein geplantes Schwerpunktheft für 2001 wird sich "Globalization and Gender" widmen. Ausführlicher Rezensionsteil; Konferenzankündigungen und "call for papers" für Tagungen.
Web-Seite: http://www.journals.uchicago.edu/signs/home.html

Social Politics. International Studies in Gender, State and Society
3x/Jahr - Vol. 1 1994
Champaign, Ill. : University of Illinois Press – ISSN 1072-4745
In dieser Zeitschrift debattieren Sozialpolitik-Forscherinnen zum Zusammenhang von Wohlfahrtsstaat, Geschlecht, Demokratie und Staatsbürgerschaft. Die Rolle von Staaten bei der Formung von Geschlechterverhältnissen in der Familie, dem Arbeitsplatz und der Gesellschaft ist dabei ein Schwerpunkt. Social politics hat sich in der kurzen Zeit seines Bestehens zu einer wichtigen Zeitschrift entwickelt. Häufig gibt es Schwerpunkthefte mit Gastherausgeberinnen, die zu Beginn in die Thematik einführen. In den Rubriken "Agendas" und "Perspectives" wird auf aktuelle politische Auseinandersetzungen hingewiesen. Kein Rezensionsteil.
Web-Seite: http://www3.oup.co.uk/socpol/ (mit Inhaltsverzeichnissen und abstracts).

Women and Politics - a quarterly journal of research and policy studies
4x/Jahr - Vol. 1 1980/81
The Haworth Press, New York – ISSN 0195-7732
Women & Politics veröffentlicht Beiträge und Forschungsarbeiten über Frauen im politischen Geschäft, von der Mobilisierung über die Nomination zur Wahl: über Frauen in lokalen, regionalen und nationalen Parlamenten, Regierungen und Parteien, Wahlen, Kandidaturen, Referenden und das Wahlverhalten von Frauen. Ebenso finden sich Aufsätze zu feministischer politischer Theorie und zu politischen Konfliktthemen wie etwa Abtreibung. Das Schwergewicht liegt auf den USA, doch werden auch andere Weltregionen mit einbezogen. 5 bis 15 Einzelrezensionen pro Band.
Web-Seite: http://www.american.edu/oconnor/wandp/

Women´s Studies International Forum (a multidisciplinary journal for the rapid publication of research communications and review articles in women´s studies) – WSIF
6x/Jahr - Vol. 1 1978
Elsevier Publishers Oxford – ISSN 0277-5395
Das WSIF publiziert Aufsätze aus einem breiten Spektrum der geistes- und sozialwissenschaftlichen Frauen- und Geschlechterforschung. Besonders nützlich ist das tatsächlich weltweite Spektrum der Zeitschrift, in der sich Beiträge beispielsweise über Frauenbewegungen und Women´s Studies aus allen Kontinenten finden. Kleinere Artikel, etwa aus dem Bereich der Psychologie weiten den Blick der Politikwissenschaftlerin über ihre Disziplin hinaus. Tagungsberichte (Selected Proceedings), Rezensionen
Web-Seite: http://www.elsevier.nl/ (Mit der Möglichkeit, Inhaltsverzeichnisse von Zeitschriften als E-Mail zu abonnieren)

Zeitschrift für Frauenforschung. Informationsdienst des Forschungsinstituts Frauen und Gesellschaft (IFG)
3x/Jahr - Vol. 1 1983
Kleine-Verlag, Bielefeld, ISSN 0946-5596
Die Zeitschrift für Frauenforschung publiziert Aufsätze aus den Arbeitsschwerpunkten des IFG, etwa zur Verbindung von Geschlechterverhältnis mit Arbeits- und Lebensformen, Erwerbsarbeit, politischer Partizipation, Gesundheit und Frauen- und Geschlechterforschung in der Bundesrepublik. Etwa die Hälfte der Hefte hat einen Themenschwerpunkt. Häufig basieren die Aufsätze auf kleinen empirischen Studien oder Forschungsprojekten. Ein kleiner Rezensionsteil sowie Tagungsberichte und –hinweise stehen am Ende. Der Fortbestand der Zeitschrift ist noch ungesichert, da das Institut Frau und Gesellschaft geschlossen werden soll.
Web-Seite: http://www.ifg-frauenforschung.de/

Zu den Autorinnen

Najma Chowdhury ist Professorin für Politische Wissenschaft an der University of Dhaka in Bangladesch.

Nancy Fraser ist Professorin für Politische Wissenschaft an der Graduate Faculty der New School for Social Research in New York.

Ute Gerhard ist Professorin für Soziologie an der Johann-Wolfgang-Goethe-Universität Frankfurt/ Main.

Eva Kreisky ist Professorin für Politische Wissenschaft an der Universität Wien.

Mary Langan ist Professorin für Geschlechter- und Sozialpolitik an der Open University in Milton Keynes.

Birgit Locher ist Wissenschaftliche Mitarbeiterin am Institut für Politische Wissenschaft der Universität Bremen.

Catharine MacKinnon ist Professorin für Rechtswissenschaften an der University of Michigan.

Susan Moller Okin ist Professorin für Politische Wissenschaft an der Stanford University.

Barbara J. Nelson ist Professorin für Politische Wissenschaft und Sozialpolitik an der University of California, Los Angeles.

Pippa Norris ist Professorin für Politische Wissenschaft an der John-F.-Kennedy-School of Government der Harvard University.

Ilona Ostner ist Professorin für Soziologie an der Georg-August Universität Göttingen.

Carole Pateman ist Professorin für Politische Wissenschaft an der University of California, Los Angeles (UCLA)

Ann Tickner ist Professorin für Internationale Politik an der University of Southern California, Los Angeles.

Angelika von Wahl ist DAAD-Gastprofessorin an der University of North Carolina in Chapel Hill im Department of Sociology.

Brigitte Young ist Professorin für Politikwissenschaft an der Wilhelms-Universität Münster.

Iris Marion Young ist Professorin in der Graduate School of Public and International Affairs, University of Pittsburgh.

Quellennachweis

Carole Pateman *The Fraternal Social Contract*, in: J. Keane (ed.), Civil Society and the State: New European Perspectives. London/ New York, reprint with permission of © Verso 1988, S. 33-57.

Susan Moller Okin *Gerechtigkeit und die soziale Institutionalisierung des Geschlechterunterschiedes,* Abdruck mit freundlicher Genehmigung der Autorin.

Iris Marion Young *Das politische Gemeinwesen und die Gruppendifferenz.* Abdruck mit freundlicher Genehmigung aus: Herta Nagl-Docekal und Herlinde Pauer-Studer (Hg.), Jenseits der Geschlechter Moral. © Fischer Taschenbuch Verlag GmbH, Frankfurt am Main, 1993, S. 267-305.

Catharine A. MacKinnon *Geschlechtergleichheit: Über Differenz und Herrschaft,* Abdruck mit freundlicher Genehmigung aus: Politische Theorie. Es 1736, © Suhrkamp Verlag Frankfurt am Main 1996, S. 140-171.

Eva Kreisky *Der Stoff, aus dem die Staaten sind. Zur männerbündischen Fundierung politischer Ordnung,* Abdruck mit freundlicher Genehmigung des © Campus Verlages 1995, S. 85-124.

Nancy Fraser *Die Gleichheit der Geschlechter und das Wohlfahrtssystem: Ein postindustrielles Gedankenexperiment.* Aus: Axel Honneth (Hg.), Pathologie des Sozialen. © Fischer Taschenbuch Verlag GmbH, Frankfurt am Main 1994, S. 351-376.

Mary Langan/ Ilona Ostner *Geschlechterpolitik im Wohlfahrtsstaat: Aspekte im internationalen Vergleich,* Abdruck mit freundlicher Genehmigung der © Nomos Verlagsgesellschaft 1991, S. 302-317.

Angelika von Wahl *Gleichstellungsregime,* Erstabdruck, Copyright liegt bei der Autorin.

Ute Gerhard *Atempause: Die aktuelle Bedeutung der Frauenbewegung für eine zivile Gesellschaft,* mit freundlicher Genehmigung aus: Ute Gerhard, Atempause. Feminismus als demokratisches Projekt. © Fischer Taschenbuch Verlag GmbH, Frankfurt am Main 1999, S. 3-14.

Pippa Norris *Conclusion: Comparing Legislative Recruitment*, with permission of the author.

Birgit Locher *Internationale Beziehungen aus der Geschlechterperspektive*, Abdruck mit freundlicher Genehmigung der © Friedrich-Ebert-Stiftung 1997, S. 5-24.

J. Ann Tickner *Identity in International Relations Theory: Feminist Perspectives*, reprinted from *The Return and Identity in IR Theory*, edited by Yosef Lapid and Friedrich Kratochwil. Copyright © by Lynne Rienner Publishers, Inc. Reprinted with permission of the publisher 1996, S. 1-25.

Brigitte Young *Genderregime und Staat in der globalen Netzwerk-Ökonomie*, Abdruck mit freundlicher Genehmigung des Verlages © Westfälisches Dampfboot 1998, S. 175-198.

Barbara J. Nelson/ Najma Chowdhury *Redefining Politics: Patterns of Women's Political Engagement from a Global Perspective*, reprint with permission of © Yale University Press 1994, S. 3-24.

Register

Bemerkung: Oftmals wiederkehrende Ausdrücke wie „Feminismus" sowie abgeleitete Substantive und Adjektive, „Frau, Frauen", „Mann, Männer" oder „Internationale Beziehungen" werden nur in konkreten Zusammenhängen wiedergegeben. Fremdsprachige Ausdrücke sind kursiviert worden. Personen sind nur dann berücksichtigt worden, wenn auf sie in größeren Passagen Bezug genommen worden ist.

Abtreibung 420f.
affirmative action 112f.
Aktivismus 414-431
Aktionspotentiale, von Frauen 428-430
Androzentrismus 203f., 208, 212f.
Angleichung 192
Antifeminismus 167
Arbeit 72f., 237f., 401
Arbeitsmarkt, Integration d. Frauen 390f., 395f.
Aristoteles 131
Armutsrisiko 183-185

Barber, Benjamin 91-94
Beauvoir, Simone de 31
Betreuungsarbeit, Gleichstellung 208-213
- Achtung 212
- Androzentrismus 212f.
- Armutsbekämpfung 211
- Ausbeutung, Bekämpfung 211
- gleiche Einkommen 211
- gleiche Freizeit 212
- Marginalisierung, Bekämpfung 212
Blüher, Hans 165-168
body politic 29, 37, 38, 47
body rights 251
Brüderlichkeit 22, 30f., 33, 43
- u. Gesellschaftsvertrag 46
- Vernunft 39, 41
Bündnis als Männer 33
bürgerliche Gesellschaft
- brüderlicher Gesellschaftsvertrag 34
- Disziplinierung d. Körpers 44f.
- Individuum 40
- patriarchalischer Charakter 21, 22, 29, 35, 47
- Vertragstheorien 21

- „Zivilisation" 31f.
Bürgerpflichten 58f.

Chancengleichheit 56, 425f.
citizenship 41-43
s. auch Staatsbürger/innen
Crick, Bernard 30

Dekommodifizierung/Kommodifikation 220, 245f., 249
Dekonstruktion
- u. feministische Theorie 150
Demokratietheorie 1, 8
Demokratisierung 10
Differenz, 9
- u. Demokratie 9
- Geschlechter 337-342
- u. Geschlechtergleichheit 121-142
- u. Gruppen 84-116
- sexuelle 145
Differenz-Egalität-Debatte 341
Diskriminierung 124-129

Eliade, Mircea 157-159
empowerment 320-322, 352
Erwerbstätigkeit, allgemeine 198
Erwerbstätigkeit, Modell 204-208
- Androzentrismus 208
- Armutsbekämpfung 206
- Ausbeutung, Bekämpfung 206
- gleiche Achtung 207
- gleiche Einkommen 206f.
- gleiche Freizeit 207
- Marginalisierung, Bekämpfung 208
Esping-Anderson, Gösta 189f., 220-230, 240-248, 251f.
ethics of care 6

Exogamie 33

Fairness 52-60
Familie 21, 33, 50f., 55-57, 59-61, 71f., 74, 89, 182, 248, 302f., 307, 403
- Postmoderne 317
- u. Staat 144
Familieneinkommen 195f.
Familienernährermodell 398f.
Familienoberhäupter 53-55, 57-59
Familiensubsidiarität 30
„Feminisierung der Beschäftigung" 402
Feminismus, Internationaler
- Entstehung 414-416
Feminismus, Internationale Beziehungen 344-348, 368-385
Feminismus, kritischer 342f.
Feminismus, liberaler 34f., 336-338, 377f.
Feminismus, postmoderner 379
Feminismus, radikaler 338-342
Feminismus, sozialistischer 378f.
feministische Entwicklungspolitik 5
feministische Gerechtigkeits- u. Wohlfahrtstheorie 188
feministische Partizipationsforschung 254-266
feministische Reformulierung v. „Sicherheit" 340f.
feministische Sozialpolitikforschung 182-192
feministische Sozialstaatsdiskussion 182f.
feministische Theorien, Internationale Beziehungen 333-335, 377-385
feministische Theorien, zeitgenössische 377-380
Filmer, Sir Robert 25-28, 37
Foucault, Michael 44f.
Frauen 51f., 60, 89, 117, 337, 341f., 377
- Ausschluss von 132f.
- Dienstleistungssektor 354
- Entwicklungspolitik 349-352
- Erwerbschancen 185f.
- Gesellschaftsvertrag 29f.
- u. Gerechtigkeit 75-83
- Gleichheit 45
- Körperlichkeit 36f., 39
- Landwirtschaft 353f.
- u. Männer 44-47
- Menschenrechtsverletzungen 355f.
- Parlamente 270f., 276-279
- Parteien 260f., 269, 282-291

- Parteienkonkurrenz 279-281
- Parteilisten 276
- Partizipation i. internationaler Politik 359-361
- patriarchalische Theorie 27f.
- u. Politik 255, 258, 259-262, 269-291, 335f., 336f., 411, 414
- politisches Engagement 414
- Rekrutierung 260f.
- Ungleichheit zwischen 404f.
- Wahlen 257-259, 273-276
Frauenarbeit 138f., 182, 402f.
Frauenbewegung 254, 262-266, 325
- Bedeutung 293-314
- Begriff 295f.
- bürgerliche Gesellschaft 300-303
- Geschichte 293-296
- politische Theorie 298-300
- soziale Bewegung 296-300
- Wohlfahrtsstaat 304-307
Frauenerwerbsquote, Osteuropa 311
Frauenorganisationen 427f., 431
Frauenpolitik, u. Osteuropa 307-312
Frauenrechte, u. Vereinte Nationen 355-358
Frauenstandpunkt, Begriff 82f.
Frauenthemen 418-421
- geographische Breite 421
- Relevanz 421
Frauenwahlrecht 257-259
Freud, Sigmund 31-33, 36
Freiheiten, politische 78

gender II, 121f., 123, 134, 316, 332f., 342f., 368f., 414, 417, 419
- Dekonstruktion 319f.
- Identität, i. Arbeitsmarkt 405
- internationale Beziehungen 332-363, 368-372, 380-382
- internationale Organisationen 327-329
- Krieg u. Gewalt 322f.
- Mulitkulturalität 419
- Menschenrechte 324f.
- Nord-Süd-Problem 323f.
gender equality policy 248
gender gap 360f.
- u. Partizipation 256
gender persecution 325
gender regimes 324, 390-409
- u. Fordismus 389-393
gender vs. sex 343f., 389f., 419, 429f.

gender system 50f.
gendering, v. Sozialstaaten 251, 253
Gerechtigkeit, 250
- als Fairness 52-60
- u. Geschlechterunterschied 50-83
- getrennte Sphären 61-74
- Theorien 1, 5-7
Geschlechter, Egalität 338
Geschlechterbeziehungen 361f.
Geschlechtergleichheit 117-143
- normative Gleichheit 121
- Neutralität u. Objektivität 120, 140
Geschlechterideologien 428-431
Geschlechterrichtlinien, Parteien 282
Geschlechterungleichheit 4, 118f., 379
Geschlechtervertrag 3
Geschlechtsneutralität 128, 131, 134, 141
Gesellschaftsspaltungen,
geschlechtsspezifische 405-407
Gesellschaftsvertrag 20-49
s. auch Vertragstheorien
„Gesetz d. Vaters" 32
Gesundheit v. Müttern u. Kindern 420f.
Gewalt 422f.
Gleichheit,
- u. Differenz 239
- politische 95
- ökonomische 95
- staatsbürgerliche 84-86
Gleichheit d. Geschlechter, u.
Wohlfahrtssystem 195-215
- Androzentrismus, Bekämpfung 203f.
- Armutsbekämpfung 199f.
- Ausbeutung, Bekämpfung 200f.
- gleiche Achtung 202
- gleiche Einkommen 201
- gleiche Freizeit 202
- Gleichheit 201f.
- Marginalisierung, Bekämpfung 202f.
Globalisierung 352-355, 393-395
Grundsatz d. vergleichbaren Werts 113f.
Gleichstellung
- Integrationsmodell 213-215
Gleichstellungspolitik 239f.
Gleichstellungsregime 236-253
- feministische Kritik 244-248
- u. feministische Politikwissenschaft 238f.
- Konzept 248-253
- Typologien 241-244
Gruppe,
- Begriff 96-99

- Selbstorgansation 105f., 115f.
Gruppenvertretung
- benachteiligte Gruppen 105
- demokratische Entscheidungsfindung 101f.
- Eigeninteresse 102
- Fairness 102f., 112
- heterogene Öffentlichkeit 103f., 106f.

Habermas, Jürgen 101f., 299
Hausarbeit 304
Haushalt 51, 73, 89, 403
Hausmädchensektor 354f.
heterosexuelle Ethik 141
„high politics"/„low politics" 318f., 334
Hobbes, Thomas 37, 41f.
Homoerotik 168f.

Identitäts-Differenz-Ansatz 124-126
Individuen 20, 22, 32
- Bruderschaft 33
- bürgerliche Gesellschaft 34
- Frauen 36
- männliche 38
- universales 39
„informeller Kapitalismus" 395-397
Integrationsmodell 213-215
interest group feminism 264
Internationale Beziehungen
- Gegenstand 368f.
- gender-Ansätze 316-320
- Geschlechterforschung 315-329
- Realismus 370-373, 372-375
- Theorien im Kalten Krieg 373-378

Kommunitarismus 6f.
Kultur 112
kulturelle Minderheiten 114f.
kultureller Relativismus 63f.
kulturelles Geschlecht, *s. gender*

left-wing feminism 264
Leibfried, Stephan 221-230
Liberalismus, u. Frauen 124f., 141
Locke, John 27f.

Macht 320-322
Männer
- u. Frauen 44-47
- als Männer 46
Männerbeziehungen, u. Politik 151-155

Männerbünde 144-176, 388
- 20. Jahrhundert 161-170
- Bürokratie 173-175
- Militär 173f.
- Rituale 155-161
- Strukturen 170-173
- Theorien, politische 162-168
Männlichkeit 125, 136, 157
Mann als Maßstab 125
Maskulinität, in d. Politik 368-370
maternal thinking 8
Maternalismus 186f.
Mutterschaft 339
Mutterschaftsurlaub 110f.

Netzwerke 395f., 407, 417f.
Neue Frauenbewegung, 13

Partizipation,
- Begriff 255-257
- Osteuropa 264f.
- politische 8, 9
- Theorien 95, 99, 104
Partizipationschancen 185-187
patria potestas 26, 33
Patriarchat 3, 22-47, 145, 149f., 160, 338f., 376
- Disziplinierung 45
- Gesellschaftsvertrag 24
- Herrschaft d. Väter 23, 25
- Sozialstaat 150
- Theorien des 23-29, 30, 37, 47
- Unterdrückung v. Frauen 22f.
Person, Geschlecht einer 79-82
personal autonomy 247, 249
Pluralismus 86, 93f.
politics of identity 263
- *of inclusion* 263
- *of influence* 263
- *of recognition* 262
- *of redistribution* 262
Politik,
- Begriff III
- als Beruf 152-154
- als Freundschaft 153f.
- u. Macht 154
Politikerinnen 260, 337
Politikwissenschaft
- u. feministische Theoriebildung 147f.
Politische Theorie/Ideengeschichte IV, 1-19

post-positivistische Ansätze 381f.
Privat vs. Öffentlich II, 2, 4, 8, 21f., 35, 39, 40, 47, 87, 91, 93f., 144, 306, 346, 381, 393, 301-405
Privilegierung 100f.
Produktion u. Reproduktion 237f., 402-404

Quoten 112, 261f., 282f., 290, 291

rainbow coalition 10
rational relational test 119
Rawls, John 6-8, 38, 52-60, 75-83, 426
reading women in 254, 318
Remaskulinisierung 160, 165
reproduktive Regime 251
Rousseau, Jean Jacques 28, 36

Schmitt, Carl 154
Schurtz, Heinrich 163-165, 166
Schwangerschaft, als Differenz 127f.
Sexismus 129f., 136, 138f.
Sextourismus 354
sexual contract 303
sexual harrassment 46
Sexualität 11, 141f.
sexuelle Differenz 145
sexuelle Diskriminierung 130, 134-136, 138f.
sexuelle Ungleichheit 127, 143
Skocpol, Theda 186f.
Sombart, Nicolaus 153f., 171
Soziale Frage II
Sozialpolitikforschung IV
Staat 42
- u. Genderforschung 388f.
- als Männerbund 14f., 148
- u. feministische Theoriebildung 148-151
Staat-Markt-Dimension, feministische Kritik 247f., 249
Staatsanalyse 12f.
Staatsbürger 4
- u. Gruppendifferenz 84-116
Staatsbürgerschaft
- Allgemeinheit 86-94, 101
- als Gruppenvertretung 95-107
- Homogenität 90
Staatsfeminismus 149, 388
Staatstheorien, u. Geschlechter 144-147
state-equality feminism 264
Stratifikation, feministische Kritik 246f., 249

Test d. mittleren Genauigkeit 120

„ungendering world politics" 359
Universalität 101, 107-116
- u. Differenz 108
- kognitive Stile 109
- Rechte f. bestimmte Gruppen 110
Unterdrückung 98f., 100
Urzustand 78-80

Vertragstheorien 21, 88-94, 97, 144f.

Walzer, Michael 7f., 61-74
Wandervogelbewegung 168
Weber, Max 151-153, 173
welfare regimes, geschlechterpolitische 220-234
- französisches Modell 230f.
- konservativ-institutionalistisches Modell 226-230
- liberales od. residuales Modell 231-234
- skandinavisches Modell 222-226
- Typologien 220f.
„Women in Development" 349f.

Zivilgesellschaft 307f., 310, 312f.